실무에서 알아야 할 기술은 따로 있다!

리액트를 다루는 기술

김민준(VELOPERT) 지음

길벗

리액트를 다루는 기술, 개정판

The Art of React, 2nd

초판 발행 · 2019년 8월 31일
초판 12쇄 발행 · 2024년 4월 1일

지은이 · 김민준
발행인 · 이종원
발행처 · (주)도서출판 길벗
출판사 등록일 · 1990년 12월 24일
주소 · 서울시 마포구 월드컵로 10길 56(서교동)
대표 전화 · 02)332-0931 | **팩스** · 02)323-0586
홈페이지 · www.gilbut.co.kr | **이메일** · gilbut@gilbut.co.kr

기획 및 책임편집 · 이원휘(wh@gilbut.co.kr) | **디자인** · 장기춘 | **제작** · 이준호, 손일순, 이진혁, 김우식
마케팅 · 임태호, 전선하, 차명환, 박민영, 지운집, 박성용 | **유통혁신** · 한준희 | **영업관리** · 김명자 | **독자지원** · 윤정아, 최수빈

교정교열 · 전도영 | **전산편집** · 남은순 | **출력 및 인쇄** · 예림인쇄 | **제본** · 예림바인딩

ISBN 979-11-6050-879-6 93000
(길벗 도서번호 080203)

정가 42,000원

독자의 1초를 아껴주는 정성 길벗출판사

길벗 | IT교육서, IT단행본, 경제경영서, 어학&실용서, 인문교양서, 자녀교육서 www.gilbut.co.kr
길벗스쿨 | 국어학습, 수학학습, 어린이교양, 주니어 어학학습, 학습단행본 www.gilbutschool.co.kr

페이스북 · www.facebook.com/gbitbook
예제 소스 · https://github.com/gilbutITbook/080203

앞으로 이 책을 통해 리액트를 배우게 될 독자 여러분을 환영합니다!

저는 사실 웹 프런트엔드 개발을 좋아하지 않았습니다. 워낙 관리해야 하는 코드도 많고 너무 복잡해서 제 취향과 잘 맞지 않았기 때문인데요. 2016년 어느 날, 해외에서 리액트가 엄청난 인기를 끌면서 여기저기에 자주 언급되고 있는 것을 본 후 '리액트가 도대체 뭐지?'라는 생각에 접하게 되었습니다.

얼떨결에 만난 리액트는 제 개발자 커리어에서 매우 큰 전환점이 되었습니다. 리액트는 그동안 웹 프런트엔드 개발을 할 때 제가 불편하고 귀찮다고 느꼈던 부분들을 모두 해소해 주었고, 개발 프로세스를 즐겁고 편안하게 만들어 주었습니다. 이로 인해 웹 프런트엔드 개발자가 될 것이라고 상상하지 못했던 저는 결국 프런트엔드 개발자가 되었고, 매일매일 좋아하는 리액트로 개발하면서 행복을 느끼고 있습니다.

저 또한 한때는 리액트 초보자였습니다. 인터넷을 뒤져 가며 정말 다양한 자료를 접하면서 리액트를 학습했는데, 그때 국내에는 학습 자료가 정말 부족하다고 느꼈습니다. 또한, 영어 문서를 읽는 데 익숙하지 않다면 리액트를 공부하기가 쉽지 않다는 것도 느꼈죠. 리액트를 처음 시작했던 2016년 무렵에는 국내의 리액트 사용률도 굉장히 낮았는데, 이토록 재미있는 리액트를 어떻게 배워야 할지 몰라 접하지 못하는 사람들이 많다는 것이 매우 안타까웠습니다. 그래서 다른 개발자가 리액트를 배울 때 조금이라도 도움을 주어서 국내 리액트 사용률을 좀 더 올려 보고 싶다는 마음에 블로그 포스팅과 오프라인/온라인 강의를 하게 되었고, 여러분이 보고 계신 이 책도 집필하게 되었습니다.

이 책의 목표는 단순히 리액트를 다루는 기술을 습득하는 데 머무는 것이 아니라 독자로 하여금 더욱 즐겁고 편하게 웹 개발을 하도록 해 주는 것입니다. 그리고 웹 개발에 필요한 주요 지식을 다루어 여러분이 만들고 싶은 프로젝트를 실제로 개발할 수 있도록 경험치를 쌓아 주는 것이죠.

이 책에서는 리액트의 기초와 심화 과정을 살펴보고, 또 Node.js를 사용하여 백엔드 API를 개발하는 방법도 다룹니다. 이 책의 후반부에서는 블로그 프로젝트를 개발해 보는데, 그 과정에서 웹 프로젝트의 전체적인 개발 흐름을 터득할 수 있을 것입니다.

일러두기

이 책은 웹 개발의 기초인 HTML, CSS, 자바스크립트에 관한 기본 지식을 갖춘 독자들을 대상으로 합니다. 책에서 자바스크립트를 작성할 때는 ES6 문법을 자주 다룹니다. 리액트를 개발할 때 알아 두면 유용한 ES6 문법을 본문 중간중간에 설명해 두었으므로, ES6 문법을 전혀 경험하지 못한 독자도 이 책을 읽는 데 전혀 무리가 없을 것입니다.

만약 자바스크립트에 익숙하지 않다면 다음 링크를 참조해 볼 것을 권합니다.

- 벨로퍼트와 함께하는 모던 자바스크립트: https://learnjs.vlpt.us
- MDN 자바스크립트 첫걸음: https://developer.mozilla.org/ko/docs/Learn/JavaScript/First_steps

첫 번째 링크는 제가 작성한 문서로, 자바스크립트 기초 및 ES6 문법들을 다룹니다. 해당 문서를 읽고 나면 이 책을 진행할 때 어려움이 전혀 없을 것입니다.

두 번째 링크는 MDN에서 제공되는 매우 훌륭한 자바스크립트 문서입니다. 제가 준비한 첫 번째 링크의 문서가 핵심만 다룬다면, 두 번째 링크에는 자바스크립트 언어의 모든 기능이 수록되어 있습니다. 단, 일부 문서는 번역되어 있지 않습니다.

이 책의 후반부에서는 백엔드 개발에 대한 내용도 다루는데요. 백엔드 개발을 전혀 해 본 적이 없더라도 자바스크립트에 익숙하다면 쉽게 진행할 수 있을 것입니다.

이 책으로 리액트 개발 방법을 충분히 익히고 난 다음에는 이 책에서 배운 것을 응용하여 여러분이 만들고 싶은 프로젝트를 구상해서 개발해 보는 것을 적극 권장합니다. 최고의 학습 방법은 직접 무언가를 처음부터 설계하고 마지막까지 완성해 보는 것이라 생각하며, 저 또한 이러한 방식으로 개발 공부를 해 왔기 때문입니다.

감사의 글

이 책을 집필할 수 있도록 큰 도움을 주신 분들에게 감사를 전하고 싶습니다.

먼저 이 책을 처음부터 끝까지 세세하게 독자의 시각으로 편집하고 검토해 주신 길벗출판사 이원 휘 님에게 감사하며, 이 책이 출간되는 과정에서 함께 힘써 주신 모든 길벗출판사 관계자 분들께 도 큰 감사를 전합니다.

라프텔의 김범준 대표님, 제가 라프텔 서비스 내에서 리액트를 즐겁게 사용하면서 다양한 시도를 할 수 있는 기회를 주셔서 감사합니다. 그리고 언제나 저를 믿고 응원해 주는 라프텔의 모든 팀원 에게도 감사를 표하고 싶습니다.

리액트 온라인/오프라인 강의를 기획해 주신 패스트캠퍼스의 김용성 매니저님, 감사합니다. 강의 를 통해 다양한 수강생을 가르친 경험을 바탕으로 리액트를 학습할 때 어떤 부분이 어렵고 어떻게 설명하는 것이 좋을지 등을 파악할 수 있었습니다. 그리고 강의에 피드백을 주셨던 많은 수강생 분들에게도 감사합니다.

초판의 베타테스트 리딩을 맡아 주셨던 조용진 님, 정지훈 님, 신형진 님에게 감사합니다. 덕분에 책 완성도를 높이고 초판을 잘 마무리할 수 있었습니다.

그리고 이번 개정판의 베타테스트 리딩을 해 주신 박정이 님, 성중원 님, 손경환 님, 허성룡 님, 홍종완 님에게 감사합니다. 꼼꼼한 리뷰와 피드백을 통해 실수를 바로잡고, 책의 내용을 더욱 개 선할 수 있었습니다.

마지막으로 변함없는 사랑과 지원으로 저를 늘 응원해 주시는 어머니, 아버지, 누나, 감사합니다.

김민준

『리액트를 다루는 기술』의 개정판을 집필하면서 정말 많은 내용이 달라졌습니다. 2019년 초 리액트 16.8 버전에 Hooks라는 기능이 도입되면서 리액트 컴포넌트 개발 방식에 매우 큰 변화가 생겼습니다. 기존에는 컴포넌트에서 상태 관리를 하려면 반드시 클래스형 컴포넌트를 만들어서 사용해야 했지만, 이제는 Hooks를 사용하여 함수 컴포넌트에서도 상태 관리를 할 수 있게 되었습니다. 또한, 리액트 컴포넌트의 라이프사이클(LifeCycle) 메서드를 대체할 수 있는 Hooks도 있어서 더 이상 클래스형 컴포넌트를 사용할 이유가 없습니다. 이에 맞춰, 책에 사용된 주요 예시를 모두 함수 컴포넌트 형태로 전환했습니다.

초판에 다루지 않았던 새로운 내용도 많이 수록되었는데요. 새롭게 추가되거나 변경된 주요 내용은 다음과 같습니다.

함수 컴포넌트에서 Hooks 사용하기

최신 리액트 개발 패러다임에 맞춰 책에 있는 대부분의 예시를 함수 컴포넌트와 Hooks를 사용하는 형태로 전환하고, 리액트에 내장되어 있는 Hooks API에 대해 자세히 다루는 장을 새로 추가했습니다.

immer를 사용한 불변성 지키기

초판에서는 Immutable.js를 사용하여 불변성을 쉽게 지키는 방법을 다루었는데, 사용 방법이 까다롭고 해당 라이브러리를 사용할 경우 컴포넌트들을 만들 때 Immutable.js에 대한 의존이 생기는 단점이 있습니다. 개정판에서는 Immutable.js를 다루는 내용을 없애고 immer를 다루는 내용을 추가했습니다.

react-virtualized를 사용하여 성능 최적화하기

성능 최적화를 하는 과정에서 초판에서는 shouldComponentUpdate를 통한 성능 최적화만 다루었지만, 개정판에서는 여기서 더 나아가 스크롤 밖의 컴포넌트들을 렌더링하지 않는 방식을 사용하여 최적화하는 react-virtualized라는 라이브러리를 추가로 다루었습니다.

뉴스 뷰어 프로젝트 만들기

책 후반부에서 커다란 프로젝트를 만들어 보기에 앞서, 작은 프로젝트를 다루는 내용을 추가했습니다. 이 프로젝트를 통해 리액트 개발의 경험치를 쌓을 수 있게 됩니다.

Context API를 사용한 전역 상태 관리하기

초판에서는 리덕스를 사용하여 전역 상태를 관리하는 방법을 배웠는데요. 개정판에는 리덕스를 사용하지 않고도 전역 상태를 관리할 수 있는 리액트의 내장 기능인 Context 관련 내용을 추가했습니다.

react-redux에서 connect 함수 대신 useSelector/useDispatch Hooks 사용하기

리액트에 Hooks가 소개된 이후, 리덕스에서도 connect 함수 대신 Hooks를 사용하여 리덕스와 컴포넌트를 연동할 수 있게 되었습니다. 이에 대한 내용을 추가했습니다.

redux-saga 미들웨어

초판에서는 리덕스에서 비동기 처리를 다루기 위해 redux-pender라는 미들웨어를 사용했는데요. redux-pender의 경우 사용법은 편리하지만 대중성이 떨어지므로 개정판에서는 해당 내용을 제외하고, redux-saga를 사용하여 비동기 작업을 편하게 관리하는 방법을 다루었습니다.

코드 스플리팅

초판에서는 컴포넌트 파일을 코드 스플리팅하기 위해 직접 withSplitting이라는 함수를 만들어서 사용했는데, 개정판에서는 해당 내용을 없애고 리액트에 새로 탑재된 React.lazy와 Suspense를 사용하여 컴포넌트 코드 스플리팅을 하는 방법을 추가했습니다.

서버 사이드 렌더링

초판에서는 맨 마지막 프로젝트에서 서버 사이드 렌더링을 구현했는데, 개정판에서는 서버 사이드 렌더링만 다루는 장을 따로 마련했습니다. 또한, 초판에서는 코드 스플리팅과 서버 사이드 렌더링을 하기 위해 서버 사이드 렌더링 시에는 코드 스플리팅을 쓰지 않는 방식을 사용했는데, 개정판에서는 loadable-components라는 라이브러리를 사용하여 더욱 정석적인 방법으로 구현해 봅니다.

JWT를 사용한 회원 인증 시스템 구현하기

초판에서는 백엔드 API를 만드는 과정에서 단순 관리자 비밀번호 인증만 구현했는데, 개정판에서는 JWT 토큰 인증 시스템을 기반으로 회원가입 및 로그인 기능을 구현해 봅니다.

마지막 프로젝트

책의 후반부에서 다루는 블로그 프로젝트도 처음부터 새로 작성되었습니다. 초판에서 다루었던 기존 프로젝트와 비교하여 주요 차이점은 다음과 같습니다.

- redux-pender 대신 redux-saga를 사용합니다.
- Immutable.js 대신 immer를 사용합니다.
- 마크다운 에디터 대신 WYSIWYG 에디터를 사용합니다.
- Sass + CSS Module 대신 styled-components를 사용하여 컴포넌트를 스타일링합니다.
- 회원 인증 시스템이 개선되었습니다.
- 모든 컴포넌트가 함수 컴포넌트로 작성되었습니다.

예제 파일 내려받기

책에서 사용하는 예제 코드는 길벗출판사 웹 사이트에서 도서명으로 검색하여 내려받거나 다음 GitHub 저장소에서
내려받을 수 있습니다.

- **길벗출판사 웹 사이트**: http://www.gilbut.co.kr/
- **길벗출판사 GitHub**: https://github.com/gilbutITbook/080203
- **저자 GitHub**: https://github.com/velopert/learning-react

예제 파일 구조 및 참고 사항

책에서 사용하는 예제 파일을 장별로 제공합니다.

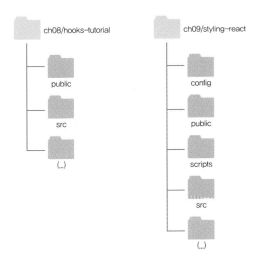

질문 및 오탈자 제보

공지 사항 확인하기

리액트 라이브러리와 관련 도구의 버전이 업그레이드됨에 따라 책에 있는 예시가 작동하지 않게 될 가능성이 있습니다.
그럴 때는 다음 공지 사항 링크를 통해 필요한 변경 사항을 공지하도록 하겠습니다.

- **공지 사항**: https://github.com/velopert/learning-react/blob/master/update.md

문의 및 오탈자

책을 읽다가 궁금한 사항이 생기거나 오탈자를 발견했다면 저자 GitHub 이슈란이나 길벗출판사 웹 사이트에 문의를
남겨 주세요.

- **저자 GitHub 이슈란**: https://github.com/velopert/learning-react/issues
- **길벗출판사 독자 문의**: 웹 사이트(http://www.gilbut.co.kr/) 접속 > **고객센터** > **1:1 문의** 선택(로그인 필요)

▼ 그림 1 고객센터 > 1:1 문의

베타테스터 실습 후기_초판

요즘 핫한 리액트에 관심이 많아 베타테스트를 신청했습니다.

책은 리액트 기본 지식이 없는 상태에서도 쉽게 이해할 수 있도록 꼼꼼하게 설명하고 있습니다. 단순히 이론적인 부분에 그치지 않고 실무에서 주로 어떤 상황에 사용하는지 상세히 알려 주어 리액트를 실무에 도입하려는 사람들에게 큰 도움이 될 것 같습니다.

또 독자 눈높이에 맞추어 동일하게 동작하는 코드를 좀 더 가독성 좋고 심플한 형태의 코드로 점진적으로 개선해 가는 실습 과정은 리액트뿐만 아니라 개발자로서 좋은 코드를 작성하는 습관을 형성하는 데 유용할 것 같습니다.

한 장을 실습하는 데는 평균 1~2시간, 전체 과정을 실습하는 데는 약 20일이 걸렸습니다. 하루 1~2시간을 할애하여 실습 과정을 꾸준히 따라 한다면 한 달 이내에 많이 성장한 자신을 만날 수 있을 것이라 확신합니다.

실습 환경 macOS 10.13.4, VS Code

김범준 _ 라프텔(연세대학교) 개발자

요즘 웹 생태계는 라이브러리와 도구가 쏟아져 나오고 있습니다. 책에서는 전반적으로 리액트뿐만 아니라 다양한 라이브러리를 필요한 곳에 같이 사용하여 쉽게 배울 수 있었습니다.

또 '백 번 보는 것보다 한 번 하는 것이 낫다'는 말에 충실하게, 항상 설명 밑에 예제 코드가 첨부되어 있습니다. 뒷부분에서는 실습 완성도를 높여 주려고 Node.js와 MongoDB를 이용하여 백엔드 실습도 같이 배워서 사용합니다. 어쩌면 리액트에서 벗어난 내용일 수 있지만, 자바스크립트로 할 수 있는 내용의 견문을 키우기에는 알뜰해 보입니다.

책에서 배우는 리액트의 몇 가지 규칙만 이해하면 원하는 화면을 구성하기에 충분했습니다. 어렵고 복잡한 작업은 리액트에 맡기고, 저는 데이터만 주고 그리기만 하면 되었으니까요!

실습 환경 macOS, Node.js v8.10.0, VS Code

정지훈 _ IOS 앱 개발

AngularJS, Vue.js 등의 다양한 자바스크립트 프레임워크가 있지만, 그중에서도 특히 React.js에 관심이 있었습니다. 이전에 자바스크립트와 jQuery에 관한 지식은 있었지만, Node.js와 yarn은 이 책으로 처음 접했습니다.

개인적으로 새로운 언어나 프레임워크를 배울 때 문법적인 설명뿐만 아니라 언어에서 사용하는 개념과 그 개념을 도입할 수밖에 없는 이유를 이해하는 것을 중요하게 생각합니다. 그런 점에서 이 책은 Virtual DOM 같은 개념을 소개하고 그것이 필요한 이유를 친절하게 설명해 주어서 좋았습니다. 저자가 제공하는 깃허브 리포지터리에 코드가 있어 책에 나온 예제 코드도 따라 하기 수월했습니다.

실습 환경 Windows 7, Node.js v8.11.2, VS Code

신형진_연세대학교 대학원생

Node.js도 모르는 상태로 회사에서 SPA(Single Page Application) 웹 서비스를 만들려고 기술을 조사하던 중 velopert 블로그가 눈에 띄었습니다. 기술을 선택할 때는 다양한 요소를 고려해야 하지만, velopert의 훌륭한 레퍼런스와 블로그 포스팅을 믿고 React.js를 선택했습니다. 저를 포함한 개발 팀원 모두가 velopert 블로그 내용을 토대로 학습했으며, 지금은 서비스 출시를 앞두고 있습니다.

책은 HTML, CSS, 자바스크립트에 대한 기본기를 갖춘 사람을 대상으로 합니다. 책 예제를 다 돌려 보는 데 14일이 걸렸습니다. 처음 개발에 입문하는 사람이라면 솔직히 HTML, CSS, 자바스크립트 같은 웹 기본을 먼저 익힐 것을 추천합니다.

리액트의 장점을 살려서 프로그래밍하려면 책 초반부의 이론 부분 역시 빠짐없이 보면 좋습니다. 초반부에서 이론 설명을 마치고 나면 이후에는 실습 예제들이 가득한데, 실습 예제를 진행할 때는 '실무에 어떻게 응용하여 적용할 수 있을까?'를 고민하면서 실행해 보기를 권합니다.

책에는 실무에서 약간 응용하여 사용할 수 있는 좋은 예제가 많습니다. 실제로 React.js 프로젝트를 하면서 create-react-app으로 만들고 마지막 배포하기까지 참고하지 않은 부분이 없을 정도로 내용이 매우 실무적입니다. 특히 대부분의 개발 도서에서는 배포 내용이 매우 간소하여 불만이었는데, 이 책은 자세하게 기술하기에 지금까지도 참고하고 있습니다.

실습 환경 macOS, zsh, Node.js v8.9.1, nvm, Docker, VS Code

조용진_스타트업 모두의 캠퍼스 개발자

베타테스터 실습 후기_개정판

이전에 리액트를 배워 프로젝트에 사용하기도 했지만, 정확한 이해 없이 수박 겉핥기식으로 사용하고 있다는 느낌을 많이 받아 베타테스트를 신청했습니다.

리액트에 관심이 있다면 한 번쯤은 velopert 블로그를 접해 보았을 것입니다. 김민준 님의 포스트만큼 친절하고 'Why?'에 집중되어 있는 글은 정말 찾기가 힘듭니다. 하나하나 상세하고 쉽게 설명하고 있어 따라가기 쉬울 뿐 아니라 예제도 많이 수록되어 있으므로, 차근차근 따라 하다 보면 어느덧 리액트뿐만 아니라 자바스크립트, 백엔드 개발 등 웹 개발 전반에 대해 알게 될 것입니다.

기본 개념인 함수 컴포넌트와 클래스형 컴포넌트의 차이점을 시작으로 해서 다양한 스타일링 기법과 라이프사이클에 대해 친절하게 기술하고 있으므로 리액트를 처음 접하는 분들과 웹 개발에 첫발을 내디딘 분들의 간질간질한 부분을 속시원하게 긁어 줄 것입니다. 또한, 다양한 미들웨어나 서버 사이드 렌더링, 배포와 테스트 부분에서 리액트에 대한 기본기를 바탕으로 좀 더 나아가려는 분들에게는 그 진입 장벽을 훨씬 낮출 수 있는 계기가 될 것입니다.

실습 환경 macOS, zsh, Node.js, SublimeText

박정이_개발자

『리액트를 다루는 기술』을 읽고 프런트엔드로 전향하게 되었으며, 초판이 좋았기 때문에 이번 개정판에도 베타테스터로 참여하게 되었습니다.

이 책은 기본적으로 리액트가 왜 생겨났는지, 어떠한 특징 때문에 사용하는지를 잘 알려 줍니다. 그리고 새로 나온 React Hooks, Context API도 다루고 있어서 현재까지 나온 리액트 책들 중에서 가장 최신 내용을 포함하고 있습니다.

이론과 실습이 병행되어 이해하기 쉬우면서 점차 코드를 개선해 나가는 방식이므로 이 책을 읽어 나가다 보면 리액트에 대한 지식이 하나하나 쌓여 나가는 것을 느낄 수 있습니다. 책의 후반부에서는 Koa와 MongoDB로 간단하게 서버를 구현합니다. 그래서 전반적인 웹 애플리케이션이 어떻게 만들어지고 돌아가는지 알 수 있습니다.

하루에 2~3시간 정도 투자하여 3주 안에는 책을 끝낼 수 있었습니다. 끝낸 뒤에도 반복해 보면서 본인만의 프로젝트를 만든다면 프런트엔드 개발자로 부쩍 성장할 수 있을 것이라 생각합니다.

실습 환경 Windows 10, Node.js 10.15.3, VS Code

성중원_프런트엔드 개발자

리액트로 워낙 유명한 김민준 님이 집필한 책이라서 하루 빨리 읽고 싶은 마음에 베타테스트를 신청하게 되었습니다.

리액트에 대한 내용이 체계적으로 자세히 설명되어 있어서 저처럼 리액트에 갓 입문한 사람도 쉽게 내용을 이해할 수 있었습니다. 책에 나와 있는 실습을 진행하는 데도 큰 어려움이 없었습니다. 다만 웹 기초에 해당하는 기본적인 프런트엔드 지식은 갖춘 상태에서 읽길 권합니다.

이 책을 읽으면서 좋았던 점은 다음과 같습니다.

1. 리액트 학습에 필요한 최신 자바스크립트 문법에 대한 설명이 그때그때 나와 있어 바로 익히고 다음 내용으로 넘어갈 수 있으므로 학습의 맥락이 끊기지 않는 점

2. 리액트의 핵심 내용인 리덕스와 리덕스 미들웨어에 대한 설명이 잘 나와 있어 이해하기 쉬운 점

3. '리액트에 대해서는 어느 정도 이해했는데, 그럼 실제로 백엔드와 어떻게 연동되어 사용되는 것일까?'라는 질문에 시원한 답을 주는 책 후반부의 내용. 즉 리액트, Node.js, Koa, MongoDB 기술 스택으로 하나의 완성된 프로젝트를 따라 해 보고 경험해 볼 수 있는 점

4. 중간중간 나오는 Postman을 비롯한 유용한 도구 및 라이브러리에 대한 소개와 깨알 같은 팁들

책의 예제가 워낙 잘 구성되어 있어서 그대로 따라 하기만 해도 실습하는 데 전혀 무리가 없습니다. 다만 그렇다 보니 간혹 살짝 애매모호한 것도 모두 다 이해했다고 착각할 수 있는데, 반드시 100% 다 이해하고 다음 내용으로 넘어가는 것이 좋습니다. 특히 진입 장벽이 있는 부분들은 반복적인 실습을 통해 익숙해져야 합니다. 예를 들어, 실무에서 많이 사용되는 redux-saga는 제너레이터 함수를 사용하는데 처음 접한다면 다소 낯선 내용일 것입니다. 하지만 예제를 한두 번 따라 해 보고 잘되니 바로 다 이해한 것으로 생각하고 그냥 넘어가 버리면, 정작 실사용할 때 책을 수없이 다시 펼쳐야 할지도 모르므로 꼭 반복적인 실습을 통해 몸에 익혀 두는 것이 좋습니다.

그 외에 최근 많이 쓰이는 모듈 번들러인 웹팩에 대한 내용도 조금씩 나옵니다. 그러나 사실 웹팩 자체만으로도 공부해야 할 내용이 매우 방대하므로, 우선은 그냥 '이런 것이 있구나' 하고 넘어가면서 리액트 본연의 내용에 집중하길 권합니다. 비단 웹팩뿐만 아니라 학습의 흐름을 끊을 수 있는 큰 요소들은 가급적 기본적인 부분만 파악하고 일단 넘어가는 것이 학습 능률 면에서 좋다고 생각합니다.

전반적으로 리액트의 최신 내용까지 반영된 알짜배기 책이므로, 공식 문서와 함께 본다면 실력 향상에 큰 도움이 될 것이라 확신합니다.

실습 환경 Windows 10, React 16.8.4, React Redux 7.0.2, VS Code

허성룡_프런트엔드 개발자

웹 프런트엔드는 최근 몇 년 사이 급격하게 바뀌어 왔습니다. 그 중심에는 자바스크립트라는 언어가 있고, 그와 더불어 (다른 여러 가지 것들이 있지만) 대표적인 기술로서 리액트가 꼽힙니다. 리액트는 리액트만의 철학을 통해 여러분이 어떤 화면을 구성하고자 할 때 레고를 조립하듯이 여러분이 원하는 것을 조립하면서 쉽게 만들 수 있도록 도와줍니다.

저자와 이 책은 제가 이러한 것을 쉽게 배울 수 있도록 도와주었습니다. 책은 이론과 원리에 대해 친절히 설명하고 예제를 통해 쉽게 이해할 수 있도록 해 주며, 근래에 추가된 새로운 기술을 포함하여 세련된 코드를 작성하는 것을 돕습니다. 또한, 책은 단순히 리액트만이 아니라 리덕스나 Node.js의 Koa를 비롯하여 코드 스플리팅, 비동기 로딩, SSR 등과 같은 고급 주제를 다룹니다. 이는 마치 에피타이저와 메인 디쉬, 디저트를 함께 즐길 수 있는 코스 요리와도 같습니다. 더 공부할 거리가 필요하다면, 저자의 블로그나 방송을 통해 질문하거나 추가 자료를 많이 얻을 수 있는 것도 좋습니다.

이 책을 베타테스트 리딩하면서 재미있고 행복했습니다. 책을 읽는 분들도 즐겁게 리액트를 배우셨으면 합니다.

실습 환경 Windows 10 & macOS Mojave, Node 11 & 12 with npm, IntelliJ IDE

손경환_삼성SDS JS 개발자

사내에서 사용할 어드민 사이트를 리액트로 만들게 되면서 책을 접하게 되었습니다.

개인적으로 생각하는 이 책의 가장 큰 장점은 기본 개념 설명과 이를 돕는 간단한 예제가 아니라 여태껏 배운 지식을 응용하여 작은 프로젝트를 만들어 보는 부분이라고 생각합니다. 특히 무언가를 만들어 보면서 학습하는 것을 좋아하는 저로서는 이 부분에서 많은 도움을 받았습니다. 하지만 웹 개발의 기초인 HTML, CSS, 자바스크립트에 대한 기본 지식(문법)을 갖추지 못한 분들은 해당 부분을 먼저 공부할 것을 권합니다.

실습 환경 macOS 10.14.3, Node.js 10.15.0, yarn, IntelliJ IDEA Ultimate

홍종완_우아한형제들 개발자

편집자 실습 후기

자바스크립트를 안다고 말할 수 없을 정도이지만, 책의 실습을 따라 하는 데는 큰 문제가 없었습니다. 그만큼 모든 코드가 오류 없이 들어가 있고, 자세히 설명되어 있습니다. 다만 기존 웹 개발 경험이 없다 보니 리액트가 얼마나 프로그래밍의 질, 프로그래머 삶의 질을 높여 주는지는 체감하지 못했습니다. 리액트를 그냥 사용하는 것이 아니라 정말 효율적으로 잘 사용하려면 많은 고민이 필요할 것 같은데, 이 책이 꾸준한 동반자가 되어 주리라 기대합니다.

실습 환경 Windows 10, Node.js v10.14.1, yarn, VS Code

14장 외부 API를 연동하여 뉴스 뷰어 만들기 ···· 355

1^장

리액트 시작

1.1 / 왜 리액트인가?

최근 몇 년간 전 세계 개발자는 자바스크립트에 뜨겁게 열광하고 있습니다. 한때 자바스크립트는 웹 브라우저에서 간단한 연산을 하거나 시각적인 효과를 주는 단순한 스크립트 언어에 불과했지만, 현재는 웹 애플리케이션에서 가장 핵심적인 역할을 합니다. 더 나아가 영역을 확장하여 서버 사이드는 물론 모바일, 데스크톱 애플리케이션에서도 엄청나게 활약합니다.

▼ 그림 1-1 자바스크립트

예를 들어 슬랙(Slack), 아톰(Atom), VS Code 등 유명한 데스크톱 애플리케이션을 일렉트론(Electron)(자바스크립트로 데스크톱 애플리케이션을 만들 수 있는 프레임워크)으로 개발했습니다. 모바일 애플리케이션도 마찬가지입니다. 자바스크립트로 크로스 플랫폼 애플리케이션을 개발할 수 있는 여러 프레임워크(Ionic, Titanium, NativeScript, React Native 등)를 사용하여 페이스북(Facebook), 디스코드(Discord), 페이팔(Paypal), 이베이(Ebay) 등 수많은 공룡급 애플리케이션과 중·소규모 애플리케이션을 개발했습니다.

이제 자바스크립트만으로도 규모가 큰 애플리케이션을 만들 수 있는 시대가 왔습니다. 대규모 애플리케이션 중 프런트엔드 사이드에서 돌아가는 애플리케이션 구조를 관리하려면 어떻게 해야 할까요? 솔직히 이런 애플리케이션을 특별한 도구 없이 순수하게 자바스크립트로만 관리하려면 골치 아프겠죠? 지금까지 수많은 프레임워크가 조금씩 다른 관점에서 이를 해결하려고 노력해 왔습니다. Angular, Backbone.js, Derby.js, Ember.js, Ext.js, Knockback.js, Sammy.js, PureMVC, Vue.js 등이 말이죠.

▼ 그림 1-2 자바스크립트 기반 프레임워크

이 프레임워크들은 주로 MVC(Model-View-Controller) 아키텍처, MVVM(Model-View-View Model) 아키텍처를 사용합니다. AngularJS의 경우는 MVW(Model-View-Whatever) 아키텍처로 애플리케이션을 구조화하죠.

MVC, MVVM, MVW 등과 같은 여러 구조가 지닌 공통점은 모델(Model)과 뷰(View)가 있다는 것인데요. 모델은 애플리케이션에서 사용하는 데이터를 관리하는 영역이고, 뷰는 사용자에게 보이는 부분입니다. 프로그램이 사용자에게서 어떤 작업(예: 버튼 클릭, 텍스트 입력 등)을 받으면 컨트롤러는 모델 데이터를 조회하거나 수정하고, 변경된 사항을 뷰에 반영합니다.

❤ 그림 1-3 MVC 아키텍처

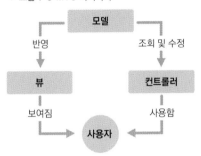

반영하는 과정에서 보통 뷰를 변형(mutate)하지요. 예를 들어 다음 JSON 객체 값을 사용하는 뷰가 있다고 합시다.

```json
{
  "title": "Hello",
  "contents": "Hello World",
  "author": "velopert",
  "likes": 1
}
```

```html
<div id="post-1">
  <div class="title">Hello</div>
  <div class="contents">Hello World</div>
  <div class="author">velopert</div>
  <div class="likes">1</div>
</div>
```

likes 값을 2로 업데이트한다면 애플리케이션에서 post-1의 likes 요소를 찾아 내부를 수정해야겠지요? 업데이트하는 항목에 따라 어떤 부분을 찾아서 변경할지 규칙을 정하는 작업은 간단하지만, 애플리케이션 규모가 크면 상당히 복잡해지고 제대로 관리하지 않으면 성능도 떨어질 수 있습니다.

페이스북 개발 팀은 이를 해결하려고 하나의 아이디어를 고안해 냈는데, 어떤 데이터가 변할 때마다 어떤 변화를 줄지 고민하는 것이 아니라 그냥 기존 뷰를 날려 버리고 처음부터 새로 렌더링하는 방식입니다. 이렇게 하면 애플리케이션 구조가 매우 간단하고, 작성해야 할 코드양도 많이 줄어듭니다. 더 이상 어떻게 변화를 줄지 신경 쓸 필요가 없고, 그저 뷰가 어떻게 생길지 선언하며, 데이터에 변화가 있으면 기존에 있던 것은 버리고 정해진 규칙에 따라 새로 렌더링하면 되니까요.

그런데 이것이 과연 가능할까요? 웹 브라우저에서 이 방식대로 하면 CPU 점유율도 크게 증가할 텐데요. DOM은 느리니까요. 메모리도 많이 사용할 것이고요. 그리고 사용자가 인풋 박스에 텍스트를 입력할 때 기존에 렌더링된 것은 사라지고, 새로 렌더링하면 끊김 현상이 발생할 것입니다.

페이스북 개발 팀이 앞서 설명한 방식으로 최대한 성능을 아끼고 편안한 사용자 경험(user experience)을 제공하면서 구현하고자 개발한 것이 바로 리액트(React)입니다.

▼ 그림 1-4 리액트

1.1.1 리액트 이해

리액트는 자바스크립트 라이브러리로 사용자 인터페이스를 만드는 데 사용합니다. 구조가 MVC, MVW 등인 프레임워크와 달리, **오직 V(View)만 신경 쓰는 라이브러리입니다.**

리액트 프로젝트에서 특정 부분이 어떻게 생길지 정하는 선언체가 있는데, 이를 컴포넌트(component)라고 합니다. 컴포넌트는 다른 프레임워크에서 사용자 인터페이스를 다룰 때 사용하는 템플릿과는 다른 개념입니다. 템플릿은 보통 데이터셋이 주어지면 HTML 태그 형식을 문자열로 반환하는데, 이와 달리 컴포넌트는 좀 더 복합적인 개념입니다. 컴포넌트는 재사용이 가능한 API로 수많은 기능들을 내장하고 있으며, 컴포넌트 하나에서 해당 컴포넌트의 생김새와 작동 방식을 정의합니다.

사용자 화면에 뷰를 보여 주는 것을 렌더링이라고 합니다. 리액트 라이브러리는 뷰를 어떻게 렌더링하길래 데이터가 변할 때마다 새롭게 리렌더링하면서 성능을 아끼고, 최적의 사용자 경험을 제공할 수 있을까요? 이 비밀을 파악하려면 리액트 컴포넌트가 최초로 실행한 '초기 렌더링'과 컴포넌트의 데이터 변경으로 다시 실행되는 '리렌더링' 개념을 이해해야 합니다.

1.1.1.1 초기 렌더링

어떤 UI 관련 프레임워크, 라이브러리를 사용하든지 간에 맨 처음 어떻게 보일지를 정하는 초기 렌더링이 필요합니다. 리액트에서는 이를 다루는 render 함수가 있습니다.

```
render() { ... }
```

이 함수는 컴포넌트가 어떻게 생겼는지 정의하는 역할을 합니다. 이 함수는 html 형식의 문자열을 반환하지 않고, 뷰가 어떻게 생겼고 어떻게 작동하는지에 대한 정보를 지닌 객체를 반환합니다. 컴포넌트 내부에는 또 다른 컴포넌트들이 들어갈 수 있습니다. 이때 render 함수를 실행하면 그 내부에 있는 컴포넌트들도 재귀적으로 렌더링합니다. 이렇게 최상위 컴포넌트의 렌더링 작업이 끝나면 지니고 있는 정보들을 사용하여 HTML 마크업(markup)을 만들고, 이를 우리가 정하는 실제 페이지의 DOM 요소 안에 주입합니다.

▼ 그림 1-5 초기 렌더링

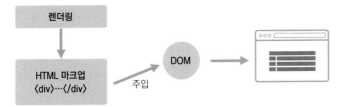

컴포넌트를 실제 페이지에 렌더링할 때는 분리된 두 가지 절차를 따르는데요. 먼저 문자열 형태의 HTML 코드를 생성한 후 특정 DOM에 해당 내용을 주입하면 이벤트가 적용됩니다.

1.1.1.2 조화 과정

리액트 라이브러리에서 중요한 부분인 업데이트를 어떻게 진행하는지 한번 알아봅시다. 우선 리액트에서 뷰를 업데이트할 때는 "업데이트 과정을 거친다"라고 하기보다는 "조화 과정(reconciliation)을 거친다"라고 하는 것이 더 정확한 표현입니다. 컴포넌트에서 데이터에 변화가 있을 때 우리가 보기에는 변화에 따라 뷰가 변형되는 것처럼 보이지만, 사실은 새로운 요소로 갈아끼우기 때문입니다.

이 작업 또한 render 함수가 맡아서 합니다. render 함수는 뷰가 어떻게 생겼고 어떻게 작동하는지에 대한 정보를 지닌 객체를 반환한다고 했었죠? 컴포넌트는 데이터를 업데이트했을 때 단순히 업데이트한 값을 수정하는 것이 아니라, 새로운 데이터를 가지고 render 함수를 또 다시 호출합니다. 그러면 그 데이터를 지닌 뷰를 생성해 내겠죠?

하지만 이때 render 함수가 반환하는 결과를 곧바로 DOM에 반영하지 않고, 이전에 render 함수가 만들었던 컴포넌트 정보와 현재 render 함수가 만든 컴포넌트 정보를 비교합니다.

▼ 그림 1-6 두 DOM 비교

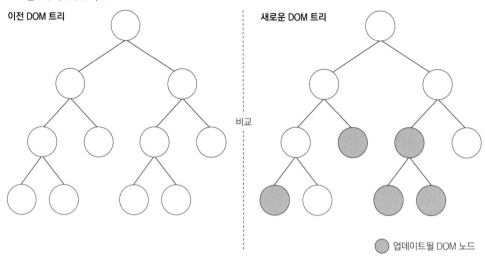

자바스크립트를 사용하여 두 가지 뷰를 최소한의 연산으로 비교한 후, 둘의 차이를 알아내 최소한의 연산으로 DOM 트리를 업데이트하는 것이죠.

▼ 그림 1-7 DOM 트리의 차이 확인

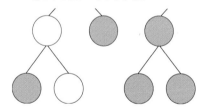

결국 방식 자체는 루트 노드부터 시작하여 전체 컴포넌트를 처음부터 다시 렌더링하는 것처럼 보이지만, 사실 최적의 자원을 사용하여 이를 수행하는 것입니다.

리액트가 어떻게 작동하는지 큰 그림이 그려지나요? 더 구체적으로 이해하려면 다음 절에서 다룰 Virtual DOM을 알아야 합니다.

1.2 리액트의 특징

1.2.1 Virtual DOM

리액트의 주요 특징 중 하나는 Virtual DOM을 사용하는 것입니다.

1.2.1.1 DOM이란?

Virtual DOM을 알아보기 전에, 먼저 DOM이 무엇인지부터 제대로 짚고 넘어갑시다. DOM은 Document Object Model의 약어입니다. 즉, 객체로 문서 구조를 표현하는 방법으로 XML이나 HTML로 작성합니다.

웹 브라우저는 DOM을 활용하여 객체에 자바스크립트와 CSS를 적용하지요. DOM은 트리 형태라서 특정 노드를 찾거나 수정하거나 제거하거나 원하는 곳에 삽입할 수 있습니다.

▼ 그림 1-8 HTML의 DOM 트리

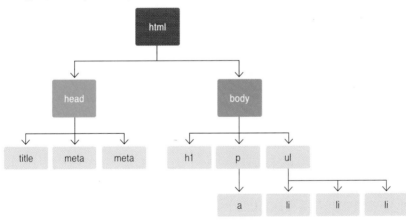

DOM은 과연 느릴까요?

요즘 DOM API를 수많은 플랫폼과 웹 브라우저에서 사용하는데, 이 DOM에는 치명적인 한 가지 문제점이 있습니다. 바로 동적 UI에 최적화되어 있지 않다는 것입니다. HTML은 자체적으로는 정적입니다. 자바스크립트를 사용하여 이를 동적으로 만들 수 있지요.

하지만 요즘 흔히 접하는 큰 규모의 웹 애플리케이션, 예를 들어 트위터나 페이스북을 생각해 보세요. 스크롤바를 내릴수록 수많은 데이터가 로딩됩니다. 그리고 각 데이터를 표현하는 요소(element)들이 있겠죠. 요소 개수가 몇 백 개, 몇 천 개 단위로 많다면(예: 페이스북에서 포스트 한 개를 표현할 때 사용하는 〈div〉 요소 개수는 약 100개입니다) 이야기는 좀 달라집니다. 이렇게 규모가 큰 웹 애플리케이션에서 DOM에 직접 접근하여 변화를 주다 보면 성능 이슈가 조금씩 발생하기 시작합니다. 느려진다는 말인데요. 일부 문서에서는 이를 두고 "요즘 자바스크립트 엔진은 매우 빠른 반면, DOM은 느리다"라고 하는데, 정확한 말은 아닙니다.

DOM 자체는 빠릅니다. DOM 자체를 읽고 쓸 때의 성능은 자바스크립트 객체를 처리할 때의 성능과 비교하여 다르지 않습니다. 단, 웹 브라우저 단에서 DOM에 변화가 일어나면 웹 브라우저가 CSS를 다시 연산하고, 레이아웃을 구성하고, 페이지를 리페인트합니다. 이 과정에서 시간이 허비되는 것입니다.

해결법

HTML 마크업을 시각적인 형태로 변환하는 것은 웹 브라우저가 하는 주 역할이기 때문에, 이를 처리할 때 컴퓨터 자원을 사용하는 것은 어쩔 수 없습니다. DOM을 조작할 때마다 엔진이 웹 페이지를 새로 그리기 때문에 업데이트가 너무 잦으면 성능이 저하될 수 있습니다. 이런 문제를 해결하려면 DOM을 아예 조작하지 않을 수는 없겠지요? 그 대신 DOM을 최소한으로 조작하여 작업을 처리하는 방식으로 개선할 수 있습니다.

리액트는 Virtual DOM 방식을 사용하여 DOM 업데이트를 추상화함으로써 DOM 처리 횟수를 최소화하고 효율적으로 진행합니다.

1.2.1.2 Virtual DOM

Virtual DOM을 사용하면 실제 DOM에 접근하여 조작하는 대신, 이를 추상화한 자바스크립트 객체를 구성하여 사용합니다. 마치 실제 DOM의 가벼운 사본과 비슷하죠.

리액트에서 데이터가 변하여 웹 브라우저에 실제 DOM을 업데이트할 때는 다음 세 가지 절차를 밟습니다.

1. 데이터를 업데이트하면 전체 UI를 Virtual DOM에 리렌더링합니다.
2. 이전 Virtual DOM에 있던 내용과 현재 내용을 비교합니다.
3. 바뀐 부분만 실제 DOM에 적용합니다.

이전 절에 있던 그림을 다시 복습해 볼까요? 여기서 오른쪽의 '새로운 DOM 트리'가 바로 Virtual DOM입니다.

▼ 그림 1-9 두 DOM 비교

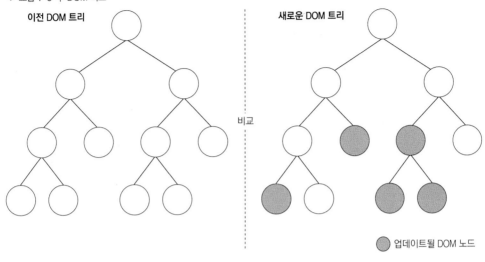

오해

Virtual DOM을 사용한다고 해서 사용하지 않을 때와 비교하여 무조건 빠른 것은 아닙니다. 리액트 매뉴얼에는 다음 문장이 있습니다.

우리는 다음 문제를 해결하려고 리액트를 만들었습니다.

지속적으로 데이터가 변화하는 대규모 애플리케이션 구축하기

예, 그렇습니다. 결국에는 적절한 곳에 사용해야 리액트가 지닌 진가를 비로소 발휘할 수 있습니다. 리액트를 사용하지 않아도 코드 최적화를 열심히 하면 DOM 작업이 느려지는 문제를 개선할 수 있고, 또 작업이 매우 간단할 때는(예: 단순 라우팅 정도만 있는 정적인 페이지) 오히려 리액트를 사용하지 않는 편이 더 나은 성능을 보이기도 합니다.

리액트와 Virtual DOM이 언제나 제공할 수 있는 것은 바로 업데이트 처리 간결성입니다. UI를 업데이트하는 과정에서 생기는 복잡함을 모두 해소하고, 더욱 쉽게 업데이트에 접근할 수 있습니다.

1.2.2 기타 특징

일부 웹 프레임워크가 MVC 또는 MVW 등의 구조를 지향하는 것과 달리 리액트는 오직 뷰만 담당합니다. 다시 한 번 강조하면 리액트는 프레임워크가 아니라 라이브러리입니다. 다른 웹 프레임워크가 Ajax, 데이터 모델링, 라우팅 등과 같은 기능을 내장하고 있는 반면, 리액트는 정말 뷰만 신경 쓰는 라이브러리이므로 기타 기능은 직접 구현하여 사용해야 합니다.

하지만 그렇다고 너무 걱정하지는 마세요. 다른 개발자들이 만든 라이브러리, 즉 라우팅에는 리액트 라우터(react-router), Ajax 처리에는 axios나 fetch, 상태 관리에는 리덕스(redux)나 MobX를 사용하여 빈 자리를 채우면 됩니다. 해당 분야에서 마음에 드는 라이브러리를 사용하면 되니까 자신의 취향대로 스택을 설정할 수 있다는 장점이 있지만, 여러 라이브러리를 접해야 한다는 단점도 있어요.

▼ 그림 1-10 수많은 라이브러리

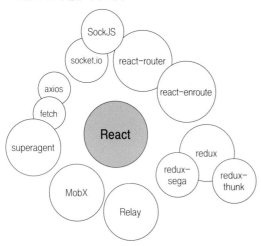

또 리액트는 다른 웹 프레임워크나 라이브러리와 혼용할 수도 있습니다. 예를 들어 Backbone. js, AngularJS 등의 프레임워크와 함께 언제든지 사용할 수 있습니다.

▼ 그림 1-11 다른 프레임워크와의 혼용

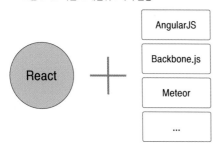

1.3 작업 환경 설정

이제 리액트를 본격적으로 공부해 봅시다. 이 절에서는 리액트 프로젝트를 생성하는 사전 준비 작업을 수행하고 나서 첫 리액트 프로젝트를 만들어 볼 것입니다.

▼ 그림 1-12 첫 리액트 프로젝트

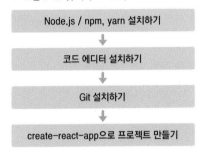

이 책에서는 macOS를 사용하여 실습합니다. 앞으로 진행할 작업은 Windows와 리눅스 환경에서 모두 호환되며, 초반에 필요한 도구를 설치하는 과정만 조금씩 다릅니다. 따라서 macOS 외다른 환경에서 실습을 진행해도 전혀 문제가 없습니다.

1.3.1 Node.js와 npm

리액트 프로젝트를 만들 때는 Node.js를 반드시 먼저 설치해야 합니다. Node.js는 크롬 V8 자바스크립트 엔진으로 빌드한 자바스크립트 런타임입니다. 이것으로 웹 브라우저 환경이 아닌 곳에서도 자바스크립트를 사용하여 연산할 수 있습니다. 2009년 Node.js를 출시한 이후 자바스크립트는 웹 브라우저 영역 외에 웹 서버는 물론, 모바일 애플리케이션, 데스크톱 애플리케이션 영역에서도 엄청나게 활약할 수 있게 되었습니다.

▼ 그림 1-13 Node.js

리액트 애플리케이션은 웹 브라우저에서 실행되는 코드이므로 Node.js와 직접적인 연관은 없지만, 프로젝트를 개발하는 데 필요한 주요 도구들이 Node.js를 사용하기 때문에 설치하는 것입니다. 이때 사용하는 개발 도구에는 ECMAScript 6(2015년 공식적으로 업데이트한 자바스크립트 문법이며, 리액트를 공부하면서 주요 내용을 틈틈이 소개합니다)를 호환시켜 주는 바벨(babel), 모듈화된 코드를 한 파일로 합치고(번들링) 코드를 수정할 때마다 웹 브라우저를 리로딩하는 등의 여러 기능을 지닌 웹팩(webpack) 등이 있습니다. 책 후반부에서는 Node.js를 사용하여 백엔드 서버를 구현합니다.

Node.js를 설치하면 Node.js 패키지 매니저 도구인 npm이 설치됩니다. npm으로 수많은 개발자가 만든 패키지(재사용 가능한 코드)를 설치하고 설치한 패키지의 버전을 관리할 수 있습니다. 리액트 역시 하나의 패키지입니다. 현재 npm 저장소에 등록된 패키지는 약 82만 개로, 하루 평균 475개의 패키지가 새로 등록되고 있습니다. 이러한 생태계는 자바스크립트 개발 환경을 더욱더 강력하게 만들어 주는 주된 요소입니다.

▼ 그림 1-14 npm

npm은 Node.js와 함께 설치합니다. 이제 Node.js와 npm을 설치해 봅시다.

> **노트 Node.js 버전**
> 이 책에서는 Node.js LTS 버전인 16.x 버전을 사용합니다. LTS 버전은 장기적으로 안정적인 지원을 제공하는 버전을 의미합니다. LTS 버전은 매년 10월쯤에 바뀝니다. 여러분이 이 책을 읽는 시점의 LTS 버전을 사용해 주세요.

1.3.1.1 설치: macOS, Ubuntu

macOS와 Ubuntu에서는 Node.js를 여러 버전으로 설치하여 관리해 주는 nvm 도구를 권장합니다. 추후 Node.js 버전을 업데이트하거나 프로젝트별로 버전이 다른 Node.js를 사용해야 할 때, 이 도구가 가장 용이하기 때문입니다.

먼저 터미널을 열고 다음 명령어를 입력하세요.

```
$ curl -o- https://raw.githubusercontent.com/nvm-sh/nvm/v0.38.0/install.sh | bash
```

그다음에는 터미널을 재시작하고, 다음 명령어를 입력하여 nvm을 잘 설치했는지 확인하세요.

```
$ nvm --version
0.38.0
```

터미널을 재시작해도 버전이 나타나지 않는다면, vim 명령어를 입력하여 ~/.bash_profile 파일에 다음 스크립트를 추가해야 합니다(Ubuntu에서는 ~/.bashrc 파일입니다).

```
$ vim ~/.bash_profile
```

```
export NVM_DIR="$HOME/.nvm"
[ -s "$NVM_DIR/nvm.sh" ] && \. "$NVM_DIR/nvm.sh" # This loads nvm
```

nvm을 잘 설치했다면 다음 명령어를 입력하여 Node.js LTS 버전을 설치하세요.

```
$ nvm install --lts
```

1.3.1.2 설치: Windows

Node.js 공식 내려받기 페이지(https://nodejs.org/ko/download/)에서 Windows Installer를 내려받아 설치합니다.

▼ 그림 1–15 Windows Installer를 클릭하여 내려받기

설치가 끝나면 터미널(또는 명령 프롬프트) 창을 열고, 다음 명령어를 입력하여 제대로 설치했는지 확인해 보세요.

```
$ node -v
v16.13.1
```

1.3.2 yarn

Node.js를 설치할 때, 패키지를 관리해 주는 npm이라는 도구가 설치된다고 배웠습니다. 이 책에서는 npm 대신 yarn이라는 패키지 관리자 도구를 설치하여 사용하겠습니다. yarn은 npm을 대체할 수 있는 도구로 npm보다 더 빠르며 효율적인 캐시 시스템과 기타 부가 기능을 제공합니다. npm에 이미 익숙하고 기존에 사용하던 흐름에 변화를 주고 싶지 않다면 yarn 절은 무시하고 npm을 계속 사용해도 무방합니다.

♥ 그림 1-16 yarn

1.3.2.1 설치

yarn은 npm의 글로벌 설치 기능을 통해 설치할 수 있습니다.

```
$ npm install --global yarn
```

1.3.2.2 설치 확인

터미널을 열고 다음 명령어를 입력하여 yarn을 제대로 설치했는지 확인하세요(macOS, Windows, Ubuntu 공통).

```
$ yarn --version
1.22.10
```

1.3.3 에디터 설치

리액트 애플리케이션을 만들면서 코드를 수정할 때 사용할 코드 에디터를 설치해 주세요. 이미 익숙한 에디터가 있다면 해당 에디터를 사용하길 바랍니다. 자신에게 익숙한 것이 최고니까요. 리액트 프로젝트를 진행하면서 자주 사용하는 에디터로는 서브라임 텍스트(Sublime Text), 브래킷(Bracket), VS Code, 아톰 등이 있습니다. 이 책에서는 모든 운영체제를 지원하는 VS Code를 사용하겠습니다.

▼ 그림 1-17 VS Code

VS Code 공식 내려받기 페이지(https://code.visualstudio.com/Download)에서 여러분 운영체제에 맞는 버전을 설치하세요. 이 에디터는 macOS, Windows, 리눅스를 모두 지원합니다.

▼ 그림 1-18 Visual Studio Code 내려받기

1.3.3.1 VS Code 확장 프로그램 설치

VS Code 에디터를 사용할 때 설치하면 유용한 확장 프로그램을 소개합니다.

▼ 그림 1-19 확장 프로그램 설치

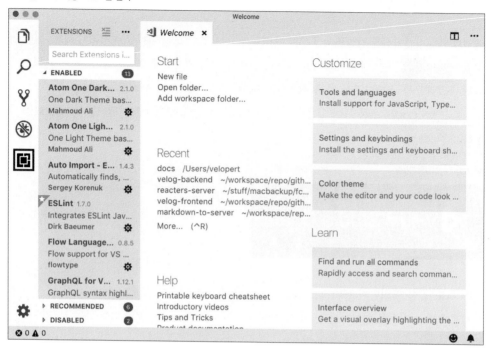

1. **ESLint**: 자바스크립트 문법 및 코드 스타일을 검사해 주는 도구입니다.

2. **Reactjs Code Snippets**: 리액트 컴포넌트 및 라이프사이클 함수를 작성할 때 단축 단어를 사용하여 간편하게 코드를 자동으로 생성해 낼 수 있는 코드 스니펫 모음입니다. 검색했을 때 유사한 결과가 여러 개 나올 수 있는데 제작자가 charalampos karypidis인 것을 설치하세요.

3. **Prettier-Code formatter**: 코드 스타일을 자동으로 정리해 주는 도구입니다.

위 확장 프로그램들을 반드시 설치해야 하는 것은 아니지만, 설치하면 개발할 때 매우 유용합니다. 이 확장 프로그램들은 2장에서 다루어 봅니다.

1.3.3.2 VS Code 언어 한국어로 설정하기

이 책에서는 설명할 때 편의상 VS Code 언어를 한국어로 설정하여 사용합니다. 만약 영어로 사용하는 것을 선호한다면 이 과정은 생략해도 됩니다.

먼저 VS Code 확장 마켓플레이스에서 Korean Language Pack for Visual Studio Code를 설치합니다.

▼ 그림 1-20 확장 프로그램 설치

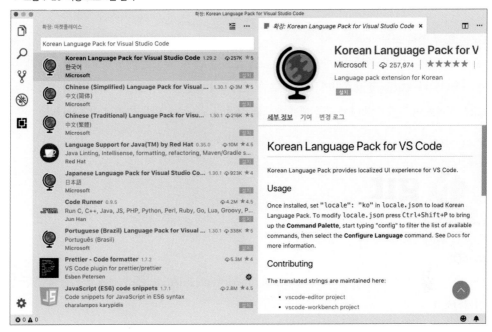

그다음에는 VS Code에서 F1을 누른 후 "Configure Display Language"를 입력하고 나서 Enter를 누릅니다. 이렇게 하면 locale.json이라는 파일이 열리는데, 여기서 다음과 같이 locale 값을 ko로 설정한 뒤 VS Code를 재시작하면 에디터 언어가 한국어로 설정됩니다.

▼ 그림 1-21 VS Code 언어 설정

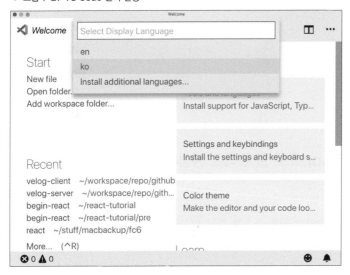

1.3.4 Git 설치

Git은 형상 관리 도구(Configuration Management Tool)로 프로젝트 버전을 관리하고 협업을 할 때 매우 핵심적인 역할을 합니다. 개발자라면 Git을 모르면 안 될 정도로 매우 중요할 뿐 아니라 자주 사용합니다. Git을 잘 모른다면 시간을 조금 투자하여 간단한 사용법을 익히는 것이 좋습니다. Git을 사용하여 앞으로 책에서 다룰 예제 코드를 직접 clone(사본 만들기)해서 참조합니다.

▼ 그림 1-22 Git

macOS
Git 공식 내려받기 페이지(https://git-scm.com/download/mac)에서 설치 파일을 내려받아 설치하세요.

Windows
Git 공식 내려받기 페이지(https://git-scm.com/download/)에서 설치 파일을 내려받아 설치하세요. Windows에서는 bash 에뮬레이터도 함께 설치합니다. 앞으로 리액트 프로젝트를 진행할 때는 cmd 창보다는 bash 에뮬레이터를 사용할 것을 권유합니다(bash가 cmd보다 편하기도 하지만, 터미널에서 사용할 명령어를 macOS, 리눅스에서 사용하는 명령어와 통일하는 것이 주 목적입니다).

Ubuntu

```
sudo apt-get install git-all
```

1.3.5 create-react-app으로 프로젝트 생성하기

create-react-app은 리액트 프로젝트를 생성할 때 필요한 웹팩, 바벨의 설치 및 설정 과정을 생략하고 바로 간편하게 프로젝트 작업 환경을 구축해 주는 도구입니다. 나중에 설정을 커스터마이징해야 하면 자유롭게 설정을 변경할 수도 있습니다.

이 도구를 사용하는 방법은 매우 간단합니다. 터미널을 열고, 프로젝트를 만들고 싶은 디렉터리에서 다음 명령어를 실행하세요.

```
$ yarn create react-app hello-react
```

리액트 프로젝트를 만들 때는 이렇게 yarn create react-app 〈프로젝트 이름〉 명령어를 사용합니다. 프로젝트 이름은 자유롭게 정하면 됩니다.

이렇게 명령어를 입력하고 나면 다음과 같은 결과가 터미널에 나타납니다.

```
$ yarn create react-app hello-react
yarn create v1.12.3
[1/4] Resolving packages...
[2/4] Fetching packages...
[3/4] Linking dependencies...
[4/4] Building fresh packages...
success Installed "create-react-app@3.0.0" with binaries:
      - create-react-app

Creating a new React app in /Users/velopert/playground/react/hello-react.

Installing packages. This might take a couple of minutes.
Installing react, react-dom, and react-scripts...

yarn add v1.12.3
[1/4] Resolving packages...
[2/4]  Fetching packages...
[3/4] Linking dependencies...
(...)
[4/4]   Building fresh packages...
(...)
  Done in 9.45s.

Initialized a git repository.

Success! Created hello-react at /Users/velopert/playground/react/hello-react
Inside that directory, you can run several commands:

  yarn start
    Starts the development server.

  yarn build
    Bundles the app into static files for production.
```

```
yarn test
  Starts the test runner.

yarn eject
  Removes this tool and copies build dependencies, configuration files
  and scripts into the app directory. If you do this, you can't go back!

We suggest that you begin by typing:

cd hello-react
yarn start

Happy hacking!
Done in 16.58s.
```

> **노트** **yarn을 사용하지 않는 경우**
>
> yarn을 사용하지 않는 경우라면 다음 명령어를 사용하여 리액트 프로젝트를 생성할 수 있습니다.
>
> **$ npm init react-app 〈프로젝트 이름〉**

프로젝트 생성이 완료되었다면 다음 명령어를 입력하여 프로젝트 디렉터리로 이동한 뒤 리액트 개발 전용 서버를 구동해 보세요.

```
$ cd hello-react
$ yarn start # 또는 npm start
```

이렇게 명령어를 입력하고 나면 터미널에는 다음과 같은 결과가 나타납니다.

▼ 그림 1-23 개발 서버 구동 터미널 화면

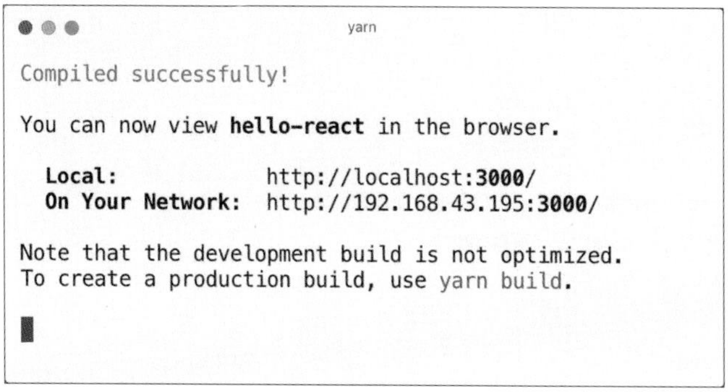

```
● ● ●                       yarn
Compiled successfully!

You can now view hello-react in the browser.

  Local:            http://localhost:3000/
  On Your Network:  http://192.168.43.195:3000/

Note that the development build is not optimized.
To create a production build, use yarn build.

█
```

그리고 브라우저에서 자동으로 리액트 페이지가 띄워질 것입니다. 만약 페이지가 자동으로 열리지 않았다면 브라우저 주소창에 다음 링크를 직접 입력하여 열어 보세요.

- http://localhost:3000/

▼ 그림 1-24 초기 프로젝트 페이지

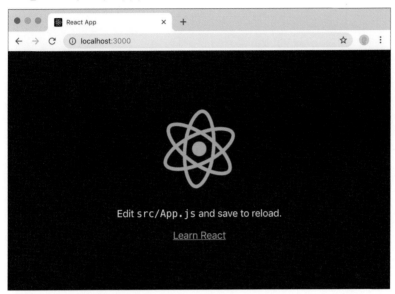

리액트 로고가 보이는 검정색 페이지가 나타났나요? 그렇다면 리액트를 공부하기 위한 준비가 끝났습니다! 이제 본격적으로 리액트를 파헤쳐 봅시다.

2^장

JSX

2.1 / 코드 이해하기

1장에서 만든 프로젝트를 VS Code로 열어 봅시다. VS Code에서 **파일 > 열기** 메뉴를 선택하여 create-react-app으로 만든 hello-react 디렉터리를 엽니다.

❤ 그림 2-1 프로젝트 열기

그다음에는 src/App.js 파일을 열어 보세요.

src/App.js

```javascript
import logo from './logo.svg';
import './App.css';

function App() {
  return (
    <div className="App">
      <header className="App-header">
        <img src={logo} className="App-logo" alt="logo" />
        <p>
          Edit <code>src/App.js</code> and save to reload.
        </p>
        <a
          className="App-link"
          href="https://reactjs.org"
          target="_blank"
```

```
          rel="noopener noreferrer"
        >
          Learn React
        </a>
      </header>
    </div>
  );
}

export default App;
```

리액트에 방금 입문했다면 이 파일의 코드가 조금 낯설 수도 있습니다. 코드를 하나씩 이해해 봅시다.

```
import logo from "./logo.svg";
import "./App.css";
```

여기서 import 구문이 사용됐습니다. 이는 특정 파일을 불러오는 것을 의미합니다. 리액트로 만든 프로젝트의 자바스크립트 파일에서는 import를 사용하여 다른 파일들을 불러와 사용할 수 있습니다.

여기서 한 가지 알아 둘 점이 있습니다. 이렇게 모듈을 불러와서 사용하는 것은 사실 원래 브라우저에는 없던 기능입니다. 브라우저가 아닌 환경에서 자바스크립트를 실행할 수 있게 해 주는 환경인 Node.js에서 지원하는 기능입니다. 참고로 Node.js에서는 import가 아닌 require라는 구문으로 패키지를 불러올 수 있습니다.

이러한 기능을 브라우저에서도 사용하기 위해 번들러(bundler)를 사용합니다. 번들(bundle)은 묶는다는 뜻입니다. 즉, 파일을 묶듯이 연결하는 것이죠.

▼ 그림 2-2 코드 번들링

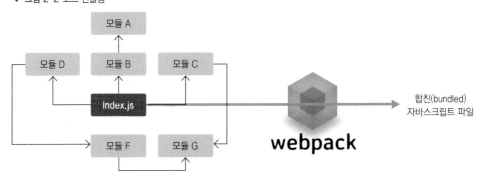

057

대표적인 번들러로 웹팩, Parcel, browserify라는 도구들이 있으며, 각 도구마다 특성이 다릅니다. 리액트 프로젝트에서는 주로 웹팩을 사용하는 추세입니다. 편의성과 확장성이 다른 도구보다 뛰어나기 때문입니다. 번들러 도구를 사용하면 import(또는 require)로 모듈을 불러왔을 때 불러온 모듈을 모두 합쳐서 하나의 파일을 생성해 줍니다. 또 최적화 과정에서 여러 개의 파일로 분리될 수도 있습니다.

이 책의 프로젝트에서는 src/index.js를 시작으로 필요한 파일을 다 불러와서 번들링하게 됩니다.

2017년부터는 브라우저에서도 import 구문을 사용할 수 있게 되었지만, 이는 단순히 다른 경로에 있는 자바스크립트를 불러오는 용도로만 사용되기 때문에 프로젝트 번들링과는 다릅니다.

웹팩을 사용하면 SVG 파일과 CSS 파일도 불러와서 사용할 수 있습니다. 이렇게 파일들을 불러오는 것은 웹팩의 로더(loader)라는 기능이 담당합니다. 로더는 여러 가지 종류가 있습니다. 예를 들어 css-loader는 CSS 파일을 불러올 수 있게 해 주고, file-loader는 웹 폰트나 미디어 파일 등을 불러올 수 있게 해 줍니다. 그리고 babel-loader는 자바스크립트 파일들을 불러오면서 최신 자바스크립트 문법으로 작성된 코드를 바벨이라는 도구를 사용하여 ES5 문법으로 변환해 줍니다.

> **노트 최신 자바스크립트로 작성된 코드를 왜 변환하나요?**
>
> ES5는 이전 버전의 자바스크립트를 의미합니다. 최신 자바스크립트 문법을 ES5 형태로 변환하는 것은 구버전 웹 브라우저와 호환하기 위해서입니다. 현재 대부분의 최신 웹 브라우저에서는 자체적으로 최신 자바스크립트 문법을 바로 실행할 수 있지만, 구버전 웹 브라우저에서는 실행되지 않기 때문에 사전에 꼭 변환해 주어야 합니다. 또한, 우리가 앞으로 배우게 될 리액트 컴포넌트에서 사용하는 JSX라는 문법도 정식 자바스크립트 문법이 아니므로 ES5 형태의 코드로 변환해야 합니다.
>
> ES5 이후의 문법들은 ECMAScript 2015(ES6), ECMAScript 2016(ES7) 등과 같은 형태로 이름이 지어집니다.

웹팩의 로더는 원래 직접 설치하고 설정해야 하지만 리액트 프로젝트를 만들 때 사용했던 create-react-app이 번거로운 작업을 모두 대신해 주기 때문에 우리는 별도의 설정을 할 필요가 없습니다. 이 설정을 커스터마이징하는 것은 나중에 설명하겠습니다.

그다음 코드를 보겠습니다.

```
function App() {
  return (
    <div className="App">
      <header className="App-header">
        <img src={logo} className="App-logo" alt="logo" />
        <p>
          Edit <code>src/App.js</code> and save to reload.
```

```
      </p>
      <a
        className="App-link"
        href="https://reactjs.org"
        target="_blank"
        rel="noopener noreferrer"
      >
        Learn React
      </a>
    </header>
  </div>
  );
}
```

이 코드는 App이라는 컴포넌트를 만들어 줍니다. function 키워드를 사용하여 컴포넌트를 만들었지요? 이러한 컴포넌트를 함수 컴포넌트라고 부릅니다. 프로젝트에서 컴포넌트를 렌더링하면 (렌더링이란 '보여 준다'는 것을 의미합니다) 함수에서 반환하고 있는 내용을 나타냅니다. 함수에서 반환하는 내용을 보면 마치 HTML을 작성한 것 같지요? 하지만 이 코드는 HTML이 아닙니다. 그렇다고 문자열 템플릿도 아닙니다. 이런 코드는 JSX라고 부릅니다.

2.2 / JSX란?

JSX는 자바스크립트의 확장 문법이며 XML과 매우 비슷하게 생겼습니다. 이런 형식으로 작성한 코드는 브라우저에서 실행되기 전에 코드가 번들링되는 과정에서 바벨을 사용하여 일반 자바스크립트 형태의 코드로 변환됩니다. JSX 코드가 어떻게 변환되는지 확인해 볼까요?

JSX

```
function App() {
  return (
    <div>
      Hello <b>react</b>
    </div>
  );
}
```

이렇게 작성된 코드는 다음과 같이 변환됩니다.

```
function App() {
  return React.createElement("div", null, "Hello ", React.createElement("b", null, "react"));
}
```

만약 컴포넌트를 렌더링할 때마다 JSX 코드를 작성하는 것이 아니라 위 코드처럼 매번 React.
createElement 함수를 사용해야 한다면 매우 불편하겠지요? JSX를 사용하면 매우 편하게 UI를
렌더링할 수 있습니다.

> **노트** **그러면 JSX도 자바스크립트 문법이라고 할 수 있을까요?**
>
> JSX는 리액트로 프로젝트를 개발할 때 사용되므로 공식적인 자바스크립트 문법이 아닙니다. 바벨에서는 여러 문법을
> 지원할 수 있도록 preset 및 plugin을 설정합니다. 바벨을 통해 개발자들이 임의로 만든 문법, 혹은 차기 자바스크립
> 트의 문법들을 사용할 수 있습니다.

2.3 / JSX의 장점

2.3.1 보기 쉽고 익숙하다

일반 자바스크립트만 사용한 코드와 JSX로 작성한 코드를 한번 비교해 보세요. 몇 초만 보아도
JSX를 사용하는 편이 더 가독성이 높고 작성하기도 쉽다고 느껴지지요? 결국 HTML 코드를 작성
하는 것과 비슷하니까요. 사실상 이것이 JSX를 사용하는 주된 이유입니다. 자바스크립트로 요소
들을 일일이 만들어야 한다면 불편해서 사용하고 싶지 않을 거예요.

2.3.2 더욱 높은 활용도

JSX에서는 우리가 알고 있는 div나 span 같은 HTML 태그를 사용할 수 있을 뿐만 아니라, 앞으로
만들 컴포넌트도 JSX 안에서 작성할 수 있습니다. App.js에서는 App 컴포넌트가 만들어졌지요?
src/index.js 파일을 열어 보면 이 App 컴포넌트를 마치 HTML 태그 쓰듯이 그냥 작성합니다.

```
import React from 'react';
import ReactDOM from 'react-dom/client';
import './index.css';
import App from './App';
import reportWebVitals from './reportWebVitals';

const root = ReactDOM.createRoot(document.getElementById('root'));
root.render(
 <React.StrictMode>
   <App />
 </React.StrictMode>
);

// If you want to start measuring performance in your app, pass a function
// to log results (for example: reportWebVitals(console.log))
// or send to an analytics endpoint. Learn more: https://bit.ly/CRA-vitals
reportWebVitals();
```

위 코드에서는 document.getElementById를 사용하여 id가 root인 HTML 요소를 찾고(이 요소는 public/index.html에 있습니다), 리액트 컴포넌트를 보여줄 수 있는 루트 인스턴스를 createRoot 함수를 사용하여 생성합니다. 그리고 root.render 함수에 JSX 코드를 인자로 넣어서 보여주고 싶은 컴포넌트를 화면에 보여줍니다.

여기서 React.StrictMode라는 컴포넌트가 사용됐는데요, 이는 리액트 프로젝트에서 앞으로 사라질 레거시 기능을 사용할 때 경고를 주고, 앞으로 미래의 리액트 버전에 도입될 기능들이 정상적으로 호환될 수 있도록 유도하는 개발환경에서만 활성화되는 디버깅용 컴포넌트입니다.

이 책을 작성할 시점엔 해당 옵션이 기본적으로 적용되어 있지 않았습니다. 앞으로 이 책에 나타날 index.js에서 React.StrictMode가 적용되어 있지 않는 예시들이 있으니 참고하세요.

reportWebVitals는 웹 성능을 측정하는 도구입니다. 리액트와 관련 없는 기능이니 당장 신경 쓰지 않아도 괜찮습니다.

2.4 JSX 문법

JSX는 정말 편리한 문법이지만, 올바르게 사용하려면 몇 가지 규칙을 준수해야 합니다.

2.4.1 감싸인 요소

컴포넌트에 여러 요소가 있다면 반드시 부모 요소 하나로 감싸야 합니다. 한번 App.js 파일
의 App 컴포넌트 함수 내부를 지우고 다음과 같이 작성해 보세요. 상단에 있는 SVG와 CSS를
import하는 코드도 지워 주세요.

src/App.js

```js
function App() {
  return (
    <h1>리액트 안녕!</h1>
    <h2>잘 작동하니?</h2>
  )
}


export default App;
```

이런 형태의 코드는 제대로 작동하지 않습니다. 코드를 저장한 후 웹 브라우저나 개발 서버를 실
행했던 터미널을 열어 보세요. 다음 오류가 나타날 것입니다.

```
Failed to compile.

./src/App.js
  Line 6:  Parsing error: Adjacent JSX elements must be wrapped in an enclosing tag.
Did you want a JSX fragment <>...</>?

  4 |    return (
  5 |      <h1>리액트 안녕!</h1>
> 6 |      <h2>잘 작동하니?</h2>
    |       ^
  7 |    )
  8 | }
  9 |
```

요소 여러 개가 부모 요소 하나에 의하여 감싸져 있지 않기 때문에 오류가 발생했습니다. 이 오류는 다음과 같이 코드를 작성하여 해결할 수 있습니다.

src/App.js

```
function App() {
  return (
    <div>
      <h1>리액트 안녕!</h1>
      <h2>잘 작동하니?</h2>
    </div>
  );
}

export default App;
```

리액트 컴포넌트에서 요소 여러 개를 왜 하나의 요소로 꼭 감싸 주어야 할까요? 그것은 Virtual DOM에서 컴포넌트 변화를 감지해 낼 때 효율적으로 비교할 수 있도록 컴포넌트 내부는 하나의 DOM 트리 구조로 이루어져야 한다는 규칙이 있기 때문입니다.

그런데 여기서 꼭 div 요소를 사용하고 싶지 않을 수도 있습니다. 그런 경우에는 리액트 v16 이상부터 도입된 Fragment라는 기능을 사용하면 됩니다.

src/App.js

```
import { Fragment } from 'react';

function App() {
  return (
    <Fragment>
      <h1>리액트 안녕!</h1>
      <h2>잘 작동하니?</h2>
    </Fragment>
  );
}

export default App;
```

코드 상단 import 구문에서 react 모듈에 들어 있는 Fragment라는 컴포넌트를 추가로 불러옵니다. Fragment는 다음과 같은 형태로도 표현할 수 있습니다.

```
function App() {
  return (
    <>
      <h1>리액트 안녕!</h1>
      <h2>잘 작동하니?</h2>
    </>
  );
}

export default App;
```

훨씬 간단하지요? 브라우저에서 결과물도 잘 나타나는지 확인해 보세요.

▼ 그림 2-3 JSX 결과물 1

2.4.2 자바스크립트 표현

JSX가 단순히 DOM 요소를 렌더링하는 기능밖에 없었다면 뭔가 좀 아쉬웠을 것입니다. JSX 안에서는 자바스크립트 표현식을 쓸 수 있습니다. 자바스크립트 표현식을 작성하려면 JSX 내부에서 코드를 { }로 감싸면 됩니다. 자바스크립트 값을 JSX 안에서 한번 렌더링해 봅시다.

src/App.js

```
function App() {
  const name = '리액트';
  return (
    <>
      <h1>{name} 안녕!</h1>
      <h2>잘 작동하니?</h2>
    </>
  );
}

export default App;
```

코드를 저장하고 브라우저로 확인해 보세요. 오류 없이 조금 전과 같은 화면이 나타났나요?

> **노트** **ES6의 const와 let**
>
> const는 ES6 문법에서 새로 도입되었으며 한번 지정하고 나면 변경이 불가능한 상수를 선언할 때 사용하는 키워드입니다. let은 동적인 값을 담을 수 있는 변수를 선언할 때 사용하는 키워드입니다.
>
> ES6 이전에는 값을 담는 데 var 키워드를 사용했는데요. var 키워드는 scope(해당 값을 사용할 수 있는 코드 영역)가 함수 단위입니다.
>
> ```
> function myFunction() {
>   var a = "hello";
>   if(true) {
>     var a = "bye";
>     console.log(a); // bye
>   }
>   console.log(a); // bye
> }
> myFunction();
> ```
>
> if 문 바깥에서 var 값을 hello로 선언하고, if 문 내부에서 bye로 설정했습니다. if 문 내부에서 새로 선언했음에도 if 문 밖에서 a를 조회하면 변경된 값이 나타납니다.
>
> 이런 결점을 해결해 주는 것이 바로 let과 const입니다.
>
> ```
> function myFunction() {
>   let a = 1;
>   if(true) {
>     let a = 2;
>     console.log(a); // 2
>   }
>   console.log(a); // 1
> }
> myFunction();
> ```
>
> let과 const는 scope가 함수 단위가 아닌 블록 단위이므로, if 문 내부에서 선언한 a 값은 if 문 밖의 a 값을 변경하지 않습니다.
>
> let과 const를 사용할 때 같은 블록 내부에서 중복 선언이 불가능하다는 점에 주의하세요.
>
> ```
> let a = 1;
> let a = 2; // 오류: Uncaught SyntaxError: Identifier 'a' has already been declared.
> ```
>
> 그리고 const는 한번 선언하면 재설정할 수 없습니다.
>
> ```
> const b = 1;
> b = 2; // Uncaught TypeError: Assignment to constant variable.
> ```

⊙ 계속

그렇다면 어떤 상황에 각 키워드를 사용해야 할까요? 일단 ES6 문법에서 var을 사용할 일은 없습니다. let은 한번 선언한 후 값이 유동적으로 변할 수 있을 때만(예: for 문) 사용하고, const는 한번 설정한 후 변할 일이 없는 값에 사용합니다.

편하게 생각하면 기본적으로 const를 사용하고, 해당 값을 바꾸어야 할 때는 let을 사용하면 되겠습니다.

2.4.3 If 문 대신 조건부 연산자

JSX 내부의 자바스크립트 표현식에서 if 문을 사용할 수는 없습니다. 하지만 조건에 따라 다른 내용을 렌더링해야 할 때는 JSX 밖에서 if 문을 사용하여 사전에 값을 설정하거나, { } 안에 조건부 연산자를 사용하면 됩니다. 조건부 연산자의 또 다른 이름은 삼항 연산자입니다. 이 연산자를 한번 사용해 볼까요?

src/App.js

```
function App() {
  const name = '리액트';
  return (
    <div>
      {name === '리액트' ? (
        <h1>리액트입니다.</h1>
      ) : (
        <h2>리액트가 아닙니다.</h2>
      )}
    </div>
  );
}

export default App;
```

이렇게 코드를 작성한 후 저장하면 브라우저에서 '리액트입니다.'라는 문구를 볼 수 있습니다. 하지만 name 값을 다음과 같이 다른 값으로 바꾸면,

```
const name = '뤼액트';
```

'리액트가 아닙니다.'라는 문구가 나타날 것입니다.

▼ 그림 2-4 JSX 결과물 2

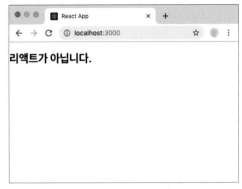

2.4.4 AND 연산자(&&)를 사용한 조건부 렌더링

개발하다 보면 특정 조건을 만족할 때 내용을 보여 주고, 만족하지 않을 때 아예 아무것도 렌더링하지 않아야 하는 상황이 올 수 있습니다. 이럴 때도 조건부 연산자를 통해 구현할 수는 있습니다.

src/App.js

```
function App() {
  const name = '뤼액트';
  return <div>{name === '리액트' ? <h1>리액트입니다.</h1> : null}</div>;
}

export default App;
```

위 코드와 같이 null을 렌더링하면 아무것도 보여 주지 않습니다.

하지만 이것보다 더 짧은 코드로 똑같은 작업을 할 수 있습니다. 다음과 같이 && 연산자를 사용해서 조건부 렌더링을 할 수 있습니다.

src/App.js

```
function App() {
  const name = '뤼액트';
  return <div>{name === '리액트' && <h1>리액트입니다.</h1>}</div>;
}

export default App;
```

이렇게 코드를 작성하고 나면 브라우저에 아무것도 나타나지 않을 것입니다. 다시 name 값을 리액트로 설정하면 '리액트입니다.'라는 문구가 나타날 것입니다.

&& 연산자로 조건부 렌더링을 할 수 있는 이유는 리액트에서 false를 렌더링할 때는 null과 마찬가지로 아무것도 나타나지 않기 때문입니다. 여기서 한 가지 주의해야 할 점이 있는데요. falsy한 값인 0은 예외적으로 화면에 나타난다는 것입니다.

```
const number = 0;
return number && <div>내용</div>
```

이런 코드는 화면에 숫자 0을 보여 줍니다.

> **노트** **JSX는 언제 괄호로 감싸야 하나요?**
>
> JSX를 작성할 때 (<div>Hello World</div>)와 같이 괄호로 감쌀 때도 있고, 감싸지 않을 때도 있습니다. 주로 JSX를 여러 줄로 작성할 때 괄호로 감싸고, 한 줄로 표현할 수 있는 JSX는 감싸지 않습니다. JSX를 괄호로 감싸는 것은 필수 사항이 아닙니다. 감싸도 되고 감싸지 않아도 됩니다.

2.4.5 undefined를 렌더링하지 않기

리액트 컴포넌트에서는 함수에서 undefined만 반환하여 렌더링하는 상황을 만들면 안 됩니다. 예를 들어 다음과 같은 코드는 오류를 발생시킵니다.

src/App.js
```
import './App.css';

function App() {
  const name = undefined;
  return name;
}

export default App;
```

코드를 저장한 후 브라우저를 확인해 보면 다음과 같은 오류를 볼 수 있습니다.

```
App(...): Nothing was returned from render. This usually means a return statement is
missing. Or, to render nothing, return null.
```

어떤 값이 undefined일 수도 있다면, OR(||) 연산자를 사용하면 해당 값이 undefined일 때 사용할 값을 지정할 수 있으므로 간단하게 오류를 방지할 수 있습니다.

```
import './App.css';

function App() {
  const name = undefined;
  return name || '값이 undefined입니다.';
}

export default App;
```

반면 JSX 내부에서 undefined를 렌더링하는 것은 괜찮습니다.

```
import './App.css';

function App() {
  const name = undefined;
  return <div>{name}</div>;
}

export default App;
```

name 값이 undefined일 때 보여 주고 싶은 문구가 있다면 다음과 같이 코드를 작성하면 됩니다.

src/App.js

```
import './App.css';

function App() {
  const name = undefined;
  return <div>{name || '리액트'}</div>;
}

export default App;
```

2.4.6 인라인 스타일링

리액트에서 DOM 요소에 스타일을 적용할 때는 문자열 형태로 넣는 것이 아니라 객체 형태로 넣어 주어야 합니다. 스타일 이름 중에서 background-color처럼 - 문자가 포함되는 이름이 있는데요. 이러한 이름은 – 문자를 없애고 카멜 표기법(camelCase)으로 작성해야 합니다. 따라서 background-color는 backgroundColor로 작성합니다.

다음 예시 코드를 따라 작성해 보세요.

src/App.js

```javascript
function App() {
  const name = '리액트';
  const style = {
    // background-color는 backgroundColor와 같이 -가 사라지고 카멜 표기법으로 작성됩니다.
    backgroundColor: 'black',
    color: 'aqua',
    fontSize: '48px', // font-size -> fontSize
    fontWeight: 'bold', // font-weight -> fontWeight
    padding: 16 // 단위를 생략하면 px로 지정됩니다.
  };
  return <div style={style}>{name} </div>;
}


export default App;
```

지금은 style 객체를 미리 선언하고 div의 style 값으로 지정해 주었는데요. 미리 선언하지 않고 바로 style 값을 지정하고 싶다면 다음과 같이 작성하면 됩니다.

src/App.js

```javascript
function App() {
  const name = '리액트';
  return (
    <div
      style={{
        // background-color는 backgroundColor와 같이 -가 사라지고 카멜 표기법으로 작성됩니다.
        backgroundColor: 'black',
        color: 'aqua',
        fontSize: '48px', // font-size -> fontSize
        fontWeight: 'bold', // font-weight -> fontWeight
        padding: 16 // 단위를 생략하면 px로 지정됩니다.
      }}
    >
      {name}
    </div>
  );
```

```
}

export default App;
```

▼ 그림 2-5 JSX 결과물 3

결과물이 위와 같이 잘 나타났나요?

2.4.7 class 대신 className

일반 HTML에서 CSS 클래스를 사용할 때는 `<div class="myclass"></div>`와 같이 class라는 속성을 설정합니다. 하지만 JSX에서는 class가 아닌 className으로 설정해 주어야 합니다.

우선 src 디렉터리 안에 있는 App.css를 열어서 내부 내용을 다 지운 뒤에 새 CSS 클래스를 작성해 보세요.

src/App.css

```css
.react {
  background: aqua;
  color: black;
  font-size: 48px;
  font-weight: bold;
  padding: 16px;
}
```

이번에는 기존 App 컴포넌트에서 인라인 스타일에 사용한 폰트 색상과 배경색을 뒤바꾼 스타일입니다.

이제 App.js 파일에서 상단에 App.css를 불러온 뒤 div 요소에 className 값을 지정해 주세요.

---

src/App.js

```
import './App.css';

function App() {
  const name = '리액트';
  return <div className="react">{name}</div>;
}

export default App;
```

코드를 저장하고 브라우저에 다음과 같은 화면이 나타나는지 확인해 보세요.

▼ 그림 2-6 JSX 결과물 4

JSX를 작성할 때 CSS 클래스를 설정하는 과정에서 className이 아닌 class 값을 설정해도 스타일이 적용되기는 합니다. 하지만 그렇게 사용하면 브라우저 개발자 도구의 **Console** 탭에 다음과 같은 경고가 나타납니다.

```
Warning: Invalid DOM property `class`. Did you mean `className`?
    in div (at App.js:6)
    in App (at src/index.js:7)
```

이전에는 class로 CSS 클래스를 설정할 때 오류가 발생하고 CSS 클래스가 적용되지 않았는데, 리액트 v16 이상부터는 class를 className으로 변환시켜 주고 경고를 띄웁니다.

2.4.8 꼭 닫아야 하는 태그

HTML 코드를 작성할 때 가끔 태그를 닫지 않은 상태로 코드를 작성하기도 합니다. 예를 들면 input HTML 요소는 `<input></input>`이라 입력하지 않고 `<input>`이라고만 입력해도 작동합니다. HTML에서 다음과 같은 코드는 문제없이 작동합니다.

태그를 닫지 않은 HTML 코드

```
<form>
  성: <br>
  <input><br>
  이름: <br>
  <input>
</form>
```

위 코드에서 br과 input 태그는 열기만 하고 닫지 않았습니다.

JSX에서는 위 코드처럼 태그를 닫지 않으면 오류가 발생합니다. 다음과 같이 App.js 파일의 코드를 한번 수정해 보세요.

src/App.js

```
import './App.css';

function App() {
  const name = '리액트';
  return (
    <>
      <div className="react">{name}</div>
      <input>
    </>
  );
}

export default App;
```

코드를 저장하면 개발 서버가 실행 중인 터미널에서 다음과 같은 오류가 나타날 것입니다.

```
Failed to compile.

./src/App.js
```

```
Line 10:  Parsing error: Unterminated JSX contents

   8 |      <div class="react">{name}</div>
   9 |      <input>
> 10 |    </>
     |         ^
  11 |    );
  12 |  }
  13 |
```

이 오류를 해결하려면 다음과 같이 input 태그를 닫아 주어야 합니다.

src/App.js

```js
import './App.css';

function App() {
  const name = '리액트';
  return (
    <>
      <div className="react">{name}</div>
      <input></input>
    </>
  );
}

export default App;
```

태그 사이에 별도의 내용이 들어가지 않는 경우에는 다음과 같이 작성할 수도 있습니다. 이러한 태그를 self-closing 태그라고 부릅니다. 태그를 선언하면서 동시에 닫을 수 있는 태그죠.

src/App.js

```js
import './App.css';

function App() {
  const name = '리액트';
  return (
    <>
      <div className="react">{name}</div>
      <input />
    </>
  );
```

```
  }

export default App;
```

2.4.9 주석

JSX 안에서 주석을 작성하는 방법은 일반 자바스크립트에서 주석을 작성할 때와 조금 다릅니다.
다음 코드를 한번 살펴보세요.

src/App.js

```
import './App.css';

function App() {
  const name = '리액트';
  return (
    <>
      {/* 주석은 이렇게 작성합니다. */}
      <div
        className="react" // 시작 태그를 여러 줄로 작성하게 된다면 여기에 주석을 작성할 수 있습니다.
      >
        {name}
      </div>
      // 하지만 이런 주석이나
      /* 이런 주석은 페이지에 그대로 나타나게 됩니다. */
      <input />
    </>
  );
}

export default App;
```

JSX 내부에서 주석을 작성할 때는 {/* … */}와 같은 형식으로 작성합니다. 이렇게 여러 줄로 작성할 수도 있습니다. 그리고 시작 태그를 여러 줄로 작성할 때는 그 내부에서 // …과 같은 형태의 주석도 작성할 수 있습니다.

만약 일반 자바스크립트에서 주석을 작성할 때처럼 아무 데나 주석을 작성하면 그 주석은 페이지에 고스란히 나타납니다.

위 코드를 따라 작성한 다음 결과를 확인해 보세요.

▼ 그림 2-7 JSX 결과물 5

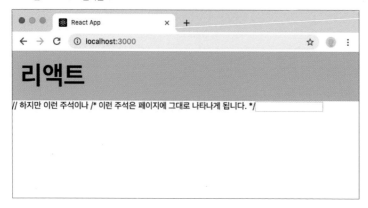

2.5 ESLint와 Prettier 적용하기

2.5.1 ESLint

ESLint는 문법 검사 도구이고, Prettier는 코드 스타일 자동 정리 도구입니다. 해당 도구는 1장에서 설치했으며, 이 절에서는 사용하는 방법을 간략하게 알아보겠습니다. 혹 아직 설치하지 않았다면 VS Code 마켓플레이스에서 ESLint와 Prettier를 설치하세요.

ESLint는 코드를 작성할 때 실수를 하면 에러 혹은 경고 메시지를 VS Code 에디터에서 바로 확인할 수 있게 해 줍니다.

예를 들어 주석을 잘못 입력해서 입력한 내용이 화면에 그대로 나오고 있는 상황이라면 다음과 같이 에디터에서 확인할 수 있습니다.

✔ 그림 2-8 에디터에 뜨는 경고

에디터 하단에 뜨는 **문제** 탭은 VS Code의 상단 메뉴에서 **보기** > **문제**를 클릭하여 열 수 있습니다.

✔ 그림 2-9 문제 탭 열기

지금 에디터에 뜬 경고처럼 초록색 줄이 그어진 코드는 고치기 싫다면 그냥 무시해도 됩니다. 하지만 빨간색 줄이 그어진 코드는 반드시 고쳐야 합니다. 예를 들어 2.4.1절에서 배운 감싸인 요소 규칙을 어기면 다음과 같이 에디터에 오류가 나타납니다.

▼ 그림 2-10 반드시 고쳐야 하는 오류

이런 오류는 고치지 않으면 페이지가 브라우저에 나타나지 않는 치명적인 오류이므로 꼭 고쳐 주어야 합니다.

2.5.2 Prettier

JSX를 작성할 때는 코드의 가독성을 위해 들여쓰기를 사용합니다. 들여쓰기가 제대로 되어 있지 않은 코드는 읽기가 매우 힘들기 때문이죠. 기존 코드를 다음과 같이 한번 작성해 보세요.

App.js

```
import './App.css';

function App() {
  const name = '리액트';
```

```
  return (
    <div>
      <div className="react">{
        name
      }</div>
              <h1>들여쓰기가 이상한</h1>
            <h2>코드</h2>
        <p>입니다.</p>
                </div>
    )
  }


export default App;
```

코드가 굉장히 난잡하지요? 이 코드를 정리해 봅시다. VS Code에서 F1 을 누르고 format이라고
입력한 다음 Enter 를 누르세요. 만약 여러분이 다른 포맷 도구(예: Beautify)를 설치했다면 충돌
이 발생할 수도 있으니 주의하세요.

❤ 그림 2-11 Prettier 코드 정리

Prettier를 사용하여 자동 코드 정리를 하면 코드가 제대로 정렬되고, 세미콜론(;)이 빠진 곳에는 세미콜론이 자동으로 추가되고, 기존에 사용하던 작은따옴표는 모두 큰따옴표로 바뀌었을 것입니다.

자바스크립트에서는 문자열을 표현할 때 작은따옴표를 써도 되고 큰따옴표를 써도 됩니다. 세미콜론은 코드의 뒷부분에 무조건 있어야 하는 문자가 아닙니다. 이는 단순히 코딩 관습의 차이일 뿐입니다. 주로 협업하는 과정에서 정하는 규칙이고, 사람들마다 다른 방식을 사용합니다.

Prettier의 장점은 이러한 스타일을 쉽게 커스터마이징할 수 있다는 것입니다. 현재 열려 있는 프로젝트의 루트 디렉터리(src, public 디렉터리들이 위치한 곳)에서 .prettierrc라는 파일을 생성한 후 다음 내용을 입력해 보세요.

.prettierrc

```
{
  "singleQuote": true,
  "semi": true,
  "useTabs": false,
  "tabWidth": 2
}
```

이 파일에서는 들여쓰기를 할 때 탭 대신 공백을 두 칸 사용하도록 했습니다. 그리고 큰따옴표 대신 작은 따옴표를 쓰게 했고, 세미콜론은 언제나 붙이도록 설정했습니다. Prettier에서는 이 외에도 다양한 코드 스타일을 사전 설정할 수 있습니다. 이에 대한 내용은 Prettier Options 페이지(https://prettier.io/docs/en/options.html)를 참고하세요.

2.5.2.1 저장할 때 자동으로 코드 정리하기

코드 스타일을 정리할 필요가 있을 때마다 F1을 누른 후 Format을 입력하는 것보다, 혹은 단축키를 입력하는 것보다 더 편한 방식은 저장할 때 자동으로 정리하게 만드는 것입니다.

물론 이 설정은 취향에 따라 불필요할 수 있습니다. 만약 코드 정리를 수작업으로 하고 싶다면 이 설정은 생략해도 무방합니다.

먼저 VS Code 환경 설정을 엽니다.

❤ 그림 2-12 VS Code 설정 열기

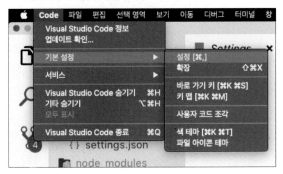

VS Code 설정은 **Code**(윈도우의 경우 **파일**) 〉 **기본 설정** 〉 **설정** 메뉴를 클릭하여 열 수 있습니다. 다음으로 상단 텍스트 박스에서 format on save를 검색하여 나타나는 체크 박스에 체크해 주세요. 이제부터는 저장할 때마다 코드가 자동으로 정리될 것입니다.

❤ 그림 2-13 Format On Save 체크하기

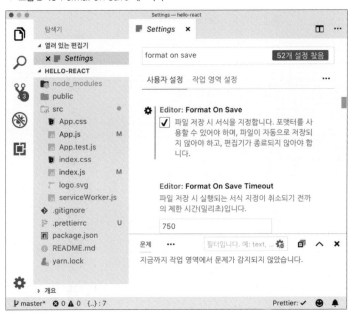

2.6 정리

JSX는 HTML과 비슷하지만 완전히 똑같지는 않습니다. 코드로 보면 XML 형식이지만 실제로는 자바스크립트 객체이며, 용도도 다르고 문법도 조금씩 차이가 납니다. 2.4절에서 다룬 몇 가지 문법 차이를 잘 기억해 두세요. 아직은 JSX밖에 배우지 않았으므로 할 수 있는 것이 별로 없습니다. 다음 장에서 컴포넌트를 자세히 알아보면서 리액트를 적극적으로 활용하는 방법을 배워 봅시다.

3^장

컴포넌트

리액트를 사용하여 애플리케이션의 인터페이스를 설계할 때 사용자가 볼 수 있는 요소는 여러 가지 컴포넌트로 구성되어 있습니다. 예를 들어 뒤에서 만들어 볼 일정 관리 애플리케이션을 미리 살펴봅시다.

▼ 그림 3-1 일정 관리 애플리케이션

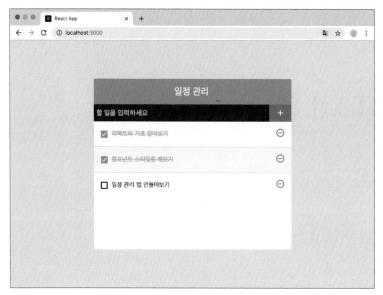

위 프로젝트는 총 네 가지 컴포넌트를 사용하여 구성했습니다. 먼저 전체적인 틀을 잡아 주는 TodoTemplate 컴포넌트입니다. 이 컴포넌트는 현재 화면의 중앙에 있는 사각형 레이아웃의 역할을 하고 있습니다. 그리고 새로운 항목을 추가할 수 있는 TodoInput 컴포넌트입니다. 위 화면에서는 검정색 영역이 바로 TodoInput입니다. 그리고 할 일 항목을 여러 개 보여 주는 TodoList 컴포넌트입니다. 마지막으로 TodoList에서 각 항목을 보여 주기 위해 사용되는 TodoItem 컴포넌트입니다.

컴포넌트의 기능은 단순한 템플릿 이상입니다. 데이터가 주어졌을 때 이에 맞추어 UI를 만들어 주는 것은 물론이고, 라이프사이클 API를 이용하여 컴포넌트가 화면에서 나타날 때, 사라질 때, 변화가 일어날 때 주어진 작업들을 처리할 수 있으며, 임의 메서드를 만들어 특별한 기능을 붙여 줄 수 있습니다.

이 장에서는 먼저 클래스형 컴포넌트에 대해 살펴본 뒤, 컴포넌트를 새로 만들고 사용하는 방법을 알아보겠습니다. 그리고 컴포넌트의 속성 값을 지닌 props와 상태 값을 지닌 state를 사용하는 방법도 알아보겠습니다.

3.1 / 클래스형 컴포넌트

2장에서 보았던 App 컴포넌트는 함수 컴포넌트며, 코드가 다음과 같은 구조로 이루어져 있습니다.

App.js

```
import './App.css';

function App() {
  const name = '리액트';
  return <div className="react">{name}</div>;
}

export default App;
```

컴포넌트를 선언하는 방식은 두 가지입니다. 하나는 함수 컴포넌트이고, 또 다른 하나는 클래스형 컴포넌트입니다.

클래스형 컴포넌트가 어떻게 이루어졌는지 확인해 볼까요? App.js 코드를 한번 다음과 같이 수정해 보세요.

App.js

```
import { Component } from 'react';

class App extends Component {
  render() {
    const name = 'react';
    return <div className="react">{name}</div>;
  }
}

export default App;
```

클래스형 컴포넌트로 바뀌었지만 역할은 이전에 보았던 함수 컴포넌트와 똑같습니다. 클래스형 컴포넌트와 함수 컴포넌트의 차이점은 클래스형 컴포넌트의 경우 이후 배울 state 기능 및 라이프 사이클 기능을 사용할 수 있다는 것과 임의 메서드를 정의할 수 있다는 것입니다.

ES6의 클래스 문법

ES6 이전에는 자바스크립트에 클래스(class)가 없었습니다. 개념 자체는 있었지만, 그것을 구현하려면 class 대신에 prototype이라는 문법을 사용하여 다음과 같이 작업해야 했습니다.

```
function Dog(name) {
  this.name = name;
}


Dog.prototype.say = function() {
  console.log(this.name + ': 멍멍');
}

var dog = new Dog('검둥이');
dog.say(); // 검둥이: 멍멍
```

ES6 문법부터는 이것과 기능이 똑같은 코드를 class를 사용하여 다음과 같이 작성할 수 있습니다.

```
class Dog {
  constructor(name) {
    this.name = name;
  }
  say() {
    console.log(this.name + ': 멍멍');
  }
}

const dog = new Dog('흰둥이');
dog.say(); // 흰둥이: 멍멍
```

클래스형 컴포넌트에서는 render 함수가 꼭 있어야 하고, 그 안에서 보여 주어야 할 JSX를 반환해야 합니다.

컴포넌트를 선언할 수 있는 두 가지 방법 중 어느 상황에 함수 컴포넌트를 사용해야 할까요?

함수 컴포넌트의 장점을 나열해 보면 다음과 같습니다. 우선 클래스형 컴포넌트보다 선언하기가 훨씬 편합니다. 메모리 자원도 클래스형 컴포넌트보다 덜 사용합니다. 또한, 프로젝트를 완성하여 빌드한 후 배포할 때도 함수 컴포넌트를 사용하는 것이 결과물의 파일 크기가 더 작습니다(함수 컴포넌트와 클래스형 컴포넌트는 성능과 파일 크기 면에서 사실상 별 차이가 없으므로 이 부분은 너무 중요하게 여기지 않아도 됩니다).

함수 컴포넌트의 주요 단점은 state와 라이프사이클 API의 사용이 불가능하다는 점인데요. 이 단점은 리액트 v16.8 업데이트 이후 Hooks라는 기능이 도입되면서 해결되었습니다. 완전히 클래스형 컴포넌트와 똑같이 사용할 수 있는 것은 아니지만 조금 다른 방식으로 비슷한 작업을 할 수 있게 되었습니다. 이번 장에서 Hooks에 대한 내용은 맛보기로만 조금 배워 보고, 8장에서 더 자세히 다루겠습니다.

리액트 공식 매뉴얼에서는 컴포넌트를 새로 작성할 때 함수 컴포넌트와 Hooks를 사용하도록 권장하고 있습니다. 하지만 그렇다고 해서 클래스형 컴포넌트가 사라지는 것은 아니므로 클래스형 컴포넌트의 기능은 꼭 알아 두어야 합니다.

이 책의 경우 초반부에서는 기능을 구현할 때 클래스형 컴포넌트 위주로 사용하여 리액트의 기본기를 익히고, 후반부에서는 Hooks를 완벽히 이해한 후 함수 컴포넌트와 Hooks를 기반으로 컴포넌트를 작성합니다.

3.2 / 첫 컴포넌트 생성

REACT

첫 번째 컴포넌트를 만들어 봅시다.

▼ 그림 3-2 첫 컴포넌트 생성

3.2.1 src 디렉터리에 MyComponent.js 파일 생성

컴포넌트를 만들려면 컴포넌트 코드를 선언해야 합니다. 컴포넌트 코드를 선언할 파일을 만들어 봅시다. VS Code 왼쪽 사이드바에 있는 파일 목록 중 src 디렉터리를 마우스 오른쪽 버튼으로 누른 후 새 파일 메뉴를 선택하세요.

새 파일 이름을 입력하는 칸이 나타나면 MyComponent.js라고 입력하세요.

▼ 그림 3-3 새 컴포넌트 생성

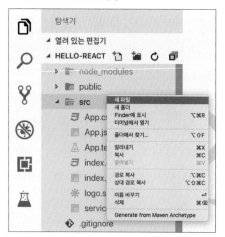

3.2.2 코드 작성하기

MyComponent.js 파일을 열고 새 컴포넌트의 코드를 작성해 보세요. 먼저 함수 컴포넌트로 작성하고, 나중에 클래스형 컴포넌트로도 작성해 보겠습니다.

MyComponent.js

```
const MyComponent = () => {
  return <div>나의 새롭고 멋진 컴포넌트</div>;
};

export default MyComponent;
```

이번에 작성한 코드는 이전에 보았던 App 컴포넌트와 형태가 조금 다릅니다. 함수를 작성할 때 function 키워드를 사용하는 대신에 () => {}를 사용하여 함수를 만들어 주었습니다. 이는 ES6에 도입된 화살표 함수 문법입니다.

ES6의 화살표 함수

화살표 함수(arrow function)는 ES6 문법에서 함수를 표현하는 새로운 방식입니다. 그렇다고 해서 기존 function을 이용한 함수 선언 방식을 아예 대체하지는 않습니다. 사용 용도가 조금 다릅니다. 이 문법은 주로 함수를 파라미터로 전달할 때 유용합니다.

```
setTimeout(function() {
  console.log('hello world');
}, 1000);

setTimeout(() => {
  console.log('hello world');
}, 1000);
```

이 문법이 기존 function을 대체할 수 없는 것은 용도가 다르기 때문입니다. 무엇보다 서로 가리키고 있는 this 값이 다릅니다.

다음 코드를 한번 확인해 보세요.

```
function BlackDog() {
  this.name = '흰둥이';
  return {
    name: '검둥이',
    bark: function() {
      console.log(this.name + ': 멍멍!');
    }
  }
}

const blackDog = new BlackDog();
blackDog.bark(); // 검둥이: 멍멍!

function WhiteDog() {
  this.name = '흰둥이';
  return {
    name: '검둥이',
    bark: () => {
      console.log(this.name + ': 멍멍!');
    }
  }
}

const whiteDog = new WhiteDog();
whiteDog.bark(); // 흰둥이: 멍멍!
```

● 계속

function()을 사용했을 때는 검둥이가 나타나고, ( ) =>를 사용했을 때는 흰둥이가 나타납니다. 일반 함수는 자신이 종속된 객체를 this로 가리키며, 화살표 함수는 자신이 종속된 인스턴스를 가리킵니다.

화살표 함수는 값을 연산하여 바로 반환해야 할 때 사용하면 가독성을 높일 수 있습니다.

```
function twice(value) {
  return value * 2;
}


const triple = (value) => value * 3;
```

이렇게 따로 { }를 열어 주지 않으면 연산한 값을 그대로 반환한다는 의미입니다.

함수 컴포넌트를 선언할 때 function 키워드를 사용하는 것과 화살표 함수 문법을 사용하는 것간에는 큰 차이가 없습니다. 화살표 함수를 사용하는 것이 좀 더 간결하기 때문에 이 책에서는 함수 컴포넌트를 만들 때 화살표 함수 문법을 사용하겠습니다. 어떤 방식을 선택할지는 단지 각자의 취향에 달려 있습니다.

> **노트** **Reactjs Code Snippet을 사용하여 코드 생성하기**
>
> VS Code에서 Reactjs Code Snippet 확장 프로그램을 설치했다면 컴포넌트 코드를 간편하고 빠르게 생성할 수 있습니다. 에디터에서 rsc를 입력하고 Enter를 눌러 보세요.
>
> ❤ 그림 3-4 Reactjs Code Snippet 사용

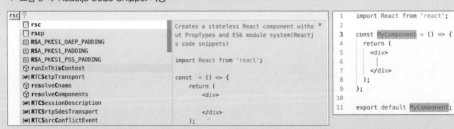

코드를 생성하고 나면 컴포넌트 이름이 선택된 상태로 나타나는데, 여기서 수정하면 컴포넌트 이름을 변경할 수 있고 Tab을 누르면 선택을 해제할 수 있습니다.

참고로 클래스형 컴포넌트는 rcc를 입력하여 사용할 수 있습니다.

3.2.3 모듈 내보내기 및 불러오기

3.2.3.1 모듈 내보내기(export)

방금 작성한 컴포넌트에서 맨 아래 코드를 확인해 보세요.

MyComponent.js – 맨 아래 코드
```
export default MyComponent;
```

이 코드는 다른 파일에서 이 파일을 import할 때, 위에서 선언한 MyComponent 클래스를 불러오도록 설정합니다.

3.2.3.2 모듈 불러오기(import)

이번에는 App 컴포넌트에서 MyComponent 컴포넌트를 불러와서 사용해 봅시다. 기존에 App 컴포넌트에 있던 코드를 모두 지우고 다음과 같이 새로 작성해 보세요.

App.js
```
import MyComponent from './MyComponent';

const App = () => {
  return <MyComponent />;
};

export default App;
```

위 코드에서 import 구문을 사용하는 두 번째 줄은 우리가 만든 MyComponent 컴포넌트를 불러옵니다. 코드를 저장하고 브라우저에서 다음과 같이 렌더링되었는지 확인해 보세요.

▼ 그림 3-5 MyComponent를 불러와 렌더링하기

3.3 props

props는 properties를 줄인 표현으로 컴포넌트 속성을 설정할 때 사용하는 요소입니다. props 값은 해당 컴포넌트를 불러와 사용하는 부모 컴포넌트(현 상황에서는 App 컴포넌트가 부모 컴포넌트입니다)에서 설정할 수 있습니다.

3.3.1 JSX 내부에서 props 렌더링

우선 MyComponent 컴포넌트를 수정하여 해당 컴포넌트에서 name이라는 props를 렌더링하도록 설정해 봅시다. props 값은 컴포넌트 함수의 파라미터로 받아 와서 사용할 수 있습니다. props를 렌더링할 때 2장에서 배웠던 것처럼 JSX 내부에서 { } 기호로 감싸 주면 됩니다.

```
const MyComponent = props => {
  return <div>안녕하세요, 제 이름은 {props.name}입니다.</div>;
};

export default MyComponent;
```

3.3.2 컴포넌트를 사용할 때 props 값 지정하기

App 컴포넌트에서 MyComponent의 props 값을 지정해 보겠습니다. App.js의 코드를 다음과 같이 수정해 보세요.

App.js

```
import MyComponent from './MyComponent';

const App = () => {
  return <MyComponent name="React" />;
};

export default App;
```

코드를 저장하고 브라우저를 확인해 보세요. 다음과 같은 결과가 보이나요?

▼ 그림 3-6 props 적용 결과

3.3.3 props 기본값 설정: defaultProps

방금 설정한 name 값을 지우고 다시 저장해 보세요.

```
(...)
  return <MyComponent />;
(...)
```

> **노트** **코드 생략 표시**
>
> 코드에서 (...) 표시는 지면 관계상 생략된 코드를 의미합니다. 그 부분은 기존 코드를 그대로 유지하세요.

현재 name 값을 지정하지 않았기 때문에 브라우저에는 '안녕하세요, 제 이름은 입니다.'라는 내용이 보일 것입니다. 지금처럼 props 값을 따로 지정하지 않았을 때 보여 줄 기본값을 설정하는 defaultProps에 대해 알아봅시다.

이 값을 설정하는 방법은 다음과 같습니다.

MyComponent.js

```
const MyComponent = props => {
  return <div>안녕하세요, 제 이름은 {props.name}입니다.</div>;
};
```

```
MyComponent.defaultProps = {
  name: '기본 이름'
};


export default MyComponent;
```

파일을 저장하고 브라우저에 다음 내용이 나타났는지 확인해 보세요.

▼ 그림 3-7 defaultProps 사용

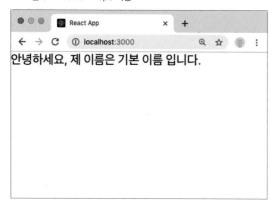

3.3.4 태그 사이의 내용을 보여 주는 children

리액트 컴포넌트를 사용할 때 컴포넌트 태그 사이의 내용을 보여 주는 props가 있는데요. 바로 children입니다.

App 컴포넌트를 다음과 같이 한번 수정해 보세요.

App.js

```
import MyComponent from './MyComponent';

const App = () => {
  return <MyComponent>리액트</MyComponent>;
};

export default App;
```

위 코드에서 MyComponent 태그 사이에 작성한 리액트라는 문자열을 MyComponent 내부에서 보여 주려면 props.children 값을 보여 주어야 합니다.

MyComponent를 다음과 같이 수정해 보세요.

MyComponent.js

```
const MyComponent = props => {
  return (
    <div>
      안녕하세요, 제 이름은 {props.name}입니다. <br />
      children 값은 {props.children}
      입니다.
    </div>
  );
};

MyComponent.defaultProps = {
  name: '기본 이름'
};

export default MyComponent;
```

브라우저에 다음과 같은 결과물이 나타났나요?

▼ 그림 3-8 children

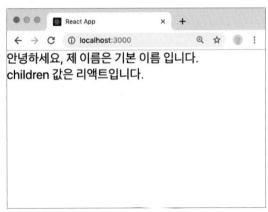

3.3.5 비구조화 할당 문법을 통해 props 내부 값 추출하기

현재 MyComponent에서 props 값을 조회할 때마다 props.name, props.children과 같이 props.
이라는 키워드를 앞에 붙여 주고 있습니다. 이러한 작업을 더 편하게 하기 위해 ES6의 비구조화
할당 문법을 사용하여 내부 값을 바로 추출하는 방법을 알아보겠습니다.

MyComponent를 다음과 같이 수정해 보세요.

MyComponent.js

```
const MyComponent = props => {
  const { name, children } = props;
  return (
    <div>
      안녕하세요, 제 이름은 {name}입니다. <br />
      children 값은 {children}
      입니다.
    </div>
  );
};

MyComponent.defaultProps = {
  name: '기본 이름'
};

export default MyComponent;
```

이렇게 코드를 작성하면 name 값과 children 값을 더 짧은 코드로 사용할 수 있습니다.

방금 사용한, 객체에서 값을 추출하는 문법을 비구조화 할당(destructuring assignment)이라고 부릅
니다. 이 문법은 구조 분해 문법이라고도 불리며, 함수의 파라미터 부분에서도 사용할 수 있습니
다. 만약 함수의 파라미터가 객체라면 그 값을 바로 비구조화해서 사용하는 것이죠.

코드를 다음과 같이 수정해 보세요.

MyComponent.js

```
const MyComponent = ({ name, children }) => {
  return (
    <div>
      안녕하세요, 제 이름은 {name}입니다. <br />
```

```
      children 값은 {children}
      입니다.
    </div>
  );
};


MyComponent.defaultProps = {
  name: '기본 이름'
};


export default MyComponent;
```

어떤가요? 이렇게 props를 사용하면 훨씬 편하지요? 이 책에서는 앞으로 함수 컴포넌트에서 props를 사용할 때 이렇게 파라미터 부분에서 비구조화 할당 문법을 사용합니다.

3.3.6 propTypes를 통한 props 검증

컴포넌트의 필수 props를 지정하거나 props의 타입(type)을 지정할 때는 propTypes를 사용합니다. 컴포넌트의 propTypes를 지정하는 방법은 defaultProp을 설정하는 것과 비슷합니다. 우선 propTypes를 사용하려면 코드 상단에 import 구문을 사용하여 불러와야 합니다.

MyComponent.js

```
import PropTypes from 'prop-types';

const MyComponent = ({ name, children }) => {
(...)
```

PropTypes를 불러왔다면 코드 하단에 다음과 같이 입력해 보세요.

MyComponent.js

```
import PropTypes from 'prop-types';

const MyComponent = ({ name, children }) => {
  return (...);
};
```

```
MyComponent.defaultProps = {
  name: '기본 이름'
};


MyComponent.propTypes = {
  name: PropTypes.string
};


export default MyComponent;
```

이렇게 설정해 주면 name 값은 무조건 문자열(string) 형태로 전달해야 된다는 것을 의미합니다.
App 컴포넌트에서 name 값을 문자열이 아닌 숫자로 전달한 뒤 개발자 도구의 **Console** 탭을 열어
보세요.

App.js

```
import MyComponent from './MyComponent';


const App = () => {
  return <MyComponent name={3}>리액트</MyComponent>);
};


export default App;
```

> **노트** **크롬 개발자 도구 열기**
>
> 크롬 브라우저의 개발자 도구는 페이지를 마우스 오른쪽 버튼으로 누른 후 **검사** 메뉴를 선택함으로써 열 수 있습니다.

만약 컴포넌트에 설정한 props가 propTypes에서 지정한 형태와 일치하지 않는다면 브라우저 개발
자 도구의 **Console** 탭에 다음과 같은 결과가 나타납니다.

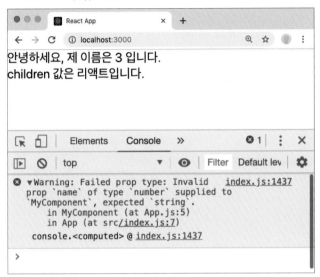

값이 나타나기는 했지만, 콘솔에 경고 메시지를 출력하여 개발자에게 propTypes가 잘못되었다는 것을 알려 줍니다. 오류 메시지를 확인했다면 name 값을 제대로 설정해 주세요.

App.js

```
import MyComponent from './MyComponent';

const App = () => {
  return <MyComponent name="React">리액트</MyComponent>;
};

export default App;
```

이제 오류가 사라졌나요?

3.3.6.1 isRequired를 사용하여 필수 propTypes 설정

propTypes를 지정하지 않았을 때 경고 메시지를 띄워 주는 작업을 해 봅시다. propTypes를 지정할 때 뒤에 isRequired를 붙여 주면 됩니다. 이번에는 favoriteNumber라는 숫자를 필수 props로 지정해 보겠습니다.

MyComponent.js

```javascript
import PropTypes from 'prop-types';

const MyComponent = ({ name, favoriteNumber, children }) => {
  return (
    <div>
      안녕하세요, 제 이름은 {name}입니다. <br />
      children 값은 {children}
      입니다.
      <br />
      제가 좋아하는 숫자는 {favoriteNumber}입니다.
    </div>
  );
};

MyComponent.defaultProps = {
  name: '기본 이름'
};

MyComponent.propTypes = {
  name: PropTypes.string,
  favoriteNumber: PropTypes.number.isRequired
};

export default MyComponent;
```

코드를 저장하고 다시 개발자 도구의 **Console**을 확인해 보세요. 아직 favoriteNumber를 설정하지 않았기 때문에 다음과 같은 경고가 나타날 것입니다.

❤ 그림 3-10 isRequired PropTypes 경고

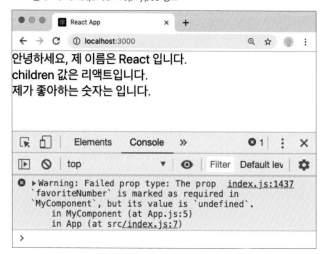

경고를 확인했다면 MyComponent에게 favoriteNumber 값을 제대로 전달해 보세요.

App.js

```
import MyComponent from './MyComponent';

const App = () => {
  return (
    <MyComponent name="React" favoriteNumber={1}>
      리액트
    </MyComponent>
  );
};

export default App;
```

3.3.6.2 더 많은 PropTypes 종류

PropTypes에서는 여러 가지 종류를 설정할 수 있습니다. 어떤 것이 있는지 짚고 넘어가 봅시다.

- array: 배열
- arrayOf(다른 PropType): 특정 PropType으로 이루어진 배열을 의미합니다. 예를 들어 arrayOf(PropTypes.number)는 숫자로 이루어진 배열입니다.
- bool: true 혹은 false 값
- func: 함수
- number: 숫자
- object: 객체
- string: 문자열
- symbol: ES6의 Symbol
- node: 렌더링할 수 있는 모든 것(숫자, 문자열, 혹은 JSX 코드. children도 node PropType입니다.)
- instanceOf(클래스): 특정 클래스의 인스턴스(예: instanceOf(MyClass))
- oneOf(['dog', 'cat']): 주어진 배열 요소 중 값 하나
- oneOfType([React.PropTypes.string, PropTypes.number]): 주어진 배열 안의 종류 중 하나
- objectOf(React.PropTypes.number): 객체의 모든 키 값이 인자로 주어진 PropType인 객체

- shape({ name: PropTypes.string, num: PropTypes.number }): 주어진 스키마를 가진 객체
- any: 아무 종류

더 자세한 정보는 https://github.com/facebook/prop-types에서 확인할 수 있습니다.

3.3.7 클래스형 컴포넌트에서 props 사용하기

클래스형 컴포넌트에서 props를 사용할 때는 render 함수에서 this.props를 조회하면 됩니다. 그리고 defaultProps와 propTypes는 똑같은 방식으로 설정할 수 있습니다. MyComponent를 다음과 같이 클래스형 컴포넌트로 변환해 보세요.

MyComponent.js

```
import { Component } from 'react';
import PropTypes from 'prop-types';

class MyComponent extends Component {
  render() {
    const { name, favoriteNumber, children } = this.props; // 비구조화 할당
    return (
      <div>
        안녕하세요, 제 이름은 {name}입니다. <br />
        children 값은 {children}
        입니다.
        <br />
        제가 좋아하는 숫자는 {favoriteNumber}입니다.
      </div>
    );
  }
}

MyComponent.defaultProps = {
  name: '기본 이름'
};

MyComponent.propTypes = {
  name: PropTypes.string,
  favoriteNumber: PropTypes.number.isRequired
};

export default MyComponent;
```

클래스형 컴포넌트에서 defaultProps와 propTypes를 설정할 때 class 내부에서 지정하는 방법도 있습니다.

MyComponent.js

```
import { Component } from 'react';
import PropTypes from 'prop-types';

class MyComponent extends Component {
  static defaultProps = {
    name: '기본 이름'
  };
  static propTypes = {
    name: PropTypes.string,
    favoriteNumber: PropTypes.number.isRequired
  };
  render() {
    const { name, favoriteNumber, children } = this.props; // 비구조화 할당
    return (...);
  }
}

export default MyComponent;
```

> **노트 defaultProps와 propTypes는 꼭 사용해야 하나요?**
>
> 이 두 가지 설정은 컴포넌트의 필수 사항이 아니므로 꼭 사용할 필요가 없습니다. 하지만 여러분이 React를 사용하여 큰 규모의 프로젝트를 진행한다면, 특히 다른 개발자들과 협업한다면 해당 컴포넌트에 어떤 props가 필요한지 쉽게 알 수 있어 개발 능률이 좋아질 것입니다.

REACT

3.4 state

리액트에서 state는 컴포넌트 내부에서 바뀔 수 있는 값을 의미합니다. props는 컴포넌트가 사용되는 과정에서 부모 컴포넌트가 설정하는 값이며, 컴포넌트 자신은 해당 props를 읽기 전용으로만 사용할 수 있습니다. props를 바꾸려면 부모 컴포넌트에서 바꾸어 주어야 합니다. 예를 들어 현재

상황에서는 App 컴포넌트에서 MyComponent를 사용할 때 props를 바꾸어 주어야 값이 변경될 수 있는 것이죠. 반면 MyComponent에서는 전달받은 name 값을 직접 바꿀 수 없습니다.

리액트에는 두 가지 종류의 state가 있습니다. 하나는 클래스형 컴포넌트가 지니고 있는 state이고, 다른 하나는 함수 컴포넌트에서 useState라는 함수를 통해 사용하는 state입니다.

3.4.1 클래스형 컴포넌트의 state

새로운 컴포넌트를 만들어 주세요. Counter.js 파일을 src 디렉터리에 생성하여 다음 코드를 작성해 보세요.

Counter.js

```js
import { Component } from 'react';

class Counter extends Component {
  constructor(props) {
    super(props);
    // state의 초깃값 설정하기
    this.state = {
      number: 0
    };
  }
  render() {
    const { number } = this.state; // state를 조회할 때는 this.state로 조회합니다.
    return (
      <div>
        <h1>{number}</h1>
        <button
          // onClick을 통해 버튼이 클릭되었을 때 호출할 함수를 지정합니다.
          onClick={() => {
            // this.setState를 사용하여 state에 새로운 값을 넣을 수 있습니다.
            this.setState({ number: number + 1 });
          }}
        >
          +1
        </button>
      </div>
    );
  }
}
```

```
  }

export default Counter;
```

위 파일에서 각 코드가 어떤 역할을 하는지 알아보겠습니다.

컴포넌트에 state를 설정할 때는 다음과 같이 constructor 메서드를 작성하여 설정합니다.

```
constructor(props) {
    super(props);
    // state의 초깃값 설정하기
    this.state = {
      number: 0
    };
  }
```

이는 컴포넌트의 생성자 메서드인데요. 클래스형 컴포넌트에서 constructor를 작성할 때는 반드시 super(props)를 호출해 주어야 합니다. 이 함수가 호출되면 현재 클래스형 컴포넌트가 상속받고 있는 리액트의 Component 클래스가 지닌 생성자 함수를 호출해 줍니다.

그다음에는 this.state 값에 초깃값을 설정해 주었습니다. 컴포넌트의 state는 객체 형식이어야 합니다.

이제 render 함수를 확인해 봅시다.

```
render() {
    const { number } = this.state; // state를 조회할 때는 this.state로 조회합니다.
    return (
      <div>
        <h1>{number}</h1>
        <button
          // onClick을 통해 버튼이 클릭되었을 때 호출할 함수를 지정합니다.
          onClick={() => {
            // this.setState를 사용하여 state에 새로운 값을 넣을 수 있습니다.
            this.setState({ number: number + 1 });
          }}
        >
          +1
        </button>
      </div>
    );
  }
```

render 함수에서 현재 state를 조회할 때는 this.state를 조회하면 됩니다. 그리고 button 안에 onClick이라는 값을 props로 넣어 주었는데, 이는 버튼이 클릭될 때 호출시킬 함수를 설정할 수 있게 해 줍니다. 이를 이벤트를 설정한다고 하는데요. 리액트의 이벤트 시스템은 4장에서 더 자세히 알아보겠습니다.

이벤트로 설정할 함수를 넣어 줄 때는 화살표 함수 문법을 사용하여 넣어 주어야 합니다. 함수 내부에서는 this.setState라는 함수를 사용했는데요. 이 함수가 state 값을 바꿀 수 있게 해 줍니다.

코드를 다 작성했으면 Counter 컴포넌트를 App에서 불러와 렌더링하세요. 기존 MyComponent는 이제 필요 없으니 없애 주겠습니다.

App.js

```
import Counter from './Counter';

const App = () => {
  return <Counter />;
};

export default App;
```

브라우저에서 다음과 같이 숫자와 버튼이 나타났나요? 버튼을 눌러 보세요. 숫자가 1씩 잘 올라가나요?

▼ 그림 3-11 Counter 컴포넌트

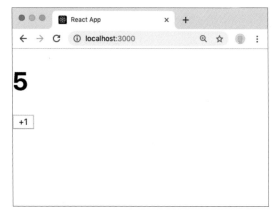

3.4.1.1 state 객체 안에 여러 값이 있을 때

state 객체 안에는 여러 값이 있을 수 있습니다. Counter 컴포넌트를 다음과 같이 한번 수정해 보세요.

Counter.js

```
import { Component } from 'react';

class Counter extends Component {
  constructor(props) {
    super(props);
    // state의 초깃값 설정하기
    this.state = {
      number: 0,
      fixedNumber: 0
    };
  }
  render() {
    const { number, fixedNumber } = this.state; // state를 조회할 때는 this.state로 조회합니다.
    return (
      <div>
        <h1>{number}</h1>
        <h2>바뀌지 않는 값: {fixedNumber}</h2>
        <button
          // onClick을 통해 버튼이 클릭되었을 때 호출할 함수를 지정합니다.
          onClick={() => {
            // this.setState를 사용하여 state에 새로운 값을 넣을 수 있습니다.
            this.setState({ number: number + 1 });
          }}
        >
          +1
        </button>
      </div>
    );
  }
}

export default Counter;
```

현재 state 안에 fixedNumber라는 또 다른 값을 추가해 주었습니다. 버튼이 클릭될 때 fixedNumber 값은 그대로 두고 number 값만 바꿀 것인데요. 그렇다고 해서 this.setState 함수를 사용할 때 인자로 전달되는 개체 내부에 fixedNumber를 넣어 주지는 않았습니다. this.setState 함수는 인자로 전달된 객체 안에 들어 있는 값만 바꾸어 줍니다.

코드를 저장하고 브라우저를 열어서 버튼을 눌러 보세요. 맨 위에 있는 숫자만 업데이트되고 하단의 숫자는 잘 고정되어 있나요?

▼ 그림 3-12 state 안의 또 다른 값

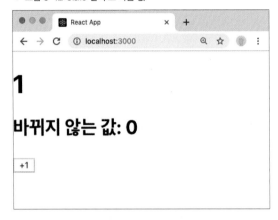

3.4.1.2 state를 constructor에서 꺼내기

앞에서 state의 초깃값을 지정하기 위해 constructor 메서드를 선언해 주었는데요. 또 다른 방식으로도 state의 초깃값을 지정해 줄 수 있습니다.

코드를 다음과 같이 수정해 보세요.

Counter.js
```
import { Component } from 'react';

class Counter extends Component {
  state = {
    number: 0,
    fixedNumber: 0
  };
  render() {
    const { number, fixedNumber } = this.state; // state를 조회할 때는 this.state로 조회합니다.
    return (...);
  }
}

export default Counter;
```

이렇게 하면 constructor 메서드를 선언하지 않고도 state 초깃값을 설정할 수 있습니다. 이 책에서는 앞으로 state를 사용할 때 이 방식을 사용하여 state의 초깃값을 설정하겠습니다.

3.4.1.3 this.setState에 객체 대신 함수 인자 전달하기

this.setState를 사용하여 state 값을 업데이트할 때는 상태가 비동기적으로 업데이트됩니다. 만약 다음과 같이 onClick에 설정한 함수 내부에서 this.setState를 두 번 호출하면 어떻게 될까요?

Counter.js – button onClick

```
onClick={() => {
  // this.setState를 사용하여 state에 새로운 값을 넣을 수 있습니다.
  this.setState({ number: number + 1 });
  this.setState({ number: this.state.number + 1 });
}}
```

코드를 위와 같이 작성하면 this.setState를 두 번 사용하는 것임에도 불구하고 버튼을 클릭할 때 숫자가 1씩 더해집니다. this.setState를 사용한다고 해서 state 값이 바로 바뀌지는 않기 때문입니다.

이에 대한 해결책은 this.setState를 사용할 때 객체 대신에 함수를 인자로 넣어 주는 것입니다. this.setState의 인자로 함수를 넣어 줄 때는 코드를 다음과 같은 형식으로 작성합니다.

```
this.setState((prevState, props) => {
  return {
    // 업데이트하고 싶은 내용
  }
})
```

여기서 prevState는 기존 상태이고, props는 현재 지니고 있는 props를 가리킵니다. 만약 업데이트하는 과정에서 props가 필요하지 않다면 생략해도 됩니다.

기존 코드를 다음과 같이 작성해 보세요.

Counter.js – button

```
<button
  // onClick을 통해 버튼이 클릭되었을 때 호출할 함수를 지정합니다.
  onClick={() => {
    this.setState(prevState => {
      return {
```

```
        number: prevState.number + 1
      };
    });
    // 위 코드와 아래 코드는 완전히 똑같은 기능을 합니다.
    // 아래 코드는 함수에서 바로 객체를 반환한다는 의미입니다.
    this.setState(prevState => ({
      number: prevState.number + 1
    }));
  }}
>
  +1
</button>
```

화살표 함수에서 값을 바로 반환하고 싶다면 코드 블록 { }를 생략하면 됩니다. 예를 들어, 파라미터 a와 b를 받아 와서 합을 구해 주는 함수를 작성하고 싶다면 다음과 같이 작성할 수 있습니다.

```
const sum = (a, b) => a + b;
```

onClick에서 두 번째로 this.setState 함수를 사용할 때는 화살표 함수에서 바로 객체를 반환하도록 했기 때문에 prevState => ({ })와 같은 형태로 코드가 이루어집니다.

브라우저에서 버튼을 눌러 보세요. 숫자가 2씩 올라가나요?

3.4.1.4 this.setState가 끝난 후 특정 작업 실행하기

setState를 사용하여 값을 업데이트하고 난 다음에 특정 작업을 하고 싶을 때는 setState의 두 번째 파라미터로 콜백(callback) 함수를 등록하여 작업을 처리할 수 있습니다.

onClick 함수를 다음과 같이 수정해 보세요.

Counter.js – button

```
<button
  // onClick을 통해 버튼이 클릭되었을 때 호출할 함수를 지정합니다.
  onClick={() => {
    this.setState(
      {
        number: number + 1
      },
      () => {
        console.log('방금 setState가 호출되었습니다.');
```

```
        console.log(this.state);
      }
    );
  }}
>
    +1
</button>
```

이렇게 콜백 함수를 등록한 뒤 브라우저를 열어서 버튼을 누르고 개발자 도구의 **Console** 탭을 확인해 보세요.

❤ 그림 3-13 this.setState가 끝난 후 특정 작업 실행하기

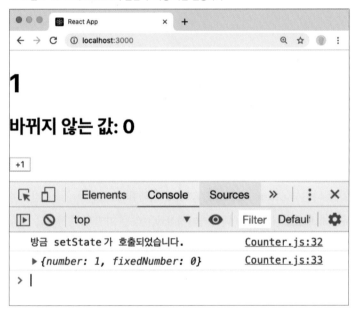

3.4.2 함수 컴포넌트에서 useState 사용하기

리액트 16.8 이전 버전에서는 함수 컴포넌트에서 state를 사용할 수 없었습니다. 하지만 16.8 이후부터는 useState라는 함수를 사용하여 함수 컴포넌트에서도 state를 사용할 수 있게 되었습니다. 사용법은 조금 다릅니다.

이 과정에서 Hooks라는 것을 사용하게 되는데요. Hooks의 종류는 다양하지만, 이 장에서는 useState만 배워 보고 나머지는 8장에서 이어서 공부해 보겠습니다.

3.4.2.1 배열 비구조화 할당

Hooks를 사용하기 전에 배열 비구조화 할당이라는 것을 알아봅시다. 배열 비구조화 할당은 이전에 배운 객체 비구조화 할당과 비슷합니다. 즉, 배열 안에 들어 있는 값을 쉽게 추출할 수 있도록 해 주는 문법입니다.

다음 코드를 한번 확인해 주세요.

```
const array = [1, 2];
const one = array[0];
const two = array[1];
```

array 안에 있는 값을 one과 two에 담아 주는 코드인데요. 위 코드는 배열 비구조화 할당을 사용하면 다음과 같이 표현할 수 있습니다.

```
const array = [1, 2];
const [one, two] = array;
```

훨씬 깔끔하지요?

3.4.2.2 useState 사용하기

배열 비구조화 할당 문법을 알고 나면 useState 사용 방법을 쉽게 이해할 수 있습니다. 새 컴포넌트를 만들어서 useState를 사용해 보겠습니다. src 디렉터리에 Say.js라는 파일을 생성하고 다음 코드를 작성해 보세요.

Say.js

```
import { useState } from 'react';

const Say = () => {
  const [message, setMessage] = useState('');
  const onClickEnter = () => setMessage('안녕하세요!');
  const onClickLeave = () => setMessage('안녕히 가세요!');

  return (
    <div>
      <button onClick={onClickEnter}>입장</button>
      <button onClick={onClickLeave}>퇴장</button>
      <h1>{message}</h1>
    </div>
```

```
  );
};

export default Say;
```

useState 함수의 인자에는 상태의 초깃값을 넣어 줍니다. 클래스형 컴포넌트에서의 state 초깃값은 객체 형태를 넣어 주어야 한다고 배웠는데요. useState에서는 반드시 객체가 아니어도 상관없습니다. 값의 형태는 자유입니다. 숫자일 수도, 문자열일 수도, 객체일 수도, 배열일 수도 있습니다.

함수를 호출하면 배열이 반환되는데요. 배열의 첫 번째 원소는 현재 상태이고, 두 번째 원소는 상태를 바꾸어 주는 함수입니다. 이 함수를 세터(Setter) 함수라고 부릅니다. 그리고 배열 비구조화 할당을 통해 이름을 자유롭게 정해 줄 수 있습니다. 현재 message와 setMessage라고 이름을 설정해 주었는데요. text와 setText라고 이름을 자유롭게 바꾸어 주어도 상관없습니다.

한번 Say 컴포넌트를 App에서 렌더링해 보고 **입장** 버튼과 **퇴장** 버튼을 눌러 보세요.

App.js

```
import Say from './Say';

const App = () => {
  return <Say />;
};

export default App;
```

❤ 그림 3-14 useState 사용하기

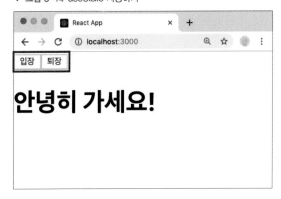

문구가 잘 보이나요?

3.4.2.3 한 컴포넌트에서 useState 여러 번 사용하기

useState는 한 컴포넌트에서 여러 번 사용해도 상관없습니다. 또 다른 상태를 useState로 한번 관리해 봅시다.

Say.js

```
import { useState } from 'react';

const Say = () => {
  const [message, setMessage] = useState('');
  const onClickEnter = () => setMessage('안녕하세요!');
  const onClickLeave = () => setMessage('안녕히 가세요!');

  const [color, setColor] = useState('black');

  return (
    <div>
      <button onClick={onClickEnter}>입장</button>
      <button onClick={onClickLeave}>퇴장</button>
      <h1 style={{ color }}>{message}</h1>
      <button style={{ color: 'red' }} onClick={() => setColor('red')}>
        빨간색
      </button>
      <button style={{ color: 'green' }} onClick={() => setColor('green')}>
        초록색
      </button>
      <button style={{ color: 'blue' }} onClick={() => setColor('blue')}>
        파란색
      </button>
    </div>
  );
};

export default Say;
```

코드를 저장하고 **입장** 버튼을 눌러서 텍스트를 띄워 보세요. 그리고 색상이 표시되어 있는 버튼을 눌러 보세요. 텍스트 색상이 잘 바뀌나요?

▼ 그림 3-15 useState 여러 번 사용하기

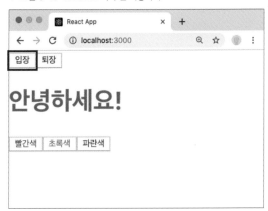

3.5 state를 사용할 때 주의 사항

클래스형 컴포넌트든 함수 컴포넌트든 state를 사용할 때는 주의해야 할 사항이 있습니다. state 값을 바꾸어야 할 때는 setState 혹은 useState를 통해 전달받은 세터 함수를 사용해야 합니다.

예를 들어 다음 코드는 잘못된 코드입니다.

```
// 클래스형 컴포넌트에서…
this.state.number = this.state.number + 1;
this.state.array = this.array.push(2);
this.state.object.value = 5;

// 함수 컴포넌트에서…
const [object, setObject] = useState({ a: 1, b: 1 });
object.b = 2;
```

그렇다면 배열이나 객체를 업데이트해야 할 때는 어떻게 해야 할까요? 이런 상황에서는 배열이나 객체 사본을 만들고 그 사본에 값을 업데이트한 후, 그 사본의 상태를 setState 혹은 세터 함수를 통해 업데이트합니다.

사본을 만들어서 업데이트하는 예시는 다음과 같습니다.

```
// 객체 다루기
const object = { a: 1, b: 2, c: 3 };
const nextObject = { ...object, b: 2 }; // 사본을 만들어서 b 값만 덮어 쓰기

// 배열 다루기
const array = [
  { id: 1, value: true },
  { id: 2, value: true },
  { id: 3, value: false }
];
let nextArray = array.concat({ id: 4 }); // 새 항목 추가
nextArray.filter(item => item.id !== 2); // id가 2인 항목 제거
nextArray.map(item => (item.id === 1 ? { ...item, value: false } : item)); // id가 1인
항목의 value를 false로 설정
```

객체에 대한 사본을 만들 때는 spread 연산자라 불리는 ...을 사용하여 처리하고, 배열에 대한 사본을 만들 때는 배열의 내장 함수들을 활용합니다. 이에 대한 자세한 내용은 이후 차근차근 배워보겠습니다.

3.6 / 정리

이 장에서는 컴포넌트를 만들어서 내보내고 불러오는 방법과 props 및 state를 사용하는 방법을 배워 보았습니다. props와 state는 둘 다 컴포넌트에서 사용하거나 렌더링할 데이터를 담고 있으므로 비슷해 보일 수 있지만, 그 역할은 매우 다릅니다. props는 부모 컴포넌트가 설정하고, state는 컴포넌트 자체적으로 지닌 값으로 컴포넌트 내부에서 값을 업데이트할 수 있습니다.

props를 사용한다고 해서 값이 무조건 고정적이지는 않습니다. 부모 컴포넌트의 state를 자식 컴포넌트의 props로 전달하고, 자식 컴포넌트에서 특정 이벤트가 발생할 때 부모 컴포넌트의 메서드를 호출하면 props도 유동적으로 사용할 수 있습니다. 이후 만들어 볼 일정 관리 애플리케이션에서 이러한 구조로 프로젝트를 설계하게 됩니다.

▼ 그림 3-16 props와 state 요약

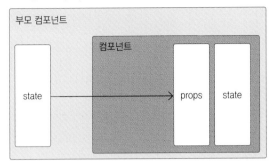

이 장에서는 state를 다루기 위해 클래스형 컴포넌트의 state와 함수 컴포넌트의 useState에 대해 배워 보았는데요. 앞으로 새로운 컴포넌트를 만들 때는 useState를 사용할 것을 권장합니다. 이로써 코드가 더 간결해질 뿐만 아니라, 리액트 개발 팀이 함수 컴포넌트와 Hooks를 사용하는 것이 주요 컴포넌트 개발 방식이 될 것이라고 공지했기 때문입니다.

단, 이 책의 초반부에서는 클래스 컴포넌트의 사용법도 알아보기 위해 클래스형 컴포넌트의 state도 사용할 것입니다.

4^장

이벤트 핸들링

사용자가 웹 브라우저에서 DOM 요소들과 상호 작용하는 것을 이벤트(event)라고 합니다. 예를 들어 버튼에 마우스 커서를 올렸을 때는 onmouseover 이벤트를 실행하고, 클릭했을 때는 onclick 이벤트를 실행합니다. Form 요소는 값이 바뀔 때 onchange 이벤트를 실행하죠. HTML을 사용한 적이 있다면 매우 익숙할 것입니다. HTML에서 DOM 요소에 이벤트를 설정하는 방법을 한번 살펴볼까요?

다음 코드를 HTML 파일로 저장하여(프로젝트 디렉터리 외부에 저장하세요) 웹 브라우저로 열어보거나, JSBin(https://jsbin.com/)에서 코드를 입력하여 테스트해 보세요. 이 책에서는 JSBin을 사용하겠습니다.

test.html

```
<!DOCTYPE html>
<html>
<head>
  <meta charset="utf-8">
  <meta name="viewport" content="width=device-width">
  <title>JS Bin</title>
</head>
<body>
  <button onclick="alert('executed')">
    Click Me
  </button>
</body>
</html>
```

코드를 입력하고 HTML이 웹 브라우저에서 렌더링되면 버튼이 나타날 것입니다. **Click Me** 버튼을 눌러 보세요.

버튼을 누르면 alert 함수를 사용하여 메시지 박스를 띄우도록 했습니다. HTML에서는 이처럼 이벤트를 실행하면 " " 사이에 있는 자바스크립트를 실행하도록 코드를 작성합니다. 리액트에서 이벤트를 다룰 때는 이와 비슷하면서도 좀 다릅니다. 한번 알아볼까요?

▼ 그림 4-1 일반 HTML 코드에서 이벤트 작성

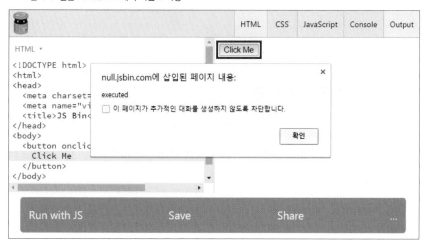

R E A C T

4.1 리액트의 이벤트 시스템

리액트의 이벤트 시스템은 웹 브라우저의 HTML 이벤트와 인터페이스가 동일하기 때문에 사용법이 꽤 비슷합니다. 3장에서 작성한 버튼 코드를 다시 한 번 살펴봅시다.

Say.js

```javascript
import { useState } from 'react';

const Say = () => {
  const [message, setMessage] = useState('');
  const onClickEnter = () => setMessage('안녕하세요!');
  const onClickLeave = () => setMessage('안녕히 가세요!');

  const [color, setColor] = useState('black');

  return (
    <div>
      <button onClick={onClickEnter}>입장</button>
      <button onClick={onClickLeave}>퇴장</button>
      (...)
```

사용법은 일반 HTML에서 이벤트를 작성하는 것과 비슷한데, 주의해야 할 몇 가지 사항이 있습니다.

4.1.1 이벤트를 사용할 때 주의 사항

1. 이벤트 이름은 카멜 표기법으로 작성합니다

예를 들어 HTML의 onclick은 리액트에서는 **onClick**으로 작성해야 합니다. 또 onkeyup은 **onKeyUp**으로 작성합니다.

2. 이벤트에 실행할 자바스크립트 코드를 전달하는 것이 아니라, 함수 형태의 값을 전달합니다

HTML에서 이벤트를 설정할 때는 큰따옴표 안에 실행할 코드를 넣었지만, 리액트에서는 함수 형태의 객체를 전달합니다. 앞서 버튼 예제에서도 화살표 함수 문법으로 함수를 만들어 전달했지요? 이렇게 바로 만들어서 전달해도 되고, 렌더링 부분 외부에 미리 만들어서 전달해도 됩니다. 이것은 추후 직접 실습해 보겠습니다.

3. DOM 요소에만 이벤트를 설정할 수 있습니다

즉 div, button, input, form, span 등의 DOM 요소에는 이벤트를 설정할 수 있지만, 우리가 직접 만든 컴포넌트에는 이벤트를 자체적으로 설정할 수 없습니다.

예를 들어 다음과 같이 MyComponent에 onClick 값을 설정한다면 MyComponent를 클릭할 때 doSomething 함수를 실행하는 것이 아니라, 그냥 이름이 onClick인 props를 MyComponent에게 전달해 줄 뿐입니다.

```
<MyComponent onClick={doSomething}/>
```

따라서 컴포넌트에 자체적으로 이벤트를 설정할 수는 없습니다. 하지만 전달받은 props를 컴포넌트 내부의 DOM 이벤트로 설정할 수는 있죠.

```
<div onClick={this.props.onClick}>
    { /* (...) */ }
</div>
```

4.1.2 이벤트 종류

리액트에서 지원하는 이벤트 종류는 다음과 같습니다.

- Clipboard
- Composition
- Keyboard
- Focus
- Form
- Mouse
- Selection

- Touch
- UI
- Wheel
- Media
- Image
- Animation
- Transition

참 많죠? 책에서는 이 이벤트를 전부 다루지는 않습니다. 흔히 사용하는 간단한 이벤트만 4장에서 다룰 것입니다. 나머지 이벤트는 리액트 매뉴얼(https://facebook.github.io/react/docs/events.html)을 참고합니다.

4.2 / 예제로 이벤트 핸들링 익히기

그럼 예제로 이벤트 핸들링을 익혀 보겠습니다. 앞으로 실습할 각 단계는 다음과 같습니다.

▼ 그림 4-2 이벤트 핸들링

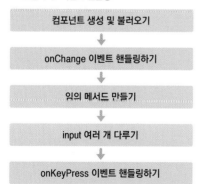

4.2.1 컴포넌트 생성 및 불러오기

4.2.1.1 컴포넌트 생성

실습을 시작하기에 앞서 새 컴포넌트를 만들어 보겠습니다. src 디렉터리 내부에 EventPractice. js 파일을 만드세요. 만든 후에는 컴포넌트 초기 코드를 작성하세요.

먼저 클래스형 컴포넌트로 작성하여 기능을 구현해 보겠습니다. 물론 나중에 함수 컴포넌트로도 구현해 볼 것입니다.

EventPractice.js
```javascript
import { Component } from 'react';

class EventPractice extends Component {
  render() {
    return (
      <div>
        <h1>이벤트 연습</h1>
      </div>
    );
  }
}

export default EventPractice;
```

4.2.1.2 App.js에서 EventPractice 렌더링

App 컴포넌트에서 EventPractice를 불러와 렌더링하세요.

```javascript
import EventPractice from './EventPractice';

const App = () => {
  return <EventPractice />;
};

export default App;
```

이제 웹 브라우저를 확인해 보면 다음과 같이 이벤트 연습이 렌더링된 화면을 볼 수 있습니다.

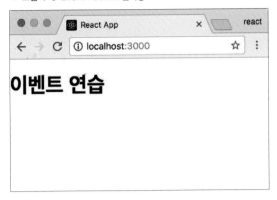

▼ 그림 4-3 EventPractice 렌더링

4.2.2 onChange 이벤트 핸들링하기

4.2.2.1 onChange 이벤트 설정

EventPractice 컴포넌트에 input 요소를 렌더링하는 코드와 해당 요소에 onChange 이벤트를 설정하는 코드를 작성합니다. 다음 코드를 EventPractice 컴포넌트의 render 메서드에 작성하세요.

EventPractice.js

```
import { Component } from 'react';

class EventPractice extends Component {
  render() {
    return (
      <div>
        <h1>이벤트 연습</h1>
        <input
          type="text"
          name="message"
          placeholder="아무거나 입력해 보세요"
          onChange={
            (e) => {
              console.log(e);
            }
          }
        />
      </div>
    );
```

```
    }
  }

export default EventPractice;
```

코드를 저장하고, 웹 브라우저에서 크롬 개발자 도구(F12)를 열어 인풋에 아무것이나 입력해 보세요.

▼ 그림 4-4 e 객체 로깅

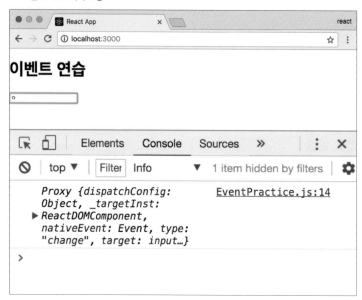

이벤트 객체가 콘솔에 나타났습니다.

EventPractice.js의 onChange 설정 부분 다시 보기

```
onChange={
  (e) => {
    console.log(e);
  }
}
```

여기서 콘솔에 기록되는 e 객체는 SyntheticEvent로 웹 브라우저의 네이티브 이벤트를 감싸는 객체입니다. 네이티브 이벤트와 인터페이스가 같으므로 순수 자바스크립트에서 HTML 이벤트를 다룰 때와 똑같이 사용하면 됩니다.

SyntheticEvent는 네이티브 이벤트와 달리 이벤트가 끝나고 나면 이벤트가 초기화되므로 정보를 참조할 수 없습니다. 예를 들어, 0.5초 뒤에 e 객체를 참조하면 e 객체 내부의 모든 값이 비워지게 됩니다.

만약 비동기적으로 이벤트 객체를 참조할 일이 있다면 e.persist() 함수를 호출해 주어야 합니다.

예를 들어 onChange 이벤트가 발생할 때, 앞으로 변할 인풋 값인 e.target.value를 콘솔에 기록해 보겠습니다.

코드를 다음과 같이 수정해 보세요.

EventPractice.js의 onChange 코드 수정

```
onChange={
  (e) => {
    console.log(e.target.value);
  }
}
```

▼ 그림 4-5 콘솔에 e.target.value 기록

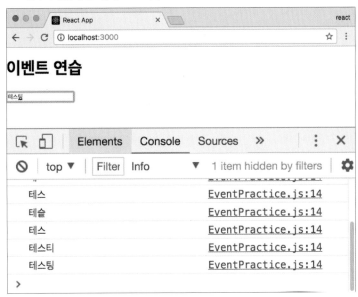

값이 바뀔 때마다 바뀌는 값을 콘솔에 기록하지요?

4.2.2.2 state에 input 값 담기

이번에는 3장에서 배운 state에 input 값을 담아 보겠습니다.

3장에서 배운 대로 생성자 메서드인 constructor에서 state 초깃값을 설정하고, 이벤트 핸들링 함수 내부에서 this.setState 메서드를 호출하여 state를 업데이트해 봅시다.

그다음에는 input의 value 값을 state에 있는 값으로 설정하세요.

EventPractice.js

```
import { Component } from 'react';

class EventPractice extends Component {

  state = {
    message: ''
  }

  render() {
    return (
      <div>
        <h1>이벤트 연습</h1>
        <input
          type="text"
          name="message"
          placeholder="아무거나 입력해 보세요"
          value={this.state.message}
          onChange={
            (e) => {
              this.setState({
                message: e.target.value
              })
            }
          }
        />
      </div>
    );
  }
}

export default EventPractice;
```

128

코드를 저장하고, 인풋에 아무것이나 입력해 보세요. 오류를 발생시키지 않고 제대로 입력할 수 있다면 state에 텍스트를 잘 담은 것입니다.

4.2.2.3 버튼을 누를 때 comment 값을 공백으로 설정

정말로 우리가 입력한 값이 state에 잘 들어갔는지, 그리고 인풋에서 그 값을 제대로 반영하는지 한번 검증해 보겠습니다. input 요소 코드 아래쪽에 button을 하나 만들고, 클릭 이벤트가 발생하면 현재 comment 값을 메시지 박스로 띄운 후 comment 값을 공백으로 설정하겠습니다.

EventPractice.js

```
import { Component } from 'react';

class EventPractice extends Component {

  state = {
    message: ''
  }

  render() {
    return (
      <div>
        <h1>이벤트 연습</h1>
        <input
          (...)
        />
        <button onClick={
          () => {
            alert(this.state.message);
            this.setState({
              message: ''
            });
          }
        }>확인</button>
      </div>
    );
  }
}

export default EventPractice;
```

▼ 그림 4-6 메시지 박스

alert를 사용하여 현재 message 값을 화면에 표시하게 했습니다.

4.2.3 임의 메서드 만들기

4.1.1절의 주의 사항에서 "**이벤트에 실행할 자바스크립트 코드를 전달하는 것이 아니라, 함수 형태의 값을 전달합니다**"라고 배웠습니다. 그렇기에 이벤트를 처리할 때 렌더링을 하는 동시에 함수를 만들어서 전달해 주었습니다. 이 방법 대신 함수를 미리 준비하여 전달하는 방법도 있습니다. 성능상으로는 차이가 거의 없지만, 가독성은 훨씬 높습니다. (하지만 상황에 따라 렌더링 메서드 내부에서 함수를 만드는 것이 더 편할 때도 있습니다. 이는 6장에서 컴포넌트 매핑을 다룰 때 배웁니다.)

앞서 onChange와 onClick에 전달한 함수를 따로 빼내서 컴포넌트 임의 메서드를 만들어 보겠습니다.

4.2.3.1 기본 방식

EventPractice.js

```
import { Component } from 'react';

class EventPractice extends Component {
```

```
  state = {
    message: ''
  }

  constructor(props) {
    super(props);
    this.handleChange = this.handleChange.bind(this);
    this.handleClick = this.handleClick.bind(this);
  }

  handleChange(e) {
    this.setState({
      message: e.target.value
    });
  }

  handleClick() {
    alert(this.state.message);
    this.setState({
      message: ''
    });
  }

  render() {
    return (
      <div>
        <h1>이벤트 연습</h1>
        <input
          type="text"
          name="message"
          placeholder="아무거나 입력해 보세요"
          value={this.state.message}
          onChange={this.handleChange}
        />
        <button onClick={this.handleClick}>확인</button>
      </div>
    );
  }
}

export default EventPractice;
```

함수가 호출될 때 this는 호출부에 따라 결정되므로, 클래스의 임의 메서드가 특정 HTML 요소의 이벤트로 등록되는 과정에서 메서드와 this의 관계가 끊어져 버립니다. 이 때문에 임의 메서드가 이벤트로 등록되어도 this가 컴포넌트 자신으로 제대로 가리키기 위해서는 메서드를 this와 바인딩(binding)하는 작업이 필요합니다. 만약 바인딩하지 않는 경우라면 this가 undefined를 가리키게 됩니다.

현재 constructor 함수에서 함수를 바인딩하는 작업이 이루어지고 있습니다.

> **노트** **메서드 이름은 어떻게 정하나요?**
>
> 메서드 이름은 여러분 마음대로 정해도 됩니다. 하지만 규칙을 정하면 보기 편하겠죠? 이 책에서 이벤트를 핸들링하는 메서드는 handle_____ 형식으로 정하겠습니다.

4.2.3.2 Property Initializer Syntax를 사용한 메서드 작성

메서드 바인딩은 생성자 메서드에서 하는 것이 정석입니다. 하지만 이 작업을 불편하다고 느낄 수도 있습니다. 새 메서드를 만들 때마다 constructor도 수정해야 하기 때문인데요. 이 작업을 좀 더 간단하게 하는 방법이 있습니다. 바로 바벨의 transform-class-properties 문법을 사용하여 화살표 함수 형태로 메서드를 정의하는 것입니다.

이 문법을 사용하면 코드가 어떻게 변하는지 한번 볼까요?

EventPractice.js
```
import { Component } from 'react';

class EventPractice extends Component {

  state = {
    message: ''
  }

  handleChange = (e) => {
    this.setState({
      message: e.target.value
    });
  }

  handleClick = () => {
    alert(this.state.message);
```

```
      this.setState({
        message: ''
      });
    }

    render() {
      return (
        <div>
          <h1>이벤트 연습</h1>
          <input
            type="text"
            name="message"
            placeholder="아무거나 입력해 보세요"
            value={this.state.message}
            onChange={this.handleChange}
          />
          <button onClick={this.handleClick}>확인</button>
        </div>
      );
    }
  }

  export default EventPractice;
```

어때요? 훨씬 깔끔하죠?

4.2.4 input 여러 개 다루기

자, 우리는 input 값을 state에 넣는 방법을 배웠습니다. 하지만 input이 여러 개일 때는 어떻게 작업할까요? 메서드를 여러 개 만들어야 할까요? 물론 그것도 하나의 해법이기는 합니다만, 더 쉽게 처리하는 방법이 있습니다.

바로 event 객체를 활용하는 것입니다. e.target.name 값을 사용하면 됩니다. onChange 이벤트 핸들러에서 e.target.name은 해당 인풋의 name을 가리킵니다. 지금은 message겠죠? 이 값을 사용하여 state를 설정하면 쉽게 해결할 수 있습니다. 코드를 한번 살펴봅시다.

다음 코드에서는 render 함수에서 name 값이 username인 input을 렌더링해 주었고, state 쪽에도 username이라는 값을 추가해 주었습니다. 그리고 handleChange도 조금 변경해 주었습니다.

```javascript
import { Component } from 'react';

class EventPractice extends Component {

  state = {
    username: '',
    message: ''
  }

  handleChange = (e) => {
    this.setState({
      [e.target.name]: e.target.value
    });
  }

  handleClick = () => {
    alert(this.state.username + ': ' + this.state.message);
    this.setState({
      username: '',
      message: ''
    });
  }

  render() {
    return (
      <div>
        <h1>이벤트 연습</h1>
        <input
          type="text"
          name="username"
          placeholder="사용자명"
          value={this.state.username}
          onChange={this.handleChange}
        />
        <input
          type="text"
          name="message"
          placeholder="아무거나 입력해 보세요"
          value={this.state.message}
          onChange={this.handleChange}
        />
        <button onClick={this.handleClick}>확인</button>
```

```
      </div>
    );
  }
}

export default EventPractice;
```

▼ 그림 4-7 input 두 개

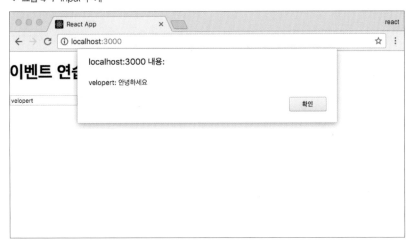

여기서는 다음 코드가 핵심입니다.

EventPractice의 handleChange 함수

```
handleChange = e => {
    this.setState({
      [e.target.name]: e.target.value
    });
};
```

객체 안에서 key를 [ ]로 감싸면 그 안에 넣은 레퍼런스가 가리키는 실제 값이 key 값으로 사용됩니다.

예를 들어 다음과 같은 객체를 만들면

```
const name = 'variantKey';
const object = {
  [name]: 'value'
};
```

결과는 다음과 같습니다.

```
{
  'variantKey': 'value'
}
```

4.2.5 onKeyPress 이벤트 핸들링

이번에는 키를 눌렀을 때 발생하는 KeyPress 이벤트를 처리하는 방법을 알아보겠습니다. comment 인풋에서 [Enter]를 눌렀을 때 handleClick 메서드를 호출하도록 코드를 작성해 봅시다.

EventPractice.js

```javascript
import { Component } from 'react';

class EventPractice extends Component {

  state = {
    username: '',
    message: ''
  }

  handleChange = (e) => {
    this.setState({
      [e.target.name]: e.target.value
    });
  }

  handleClick = () => {
    alert(this.state.username + ': ' + this.state.message);
    this.setState({
      username: '',
      message: ''
    });
  }

  handleKeyPress = (e) => {
    if(e.key === 'Enter') {
      this.handleClick();
    }
  }
```

```
  render() {
    return (
      <div>
        <h1>이벤트 연습</h1>
        <input
          type="text"
          name="username"
          placeholder="사용자명"
          value={this.state.username}
          onChange={this.handleChange}
        />
        <input
          type="text"
          name="message"
          placeholder="아무거나 입력해 보세요"
          value={this.state.message}
          onChange={this.handleChange}
          onKeyPress={this.handleKeyPress}
        />
        <button onClick={this.handleClick}>확인</button>
      </div>
    );
  }
}

export default EventPractice;
```

두 번째 텍스트 인풋에서 텍스트를 입력하고 [Enter]를 눌러 보세요. handleClick 메서드가 실행되었나요?

4.3 함수 컴포넌트로 구현해 보기

방금 우리가 했던 작업을 함수 컴포넌트로도 똑같이 구현할 수 있습니다. 기존 EventPractice 컴포넌트를 모두 지우고 다음과 같이 작성해 보세요.

```
import { useState } from 'react';

const EventPractice = () => {
  const [username, setUsername] = useState('');
  const [message, setMessage] = useState('');
  const onChangeUsername = e => setUsername(e.target.value);
  const onChangeMessage = e => setMessage(e.target.value);
  const onClick = () => {
    alert(username + ': ' + message);
    setUsername('');
    setMessage('');
  };
  const onKeyPress = e => {
    if (e.key === 'Enter') {
      onClick();
    }
  };
  return (
    <div>
      <h1>이벤트 연습</h1>
      <input
        type="text"
        name="username"
        placeholder="사용자명"
        value={username}
        onChange={onChangeUsername}
      />
      <input
        type="text"
        name="message"
        placeholder="아무거나 입력해 보세요"
        value={message}
        onChange={onChangeMessage}
        onKeyPress={onKeyPress}
      />
      <button onClick={onClick}>확인</button>
    </div>
  );
};
export default EventPractice;
```

기능이 이전과 같이 잘 작동하나요?

위 코드에서는 e.target.name을 활용하지 않고 onChange 관련 함수 두 개를 따로 만들어 주었습니다.

인풋이 두 개밖에 없다면 이런 코드도 나쁘지는 않습니다. 하지만 인풋의 개수가 많아질 것 같으면 e.target.name을 활용하는 것이 더 좋을 수도 있습니다.

이번에는 useState를 통해 사용하는 상태에 문자열이 아닌 객체를 넣어 보겠습니다.

코드를 다음과 같이 수정해 보세요.

EventPractice.js

```
import { useState } from 'react';

const EventPractice = () => {
  const [form, setForm] = useState({
    username: '',
    message: ''
  });
  const { username, message } = form;
  const onChange = e => {
    const nextForm = {
      ...form, // 기존의 form 내용을 이 자리에 복사한 뒤
      [e.target.name]: e.target.value // 원하는 값을 덮어 씌우기
    };
    setForm(nextForm);
  };
  const onClick = () => {
    alert(username + ': ' + message);
    setForm({
      username: '',
      message: ''
    });
  };
  const onKeyPress = e => {
    if (e.key === 'Enter') {
      onClick();
    }
  };
  return (
    <div>
      <h1>이벤트 연습</h1>
      <input
        type="text"
        name="username"
        placeholder="사용자명"
```

```
      value={username}
      onChange={onChange}
    />
    <input
      type="text"
      name="message"
      placeholder="아무거나 입력해 보세요"
      value={message}
      onChange={onChange}
      onKeyPress={onKeyPress}
    />
    <button onClick={onClick}>확인</button>
    </div>
  );
};
export default EventPractice;
```

코드를 저장하고 기능이 잘 작동하는지 확인해 보세요.

e.target.name 값을 활용하려면, 위와 같이 useState를 쓸 때 인풋 값들이 들어 있는 form 객체를 사용해 주면 됩니다.

4.4 / 정리

리액트에서 이벤트를 다루는 것은 순수 자바스크립트 또는 jQuery를 사용한 웹 애플리케이션에서 이벤트를 다루는 것과 비슷합니다. 리액트의 장점 중 하나는 자바스크립트에 익숙하다면 쉽게 활용할 수 있다는 것입니다. 따라서 기존 HTML DOM Event를 알고 있다면 리액트의 컴포넌트 이벤트도 쉽게 다룰 수 있을 것입니다.

이 장에서는 클래스형 컴포넌트로도 구현해 보고 함수 컴포넌트로도 구현해 보았습니다. 클래스형 컴포넌트로 할 수 있는 대부분의 작업은 함수 컴포넌트로도 구현할 수 있습니다.

또한, 함수 컴포넌트에서 여러 개의 인풋 상태를 관리하기 위해 useState에서 form 객체를 사용하는 방법도 배워 보았는데요. 우리가 8장에서 배울 useReducer와 커스텀 Hooks를 사용하면 이 작업을 훨씬 더 편하게 할 수도 있습니다.

5^장

ref: DOM에
이름 달기

일반 HTML에서 DOM 요소에 이름을 달 때는 id를 사용합니다.

```
<div id="my-element"></div>
```

특정 DOM 요소에 어떤 작업을 해야 할 때 이렇게 요소에 id를 달면 CSS에서 특정 id에 특정 스타일을 적용하거나 자바스크립트에서 해당 id를 가진 요소를 찾아서 작업할 수 있겠죠. 이 책에서 다루는 리액트 프로젝트에 사용하는 public/index.html 파일에도 id가 root인 div 요소가 있습니다.

```
<html lang="en">
  <head>
    <meta charset="utf-8">
    <meta name="viewport" content="width=device-width, initial-scale=1">
    <link rel="shortcut icon" href="%PUBLIC_URL%/favicon.ico">
    <title>React App</title>
  </head>
  <body>
    <div id="root"></div>
  </body>
</html>
```

그리고 src/index.js 파일 중에는 id가 root인 요소에 리액트 컴포넌트를 렌더링하라는 코드가 있습니다.

```
(...)
const root = ReactDOM.createRoot(document.getElementById('root'));
```

이렇게 HTML에서 id를 사용하여 DOM에 이름을 다는 것처럼 리액트 프로젝트 내부에서 DOM에 이름을 다는 방법이 있습니다. 바로 ref(reference의 줄임말) 개념입니다.

리액트 컴포넌트 안에서는 id를 사용하면 안 되나요?

리액트 컴포넌트 안에서도 id를 사용할 수는 있습니다. JSX 안에서 DOM에 id를 달면 해당 DOM을 렌더링할 때 그대로 전달됩니다. 하지만 특수한 경우가 아니면 사용을 권장하지 않습니다. 예를 들어 같은 컴포넌트를 여러 번 사용한다고 가정해 보세요. HTML에서 DOM의 id는 유일(unique)해야 하는데, 이런 상황에서는 중복 id를 가진 DOM이 여러 개 생기니 잘못된 사용입니다.

ref는 전역적으로 작동하지 않고 컴포넌트 내부에서만 작동하기 때문에 이런 문제가 생기지 않습니다.

대부분은 id를 사용하지 않고도 원하는 기능을 구현할 수 있지만, 다른 라이브러리나 프레임워크와 함께 id를 사용해야 하는 상황이 발생할 수 있습니다. 이런 상황에서는 컴포넌트를 만들 때마다 id 뒷부분에 추가 텍스트를 붙여서(예: button01 button02 button03…) 중복 id가 발생하는 것을 방지해야 합니다.

5.1 / ref는 어떤 상황에서 사용해야 할까?

R E A C T

먼저 ref는 어떤 상황에 사용해야 하는지 제대로 짚고 넘어가 봅시다. 일단 특정 DOM에 작업을 해야 할 때 ref를 사용한다는 것은 이미 파악했습니다. 하지만 대체 '어떤' 작업을 할 때 ref를 사용해야 할까요?

정답은 '**DOM을 꼭 직접적으로 건드려야 할 때**'입니다. 예를 들어 일반 순수 자바스크립트 및 jQuery로 만든 웹 사이트에서 input을 검증할 때는 다음과 같이 특정 id를 가진 input에 클래스를 설정해 주지요.

일반 HTML 예제 코드(http://jsbin.com/qawucezuci/edit)

```
<html>
<head>
  <meta charset="utf-8">
  <meta name="viewport" content="width=device-width">
  <title>Example</title>
  <style>
    .success {
      background-color: green;
    }

    .failure {
```

```
      background-color: red;
    }
  </style>
  <script>
    function validate() {
      var input = document.getElementById('password');
      input.className = '';
      if(input.value === '0000') {
        input.className = 'success';
      } else {
        input.className = 'failure';
      }
    }
  </script>
</head>
<body>
  <input type="password" id="password"></input>
  <button onclick="validate()">Validate</button>
</body>
</html>
```

▼ 그림 5-1 암호 0000 입력 후 Validate 버튼 클릭 결과

하지만 리액트에서 이런 작업은 굳이 DOM에 접근하지 않아도 state로 구현할 수 있습니다. 잘
이해되지 않나요? 앞으로 작성할 예제 코드를 확인해 보면 감이 올 것입니다. 리액트 컴포넌트에
서 state를 사용하여 제시한 기능을 한번 구현해 보겠습니다.

이 장에서는 클래스형 컴포넌트에서 ref를 사용하는 방법을 알아보겠습니다. 함수 컴포넌트에서
ref를 사용하려면 Hooks를 사용해야 하기 때문에 8장에서 Hooks를 배우면서 알아볼 것입니다.

이번 실습은 다음 흐름으로 진행합니다.

▼ 그림 5-2 리액트 컴포넌트에서 state 사용

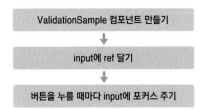

144

5.1.1 예제 컴포넌트 생성

src 디렉터리 안에 ValidationSample.css와 ValidationSample.js 파일을 만들어 주세요.

ValidationSample.css

```css
.success {
  background-color: lightgreen;
}

.failure {
  background-color: lightcoral;
}
```

ValidationSample.js

```jsx
import { Component } from 'react';
import './ValidationSample.css';

class ValidationSample extends Component {
  state = {
    password: '',
    clicked: false,
    validated: false
  }

  handleChange = (e) => {
    this.setState({
      password: e.target.value
    });
  }

  handleButtonClick = () => {
    this.setState({
      clicked: true,
      validated: this.state.password === '0000'
    })
  }

  render() {
    return (
      <div>
        <input
          type="password"
          value={this.state.password}
```

```
          onChange={this.handleChange}
          className={this.state.clicked ? (this.state.validated ? 'success' :
'failure') : ''}
        />
        <button onClick={this.handleButtonClick}>검증하기</button>
      </div>
    );
  }
}

export default ValidationSample;
```

input에서는 onChange 이벤트가 발생하면 handleChange를 호출하여 state의 password 값을 업데이트하게 했습니다. button에서는 onClick 이벤트가 발생하면 handleButtonClick을 호출하여 clicked 값을 참으로 설정했고, validated 값을 검증 결과로 설정했습니다.

input의 className 값은 버튼을 누르기 전에는 비어 있는 문자열을 전달하며, 버튼을 누른 후에는 검증 결과에 따라 success 값 또는 failure 값을 설정합니다. 그리고 이 값에 따라 input 색상이 초록색 또는 빨간색으로 나타납니다.

5.1.2 App 컴포넌트에서 예제 컴포넌트 렌더링

App 컴포넌트에서 ValidationSample 컴포넌트를 불러와 렌더링해 보겠습니다. 그 과정에서, App 컴포넌트를 함수 컴포넌트에서 클래스형 컴포넌트로 전환해 주세요. 우리가 추후 App 컴포넌트에서 ref를 사용할 것이기 때문에 이렇게 미리 클래스형 컴포넌트로 작성해 주겠습니다.

App.js

```
import { Component } from 'react';
import ValidationSample from './ValidationSample';

class App extends Component {
  render() {
    return (
      <ValidationSample/>
    );
  }
}

export default App;
```

코드를 저장하고, 다음 결과물이 나타나는지 확인하세요.

▼ 그림 5-3 리액트로 간단한 검증 구현

5.1.3 DOM을 꼭 사용해야 하는 상황

앞 예제에서는 state를 사용하여 우리에게 필요한 기능을 구현했지만, 가끔 state만으로 해결할 수 없는 기능이 있습니다. 어떤 상황인지 알아볼까요?

- 특정 input에 포커스 주기
- 스크롤 박스 조작하기
- Canvas 요소에 그림 그리기 등

이때는 어쩔 수 없이 DOM에 직접적으로 접근해야 하는데, 이를 위해 바로 ref를 사용합니다.

5.2 / ref 사용

R E A C T

이제 프로젝트에서 ref를 사용해 봅시다. ref를 사용하는 방법은 두 가지입니다.

5.2.1 콜백 함수를 통한 ref 설정

ref를 만드는 가장 기본적인 방법은 콜백 함수를 사용하는 것입니다. ref를 달고자 하는 요소에 ref라는 콜백 함수를 props로 전달해 주면 됩니다. 이 콜백 함수는 ref 값을 파라미터로 전달받습니다. 그리고 함수 내부에서 파라미터로 받은 ref를 컴포넌트의 멤버 변수로 설정해 줍니다.

콜백 함수 사용 예시

```
<input ref={(ref) => {this.input=ref}} />
```

이렇게 하면 앞으로 this.input은 input 요소의 DOM을 가리킵니다. ref의 이름은 원하는 것으로 자유롭게 지정할 수 있습니다. DOM 타입과 관계없이 this.superman = ref처럼 마음대로 지정합니다.

5.2.2 createRef를 통한 ref 설정

ref를 만드는 또 다른 방법은 리액트에 내장되어 있는 createRef라는 함수를 사용하는 것입니다. 이 함수를 사용해서 만들면 더 적은 코드로 쉽게 사용할 수 있습니다. 이 기능은 리액트 v16.3부터 도입되었으며 이전 버전에서는 작동하지 않습니다.

예시 코드를 한번 살펴봅시다.

createRef 사용 예시

```
import { Component } from 'react';

class RefSample extends Component {
  input = React.createRef();

  handleFocus = () => {
    this.input.current.focus();
  }

  render() {
    return (
      <div>
        <input ref={this.input} />
      </div>
    );
  }
}

export default RefSample;
```

createRef를 사용하여 ref를 만들려면 우선 컴포넌트 내부에서 멤버 변수로 React.createRef()를 담아 주어야 합니다. 그리고 해당 멤버 변수를 ref를 달고자 하는 요소에 ref props로 넣어 주면 ref 설정이 완료됩니다.

설정한 뒤 나중에 ref를 설정해 준 DOM에 접근하려면 this.input.current를 조회하면 됩니다. 콜백 함수를 사용할 때와 다른 점은 이렇게 뒷부분에 .current를 넣어 주어야 한다는 것입니다.

지금까지 콜백 함수 혹은 createRef를 사용하여 ref를 만드는 방법을 배워 보았습니다. 앞으로 두 가지 방법 중에서 편한 방법을 사용하세요.

이번 장에서는 주로 콜백 함수를 사용하는 방식으로 ref를 다루어 보겠습니다.

5.2.3 적용

5.1절에서 만든 ValidationSample 컴포넌트의 렌더링 결과를 다시 한 번 살펴봅시다.

▼ 그림 5-4 input에 포커스

input 요소를 클릭하면 포커스가 되면서 텍스트 커서가 깜박입니다.

▼ 그림 5-5 버튼에 포커스

버튼을 누르면 포커스가 버튼으로 넘어가면서 왼쪽 input 요소의 텍스트 커서가 더 이상 보이지 않습니다.

버튼을 한 번 눌렀을 때, 포커스가 다시 input 쪽으로 자동으로 넘어가도록 코드를 작성해 봅시다.

5.2.3.1 input에 ref 달기

5.2.1절에서 배운 대로 콜백 함수를 사용하여 ValidationSample 컴포넌트에도 ref를 달아 보세요.

ValidationSample.js의 input 요소

```
(...)
        <input
          ref={(ref) => this.input=ref}
          (...)
        />
```

5.2.3.2 버튼 onClick 이벤트 코드 수정

버튼에서 onClick 이벤트가 발생할 때 input에 포커스를 주도록 코드를 수정해 보세요. 이제 this.input이 컴포넌트 내부의 input 요소를 가리키고 있으니, 일반 DOM을 다루듯이 코드를 작성하면 됩니다.

ValidationSample.js – handleButtonClick 메서드

```
handleButtonClick = () => {
  this.setState({
    clicked: true,
    validated: this.state.password === '0000'
  });
  this.input.focus();
}
```

코드를 저장하고, 웹 브라우저에서 페이지를 열어 버튼을 눌러 보세요. 포커스가 input으로 바로 넘어가나요?

▼ 그림 5-6 input으로 넘어간 포커스

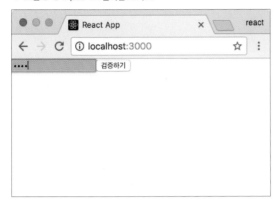

5.3 컴포넌트에 ref 달기

R E A C T

리액트에서는 컴포넌트에도 ref를 달 수 있습니다. 이 방법은 주로 컴포넌트 내부에 있는 DOM을 컴포넌트 외부에서 사용할 때 씁니다. 컴포넌트에 ref를 다는 방법은 DOM에 ref를 다는 방법과 똑같습니다.

5.3.1 사용법

```
<MyComponent
    ref={(ref) => {this.myComponent=ref}}
/>
```

이렇게 하면 MyComponent 내부의 메서드 및 멤버 변수에도 접근할 수 있습니다. 즉, 내부의 ref에도 접근할 수 있습니다(예: myComponent.handleClick, myComponent.input 등).

이번에는 스크롤 박스가 있는 컴포넌트를 하나 만들고, 스크롤바를 아래로 내리는 작업을 부모 컴포넌트에서 실행해 보겠습니다.

이번 실습은 다음 흐름으로 진행합니다.

5

ref: DOM에 이름 달기

▼ 그림 5-7 부모 컴포넌트에서 스크롤바 내리기

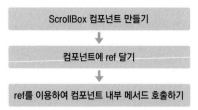

5.3.2 컴포넌트 초기 설정

먼저 ScrollBox라는 컴포넌트 파일을 만들겠습니다. JSX의 인라인 스타일링 문법으로 스크롤 박스를 만들어 보세요. 그다음에는 최상위 DOM에 ref를 달아 주세요.

5.3.2.1 컴포넌트 파일 생성

ScrollBox.js

```javascript
import { Component } from 'react';

class ScrollBox extends Component {
  render() {
    const style = {
      border: '1px solid black',
      height: '300px',
      width: '300px',
      overflow: 'auto',
      position: 'relative'
    };

    const innerStyle = {
      width: '100%',
      height: '650px',
      background: 'linear-gradient(white, black)'
    }

    return (
      <div
        style={style}
        ref={(ref) => {this.box=ref}}>
        <div style={innerStyle}/>
      </div>
    );
```

```
    }
  }

export default ScrollBox;
```

5.3.2.2 App 컴포넌트에서 스크롤 박스 컴포넌트 렌더링

기존 ValidationSample을 지우고, 방금 만든 ScrollBox 컴포넌트를 렌더링해 주세요.

App.js
```
import { Component } from 'react';
import ScrollBox from './ScrollBox';

class App extends Component {
  render() {
    return (
      <div>
        <ScrollBox/>
      </div>
    );
  }
}

export default App;
```

코드를 저장하고, 웹 브라우저에서 스크롤 박스가 잘 렌더링되어 있는지 확인하세요.

▼ 그림 5-8 스크롤 박스

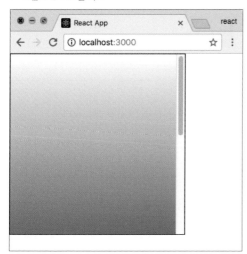

5.3.3 컴포넌트에 메서드 생성

컴포넌트에 스크롤바를 맨 아래쪽으로 내리는 메서드를 만들겠습니다. 자바스크립트로 스크롤바를 내릴 때는 DOM 노드가 가진 다음 값들을 사용합니다.

- scrollTop: 세로 스크롤바 위치(0~350)
- scrollHeight: 스크롤이 있는 박스 안의 div 높이(650)
- clientHeight: 스크롤이 있는 박스의 높이(300)

스크롤바를 맨 아래쪽으로 내리려면 scrollHeight에서 clientHeight를 빼면 되겠지요?

ScrollBox.js

```js
import { Component } from 'react';

class ScrollBox extends Component {

  scrollToBottom = () => {
    const { scrollHeight, clientHeight } = this.box;
    /* 앞 코드에는 비구조화 할당 문법을 사용했습니다.
       다음 코드와 같은 의미입니다.
       const scrollHeight = this.box.scrollHeight;
       const clientHeight = this.box.cliengHeight;
    */
    this.box.scrollTop = scrollHeight - clientHeight;
  }

  render() {
    (...)
  }
}

export default ScrollBox;
```

scrollToBottom 메서드의 첫 번째 줄에서는 ES6의 비구조화 할당 문법을 사용했습니다.

이렇게 만든 메서드는 부모 컴포넌트인 App 컴포넌트에서 ScrollBox에 ref를 달면 사용할 수 있습니다.

5.3.4 컴포넌트에 ref 달고 내부 메서드 사용

그럼 App 컴포넌트에서 ScrollBox에 ref를 달고 버튼을 만들어 누르면, ScrollBox 컴포넌트의 scrollToBottom 메서드를 실행하도록 코드를 작성하겠습니다.

App.js

```javascript
import { Component } from 'react';
import ScrollBox from './ScrollBox';

class App extends Component {
  render() {
    return (
      <div>
        <ScrollBox ref={(ref) => this.scrollBox=ref}/>
        <button onClick={() => this.scrollBox.scrollToBottom()}>
          맨 밑으로
        </button>
      </div>
    );
  }
}

export default App;
```

여기서 주의할 점이 하나 있습니다. 문법상으로는 onClick = {this.scrollBox.scrollToBottom} 같은 형식으로 작성해도 틀린 것은 아닙니다. 하지만 컴포넌트가 처음 렌더링될 때는 this.scrollBox 값이 undefined이므로 this.scrollBox.scrollToBottom 값을 읽어 오는 과정에서 오류가 발생합니다. 화살표 함수 문법을 사용하여 아예 새로운 함수를 만들고 그 내부에서 this.scrollBox.scrollToBottom 메서드를 실행하면, 버튼을 누를 때(이미 한 번 렌더링을 해서 this.scrollBox를 설정한 시점) this.scrollBox.scrollToBottom 값을 읽어 와서 실행하므로 오류가 발생하지 않습니다.

자, 이제 코드를 저장하고 웹 브라우저에서 **맨 밑으로** 버튼을 눌러 보세요.

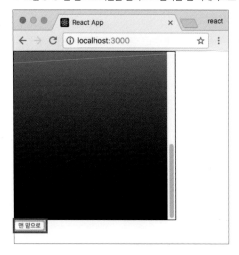

스크롤바가 잘 움직이나요?

5.4 / 정리

컴포넌트 내부에서 DOM에 직접 접근해야 할 때는 ref를 사용합니다. 먼저 ref를 사용하지 않고도 원하는 기능을 구현할 수 있는지 반드시 고려한 후에 활용하세요.

이 시점에서 오해할 수 있는 부분이 있는데, 서로 다른 컴포넌트끼리 데이터를 교류할 때 ref를 사용한다면 이는 잘못 사용된 것입니다. 물론 할 수는 있습니다. 컴포넌트에 ref를 달고 그 ref를 다른 컴포넌트로 전달하고 …… 다른 컴포넌트에서 ref로 전달받은 컴포넌트의 메서드를 실행하고……. 하지만 이 방법은 리액트 사상에 어긋난 설계입니다. 앱 규모가 커지면 마치 스파게티처럼 구조가 꼬여 버려서 유지 보수가 불가능하지요. 컴포넌트끼리 데이터를 교류할 때는 언제나 데이터를 부모 ↔ 자식 흐름으로 교류해야 합니다. 나중에 리덕스 혹은 Context API를 사용하여 효율적으로 교류하는 방법을 배울 것입니다.

아직 함수 컴포넌트에서 ref를 사용하는 것은 배우지 않았는데요. 함수 컴포넌트에서는 useRef라는 Hook 함수를 사용합니다. 사용법은 이 장에서 배운 React.createRef와 유사합니다. 이에 관련된 내용은 8장에서 자세히 알아보겠습니다.

6장

컴포넌트 반복

웹 애플리케이션을 만들다 보면 다음과 같이 반복되는 코드를 작성할 때가 있습니다. src 디렉터리에 IterationSample.js라는 파일을 작성해서 다음 코드를 따라 한번 적어 보세요.

IterationSample.js

```javascript
const IterationSample = () => {
  return (
    <ul>
      <li>눈사람</li>
      <li>얼음</li>
      <li>눈</li>
      <li>바람</li>
    </ul>
  );
};

export default IterationSample;
```

코드에서 다음 형태가 계속 반복되는 것을 볼 수 있습니다.

```
<li>…</li>
```

지금은 li 태그 하나뿐이라 그렇게 문제가 되지는 않을 것 같습니다. 하지만 코드가 좀 더 복잡하다면 어떨까요? 코드양은 더더욱 늘어날 것이며, 파일 용량도 쓸데없이 증가하겠죠. 이는 낭비입니다. 또 보여 주어야 할 데이터가 유동적이라면 이런 코드로는 절대로 관리하지 못합니다.

이 장에서는 리액트 프로젝트에서 반복적인 내용을 효율적으로 보여 주고 관리하는 방법을 알아보겠습니다.

6.1 자바스크립트 배열의 map() 함수

자바스크립트 배열 객체의 내장 함수인 **map** 함수를 사용하여 반복되는 컴포넌트를 렌더링할 수 있습니다. map 함수는 파라미터로 전달된 함수를 사용해서 배열 내 각 요소를 원하는 규칙에 따라 변환한 후 그 결과로 새로운 배열을 생성합니다.

6.1.1 문법

```
arr.map(callback, [thisArg])
```

이 함수의 파라미터는 다음과 같습니다.

- **callback**: 새로운 배열의 요소를 생성하는 함수로 파라미터는 다음 세 가지입니다.
  - **currentValue**: 현재 처리하고 있는 요소
  - **index**: 현재 처리하고 있는 요소의 index 값
  - **array**: 현재 처리하고 있는 원본 배열
- **thisArg**(선택 항목): callback 함수 내부에서 사용할 this 레퍼런스

6.1.2 예제

map 함수를 사용하여 배열 [1, 2, 3, 4, 5]의 각 요소를 제곱해서 새로운 배열을 생성하겠습니다.

```
var numbers = [1, 2, 3, 4, 5];

var processed = numbers.map(function(num){
    return num * num;
});

console.log(processed);
```

크롬 개발자 도구(F12)를 열어 이 코드를 콘솔에 입력해 보세요.

> **노트** **콘솔에서 새 줄 작성하기**
> 콘솔에서 Shift를 누른 채 Enter를 누르면 명령어가 바로 실행되지 않고 새 줄을 들여 쓸 수 있습니다.

▼ 그림 6-1 콘솔 실행 화면

```
> var numbers - [1, 2, 3, 4, 5];

  var processed = numbers.map(function(num){
      return num*num;
  });

  console.log(processed);
▶ [1, 4, 9, 16, 25]
```

이처럼 map 함수는 기존 배열로 새로운 배열을 만드는 역할을 합니다. 이 코드를 ES6 문법으로 작성해 볼까요?

```
const numbers = [1, 2, 3, 4, 5];
const result = numbers.map(num => num * num);
console.log(result);
```

var 키워드 대신 const를 사용했고, function(...){...} 대신 화살표 함수를 사용했습니다.

6.2 / 데이터 배열을 컴포넌트 배열로 변환하기

REACT

6.1절에서는 기존 배열에 있는 값들을 제곱하여 새로운 배열을 생성했습니다. 똑같은 원리로 기존 배열로 컴포넌트로 구성된 배열을 생성할 수도 있답니다.

6.2.1 컴포넌트 수정하기

조금 전에 만들었던 IterationSample 컴포넌트를 다음과 같이 수정해 보세요.

IterationSample.js

```
const IterationSample = () => {
  const names = ['눈사람', '얼음', '눈', '바람'];
  const nameList = names.map(name => <li>{name}</li>);
  return <ul>{nameList}</ul>;
};

export default IterationSample;
```

문자열로 구성된 배열을 선언합니다. 그 배열 값을 사용하여 <li>...</li> JSX 코드로 된 배열을 새로 생성한 후 nameList에 담습니다.

map 함수에서 JSX를 작성할 때는 앞서 다룬 예제처럼 DOM 요소를 작성해도 되고, 컴포넌트를 사용해도 됩니다.

6.2.2 App 컴포넌트에서 예제 컴포넌트 렌더링

App 컴포넌트에서 기존 코드를 지우고, IterationSample 컴포넌트를 불러와 렌더링하세요.

App.js

```
import { Component } from 'react';
import IterationSample from './IterationSample';

class App extends Component {
  render() {
    return (
      <IterationSample/>
    );
  }
}


export default App;
```

코드를 저장하고, 웹 브라우저를 체크해 볼까요?

❤ 그림 6-2 IterationSample 렌더링 결과

원하는 대로 렌더링이 되었습니다. 하지만 아직 완벽하지는 않습니다. 크롬 개발자 도구의 콘솔을 한번 열어 보세요.

❤ 그림 6-3 key가 없다는 경고 메시지

```
⊗ ▶Warning: Each child in a list should have a          index.js:1437
   unique "key" prop.

   Check the render method of `IterationSample`. See https://fb.me/
   react-warning-keys for more information.
       in li (at IterationSample.js:5)
       in IterationSample (at App.js:6)
       in App (at src/index.js:7)
```

"key" prop이 없다는 경고 메시지를 표시했습니다. key란 무엇일까요?

6.3 / key

리액트에서 key는 컴포넌트 배열을 렌더링했을 때 어떤 원소에 변동이 있었는지 알아내려고 사용합니다. 예를 들어 유동적인 데이터를 다룰 때는 원소를 새로 생성할 수도, 제거할 수도, 수정할 수도 있죠. key가 없을 때는 Virtual DOM을 비교하는 과정에서 리스트를 순차적으로 비교하면서 변화를 감지합니다. 하지만 key가 있다면 이 값을 사용하여 어떤 변화가 일어났는지 더욱 빠르게 알아낼 수 있습니다.

6.3.1 key 설정

key 값을 설정할 때는 map 함수의 인자로 전달되는 함수 내부에서 컴포넌트 props를 설정하듯이 설정하면 됩니다. key 값은 언제나 유일해야 합니다. 따라서 데이터가 가진 고윳값을 key 값으로 설정해야 합니다.

예를 들어 다음과 같이 게시판의 게시물을 렌더링한다면 게시물 번호를 key 값으로 설정해야 합니다.

```
const articleList = articles.map(article => (
    <Article
        title={article.title}
```

```
        writer={article.writer}
        key={article.id}
      />
  ));
```

하지만 앞서 만들었던 예제 컴포넌트에는 이런 고유 번호가 없습니다. 이때는 map 함수에 전달되는 콜백 함수의 인수인 index 값을 사용하면 됩니다.

예제 컴포넌트를 다음과 같이 수정해 보세요.

```
const IterationSample = () => {
  const names = ['눈사람', '얼음', '눈', '바람'];
  const namesList = names.map((name, index) => <li key={index}>{name}</li>);
  return <ul>{namesList}</ul>;
};

export default IterationSample;
```

이제 개발자 도구에서 더 이상 경고 메시지를 표시하지 않습니다. 확인해 보세요. 고유한 값이 없을 때만 index 값을 key로 사용해야 합니다. index를 key로 사용하면 배열이 변경될 때 효율적으로 리렌더링하지 못합니다.

6.4 / 응용

지금까지 배운 개념을 응용하여 고정된 배열을 렌더링하는 것이 아닌, 동적인 배열을 렌더링하는 것을 구현해 보겠습니다. 그리고 index 값을 key로 사용하면 리렌더링이 비효율적이라고 배웠는데, 이러한 상황에 어떻게 고윳값을 만들 수 있는지도 알아보겠습니다. 이 절의 실습 흐름은 다음과 같습니다.

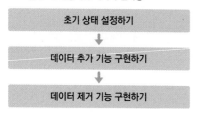

▼ 그림 6-4 유동적인 데이터 렌더링

초기 상태 설정하기

↓

데이터 추가 기능 구현하기

↓

데이터 제거 기능 구현하기

6.4.1 초기 상태 설정하기

IterationSample 컴포넌트에서 useState를 사용하여 상태를 설정하겠습니다. 세 가지 상태를 사용할 텐데 하나는 데이터 배열이고, 다른 하나는 텍스트를 입력할 수 있는 input의 상태입니다. 그럼 마지막 하나는 무엇일까요? 그것은 데이터 배열에서 새로운 항목을 추가할 때 사용할 고유 id를 위한 상태입니다.

배열을 설정할 때, 조금 전에는 단순히 문자열로 이루어진 배열을 만들었지만, 이번에는 객체 형태로 이루어진 배열을 만들겠습니다. 해당 객체에는 문자열과 고유 id 값이 있습니다.

IterationSample 컴포넌트를 다음과 같이 수정해 보세요.

IterationSample.js

```js
import { useState } from 'react';

const IterationSample = () => {
  const [names, setNames] = useState([
    { id: 1, text: '눈사람' },
    { id: 2, text: '얼음' },
    { id: 3, text: '눈' },
    { id: 4, text: '바람' }
  ]);
  const [inputText, setInputText] = useState('');
  const [nextId, setNextId] = useState(5); // 새로운 항목을 추가할 때 사용할 id

  const namesList = names.map(name => <li key={name.id}>{name.text}</li>);
  return <ul>{namesList}</ul>;
};

export default IterationSample;
```

이번에는 map 함수를 사용할 때 key 값을 index 대신 name.id 값으로 지정해 주었습니다.

코드를 저장하고, 브라우저에서 이전과 같은 결과가 나타나는지 확인하세요.

6.4.2 데이터 추가 기능 구현하기

이제 새로운 이름을 등록할 수 있는 기능을 구현해 봅시다.

우선 ul 태그의 상단에 input과 button을 렌더링하고, input의 상태를 관리해 보세요.

IterationSample.js

```
import { useState } from 'react';

const IterationSample = () => {
  const [names, setNames] = useState([
    { id: 1, text: '눈사람' },
    { id: 2, text: '얼음' },
    { id: 3, text: '눈' },
    { id: 4, text: '바람' }
  ]);
  const [inputText, setInputText] = useState('');
  const [nextId, setNextId] = useState(5); // 새로운 항목을 추가할 때 사용할 id

  const onChange = e => setInputText(e.target.value);

  const namesList = names.map(name => <li key={name.id}>{name.text}</li>);
  return (
    <>
      <input value={inputText} onChange={onChange} />
      <button>추가</button>
      <ul>{namesList}</ul>
    </>
  );
};

export default IterationSample;
```

그다음에는 버튼을 클릭했을 때 호출할 onClick 함수를 선언하여 버튼의 onClick 이벤트로 설정해 보세요.

onClick 함수에서는 배열의 내장 함수 concat을 사용하여 새로운 항목을 추가한 배열을 만들고, setNames를 통해 상태를 업데이트해 줍니다.

IterationSample.js

```
import { useState } from 'react';

const IterationSample = () => {
  const [names, setNames] = useState([
    { id: 1, text: '눈사람' },
    { id: 2, text: '얼음' },
    { id: 3, text: '눈' },
    { id: 4, text: '바람' }
  ]);
  const [inputText, setInputText] = useState('');
  const [nextId, setNextId] = useState(5); // 새로운 항목을 추가할 때 사용할 id

  const onChange = e => setInputText(e.target.value);
  const onClick = () => {
    const nextNames = names.concat({
      id: nextId, // nextId 값을 id로 설정하고
      text: inputText
    });
    setNextId(nextId + 1); // nextId 값에 1을 더해 준다.
    setNames(nextNames); // names 값을 업데이트한다.
    setInputText(''); // inputText를 비운다.
  };

  const namesList = names.map(name => <li key={name.id}>{name.text}</li>);
  return (
    <>
      <input value={inputText} onChange={onChange} />
      <button onClick={onClick}>추가</button>
      <ul>{namesList}</ul>
    </>
  );
};

export default IterationSample;
```

배열에 새 항목을 추가할 때 배열의 push 함수를 사용하지 않고 concat을 사용했는데요. push 함수는 기존 배열 자체를 변경해 주는 반면, concat은 새로운 배열을 만들어 준다는 차이점이 있습니다.

리액트에서 상태를 업데이트할 때는 기존 상태를 그대로 두면서 새로운 값을 상태로 설정해야 합니다. 이를 불변성 유지라고 하는데요, 불변성 유지를 해 주어야 나중에 리액트 컴포넌트의 성능을 최적화할 수 있습니다. 이에 대한 자세한 내용은 이 책에서 추후 알아보겠습니다.

onClick 함수에서 새로운 항목을 추가할 때 객체의 id 값은 nextId를 사용하도록 하고, 클릭될 때마다 값이 1씩 올라가도록 구현했습니다. 추가로 button이 클릭될 때 기존의 input 내용을 비우는 것도 구현해 주었습니다.

코드를 다 작성했다면 파일을 저장하고 브라우저를 열어서 새로운 항목을 추가해 보세요.

▼ 그림 6-5 데이터 추가 기능 완성

6.4.3 데이터 제거 기능 구현하기

이번에는 각 항목을 더블클릭했을 때 해당 항목이 화면에서 사라지는 기능을 구현해 보겠습니다. 이번에도 마찬가지로 불변성을 유지하면서 업데이트해 주어야 합니다. 불변성을 유지하면서 배열의 특정 항목을 지울 때는 배열의 내장 함수 filter를 사용합니다.

filter 함수를 사용하면 배열에서 특정 조건을 만족하는 원소들만 쉽게 분류할 수 있습니다. 사용 예시를 한번 확인해 볼까요?

```
const numbers = [1, 2, 3, 4, 5, 6];
const biggerThanThree = numbers.filter(number => number > 3);
// 결과: [4, 5, 6]
```

filter 함수의 인자에 분류하고 싶은 조건을 반환하는 함수를 넣어 주면 쉽게 분류할 수 있습니다.

이 filter 함수를 응용하여 특정 배열에서 특정 원소만 제외시킬 수도 있습니다. 예를 들어 위 코드에서 본 numbers 배열에서 3만 없애고 싶다면 다음과 같이 하면 됩니다.

```
const numbers = [1, 2, 3, 4, 5, 6];
const withoutThree = numbers.filter(number => number !== 3);
// 결과: [1, 2, 4, 5, 6]
```

이제 filter 함수를 사용하여 IterationSample 컴포넌트의 항목 제거 기능을 구현해 봅시다. HTML 요소를 더블클릭할 때 사용하는 이벤트 이름은 onDoubleClick입니다. onRemove라는 함수를 만들어서 각 li 요소에 이벤트 등록을 해 주세요.

IterationSample.js

```
import { useState } from 'react';

const IterationSample = () => {
  const [names, setNames] = useState([
    { id: 1, text: '눈사람' },
    { id: 2, text: '얼음' },
    { id: 3, text: '눈' },
    { id: 4, text: '바람' }
  ]);
  const [inputText, setInputText] = useState('');
  const [nextId, setNextId] = useState(5); // 새로운 항목을 추가할 때 사용할 id

  const onChange = e => setInputText(e.target.value);
  const onClick = () => {
    const nextNames = names.concat({
      id: nextId, // nextId 값을 id로 설정하고
      text: inputText
    });
    setNextId(nextId + 1); // nextId 값에 1을 더해 준다.
    setNames(nextNames); // names 값을 업데이트한다.
    setInputText(''); // inputText를 비운다.
  };
```

```
  const onRemove = id => {
    const nextNames = names.filter(name => name.id !== id);
    setNames(nextNames);
  };
  const namesList = names.map(name => (
    <li key={name.id} onDoubleClick={() => onRemove(name.id)}>
      {name.text}
    </li>
  ));
  return (
    <>
      <input value={inputText} onChange={onChange} />
      <button onClick={onClick}>추가</button>
      <ul>{namesList}</ul>
    </>
  );
};

export default IterationSample;
```

코드를 저장하고 브라우저에서 항목을 더블클릭하여 제거해 보세요. 잘 지워지나요?

▼ 그림 6-6 데이터 제거 기능 완성

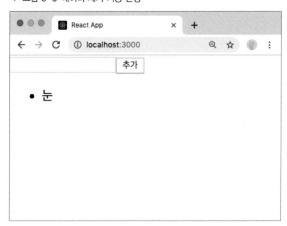

6.5 정리

이 장에서는 반복되는 데이터를 렌더링하는 방법을 배우고, 이를 응용하여 유동적인 배열을 다루어 보았습니다. 컴포넌트 배열을 렌더링할 때는 key 값 설정에 항상 주의해야 합니다. 또 key 값은 언제나 유일해야 합니다. key 값이 중복된다면 렌더링 과정에서 오류가 발생합니다.

상태 안에서 배열을 변형할 때는 배열에 직접 접근하여 수정하는 것이 아니라 concat, filter 등의 배열 내장 함수를 사용하여 새로운 배열을 만든 후 이를 새로운 상태로 설정해 주어야 한다는 점을 명심하세요. 이 책에서는 더욱 다양한 배열 및 객체 업데이트 방법들을 계속 배워 나갈 것입니다.

7장

컴포넌트의
라이프사이클
메서드

모든 리액트 컴포넌트에는 라이프사이클(수명 주기)이 존재합니다. 컴포넌트의 수명은 페이지에 렌더링되기 전인 준비 과정에서 시작하여 페이지에서 사라질 때 끝납니다.

리액트 프로젝트를 진행하다 보면 가끔 컴포넌트를 처음으로 렌더링할 때 어떤 작업을 처리해야 하거나 컴포넌트를 업데이트하기 전후로 어떤 작업을 처리해야 할 수도 있고, 또 불필요한 업데이트를 방지해야 할 수도 있습니다.

이때는 컴포넌트의 라이프사이클 메서드를 사용합니다. 참고로 라이프사이클 메서드는 클래스형 컴포넌트에서만 사용할 수 있습니다. 함수 컴포넌트에서는 사용할 수 없는데요. 그 대신에 Hooks 기능을 사용하여 비슷한 작업을 처리할 수 있습니다. Hooks에 대한 내용은 다음 장에서 알아보겠습니다.

7.1 라이프사이클 메서드의 이해

라이프사이클 메서드의 종류는 총 아홉 가지입니다. Will 접두사가 붙은 메서드는 어떤 작업을 작동하기 **전**에 실행되는 메서드이고, Did 접두사가 붙은 메서드는 어떤 작업을 작동한 **후**에 실행되는 메서드입니다.

이 메서드들은 우리가 컴포넌트 클래스에서 덮어 써 선언함으로써 사용할 수 있습니다.

라이프사이클은 총 세 가지, 즉 **마운트**, **업데이트**, **언마운트** 카테고리로 나눕니다. 우선 어떤 것들이 있는지 간단히 알아보고, 큰 흐름을 이해한 후 하나씩 살펴보겠습니다.

▼ 그림 7-1 컴포넌트의 라이프사이클

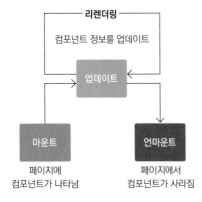

마운트

DOM이 생성되고 웹 브라우저상에 나타나는 것을 마운트(mount)라고 합니다. 이때 호출하는 메서드는 다음과 같습니다.

▼ 그림 7-2 마운트할 때 호출하는 메서드

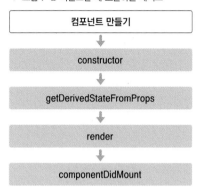

- **constructor**: 컴포넌트를 새로 만들 때마다 호출되는 클래스 생성자 메서드입니다.
- **getDerivedStateFromProps**: props에 있는 값을 state에 넣을 때 사용하는 메서드입니다.
- **render**: 우리가 준비한 UI를 렌더링하는 메서드입니다.
- **componentDidMount**: 컴포넌트가 웹 브라우저상에 나타난 후 호출하는 메서드입니다.

업데이트

컴포넌트는 다음과 같은 총 네 가지 경우에 업데이트합니다.

1. props가 바뀔 때
2. state가 바뀔 때
3. 부모 컴포넌트가 리렌더링될 때
4. this.forceUpdate로 강제로 렌더링을 트리거할 때

이렇게 컴포넌트를 업데이트할 때는 다음 메서드를 호출합니다.

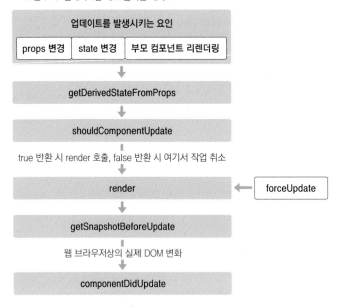

▼ 그림 7-3 업데이트할 때 호출하는 메서드

컴포넌트는 다양한 이유로 업데이트될 수 있습니다. 첫째, 부모 컴포넌트에서 넘겨주는 props가 바뀔 때입니다. 컴포넌트에 전달하는 props의 값이 바뀌면 컴포넌트 렌더링이 이루어집니다. 둘째, 컴포넌트 자신이 들고 있는 state가 setState를 통해 업데이트될 때입니다. 셋째, 부모 컴포넌트가 리렌더링될 때입니다. 자신에게 할당된 props가 바뀌지 않아도, 또는 자신이 들고 있는 state가 바뀌지 않아도, 부모 컴포넌트가 리렌더링되면 자식 컴포넌트 또한 리렌더링됩니다.

- **getDerivedStateFromProps**: 이 메서드는 마운트 과정에서도 호출되며, 업데이트가 시작하기 전에도 호출됩니다. props의 변화에 따라 state 값에도 변화를 주고 싶을 때 사용합니다.
- **shouldComponentUpdate**: 컴포넌트가 리렌더링을 해야 할지 말아야 할지를 결정하는 메서드입니다. 이 메서드에서는 true 혹은 false 값을 반환해야 하며, true를 반환하면 다음 라이프사이클 메서드를 계속 실행하고, false를 반환하면 작업을 중지합니다. 즉, 컴포넌트가 리렌더링되지 않습니다. 만약 특정 함수에서 this.forceUpdate() 함수를 호출한다면 이 과정을 생략하고 바로 render 함수를 호출합니다.
- **render**: 컴포넌트를 리렌더링합니다.
- **getSnapshotBeforeUpdate**: 컴포넌트 변화를 DOM에 반영하기 바로 직전에 호출하는 메서드입니다.
- **componentDidUpdate**: 컴포넌트의 업데이트 작업이 끝난 후 호출하는 메서드입니다.

언마운트

마운트의 반대 과정, 즉 컴포넌트를 DOM에서 제거하는 것을 언마운트(unmount)라고 합니다.

❤ 그림 7-4 언마운트할 때 호출하는 메서드

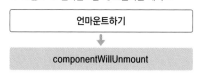

- `componentWillUnmount`: 컴포넌트가 웹 브라우저상에서 사라지기 전에 호출하는 메서드입니다.

7.2 / 라이프사이클 메서드 살펴보기

REACT

자, 이제 앞서 소개한 라이프사이클 메서드를 하나씩 자세히 살펴봅시다.

7.2.1 render() 함수

```
render() { ... }
```

이 메서드는 매우 익숙하지요? 이 메서드는 컴포넌트 모양새를 정의합니다. 그렇기에 컴포넌트에서 가장 중요한 메서드라고 할 수 있죠. 라이프사이클 메서드 중 유일한 필수 메서드이기도 합니다.

이 메서드 안에서 this.props와 this.state에 접근할 수 있으며, 리액트 요소를 반환합니다. 요소는 div 같은 태그가 될 수도 있고, 따로 선언한 컴포넌트가 될 수도 있습니다. 아무것도 보여 주고 싶지 않다면 null 값이나 false 값을 반환하도록 하세요.

그리고 다음 사항에 주의하세요. 이 메서드 안에서는 이벤트 설정이 아닌 곳에서 setState를 사용하면 안 되며, 브라우저의 DOM에 접근해서도 안 됩니다. DOM 정보를 가져오거나 state에 변화를 줄 때는 componentDidMount에서 처리해야 합니다.

175

7.2.2 constructor 메서드

```
constructor(props) { ... }
```

이것은 컴포넌트의 생성자 메서드로 컴포넌트를 만들 때 처음으로 실행됩니다. 이 메서드에서는 초기 state를 정할 수 있습니다.

7.2.3 getDerivedStateFromProps 메서드

이것은 리액트 v16.3 이후에 새로 만든 라이프사이클 메서드입니다. props로 받아 온 값을 state에 동기화시키는 용도로 사용하며, 컴포넌트가 마운트될 때와 업데이트될 때 호출됩니다.

```
static getDerivedStateFromProps(nextProps, prevState) {
    if(nextProps.value !== prevState.value) { // 조건에 따라 특정 값 동기화
      return { value: nextProps.value };
    }
    return null; // state를 변경할 필요가 없다면 null을 반환
}
```


7.2.4 componentDidMount 메서드

```
componentDidMount() { ... }
```

이것은 컴포넌트를 만들고, 첫 렌더링을 다 마친 후 실행합니다. 이 안에서 다른 자바스크립트 라이브러리 또는 프레임워크의 함수를 호출하거나 이벤트 등록, setTimeout, setInterval, 네트워크 요청 같은 비동기 작업을 처리하면 됩니다.

7.2.5 shouldComponentUpdate 메서드

```
shouldComponentUpdate(nextProps, nextState) { ... }
```

이것은 props 또는 state를 변경했을 때, 리렌더링을 시작할지 여부를 지정하는 메서드입니다. 이 메서드에서는 반드시 true 값 또는 false 값을 반환해야 합니다. 컴포넌트를 만들 때 이 메서드를

따로 생성하지 않으면 기본적으로 언제나 true 값을 반환합니다. 이 메서드가 false 값을 반환한다면 업데이트 과정은 여기서 중지됩니다.

이 메서드 안에서 현재 props와 state는 this.props와 this.state로 접근하고, 새로 설정될 props 또는 state는 nextProps와 nextState로 접근할 수 있습니다.

프로젝트 성능을 최적화할 때, 상황에 맞는 알고리즘을 작성하여 리렌더링을 방지할 때는 false 값을 반환하게 합니다. 컴포넌트를 최적화하는 부분은 앞으로 리액트를 공부하면서 더 자세히 알아보겠습니다.

7.2.6 getSnapshotBeforeUpdate 메서드

이것은 리액트 v16.3 이후 만든 메서드입니다. 이 메서드는 render에서 만들어진 결과물이 브라우저에 실제로 반영되기 직전에 호출됩니다. 이 메서드에서 반환하는 값은 componentDidUpdate에서 세 번째 파라미터인 snapshot 값으로 전달받을 수 있는데요. 주로 업데이트하기 직전의 값을 참고할 일이 있을 때 활용됩니다(예: 스크롤바 위치 유지).

```
getSnapshotBeforeUpdate(prevProps, prevState) {
    if(prevState.array !== this.state.array) {
        const { scrollTop, scrollHeight } = this.list
        return { scrollTop, scrollHeight };
    }
}
```

7.2.7 componentDidUpdate 메서드

```
componentDidUpdate(prevProps, prevState, snapshot) { ... }
```

이것은 리렌더링을 완료한 후 실행합니다. 업데이트가 끝난 직후이므로, DOM 관련 처리를 해도 무방합니다. 여기서는 prevProps 또는 prevSlate를 사용하여 컴포넌트가 이전에 가졌던 데이터에 접근할 수 있습니다. 또 getSnapshotBeforeUpdate에서 반환한 값이 있다면 여기서 snapshot 값을 전달받을 수 있습니다.

7.2.8 componentWillUnmount 메서드

```
componentWillUnmount() { ... }
```

이것은 컴포넌트를 DOM에서 제거할 때 실행합니다. componentDidMount에서 등록한 이벤트, 타이머, 직접 생성한 DOM이 있다면 여기서 제거 작업을 해야 합니다.

7.2.9 componentDidCatch 메서드

componentDidCatch 메서드는 리액트 v16에서 새롭게 도입되었으며, 컴포넌트 렌더링 도중에 에러가 발생했을 때 애플리케이션이 먹통이 되지 않고 오류 UI를 보여 줄 수 있게 해 줍니다. 사용 방법은 다음과 같습니다.

```
componentDidCatch(error, info) {
    this.setState({
      error: true
    });
    console.log({ error, info });
  }
```

여기서 error는 파라미터에 어떤 에러가 발생했는지 알려 주며, info 파라미터는 어디에 있는 코드에서 오류가 발생했는지에 대한 정보를 줍니다. 앞의 코드에서는 그저 console.log만 했지만, 나중에 실제로 사용할 때 오류가 발생하면 서버 API를 호출하여 따로 수집할 수도 있습니다.

그러나 이 메서드를 사용할 때는 컴포넌트 자신에게 발생하는 에러를 잡아낼 수 없고 자신의 this.props.children으로 전달되는 컴포넌트에서 발생하는 에러만 잡아낼 수 있다는 점을 알아 두어야 합니다. 이 메서드를 사용하는 방법은 7.3.3절 '에러 잡아내기'에서 알아보겠습니다.

7.3 / 라이프사이클 메서드 사용하기

7.2절에서 살펴본 라이프사이클 메서드를 직접 사용해 봅시다. 이번 실습은 다음 흐름으로 진행합니다.

▼ 그림 7-5 라이프사이클 메서드 사용

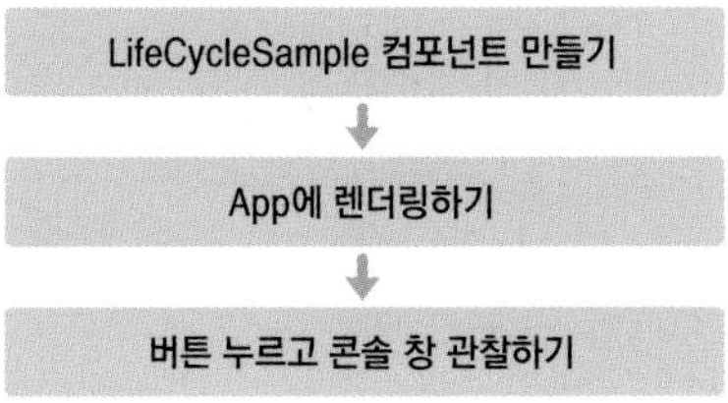

```
┌─────────────────────────────────────┐
│   LifeCycleSample 컴포넌트 만들기      │
└─────────────────────────────────────┘
                 ↓
┌─────────────────────────────────────┐
│          App에 렌더링하기             │
└─────────────────────────────────────┘
                 ↓
┌─────────────────────────────────────┐
│       버튼 누르고 콘솔 창 관찰하기      │
└─────────────────────────────────────┘
```

7.3.1 예제 컴포넌트 생성

src 디렉터리에 LifeCycleSample.js라는 컴포넌트를 만드세요.

LifeCycleSample.js

```javascript
import { Component } from 'react';

class LifeCycleSample extends Component {
  state = {
    number: 0,
    color: null,
  }

  myRef = null; // ref를 설정할 부분

  constructor(props) {
    super(props);
    console.log('constructor');
  }

  static getDerivedStateFromProps(nextProps, prevState) {
    console.log('getDerivedStateFromProps');
    if(nextProps.color !== prevState.color) {
      return { color: nextProps.color };
    }
    return null;
  }

  componentDidMount() {
    console.log('componentDidMount');
  }

  shouldComponentUpdate(nextProps, nextState) {
```

```
      console.log('shouldComponentUpdate', nextProps, nextState);
      // 숫자의 마지막 자리가 4면 리렌더링하지 않습니다.
      return nextState.number % 10 !== 4;
    }

    componentWillUnmount() {
      console.log('componentWillUnmount');
    }

    handleClick = () => {
      this.setState({
        number: this.state.number + 1
      });
    }

    getSnapshotBeforeUpdate(prevProps, prevState) {
      console.log('getSnapshotBeforeUpdate');
      if(prevProps.color !== this.props.color) {
        return this.myRef.style.color;
      }
      return null;
    }

    componentDidUpdate(prevProps, prevState, snapshot) {
      console.log('componentDidUpdate', prevProps, prevState);
      if(snapshot) {
        console.log('업데이트되기 직전 색상: ', snapshot);
      }
    }

    render() {
      console.log('render');

      const style = {
        color: this.props.color
      };

      return (
        <div>
          <h1 style={style} ref={ref => this.myRef=ref}>
            {this.state.number}
          </h1>
          <p>color: {this.state.color}</p>
          <button onClick={this.handleClick}>
            더하기
```

```
        </button>
      </div>
    )
  }
}

export default LifeCycleSample;
```

이 컴포넌트는 각 라이프사이클 메서드를 실행할 때마다 콘솔 디버거에 기록하고, 부모 컴포넌트에서 props로 색상을 받아 버튼을 누르면 state.number 값을 1씩 더합니다.

getDerivedStateFromProps는 부모에게서 받은 color 값을 state에 동기화하고 있습니다. 그리고 getSnapshotBeforeUpdate는 DOM에 변화가 일어나기 직전의 색상 속성을 snapshot 값으로 반환하여 이것을 componentDidUpdate에서 조회할 수 있게 했습니다.

추가로 shouldComponentUpdate 메서드에서 state.number 값의 마지막 자리 수가 4이면(예: 4, 14, 24, 34) 리렌더링을 취소하도록 설정했습니다.

7.3.2 App 컴포넌트에서 예제 컴포넌트 사용

App.js 파일에 있던 기존 코드를 지우고, 다음 코드를 작성하세요.

App.js
```
import { Component } from 'react';
import LifeCycleSample from './LifeCycleSample';

// 랜덤 색상을 생성합니다.
function getRandomColor() {
  return '#' + Math.floor(Math.random() * 16777215).toString(16);
}

class App extends Component {
  state = {
    color: '#000000'
  }

  handleClick = () => {
    this.setState({
      color: getRandomColor()
```

```
      });
    }

    render() {
      return (
        <div>
          <button onClick={this.handleClick}>랜덤 색상</button>
          <LifeCycleSample color={this.state.color}/>
        </div>
      );
    }
  }

  export default App;
```

getRandomColor 함수는 state의 color 값을 랜덤 색상으로 설정합니다. 16777215를 hex로 표현
하면 ffffff가 되므로 해당 코드는 000000부터 ffffff 값을 반환합니다.

버튼을 렌더링하고, 누를 때마다 handleClick 메서드가 호출되게 이벤트를 설정하며, 불러온
LifeCycleSample 컴포넌트에 color 값을 props로 설정합니다.

코드를 저장하면 다음 결과물이 나타납니다.

▼ 그림 7-6 LifeCycleSample 컴포넌트의 첫 렌더링

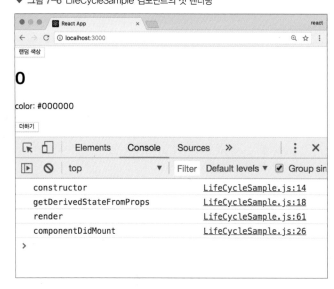

렌더링이 잘되었나요? 그렇다면 위쪽 버튼과 아래쪽 버튼을 번갈아 누르면서 어떤 라이프사이클 메서드들을 실행하는지 체크해 보세요. 마지막 자리 수가 4일 때는 업데이트를 취소하는지도 확인해 보세요.

❤ 그림 7-7 랜덤 색상 버튼 클릭 후 나타난 결과

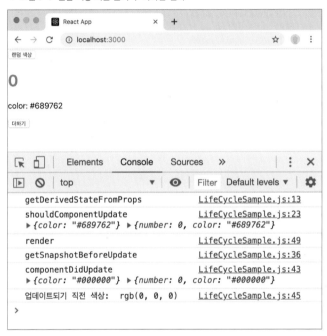

▼ 그림 7-8 더하기 버튼 클릭 후 나타난 결과

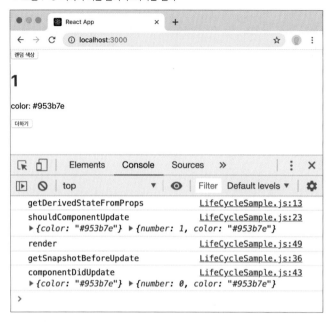

7.3.3 에러 잡아내기

방금 만든 LifeCycleSample 컴포넌트의 render 함수에서 의도적으로 에러를 한번 발생시켜 보겠습니다. render 함수에서의 에러는 주로 존재하지 않는 함수를 사용하려고 하거나, 존재하지 않는 객체의 값을 조회하려고 할 때 발생합니다.

LifeCycleSample의 render 함수를 다음과 같이 수정해 보세요.

LifeCycleSample.js

```
render() {
    console.log('render');

    const style = {
        color: this.props.color
    };

    return (
      <div>
        {this.props.missing.value}
        <h1 style={style} ref={ref => (this.myRef = ref)}>
```

```
        {this.state.number}
      </h1>
      <p>color: {this.state.color}</p>
      <button onClick={this.handleClick}>더하기</button>
    </div>
  );
}
```

존재하지 않는 props인 missing 객체의 value를 조회해서 렌더링해 주려고 합니다. 이렇게 하면
당연히 브라우저에는 에러가 발생합니다. 한번 확인해 볼까요?

▼ 그림 7-9 컴포넌트 에러 발생

저장하고 나면 그림 7-9 왼쪽과 같이 에러가 발생할 것입니다. 이렇게 어디에서 에러가 발생했는
지 알 수 있는 정보가 나타난 것은 우리가 현재 개발 서버를 실행 중이기 때문입니다. 해당 페이지
의 오른쪽 상단에 있는 X 버튼을 누르면 오류 창이 닫힙니다. 닫히고 나면, 그림 7-9의 오른쪽과
같이 아무것도 보이지 않고 흰 페이지만 남습니다.

만약 사용자가 웹 서비스를 실제로 사용할 때 이렇게 흰 화면만 나타나면 어리둥절할 것입니다.
이럴 때는 에러가 발생했다고 사용자에게 인지시켜 주어야 합니다.

지금부터는 에러를 잡아 주는 ErrorBoundary라는 컴포넌트를 생성해 보겠습니다. src 디렉터리
에 ErrorBoundary.js 파일을 생성하고 다음과 같이 입력해 주세요.

```
import { Component } from 'react';

class ErrorBoundary extends Component {
  state = {
    error: false
  };
  componentDidCatch(error, info) {
    this.setState({
      error: true
    });
    console.log({ error, info });
  }
  render() {
    if (this.state.error) return <div>에러가 발생했습니다!</div>;
    return this.props.children;
  }
}

export default ErrorBoundary;
```

에러가 발생하면 componentDidCatch 메서드가 호출되며, 이 메서드는 this.state.error 값을 true로 업데이트해 줍니다. 그리고 render 함수는 this.state.error 값이 true라면 에러가 발생했음을 알려 주는 문구를 보여 줍니다.

이제 이 컴포넌트를 사용해 App.js에서 LifeCycleSample 컴포넌트를 감싸 주세요.

```
import { Component } from 'react';
import LifeCycleSample from './LifeCycleSample';
import ErrorBoundary from './ErrorBoundary';

// 랜덤 색상을 생성합니다.
function getRandomColor() {
  return '#' + Math.floor(Math.random() * 16777215).toString(16);
}

class App extends Component {
  state = {
    color: '#000000'
```

```
  };

  handleClick = () => {
    this.setState({
      color: getRandomColor()
    });
  };

  render() {
    return (
      <div>
        <button onClick={this.handleClick}>랜덤 색상</button>
        <ErrorBoundary>
          <LifeCycleSample color={this.state.color} />
        </ErrorBoundary>
      </div>
    );
  }
}

export default App;
```

이렇게 코드를 작성하고 저장합니다. 여전히 조금 전처럼 붉은 에러 박스가 보이겠지만, X 버튼을 누르면 다음과 같이 '에러가 발생했습니다!'라는 문구가 보일 것입니다.

▼ 그림 7-10 componentDidCatch 사용 결과

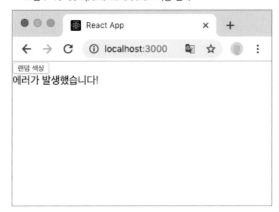

7.4 / 정리

컴포넌트의 라이프사이클 메서드 흐름을 한번 한눈에 확인해 볼까요?

▼ 그림 7-11 컴포넌트의 라이프사이클 메서드 흐름

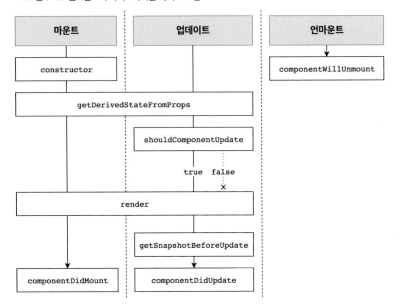

라이프사이클 메서드는 컴포넌트 상태에 변화가 있을 때마다 실행하는 메서드입니다. 이 메서드들은 서드파티 라이브러리를 사용하거나 DOM을 직접 건드려야 하는 상황에서 유용합니다. 추가로 컴포넌트 업데이트의 성능을 개선할 때는 shouldComponentUpdate가 중요하게 사용됩니다.

shouldComponentUpdate를 사용하여 컴포넌트의 업데이트 성능을 개선하는 내용은 11장에서 다루어 보겠습니다.

8^장

Hooks

Hooks는 리액트 v16.8에 새로 도입된 기능으로 함수 컴포넌트에서도 상태 관리를 할 수 있는 useState, 렌더링 직후 작업을 설정하는 useEffect 등의 기능을 제공하여 기존의 함수 컴포넌트에서 할 수 없었던 다양한 작업을 할 수 있게 해 줍니다.

이번 실습은 다음과 같은 흐름으로 진행됩니다.

❤ 그림 8-1 Hooks 배우기

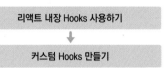

실습을 진행하기 위해 create-react-app을 사용하여 새로운 프로젝트를 생성해 주세요.

```
$ yarn create react-app hooks-tutorial
```

8.1 useState

useState는 가장 기본적인 Hook이며, 함수 컴포넌트에서도 가변적인 상태를 지닐 수 있게 해 줍니다. 3장에서도 이미 사용해 보았는데, 이번 장에서 다시 복습해 봅시다. 만약 함수 컴포넌트에서 상태를 관리해야 한다면 이 Hook을 사용하면 됩니다.

useState 기능을 사용해서 숫자 카운터를 구현해 보겠습니다. src 디렉터리에 Counter.js 파일을 생성하고 다음 코드를 입력해 보세요.

Counter.js
```
import { useState } from 'react';

const Counter = () => {
  const [value, setValue] = useState(0);

  return (
    <div>
```

```
      <p>
        현재 카운터 값은 <b>{value}</b>입니다.
      </p>
      <button onClick={() => setValue(value + 1)}>+1</button>
      <button onClick={() => setValue(value - 1)}>-1</button>
    </div>
  );
};

export default Counter;
```

useState는 코드 상단에서 import 구문을 통해 불러오고, 다음과 같이 사용합니다.

```
const [value, setValue] = useState(0);
```

useState 함수의 파라미터에는 상태의 기본값을 넣어 줍니다. 현재 0을 넣어 주었는데, 결국 카운터의 기본값을 0으로 설정하겠다는 의미입니다. 이 함수가 호출되면 배열을 반환하는데요, 그 배열의 첫 번째 원소는 상태 값, 두 번째 원소는 상태를 설정하는 함수입니다. 이 함수에 파라미터를 넣어서 호출하면 전달받은 파라미터로 값이 바뀌고 컴포넌트가 정상적으로 리렌더링됩니다.

코드를 이해하고 다 작성했다면, App 컴포넌트를 열어서 기존에 보여 주던 내용을 다 지우고 Counter 컴포넌트를 렌더링하세요.

App.js

```
import Counter from './Counter';

const App = () => {
  return <Counter />;
};

export default App;
```

그리고 터미널에 yarn start 명령어를 입력하여 개발 서버를 구동하세요.

▼ 그림 8-2 useState로 카운터 구현하기

+1, −1 버튼을 눌러 보세요. 카운터가 잘 작동하나요? 어떤가요? 함수 컴포넌트에서 상태 관리를 하기 위해 컴포넌트 코드를 굳이 클래스 형태로 변환할 필요가 없어서 매우 편리하죠?

8.1.1 useState를 여러 번 사용하기

하나의 useState 함수는 하나의 상태 값만 관리할 수 있습니다. 컴포넌트에서 관리해야 할 상태가 여러 개라면 useState를 여러 번 사용하면 됩니다.

이번에는 src 디렉터리에 Info.js 파일을 생성하여 다음 코드를 작성해 보세요.

Info.js

```javascript
import { useState } from 'react';

const Info = () => {
  const [name, setName] = useState('');
  const [nickname, setNickname] = useState('');

  const onChangeName = e => {
    setName(e.target.value);
  };

  const onChangeNickname = e => {
    setNickname(e.target.value);
  };

  return (
    <div>
```

```
      <div>
        <input value={name} onChange={onChangeName} />
        <input value={nickname} onChange={onChangeNickname} />
      </div>
      <div>
        <div>
          <b>이름:</b> {name}
        </div>
        <div>
          <b>닉네임:</b> {nickname}
        </div>
      </div>
    </div>
  );
};

export default Info;
```

다음으로 App 컴포넌트에서 이 컴포넌트를 렌더링해 보세요.

App.js

```
import Info from './Info';

const App = () => {
  return <Info />;
};

export default App;
```

이제 화면을 확인해 볼까요?

▼ 그림 8-3 useState를 여러 번 사용하기

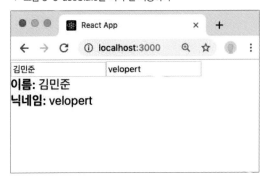

관리할 상태가 여러 개인 경우에도 useState로 편하게 관리할 수 있겠죠?

8.2 / useEffect

useEffect는 리액트 컴포넌트가 렌더링될 때마다 특정 작업을 수행하도록 설정할 수 있는 Hook 입니다. 클래스형 컴포넌트의 componentDidMount와 componentDidUpdate를 합친 형태로 보아도 무 방합니다.

기존에 만들었던 Info 컴포넌트에 useEffect를 한번 적용해 보겠습니다.

Info.js

```
import { useState, useEffect } from 'react';

const Info = () => {
  const [name, setName] = useState('');
  const [nickname, setNickname] = useState('');
  useEffect(() => {
    console.log('렌더링이 완료되었습니다!');
    console.log({
      name,
      nickname
    });
  });

  const onChangeName = e => {
    setName(e.target.value);
  };

  const onChangeNickname = e => {
    setNickname(e.target.value);
  };

  return (
    (...)
  );
};

export default Info;
```

이제 브라우저에서 개발자 도구를 열고 인풋의 내용을 변경해 보세요.

▼ 그림 8-4 useEffect

결과물을 보면, 컴포넌트가 처음 나타났을 때 '렌더링이 완료되었습니다!'라는 문구가 두 번 출력이 되었습니다.

이는 React.StrictMode가 적용된 개발 환경에서만 발생하는 현상인데요, useEffect를 사용한 코드에 문제가 있는지 없는지 감지하기 위하여 두 번 실행이 된다고 합니다. 추가로 미래의 리액트 작동 방식에 대비하기 위함이기도 한데요, 미래의 리액트 버전에서는 컴포넌트가 사라졌다가 다시 나타나도 컴포넌트의 상태를 유지하는 기능이 도입된다고 합니다. 컴포넌트가 나타날 때 useEffect가 두 번 실행이 되어도 컴포넌트 작동 방식에 문제가 없어야 추후 호환이 정상적으로 이뤄진다고 하네요. 당장은 이 기능이 도입되진 않았기 때문에 이 부분에 대하여 크게 신경 쓰지 않아도 괜찮습니다. 지금은 useEffect는 개발 환경에서 컴포넌트가 화면에 나타날 때 두 번 호출이 된다는 것만 알아두면 됩니다.

8.2.1 마운트될 때만 실행하고 싶을 때

useEffect에서 설정한 함수를 컴포넌트가 화면에 맨 처음 렌더링될 때만 실행하고, 업데이트될 때는 실행하지 않으려면 함수의 두 번째 파라미터로 비어 있는 배열을 넣어 주면 됩니다.

기존 useEffect 코드를 다음과 같이 변경해 보세요.

```
useEffect(() => {
    console.log('마운트될 때만 실행됩니다.');
}, []);
```

코드를 작성한 뒤에 다시 브라우저를 열어서 인풋을 수정해 보세요. 컴포넌트가 처음 나타날 때만 콘솔에 문구가 나타나고, 그 이후에는 나타나지 않을 것입니다.

❤ 그림 8-5 마운트될 때만 실행하기

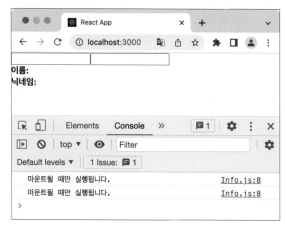

이번에도, 앞서 설명드렸듯이, useEffect가 두 번 호출이 되었는데요, 개발 환경에서만 발생하는 현상입니다.

8.2.2 특정 값이 업데이트될 때만 실행하고 싶을 때

useEffect를 사용할 때, 특정 값이 변경될 때만 호출하고 싶을 경우도 있겠지요? 클래스형 컴포넌트라면 다음과 같이 작성할 것입니다.

```
componentDidUpdate(prevProps, prevState) {
  if (prevProps.value !== this.props.value) {
    doSomething();
  }
}
```

이 코드는 props 안에 들어 있는 value 값이 바뀔 때만 특정 작업을 수행합니다. 이러한 작업을 useEffect에서 해야 한다면, 어떻게 해야 할까요?

바로 useEffect의 두 번째 파라미터로 전달되는 배열 안에 검사하고 싶은 값을 넣어 주면 됩니다. Info 컴포넌트의 useEffect 부분을 다음과 같이 한번 수정해 보세요.

Info.js – useEffect

```
useEffect(() => {
    console.log(name);
  }, [name]);
```

배열 안에는 useState를 통해 관리하고 있는 상태를 넣어 주어도 되고, props로 전달받은 값을 넣어 주어도 됩니다.

▼ 그림 8-6 특정 값이 업데이트될 때만 실행하기

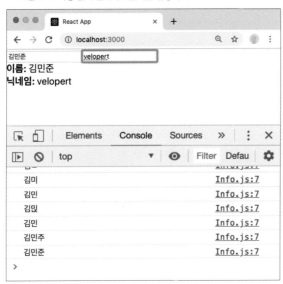

대부분의 경우, useEffect를 사용할 때는 이렇게 배열에 의존하는 값을 넣어줍니다. 빈 배열이나 의존 값이 들어있는 배열을 넣는 경우는 있어도, 배열을 아예 생략하는 상황은 거의 없다고 생각하면 됩니다.

8.2.3 뒷정리하기

useEffect는 기본적으로 렌더링되고 난 직후마다 실행되며, 두 번째 파라미터 배열에 무엇을 넣는지에 따라 실행되는 조건이 달라집니다.

컴포넌트가 언마운트되기 전이나 업데이트되기 직전에 어떠한 작업을 수행하고 싶다면 useEffect
에서 뒷정리(cleanup) 함수를 반환해 주어야 합니다.

Info 컴포넌트의 useEffect 부분을 다음과 같이 수정해 보세요.

Info.js – useEffect

```
useEffect(() => {
    console.log('effect');
    console.log(name);
    return () => {
      console.log('cleanup');
      console.log(name);
    };
}, [name]);
```

이제 App 컴포넌트에서 Info 컴포넌트의 가시성을 바꿀 수 있게 해 봅시다. 이번에도 useState
를 사용하여 상태를 관리해 보세요!

```
import { useState } from 'react';
import Info from './Info';

const App = () => {
  const [visible, setVisible] = useState(false);
  return (
    <div>
      <button
        onClick={() => {
          setVisible(!visible);
        }}
      >
        {visible ? '숨기기' : '보이기'}
      </button>
      <hr />
      {visible && <Info />}
    </div>
  );
};

export default App;
```

다 작성했다면 상단의 **보이기/숨기기** 버튼을 눌러 보세요.

▼ 그림 8-7 useEffect 뒷정리

현재 React.StrictMode가 활성화되어 있기 때문에, 보이기 버튼을 눌렀을 때 컴포넌트가 두 번 마운트되면서 effect, cleanup, effect 가 출력됩니다. 그다음에 숨기기를 누르면 컴포넌트가 언마운트되면서 cleanup이 호출됩니다.

그다음에는 인풋에 이름을 적어 보고 콘솔에 어떤 결과가 나타나는지 확인해 보세요.

▼ 그림 8-8 업데이트할 때마다 발생하는 effect와 cleanup

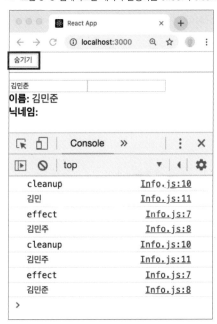

렌더링될 때마다 뒷정리 함수가 계속 나타나는 것을 확인할 수 있습니다. 그리고 뒷정리 함수가 호출될 때는 업데이트되기 직전의 값을 보여 줍니다.

오직 언마운트될 때만 뒷정리 함수를 호출하고 싶다면 useEffect 함수의 두 번째 파라미터에 비어 있는 배열을 넣으면 됩니다.

Info.js – useEffect

```
useEffect(() => {
    console.log('effect');
    return () => {
      console.log('unmount');
    };
}, []);
```

8.3 / useReducer

useReducer는 useState보다 더 다양한 컴포넌트 상황에 따라 다양한 상태를 다른 값으로 업데이트해 주고 싶을 때 사용하는 Hook입니다. 리듀서(reducer)라는 개념은 17장에서 리덕스를 배울 때 더 자세히 알아보겠습니다. 여기서 다루는 내용이 어렵다고 느껴진다면 17장을 보고 나서 이 내용을 다시 한 번 확인해 보세요.

리듀서는 현재 상태, 그리고 업데이트를 위해 필요한 정보를 담은 액션(action) 값을 전달받아 새로운 상태를 반환하는 함수입니다. 리듀서 함수에서 새로운 상태를 만들 때는 반드시 불변성을 지켜 주어야 합니다.

```
function reducer(state, action) {
  return { ... }; // 불변성을 지키면서 업데이트한 새로운 상태를 반환합니다.
}
```

액션 값은 주로 다음과 같은 형태로 이루어져 있습니다.

```
{
  type: 'INCREMENT',
  // 다른 값들이 필요하다면 추가로 들어감
}
```

17장에서 다룰 리덕스에서 사용하는 액션 객체에는 어떤 액션인지 알려 주는 type 필드가 꼭 있어야 하지만, useReducer에서 사용하는 액션 객체는 반드시 type을 지니고 있을 필요가 없습니다. 심지어 객체가 아니라 문자열이나 숫자여도 상관없습니다.

8.3.1 카운터 구현하기

먼저 useReducer를 사용하여 기존의 Counter 컴포넌트를 다시 구현해 보세요.

Counter.js

```
import { useReducer } from 'react';

function reducer(state, action) {
  // action.type에 따라 다른 작업 수행
  switch (action.type) {
    case 'INCREMENT':
      return { value: state.value + 1 };
    case 'DECREMENT':
      return { value: state.value - 1 };
    default:
      // 아무것도 해당되지 않을 때 기존 상태 반환
      return state;
  }
}

const Counter = () => {
  const [state, dispatch] = useReducer(reducer, { value: 0 });

  return (
    <div>
      <p>
        현재 카운터 값은 <b>{state.value}</b>입니다.
      </p>
      <button onClick={() => dispatch({ type: 'INCREMENT' })}>+1</button>
      <button onClick={() => dispatch({ type: 'DECREMENT' })}>-1</button>
    </div>
  );
};

export default Counter;
```

useReducer의 첫 번째 파라미터에는 리듀서 함수를 넣고, 두 번째 파라미터에는 해당 리듀서의 기본값을 넣어 줍니다. 이 Hook을 사용하면 state 값과 dispatch 함수를 받아 오는데요. 여기서

state는 현재 가리키고 있는 상태고, dispatch는 액션을 발생시키는 함수입니다. dispatch(action)과 같은 형태로, 함수 안에 파라미터로 액션 값을 넣어 주면 리듀서 함수가 호출되는 구조입니다.

useReducer를 사용했을 때의 가장 큰 장점은 컴포넌트 업데이트 로직을 컴포넌트 바깥으로 빼낼 수 있다는 것입니다.

코드를 다 작성했다면, App에서 Counter를 다시 렌더링해 주고 브라우저에서 **+1/−1** 버튼을 눌러 보세요.

App

```
import Counter from './Counter';

const App = () => {
  return <Counter />;
};

export default App;
```

이전과 마찬가지로 잘 작동하나요?

8.3.2 인풋 상태 관리하기

이번에는 useReducer를 사용하여 Info 컴포넌트에서 인풋 상태를 관리해 보겠습니다. 기존에는 인풋이 여러 개여서 useState를 여러 번 사용했는데요. useReducer를 사용하면 기존에 클래스형 컴포넌트에서 input 태그에 name 값을 할당하고 e.target.name을 참조하여 setState를 해 준 것과 유사한 방식으로 작업을 처리할 수 있습니다.

Info 컴포넌트를 다음과 같이 한번 수정해 보세요.

Info.js

```
import { useReducer } from 'react';

function reducer(state, action) {
  return {
    ...state,
    [action.name]: action.value
  };
}

const Info = () => {
```

```
  const [state, dispatch] = useReducer(reducer, {
    name: '',
    nickname: ''
  });
  const { name, nickname } = state;
  const onChange = e => {
    dispatch(e.target);
  };

  return (
    <div>
      <div>
        <input name="name" value={name} onChange={onChange} />
        <input name="nickname" value={nickname} onChange={onChange} />
      </div>
      <div>
        <div>
          <b>이름:</b> {name}
        </div>
        <div>
          <b>닉네임: </b>
          {nickname}
        </div>
      </div>
    </div>
  );
};

export default Info;
```

useReducer에서의 액션은 그 어떤 값도 사용 가능합니다. 그래서 이번에는 이벤트 객체가 지니고 있는 e.target 값 자체를 액션 값으로 사용했습니다. 이런 식으로 인풋을 관리하면 아무리 인풋의 개수가 많아져도 코드를 짧고 깔끔하게 유지할 수 있습니다.

코드를 다 작성했으면 App에서 Info 컴포넌트를 렌더링해 보고 잘 작동하는지 확인해 보세요.

App.js

```
import Info from './Info';

const App = () => {
  return <Info />;
};

export default App;
```

8.4 useMemo

useMemo를 사용하면 함수 컴포넌트 내부에서 발생하는 연산을 최적화할 수 있습니다. 먼저 리스트에 숫자를 추가하면 추가된 숫자들의 평균을 보여 주는 함수 컴포넌트를 작성해 봅시다.

src 디렉터리에 Average.js 파일을 생성하세요.

Average.js

```javascript
import { useState } from 'react';

const getAverage = numbers => {
  console.log('평균값 계산 중..');
  if (numbers.length === 0) return 0;
  const sum = numbers.reduce((a, b) => a + b);
  return sum / numbers.length;
};

const Average = () => {
  const [list, setList] = useState([]);
  const [number, setNumber] = useState('');

  const onChange = e => {
    setNumber(e.target.value);
  };
  const onInsert = e => {
    const nextList = list.concat(parseInt(number));
    setList(nextList);
    setNumber('');
  };

  return (
    <div>
      <input value={number} onChange={onChange} />
      <button onClick={onInsert}>등록</button>
      <ul>
        {list.map((value, index) => (
          <li key={index}>{value}</li>
        ))}
      </ul>
```

```
      <div>
        <b>평균값:</b> {getAverage(list)}
      </div>
    </div>
  );
};

export default Average;
```

다음으로는 App에서 이 컴포넌트를 렌더링하세요.

App.js

```
import Average from './Average';

const App = () => {
  return <Average />;
};

export default App;
```

브라우저에서 숫자들을 등록해 보세요. 평균값이 잘 나타나나요?

▼ 그림 8-9 평균 계산하기

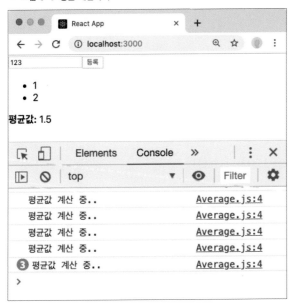

그런데 숫자를 등록할 때뿐만 아니라 인풋 내용이 수정될 때도 우리가 만든 getAverage 함수가 호출되는 것을 확인할 수 있습니다. 인풋 내용이 바뀔 때는 평균값을 다시 계산할 필요가 없는데, 이렇게 렌더링할 때마다 계산하는 것은 낭비겠지요?

useMemo Hook을 사용하면 이러한 작업을 최적화할 수 있습니다. 렌더링하는 과정에서 특정 값이 바뀌었을 때만 연산을 실행하고, 원하는 값이 바뀌지 않았다면 이전에 연산했던 결과를 다시 사용하는 방식입니다.

코드를 다음과 같이 수정해 보세요.

Average.js

```jsx
import { useState, useMemo } from 'react';

const getAverage = numbers => {
  console.log('평균값 계산 중..');
  if (numbers.length === 0) return 0;
  const sum = numbers.reduce((a, b) => a + b);
  return sum / numbers.length;
};

const Average = () => {
  const [list, setList] = useState([]);
  const [number, setNumber] = useState('');

  const onChange = e => {
    setNumber(e.target.value);
  };
  const onInsert = () => {
    const nextList = list.concat(parseInt(number));
    setList(nextList);
    setNumber('');
  };

  const avg = useMemo(() => getAverage(list), [list]);

  return (
    <div>
      <input value={number} onChange={onChange} />
      <button onClick={onInsert}>등록</button>
      <ul>
        {list.map((value, index) => (
          <li key={index}>{value}</li>
        ))}
```

```
      </ul>
      <div>
        <b>평균값:</b> {avg}
      </div>
    </div>
  );
};


export default Average;
```

▼ 그림 8-10 useMemo를 통한 연산 최적화

이제 list 배열의 내용이 바뀔 때만 getAverage 함수가 호출됩니다.

8.5 useCallback

useCallback은 useMemo와 상당히 비슷한 함수입니다. 주로 렌더링 성능을 최적화해야 하는 상황
에서 사용하는데요, 이 Hook을 사용하면 만들어 놨던 함수를 재사용할 수 있습니다.

방금 구현한 Average 컴포넌트를 보세요. onChange와 onInsert라는 함수를 선언해 주었지요? 이렇게 선언하면 컴포넌트가 리렌더링될 때마다 새로 만들어진 함수를 사용하게 됩니다. 대부분의 경우 이러한 방식은 문제없지만, 컴포넌트의 렌더링이 자주 발생하거나 렌더링해야 할 컴포넌트의 개수가 많아지면 이 부분을 최적화해 주는 것이 좋습니다.

그럼 useCallback을 사용하여 한번 최적화해 봅시다.

Average.js

```
import { useState, useMemo, useCallback } from 'react';

const getAverage = numbers => {
  console.log('평균값 계산 중..');
  if (numbers.length === 0) return 0;
  const sum = numbers.reduce((a, b) => a + b);
  return sum / numbers.length;
};

const Average = () => {
  const [list, setList] = useState([]);
  const [number, setNumber] = useState('');

  const onChange = useCallback(e => {
    setNumber(e.target.value);
  }, []); // 컴포넌트가 처음 렌더링될 때만 함수 생성
  const onInsert = useCallback(() => {
    const nextList = list.concat(parseInt(number));
    setList(nextList);
    setNumber('');
  }, [number, list]); // number 혹은 list가 바뀌었을 때만 함수 생성

  const avg = useMemo(() => getAverage(list), [list]);

  return (
    <div>
      <input value={number} onChange={onChange}  />
      <button onClick={onInsert}>등록</button>
      <ul>
        {list.map((value, index) => (
          <li key={index}>{value}</li>
        ))}
      </ul>
      <div>
```

```
      <b>평균값:</b> {avg}
    </div>
  </div>
 );
};
```

```
export default Average;
```

useCallback의 첫 번째 파라미터에는 생성하고 싶은 함수를 넣고, 두 번째 파라미터에는 배열을 넣으면 됩니다. 이 배열에는 어떤 값이 바뀌었을 때 함수를 새로 생성해야 하는지 명시해야 합니다.

onChange처럼 비어 있는 배열을 넣게 되면 컴포넌트가 렌더링될 때 만들었던 함수를 계속해서 재사용하게 되며 onInsert처럼 배열 안에 number와 list를 넣게 되면 인풋 내용이 바뀌거나 새로운 항목이 추가될 때 새로 만들어진 함수를 사용하게 됩니다.

함수 내부에서 상태 값에 의존해야 할 때는 그 값을 반드시 두 번째 파라미터 안에 포함시켜 주어야 합니다. 예를 들어 onChange의 경우 기존의 값을 조회하지 않고 바로 설정만 하기 때문에 배열이 비어 있어도 상관없지만, onInsert는 기존의 number와 list를 조회해서 nextList를 생성하기 때문에 배열 안에 number와 list를 꼭 넣어 주어야 합니다.

REACT

8.6 useRef

useRef Hook은 함수 컴포넌트에서 ref를 쉽게 사용할 수 있도록 해 줍니다. Average 컴포넌트에서 **등록** 버튼을 눌렀을 때 포커스가 인풋 쪽으로 넘어가도록 코드를 작성해 보겠습니다.

Average.js
```
import { useState, useMemo, useCallback, useRef } from 'react';

const getAverage = numbers => {
  console.log('평균값 계산 중..');
  if (numbers.length === 0) return 0;
  const sum = numbers.reduce((a, b) => a + b);
  return sum / numbers.length;
```

```
};

const Average = () => {
  const [list, setList] = useState([]);
  const [number, setNumber] = useState('');
  const inputEl = useRef(null);

  const onChange = useCallback(e => {
    setNumber(e.target.value);
  }, []); // 컴포넌트가 처음 렌더링될 때만 함수 생성
const onInsert = useCallback(() => {
    const nextList = list.concat(parseInt(number));
    setList(nextList);
    setNumber('');
    inputEl.current.focus();
  }, [number, list]); // number 혹은 list가 바뀌었을 때만 함수 생성

  const avg = useMemo(() => getAverage(list), [list]);

  return (
    <div>
      <input value={number} onChange={onChange} ref={inputEl} />
      <button onClick={onInsert}>등록</button>
      <ul>
        {list.map((value, index) => (
          <li key={index}>{value}</li>
        ))}
      </ul>
      <div>
        <b>평균값:</b> {avg}
      </div>
    </div>
  );
};

export default Average;
```

useRef를 사용하여 ref를 설정하면 useRef를 통해 만든 객체 안의 current 값이 실제 엘리먼트를 가리킵니다.

8.6.1 로컬 변수 사용하기

추가로 컴포넌트 로컬 변수를 사용해야 할 때도 useRef를 활용할 수 있습니다. 여기서 로컬 변수 란 렌더링과 상관없이 바뀔 수 있는 값을 의미합니다. 클래스 형태로 작성된 컴포넌트의 경우에는 로컬 변수를 사용해야 할 때 다음과 같이 작성할 수 있죠.

예시 코드

```
import { Component } from 'react';

class MyComponent extends Component {
  id = 1
  setId = (n) => {
    this.id = n;
  }
  printId = () => {
    console.log(this.id);
  }
  render() {
    return (
      <div>
        MyComponent
      </div>
    );
  }
}

export default MyComponent;
```

이러한 코드를 함수 컴포넌트로 작성한다면? 다음과 같이 할 수 있습니다.

예시 코드

```
import { useRef } from 'react';

const RefSample = () => {
  const id = useRef(1);
  const setId = (n) => {
    id.current = n;
  }
  const printId = () => {
    console.log(id.current);
```

```
  }
  return (
    <div>
      refsample
    </div>
  );
};


export default RefSample;
```

이렇게 ref 안의 값이 바뀌어도 컴포넌트가 렌더링되지 않는다는 점에는 주의해야 합니다. 렌더링과 관련되지 않은 값을 관리할 때만 이러한 방식으로 코드를 작성하세요.

8.7 커스텀 Hooks 만들기

여러 컴포넌트에서 비슷한 기능을 공유할 경우, 이를 여러분만의 Hook으로 작성하여 로직을 재사용할 수 있습니다.

기존에 Info 컴포넌트에서 여러 개의 인풋을 관리하기 위해 useReducer로 작성했던 로직을 useInputs라는 Hook으로 따로 분리해 보겠습니다.

src 디렉터리에 useInputs.js 파일을 만들고 다음 코드를 작성해 보세요.

useInputs.js

```
import { useReducer } from 'react';

function reducer(state, action) {
  return {
    ...state,
    [action.name]: action.value
  };
}

export default function useInputs(initialForm) {
  const [state, dispatch] = useReducer(reducer, initialForm);
```

```
  const onChange = e => {
    dispatch(e.target);
  };
  return [state, onChange];
}
```

이 Hook을 Info 컴포넌트에서 사용해 보겠습니다!

Info.js

```
import useInputs from './useInputs';

const Info = () => {
  const [state, onChange] = useInputs({
    name: '',
    nickname: ''
  });
  const { name, nickname } = state;

  return (
    <div>
      <div>
        <input name="name" value={name} onChange={onChange} />
        <input name="nickname" value={nickname} onChange={onChange} />
      </div>
      <div>
        <div>
          <b>이름:</b> {name}
        </div>
        <div>
          <b>닉네임: </b>
          {nickname}
        </div>
      </div>
    </div>
  );
};

export default Info;
```

어떤가요? 훨씬 깔끔해졌죠?

8.8 다른 Hooks

이번에 커스텀 Hooks를 만들어서 사용했던 것처럼, 다른 개발자가 만든 Hooks도 라이브러리로 설치하여 사용할 수 있습니다.

다른 개발자가 만든 다양한 Hooks 리스트는 다음 링크에서 확인할 수 있습니다.

- https://nikgraf.github.io/react-hooks/
- https://github.com/rehooks/awesome-react-hooks

8.9 정리

리액트에서 Hooks 패턴을 사용하면 클래스형 컴포넌트를 작성하지 않고도 대부분의 기능을 구현할 수 있습니다. 이러한 기능이 리액트에 릴리즈되었다고 해서 기존의 setState를 사용하는 방식이 잘못된 것은 아닙니다. 물론 useState 혹은 useReducer를 통해 구현할 수 있더라도 말이죠.

리액트 매뉴얼에 따르면, 기존의 클래스형 컴포넌트는 앞으로도 계속해서 지원될 예정입니다. 그렇기 때문에 만약 유지 보수하고 있는 프로젝트에서 클래스형 컴포넌트를 사용하고 있다면, 이를 굳이 함수 컴포넌트와 Hooks를 사용하는 형태로 전환할 필요는 없습니다. 다만, 매뉴얼에서는 새로 작성하는 컴포넌트의 경우 함수 컴포넌트와 Hooks를 사용할 것을 권장하고 있습니다. 앞으로 여러분이 프로젝트를 개발할 때는 함수 컴포넌트의 사용을 첫 번째 옵션으로 두고, 꼭 필요한 상황에서만 클래스형 컴포넌트를 구현하세요.

9^장

컴포넌트 스타일링

리액트에서 컴포넌트를 스타일링할 때는 다양한 방식을 사용할 수 있습니다. 여러 방식 중에서 딱히 정해진 방식이란 없습니다. 회사마다 요구하는 스펙이 다르고, 개발자마다 각자 취향에 따라 선택하기 때문입니다. 이 장에서는 어떠한 방식이 있는지 알아보고, 자주 사용하는 방식을 하나하나 사용해 보겠습니다.

이 장에서 알아볼 스타일링 방식은 다음과 같습니다.

- **일반 CSS**: 컴포넌트를 스타일링하는 가장 기본적인 방식입니다.
- **Sass**: 자주 사용되는 CSS 전처리기(pre-processor) 중 하나로 확장된 CSS 문법을 사용하여 CSS 코드를 더욱 쉽게 작성할 수 있도록 해 줍니다.
- **CSS Module**: 스타일을 작성할 때 CSS 클래스가 다른 CSS 클래스의 이름과 절대 충돌하지 않도록 파일마다 고유한 이름을 자동으로 생성해 주는 옵션입니다.
- **styled-components**: 스타일을 자바스크립트 파일에 내장시키는 방식으로 스타일을 작성함과 동시에 해당 스타일이 적용된 컴포넌트를 만들 수 있게 해 줍니다.

실습은 다음 흐름으로 진행됩니다.

▼ 그림 9-1 컴포넌트 스타일링 실습

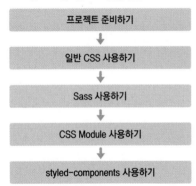

프로젝트 준비하기
↓
일반 CSS 사용하기
↓
Sass 사용하기
↓
CSS Module 사용하기
↓
styled-components 사용하기

프로젝트 준비하기

우선 create-react-app을 사용하여 새로운 프로젝트를 만들고 개발 서버를 시작하세요. 개발 서버를 시작할 때 이전에 사용하던 프로젝트의 개발 서버가 있다면 종료해 주어야 합니다. 종료하려면 터미널 창에서 Ctrl+C를 입력합니다.

```
$ yarn create react-app styling-react
$ cd styling-react
$ yarn start
```

프로젝트 생성이 완료되면 해당 디렉터리를 에디터로 열어 주세요.

9.1 가장 흔한 방식, 일반 CSS

프로젝트는 일반 CSS 방식으로 만들어져 있습니다. 기존의 CSS 스타일링이 딱히 불편하지 않고 새로운 기술을 배울 필요가 없다고 생각되면, 일반 CSS를 계속 사용해도 상관없습니다.

실제로도 소규모 프로젝트를 개발하고 있다면 새로운 스타일링 시스템을 적용하는 것이 불필요할 수도 있습니다. 그런 상황에는 프로젝트에 이미 적용되어 있는 기본 CSS 시스템을 사용하는 것만으로도 충분합니다.

방금 만든 프로젝트를 보면 src 디렉터리에 App.js 파일과 App.css 파일이 있습니다.

App.js

```
import { Component } from 'react';
import logo from './logo.svg';
import './App.css';

class App extends Component {
  render() {
    return (
      <div className="App">
        <header className="App-header">
          <img src={logo} className="App-logo" alt="logo" />
          <p>
            Edit <code>src/App.js</code> and save to reload.
          </p>
          <a
            className="App-link"
            href="https://reactjs.org"
            target="_blank"
            rel="noopener noreferrer"
          >
            Learn React
          </a>
        </header>
```

```
      </div>
    );
  }
}


export default App;
```

```css
.App {
  text-align: center;
}

.App-logo {
  animation: App-logo-spin infinite 20s linear;
  height: 40vmin;
}

.App-header {
  background-color: #282c34;
  min-height: 100vh;
  display: flex;
  flex-direction: column;
  align-items: center;
  justify-content: center;
  font-size: calc(10px + 2vmin);
  color: white;
}

.App-link {
  color: #61dafb;
}

@keyframes App-logo-spin {
  from {
    transform: rotate(0deg);
  }
  to {
    transform: rotate(360deg);
  }
}
```

CSS를 작성할 때 가장 중요한 점은 CSS 클래스를 중복되지 않게 만드는 것입니다. CSS 클래스가 중복되는 것을 방지하는 여러 가지 방식이 있는데, 그중 하나는 이름을 지을 때 특별한 규칙을 사용하여 짓는 것이고, 또 다른 하나는 CSS Selector를 활용하는 것입니다.

9.1.1 이름 짓는 규칙

프로젝트에 자동 생성된 App.css를 읽어 보면 클래스 이름이 컴포넌트 이름-클래스 형태로 지어져 있습니다(예: App-header). 클래스 이름에 컴포넌트 이름을 포함시킴으로써 다른 컴포넌트에서 실수로 중복되는 클래스를 만들어 사용하는 것을 방지할 수 있죠. 비슷한 방식으로 BEM 네이밍(BEM Naming)이라는 방식도 있습니다. BEM 네이밍은 CSS 방법론 중 하나로, 이름을 지을 때 일종의 규칙을 준수하여 해당 클래스가 어디에서 어떤 용도로 사용되는지 명확하게 작성하는 방식입니다. 예를 들어 .card__title-primary처럼 말이죠.

9.1.2 CSS Selector

CSS Selector를 사용하면 CSS 클래스가 특정 클래스 내부에 있는 경우에만 스타일을 적용할 수 있습니다. 예를 들어 .App 안에 들어 있는 .logo에 스타일을 적용하고 싶다면 다음과 같이 작성하면 됩니다.

```
.App .logo {
  animation: App-logo-spin infinite 20s linear;
  height: 40vmin;
}
```

이러한 방식을 사용하여 기존 App.css와 App.js의 CSS 클래스 부분을 다시 작성해 볼까요? 우선 CSS 파일을 이렇게 수정해 보세요.

App.css

```
.App {
  text-align: center;
}

/*.App 안에 들어 있는 .logo*/
.App .logo {
```

```
    animation: App-logo-spin infinite 20s linear;
    height: 40vmin;
  }


  /* .App 안에 들어 있는 header
     header 클래스가 아닌 header 태그 자체에
     스타일을 적용하기 때문에 .이 생략되었습니다. */
  .App header {
    background-color: #282c34;
    min-height: 100vh;
    display: flex;
    flex-direction: column;
    align-items: center;
    justify-content: center;
    font-size: calc(10px + 2vmin);
    color: white;
  }


  /* .App 안에 들어 있는 a 태그 */
  .App a {
    color: #61dafb;
  }


  @keyframes App-logo-spin {
    from {
      transform: rotate(0deg);
    }
    to {
      transform: rotate(360deg);
    }
  }
```

그리고 이에 맞춰 컴포넌트의 JSX 부분을 수정해 보세요.

App.js

```
import { Component } from 'react';
import logo from './logo.svg';
import './App.css';

class App extends Component {
  render() {
    return (
```

```
    <div className="App">
      <header>
        <img src={logo} className="logo" alt="logo" />
        <p>
          Edit <code>src/App.js</code> and save to reload.
        </p>
        <a
          href="https://reactjs.org"
          target="_blank"
          rel="noopener noreferrer"
        >
          Learn React
        </a>
      </header>
    </div>
  );
  }
}

export default App;
```

이런 식으로 컴포넌트의 최상위 html 요소에는 컴포넌트의 이름으로 클래스 이름을 짓고(.App), 그 내부에서는 소문자를 입력하거나(.logo), header 같은 태그를 사용하여 클래스 이름이 불필요한 경우에는 아예 생략할 수도 있습니다.

9.2 Sass 사용하기

Sass(Syntactically Awesome Style Sheets)(문법적으로 매우 멋진 스타일시트)는 CSS 전처리기로 복잡한 작업을 쉽게 할 수 있도록 해 주고, 스타일 코드의 재활용성을 높여 줄 뿐만 아니라 코드의 가독성을 높여서 유지 보수를 더욱 쉽게 해 줍니다.

create-react-app 구버전에서는 Sass를 사용하려면 추가 작업이 필요했는데, v2 버전부터는 별도의 추가 설정 없이 바로 사용할 수 있습니다.

Sass에서는 두 가지 확장자 .scss와 .sass를 지원합니다. Sass가 처음 나왔을 때는 .sass 확장자만 지원되었으나 나중에 개발자들의 요청에 의해 .scss 확장자도 지원하게 되었습니다.

.scss의 문법과 .sass의 문법은 꽤 다릅니다. 다음 코드를 한번 확인해 보세요.

.sass

```
$font-stack: Helvetica, sans-serif
$primary-color: #333

body
  font: 100% $font-stack
  color: $primary-color
```

.scss

```
$font-stack: Helvetica, sans-serif;
$primary-color: #333;

body {
  font: 100% $font-stack;
  color: $primary-color;
}
```

주요 차이점을 살펴보면, .sass 확장자는 중괄호({})와 세미콜론(;)을 사용하지 않습니다. 반면 .scss 확장자는 기존 CSS를 작성하는 방식과 비교해서 문법이 크게 다르지 않습니다. 보통 .scss 문법이 더 자주 사용되므로 이 책에서는 .scss 확장자를 사용하여 스타일을 작성해 보겠습니다.

새 컴포넌트를 만들어서 Sass를 한번 사용해 봅시다! 우선 sass라는 라이브러리를 설치해 주어야 합니다. 이 라이브러리는 Sass를 CSS로 변환해 줍니다. 프로젝트 디렉터리에서 다음 명령어를 실행하세요.

```
$ yarn add sass
```

설치가 완료되면 src 디렉터리에 다음과 같이 SassComponent.scss 파일을 작성해 보세요.

SassComponent.scss

```
// 변수 사용하기
$red: #fa5252;
$orange: #fd7e14;
```

```scss
$yellow: #fcc419;
$green: #40c057;
$blue: #339af0;
$indigo: #5c7cfa;
$violet: #7950f2;
// 믹스인 만들기(재사용되는 스타일 블록을 함수처럼 사용할 수 있음)
@mixin square($size) {
  $calculated: 32px * $size;
  width: $calculated;
  height: $calculated;
}

.SassComponent {
  display: flex;
  .box { // 일반 CSS에서는 .SassComponent .box와 마찬가지
    background: red;
    cursor: pointer;
    transition: all 0.3s ease-in;
    &.red {
      // .red 클래스가 .box와 함께 사용되었을 때
      background: $red;
      @include square(1);
    }
    &.orange {
      background: $orange;
      @include square(2);
    }
    &.yellow {
      background: $yellow;
      @include square(3);
    }
    &.green {
      background: $green;
      @include square(4);
    }
    &.blue {
      background: $blue;
      @include square(5);
    }
    &.indigo {
      background: $indigo;
      @include square(6);
    }
```

```scss
    &.violet {
      background: $violet;
      @include square(7);
    }
    &:hover {
      // .box에 마우스를 올렸을 때
      background: black;
    }
  }
}
```

그리고 이 Sass 스타일시트를 사용하는 SassComponent.js 컴포넌트 파일도 src에 만드세요.

SassComponent.js

```javascript
import './SassComponent.scss';

const SassComponent = () => {
  return (
    <div className="SassComponent">
      <div className="box red" />
      <div className="box orange" />
      <div className="box yellow" />
      <div className="box green" />
      <div className="box blue" />
      <div className="box indigo" />
      <div className="box violet" />
    </div>
  );
};
export default SassComponent;
```

이제 이 컴포넌트를 App 컴포넌트에서 보여 줍시다.

App.js

```javascript
import { Component } from 'react';
import SassComponent from './SassComponent';

class App extends Component {
  render() {
    return (
```

```
      <div>
        <SassComponent />
      </div>
    );
  }
}

export default App;
```

작업한 뒤에는 개발 서버를 재시작시켜야 Sass가 성공적으로 적용됩니다. 개발 서버가 구동 중인 터미널 창에서 [Ctrl]+[C]를 누르고, 다시 yarn start 명령어를 입력하세요. 그러고 나면 다음과 같은 페이지가 나타날 것입니다.

❤ 그림 9-2 Sass 적용

9.2.1 utils 함수 분리하기

여러 파일에서 사용될 수 있는 Sass 변수 및 믹스인은 다른 파일로 따로 분리하여 작성한 뒤 필요한 곳에서 쉽게 불러와 사용할 수 있습니다.

src 디렉터리에 styles라는 디렉터리를 생성하고, 그 안에 utils.scss 파일을 만드세요. 그다음에는 기존 SassComponent.scss에 작성했던 변수와 믹스인을 잘라내서 이동시켜 보세요.

```scss
// 변수 사용하기
$red: #fa5252;
$orange: #fd7e14;
$yellow: #fcc419;
$green: #40c057;
$blue: #339af0;
$indigo: #5c7cfa;
$violet: #7950f2;

// 믹스인 만들기(재사용되는 스타일 블록을 함수처럼 사용할 수 있음)
@mixin square($size) {
  $calculated: 32px * $size;
  width: $calculated;
  height: $calculated;
}
```

이제 utils.scss 파일에서 선언한 변수와 믹스인을 SassComponent.scss에서 사용해 보겠습니다. 다른 scss 파일을 불러올 때는 @import 구문을 사용합니다.

```scss
@import './styles/utils';
.SassComponent {
  display: flex;
  .box {
    background: red; // 일반 CSS에서는 .SassComponent .box와 마찬가지
    cursor: pointer;
    transition: all 0.3s ease-in;
    (...)
  }
}
```

이제 utils.scss 파일을 분리하기 전의 결과와 같은 결과가 나타나는지 확인해 보세요!

9.2.2 sass-loader 설정 커스터마이징하기

이 작업은 Sass를 사용할 때 반드시 해야 하는 것은 아니지만, 해 두면 유용합니다. 예를 들어 방금 SassComponent에서 utils를 불러올 때 @import './styles/utils'; 형태로 불러왔는데요. 만약

프로젝트에 디렉터리를 많이 만들어서 구조가 깊어졌다면(예: src/components/somefeature/
ThisComponent.scss) 해당 파일에서는 다음과 같이 상위 폴더로 한참 거슬러 올라가야 한다는
단점이 있습니다.

```
@import '../../../styles/utils';
```

이 문제점은 웹팩에서 Sass를 처리하는 sass-loader의 설정을 커스터마이징하여 해결할 수 있습
니다. create-react-app으로 만든 프로젝트는 프로젝트 구조의 복잡도를 낮추기 위해 세부 설정
이 모두 숨겨져 있습니다. 이를 커스터마이징하려면 프로젝트 디렉터리에서 yarn eject 명령어
를 통해 세부 설정을 밖으로 꺼내 주어야 합니다.

create-react-app에서는 기본적으로 Git 설정이 되어 있는데요. yarn eject는 아직 Git에 커밋
되지 않은 변화가 있다면 진행되지 않으니, 먼저 커밋해 주어야 합니다.

VS Code 좌측에 있는 Git UI를 사용하거나, 다음 명령어를 통해 지금까지 한 작업을 커밋하세요.

❤ 그림 9-3 VS Code Git UI

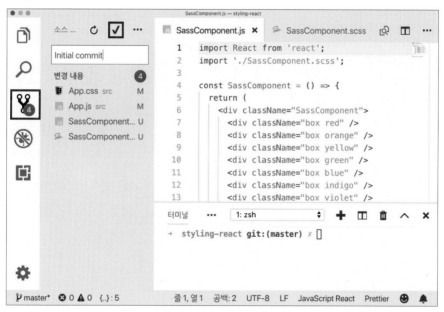

```
$ git add .
$ git commit -m'Commit before yarn eject'
```

그리고 나서 yarn eject 명령어를 실행합니다.

```
$ yarn eject
yarn run v1.12.0
warning ../package.json: No license field
$ react-scripts eject
? Are you sure you want to eject? This action is permanent. (y/N) y
```

이제 프로젝트 디렉터리에 config라는 디렉터리가 생성되었을 것입니다. 그 디렉터리 안에 들어
있는 webpack.config.js를 열어 보세요.

그 파일에서 "sassRegex"라는 키워드를 찾아 보세요(Command + F, Windows의 경우 Ctrl + F).
두 번째 탐색 결과에서 다음과 같은 코드가 나타날 것입니다.

webpack.config.js – sassRegex 찾기

```
{
  test: sassRegex,
  exclude: sassModuleRegex,
  use: getStyleLoaders(
    {
      importLoaders: 3,
      sourceMap: isEnvProduction
        ? shouldUseSourceMap
        : isEnvDevelopment,
    },
    'sass-loader'
  ),
  sideEffects: true,
},
```

여기서 use:에 있는 'sass-loader' 부분을 지우고, 뒷부분에 concat을 통해 커스터마이징된
sass-loader 설정을 넣어 주세요.

```
{
  test: sassRegex,
  exclude: sassModuleRegex,
  use: getStyleLoaders({
    importLoaders: 3,
    sourceMap: isEnvProduction
      ? shouldUseSourceMap
      : isEnvDevelopment,
  }).concat({
    loader: require.resolve("sass-loader"),
    options: {
      sassOptions: {
        includePaths: [paths.appSrc + "/styles"],
```

```
      },
    },
  }),
  sideEffects: true,
},
```

설정 파일을 저장한 후, 서버를 껐다가 재시작하세요. 이제 utils.scss 파일을 불러올 때 현재 수정하고 있는 scss 파일 경로가 어디에 위치하더라도 앞부분에 상대 경로를 입력할 필요 없이 styles 디렉터리 기준 절대 경로를 사용하여 불러올 수 있습니다.

> **노트** **개발 서버가 시작되지 않나요?**
>
> yarn eject 이후 개발 서버가 제대로 시작되지 않는 현상이 발생한다면 프로젝트 디렉터리의 node_modules 디렉터리를 삭제한 후, yarn install 명령어를 실행하고 나서 yarn start를 해 보세요.

SassComponent.scss 파일에서 import 구문을 다음과 같이 한번 수정해 보세요. 그리고 똑같이 적용되는지 확인해 보세요.

```
@import 'utils.scss';
```

이제부터 utils.scss를 사용하는 컴포넌트가 있다면 위 한 줄만 넣어 주면 됩니다.

하지만 새 파일을 생성할 때마다 utils.scss를 매번 이렇게 포함시키는 것도 귀찮을 수 있을 텐데요. 이에 대한 해결 방법 또한 있습니다. 그럴 때는 sass-loader의 additionalData 옵션을 설정하면 됩니다. additionalData 옵션을 설정하면 Sass 파일을 불러올 때마다 코드의 맨 윗부분에 특정 코드를 포함시켜 줍니다.

webpack.config.js를 열어서 조금 전 수정했던 sass-loader의 옵션에서 additionalData 필드를 다음과 같이 설정해 보세요.

webpack.config.js

```
{
  test: sassRegex,
  exclude: sassModuleRegex,
  use: getStyleLoaders({
    importLoaders: 3,
    sourceMap: isEnvProduction
      ? shouldUseSourceMap
      : isEnvDevelopment,
  }).concat({
    loader: require.resolve("sass-loader"),
```

```
      options: {
        sassOptions: {
          includePaths: [paths.appSrc + "/styles"],
        },
        additionalData: "@import 'utils';",
      },
    }),
    sideEffects: true,
  }
```

이렇게 작성하고 개발 서버를 재시작하고 나면 모든 scss 파일에서 utils.scss를 자동으로 불러오므로, Sass에서 맨 윗줄에 있는 import 구문을 지워도 정상적으로 작동할 것입니다.

9.2.3 node_modules에서 라이브러리 불러오기

Sass의 장점 중 하나는 라이브러리를 쉽게 불러와서 사용할 수 있다는 점입니다. yarn을 통해 설치한 라이브러리를 사용하는 가장 기본적인 방법은 무엇일까요? 다음과 같이 상대 경로를 사용하여 node_modules까지 들어가서 불러오는 방법입니다.

```
@import '../../../node_modules/library/styles';
```

하지만 이런 구조는 스타일 파일이 깊숙한 디렉터리에 위치할 경우 ../를 매우 많이 적어야 하니 번거롭겠죠? 이보다 더 쉬운 방법이 있는데, 바로 물결 문자(~)를 사용하는 방법입니다.

```
@import '~library/styles';
```

물결 문자를 사용하면 자동으로 node_modules에서 라이브러리 디렉터리를 탐지하여 스타일을 불러올 수 있습니다.

연습 삼아 유용한 Sass 라이브러리 두 가지를 설치하고 사용해 보겠습니다. 반응형 디자인을 쉽게 만들어 주는 include-media(https://include-media.com/)와 매우 편리한 색상 팔레트인 open-color(https://www.npmjs.com/package/open-color)를 yarn 명령어를 사용해 설치해 보세요.

```
$ yarn add open-color include-media
```

그다음에는 utils.scss 파일을 열고 물결 표시를 사용하여 라이브러리를 불러오세요. 다음 두 줄을 코드 상단에 넣어 주면 됩니다.

utils.scss

```scss
@import '~include-media/dist/include-media';
@import '~open-color/open-color';
(...)
```

Sass 라이브러리를 불러올 때는 node_modules 내부 라이브러리 경로 안에 들어 있는 scss 파일을 불러와야 합니다. 보통 scss 파일 경로가 어디에 위치하고 있는지를 라이브러리의 공식 매뉴얼에서 알려 주지 않을 때가 많으니, 직접 경로로 들어가서 확인하길 바랍니다.

이제 방금 불러온 include-media와 open-color를 SassComponent.scss에서 사용해 보겠습니다. 해당 스타일 파일을 다음과 같이 수정해 보세요.

SassComponent.scss

```scss
.SassComponent {
  display: flex;
  background: $oc-gray-2;
  @include media('<768px') {
    background: $oc-gray-9;
  }
  (...)
}
```

이 코드는 SassComponent의 배경색을 open-colors 팔레트 라이브러리에서 불러온 후 설정하고, 화면 가로 크기가 768px 미만이 되면 배경색을 어둡게 바꿔 줍니다. 코드를 저장하고 나면 다음과 같은 결과물이 나타납니다.

▼ 그림 9-4 Sass 라이브러리 사용해 보기

9.3 CSS Module

CSS Module은 CSS를 불러와서 사용할 때 클래스 이름을 고유한 값, 즉 **[파일 이름]_[클래스 이름]__[해시값]** 형태로 자동으로 만들어서 컴포넌트 스타일 클래스 이름이 중첩되는 현상을 방지해 주는 기술입니다. CSS Module을 사용하기 위해 구버전(v1)의 create-react-app에서는 웹팩에서 css-loader 설정을 별도로 해 주어야 했지만, v2 버전 이상부터는 따로 설정할 필요 없이 .module.css 확장자로 파일을 저장하기만 하면 CSS Module이 적용됩니다.

CSSModule.module.css라는 파일을 src 디렉터리에 생성하여 다음과 같이 한번 작성해 보세요.

CSSModule.module.css

```css
/* 자동으로 고유해질 것이므로 흔히 사용되는 단어를 클래스 이름으로 마음대로 사용 가능 */

.wrapper {
  background: black;
  padding: 1rem;
  color: white;
  font-size: 2rem;
}

/* 글로벌 CSS를 작성하고 싶다면 */

:global .something {
  font-weight: 800;
  color: aqua;
}
```

CSS Module을 사용하면 클래스 이름을 지을 때 그 고유성에 대해 고민하지 않아도 됩니다. 흔히 사용하는 단어로 이름을 짓는다고 해도 전혀 문제가 되지 않습니다. 해당 클래스는 우리가 방금 만든 스타일을 직접 불러온 컴포넌트 내부에서만 작동하기 때문입니다.

만약 특정 클래스가 웹 페이지에서 전역적으로 사용되는 경우라면 :global을 앞에 입력하여 글로벌 CSS임을 명시해 줄 수 있습니다.

다 작성했다면 위 CSS Module을 사용하는 리액트 컴포넌트도 작성해 봅시다!

```
import styles from './CSSModule.module.css';
const CSSModule = () => {
  return (
    <div className={styles.wrapper}>
      안녕하세요, 저는 <span className="something">CSS Module!</span>
    </div>
  );
};

export default CSSModule;
```

CSS Module이 적용된 스타일 파일을 불러오면 객체를 하나 전달받게 되는데 CSS Module에서 사용한 클래스 이름과 해당 이름을 고유화한 값이 키-값 형태로 들어 있습니다. 예를 들어 위 코드에서 console.log(styles)를 한다면 다음과 같은 결과가 나타납니다.

```
{ wrapper: "CSSModule_wrapper__1SbdQ" }
```

우리가 지정한 클래스 이름 앞뒤로 파일 이름과 해시값이 붙었지요?

이 고유한 클래스 이름을 사용하려면 클래스를 적용하고 싶은 JSX 엘리먼트에 className={styles.[클래스 이름]} 형태로 전달해 주면 됩니다. :global을 사용하여 전역적으로 선언한 클래스의 경우 평상시 해 왔던 것처럼 그냥 문자열로 넣어 줍니다.

CSSModule 관련 컴포넌트와 스타일을 모두 작성했다면 App 컴포넌트에서 렌더링해 주세요.

```
import { Component } from 'react';
import CSSModule from './CSSModule';

class App extends Component {
  render() {
    return (
      <div>
        <CSSModule />
      </div>
    );
  }
}

export default App;
```

CSS Module이 잘 적용되었나요?

CSS Module을 사용한 클래스 이름을 두 개 이상 적용할 때는 다음과 같이 코드를 작성하면 됩
니다.

CSSModule.module.css

```css
/* 자동으로 고유해질 것이므로 흔히 사용되는 단어를 클래스 이름으로 마음대로 사용 가능 */

.wrapper {
  background: black;
  padding: 1rem;
  color: white;
  font-size: 2rem;
}

.inverted {
  color: black;
  background: white;
  border: 1px solid black;
}

/* 글로벌 CSS를 작성하고 싶다면 */

:global .something {
  font-weight: 800;
  color: aqua;
}
```

```
import styles from './CSSModule.module.css';

const CSSModule = () => {
  return (
    <div className={`${styles.wrapper} ${styles.inverted}`}>
      안녕하세요, 저는 <span className="something">CSS Module!</span>
    </div>
  );
};

export default CSSModule;
```

❤ 그림 9-6 여러 클래스 이름 사용하기

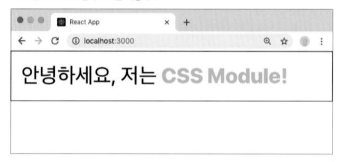

위 코드에서는 ES6 문법 템플릿 리터럴(Template Literal)을 사용하여 문자열을 합해 주었습니다.
이 문법을 사용하면 문자열 안에 자바스크립트 레퍼런스를 쉽게 넣어 줄 수 있습니다.

```
const name = '리액트';
// const message = '제 이름은 ' + name + '입니다.'
const message = `제 이름은 ${name}입니다.`;
```

여기서 사용되는 ` 문자는 백틱(Backtick)이라고 부르며, 키보드에서 숫자 키 1 왼쪽에 있는 키
⌐입니다.

CSS Module 클래스를 여러 개 사용할 때 템플릿 리터럴 문법을 사용하고 싶지 않다면 다음과
같이 작성할 수도 있습니다.

```
className={[styles.wrapper, styles.inverted].join(' ')}
```

9.3.1 classnames

classnames는 CSS 클래스를 조건부로 설정할 때 매우 유용한 라이브러리입니다. 또한, CSS Module을 사용할 때 이 라이브러리를 사용하면 여러 클래스를 적용할 때 매우 편리합니다.

우선 해당 라이브러리를 설치하세요.

```
$ yarn add classnames
```

classnames의 기본적인 사용법을 한번 훑어 봅시다.

classnames 간략 사용법

```
import classNames from 'classnames';

classNames('one', 'two'); // = 'one two'
classNames('one', { two: true }); // = 'one two'
classNames('one', { two: false }); // = 'one'
classNames('one', ['two', 'three']); // = 'one two three'

const myClass = 'hello';
classNames('one', myClass, { myCondition: true }); // = 'one hello myCondition'
```

이런 식으로 여러 가지 종류의 파라미터를 조합해 CSS 클래스를 설정할 수 있기 때문에 컴포넌트에서 조건부로 클래스를 설정할 때 매우 편합니다. 예를 들어 props 값에 따라 다른 스타일을 주기가 쉬워지죠.

예시 코드

```
const MyComponent = ({ highlighted, theme }) => (
  <div className={classNames('MyComponent', { highlighted }, theme)}>Hello</div>
);
```

이렇게 할 경우, 위 엘리먼트의 클래스에 highlighted 값이 true이면 highlighted 클래스가 적용되고, false이면 적용되지 않습니다. 추가로 theme으로 전달받는 문자열은 내용 그대로 클래스에 적용됩니다.

이런 라이브러리의 도움을 받지 않는다면 다음과 같은 형식으로 처리해야 할 것입니다.

```
const MyComponent = ({ highlighted, theme }) => (
  <div className={`MyComponent ${theme} ${highlighted ? 'highlighted' : ''}`}>
    Hello
  </div>
);
```

classnames를 쓰는 것이 가독성이 훨씬 높지요?

덧붙여 CSS Module과 함께 사용하면 CSS Module 사용이 훨씬 쉬워집니다. classnames에 내장되어 있는 bind 함수를 사용하면 클래스를 넣어 줄 때마다 styles.[클래스 이름] 형태를 사용할 필요가 없습니다. 사전에 미리 styles에서 받아 온 후 사용하게끔 설정해 두고 cx('클래스 이름', '클래스 이름2') 형태로 사용할 수 있습니다.

다음 코드는 우리가 만든 CSSModule 컴포넌트에 classnames의 bind 함수를 적용한 예입니다.

```
import classNames from 'classnames/bind';
import styles from './CSSModule.module.css';

const cx = classNames.bind(styles); // 미리 styles에서 클래스를 받아 오도록 설정하고

const CSSModule = () => {
  return (
    <div className={cx('wrapper', 'inverted')}>
      안녕하세요, 저는 <span className="something">CSS Module!</span>
    </div>
  );
};

export default CSSModule;
```

CSS Module을 사용할 때 클래스를 여러 개 설정하거나, 또는 조건부로 클래스를 설정할 때 classnames의 bind를 사용하면 훨씬 편리하게 작성할 수 있겠죠?

9.3.2 Sass와 함께 사용하기

Sass를 사용할 때도 파일 이름 뒤에 .module.scss 확장자를 사용해 주면 CSS Module로 사용할 수 있습니다. CSSModule.module.css 파일의 이름을 CSSModule.module.scss로 한번 변경해 보세요. 스타일 코드도 이에 따라 조금 수정해 보겠습니다.

CSSModule.module.scss

```scss
/* 자동으로 고유해질 것이므로 흔히 사용되는 단어를 클래스 이름으로 마음대로 사용 가능 */

.wrapper {
  background: black;
  padding: 1rem;
  color: white;
  font-size: 2rem;
  &.inverted {
    // inverted가 .wrapper와 함께 사용되었을 때만 적용
    color: black;
    background: white;
    border: 1px solid black;
  }
}

/* 글로벌 CSS를 작성하고 싶다면 */
:global {
  // :global {}로 감싸기
  .something {
    font-weight: 800;
    color: aqua;
  }
  // 여기에 다른 클래스를 만들 수도 있겠죠?
}
```

그러고 나서 CSSModule.js 상단에서도 .css 파일 대신 .scss 파일을 불러오세요.

```js
import styles from './CSSModule.module.scss';
```

이전과 똑같은 화면이 나타났나요?

9.3.3 CSS Module이 아닌 파일에서 CSS Module 사용하기

CSS Module에서 글로벌 클래스를 정의할 때 :global을 사용했던 것처럼 CSS Module이 아닌 일반 .css/.scss 파일에서도 :local을 사용하여 CSS Module을 사용할 수 있습니다.

```
:local .wrapper {
  /* 스타일 */
}


:local {
  .wrapper {
    /* 스타일 */
  }
}
```

9.4 styled-components

컴포넌트 스타일링의 또 다른 패러다임은 자바스크립트 파일 안에 스타일을 선언하는 방식입니다. 이 방식을 'CSS-in-JS'라고 부르는데요. 이와 관련된 라이브러리는 정말 많습니다. 라이브러리의 종류는 https://github.com/MicheleBertoli/css-in-js에서 확인할 수 있습니다.

이 절에서는 CSS-in-JS 라이브러리 중에서 개발자들이 가장 선호하는 styled-components를 알아보겠습니다.

> **노트** styled-components를 대체할 수 있는 라이브러리로는 현재 emotion이 대표적입니다. 작동 방식은 styled-components와 꽤 비슷합니다.

한번 설치해 볼까요?

```
$ yarn add styled-components
```

이 라이브러리를 통해 예제 컴포넌트를 한번 만들어 보겠습니다. styled-components를 사용하면 자바스크립트 파일 하나에 스타일까지 작성할 수 있기 때문에 .css 또는 .scss 확장자를 가진 스타일 파일을 따로 만들지 않아도 된다는 큰 이점이 있습니다.

src 디렉터리에 StyledComponent.js 파일을 생성한 뒤 다음 예제 코드를 작성해 보세요.

StyledComponent.js

```javascript
import styled, { css } from 'styled-components';

const Box = styled.div`
  /* props로 넣어 준 값을 직접 전달해 줄 수 있습니다. */
  background: ${props => props.color || 'blue'};
  padding: 1rem;
  display: flex;
`;

const Button = styled.button`
  background: white;
  color: black;
  border-radius: 4px;
  padding: 0.5rem;
  display: flex;
  align-items: center;
  justify-content: center;
  box-sizing: border-box;
  font-size: 1rem;
  font-weight: 600;

  /* & 문자를 사용하여 Sass처럼 자기 자신 선택 가능 */
  &:hover {
    background: rgba(255, 255, 255, 0.9);
  }

  /* 다음 코드는 inverted 값이 true일 때 특정 스타일을 부여해 줍니다. */
  ${props =>
    props.inverted &&
    css`
      background: none;
      border: 2px solid white;
      color: white;
```

```
      &:hover {
        background: white;
        color: black;
      }
    `};
  & + button {
    margin-left: 1rem;
  }
`;

const StyledComponent = () => (
  <Box color="black">
    <Button>안녕하세요</Button>
    <Button inverted={true}>테두리만</Button>
  </Box>
);

export default StyledComponent;
```

이제 이 컴포넌트를 App 컴포넌트에서 보여 줍시다.

App.js

```
import { Component } from 'react';
import StyledComponent from './StyledComponent';

class App extends Component {
  render() {
    return (
      <div>
        <StyledComponent />
      </div>
    );
  }
}

export default App;
```

저장하고 다음과 같이 두 가지 버튼이 나타나는지 확인하세요.

❤ 그림 9-7 styled-components

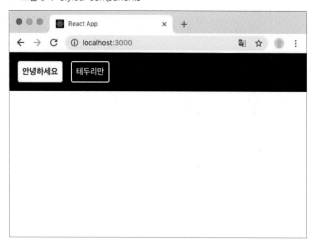

styled-components와 일반 `classNames`를 사용하는 CSS/Sass를 비교했을 때, 가장 큰 장점은 props 값으로 전달해 주는 값을 쉽게 스타일에 적용할 수 있다는 것입니다.

> **노트** VS Code를 사용할 때 styled-components를 위해 컴포넌트 내부에 작성한 스타일이 그저 문자열로 간주되어 코드 신택스 하이라이팅(문법에 따라 에디터 폰트 색상을 입히는 작업)이 제대로 이루어지지 않습니다.
>
> VS Code의 마켓플레이스에서 vscode-styled-components를 검색하여 설치하면 색상이 정상적으로 입혀집니다.
>
> ❤ 그림 9-8 vs-code-styled-components

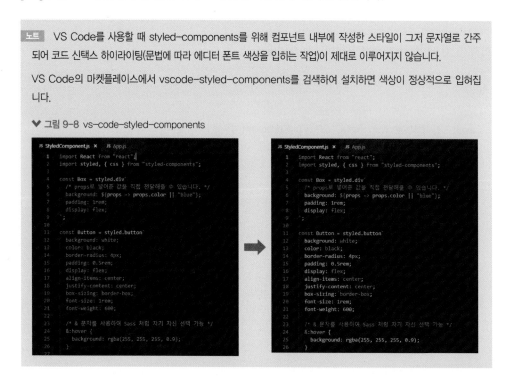

아직은 styled-components가 어떤 원리로 어떻게 작동하는지 잘 모르겠지요? 앞으로 이어지는 절에서 원리와 사용법을 하나하나 알아봅시다.

9.4.1 Tagged 템플릿 리터럴

앞에서 작성한 코드를 확인해 보면, 스타일을 작성할 때 `을 사용하여 만든 문자열에 스타일 정보를 넣어 주었습니다. 여기서 사용한 문법을 Tagged 템플릿 리터럴이라고 부릅니다. CSS Module을 배울 때 나온 일반 템플릿 리터럴과 다른 점은 템플릿 안에 자바스크립트 객체나 함수를 전달할 때 온전히 추출할 수 있다는 것입니다.

예를 들어 다음 코드와 실행 결과를 확인해 보세요.

```
`hello ${{foo: 'bar' }} ${() => 'world'}!`
// 결과: "hello [object Object] () => 'world'!"
```

템플릿에 객체를 넣거나 함수를 넣으면 형태를 잃어 버리게 됩니다. 객체는 "[object Object]"로 변환되고, 함수는 함수 내용이 그대로 문자열화되어 나타나죠.

만약 다음과 같은 함수를 작성하고 나서 해당 함수 뒤에 템플릿 리터럴을 넣어 준다면, 템플릿 안에 넣은 값을 온전히 추출할 수 있습니다.

```
function tagged(...args) {
  console.log(args);
}
tagged`hello ${{foo: 'bar' }} ${() => 'world'}!`
```

해당 코드의 결과를 직접 확인하고 싶다면 크롬 브라우저의 개발자 콘솔을 열어서 자바스크립트 콘솔에 위 코드를 붙여 넣어 보세요. 그러면 다음과 같은 결과가 나타날 것입니다.

▼ 그림 9-9 Tagged 템플릿 리터럴

```
▼(3) [Array(3), {…}, f] ℹ
  ▶0: (3) ["hello ", " ", "!", raw: Array(3)]
  ▶1: {foo: "bar"}
  ▶2: () => 'world'
```

Tagged 템플릿 리터럴을 사용하면 이렇게 템플릿 사이사이에 들어가는 자바스크립트 객체나 함수의 원본 값을 그대로 추출할 수 있습니다. styled-components는 이러한 속성을 사용하여 styled-components로 만든 컴포넌트의 props를 스타일 쪽에서 쉽게 조회할 수 있도록 해 줍니다.

9.4.2 스타일링된 엘리먼트 만들기

styled-components를 사용하여 스타일링된 엘리먼트를 만들 때는 컴포넌트 파일의 상단에서 styled를 불러오고, styled.태그명을 사용하여 구현합니다.

예시 코드

```
import styled from 'styled-components';

const MyComponent = styled.div`
  font-size: 2rem;
`;
```

이렇게 styled.div 뒤에 Tagged 템플릿 리터럴 문법을 통해 스타일을 넣어 주면, 해당 스타일이 적용된 div로 이루어진 리액트 컴포넌트가 생성됩니다. 그래서 나중에 <MyComponent>Hello</MyComponent>와 같은 형태로 사용할 수 있습니다.

div가 아닌 button이나 input에 스타일링을 하고 싶다면 styled.button 혹은 styled.input 같은 형태로 뒤에 태그명을 넣어 주면 됩니다.

하지만 사용해야 할 태그명이 유동적이거나 특정 컴포넌트 자체에 스타일링해 주고 싶다면 다음과 같은 형태로 구현할 수 있습니다.

예시 코드

```
// 태그의 타입을 styled 함수의 인자로 전달
const MyInput = styled('input')`
  background: gray;
`
// 아예 컴포넌트 형식의 값을 넣어 줌
const StyledLink = styled(Link)`
  color: blue;
`
```

노트 여기서 사용된 Link 컴포넌트는 나중에 리액트 라우터를 배울 때 사용할 컴포넌트입니다. 이런 식으로 컴포넌트를 styled의 파라미터에 넣는 경우에는 해당 컴포넌트에 className props를 최상위 DOM의 className 값으로 설정하는 작업이 내부적으로 되어 있어야 합니다. 다음 예시 코드를 확인해 보세요.

예시 코드

```
const Sample = ({ className }) => {
  return <div className={className}>Sample</div>;
};

const StyledSample = styled(Sample)`
  font-size: 2rem;
`;
```

9.4.3 스타일에서 props 조회하기

styled-components를 사용하면 스타일 쪽에서 컴포넌트에게 전달된 props 값을 참조할 수 있습니다. 이전에 작성했던 Box 컴포넌트를 다시 볼까요?

StyledComponents.js – Box 컴포넌트

```
const Box = styled.div`
  /* props로 넣어 준 값을 직접 전달해 줄 수 있습니다. */
  background: ${props => props.color || 'blue'};
  padding: 1rem;
  display: flex;
`;
```

이 코드를 보면 background 값에 props를 조회해서 props.color의 값을 사용하게 했습니다. 그리고 color 값이 주어지지 않았을 때는 blue를 기본 색상으로 설정했습니다.

이렇게 만들어진 코드는 JSX에서 사용될 때 다음과 같이 color 값을 props로 넣어 줄 수 있습니다.

```
<Box color="black">(...)</Box>
```

9.4.4 props에 따른 조건부 스타일링

일반 CSS 클래스를 사용하여 조건부 스타일링을 해야 할 때는 className을 사용하여 조건부 스타일링을 해 왔는데요. styled-components에서는 조건부 스타일링을 간단하게 props로도 처리할 수 있습니다.

앞에서 작성한 Button 컴포넌트를 다시 한 번 확인해봅시다.

StyledComponent.js – Button

```
import styled, { css } from 'styled-components';
/* 단순 변수의 형태가 아니라 여러 줄의 스타일 구문을 조건부로 설정해야 하는 경우에는
css를 불러와야 합니다.
*/
const Button = styled.button`
  background: white;
  color: black;
  border-radius: 4px;
  padding: 0.5rem;
  display: flex;
  align-items: center;
  justify-content: center;
  box-sizing: border-box;
  font-size: 1rem;
  font-weight: 600;

  /* & 문자를 사용하여 Sass처럼 자기 자신 선택 가능 */
  &:hover {
    background: rgba(255, 255, 255, 0.9);
  }

  /* 다음 코드는 inverted 값이 true일 때 특정 스타일을 부여해 줍니다. */
  ${props =>
    props.inverted &&
    css`
      background: none;
      border: 2px solid white;
      color: white;
      &:hover {
        background: white;
        color: black;
      }
    `};
```

246

```
  & + button {
    margin-left: 1rem;
  }
`;
```

이렇게 만든 컴포넌트는 다음과 같이 props를 사용하여 서로 다른 스타일을 적용할 수 있습니다.

```
<Button>안녕하세요</Button>
<Button inverted={true}>테두리만</Button>
```

스타일 코드 여러 줄을 props에 따라 넣어 주어야 할 때는 CSS를 styled-components에서 불러와야 합니다. CSS를 사용하지 않고 다음과 같이 바로 문자열을 넣어도 작동하기는 합니다.

```
${props =>
  props.inverted &&
  `
    background: none;
    border: 2px solid white;
    color: white;
    &:hover {
      background: white;
      color: black;
    }
  `};
```

이렇게 했을 때는 해당 내용이 그저 문자열로만 취급되기 때문에 VS Code 확장 프로그램에서 신택스 하이라이팅이 제대로 이루어지지 않는다는 단점이 따릅니다. 그리고 더욱 치명적인 단점은 Tagged 템플릿 리터럴이 아니기 때문에 함수를 받아 사용하지 못해 해당 부분에서는 props 값을 사용하지 못한다는 것입니다. 만약 조건부 스타일링을 할 때 넣는 여러 줄의 코드에서 props를 참조하지 않는다면 굳이 CSS를 불러와서 사용하지 않아도 상관없습니다. 하지만 props를 참조한다면, 반드시 CSS로 감싸 주어서 Tagged 템플릿 리터럴을 사용해 주어야 합니다.

9.4.5 반응형 디자인

이번에는 styled-components를 사용할 때 반응형 디자인을 어떻게 하는지 한번 알아봅시다. 브라우저의 가로 크기에 따라 다른 스타일을 적용하기 위해서는 일반 CSS를 사용할 때와 똑같이 media 쿼리(query)를 사용하면 됩니다. 조금 전 작성한 Box 컴포넌트를 다음과 같이 수정해 보세요.

```
const Box = styled.div`
  /* props로 넣어 준 값을 직접 전달해 줄 수 있습니다. */
  background: ${props => props.color || 'blue'};
  padding: 1rem;
  display: flex;
  /* 기본적으로는 가로 크기 1024px에 가운데 정렬을 하고
     가로 크기가 작아짐에 따라 크기를 줄이고
     768px 미만이 되면 꽉 채웁니다. */
  width: 1024px;
  margin: 0 auto;
  @media (max-width: 1024px) {
    width: 768px;
  }
  @media (max-width: 768px) {
    width: 100%;
  }
`;
```

❤ 그림 9-10 styled-components 반응형 디자인

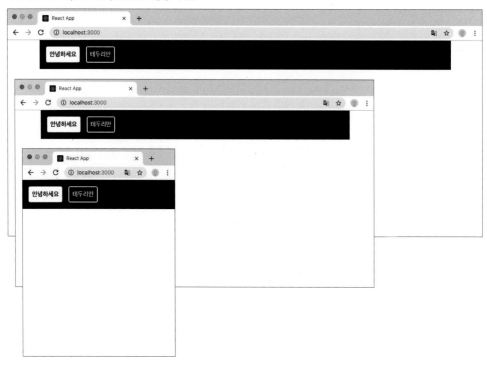

일반 CSS에서 할 때랑 큰 차이가 없습니다. 그런데 이러한 작업을 여러 컴포넌트에서 반복해야 한다면 조금 귀찮을 수도 있습니다. 그럴 때는 이 작업을 함수화하여 간편하게 사용할 수 있습니다. styled-components 매뉴얼에서 제공하는 유틸 함수를 따라 사용해 봅시다.

```
import styled, { css } from 'styled-components';

const sizes = {
  desktop: 1024,
  tablet: 768
};

// 위에 있는 size 객체에 따라 자동으로 media 쿼리 함수를 만들어 줍니다.
// 참고: https://www.styled-components.com/docs/advanced#media-templates
const media = Object.keys(sizes).reduce((acc, label) => {
  acc[label] = (...args) => css`
    @media (max-width: ${sizes[label] / 16}em) {
      ${css(...args)};
    }
  `;

  return acc;
}, {});

const Box = styled.div`
  /* props로 넣어 준 값을 직접 전달해 줄 수 있습니다. */
  background: ${props => props.color || 'blue'};
  padding: 1rem;
  display: flex;
  width: 1024px;
  margin: 0 auto;
  ${media.desktop`width: 768px;`}
  ${media.tablet`width: 100%;`};
`;
```

어떤가요? media를 한번 선언하고 나니까 이를 사용할 때 스타일 쪽의 코드가 훨씬 간단해졌죠? 지금은 media를 StyledComponent.js에서 만들어 주었지만, 실제로 사용한다면 아예 다른 파일로 모듈화한 뒤 여기저기서 불러와 사용하는 방식이 훨씬 편할 것입니다.

이 장에서는 다양한 리액트 컴포넌트 스타일링 방식을 배워 보았습니다. 모두 쓸모 있는 기술들입니다. 이러한 방식들 중 무엇을 사용할지 선택하는 것은 여러분의 몫입니다.

10^장

일정 관리
웹 애플리케이션
만들기

지금까지 리액트의 기본기부터 시작해서 컴포넌트를 스타일링하는 방법까지 배워 보았습니다. 이 장에서는 지금까지 배운 지식을 활용하여 프런트엔드를 공부할 때 많이 구현하는 일정 관리 애플리케이션을 만들어 보겠습니다.

❤ 그림 10-1 일정 관리 애플리케이션

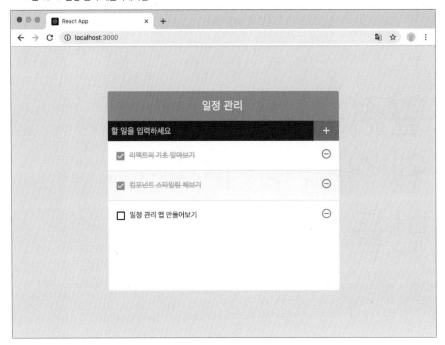

이번 실습은 다음 흐름으로 진행됩니다.

❤ 그림 10-2 일정 관리 애플리케이션 개발 흐름

10.1 / 프로젝트 준비하기

10.1.1 프로젝트 생성 및 필요한 라이브러리 설치

create-react-app을 사용하여 프로젝트를 생성하세요.

```
$ yarn create react-app todo-app
```

프로젝트가 생성되면 todo-app 디렉터리로 들어가서 yarn을 사용하여 필요한 라이브러리를 설치하세요.

```
$ cd todo-app
$ yarn add sass classnames react-icons
```

이 프로젝트에서 Sass를 사용할 예정이므로 sass를 설치해 주었습니다. classnames는 나중에 조건부 스타일링을 좀 더 편하게 하기 위해 설치했습니다. react-icons는 리액트에서 다양하고 예쁜 아이콘을 사용할 수 있는 라이브러리입니다. 아이콘 리스트와 사용법은 https://react-icons. netlify.com/에서 확인할 수 있습니다. 이 라이브러리의 장점은 SVG 형태로 이루어진 아이콘을 리액트 컴포넌트처럼 매우 쉽게 사용할 수 있다는 것입니다. 아이콘의 크기나 색상은 props 혹은 CSS 스타일로 변경하여 사용할 수 있습니다.

10.1.2 Prettier 설정

2장에서 배웠던 Prettier를 설정하여 코드를 작성할 때 코드 스타일을 깔끔하게 정리하겠습니다. 프로젝트의 최상위 디렉터리에 .prettierrc 파일을 다음과 같이 생성하세요.

.prettierrc

```
{
  "singleQuote": true,
  "semi": true,
  "useTabs": false,
  "tabWidth": 2,
  "trailingComma": "all",
  "printWidth": 80
}
```

10.1.3 index.css 수정

프로젝트의 글로벌 스타일 파일이 들어 있는 index.css를 조금 수정하겠습니다. 기존에 있던 폰트 설정은 지우고 background 속성을 설정해 주세요.

index.css

```
body {
  margin: 0;
  padding: 0;
  background: #e9ecef;
}
```

배경색을 회색으로 설정했습니다.

10.1.4 App 컴포넌트 초기화

이제 기존에 있던 App 컴포넌트의 내용을 모두 삭제합니다.

App.js

```
const App = () => {
  return <div>Todo App을 만들자!</div>;
};

export default App;
```

이제 기본적인 준비는 모두 끝났습니다! 프로젝트 디렉터리에서 yarn start 명령어를 입력하여 개발 서버를 구동하세요.

▼ 그림 10-3 App 컴포넌트 초기화

이 화면처럼 회색 배경이 나타났나요? 그럼 이제 본격적으로 UI 개발을 시작해 봅시다!

10.2 UI 구성하기

앞으로 만들 컴포넌트를 하나하나 용도별로 소개하겠습니다!

1. **TodoTemplate**: 화면을 가운데에 정렬시켜 주며, 앱 타이틀(일정 관리)을 보여 줍니다. children으로 내부 JSX를 props로 받아 와서 렌더링해 줍니다.

2. **TodoInsert**: 새로운 항목을 입력하고 추가할 수 있는 컴포넌트입니다. state를 통해 인풋의 상태를 관리합니다.

3. **TodoListItem**: 각 할 일 항목에 대한 정보를 보여 주는 컴포넌트입니다. todo 객체를 props로 받아 와서 상태에 따라 다른 스타일의 UI를 보여 줍니다.

4. **TodoList**: todos 배열을 props로 받아 온 후, 이를 배열 내장 함수 map을 사용해서 여러 개의 TodoListItem 컴포넌트로 변환하여 보여 줍니다.

이렇게 총 네 개의 컴포넌트를 만듭니다. 이 컴포넌트들은 src 디렉터리에 components라는 디렉터리를 생성하여 그 안에 저장하겠습니다. 컴포넌트 파일을 components 디렉터리에 넣는 이유는 기능이나 구조상 필요하기 때문이 아니라 자주 사용되는 관습이기 때문입니다.

지금 단계에서는 컴포넌트의 기능에 대해 신경 쓰기보다는 모양새를 갖추는 데 집중하겠습니다.

10.2.1 TodoTemplate 만들기

src 디렉터리에 components 디렉터리를 생성한 뒤 그 안에 TodoTemplate.js와 TodoTemplate.scss 파일을 생성하세요. 그다음에는 자바스크립트 파일을 다음과 같이 작성하세요.

TodoTemplate.js

```
import './TodoTemplate.scss';

const TodoTemplate = ({ children }) => {
  return (
    <div className="TodoTemplate">
      <div className="app-title">일정 관리</div>
      <div className="content">{children}</div>
    </div>
  );
};

export default TodoTemplate;
```

다음으로 이 컴포넌트를 App.js에서 불러와 렌더링하세요.

App.js

```
import TodoTemplate from './components/TodoTemplate';

const App = () => {
  return <TodoTemplate>Todo App을 만들자!</TodoTemplate>);
};

export default App;
```

이 컴포넌트를 작성하는 과정에서 다음과 같이 상단에 import를 넣지 않고 바로 컴포넌트를 사용하려고 하면, VS Code 에디터에서 자동 완성 기능이 나타날 것입니다.

❤ 그림 10-4 컴포넌트 자동 완성

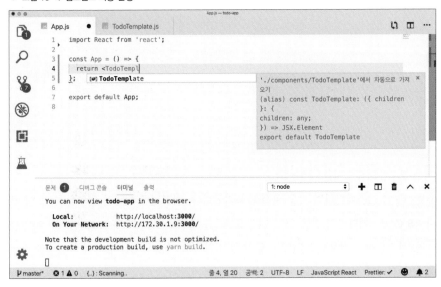

위 상태에서 [Enter]를 누르면 자동으로 import가 되면서 컴포넌트 이름이 입력됩니다. 그러나 TodoTemplate.js 컴포넌트가 VS Code에서 다른 탭으로 열려 있지 않으면 자동 완성이 작동하지 않습니다. 닫혀 있는 파일에도 자동 완성이 제대로 작동하려면 프로젝트 최상위 디렉터리에 jsconfig.json 파일을 만들어 주어야 합니다.

jsconfig.json 파일을 만들고 해당 파일을 열어서 [Ctrl] + [Space]를 눌러 보세요.

❤ 그림 10-5 jsconfig.json

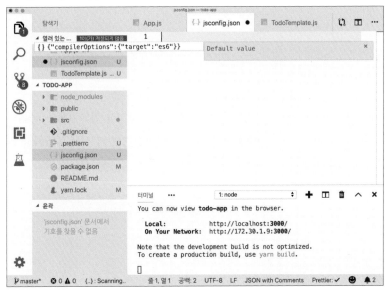

위와 같은 자동 완성 박스가 나타나면 Enter 를 눌러 보세요. 그러면 다음과 같은 코드가 자동 완성됩니다.

jsconfig.json

```json
{
  "compilerOptions": {
    "target": "es6"
  }
}
```

Ctrl + Space 는 VS Code 에디터의 자동 완성 단축키입니다. 컴포넌트 이름을 입력할 때도 이 키를 입력해서 VS Code 에디터의 자동 완성 인텔리센스를 열 수 있습니다. jsconfig.json 파일을 저장하고 나면, 불러오려는 컴포넌트 파일이 열려 있지 않아도 자동 완성을 통해 컴포넌트를 불러와서 사용할 수 있습니다.

▼ 그림 10-6 스타일링되지 않은 TodoTemplate

이 작업을 마치면 위와 같은 화면이 나타날 것입니다. 이제 스타일을 작성할 차례인데요. CSS가 익숙하지 않다면, 가급적 브라우저를 한쪽 화면에 띄워 놓고 각 스타일 코드가 실제로 어떠한 변화를 주는지 확인하면서 작성해 보는 것을 추천합니다.

TodoTemplate.scss

```scss
.TodoTemplate {
  width: 512px;
  // width가 주어진 상태에서 좌우 중앙 정렬
  margin-left: auto;
```

```
    margin-right: auto;
    margin-top: 6rem;
    border-radius: 4px;
    overflow: hidden;

    .app-title {
      background: #22b8cf;
      color: white;
      height: 4rem;
      font-size: 1.5rem;
      display: flex;
      align-items: center;
      justify-content: center;
    }
    .content {
      background: white;
    }
  }
```

다음과 같은 화면이 나타났나요?

❤ 그림 10-7 TodoTemplate

이 책에서는 레이아웃을 할 때 flex라는 display 속성을 자주 쓸 텐데요. 코드에 있는 주석을 읽으며 작성해 보면 각 코드가 어떤 역할을 하는지 충분히 학습할 수 있지만, flex를 더 자세히 알고 싶다면 Flexbox Froggy(http://flexboxfroggy.com/#ko)라는 사이트를 추천합니다. flex를 학습하는 데 큰 도움이 될 것입니다.

♥ 그림 10-8 Flexbox Froggy

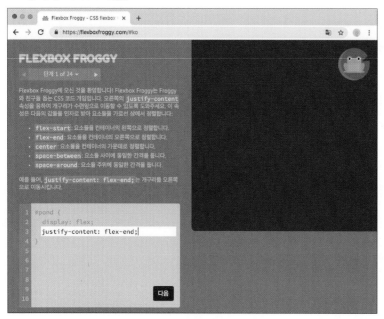

10.2.2 TodoInsert 만들기

이번에는 TodoInsert를 만들 차례입니다. components 디렉터리에 TodoInsert.js 파일과 TodoInsert.scss 파일을 생성하세요.

TodoInsert.js

```
import { MdAdd } from 'react-icons/md';
import './TodoInsert.scss';

const TodoInsert = () => {
  return (
    <form className="TodoInsert">
      <input placeholder="할 일을 입력하세요" />
      <button type="submit">
        <MdAdd />
      </button>
    </form>
  );
};

export default TodoInsert;
```

여기서 처음으로 react-icons의 아이콘을 사용했습니다.

https://react-icons.netlify.com/#/icons/md 페이지에 들어가면 다음과 같이 수많은 아이콘
과 이름이 함께 나타나는데요.

▼ 그림 10-9 react-icons 리스트

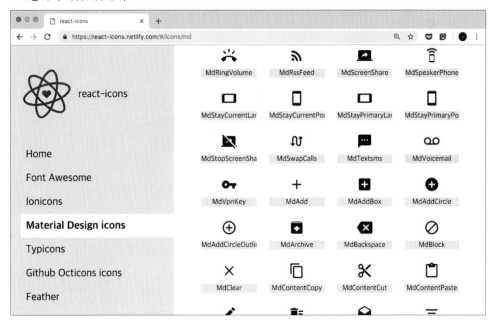

여기서 사용하고 싶은 아이콘을 고른 다음, import 구문을 사용하여 불러온 후 컴포넌트처럼 사용
하면 됩니다.

```
import { 아이콘 이름 } from 'react-icons/md';
```

이제 이 컴포넌트를 App에서 불러와 렌더링해 보세요.

App.js
```
import TodoTemplate from './components/TodoTemplate';
import TodoInsert from './components/TodoInsert';

const App = () => {
  return (
    <TodoTemplate>
      <TodoInsert />
    </TodoTemplate>
  );
```

```
  };

export default App;
```

❤ 그림 10-10 스타일링되지 않은 TodoInsert

이제 이 컴포넌트를 스타일링해 봅시다!

TodoInsert.scss

```scss
.TodoInsert {
  display: flex;
  background: #495057;
  input {
    // 기본 스타일 초기화
    background: none;
    outline: none;
    border: none;
    padding: 0.5rem;
    font-size: 1.125rem;
    line-height: 1.5;
    color: white;
    &::placeholder {
      color: #dee2e6;
    }
    // 버튼을 제외한 영역을 모두 차지하기
    flex: 1;
```

```
  }
  button {
    // 기본 스타일 초기화
    background: none;
    outline: none;
    border: none;
    background: #868e96;
    color: white;
    padding-left: 1rem;
    padding-right: 1rem;
    font-size: 1.5rem;
    display: flex;
    align-items: center;
    cursor: pointer;
    transition: 0.1s background ease-in;
    &:hover {
      background: #adb5bd;
    }
  }
}
```

❤ 그림 10-11 TodoInsert

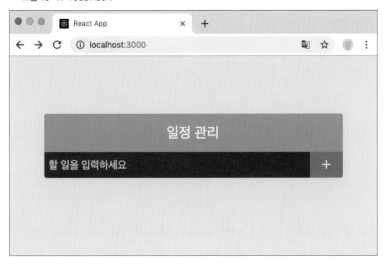

스타일링을 하니 TodoInsert 컴포넌트가 훨씬 아름다워졌지요? 마우스를 + 버튼에 올려 보세요.
버튼의 배경색도 잘 바뀌나요?

10.2.3 TodoListItem과 TodoList 만들기

이제 일정 관리 항목이 보일 TodoListItem과 TodoList를 만들 차례입니다.

먼저 TodoListItem 컴포넌트부터 만들어 봅시다. components 디렉터리에 TodoListItem.js와
TodoListItem.scss를 생성하세요.

그다음에는 TodoListItem.js를 다음과 같이 작성해 보세요.

TodoListItem.js

```
import {
  MdCheckBoxOutlineBlank,
  MdCheckBox,
  MdRemoveCircleOutline,
} from 'react-icons/md';
import './TodoListItem.scss';

const TodoListItem = () => {
  return (
    <div className="TodoListItem">
      <div className="checkbox">
        <MdCheckBoxOutlineBlank />
        <div className="text">할 일</div>
      </div>
      <div className="remove">
        <MdRemoveCircleOutline />
      </div>
    </div>
  );
};

export default TodoListItem;
```

여기서는 다양한 아이콘을 불러와 사용했습니다. 아직 MdCheckBox 아이콘 컴포넌트는 사용하
지 않은 상태인데요. 이 아이콘은 나중에 할 일이 완료되었을 때 체크된 상태를 보여 주기 위해 사
용할 아이콘입니다.

이 컴포넌트를 다 작성했으면 TodoList.js 파일과 TodoList.scss 파일을 생성하고, TodoList.js
컴포넌트를 다음과 같이 작성해 보세요.

```
import TodoListItem from './TodoListItem';
import './TodoList.scss';

const TodoList = () => {
  return (
    <div className="TodoList">
      <TodoListItem />
      <TodoListItem />
      <TodoListItem />
    </div>
  );
};

export default TodoList;
```

지금은 이 컴포넌트에 TodoListItem을 불러와서 별도의 props 전달 없이 그대로 여러 번 보여 주고 있습니다. 나중에는 여기에 기능을 추가하고 다양한 데이터를 전달할 것입니다.

컴포넌트를 다 작성했으면 App에서 렌더링해 주세요.

```
import TodoTemplate from './components/TodoTemplate';
import TodoInsert from './components/TodoInsert';
import TodoList from './components/TodoList';

const App = () => {
  return (
    <TodoTemplate>
      <TodoInsert />
      <TodoList />
    </TodoTemplate>
  );
};

export default App;
```

▼ 그림 10-12 스타일링되지 않은 TodoList

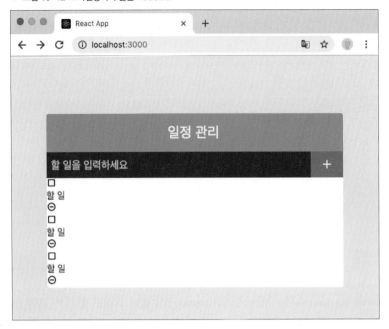

이제 여기에 스타일링을 합시다!

스타일링할 첫 번째 컴포넌트는 TodoList인데, 필요한 스타일이 그다지 많지 않습니다.

TodoList.scss

```scss
.TodoList {
  min-height: 320px;
  max-height: 513px;
  overflow-y: auto;
}
```

그다음에는 TodoListItem을 스타일링하세요.

TodoListItem.scss

```scss
.TodoListItem {
  padding: 1rem;
  display: flex;
  align-items: center; // 세로 중앙 정렬
  &:nth-child(even) {
    background: #f8f9fa;
  }
```

```
.checkbox {
  cursor: pointer;
  flex: 1; // 차지할 수 있는 영역 모두 차지
  display: flex;
  align-items: center; // 세로 중앙 정렬
  svg {
    // 아이콘
    font-size: 1.5rem;
  }
  .text {
    margin-left: 0.5rem;
    flex: 1; // 차지할 수 있는 영역 모두 차지
  }
  // 체크되었을 때 보여 줄 스타일
  &.checked {
    svg {
      color: #22b8cf;
    }
    .text {
      color: #adb5bd;
      text-decoration: line-through;
    }
  }
}
.remove {
  display: flex;
  align-items: center;
  font-size: 1.5rem;
  color: #ff6b6b;
  cursor: pointer;
  &:hover {
    color: #ff8787;
  }
}

// 엘리먼트 사이사이에 테두리를 넣어 줌
& + & {
  border-top: 1px solid #dee2e6;
}
}
```

저장하고 화면을 확인해 보세요.

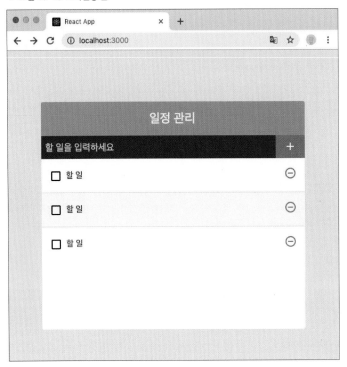

컴포넌트의 스타일링이 모두 끝났습니다!

10.3 기능 구현하기

REACT

이제 일정 관리 애플리케이션이 실제로 동작할 수 있도록 기능을 구현해 봅시다!

10.3.1 App에서 todos 상태 사용하기

나중에 추가할 일정 항목에 대한 상태들은 모두 App 컴포넌트에서 관리합니다. App에서 useState를 사용하여 todos라는 상태를 정의하고, todos를 TodoList의 props로 전달해 보세요.

```
import { useState } from 'react';
import TodoTemplate from './components/TodoTemplate';
import TodoInsert from './components/TodoInsert';
import TodoList from './components/TodoList';

const App = () => {
  const [todos, setTodos] = useState([
    {
      id: 1,
      text: '리액트의 기초 알아보기',
      checked: true,
    },
    {
      id: 2,
      text: '컴포넌트 스타일링해 보기',
      checked: true,
    },
    {
      id: 3,
      text: '일정 관리 앱 만들어 보기',
      checked: false,
    },
  ]);

  return (
    <TodoTemplate>
      <TodoInsert />
      <TodoList todos={todos} />
    </TodoTemplate>
  );
};

export default App;
```

todos 배열 안에 들어 있는 객체에는 각 항목의 고유 id, 내용, 완료 여부를 알려 주는 값이 포함되어 있습니다. 이 배열은 TodoList에 props로 전달되는데요. TodoList에서 이 값을 받아 온 후 TodoItem으로 변환하여 렌더링하도록 설정해야 합니다.

```
import TodoListItem from './TodoListItem';
import './TodoList.scss';

const TodoList = ({ todos }) => {
  return (
    <div className="TodoList">
      {todos.map(todo => (
        <TodoListItem todo={todo} key={todo.id} />
      ))}
    </div>
  );
};


export default TodoList;
```

props로 받아 온 todos 배열을 배열 내장 함수 map을 통해 TodoListItem으로 이루어진 배열로 변환하여 렌더링해 주었습니다. map을 사용하여 컴포넌트로 변환할 때는 key props를 전달해 주어야 한다고 배웠지요? 여기서 사용되는 key 값은 각 항목마다 가지고 있는 고윳값인 id를 넣어 주세요. 그리고 todo 데이터는 통째로 props로 전달해 주세요. 여러 종류의 값을 전달해야 하는 경우에는 객체로 통째로 전달하는 편이 나중에 성능 최적화를 할 때 편리합니다.

이제 TodoListItem 컴포넌트에서 받아 온 todo 값에 따라 제대로 된 UI를 보여 줄 수 있도록 컴포넌트를 수정해 보세요. 이 코드에서는 조건부 스타일링을 위해 classnames를 사용합니다.

```
import {
  MdCheckBoxOutlineBlank,
  MdCheckBox,
  MdRemoveCircleOutline,
} from 'react-icons/md';
import cn from 'classnames';
import './TodoListItem.scss';

const TodoListItem = ({ todo }) => {
  const { text, checked } = todo;

  return (
```

```
    <div className="TodoListItem">
      <div className={cn('checkbox', { checked })}>
        {checked ? <MdCheckBox /> : <MdCheckBoxOutlineBlank />}
        <div className="text">{text}</div>
      </div>
      <div className="remove">
        <MdRemoveCircleOutline />
      </div>
    </div>
  );
};

export default TodoListItem;
```

이제 TodoList 컴포넌트는 App에서 전달해 준 todos 값에 따라 다른 내용을 제대로 보여 줍니다.

❤ 그림 10-14 데이터 전달 완료

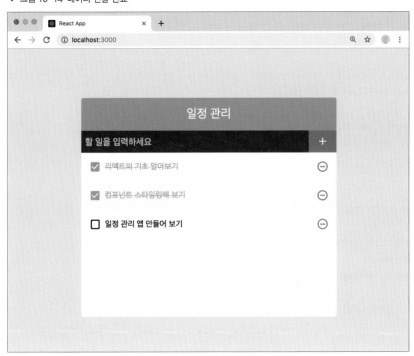

10.3.2 항목 추가 기능 구현하기

이번에는 일정 항목을 추가하는 기능을 구현해 보겠습니다. 이 기능을 구현하려면, TodoInsert 컴포넌트에서 인풋 상태를 관리하고 App 컴포넌트에는 todos 배열에 새로운 객체를 추가하는 함수를 만들어 주어야 합니다.

10.3.2.1 TodoInsert value 상태 관리하기

TodoInsert 컴포넌트에서 인풋에 입력하는 값을 관리할 수 있도록 useState를 사용하여 value라는 상태를 정의하겠습니다. 추가로 인풋에 넣어 줄 onChange 함수도 작성해 주어야 하는데요, 이 과정에서 컴포넌트가 리렌더링될 때마다 함수를 새로 만드는 것이 아니라, 한 번 함수를 만들고 재사용할 수 있도록 useCallback Hook을 사용하겠습니다.

TodoInsert.js

```
import { useState, useCallback } from 'react';
import { MdAdd } from 'react-icons/md';
import './TodoInsert.scss';

const TodoInsert = () => {
  const [value, setValue] = useState('');

  const onChange = useCallback(e => {
    setValue(e.target.value);
  }, []);

  return (
    <form className="TodoInsert">
      <input
        placeholder="할 일을 입력하세요"
        value={value}
        onChange={onChange}
      />
      <button type="submit">
        <MdAdd />
      </button>
    </form>
  );
};

export default TodoInsert;
```

이제 인풋에 텍스트를 입력해 보세요. 오류가 발생하지 않고 텍스트가 잘 입력되나요?

사실 인풋은 value 값과 onChange를 설정하지 않더라도 입력할 수 있습니다. 그저 리액트 컴포넌트 쪽에서 해당 인풋에 무엇이 입력되어 있는지 추적하지 않을 뿐이죠. 이런 경우 현재 state가 잘 업데이트되고 있는지 확인하려면, onChange 함수 안에서 console.log를 찍어 보는 것 외에 어떤 방법이 있을까요? 바로 리액트 개발자 도구(React Developer Tools)를 사용하는 방법이 있습니다.

10.3.2.2 리액트 개발자 도구

리액트 개발자 도구는 브라우저에 나타난 리액트 컴포넌트를 심층 분석할 수 있도록 리액트 개발팀이 만들었으며, 크롬 웹 스토어에서 React Developer Tools를 검색하여 설치할 수 있습니다. 크롬 웹 스토어 주소는 https://chrome.google.com/webstore/category/extensions입니다.

▼ 그림 10-15 크롬 웹 스토어 리액트 개발자 도구

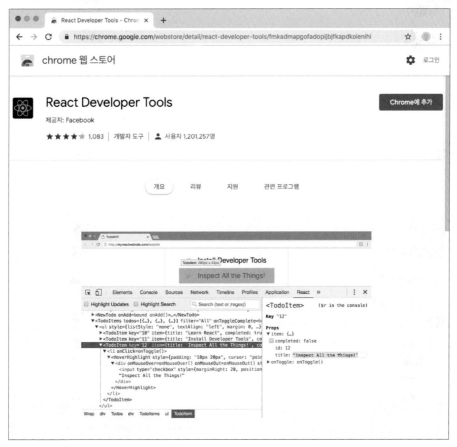

설치하고 나서 크롬 개발자 도구를 열면 개발자 도구 탭에 **Components**가 나타납니다. 이를 클릭하세요. 그리고 좌측에서 TodoInsert를 선택하면, 다음과 같이 인풋을 수정했을 때 Hooks의 State 부분에도 똑같은 값이 잘 들어가는 것을 확인할 수 있습니다.

▼ 그림 10-16 리액트 개발자 도구

10.3.2.3 todos 배열에 새 객체 추가하기

이번에는 App 컴포넌트에서 todos 배열에 새 객체를 추가하는 onInsert 함수를 만들어 보겠습니다. 이 함수에서는 새로운 객체를 만들 때마다 id 값에 1씩 더해 주어야 하는데요, id 값은 useRef를 사용하여 관리하겠습니다. 여기서 useState가 아닌 useRef를 사용하여 컴포넌트에서 사용할 변수를 만드는 이유는 무엇일까요? id 값은 렌더링되는 정보가 아니기 때문입니다. 예를 들어 이 값은 화면에 보이지도 않고, 이 값이 바뀐다고 해서 컴포넌트가 리렌더링될 필요도 없습니다. 단순히 새로운 항목을 만들 때 참조되는 값일 뿐입니다.

또한, onInsert 함수는 컴포넌트의 성능을 아낄 수 있도록 useCallback으로 감싸 주겠습니다.
props로 전달해야 할 함수를 만들 때는 useCallback을 사용하여 함수를 감싸는 것을 습관화하
세요.

onInsert 함수를 만든 뒤에는 해당 함수를 TodoInsert 컴포넌트의 props로 설정해 주세요.

App.js

```javascript
import { useState, useRef, useCallback } from 'react';
import TodoTemplate from './components/TodoTemplate';
import TodoInsert from './components/TodoInsert';
import TodoList from './components/TodoList';

const App = () => {
  const [todos, setTodos] = useState([
    {
      id: 1,
      text: '리액트의 기초 알아보기',
      checked: true,
    },
    {
      id: 2,
      text: '컴포넌트 스타일링해 보기',
      checked: true,
    },
    {
      id: 3,
      text: '일정 관리 앱 만들어 보기',
      checked: false,
    },
  ]);

  // 고윳값으로 사용될 id
  // ref를 사용하여 변수 담기
  const nextId = useRef(4);

  const onInsert = useCallback(
    text => {
      const todo = {
        id: nextId.current,
        text,
        checked: false,
      };
```

```
      setTodos(todos.concat(todo));
      nextId.current += 1; // nextId 1씩 더하기
    },
    [todos],
  );

  return (
    <TodoTemplate>
      <TodoInsert onInsert={onInsert} />
      <TodoList todos={todos} />
    </TodoTemplate>
  );
};

export default App;
```

10.3.2.4 TodoInsert에서 onSubmit 이벤트 설정하기

지금부터는 버튼을 클릭하면 발생할 이벤트를 설정해 보겠습니다. 방금 App에서 TodoInsert에 넣어 준 onInsert 함수에 현재 useState를 통해 관리하고 있는 value 값을 파라미터로 넣어서 호출합니다.

TodoInsert.js

```
import { useState, useCallback } from 'react';
import { MdAdd } from 'react-icons/md';
import './TodoInsert.scss';

const TodoInsert = ({ onInsert }) => {
  const [value, setValue] = useState('');

  const onChange = useCallback(e => {
    setValue(e.target.value);
  }, []);

  const onSubmit = useCallback(
    e => {
      onInsert(value);
      setValue(''); // value 값 초기화

      // submit 이벤트는 브라우저에서 새로고침을 발생시킵니다.
```

```
      // 이를 방지하기 위해 이 함수를 호출합니다.
      e.preventDefault();
    },
    [onInsert, value],
  );

  return (
    <form className="TodoInsert" onSubmit={onSubmit}>
      <input
        placeholder="할 일을 입력하세요"
        value={value}
        onChange={onChange}
      />
      <button type="submit">
        <MdAdd />
      </button>
    </form>
  );
};

export default TodoInsert;
```

onSubmit이라는 함수를 만들고, 이를 form의 onSubmit으로 설정했습니다. 이 함수가 호출되면 props로 받아 온 onInsert 함수에 현재 value 값을 파라미터로 넣어서 호출하고, 현재 value 값을 초기화합니다.

추가로 onSubmit 이벤트는 브라우저를 새로고침시킵니다. 이때 e.preventDefault() 함수를 호출하면 새로고침을 방지할 수 있습니다.

물론 다음과 같이 onSubmit 대신에 버튼의 onClick 이벤트로도 충분히 처리할 수 있습니다.

```
const onClick = useCallback(
    () => {
      onInsert(value);
      setValue(''); // value 값 초기화
    },
    [onInsert, value],
  );

  return (
    <form className="TodoInsert">
      <input
```

```
    placeholder="할 일을 입력하세요"
    value={value}
    onChange={onChange}
  />
  <button onClick={onClick}>
    <MdAdd />
  </button>
  </form>
);
```

이렇게 클릭 이벤트만으로도 할 수 있는데 굳이 form과 onSubmit 이벤트를 사용한 이유는 무엇일까요? onSubmit 이벤트의 경우 인풋에서 Enter 를 눌렀을 때도 발생하기 때문입니다. 반면 버튼에서 onClick만 사용했다면, 인풋에서 onKeyPress 이벤트를 통해 Enter 를 감지하는 로직을 따로 작성해야 하죠. 그렇기 때문에 이번에는 onClick이 아닌 onSubmit으로 새 항목을 추가하도록 처리했습니다.

코드를 모두 입력했다면 브라우저에서 직접 새 일정 항목을 한번 추가해 보세요.

▼ 그림 10-17 추가 기능 구현 완료

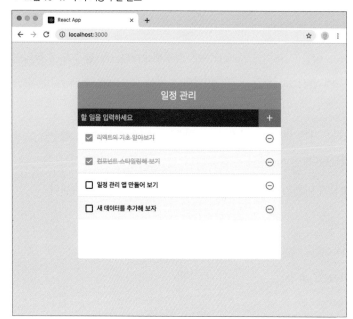

일정 항목 추가 기능이 모두 구현되었습니다!

10.3.3 지우기 기능 구현하기

이번에는 지우기 기능을 구현해 보겠습니다. 리액트 컴포넌트에서 배열의 불변성을 지키면서 배열 원소를 제거해야 할 경우, 배열 내장 함수인 filter를 사용하면 매우 간편합니다.

10.3.3.1 배열 내장 함수 filter

filter 함수는 기존의 배열은 그대로 둔 상태에서 특정 조건을 만족하는 원소들만 따로 추출하여 새로운 배열을 만들어 줍니다.

다음 코드 예제를 한번 확인해 보세요.

filter 사용 예제

```
const array = [1, 2, 3, 4, 5, 6, 7, 8, 9, 10];
const biggerThanFive = array.filter(number => number > 5);
// 결과: [6, 7, 8, 9, 10]
```

filter 함수에는 조건을 확인해 주는 함수를 파라미터로 넣어 주어야 합니다. 파라미터로 넣는 함수는 true 혹은 false 값을 반환해야 하며, 여기서 true를 반환하는 경우만 새로운 배열에 포함됩니다.

10.3.3.2 todos 배열에서 id로 항목 지우기

방금 배운 filter 함수를 사용하여 onRemove 함수를 작성해 보겠습니다. App 컴포넌트에 id를 파라미터로 받아 와서 같은 id를 가진 항목을 todos 배열에서 지우는 함수입니다. 이 함수를 만들고 나서 TodoList의 props로 설정해 주세요.

App.js

```
import { useState, useRef, useCallback } from 'react';
import TodoTemplate from './components/TodoTemplate';
import TodoInsert from './components/TodoInsert';
import TodoList from './components/TodoList';

const App = () => {
  (...)

  const onRemove = useCallback(
```

```
    id => {
      setTodos(todos.filter(todo => todo.id !== id));
    },
    [todos],
  );

  return (
    <TodoTemplate>
      <TodoInsert onInsert={onInsert} />
      <TodoList todos={todos} onRemove={onRemove} />
    </TodoTemplate>
  );
};

export default App;
```

10.3.3.3 TodoListItem에서 삭제 함수 호출하기

TodoListItem에서 방금 만든 onRemove 함수를 사용하려면 우선 TodoList 컴포넌트를 거쳐야 합니다. 다음과 같이 props로 받아 온 onRemove 함수를 TodoListItem에 그대로 전달해 주세요.

TodoList.js

```
import TodoListItem from './TodoListItem';
import './TodoList.scss';

const TodoList = ({ todos, onRemove }) => {
  return (
    <div className="TodoList">
      {todos.map(todo => (
        <TodoListItem todo={todo} key={todo.id} onRemove={onRemove} />
      ))}
    </div>
  );
};

export default TodoList;
```

이제 삭제 버튼을 누르면 TodoListItem에서 onRemove 함수에 현재 자신이 가진 id를 넣어서 삭제 함수를 호출하도록 설정해 보세요.

```
import {
  MdCheckBoxOutlineBlank,
  MdCheckBox,
  MdRemoveCircleOutline,
} from 'react-icons/md';
import cn from 'classnames';
import './TodoListItem.scss';

const TodoListItem = ({ todo, onRemove }) => {
  const { id, text, checked } = todo;

  return (
    <div className="TodoListItem">
      <div className={cn('checkbox', { checked })}>
        {checked ? <MdCheckBox /> : <MdCheckBoxOutlineBlank />}
        <div className="text">{text}</div>
      </div>
      <div className="remove" onClick={() => onRemove(id)}>
        <MdRemoveCircleOutline />
      </div>
    </div>
  );
};

export default TodoListItem;
```

다 작성했으면, 브라우저를 열어 일정 항목의 우측에 나타나는 빨간색 아이콘 버튼을 눌러 보세요. 항목이 제대로 삭제되었나요?

10.3.4 수정 기능

수정 기능도 방금 만든 삭제 기능과 꽤 비슷합니다. onToggle이라는 함수를 App에 만들고, 해당 함수를 TodoList 컴포넌트에게 props로 넣어 주세요. 그다음에는 TodoList를 통해 TodoListItem까지 전달해 주면 됩니다.

10.3.4.1 onToggle 구현하기

```
import { useState, useRef, useCallback } from 'react';
import TodoTemplate from './components/TodoTemplate';
import TodoInsert from './components/TodoInsert';
import TodoList from './components/TodoList';

const App = () => {
  (...)

  const onToggle = useCallback(
    id => {
      setTodos(
        todos.map(todo =>
          todo.id === id ? { ...todo, checked: !todo.checked } : todo,
        ),
      );
    },
    [todos],
  );

  return (
    <TodoTemplate>
      <TodoInsert onInsert={onInsert} />
      <TodoList todos={todos} onRemove={onRemove} onToggle={onToggle} />
    </TodoTemplate>
  );
};

export default App;
```

위 코드에서는 배열 내장 함수 map을 사용하여 특정 id를 가지고 있는 객체의 checked 값을 반전 시켜 주었습니다. 불변성을 유지하면서 특정 배열 원소를 업데이트해야 할 때 이렇게 map을 사용하면 짧은 코드로 쉽게 작성할 수 있습니다.

자, 여기서 갑자기 왜 map이 사용된 것인지 이해하기 힘들 수도 있습니다. map 함수는 배열을 전체적으로 새로운 형태로 변환하여 새로운 배열을 생성해야 할 때 사용한다고 배웠습니다. 지금은 딱 하나의 원소만 수정하는데 왜 map을 사용할까요?

onToggle 함수를 보면 todo.id === id ? … : …이라는 삼항 연산자가 사용되었습니다. 여기서 사용한 코드에 대해 좀 더 자세히 알아봅시다. todo.id와 현재 파라미터로 사용된 id 값이 같을 때는 우리가 정해 준 규칙대로 새로운 객체를 생성하지만, id 값이 다를 때는 변화를 주지 않고 처음 받아 왔던 상태 그대로 반환합니다. 그렇기 때문에 map을 사용하여 만든 배열에서 변화가 필요한 원소만 업데이트되고 나머지는 그대로 남아 있게 되는 것입니다.

10.3.4.2 TodoListItem에서 토글 함수 호출하기

이제 App에서 만든 onToggle 함수를 TodoListItem에서도 호출할 수 있도록 TodoList를 거쳐 TodoListItem에게 전달하겠습니다.

TodoList.js

```
import TodoListItem from './TodoListItem';
import './TodoList.scss';

const TodoList = ({ todos, onRemove, onToggle }) => {
  return (
    <div className="TodoList">
      {todos.map(todo => (
        <TodoListItem
          todo={todo}
          key={todo.id}
          onRemove={onRemove}
          onToggle={onToggle}
        />
      ))}
    </div>
  );
};

export default TodoList;
```

이어서 TodoListItem도 수정해 보세요. 이전에 onRemove를 사용했던 것과 비슷하게 구현하면 됩니다.

TodoListItem.js

```
import {
  MdCheckBoxOutlineBlank,
  MdCheckBox,
  MdRemoveCircleOutline,
} from 'react-icons/md';
```

```
import cn from 'classnames';
import './TodoListItem.scss';

const TodoListItem = ({ todo, onRemove, onToggle }) => {
  const { id, text, checked } = todo;

  return (
    <div className="TodoListItem">
      <div className={cn('checkbox', { checked })} onClick={() => onToggle(id)}>
        {checked ? <MdCheckBox /> : <MdCheckBoxOutlineBlank />}
        <div className="text">{text}</div>
      </div>
      <div className="remove" onClick={() => onRemove(id)}>
        <MdRemoveCircleOutline />
      </div>
    </div>
  );
};

export default TodoListItem;
```

이제 마지막 기능까지 모두 구현되었습니다! 체크 박스를 눌러 보세요. 상태가 잘 업데이트되나요?

▼ 그림 10-18 토글 기능 구현 완료

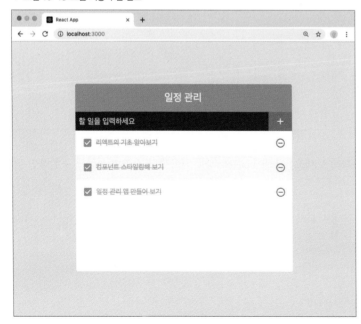

10.4 / 정리

축하합니다! 첫 프로젝트를 완성했습니다. 이번에 만든 프로젝트는 소규모이기 때문에 따로 컴포넌트 리렌더링 최적화 작업을 하지 않아도 정상적으로 작동합니다. 하지만 일정 항목이 몇 만 개씩 생긴다면 새로운 항목을 추가하거나 기존 항목을 삭제 및 토글할 때 지연이 발생할 수 있습니다. 클라이언트 자원을 더욱 효율적으로 사용하려면 불필요한 리렌더링을 방지해야 하는데요, 이에 관한 내용은 이어지는 11장에서 다루어 보겠습니다.

11^장

컴포넌트 성능 최적화

10장에서는 학습한 지식을 활용하여 멋진 일정 관리 애플리케이션을 만들어 보았습니다. 현재까지는 이 애플리케이션을 사용할 때 불편하지 않습니다. 추가되어 있는 데이터가 매우 적기 때문이죠. 그러나 데이터가 무수히 많아지면, 애플리케이션이 느려지는 것을 체감할 수 있을 정도로 지연이 발생합니다.

이번 실습은 다음과 같은 흐름으로 진행합니다.

▼ 그림 11-1 컴포넌트 성능 최적화

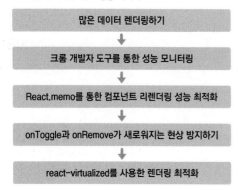

11.1 / 많은 데이터 렌더링하기

우선 실제로 랙(lag)을 경험할 수 있도록 많은 데이터를 렌더링해 보겠습니다. 물론 데이터를 하나하나 직접 입력하지 않고 코드를 사용하여 쉽게 추가할 것입니다.

App 컴포넌트를 다음과 같이 수정해 보세요.

App.js

```
import { useState, useRef, useCallback } from 'react';
import TodoTemplate from './components/TodoTemplate';
import TodoInsert from './components/TodoInsert';
import TodoList from './components/TodoList';
```

```
function createBulkTodos() {
  const array = [];
  for (let i = 1; i <= 2500; i++) {
    array.push({
      id: i,
      text: `할 일 ${i}`,
      checked: false,
    });
  }
  return array;
}

const App = () => {
  const [todos, setTodos] = useState(createBulkTodos);

  // 고윳값으로 사용될 id
  // ref를 사용하여 변수 담기
  const nextId = useRef(2501);

  (...)
};

export default App;
```

데이터를 하나하나 직접 입력할 수는 없으므로 createBulkTodos라는 함수를 만들어서 데이터
2,500개를 자동으로 생성했습니다.

여기서 주의할 점은 useState의 기본값에 함수를 넣어 주었다는 것입니다. 여기서 useState
(createBulkTodos())라고 작성하면 리렌더링될 때마다 createBulkTodos 함수가 호출되지만,
useState(createBulkTodos)처럼 파라미터를 함수 형태로 넣어 주면 컴포넌트가 처음 렌더링될 때
만 createBulkTodos 함수가 실행될 것입니다.

자, 이제 코드를 저장하면 다음과 같이 데이터 2,500개가 나타날 것입니다.

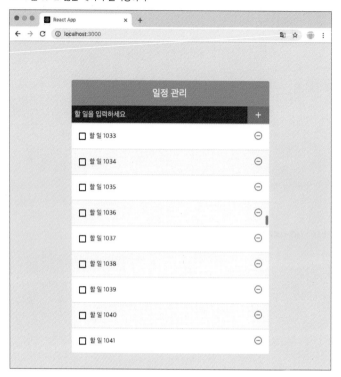

데이터 2,500개가 렌더링되었다면 항목 중 하나를 체크해 보세요. 이전보다 느려진 것이 느껴지나요?

11.2 / 크롬 개발자 도구를 통한 성능 모니터링

REACT

성능을 분석해야 할 때는 느려졌다는 느낌만으로 충분하지 않습니다. 정확히 몇 초가 걸리는지 확인해야 하는데, 이는 React DevTools를 사용하여 측정하면 됩니다. 리액트 v17 전에는 브라우저에 내장된 성능 측정 도구의 User Timing API를 사용했지만, v17 부터는 리액트 전용 개발자 도구인 React DevTools를 사용해야 성능 분석을 자세하게 할 수 있습니다. 10장에서 리액트 개발자 도구의 Components 탭을 열어봤었는데, 그 우측에 Profiler라는 탭을 열어보세요. 이 탭을 열면 좌측 상단에 파란색 녹화 버튼이 보일 것입니다.

▼ 그림 11-3 크롬 개발자 도구 Performance 탭

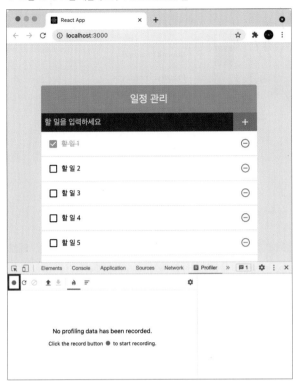

이 버튼을 누르고 '할 일 1' 항목을 체크한 다음, 화면에 변화가 반영되면 **녹화** 버튼을 한번 더 누르세요. 그러면 다음과 같이 성능 분석 결과가 나타납니다.

▼ 그림 11-4 성능 분석 결과

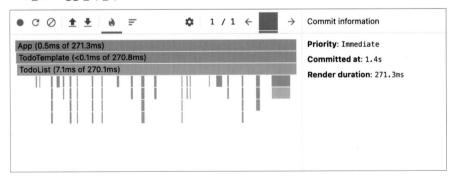

우측의 Render duration은 리렌더링에 소요된 시간을 의미합니다. 변화를 화면에 반영하는 데 271.3ms가 걸렸다는 의미죠(1ms는 0.001초입니다). 참고로 소요 시간은 컴퓨터 환경에 따라 다르게 나타날 수 있습니다.

Profiler 탭의 상단에 있는 불꽃 모양 아이콘 우측의 랭크 차트 아이콘을 눌러보세요.

▼ 그림 11-5 Ranked Chart(i)

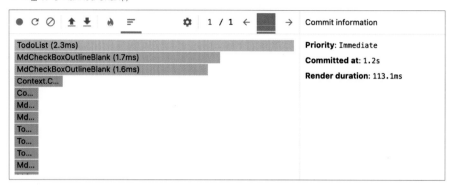

이 화면에서는 리렌더링된 컴포넌트를 오래 걸린 순으로 정렬하여 나열해줍니다. 스크롤을 해보면 정말 많은 컴포넌트가 리렌더링된 것을 확인할 수 있습니다. 초록색 박스들이 너무 작아서 텍스트 내용이 잘려서 보이지 않을 텐데요 클릭을 하면 크기가 늘어나 내용을 확인할 수 있습니다. 작은 초록색 박스를 누르고 아래로 쭉 스크롤을 내려보세요.

▼ 그림 11-6 Ranked Chart(ii)

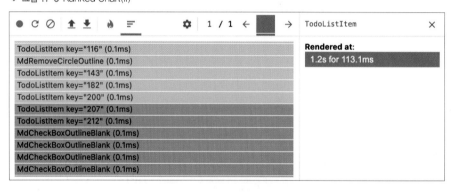

이를 보면 이번에 변화를 일으킨 컴포넌트랑 관계없는 컴포넌트들도 리렌더링된 것을 확인할 수 있습니다(처리 시간은 컴퓨터 환경에 따라 결과가 다르게 나타날 수 있습니다).

하나의 항목만 업데이트하는 데 렌더링 소요시간이 271ms가 걸리고 있습니다. 이는 결코 좋지 못한 성능입니다. 이제 이를 최적화하는 방법을 알아보겠습니다.

11.3 / 느려지는 원인 분석

컴포넌트는 다음과 같은 상황에서 리렌더링이 발생합니다.

1. 자신이 전달받은 props가 변경될 때

2. 자신의 state가 바뀔 때

3. 부모 컴포넌트가 리렌더링될 때

4. forceUpdate 함수가 실행될 때

지금 상황을 분석해 보면, '할 일 1' 항목을 체크할 경우 App 컴포넌트의 state가 변경되면서 App 컴포넌트가 리렌더링됩니다. 부모 컴포넌트가 리렌더링되었으니 TodoList 컴포넌트가 리렌더링되고 그 안의 무수한 컴포넌트들도 리렌더링됩니다.

'할 일 1' 항목은 리렌더링되어야 하는 것이 맞지만, '할 일 2'부터 '할 일 2500'까지는 리렌더링을 안 해도 되는 상황인데 모두 리렌더링되고 있으므로 이렇게 느린 것입니다. 컴포넌트의 개수가 많지 않다면 모든 컴포넌트를 리렌더링해도 느려지지 않는데, 지금처럼 약 2,000개가 넘어가면 성능이 저하됩니다.

이럴 때는 컴포넌트 리렌더링 성능을 최적화해 주는 작업을 해 주어야 합니다. 즉, 리렌더링이 불필요할 때는 리렌더링을 방지해 주어야 하는데, 어떻게 방지하는지 알아봅시다.

11.4 / React.memo를 사용하여 컴포넌트 성능 최적화

컴포넌트의 리렌더링을 방지할 때는 7장에서 배운 shouldComponentUpdate라는 라이프사이클을 사용하면 됩니다. 그런데 함수 컴포넌트에서는 라이프사이클 메서드를 사용할 수 없습니다. 그 대신 React.memo라는 함수를 사용합니다. 컴포넌트의 props가 바뀌지 않았다면, 리렌더링하지 않도록 설정하여 함수 컴포넌트의 리렌더링 성능을 최적화해 줄 수 있습니다.

React.memo의 사용법은 매우 간단합니다. 컴포넌트를 만들고 나서 감싸 주기만 하면 됩니다. TodoListItem 컴포넌트에 다음과 같이 React.memo를 적용해 보세요.

TodoListItem.js

```
import React from 'react';
import {
  MdCheckBoxOutlineBlank,
  MdCheckBox,
  MdRemoveCircleOutline,
} from 'react-icons/md';
import cn from 'classnames';
import './TodoListItem.scss';

const TodoListItem = ({ todo, onRemove, onToggle }) => {
  (...)
};

export default React.memo(TodoListItem);
```

정말 간단하지요? 이제 TodoListItem 컴포넌트는 todo, onRemove, onToggle이 바뀌지 않으면 리렌더링을 하지 않습니다.

11.5 onToggle, onRemove 함수가 바뀌지 않게 하기

React.memo를 사용하는 것만으로 컴포넌트 최적화가 끝나지는 않습니다. 현재 프로젝트에서는 todos 배열이 업데이트되면 onRemove와 onToggle 함수도 새롭게 바뀌기 때문입니다. onRemove와 onToggle 함수는 배열 상태를 업데이트하는 과정에서 최신 상태의 todos를 참조하기 때문에 todos 배열이 바뀔 때마다 함수가 새로 만들어집니다. 이렇게 함수가 계속 만들어지는 상황을 방지하는 방법은 두 가지입니다. 첫 번째 방법은 useState의 함수형 업데이트 기능을 사용하는 것이고, 두 번째 방법은 useReducer를 사용하는 것입니다.

11.5.1 useState의 함수형 업데이트

기존에 setTodos 함수를 사용할 때는 새로운 상태를 파라미터로 넣어 주었습니다. setTodos를 사용할 때 새로운 상태를 파라미터로 넣는 대신, 상태 업데이트를 어떻게 할지 정의해 주는 업데이트 함수를 넣을 수도 있습니다. 이를 함수형 업데이트라고 부릅니다.

예시를 한번 확인해 볼까요?

```
const [number, setNumber] = useState(0);
// prevNumbers는 현재 number 값을 가리킵니다.
const onIncrease = useCallback(
  () => setNumber(prevNumber => prevNumber + 1),
  [],
);
```

setNumber(number+1)을 하는 것이 아니라, 위 코드처럼 어떻게 업데이트할지 정의해 주는 업데이트 함수를 넣어 줍니다. 그러면 useCallback을 사용할 때 두 번째 파라미터로 넣는 배열에 number를 넣지 않아도 됩니다.

그럼 이제 onToggle, onRemove 함수에서 useState의 함수형 업데이트를 사용해 볼까요? 이 과정에서 onInsert 함수도 함께 수정하겠습니다.

App.js
```
import { useRef, useState, useCallback } from 'react';
import TodoTemplate from './components/TodoTemplate';
import TodoInsert from './components/TodoInsert';
import TodoList from './components/TodoList';

function createBulkTodos() {
  const array = [];
  for (let i = 1; i <= 2500; i++) {
    array.push({
      id: i,
      text: `할 일 ${i}`,
      checked: false,
    });
  }
  return array;
}

const App = () => {
```

```
  const [todos, setTodos] = useState(createBulkTodos);

  // 고윳값으로 사용될 id
  // ref를 사용하여 변수 담기
  const nextId = useRef(4);

  const onInsert = useCallback(text => {
    const todo = {
      id: nextId.current,
      text,
      checked: false,
    };
    setTodos(todos => todos.concat(todo));
    nextId.current += 1; // nextId 1씩 더하기
  }, []);

  const onRemove = useCallback(id => {
    setTodos(todos => todos.filter(todo => todo.id !== id));
  }, []);

  const onToggle = useCallback(id => {
    setTodos(todos =>
      todos.map(todo =>
        todo.id === id ? { ...todo, checked: !todo.checked } : todo,
      ),
    );
  }, []);

  return (
    <TodoTemplate>
      <TodoInsert onInsert={onInsert} />
      <TodoList todos={todos} onRemove={onRemove} onToggle={onToggle} />
    </TodoTemplate>
  );
};

export default App;
```

setTodos를 사용할 때 그 안에 todos =>만 앞에 넣어 주면 됩니다. 정말 간단하지요?

이제 코드를 저장하고, 조금 전 했던 것과 똑같이 Profiler 개발자 도구를 열고 성능을 측정해 보세요.

▼ 그림 11-7 최적화 이후 성능

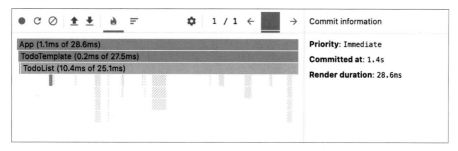

성능이 훨씬 향상된 것을 확인했나요? 렌더링 소요시간이 113.1ms에서 28.6ms로 줄었습니다. 왼쪽에 회색 빗금이 그어져 있는 박스들이 있습니다. 이는 React.memo를 통해 리렌더링되지 않은 컴포넌트를 나타냅니다.

랭크 차트 아이콘을 눌러서 이번에 리렌더링된 컴포넌트의 수를 보면 몇 개 없는 것을 확인할 수 있습니다.

11.5.2 useReducer 사용하기

useState의 함수형 업데이트를 사용하는 대신, useReducer를 사용해도 onToggle과 onRemove가 계속 새로워지는 문제를 해결할 수 있습니다.

코드를 다음과 같이 한번 고쳐보세요.

App.js

```
import { useReducer, useRef, useCallback } from 'react';
import TodoTemplate from './components/TodoTemplate';
import TodoInsert from './components/TodoInsert';
import TodoList from './components/TodoList';

function createBulkTodos() {
  const array = [];
  for (let i = 1; i <= 2500; i++) {
    array.push({
      id: i,
```

```
          text: `할 일 ${i}`,
          checked: false,
      });
    }
    return array;
}

function todoReducer(todos, action) {
  switch (action.type) {
    case 'INSERT': // 새로 추가
      // { type: 'INSERT', todo: { id: 1, text: 'todo', checked: false } }
      return todos.concat(action.todo);
    case 'REMOVE': // 제거
      // { type: 'REMOVE', id: 1 }
      return todos.filter(todo => todo.id !== action.id);
    case 'TOGGLE': // 토글
      // { type: 'REMOVE', id: 1 }
      return todos.map(todo =>
        todo.id === action.id ? { ...todo, checked: !todo.checked } : todo,
      );
    default:
      return todos;
  }
}

const App = () => {
  const [todos, dispatch] = useReducer(todoReducer, undefined, createBulkTodos);

  // 고윳값으로 사용될 id
  // ref를 사용하여 변수 담기
  const nextId = useRef(2501);

  const onInsert = useCallback(text => {
    const todo = {
      id: nextId.current,
      text,
      checked: false,
    };
    dispatch({ type: 'INSERT', todo });
    nextId.current += 1; // nextId 1씩 더하기
  }, []);

  const onRemove = useCallback(id => {
```

```
    dispatch({ type: 'REMOVE', id });
  }, []);

  const onToggle = useCallback(id => {
    dispatch({ type: 'TOGGLE', id });
  }, []);

  return (
    <TodoTemplate>
      <TodoInsert onInsert={onInsert} />
      <TodoList todos={todos} onRemove={onRemove} onToggle={onToggle} />
    </TodoTemplate>
  );
};

export default App;
```

useReducer를 사용할 때는 원래 두 번째 파라미터에 초기 상태를 넣어 주어야 합니다. 지금은 그 대신 두 번째 파라미터에 undefined를 넣고, 세 번째 파라미터에 초기 상태를 만들어 주는 함수인 createBulkTodos를 넣어 주었는데요. 이렇게 하면 컴포넌트가 맨 처음 렌더링될 때만 createBulkTodos 함수가 호출됩니다.

useReducer를 사용하는 방법은 기존 코드를 많이 고쳐야 한다는 단점이 있지만, 상태를 업데이트하는 로직을 모아서 컴포넌트 바깥에 둘 수 있다는 장점이 있습니다. 성능상으로는 두 가지 방법이 비슷하기 때문에 어떤 방법을 선택할지는 여러분의 취향에 따라 결정하면 됩니다.

11.6 / 불변성의 중요성

리액트 컴포넌트에서 상태를 업데이트할 때 불변성을 지키는 것은 매우 중요합니다. 앞에서 useState를 사용해 만든 todos 배열과 setTodos 함수를 사용하는 onToggle 함수를 다시 확인해 볼까요?

```
    const onToggle = useCallback(id => {
      setTodos(todos =>
        todos.map(todo =>
          todo.id === id ? { ...todo, checked: !todo.checked } : todo,
        ),
      );
    }, []);
```

기존 데이터를 수정할 때 직접 수정하지 않고, 새로운 배열을 만든 다음에 새로운 객체를 만들어
서 필요한 부분을 교체해 주는 방식으로 구현했습니다. 업데이트가 필요한 곳에서는 아예 새로운
배열 혹은 새로운 객체를 만들기 때문에, React.memo를 사용했을 때 props가 바뀌었는지 혹은 바
뀌지 않았는지를 알아내서 리렌더링 성능을 최적화해 줄 수 있습니다.

이렇게 기존의 값을 직접 수정하지 않으면서 새로운 값을 만들어 내는 것을 '불변성을 지킨다'고
합니다. 다음 예시 코드에서는 불변성을 어떻게 지키고 있는지 생각해 보세요.

예시 코드

```
const array = [1, 2, 3, 4, 5];

const nextArrayBad = array; // 배열을 복사하는 것이 아니라 똑같은 배열을 가리킵니다.
nextArrayBad[0] = 100;
console.log(array === nextArrayBad); // 완전히 같은 배열이기 때문에 true

const nextArrayGood = [...array]; // 배열 내부의 값을 모두 복사합니다.
nextArrayGood[0] = 100;
console.log(array === nextArrayGood); // 다른 배열이기 때문에 false

const object = {
  foo: 'bar',
  value: 1
};

const nextObjectBad = object; // 객체가 복사되지 않고, 똑같은 객체를 가리킵니다.
nextObjectBad.value = nextObjectBad.value + 1;
console.log(object === nextObjectBad); // 같은 객체이기 때문에 true

const nextObjectGood = {
  ...object, // 기존에 있던 내용을 모두 복사해서 넣습니다.
  value: object.value + 1 // 새로운 값을 덮어 씁니다.
};
console.log(object === nextObjectGood); // 다른 객체이기 때문에 false
```

불변성이 지켜지지 않으면 객체 내부의 값이 새로워져도 바뀐 것을 감지하지 못합니다. 그러면 React.memo에서 서로 비교하여 최적화하는 것이 불가능하겠지요?

추가로 전개 연산자(... 문법)를 사용하여 객체나 배열 내부의 값을 복사할 때는 얕은 복사 (shallow copy)를 하게 됩니다. 즉, 내부의 값이 완전히 새로 복사되는 것이 아니라 가장 바깥쪽에 있는 값만 복사됩니다. 따라서 내부의 값이 객체 혹은 배열이라면 내부의 값 또한 따로 복사해 주어야 합니다. 다음 코드를 읽어 보면 쉽게 이해될 것입니다.

예시 코드

```
const todos = [{ id: 1, checked: true }, { id: 2, checked: true }];
const nextTodos = [...todos];

nextTodos[0].checked = false;
console.log(todos[0] === nextTodos[0]); // 아직까지는 똑같은 객체를 가리키고 있기 때문에 true

nextTodos[0] = {
  ...nextTodos[0],
  checked: false
};
console.log(todos[0] === nextTodos[0]); // 새로운 객체를 할당해 주었기에 false
```

만약 객체 안에 있는 객체라면 불변성을 지키면서 새 값을 할당해야 하므로 다음과 같이 해 주어야 합니다.

예시 코드

```
const nextComplexObject = {
  ...complexObject,
  objectInside: {
    ...complexObject.objectInside,
    enabled: false
  }
};
console.log(complexObject === nextComplexObject); // false
console.log(complexObject.objectInside === nextComplexObject.objectInside); // false
```

배열 혹은 객체의 구조가 정말 복잡해진다면 이렇게 불변성을 유지하면서 업데이트하는 것도 까다로워집니다. 이렇게 복잡한 상황일 경우 immer라는 라이브러리의 도움을 받으면 정말 편하게 작업할 수 있는데요. 이에 대한 내용은 다음 장에서 알아보겠습니다.

11.7 TodoList 컴포넌트 최적화하기

리스트에 관련된 컴포넌트를 최적화할 때는 리스트 내부에서 사용하는 컴포넌트도 최적화해야 하고, 리스트로 사용되는 컴포넌트 자체도 최적화해 주는 것이 좋습니다.

TodoList 컴포넌트를 다음과 같이 수정해 보세요.

TodoList.js

```
import React from 'react';
import TodoListItem from './TodoListItem';
import './TodoList.scss';

const TodoList = ({ todos, onRemove, onToggle }) => {
  return (...);
};

export default React.memo(TodoList);
```

위 최적화 코드는 현재 프로젝트 성능에 전혀 영향을 주지 않습니다. 왜냐하면, TodoList 컴포넌트의 부모 컴포넌트인 App 컴포넌트가 리렌더링되는 유일한 이유가 todos 배열이 업데이트될 때이기 때문이죠. 즉, 지금 TodoList 컴포넌트는 불필요한 리렌더링이 발생하지 않습니다. 하지만 App 컴포넌트에 다른 state가 추가되어 해당 값들이 업데이트될 때는 TodoList 컴포넌트가 불필요한 리렌더링을 할 수도 있겠죠. 그렇기 때문에 지금 React.memo를 사용해서 미리 최적화해 준 것입니다.

리스트 관련 컴포넌트를 작성할 때는 리스트 아이템과 리스트, 이 두 가지 컴포넌트를 최적화해 주는 것을 잊지 마세요. 그러나 내부 데이터가 100개를 넘지 않거나 업데이트가 자주 발생하지 않는다면, 이런 최적화 작업을 반드시 해 줄 필요는 없습니다.

11.8 react-virtualized를 사용한 렌더링 최적화

지금까지 리액트 컴포넌트 리렌더링 성능을 최적화하는 방법을 알아보았습니다. 리렌더링 성능을 최적화할 때는 필요할 때만 리렌더링하도록 설정해 주었지요? 이번에는 또 다른 렌더링 성능 최적화 방법을 알아보겠습니다. 일정 관리 애플리케이션에 초기 데이터가 2,500개 등록되어 있는데, 실제 화면에 나오는 항목은 아홉 개뿐입니다. 나머지는 스크롤해야만 볼 수 있죠.

현재 컴포넌트가 맨 처음 렌더링될 때 2,500개 컴포넌트 중 2,491개 컴포넌트는 스크롤하기 전에는 보이지 않음에도 불구하고 렌더링이 이루어집니다. 꽤 비효율적이지요. 그리고 나중에 todos 배열에 변동이 생길 때도 TodoList 컴포넌트 내부의 map 함수에서 배열의 처음부터 끝까지 컴포넌트로 변환해 주는데, 이 중에서 2,491개는 보이지 않으므로 시스템 자원 낭비입니다.

이번 절에서 배울 react-virtualized를 사용하면 리스트 컴포넌트에서 스크롤되기 전에 보이지 않는 컴포넌트는 렌더링하지 않고 크기만 차지하게끔 할 수 있습니다. 그리고 만약 스크롤되면 해당 스크롤 위치에서 보여 주어야 할 컴포넌트를 자연스럽게 렌더링시키죠. 이 라이브러리를 사용하면 낭비되는 자원을 아주 쉽게 아낄 수 있습니다.

11.8.1 최적화 준비

우선 yarn을 사용하여 설치해 주세요.

```
$ yarn add react-virtualized
```

이제 본격적으로 react-virtualized를 사용하여 최적화해 봅시다! react-virtualized에서 제공하는 List 컴포넌트를 사용하여 TodoList 컴포넌트의 성능을 최적화할 것입니다.

최적화를 수행하려면 사전에 먼저 해야 하는 작업이 있는데, 바로 각 항목의 실제 크기를 px 단위로 알아내는 것입니다. 이 값은 우리가 작성한 CSS를 확인해서 직접 계산해도 되지만, 이보다 훨씬 더 편리하게 알아낼 수 있습니다. 크롬 개발자 도구의 좌측 상단에 있는 아이콘을 눌러서 크기를 알고 싶은 항목에 커서를 대 보세요.

♥ 그림 11-8 크기 알아내기

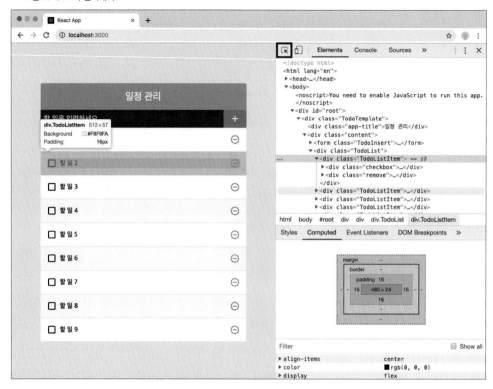

각 항목의 크기는 가로 512px, 세로 57px입니다. 크기를 알아낼 때 두 번째 항목을 확인해야 하는데요, 두 번째 항목부터 테두리가 포함되어 있기 때문입니다(첫 번째 항목은 테두리가 없기 때문에 56px이 됩니다).

11.8.2 TodoList 수정

크기를 알아냈다면 이제 TodoList 컴포넌트를 다음과 같이 수정해 주세요.

TodoList.js

```
import React, { useCallback } from 'react';
import { List } from 'react-virtualized';
import TodoListItem from './TodoListItem';
import './TodoList.scss';

const TodoList = ({ todos, onRemove, onToggle }) => {
```

```
    const rowRenderer = useCallback(
      ({ index, key, style }) => {
        const todo = todos[index];
        return (
          <TodoListItem
            todo={todo}
            key={key}
            onRemove={onRemove}
            onToggle={onToggle}
            style={style}
          />
        );
      },
      [onRemove, onToggle, todos],
    );
    return (
      <List
        className="TodoList"
        width={512} // 전체 크기
        height={513} // 전체 높이
        rowCount={todos.length} // 항목 개수
        rowHeight={57} // 항목 높이
        rowRenderer={rowRenderer} // 항목을 렌더링할 때 쓰는 함수
        list={todos} // 배열
        style={{ outline: 'none' }} // List에 기본 적용되는 outline 스타일 제거
      />
    );
  };
```

```
export default React.memo(TodoList);
```

List 컴포넌트를 사용하기 위해 rowRenderer라는 함수를 새로 작성해 주었습니다. 이 함수는 react-virtualized의 List 컴포넌트에서 각 TodoItem을 렌더링할 때 사용하며, 이 함수를 List 컴포넌트의 props로 설정해 주어야 합니다. 이 함수는 파라미터에 index, key, style 값을 객체 타입으로 받아 와서 사용합니다.

List 컴포넌트를 사용할 때는 해당 리스트의 전체 크기와 각 항목의 높이, 각 항목을 렌더링할 때 사용해야 하는 함수, 그리고 배열을 props로 넣어 주어야 합니다. 그러면 이 컴포넌트가 전달받은 props를 사용하여 자동으로 최적화해 줍니다.

11.8.3 TodoListItem 수정

TodoList를 저장하고 나면 스타일이 깨져서 나타날 텐데 TodoListItem 컴포넌트를 다음과 같이 수정하면 해결됩니다.

TodoListItem.js – render

```jsx
import React from 'react';
import {
  MdCheckBoxOutlineBlank,
  MdCheckBox,
  MdRemoveCircleOutline,
} from 'react-icons/md';
import cn from 'classnames';
import './TodoListItem.scss';

const TodoListItem = ({ todo, onRemove, onToggle, style }) => {
  const { id, text, checked } = todo;

  return (
    <div className="TodoListItem-virtualized" style={style}>
      <div className="TodoListItem">
        <div
          className={cn('checkbox', { checked })}
          onClick={() => onToggle(id)}
        >
          {checked ? <MdCheckBox /> : <MdCheckBoxOutlineBlank />}
          <div className="text">{text}</div>
        </div>
        <div className="remove" onClick={() => onRemove(id)}>
          <MdRemoveCircleOutline />
        </div>
      </div>
    </div>
  );
};

export default React.memo(TodoListItem);
```

render 함수에서 기존에 보여 주던 내용을 div로 한 번 감싸고, 해당 div에는 TodoListItem-virtualized라는 className을 설정하고, props로 받아 온 style을 적용시켜 주었습니다.

여기서 TodoListItem-virtualized라는 클래스를 만든 것은 컴포넌트 사이사이에 테두리를 제대로 쳐 주고, 홀수 번째/짝수 번째 항목에 다른 배경 색상을 설정하기 위해서입니다.

그다음에는 TodoListItem의 스타일 파일에서 최하단에 있던 & + &를 사용하여 .TodoListItem 사이사이에 테두리를 설정했던 코드와 &:nth-child(even)을 사용하여 다른 배경 색상을 주는 코드를 지우고, 코드 최상단에 다음 코드를 삽입해 주세요.

TodoListItem.scss

```scss
.TodoListItem-virtualized {
  & + & {
    border-top: 1px solid #dee2e6;
  }
  &:nth-child(even) {
    background: #f8f9fa;
  }
}

( ... )
```

작업이 모두 끝났습니다! 리스트가 잘 나타나나요? 다시 한 번 성능을 측정해 보세요.

▼ 그림 11-9 react-virtualized를 통한 최적화 결과

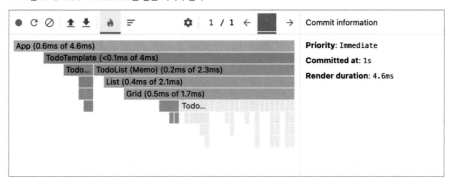

React.memo를 통해 28ms까지 줄였는데, 이번에는 4.6ms로 줄었습니다!

11.9 정리

이 장에서는 리액트 애플리케이션에 많은 데이터를 렌더링하는 리스트를 만들어 지연을 유발해보고, 이를 해결하는 방법을 알아보았습니다. 리액트 컴포넌트의 렌더링은 기본적으로 빠르기 때문에 컴포넌트를 개발할 때 최적화 작업에 대해 너무 큰 스트레스를 받거나 모든 컴포넌트에 일일이 React.memo를 작성할 필요는 없습니다. 단, 리스트와 관련된 컴포넌트를 만들 때 보여 줄 항목이 100개 이상이고 업데이트가 자주 발생한다면, 이 장에서 학습한 방식을 사용하여 꼭 최적화하길 바랍니다.

12^장

immer를
사용하여 더 쉽게
불변성 유지하기

11장에서는 컴포넌트 업데이트 성능을 어떻게 최적화해야 하는지, 불변성을 유지하면서 상태를 업데이트하는 것이 왜 중요한지 배웠습니다. 전개 연산자와 배열의 내장 함수를 사용하면 간단하게 배열 혹은 객체를 복사하고 새로운 값을 덮어 쓸 수 있죠. 하지만 객체의 구조가 엄청나게 깊어지면 불변성을 유지하면서 이를 업데이트하는 것이 매우 힘듭니다.

```
const object = {
  somewhere: {
    deep: {
      inside: 3,
      array: [1, 2, 3, 4]
    },
    bar: 2
  },
  foo: 1
};


// somewhere.deep.inside 값을 4로 바꾸기
let nextObject = {
  ...object,
  somewhere: {
    ...object.somewhere,
    deep: {
      ...object.somewhere.deep,
      inside: 4
    }
  }
};


// somewhere.deep.array에 5 추가하기
let nextObject = {
  ...object,
  somewhere: {
    ...object.somewhere,
    deep: {
      ...object.somewhere.deep,
      array: object.somewhere.deep.array.concat(5)
    }
  }
};
```

값 하나를 업데이트하기 위해 코드를 열 줄 정도 작성해야 합니다. 이렇게 전개 연산자를 자주 사용한 것은 기존에 가지고 있던 다른 값은 유지하면서 원하는 값을 새로 지정하기 위해서죠.

간혹 실제 프로젝트에서도 이렇게 복잡한 상태를 다룰 때가 있는데, 그럴 때마다 전개 연산자를 여러 번 사용하는 것은 꽤 번거로운 작업입니다. 가독성 또한 좋지 않죠.

이러한 상황에 immer라는 라이브러리를 사용하면, 구조가 복잡한 객체도 매우 쉽고 짧은 코드를 사용하여 불변성을 유지하면서 업데이트해 줄 수 있습니다.

이번 실습은 다음과 같은 흐름으로 진행합니다.

▼ 그림 12-1 immer를 사용하여 더 쉽게 불변성 유지하기

immer를 설치하고, 사용법 알아보기

↓

immer를 사용하여 간단한 프로젝트 만들어 보기

12.1 / immer를 설치하고 사용법 알아보기

REACT

12.1.1 프로젝트 준비

이 절에서는 immer 사용법을 익혀 보겠습니다. 간단한 리액트 프로젝트를 새로 생성하고, yarn을 통해 immer를 설치해 주세요.

```
$ yarn create react-app immer-tutorial
$ cd immer-tutorial
$ yarn add immer
```

12.1.2 immer를 사용하지 않고 불변성 유지

먼저 immer를 사용하지 않고 불변성을 유지하면서 값을 업데이트하는 컴포넌트를 작성해 보겠습니다. App.js 파일을 다음과 같이 작성해 주세요.

```
import { useRef, useCallback, useState } from 'react';

const App = () => {
  const nextId = useRef(1);
  const [form, setForm] = useState({ name: '', username: '' });
  const [data, setData] = useState({
    array: [],
    uselessValue: null
  });

  // input 수정을 위한 함수
  const onChange = useCallback(
    e => {
      const { name, value } = e.target;
      setForm({
        ...form,
        [name]: [value]
      });
    },
    [form]
  );

  // form 등록을 위한 함수
  const onSubmit = useCallback(
    e => {
      e.preventDefault();
      const info = {
        id: nextId.current,
        name: form.name,
        username: form.username
      };

      // array에 새 항목 등록
      setData({
        ...data,
        array: data.array.concat(info)
      });

      // form 초기화
      setForm({
        name: '',
        username: ''
```

```
    });
    nextId.current += 1;
  },
  [data, form.name, form.username]
);

// 항목을 삭제하는 함수
const onRemove = useCallback(
  id => {
    setData({
      ...data,
      array: data.array.filter(info => info.id !== id)
    });
  },
  [data]
);

return (
  <div>
    <form onSubmit={onSubmit}>
      <input
        name="username"
        placeholder="아이디"
        value={form.username}
        onChange={onChange}
      />
      <input
        name="name"
        placeholder="이름"
        value={form.name}
        onChange={onChange}
      />
      <button type="submit">등록</button>
    </form>
    <div>
      <ul>
        {data.array.map(info => (
          <li key={info.id} onClick={() => onRemove(info.id)}>
            {info.username} ({info.name})
          </li>
        ))}
      </ul>
    </div>
  </div>
```

```
    </div>
  );
};

export default App;
```

폼에서 아이디/이름을 입력하면 하단 리스트에 추가되고, 리스트 항목을 클릭하면 삭제되는 간단한 컴포넌트를 만들었습니다. 이렇게 전개 연산자와 배열 내장 함수를 사용하여 불변성을 유지하는 것은 어렵지 않지만, 상태가 복잡해진다면 조금 귀찮은 작업이 될 수도 있습니다.

❤ 그림 12-2 immer를 사용하지 않고 불변성 유지

12.1.3 immer 사용법

immer를 사용하면 불변성을 유지하는 작업을 매우 간단하게 처리할 수 있습니다. 이 라이브러리의 사용법은 다음과 같습니다.

예시 코드

```
import produce from 'immer';
const nextState = produce(originalState, draft => {
  // 바꾸고 싶은 값 바꾸기
  draft.somewhere.deep.inside = 5;
})
```

produce라는 함수는 두 가지 파라미터를 받습니다. 첫 번째 파라미터는 수정하고 싶은 상태이고, 두 번째 파라미터는 상태를 어떻게 업데이트할지 정의하는 함수입니다.

두 번째 파라미터로 전달되는 함수 내부에서 원하는 값을 변경하면, produce 함수가 불변성 유지를 대신해 주면서 새로운 상태를 생성해 줍니다.

이 라이브러리의 핵심은 '불변성에 신경 쓰지 않는 것처럼 코드를 작성하되 불변성 관리는 제대로 해 주는 것'입니다. 단순히 깊은 곳에 위치하는 값을 바꾸는 것 외에 배열을 처리할 때도 매우 쉽고 편합니다.

다음 코드는 좀 더 복잡한 데이터를 불변성을 유지하면서 업데이트하는 예시입니다.

예시 코드

```
import produce from 'immer';

const originalState = [
  {
    id: 1,
    todo: '전개 연산자와 배열 내장 함수로 불변성 유지하기',
    checked: true,
  },
  {
    id: 2,
    todo: 'immer로 불변성 유지하기',
    checked: false,
  }
];

const nextState = produce(originalState, draft => {
  // id가 2인 항목의 checked 값을 true로 설정
  const todo = draft.find(t => t.id === 2); // id로 항목 찾기
  todo.checked = true;
    // 혹은 draft[1].checked = true;

  // 배열에 새로운 데이터 추가
  draft.push({
    id: 3,
    todo: '일정 관리 앱에 immmer 적용하기',
    checked: false,
  });

  // id = 1인 항목을 제거하기
  draft.splice(draft.findIndex(t => t.id === 1), 1);
});
```

12.1.4 App 컴포넌트에 immer 적용하기

방금 만든 App 컴포넌트에 immer를 적용하여 더 깔끔한 코드로 상태를 업데이트해 봅시다.
App.js를 다음과 같이 수정해 보세요.

App.js

```
import { useRef, useCallback, useState } from 'react';
import produce from 'immer';

const App = () => {
  const nextId = useRef(1);
  const [form, setForm] = useState({ name: '', username: '' });
  const [data, setData] = useState({
    array: [],
    uselessValue: null
  });

  // input 수정을 위한 함수
  const onChange = useCallback(
    e => {
      const { name, value } = e.target;
      setForm(
        produce(form, draft => {
          draft[name] = value;
        })
      );
    },
    [form]
  );

  // form 등록을 위한 함수
  const onSubmit = useCallback(
    e => {
      e.preventDefault();
      const info = {
        id: nextId.current,
        name: form.name,
        username: form.username
      };

      // array에 새 항목 등록
      setData(
```

```
      produce(data, draft => {
        draft.array.push(info);
      })
    );

    // form 초기화
    setForm({
      name: '',
      username: ''
    });
    nextId.current += 1;
  },
  [data, form.name, form.username]
);

// 항목을 삭제하는 함수
const onRemove = useCallback(
  id => {
    setData(
      produce(data, draft => {
        draft.array.splice(draft.array.findIndex(info => info.id === id), 1);
      })
    );
  },
  [data]
);

  return (...);
};

export default App;
```

코드를 다 작성했다면 이전과 똑같이 제대로 작동하는지 확인해 보세요. 잘 작동하나요? immer 를 사용하여 컴포넌트 상태를 작성할 때는 객체 안에 있는 값을 직접 수정하거나, 배열에 직접적 인 변화를 일으키는 push, splice 등의 함수를 사용해도 무방합니다. 그렇기 때문에 불변성 유지 에 익숙하지 않아도 자바스크립트에 익숙하다면 컴포넌트 상태에 원하는 변화를 쉽게 반영시킬 수 있습니다. immer를 사용한다고 해서 무조건 코드가 간결해지지는 않습니다. onRemove의 경우 에는 배열 내장 함수 filter를 사용하는 것이 코드가 더 깔끔하므로, 굳이 immer를 적용할 필요 가 없습니다. immer는 불변성을 유지하는 코드가 복잡할 때만 사용해도 충분합니다.

12.1.5 useState의 함수형 업데이트와 immer 함께 쓰기

11장에서 useState의 함수형 업데이트에 대해 알아보았습니다.

예시 코드

```
const [number, setNumber] = useState(0);
// prevNumbers는 현재 number 값을 가리킵니다.
const onIncrease = useCallback(
  () => setNumber(prevNumber => prevNumber + 1),
  [],
);
```

immer에서 제공하는 produce 함수를 호출할 때, 첫 번째 파라미터가 함수 형태라면 업데이트 함수를 반환합니다.

예시 코드

```
const update = produce(draft => {
  draft.value = 2;
});
const originalState = {
  value: 1,
  foo: 'bar',
};
const nextState = update(originalState);
console.log(nextState); // { value: 2, foo: 'bar' }
```

이러한 immer의 속성과 useState의 함수형 업데이트를 함께 활용하면 코드를 더욱 깔끔하게 만들 수 있습니다. App을 다음과 같이 수정해 보세요.

App.js

```
import { useRef, useCallback, useState } from 'react';
import produce from 'immer';

const App = () => {
  const nextId = useRef(1);
  const [form, setForm] = useState({ name: '', username: '' });
  const [data, setData] = useState({
    array: [],
    uselessValue: null
```

```
});

// input 수정을 위한 함수
const onChange = useCallback(e => {
  const { name, value } = e.target;
  setForm(
    produce(draft => {
      draft[name] = value;
    })
  );
}, []);

// form 등록을 위한 함수
const onSubmit = useCallback(
  e => {
    e.preventDefault();
    const info = {
      id: nextId.current,
      name: form.name,
      username: form.username
    };

    // array에 새 항목 등록
    setData(
      produce(draft => {
        draft.array.push(info);
      })
    );

    // form 초기화
    setForm({
      name: '',
      username: ''
    });
    nextId.current += 1;
  },
  [form.name, form.username]
);

// 항목을 삭제하는 함수
const onRemove = useCallback(
  id => {
    setData(
```

```
    produce(draft => {
      draft.array.splice(draft.array.findIndex(info => info.id === id), 1);
    })
  );
},
[]
);

return (...);
};

export default App;
```

produce 함수의 파라미터를 함수 형태로 사용하니 코드가 더욱 깔끔해졌습니다.

12.2 / 정리

이 장에서는 유용한 라이브러리인 immer에 대해 알아보았습니다. 이 라이브러리는 컴포넌트의 상태 업데이트가 조금 까다로울 때 사용하면 매우 좋습니다. 추후 상태 관리 라이브러리인 리덕스를 배워서 사용할 때도 immer를 쓰면 코드를 매우 쉽게 작성할 수 있습니다. 이러한 라이브러리는 편의를 위한 것이므로 꼭 필요하지는 않지만, 사용한다면 생산성을 크게 높일 수 있습니다. 만약 immer를 사용하는 것이 오히려 불편하게 느껴진다면 사용하지 않아도 좋습니다.

13^장

리액트 라우터로 SPA 개발하기

13.1 / 라우팅이란?

웹 애플리케이션에서 라우팅이라는 개념은 사용자가 요청한 URL에 따라 알맞은 페이지를 보여주는 것을 의미합니다. 웹 애플리케이션을 만들 때 프로젝트를 하나의 페이지로 구성할 수도 있고, 여러 페이지로 구성할 수도 있겠지요.

예를 들어 이전에 만들었던 일정 관리 애플리케이션은 하나의 페이지로도 충분할 수 있지만, 블로그를 만든다고 가정해봅시다. 블로그 애플리케이션은 여러 페이지로 구성되어 있습니다. 어떤 페이지가 필요한지, 한번 생각해볼까요?

- **글쓰기 페이지**: 새로운 포스트를 작성하는 페이지입니다.
- **포스트 목록 페이지**: 블로그에 작성된 여러 포스트의 목록을 보여주는 페이지입니다.
- **포스트 읽기 페이지**: 하나의 포스트를 보여주는 페이지입니다.

이렇게 여러 페이지로 구성된 웹 애플리케이션을 만들 때 페이지 별로 컴포넌트들을 분리해가면서 프로젝트를 관리하기 위해 필요한 것이 바로 라우팅 시스템입니다.

리액트에서 라우트 시스템을 구축하기 위해 사용할 수 있는 선택지는 크게 두 가지가 있습니다. 어떤 선택지가 있는지 한번 알아보겠습니다.

- **리액트 라우터**(React Router): 이 라이브러리는 리액트의 라우팅 관련 라이브러리들 중에서 가장 오래됐고, 가장 많이 사용되고 있습니다. 컴포넌트 기반으로 라우팅 시스템을 설정할 수 있습니다.
- **Next.js**: 리액트 프로젝트의 프레임워크입니다. 앞에서 사용한 Create React App처럼 리액트 프로젝트 설정을 하는 기능, 라우팅 시스템, 최적화, 다국어 시스템 지원, 서버 사이드 렌더링 등 다양한 기능을 제공합니다. 이 프레임워크의 라우팅 시스템은 파일 경로 기반으로 작동합니다. 리액트 라우터의 대안으로 많이 사용되고 있습니다.

라우팅 관련 기능은 리액트 라이브러리에서 공식적으로 지원하는 것이 아니라 서드 파티로 제공되기 때문에, 이 외에도 react-location, rakkas 등의 프로젝트들이 있습니다.

이 책에서는 리액트 라우터를 사용하여 라우팅 시스템을 구축하겠습니다. 이 라이브러리를 선택한 이유는 가장 인기 있고, 라우팅 기능에만 집중한 라이브러리이기 때문에 리액트 프로젝트에서의 라우팅 시스템 개념을 익히기에 적합하기 때문입니다. 오랫동안 개발된 프로젝트인 만큼 다양하고 편리한 라우팅 기능을 제공하며 프로덕션에서 사용하기에 안정적입니다.

리액트 라우터를 사용하면 손쉽게 리액트 라우터로 싱글 페이지 애플리케이션(Single Page Application)을 만들 수 있습니다.

13.2 / 싱글 페이지 애플리케이션이란?

싱글 페이지 애플리케이션이란 하나의 페이지로 이루어진 애플리케이션이라는 의미입니다. 리액트 라우터를 사용하여 여러 페이지로 구성된 프로젝트를 만들 수 있다고 했는데 왜 싱글 페이지 애플리케이션이라고 불리는지 의문이 들 수 있습니다.

이를 이해하기 위해서는 싱글 페이지 애플리케이션이란 개념이 생기기 전에 사용되던 멀티 페이지 애플리케이션이 어떻게 작동하는지 살펴봐야 합니다.

▼ 그림 13-1 멀티 페이지 애플리케이션

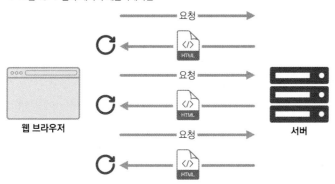

멀티 페이지 애플리케이션에서는 사용자가 다른 페이지로 이동할 때마다 새로운 html을 받아오고, 페이지를 로딩할 때마다 서버에서 CSS, JS, 이미지 파일 등의 리소스를 전달받아 브라우저 화면에 보여 주었습니다. 각 페이지마다 다른 html 파일을 만들어서 제공을 하거나, 데이터에 따라 유동적인 html을 생성해 주는 템플릿 엔진을 사용하기도 했죠.

사용자 인터랙션이 별로 없는 정적인 페이지들은 기존의 방식이 적합하지만, 사용자 인터랙션이 많고 다양한 정보를 제공하는 모던 웹 애플리케이션은 이 방식이 적합하지 않습니다. 새로운 페이지를 보여줘야 할 때마다 서버 측에서 모든 준비를 한다면 그만큼 서버의 자원을 사용하는 것이고, 트래픽도 더 많이 나올 수 있기 때문이죠.

그래서 리액트 같은 라이브러리를 사용해서 뷰 렌더링을 사용자의 브라우저가 담당하도록 하고, 우선 웹 애플리케이션을 브라우저에 불러와서 실행시킨 후에 사용자와의 인터랙션이 발생하면 필요한 부분만 자바스크립트를 사용하여 업데이트하는 방식을 사용하게 됐습니다. 만약 새로운 데이터가 필요하다면 서버 API를 호출하여 필요한 데이터만 새로 불러와 애플리케이션에서 사용할 수 있게 됐죠.

▼ 그림 13-2 싱글 페이지 애플리케이션

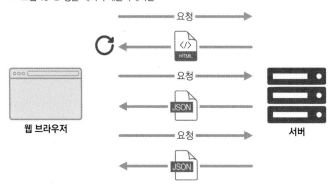

이렇게 html은 한번만 받아와서 웹 애플리케이션을 실행시킨 후, 이후에는 필요한 데이터만 받아와서 화면에 업데이트하는 것이 싱글 페이지 애플리케이션입니다.

싱글 페이지 애플리케이션은 기술적으로는 한 페이지만 존재하지만, 사용자가 경험하기에는 여러 페이지가 존재하는 것처럼 느낄 수 있습니다.

리액트 라우터 같은 라우팅 시스템은 사용자의 브라우저 주소창의 경로에 따라 알맞은 페이지를 보여주는데요, 이후 링크를 눌러서 다른 페이지로 이동할 때 서버에 다른 페이지의 html을 새로 요청하는 것이 아니라, 브라우저의 History API를 사용하여 브라우저의 주소창의 값만 변경하고 기존에 페이지에 띄웠던 웹 애플리케이션을 그대로 유지하면서 라우팅 설정에 따라 또 다른 페이지를 보여주게 됩니다.

13.3 / 리액트 라우터 적용 및 기본 사용법

라우팅과 싱글 페이지 애플리케이션이 무엇인지 배웠으니, 이제 본격적으로 리액트 라우터를 사용해 봅시다.

이번 실습은 다음 흐름대로 진행됩니다.

❤ 그림 13-3 리액트 라우터로 SPA 개발하기

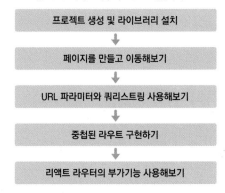

13.3.1 프로젝트 생성 및 라이브러리 설치

우선 리액트 라우터를 적용해 볼 리액트 프로젝트를 새로 생성해 주세요.

```
$ yarn create react-app router-tutorial
```

그리고 해당 프로젝트 디렉터리로 이동하여 리액트 라우터 라이브러리를 설치하세요. 리액트 라우터를 설치할 때는 yarn을 사용하여 react-router-dom이라는 라이브러리를 설치하면 됩니다.

```
$ cd router-tutorial
$ yarn add react-router-dom
```

13.3.2 프로젝트에 라우터 적용

프로젝트에 리액트 라우터를 적용할 때는 src/index.js 파일에서 react-router-dom에 내장되어 있는 BrowserRouter라는 컴포넌트를 사용하여 감싸면 됩니다. 이 컴포넌트는 웹 애플리케이션에 HTML5의 History API를 사용하여 페이지를 새로 불러오지 않고도 주소를 변경하고 현재 주소의 경로에 관련된 정보를 리액트 컴포넌트에서 사용할 수 있도록 해 줍니다.

src/index.js

```javascript
import React from 'react';
import ReactDOM from 'react-dom/client';
import './index.css';
import App from './App';
import { BrowserRouter } from 'react-router-dom';

const root = ReactDOM.createRoot(document.getElementById('root'));
root.render(
  <BrowserRouter>
    <App />
  </BrowserRouter>
);
```

13.3.3 페이지 컴포넌트 만들기

이제 리액트 라우터를 통해 여러 페이지로 구성된 웹 애플리케이션을 만들기 위하여 각 페이지에서 사용할 컴포넌트를 만들 차례입니다. 사용자가 웹 사이트에 들어왔을 때 가장 먼저 보여지게 될 Home 페이지 컴포넌트와 웹 사이트를 소개하는 About 페이지 컴포넌트를 만들어봅시다.

src 디렉터리에 pages 경로를 만들고, 그 안에 다음 파일들을 생성하세요.

src/pages/Home.js

```javascript
const Home = () => {
  return (
    <div>
      <h1>홈</h1>
      <p>가장 먼저 보여지는 페이지입니다.</p>
    </div>
  );
```

```
  };

  export default Home;
```

---

src/pages/About.js

```
const About = () => {
  return (
    <div>
      <h1>소개</h1>
      <p>리액트 라우터를 사용해 보는 프로젝트입니다.</p>
    </div>
  );
};

export default About;
```

이제 페이지로 사용할 컴포넌트들이 준비되었습니다. 이 컴포넌트들을 꼭 pages 경로에 넣을 필요는 없습니다. 이는 단순히 페이지를 위한 컴포넌트들을 다른 파일들과 구분하기 위함이며, routes라는 이름을 써도 되고 그냥 src 경로에 바로 생성해도 문제가 되지는 않습니다.

13.3.4 Route 컴포넌트로 특정 경로에 원하는 컴포넌트 보여주기

사용자의 브라우저 주소 경로에 따라 우리가 원하는 컴포넌트를 보여주려면 Route라는 컴포넌트를 통해 라우트 설정을 해주어야 합니다.

Route 컴포넌트는 다음과 같이 사용합니다.

```
<Route path="주소규칙" element={보여 줄 컴포넌트 JSX} />
```

그리고 Route 컴포넌트는 Routes 컴포넌트 내부에서 사용되어야 합니다.

App 컴포넌트에서 Route 컴포넌트를 사용하여 다음과 같이 라우트를 설정해보세요.

src/App.js

```
import { Route, Routes } from 'react-router-dom';
import About from './pages/About';
import Home from './pages/Home';
```

```
const App = () => {
  return (
    <Routes>
      <Route path="/" element={<Home />} />
      <Route path="/about" element={<About />} />
    </Routes>
  );
};

export default App;
```

이제 yarn start를 입력하여 개발 서버를 시작해 보세요. 첫 화면에 다음과 같이 Home 컴포넌트가 나타났나요?

▼ 그림 13-4 Home

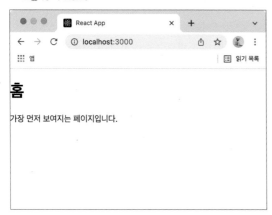

13.3.5 Link 컴포넌트를 사용하여 다른 페이지로 이동하는 링크 보여주기

이번에는 Link 컴포넌트를 사용하여 다른 페이지로 이동하는 링크를 보여주는 방법을 알아보겠습니다. 웹 페이지에서는 원래 링크를 보여줄 때 a 태그를 사용하는데요, 리액트 라우터를 사용하는 프로젝트에서는 a 태그를 바로 사용하면 안됩니다. 왜냐하면 a 태그를 클릭하여 페이지를 이동할 때 브라우저에서는 페이지를 새로 불러오게 되기 때문입니다.

Link 컴포넌트 역시 a 태그를 사용하긴 하지만, 페이지를 새로 불러오는 것을 막고 History API를 통해 브라우저 주소의 경로만 바꾸는 기능이 내장되어 있습니다.

Link 컴포넌트는 다음과 같이 사용합니다.

```
<Link to="경로">링크 이름</Link>
```

Home 페이지에서 About 페이지로 이동할 수 있도록 Link 컴포넌트를 Home 페이지 컴포넌트에서 사용해봅시다.

src/pages/Home.js

```
import { Link } from 'react-router-dom';

const Home = () => {
  return (
    <div>
      <h1>홈</h1>
      <p>가장 먼저 보여지는 페이지입니다.</p>
      <Link to="/about">소개</Link>
    </div>
  );
};

export default Home;
```

이제 브라우저에서 방금 만든 소개 링크를 눌러보세요. About 페이지가 나타났나요?

▼ 그림 13-5 Link 컴포넌트 사용하기

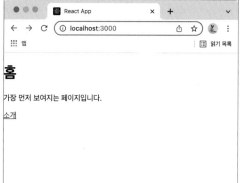
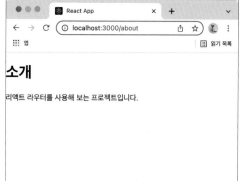

13.4 URL 파라미터와 쿼리스트링

페이지 주소를 정의할 때 가끔은 유동적인 값을 사용해야 할 때도 있습니다. 다음과 같이 말이죠.

- URL 파라미터 예시: /profile/**velopert**
- 쿼리스트링 예시: /articles?**page=1&keyword=react**

URL 파라미터는 주소의 경로에 유동적인 값을 넣는 형태고, 쿼리스트링은 주소의 뒷부분에 ? 문자열 이후에 key=value로 값을 정의하며 &로 구분하는 형태입니다.

URL 파라미터는 주로 ID 또는 이름을 사용하여 특정 데이터를 조회할 때 사용하고, 쿼리스트링 (Querystring)은 키워드 검색, 페이지네이션, 정렬 방식 등 데이터 조회에 필요한 옵션을 전달할 때 사용합니다.

13.4.1 URL 파라미터

우선 URL 파라미터를 사용하는 방법을 알아봅시다. 이를 사용하기 위해 새로운 페이지 컴포넌트를 만들겠습니다. pages 경로에 다음과 같이 Profile 컴포넌트를 작성하세요.

src/pages/Profile.js

```js
import { useParams } from 'react-router-dom';

const data = {
  velopert: {
    name: '김민준',
    description: '리액트를 좋아하는 개발자',
  },
  gildong: {
    name: '홍길동',
    description: '고전 소설 홍길동전의 주인공',
  },
};

const Profile = () => {
  const params = useParams();
```

```
        const profile = data[params.username];

        return (
          <div>
            <h1>사용자 프로필</h1>
            {profile ? (
              <div>
                <h2>{profile.name}</h2>
                <p>{profile.description}</p>
              </div>
            ) : (
              <p>존재하지 않는 프로필입니다.</p>
            )}
          </div>
        );
      };


      export default Profile;
```

URL 파라미터는 useParams라는 Hook을 사용하여 객체 형태로 조회할 수 있습니다. URL 파라미터의 이름은 라우트 설정을 할 때 Route 컴포넌트의 path props를 통해 설정합니다.

위 코드에서는 data 객체에 예시 프로필 정보들을 key-value 형태로 담아두었습니다. 그리고 Profile 컴포넌트에서는 username URL 파라미터를 통하여 프로필을 조회한 뒤에 프로필이 존재하지 않으면 '존재하지 않는 프로필입니다.'라는 문구를 보여주고 존재한다면 프로필 정보를 보여주도록 로직을 작성했습니다.

컴포넌트를 다 작성했으면 App 컴포넌트 파일을 열어서 새로운 라우트를 다음과 같이 설정해주세요.

src/App.js
```
import { Route, Routes } from 'react-router-dom';
import About from './pages/About';
import Home from './pages/Home';
import Profile from './pages/Profile';

const App = () => {
  return (
    <Routes>
      <Route path="/" element={<Home />} />
      <Route path="/about" element={<About />} />
```

```
        <Route path="/profiles/:username" element={<Profile />} />
      </Routes>
    );
  };


  export default App;
```

URL 파라미터는 /profiles/:username과 같이 경로에 :를 사용하여 설정합니다. 만약 URL 파라미터가 여러 개인 경우에는 /profiles/:username/:field와 같은 형태로 설정할 수 있습니다.

이제 Profile 페이지로 이동할 수 있도록 Home 페이지에 Link를 더 만들어보세요. 링크가 여러 개이기 때문에 ul 태그를 사용하여 리스트 형태로 보여주겠습니다.

src/pages/Home.js

```
import { Link } from 'react-router-dom';

const Home = () => {
  return (
    <div>
      <h1>홈</h1>
      <p>가장 먼저 보여지는 페이지입니다.</p>
      <ul>
        <li>
          <Link to="/about">소개</Link>
        </li>
        <li>
          <Link to="/profiles/velopert">velopert의 프로필</Link>
        </li>
        <li>
          <Link to="/profiles/gildong">gildong의 프로필</Link>
        </li>
        <li>
          <Link to="/profiles/void">존재하지 않는 프로필</Link>
        </li>
      </ul>
    </div>
  );
};

export default Home;
```

▼ 그림 13-6 프로필 링크 추가

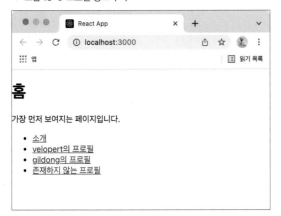

링크가 리스트 형태로 잘 보여졌나요? 새로 만든 링크를 눌러서 Profile 페이지로 이동해보세요.

▼ 그림 13-7 Profile 페이지

URL 파라미터에 따라 다른 결과물이 잘 보여지고 있나요?

13.4.2 쿼리스트링

이번에는 라우트에서 쿼리스트링을 사용하는 방법을 알아봅시다. 쿼리스트링을 사용할 때는 URL 파라미터와 달리 Route 컴포넌트를 사용할 때 별도로 설정해야 하는 것이 없습니다.

우선 쿼리스트링을 화면에 띄워보는 작업부터 해볼까요? About 페이지 컴포넌트를 다음과 같이 수정해보세요.

src/pages/About.js

```javascript
import { useLocation } from 'react-router-dom';

const About = () => {
  const location = useLocation();

  return (
    <div>
      <h1>소개</h1>
      <p>리액트 라우터를 사용해 보는 프로젝트입니다.</p>
      <p>쿼리스트링: {location.search}</p>
    </div>
  );
};

export default About;
```

위 컴포넌트에서는 useLocation이라는 Hook을 사용했습니다. 이 Hook은 location 객체를 반환하는데요, 이 객체는 현재 사용자가 보고 있는 페이지의 정보를 지니고 있습니다. 즉, 이 객체에는 다음과 같은 값들이 있습니다.

- **pathname**: 현재 주소의 경로 (쿼리스트링 제외)
- **search**: 맨 앞의 ? 문자를 포함한 쿼리스트링 값
- **hash**: 주소의 # 문자열 뒤의 값 (주로 History API가 지원되지 않는 구형 브라우저에서 클라이언트 라우팅을 사용할 때 쓰는 해시 라우터에서 사용합니다)
- **state**: 페이지로 이동할 때 임의로 넣을 수 있는 상태 값
- **key**: location 객체의 고유값, 초기에는 default이며 페이지가 변경될 때마다 고유의 값이 생성됨

쿼리스트링은 location.search 값을 통해 조회할 수 있습니다. 주소창에 http://localhost:3000/about?detail=true&mode=1라고 직접 입력해서 어떤 값이 나타나는지 확인해보세요.

▼ 그림 13-8 쿼리스트링

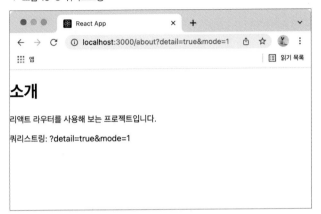

쿼리스트링 값이 현재 ?detail=true&mode=1로 표시되고 있습니다. 이 문자열에서 앞에 있는 ?를 지우고, & 문자열로 분리한 뒤 key와 value를 파싱하는 작업을 해야 하는데요, 이 작업은 보통 npm 에서 qs 또는 querystring 패키지를 설치해 처리할 수 있습니다.

쿼리스트링을 따로 파싱까지 해야 된다면 번거로울 수도 있는데, 다행히 리액트 라우터에서는 v6 부터 useSearchParams라는 Hook을 통해서 쿼리스트링을 더욱 쉽게 다룰 수 있게 됐습니다.

다음은 이 Hook을 사용해 쿼리스트링을 쉽게 파싱하여 사용하는 예시입니다.

src/pages/About.js

```
import { useSearchParams } from 'react-router-dom';

const About = () => {
  const [searchParams, setSearchParams] = useSearchParams();
  const detail = searchParams.get('detail');
  const mode = searchParams.get('mode');

  const onToggleDetail = () => {
    setSearchParams({ mode, detail: detail === 'true' ? false : true });
  };

  const onIncreaseMode = () => {
    const nextMode = mode === null ? 1 : parseInt(mode) + 1;
    setSearchParams({ mode: nextMode, detail });
```

```
    };

    return (
      <div>
        <h1>소개</h1>
        <p>리액트 라우터를 사용해 보는 프로젝트입니다.</p>
        <p>detail: {detail}</p>
        <p>mode: {mode}</p>
        <button onClick={onToggleDetail}>Toggle detail</button>
        <button onClick={onIncreaseMode}>mode + 1</button>
      </div>
    );
  };

export default About;
```

useSearchParams는 배열 타입의 값을 반환하며, 첫 번째 원소는 쿼리파라미터를 조회하거나 수정하는 메서드들이 담긴 객체를 반환합니다. get 메서드를 통해 특정 쿼리파라미터를 조회할 수 있고, set 메서드를 통해 특정 쿼리파라미터를 업데이트할 수 있습니다. 만약 조회 시 쿼리파라미터가 존재하지 않는다면 null로 조회됩니다. 두 번째 원소는 쿼리파라미터를 객체 형태로 업데이트할 수 있는 함수를 반환합니다.

쿼리파라미터를 사용할 때 주의할 점은 쿼리파라미터를 조회할 때 값은 무조건 문자열 타입이라는 점입니다. 즉, true 또는 false 값을 넣는다면 값을 비교할 때 꼭 'true'와 같이 따옴표로 감싸서 비교를 해야 하고, 숫자를 다룬다면 parseInt를 사용하여 숫자 타입으로 변환을 해야 합니다.

13.5 중첩된 라우트

이번에는 리액트 라우터에서 중첩된 라우트를 다룰 때 어떻게 해야 하는지에 대해 배워보겠습니다. 우선 중첩된 라우트를 이해하기 위해, 게시글 목록을 보여주는 페이지와 게시글을 읽는 페이지를 만들어보겠습니다.

pages 디렉터리에 다음 페이지 컴포넌트를 만들어보세요.

```
import { Link } from 'react-router-dom';

const Articles = () => {
  return (
    <ul>
      <li>
        <Link to="/articles/1">게시글 1</Link>
      </li>
      <li>
        <Link to="/articles/2">게시글 2</Link>
      </li>
      <li>
        <Link to="/articles/3">게시글 3</Link>
      </li>
    </ul>
  );
};

export default Articles;
```

```
import { useParams } from 'react-router-dom';

const Article = () => {
  const { id } = useParams();
  return (
    <div>
      <h2>게시글 {id}</h2>
    </div>
  );
};

export default Article;
```

이렇게 두 컴포넌트를 다 만들었다면 App 컴포넌트에서 해당 페이지들의 라우트를 설정해보세요.

```
import { Route, Routes } from 'react-router-dom';
import About from './pages/About';
```

```
import Article from './pages/Article';
import Articles from './pages/Articles';
import Home from './pages/Home';
import Profile from './pages/Profile';

const App = () => {
  return (
    <Routes>
      <Route path="/" element={<Home />} />
      <Route path="/about" element={<About />} />
      <Route path="/profiles/:username" element={<Profile />} />
      <Route path="/articles" element={<Articles />} />
      <Route path="/articles/:id" element={<Article />} />
    </Routes>
  );
};


export default App;
```

그 다음에는 Home 컴포넌트에서 게시글 목록 페이지로 가는 링크를 추가하세요.

src/pages/Home.js

```
import { Link } from 'react-router-dom';

const Home = () => {
  return (
    <div>
      <h1>홈</h1>
      <p>가장 먼저 보여지는 페이지입니다.</p>
      <ul>
        <li>
          <Link to="/about">소개</Link>
        </li>
        <li>
          <Link to="/profiles/velopert">velopert의 프로필</Link>
        </li>
        <li>
          <Link to="/profiles/gildong">gildong의 프로필</Link>
        </li>
        <li>
          <Link to="/profiles/void">존재하지 않는 프로필</Link>
        </li>
```

```
        <li>
          <Link to="/articles">게시글 목록</Link>
        </li>
      </ul>
    </div>
  );
};

export default Home;
```

이제 게시글 목록 페이지를 열어서 목록이 잘 나타나는지 확인해보고, 게시글의 링크를 눌러 게시글 읽기 페이지도 잘 나타나는지 확인해보세요.

▼ 그림 13-9 게시글 목록, 게시글 읽기

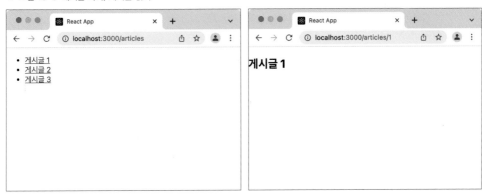

게시글 목록 페이지에서 게시글을 열었을 때, 게시글 하단에 목록을 보여줘야 한다면 어떨까요?

만약 기존 방식으로 구현을 한다면 다음과 같이 ArticleList 컴포넌트를 따로 만들어서 각 페이지 컴포넌트에서 사용했을 겁니다.

```
<div>
  <h2>게시글 {id}</h2>
  <ArticleList />
</div>
```

그러나 중첩된 라우트를 사용한다면 좀 더 나은 방식으로 구현할 수 있답니다. 이번에는 중첩된 라우트 형태로 라우트를 설정해보겠습니다.

App 컴포넌트를 다음과 같이 수정해보세요.

```
import { Route, Routes } from 'react-router-dom';
import About from './pages/About';
import Article from './pages/Article';
import Articles from './pages/Articles';
import Home from './pages/Home';
import Profile from './pages/Profile';

const App = () => {
  return (
    <Routes>
      <Route path="/" element={<Home />} />
      <Route path="/about" element={<About />} />
      <Route path="/profiles/:username" element={<Profile />} />
      <Route path="/articles" element={<Articles />}>
        <Route path=":id" element={<Article />} />
      </Route>
    </Routes>
  );
};


export default App;
```

다음으로 Articles 컴포넌트에 리액트 라우터에서 제공하는 Outlet이라는 컴포넌트를 사용해줘
야 합니다. 이 컴포넌트는 Route의 children으로 들어가는 JSX 엘리먼트를 보여주는 역할을 합
니다. 이 예제의 경우라면 다음 내용이 Outlet 컴포넌트를 통해서 보여지겠지요.

```
<Route path=":id" element={<Article />} />
```

Articles 컴포넌트를 다음과 같이 수정해주세요.

```
import { Link, Outlet } from 'react-router-dom';

const Articles = () => {
  return (
    <div>
      <Outlet />
      <ul>
        <li>
          <Link to="/articles/1">게시글 1</Link>
```

```
      </li>
      <li>
        <Link to="/articles/2">게시글 2</Link>
      </li>
      <li>
        <Link to="/articles/3">게시글 3</Link>
      </li>
    </ul>
  </div>
  );
};

export default Articles;
```

위 코드에서 Outlet 컴포넌트가 사용된 자리에 중첩된 라우트가 보여지게 됩니다.

이제 /articles/1 경로에 들어가볼까요?

▼ 그림 13-10 중첩된 라우트

게시글 하단에 게시글 목록이 잘 나타나는지 확인하세요.

13.5.1 공통 레이아웃 컴포넌트

중첩된 라우트와 Outlet은 페이지끼리 공통적으로 보여줘야 하는 레이아웃이 있을 때도 유용하게 사용할 수 있습니다.

예를 들어 Home, About, Profile 페이지 상단에 헤더를 보여줘야 하는 상황을 가정해봅시다. 가장 먼저 Header 컴포넌트를 따로 만들어두고 각 페이지 컴포넌트에서 재사용하는 방법을 생각할 것입니다. 물론 이 방법이 틀린 것은 아니지만, 방금 배운 중첩된 라우트와 Outlet을 활용하여 구현할 수도 있습니다. 중첩된 라우트를 사용하는 방식을 사용하면 컴포넌트를 한번만 사용해도 된다는 장점이 있죠. 상황에 따라 그리고 여러분의 취향에 따라 구현하면 됩니다.

이번에는 중첩된 라우트를 통해 공통 레이아웃 컴포넌트를 사용해봅시다.

우선 공통 레이아웃을 위한 Layout 컴포넌트를 src 디렉터리에 만드세요.

src/Layout.js

```
import { Outlet } from 'react-router-dom';

const Layout = () => {
  return (
    <div>
      <header style={{ background: 'lightgray', padding: 16, fontSize: 24 }}>
        Header
      </header>
      <main>
        <Outlet />
      </main>
    </div>
  );
};

export default Layout;
```

각 페이지 컴포넌트가 보여져야 하는 부분에 Outlet 컴포넌트를 사용해주었습니다. 컴포넌트를 다 작성했으면 App 컴포넌트를 다음과 같이 수정하세요.

src/App.js

```
import { Route, Routes } from 'react-router-dom';
import Layout from './Layout';
import About from './pages/About';
import Article from './pages/Article';
import Articles from './pages/Articles';
import Home from './pages/Home';
import Profile from './pages/Profile';
```

```
const App = () => {
  return (
    <Routes>
      <Route element={<Layout />}>
        <Route path="/" element={<Home />} />
        <Route path="/about" element={<About />} />
        <Route path="/profiles/:username" element={<Profile />} />
      </Route>
      <Route path="/articles" element={<Articles />}>
        <Route path=":id" element={<Article />} />
      </Route>
    </Routes>
  );
};


export default App;
```

이제 Home 페이지에 들어가 보세요.

▼ 그림 13-11 공통 레이아웃

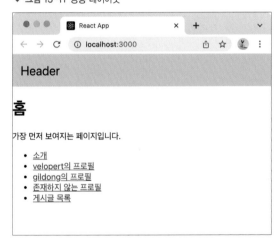

위 스크린샷과 같이 상단에 헤더가 잘 나타났나요?

13.5.2 index props

Route 컴포넌트에는 index라는 props가 있습니다. 이 props는 path="/"와 동일한 의미를 가집니다.

Home 컴포넌트가 사용된 Route 컴포넌트를 다음과 같이 변경해보세요.

src/App.js

```javascript
import { Route, Routes } from 'react-router-dom';
import Layout from './Layout';
import About from './pages/About';
import Article from './pages/Article';
import Articles from './pages/Articles';
import Home from './pages/Home';
import Profile from './pages/Profile';

const App = () => {
  return (
    <Routes>
      <Route path="/" element={<Layout />}>
        <Route index element={<Home />} />
        <Route path="/about" element={<About />} />
        <Route path="/profiles/:username" element={<Profile />} />
      </Route>
      <Route path="/articles" element={<Articles />}>
        <Route path=":id" element={<Article />} />
      </Route>
    </Routes>
  );
};

export default App;
```

/ 경로로 들어갔을 때 Home 페이지가 여전히 잘 나오고 있나요? index prop를 사용하면 상위 라우트의 경로와 일치하지만, 그 이후에 경로가 주어지지 않았을 때 보여지는 라우트를 설정할 수 있습니다. path="/"와 동일한 역할을 하며 이를 좀 더 명시적으로 표현하는 방법입니다.

13.6 / 리액트 라우터 부가 기능

리액트 라우터는 웹 애플리케이션에서 라우팅과 관련된 작업을 할 때 사용할 수 있는 유용한 API 들을 제공합니다. 자주 사용되는 것들을 알아봅시다.

13.6.1 useNavigate

useNavigate는 Link 컴포넌트를 사용하지 않고 다른 페이지로 이동해야 하는 상황에 사용하는 Hook입니다.

Layout 컴포넌트를 다음과 같이 수정해보세요.

src/Layout.js

```
import { Outlet, useNavigate } from 'react-router-dom';

const Layout = () => {
  const navigate = useNavigate();

  const goBack = () => {
    // 이전 페이지로 이동
    navigate(-1);
  };

  const goArticles = () => {
    // articles 경로로 이동
    navigate('/articles');
  };

  return (
    <div>
      <header style={{ background: 'lightgray', padding: 16, fontSize: 24 }}>
        <button onClick={goBack}>뒤로가기</button>
        <button onClick={goArticles}>게시글 목록</button>
      </header>
      <main>
        <Outlet />
```

```
    </main>
  </div>
 );
};


export default Layout;
```

다음 스크린샷처럼 헤더에 버튼이 두 개 나타났나요?

▼ 그림 13-12 useNavigate

버튼을 눌렀을 때 정상적으로 이전 페이지나, 게시글 목록 페이지로 이동이 되는지 확인하세요.

navigate 함수를 사용할 때 파라미터가 숫자 타입이라면 앞으로 가거나, 뒤로 갑니다. 예를 들어 navigate(-1)을 하면 뒤로 한 번 가고 navigate(-2)를 하면 뒤로 두 번 갑니다. 반대로 navigate(1)을 하면 앞으로 한 번 갑니다. 물론 뒤로가기를 한번 한 상태여야 합니다.

다른 페이지로 이동을 할 때 replace라는 옵션이 있는데요, 이 옵션을 사용하면 페이지를 이동할 때 현재 페이지를 페이지 기록에 남기지 않습니다.

방금 작성했던 goArticles 함수를 다음과 같이 수정해보세요.

src/Layout.js – goArticles
```
const goArticles = () => {
  navigate('/articles', { replace: true });
}
```

수정한 다음에 / 경로로 들어가서 Home 페이지를 띄운 뒤, 소개 링크를 눌러서 About 페이지로 이동하세요. 그리고 상단의 게시글 목록 페이지를 눌러보세요. 그 상태에서 브라우저의 뒤로가기 버튼을 눌러 이전 페이지로 이동해보세요.

만약 { replace: true } 설정이 없었다면 직전에 봤던 페이지인 About 페이지가 나타나야 하지만, 이 옵션이 활성화되어 있기 때문에, 그 전의 페이지인 Home 페이지가 나타나게 됩니다.

13.6.2 NavLink

NavLink 컴포넌트는 링크에서 사용하는 경로가 현재 라우트의 경로와 일치하는 경우 특정 스타일 또는 CSS 클래스를 적용하는 컴포넌트입니다.

이 컴포넌트의 style과 className은 { isActive: boolean }을 파라미터로 전달받는 함수 타입의 값을 전달합니다. 예시를 확인해볼까요?

```
<NavLink
  style={({isActive}) => isActive ? activeStyle : undefined}
/>
```

```
<NavLink
  className={({isActive}) => isActive ? 'active' : undefined}
/>
```

Articles 페이지 컴포넌트에서 이 컴포넌트를 사용해봅시다.

src/pages/Articles.js

```
import { NavLink, Outlet } from 'react-router-dom';

const Articles = () => {
  const activeStyle = {
    color: 'green',
    fontSize: 21,
  };

  return (
    <div>
      <Outlet />
      <ul>
```

```
      <li>
        <NavLink
          to="/articles/1"
          style={({ isActive }) => (isActive ? activeStyle : undefined)}
        >
          게시글 1
        </NavLink>
      </li>
      <li>
        <NavLink
          to="/articles/2"
          style={({ isActive }) => (isActive ? activeStyle : undefined)}
        >
          게시글 2
        </NavLink>
      </li>
      <li>
        <NavLink
          to="/articles/3"
          style={({ isActive }) => (isActive ? activeStyle : undefined)}
        >
          게시글 3
        </NavLink>
      </li>
    </ul>
  </div>
  );
};

export default Articles;
```

▼ 그림 13-13 NavLink

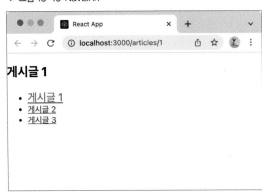

위 스크린샷과 같이 현재 보고 있는 게시글의 링크의 텍스트가 더 커지고 초록색으로 잘 변했나요?

현재 반복되는 코드가 여러 번 사용되고 있지요? 여러분이 나중에 실제로 비슷한 작업을 하게 된다면 현재 NavLink를 감싼 또 다른 컴포넌트를 만들어서 다음과 같이 리팩터링하여 사용하는 것을 권장합니다.

src/pages/Articles.js

```javascript
import { NavLink, Outlet } from 'react-router-dom';

const Articles = () => {
  return (
    <div>
      <Outlet />
      <ul>
        <ArticleItem id={1} />
        <ArticleItem id={2} />
        <ArticleItem id={3} />
      </ul>
    </div>
  );
};

const ArticleItem = ({ id }) => {
  const activeStyle = {
    color: 'green',
    fontSize: 21,
  };
  return (
    <li>
      <NavLink
        to={`/articles/${id}`}
        style={({ isActive }) => (isActive ? activeStyle : undefined)}
      >
        게시글 {id}
      </NavLink>
    </li>
  );
};

export default Articles;
```

13.6.3 NotFound 페이지 만들기

이번에는 NotFound 페이지를 만드는 방법을 배워봅시다. 이 페이지는 사전에 정의되지 않는 경로에 사용자가 진입했을 때 보여주는 페이지입니다. 즉, 페이지를 찾을 수 없을 때 나타나는 페이지입니다.

우선 pages 디렉터리에 이 컴포넌트를 만들어주세요.

src/pages/NotFound.js

```
const NotFound = () => {
  return (
    <div
      style={{
        display: 'flex',
        alignItems: 'center',
        justifyContent: 'center',
        fontSize: 64,
        position: 'absolute',
        width: '100%',
        height: '100%',
      }}
    >
      404
    </div>
  );
};

export default NotFound;
```

그 다음에 App 컴포넌트를 다음과 같이 수정해보세요.

src/App.js

```
import { Route, Routes } from 'react-router-dom';
import Layout from './Layout';
import About from './pages/About';
import Article from './pages/Article';
import Articles from './pages/Articles';
import Home from './pages/Home';
import NotFound from './pages/NotFound';
import Profile from './pages/Profile';
```

```
const App = () => {
  return (
    <Routes>
      <Route path="/" element={<Layout />}>
        <Route index element={<Home />} />
        <Route path="/about" element={<About />} />
        <Route path="/profiles/:username" element={<Profile />} />
      </Route>
      <Route path="/articles" element={<Articles />}>
        <Route path=":id" element={<Article />} />
      </Route>
      <Route path="*" element={<NotFound />} />
    </Routes>
  );
};

export default App;
```

여기서 *는 wildcard 문자인데요, 아무 텍스트나 매칭한다는 뜻입니다. 이 라우트 엘리먼트의 상단에 위치하는 라우트들의 규칙을 모두 확인하고, 일치하는 라우트가 없다면 이 라우트가 화면에 나타나게 됩니다.

13.6.4 Navigate 컴포넌트

Navigate 컴포넌트는 컴포넌트를 화면에 보여주는 순간 다른 페이지로 이동을 하고 싶을 때 사용하는 컴포넌트입니다. 즉, 페이지를 리다이렉트하고 싶을 때 사용합니다. 예를 들어 사용자의 로그인이 필요한 페이지인데 로그인을 안 했다면 로그인 페이지를 보여줘야겠죠? 그런 상황에 사용할 수 있습니다.

먼저 pages 디렉터리에 다음 두 페이지 컴포넌트를 만드세요.

src/pages/Login.js

```
const Login = () => {
  return <div>로그인 페이지</div>;
};

export default Login;
```

```javascript
import { Navigate } from 'react-router-dom';

const MyPage = () => {
  const isLoggedIn = false;

  if (!isLoggedIn) {
    return <Navigate to="/login" replace={true} />;
  }

  return <div>마이 페이지</div>;
};

export default MyPage;
```

여기서 isLoggedIn은 현재 false라는 고정값을 가지고 있지만, 이 값이 로그인 상태에 따라 true 또는 false를 가리킨다고 가정해봅시다.

위 컴포넌트에서는 만약 이 값이 false라면 Navigate 컴포넌트를 통해 /login 경로로 이동합니다. 여기서 replace props는 useNavigate에서 설명한 것과 동일합니다. 페이지를 이동할 때 현재 페이지를 기록에 남기지 않기 때문에 이동 후 뒤로가기를 눌렀을 때 두 페이지 전의 페이지로 이동합니다.

컴포넌트를 다 작성했으면 App 컴포넌트를 다음과 같이 수정해주세요.

```javascript
import { Route, Routes } from 'react-router-dom';
import Layout from './Layout';
import About from './pages/About';
import Article from './pages/Article';
import Articles from './pages/Articles';
import Home from './pages/Home';
import Login from './pages/Login';
import MyPage from './pages/MyPage';
import NotFound from './pages/NotFound';
import Profile from './pages/Profile';

const App = () => {
  return (
```

```
    <Routes>
      <Route path="/" element={<Layout />}>
        <Route index element={<Home />} />
        <Route path="/about" element={<About />} />
        <Route path="/profiles/:username" element={<Profile />} />
      </Route>
      <Route path="/articles" element={<Articles />}>
        <Route path=":id" element={<Article />} />
      </Route>
      <Route path="/login" element={<Login />} />
      <Route path="/mypage" element={<MyPage />} />
      <Route path="*" element={<NotFound />} />
    </Routes>
  );
};

export default App;
```

이제 브라우저 주소창에 /mypage 경로를 직접 입력해 들어가보세요. 페이지가 로딩되는 순간
바로 Login 페이지로 이동이 되나요?

▼ 그림 13-14 Navigate

13.7 정리

이 장에서는 리액트 라우터를 사용하여 주소 경로에 따라 다양한 페이지를 보여 주는 방법을 알아보았습니다. 큰 규모의 프로젝트를 진행하다 보면 한 가지 문제가 발생합니다. 웹 브라우저에서 사용할 컴포넌트, 상태 관리를 하는 로직, 그 외 여러 기능을 구현하는 함수들이 점점 쌓이면서 최종 결과물인 자바스크립트 파일의 크기가 매우 커진다는 점입니다.

예를 들어 방금 만든 프로젝트는 About 페이지에 사용자가 들어왔을 때 지금 당장 필요하지 않은 Profile, Articles 컴포넌트의 코드까지 함께 불러옵니다. 라우트에 따라 필요한 컴포넌트만 불러오고, 다른 컴포넌트는 다른 페이지로 이동하는 등 필요한 시점에 불러오면 더 효율적이지 않을까요? 이 문제는 코드 스플리팅이라는 기술로 해결할 수 있습니다. 이에 대해서는 19장에서 다뤄 보겠습니다.

이어지는 14장에서는 지금까지 배웠던 지식들을 활용하여 최신 뉴스 목록을 보여 주는 프로젝트를 만들어 보겠습니다.

14장

외부 API를 연동하여 뉴스 뷰어 만들기

지금까지 배운 것을 활용하여 카테고리별로 최신 뉴스 목록을 보여 주는 뉴스 뷰어 프로젝트를 진행해 보겠습니다. https://newsapi.org/에서 제공하는 API를 사용하여 데이터를 받아 오고, 9장에서 배운 styled-components를 활용하여 프로젝트를 스타일링해 볼 것입니다.

이번 실습은 다음 흐름으로 진행됩니다.

▼ 그림 14-1 외부 API와 연동하여 뉴스 뷰어 만들기

비동기 작업의 이해

↓

axios로 API 호출해서 데이터 받아오기

↓

newsapi API 키 발급받기

↓

뉴스 뷰어 UI 만들기

↓

데이터 연동하기

↓

카테고리 기능 구현하기

↓

리액트 라우터 적용하기

14.1 / 비동기 작업의 이해

웹 애플리케이션을 만들다 보면 처리할 때 시간이 걸리는 작업이 있습니다. 예를 들어 웹 애플리케이션에서 서버 쪽 데이터가 필요할 때는 Ajax 기법을 사용하여 서버의 API를 호출함으로써 데이터를 수신합니다. 이렇게 서버의 API를 사용해야 할 때는 네트워크 송수신 과정에서 시간이 걸리기 때문에 작업이 즉시 처리되는 것이 아니라, 응답을 받을 때까지 기다렸다가 전달받은 응답 데이터를 처리합니다. 이 과정에서 해당 작업을 비동기적으로 처리하게 됩니다.

동기적(synchronous)

시간

비동기적(asynchronous)

만약 작업을 동기적으로 처리한다면 요청이 끝날 때까지 기다리는 동안 중지 상태가 되기 때문에 다른 작업을 할 수 없습니다. 그리고 요청이 끝나야 비로소 그다음 예정된 작업을 할 수 있죠. 하지만 이를 비동기적으로 처리한다면 웹 애플리케이션이 멈추지 않기 때문에 동시에 여러 가지 요청을 처리할 수도 있고, 기다리는 과정에서 다른 함수도 호출할 수 있습니다.

이렇게 서버 API를 호출할 때 외에도 작업을 비동기적으로 처리할 때가 있는데, 바로 setTimeout 함수를 사용하여 특정 작업을 예약할 때입니다. 예를 들어 다음 코드는 3초 후에 printMe 함수를 호출합니다.

```
function printMe() {
  console.log('Hello World!');
}
setTimeout(printMe, 3000);
console.log('대기 중...');
```

＼ 실행 결과 ／

```
대기 중...
Hello World!
```

setTimeout이 사용되는 시점에서 코드가 3초 동안 멈추는 것이 아니라, 일단 코드가 위부터 아래까지 다 호출되고 3초 뒤에 우리가 지정해 준 printMe가 호출되고 있죠.

자바스크립트에서 비동기 작업을 할 때 가장 흔히 사용하는 방법은 콜백 함수를 사용하는 것입니다. 위 코드에서는 printMe가 3초 뒤에 호출되도록 printMe 함수 자체를 setTimeout 함수의 인자로 전달해 주었는데, 이런 함수를 콜백 함수라고 부릅니다.

14.1.1 콜백 함수

자, 이번에는 다른 코드를 확인해 보겠습니다. 예를 들어 파라미터 값이 주어지면 1초 뒤에 10을 더해서 반환하는 함수가 있다고 가정해 보죠. 그리고 해당 함수가 처리된 직후 어떠한 작업을 하고 싶다면 다음과 같이 콜백 함수를 활용해서 작업합니다.

```
function increase(number, callback) {
  setTimeout(() => {
    const result = number + 10;
    if (callback) {
      callback(result);
    }
  }, 1000)
}

increase(0, result => {
    console.log(result);
});
```

1초에 걸쳐서 10, 20, 30, 40과 같은 형태로 여러 번 순차적으로 처리하고 싶다면 콜백 함수를 중첩하여 구현할 수 있습니다.

```
function increase(number, callback) {
  setTimeout(() => {
    const result = number + 10;
    if (callback) {
      callback(result);
    }
  }, 1000);
}

console.log('작업 시작');
increase(0, result => {
  console.log(result);
  increase(result, result => {
    console.log(result);
    increase(result, result => {
      console.log(result);
      increase(result, result => {
        console.log(result);
        console.log('작업 완료');
      });
```

```
    });
  });
});
```

```
작업 시작
10
20
30
40
작업 완료
```

이렇게 콜백 안에 또 콜백을 넣어서 구현할 수 있는데, 너무 여러 번 중첩되니까 코드의 가독성이 나빠졌지요? 이러한 형태의 코드를 '콜백 지옥'이라고 부릅니다. 웬만하면 지양해야 할 형태의 코드죠.

14.1.2 Promise

Promise는 콜백 지옥 같은 코드가 형성되지 않게 하는 방안으로 ES6에 도입된 기능입니다. 앞에서 본 코드를 Promise를 사용하여 구현해 볼까요? 다음 예제를 확인해 봅시다.

```
function increase(number) {
  const promise = new Promise((resolve, reject) => {
    // resolve는 성공, reject는 실패
    setTimeout(() => {
      const result = number + 10;
      if (result > 50) {
        // 50보다 높으면 에러 발생시키기
        const e = new Error('NumberTooBig');
        return reject(e);
      }
      resolve(result); // number 값에 +10 후 성공 처리
    }, 1000);
  });
  return promise;
}

increase(0)
  .then(number => {
```

```
    // Promise에서 resolve된 값은 .then을 통해 받아 올 수 있음
    console.log(number);
    return increase(number); // Promise를 리턴하면
  })
  .then(number => {
    // 또 .then으로 처리 가능
    console.log(number);
    return increase(number);
  })
  .then(number => {
    console.log(number);
    return increase(number);
  })
  .then(number => {
    console.log(number);
    return increase(number);
  })
  .then(number => {
    console.log(number);
    return increase(number);
  })
  .catch(e => {
    // 도중에 에러가 발생한다면 .catch를 통해 알 수 있음
    console.log(e);
  });
```

여러 작업을 연달아 처리한다고 해서 함수를 여러 번 감싸는 것이 아니라 .then을 사용하여 그다음 작업을 설정하기 때문에 콜백 지옥이 형성되지 않습니다.

14.1.3 async/await

async/await는 Promise를 더욱 쉽게 사용할 수 있도록 해 주는 ES2017(ES8) 문법입니다. 이 문법을 사용하려면 함수의 앞부분에 async 키워드를 추가하고, 해당 함수 내부에서 Promise의 앞부분에 await 키워드를 사용합니다. 이렇게 하면 Promise가 끝날 때까지 기다리고, 결과 값을 특정 변수에 담을 수 있습니다.

```
function increase(number) {
  const promise = new Promise((resolve, reject) => {
    // resolve는 성공, reject는 실패
    setTimeout(() => {
```

```
        const result = number + 10;
        if (result > 50) { // 50보다 높으면 에러 발생시키기
          const e = new Error('NumberTooBig');
                  return reject(e);
        }
              resolve(result); // number 값에 +10 후 성공 처리
      }, 1000)
    });
    return promise;
}

async function runTasks() {
    try { // try/catch 구문을 사용하여 에러를 처리합니다.
      let result = await increase(0);
      console.log(result);
      result = await increase(result);
      console.log(result);
      result = await increase(result);
      console.log(result);
      result = await increase(result);
      console.log(result);
      result = await increase(result);
      console.log(result);
      result = await increase(result);
      console.log(result);
    } catch (e) {
      console.log(e);
    }
}
```

14.2 axios로 API 호출해서 데이터 받아 오기

REACT

axios는 현재 가장 많이 사용되고 있는 자바스크립트 HTTP 클라이언트입니다. 이 라이브러리의
특징은 HTTP 요청을 Promise 기반으로 처리한다는 점입니다. 리액트 프로젝트를 생성하여 이 라
이브러리를 설치하고 사용하는 방법을 한번 알아보겠습니다.

```
$ yarn create react-app news-viewer
$ cd news-viewer
$ yarn add axios
```

Prettier로 코드 스타일을 자동으로 정리하고 싶다면, 프로젝트의 최상위 디렉터리에 .prettierrc 파일을 생성하여 다음 설정을 입력하세요.

.prettierrc

```
{
  "singleQuote": true,
  "semi": true,
  "useTabs": false,
  "tabWidth": 2,
  "trailingComma": "all",
  "printWidth": 80
}
```

그리고 VS Code에서 파일 자동 불러오기 기능을 잘 활용하고 싶다면 최상위 디렉터리에 jsconfig.json 파일도 만들어 주세요.

jsconfig.json

```
{
  "compilerOptions": {
    "target": "es6"
  }
}
```

이제 App.js 코드를 전부 지우고 다음과 같이 새로 작성해 보세요.

App.js

```
import { useState } from 'react';
import axios from 'axios';

const App = () => {
  const [data, setData] = useState(null);
  const onClick = () => {
    axios.get('https://jsonplaceholder.typicode.com/todos/1').then(response => {
      setData(response.data);
    });
```

```
  };
  return (
    <div>
      <div>
        <button onClick={onClick}>불러오기</button>
      </div>
      {data && <textarea rows={7} value={JSON.stringify(data, null, 2)} readOnly={true} />}
    </div>
  );
};


export default App;
```

위 코드는 **불러오기** 버튼을 누르면 JSONPlaceholder(https://jsonplaceholder.typicode.com/)에서 제공하는 가짜 API를 호출하고 이에 대한 응답을 컴포넌트 상태에 넣어서 보여 주는 예제입니다.

❤ 그림 14-3 JSONPlaceholder API 요청 결과

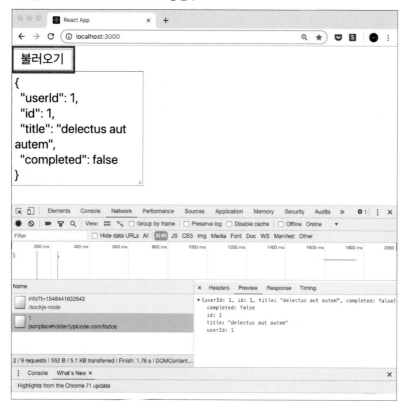

onClick 함수에서는 axios.get 함수를 사용했습니다. 이 함수는 파라미터로 전달된 주소에 GET 요청을 해 줍니다. 그리고 이에 대한 결과는 .then을 통해 비동기적으로 확인할 수 있습니다.

위 코드에 async를 적용하면 어떨까요?

App.js

```
import { useState } from 'react';
import axios from 'axios';

const App = () => {
  const [data, setData] = useState(null);
  const onClick = async () => {
    try {
      const response = await axios.get(
        'https://jsonplaceholder.typicode.com/todos/1',
      );
      setData(response.data);
    } catch (e) {
      console.log(e);
    }
  };
  return (
    <div>
      <div>
        <button onClick={onClick}>불러오기</button>
      </div>
      {data && <textarea rows={7} value={JSON.stringify(data, null, 2)} readOnly={true} />}
    </div>
  );
};

export default App;
```

화살표 함수에 async/await를 적용할 때는 async () => {}와 같은 형식으로 적용합니다. **불러오기** 버튼을 눌렀을 때 이전과 똑같이 데이터가 잘 불려 오나요?

14.3 newsapi API 키 발급받기

이번 프로젝트에서는 newsapi에서 제공하는 API를 사용하여 최신 뉴스를 불러온 후 보여 줄 것입니다. 이를 수행하기 위해서는 사전에 newsapi에서 API 키를 발급받아야 합니다. API 키는 https://newsapi.org/register에 가입하면 발급받을 수 있습니다.

▼ 그림 14-4 newsapi 가입

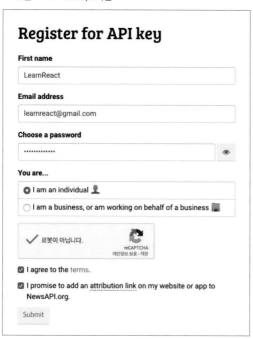

▼ 그림 14-5 newsapi 가입 완료

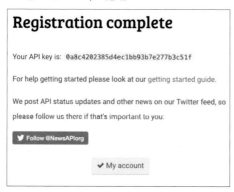

발급받은 API 키는 추후 API를 요청할 때 API 주소의 쿼리 파라미터로 넣어서 사용하면 됩니다.

이제 우리가 사용할 API에 대해 알아봅시다. https://newsapi.org/s/south-korea-news-api 링크에 들어가면 한국 뉴스를 가져오는 API에 대한 설명서가 있습니다.

▼ 그림 14-6 한국 뉴스 API 설명서

사용할 API 주소는 두 가지 형태입니다.

1. 전체 뉴스 불러오기

GET https://newsapi.org/v2/top-headlines?country=kr&apiKey=0a8c4202385d4ec1bb93b7e27 7b3c51f

2. 특정 카테고리 뉴스 불러오기

GET https://newsapi.org/v2/top-headlines?country=kr&category=business&apiKey=0a8c420 2385d4ec1bb93b7e277b3c51f

여기서 카테고리는 business, entertainment, health, science, sports, technology 중에 골라서 사용할 수 있습니다. 카테고리를 생략하면 모든 카테고리의 뉴스를 불러옵니다. apiKey 값에는 앞에서 여러분이 발급받았던 API 키를 입력해 주세요.

이제 기존에 리액트 프로젝트에서 사용했던 JSONPlaceholder 가짜 API를 전체 뉴스를 불러오는 API로 대체해 보세요.

App.js

```
import { useState } from 'react';
import axios from 'axios';

const App = () => {
  const [data, setData] = useState(null);
  const onClick = async () => {
    try {
      const response = await axios.get(
        'https://newsapi.org/v2/top-headlines?country=kr&apiKey=0a8c4202385d4ec1bb-
93b7e277b3c51f',
      );
      setData(response.data);
    } catch (e) {
      console.log(e);
    }
  };
  return (
    <div>
      <div>
        <button onClick={onClick}>불러오기</button>
      </div>
      {data && <textarea rows={7} value={JSON.stringify(data, null, 2)} />}
    </div>
  );
};

export default App;
```

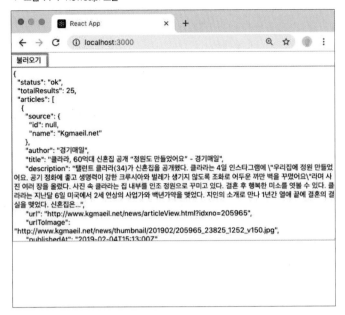

데이터가 잘 나타나나요? 이제 이 데이터를 화면에 예쁘게 보여 주면 되겠지요?

14.4 / 뉴스 뷰어 UI 만들기

styled-components를 사용하여 뉴스 정보를 보여 줄 컴포넌트를 만들어 보겠습니다. 우선
styled-components를 설치해 주세요.

```
$ yarn add styled-components
```

그리고 src 디렉터리 안에 components 디렉터리를 생성한 뒤, 그 안에 NewsItem.js와
NewsList.js 파일을 생성하세요. NewsItem은 각 뉴스 정보를 보여 주는 컴포넌트이고, NewsList
는 API를 요청하고 뉴스 데이터가 들어 있는 배열을 컴포넌트 배열로 변환하여 렌더링해 주는 컴
포넌트입니다.

14.4.1 NewsItem 만들기

먼저 NewsItem 컴포넌트 코드를 작성해 보겠습니다. 그 전에 각 뉴스 데이터에는 어떤 필드가 있는지 확인해 봅시다.

```json
{
  "source": {
    "id": null,
    "name": "Donga.com"
  },
  "author": null,
  "title": ""새 집 냄새" "주택 청약 고마워!"…이시언 아파트 공개 - 동아일보",
  "description": "배우 이시언(37)이 자신의 새 아파트를 공개했다.  이시언은 25일 방송한 MBC 예능 '나 혼자 산다'에서 정든 옛집을 떠나 새 아파트로 이사했다.  이사한 아파트에 도착한 …",
  "url": "http://news.donga.com/Main/3/all/20190126/93869524/2",
  "urlToImage": "http://dimg.donga.com/a/600/0/90/5/wps/NEWS/IM-AGE/2019/01/26/93869523.2.jpg",
  "publishedAt": "2019-01-26T00:21:00Z",
  "content": null
}
```

위 코드는 각 뉴스 데이터가 지니고 있는 정보로 이루어진 JSON 객체입니다. 그중에서 다음 필드를 리액트 컴포넌트에 나타내겠습니다.

- title: 제목
- description: 내용
- url: 링크
- urlToImage: 뉴스 이미지

NewsItem 컴포넌트는 article이라는 객체를 props로 통째로 받아 와서 사용합니다. NewsItem 컴포넌트를 다음과 같이 작성해 보세요.

components/NewsItem.js

```js
import styled from 'styled-components';

const NewsItemBlock = styled.div`
  display: flex;
```

```
  .thumbnail {
    margin-right: 1rem;
    img {
      display: block;
      width: 160px;
      height: 100px;
      object-fit: cover;
    }
  }
  .contents {
    h2 {
      margin: 0;
      a {
        color: black;
      }
    }
    p {
      margin: 0;
      line-height: 1.5;
      margin-top: 0.5rem;
      white-space: normal;
    }
  }
  & + & {
    margin-top: 3rem;
  }
`;
const NewsItem = ({ article }) => {
  const { title, description, url, urlToImage } = article;
  return (
    <NewsItemBlock>
      {urlToImage && (
        <div className="thumbnail">
          <a href={url} target="_blank" rel="noopener noreferrer">
            <img src={urlToImage} alt="thumbnail" />
          </a>
        </div>
      )}
      <div className="contents">
        <h2>
          <a href={url} target="_blank" rel="noopener noreferrer">
```

```
        {title}
      </a>
    </h2>
    <p>{description}</p>
  </div>
</NewsItemBlock>
  );
};


export default NewsItem;
```

14.4.2 NewsList 만들기

이번에는 NewsList 컴포넌트를 만들어 보겠습니다. 나중에 이 컴포넌트에서 API를 요청하게 될 텐데요. 지금은 아직 데이터를 불러오지 않고 있으니 sampleArticle이라는 객체에 미리 예시 데이터를 넣은 후 각 컴포넌트에 전달하여 가짜 내용이 보이게 해 보세요.

components/NewsList.js

```
import styled from 'styled-components';
import NewsItem from './NewsItem';

const NewsListBlock = styled.div`
  box-sizing: border-box;
  padding-bottom: 3rem;
  width: 768px;
  margin: 0 auto;
  margin-top: 2rem;
  @media screen and (max-width: 768px) {
    width: 100%;
    padding-left: 1rem;
    padding-right: 1rem;
  }
`;

const sampleArticle = {
  title: '제목',
  description: '내용',
```

외부 API를 연동하여 뉴스 뷰어 만들기

```
    url: 'https://google.com',
    urlToImage: 'https://via.placeholder.com/160',
  };

  const NewsList = () => {
    return (
      <NewsListBlock>
        <NewsItem article={sampleArticle} />
        <NewsItem article={sampleArticle} />
        <NewsItem article={sampleArticle} />
        <NewsItem article={sampleArticle} />
        <NewsItem article={sampleArticle} />
        <NewsItem article={sampleArticle} />
      </NewsListBlock>
    );
  };

  export default NewsList;
```

다 만든 뒤에는 이 컴포넌트를 App 컴포넌트에서 보여 주세요. App 컴포넌트에 기존에 작성했던 코드는 모두 지우고, NewsList만 렌더링해 보세요.

App.js

```
import NewsList from './components/NewsList';

const App = () => {
  return <NewsList />;
};

export default App;
```

컴포넌트들이 잘 나타났나요?

14.5 데이터 연동하기

R E A C T

이제 NewsList 컴포넌트에서 이전에 연습 삼아 사용했던 API를 호출해 보겠습니다. 컴포넌트가 화면에 보이는 시점에 API를 요청해 볼 텐데요. 이때 useEffect를 사용하여 컴포넌트가 처음 렌더링되는 시점에 API를 요청하면 됩니다. 여기서 주의할 점은 useEffect에 등록하는 함수에 async를 붙이면 안 된다는 것입니다. useEffect에서 반환해야 하는 값은 뒷정리 함수이기 때문입니다.

따라서 useEffect 내부에서 async/await를 사용하고 싶다면, 함수 내부에 async 키워드가 붙은 또다른 함수를 만들어서 사용해 주어야 합니다.

추가로 loading이라는 상태도 관리하여 API 요청이 대기 중인지 판별할 것입니다. 요청이 대기 중일 때는 loading 값이 true가 되고, 요청이 끝나면 loading 값이 false가 되어야 합니다.

```
components/NewsList.js
```

```javascript
import { useState, useEffect } from 'react';
import styled from 'styled-components';
import NewsItem from './NewsItem';
import axios from 'axios';

const NewsListBlock = styled.div`
  box-sizing: border-box;
  padding-bottom: 3rem;
  width: 768px;
  margin: 0 auto;
  margin-top: 2rem;
  @media screen and (max-width: 768px) {
    width: 100%;
    padding-left: 1rem;
    padding-right: 1rem;
  }
`;

const NewsList = () => {
  const [articles, setArticles] = useState(null);
  const [loading, setLoading] = useState(false);

  useEffect(() => {
    // async를 사용하는 함수 따로 선언
    const fetchData = async () => {
      setLoading(true);
      try {
        const response = await axios.get(
          'https://newsapi.org/v2/top-headlines?country=kr&apiKey=0a8c4202385d4ec1bb-93b7e277b3c51f',
        );
        setArticles(response.data.articles);
```

```
      } catch (e) {
        console.log(e);
      }
      setLoading(false);
    };
    fetchData();
  }, []);

  // 대기 중일 때
  if (loading) {
    return <NewsListBlock>대기 중...</NewsListBlock>;
  }
  // 아직 articles 값이 설정되지 않았을 때
  if (!articles) {
    return null;
  }

  // articles 값이 유효할 때
  return (
    <NewsListBlock>
      {articles.map(article => (
        <NewsItem key={article.url} article={article} />
      ))}
    </NewsListBlock>
  );
};

export default NewsList;
```

데이터를 불러와서 뉴스 데이터 배열을 map 함수를 사용하여 컴포넌트 배열로 변환할 때 신경 써야 할 부분이 있습니다. map 함수를 사용하기 전에 꼭 !articles를 조회하여 해당 값이 현재 null이 아닌지 검사해야 합니다. 이 작업을 하지 않으면, 아직 데이터가 없을 때 null에는 map 함수가 없기 때문에 렌더링 과정에서 오류가 발생합니다. 그래서 애플리케이션이 제대로 나타나지 않고 흰 페이지만 보이게 됩니다.

이제 뉴스 정보가 잘 보이는지 확인해 보세요.

뉴스가 잘 보이나요?

14.6 / 카테고리 기능 구현하기

이번에는 뉴스의 카테고리 선택 기능을 구현해 보겠습니다. 뉴스 카테고리는 총 여섯 개이며, 다음과 같이 영어로 되어 있습니다.

- business(비즈니스)
- science(과학)
- entertainment(연예)
- sports(스포츠)
- health(건강)
- technology(기술)

위 카테고리 종류들은 그림 14-6에서도 확인할 수 있습니다. 화면에 카테고리를 보여 줄 때는 영어로 된 값을 그대로 보여 주지 않고, 다음 그림처럼 한글로 보여 준 뒤 클릭했을 때는 영어로 된 카테고리 값을 사용하도록 구현하겠습니다.

❤ 그림 14-10 카테고리 컴포넌트 미리보기

전체보기 비즈니스 엔터테인먼트 건강 과학 스포츠 기술

14.6.1 카테고리 선택 UI 만들기

먼저 components 디렉터리에 Categories.js 컴포넌트 파일을 생성하여 다음 코드를 작성하세요.

components/Categories.js

```
import styled from 'styled-components';

const categories = [
  {
    name: 'all',
    text: '전체보기'
  },
  {
    name: 'business',
    text: '비즈니스'
  },
  {
    name: 'entertainment',
    text: '엔터테인먼트'
  },
  {
    name: 'health',
    text: '건강'
  },
  {
    name: 'science',
    text: '과학'
  },
  {
    name: 'sports',
    text: '스포츠'
  },
```

```
    {
      name: 'technology',
      text: '기술'
    }
];

const CategoriesBlock = styled.div`
  display: flex;
  padding: 1rem;
  width: 768px;
  margin: 0 auto;
  @media screen and (max-width: 768px) {
    width: 100%;
    overflow-x: auto;
  }
`;

const Category = styled.div`
  font-size: 1.125rem;
  cursor: pointer;
  white-space: pre;
  text-decoration: none;
  color: inherit;
  padding-bottom: 0.25rem;

  &:hover {
    color: #495057;
  }

  & + & {
    margin-left: 1rem;
  }
`;
const Categories = () => {
  return (
    <CategoriesBlock>
      {categories.map(c => (
        <Category key={c.name}>{c.text}</Category>
      ))}
    </CategoriesBlock>
  );
};

export default Categories;
```

위 코드에서는 categories라는 배열 안에 name과 text 값이 들어가 있는 객체들을 넣어 주어서 한글로 된 카테고리와 실제 카테고리 값을 연결시켜 주었습니다. 여기서 name은 실제 카테고리 값을 가리키고, text 값은 렌더링할 때 사용할 한글 카테고리를 가리킵니다.

다 만든 컴포넌트는 App에서 NewsList 컴포넌트 상단에 렌더링하세요.

App.js

```javascript
import NewsList from './components/NewsList';
import Categories from './components/Categories';

const App = () => {
  return (
    <>
      <Categories />
      <NewsList />
    </>
  );
};

export default App;
```

다음과 같이 상단에 카테고리 목록이 나타났나요?

▼ 그림 14-11 카테고리 목록 보여 주기

이제 App에서 category 상태를 useState로 관리하겠습니다. 추가로 category 값을 업데이트하는 onSelect라는 함수도 만들어 주겠습니다. 그리고 나서 category와 onSelect 함수를 Categories 컴포넌트에게 props로 전달해 주세요. 또한, category 값을 NewsList 컴포넌트에게도 전달해 주어야 합니다.

App.js

```javascript
import { useState, useCallback } from 'react';
import NewsList from './components/NewsList';
import Categories from './components/Categories';

const App = () => {
  const [category, setCategory] = useState('all');
  const onSelect = useCallback(category => setCategory(category), []);

  return (
    <>
      <Categories category={category} onSelect={onSelect} />
      <NewsList category={category} />
    </>
  );
};

export default App;
```

다음으로 Categories에서는 props로 전달받은 onSelect를 각 Category 컴포넌트의 onClick으로 설정해 주고, 현재 선택된 카테고리 값에 따라 다른 스타일을 적용시켜 보세요.

components/Categories.js

```javascript
import styled, { css } from 'styled-components';

const categories = [
  (...)
];

const CategoriesBlock = styled.div`
  (...)
`;

const Category = styled.div`
  font-size: 1.125rem;
  cursor: pointer;
  white-space: pre;
```

```
      text-decoration: none;
      color: inherit;
      padding-bottom: 0.25rem;

      &:hover {
        color: #495057;
      }

      ${props =>
        props.active && css`
          font-weight: 600;
          border-bottom: 2px solid #22b8cf;
          color: #22b8cf;
          &:hover {
            color: #3bc9db;
          }
        `}

      & + & {
        margin-left: 1rem;
      }
    `;
    const Categories = ({ onSelect, category }) => {
      return (
        <CategoriesBlock>
          {categories.map(c => (
            <Category
              key={c.name}
              active={category === c.name}
              onClick={() => onSelect(c.name)}
            >
              {c.text}
            </Category>
          ))}
        </CategoriesBlock>
      );
    };

    export default Categories;
```

다음과 같이 선택된 카테고리가 청록색으로 보이나요? 다른 카테고리도 클릭해 보세요. 잘 선택
되나요?

❤ 그림 14-12 카테고리 선택 시 active 스타일 적용

전체보기   비즈니스   엔터테인먼트   건강   과학   스포츠   기술

14.6.2 API를 호출할 때 카테고리 지정하기

지금은 뉴스 API를 요청할 때 따로 카테고리를 선택하지 않고 뉴스 목록을 불러오고 있습니다. NewsList 컴포넌트에서 현재 props로 받아 온 category에 따라 카테고리를 지정하여 API를 요청하도록 구현해 보세요.

components/NewsList.js

```javascript
import { useState, useEffect } from 'react';
import styled from 'styled-components';
import NewsItem from './NewsItem';
import axios from 'axios';

const NewsListBlock = styled.div`
  (...)
`;

const NewsList = ({ category }) => {
  const [articles, setArticles] = useState(null);
  const [loading, setLoading] = useState(false);

  useEffect(() => {
    // async를 사용하는 함수 따로 선언
    const fetchData = async () => {
      setLoading(true);
      try {
        const query = category === 'all' ? '' : `&category=${category}`;
        const response = await axios.get(
          `https://newsapi.org/v2/top-headlines?country=kr${query}&apiKey=0a8c-
4202385d4ec1bb93b7e277b3c51f`,
        );
        setArticles(response.data.articles);
      } catch (e) {
        console.log(e);
      }
      setLoading(false);
    };
    fetchData();
  }, [category]);

  (...)
};

export default NewsList;
```

현재 category 값이 무엇인지에 따라 요청할 주소가 동적으로 바뀌고 있습니다. category 값이 all이라면 query 값을 공백으로 설정하고, all이 아니라면 "&category=카테고리" 형태의 문자열을 만들도록 했습니다. 그리고 이 query를 요청할 때 주소에 포함시켜 주었습니다.

추가로 category 값이 바뀔 때마다 뉴스를 새로 불러와야 하기 때문에 useEffect의 의존 배열(두 번째 파라미터로 설정하는 배열)에 category를 넣어 주어야 합니다.

만약 여러분이 이 컴포넌트를 클래스형 컴포넌트로 만들게 된다면 componentDidMount와 componentDidUpdate에서 요청을 시작하도록 설정해 주어야 하는데요, 함수 컴포넌트라면 이렇게 useEffect 한 번으로 컴포넌트가 맨 처음 렌더링될 때, 그리고 category 값이 바뀔 때 요청하도록 설정해 줄 수 있습니다.

여기까지 작업을 마쳤다면 브라우저를 열어서 다른 카테고리를 선택해 보세요. 카테고리에 따른 뉴스가 잘 나타나나요?

▼ 그림 14-13 카테고리 선택 기능 구현

14.7 리액트 라우터 적용하기

방금 진행한 뉴스 뷰어 프로젝트에 리액트 라우터를 적용해 보겠습니다. 기존에는 카테고리 값을 useState로 관리했는데요. 이번에는 이 값을 리액트 라우터의 URL 파라미터를 사용하여 관리해 보겠습니다.

14.7.1 리액트 라우터의 설치 및 적용

우선 현재 프로젝트에 리액트 라우터를 설치하세요.

```
$ yarn add react-router-dom
```

그리고 index.js에서 리액트 라우터를 적용하세요.

```
import React from 'react';
import ReactDOM from 'react-dom/client';
import './index.css';
import App from './App';
import { BrowserRouter } from 'react-router-dom';

const root = ReactDOM.createRoot(document.getElementById('root'));
root.render(
  <BrowserRouter>
    <App />
  </BrowserRouter>
);
```

14.7.2 NewsPage 생성

이번 프로젝트에 리액트 라우터를 적용할 때 만들어야 할 페이지는 단 하나입니다. src 디렉터리에 pages라는 디렉터리를 생성하고, 그 안에 NewsPage.js 파일을 만들어서 다음과 같이 작성해 보세요.

```
import { useParams } from 'react-router-dom';
import Categories from '../components/Categories';
import NewsList from '../components/NewsList';

const NewsPage = () => {
  const params = useParams();
  // 카테고리가 선택되지 않았으면 기본값 all로 사용
  const category = params.category || 'all';

  return (
    <>
      <Categories />
      <NewsList category={category} />
    </>
  );
};

export default NewsPage;
```

현재 선택된 category 값을 URL 파라미터를 통해 사용할 것이므로 Categories 컴포넌트에서 현재 선택된 카테고리 값을 알려 줄 필요도 없고, onSelect 함수를 따로 전달해 줄 필요도 없습니다.

다 만들었으면 App의 기존 내용을 모두 지우고 Route를 정의해 주세요.

```
import { Route, Routes } from 'react-router-dom';
import NewsPage from './pages/NewsPage';

const App = () => {
  return (
    <Routes>
      <Route path="/" element={<NewsPage />} />
      <Route path="/:category" element={<NewsPage />} />
    </Routes>
  );
};

export default App;
```

경로에 category URL 파라미터가 없어도 NewsPage 컴포넌트를 보여줘야 하고, category가 있어도 NewsPage를 보여줘야 하기 때문에 Route 컴포넌트를 두 번 사용했습니다.

14.7.3 Categories에서 NavLink 사용하기

이제 Categories에서 기존의 onSelect 함수를 호출하여 카테고리를 선택하고, 선택된 카테고리에 다른 스타일을 주는 기능을 NavLink로 대체해 보겠습니다. div, a, button, input처럼 일반 HTML 요소가 아닌 특정 컴포넌트에 styled-components를 사용할 때는 styled(컴포넌트이름)``과 같은 형식을 사용합니다.

components/Categories.js

```js
import styled from 'styled-components';
import { NavLink } from 'react-router-dom';

const categories = [
  (...)
];

const CategoriesBlock = styled.div`
  (...)
`;

const Category = styled(NavLink)`
  font-size: 1.125rem;
  cursor: pointer;
  white-space: pre;
  text-decoration: none;
  color: inherit;
  padding-bottom: 0.25rem;

  &:hover {
    color: #495057;
  }

  &.active {
    font-weight: 600;
```

```
      border-bottom: 2px solid #22b8cf;
      color: #22b8cf;
      &:hover {
        color: #3bc9db;
      }
    }

    & + & {
      margin-left: 1rem;
    }
`;
const Categories = () => {
  return (
    <CategoriesBlock>
      {categories.map(c => (
        <Category
          key={c.name}
          className={({ isActive }) => (isActive ? 'active' : undefined)}
          to={c.name === 'all' ? '/' : `/${c.name}`}
        >
          {c.text}
        </Category>
      ))}
    </CategoriesBlock>
  );
};

export default Categories;
```

NavLink로 만들어진 Category 컴포넌트에 to 값은 "/카테고리이름"으로 설정해 주었습니다. 그리고 카테고리 중에서 **전체보기**의 경우는 예외적으로 "/all" 대신에 "/"로 설정했습니다.

작업을 마쳤다면, 카테고리를 클릭할 때 페이지 주소가 바뀌고 이에 따라 뉴스 목록을 잘 보여 주는지 확인하세요.

▼ 그림 14-14 라우터 적용

이제 구현해야 할 기능을 모두 완성했습니다!

14.8 usePromise 커스텀 Hook 만들기

이번에는 컴포넌트에서 API 호출처럼 Promise를 사용해야 하는 경우 더욱 간결하게 코드를 작성할 수 있도록 해 주는 커스텀 Hook을 만들어서 우리 프로젝트에 적용해 보겠습니다.

우리가 만들 Hook의 이름은 usePromise입니다. src 디렉터리에 lib 디렉터리를 만들고, 그 안에 usePromise.js를 다음과 같이 작성해 보세요.

```
import { useState, useEffect } from 'react';

export default function usePromise(promiseCreator, deps) {
  // 대기 중/완료/실패에 대한 상태 관리
  const [loading, setLoading] = useState(false);
  const [resolved, setResolved] = useState(null);
  const [error, setError] = useState(null);

  useEffect(() => {
    const process = async () => {
      setLoading(true);
      try {
        const resolved = await promiseCreator();
        setResolved(resolved);
      } catch (e) {
        setError(e);
      }
      setLoading(false);
    };
    process();
    // eslint-disable-next-line react-hooks/exhaustive-deps
  }, deps);

  return [loading, resolved, error];
}
```

프로젝트의 다양한 곳에서 사용될 수 있는 유틸 함수들은 보통 이렇게 src 디렉터리에 lib 디렉터리를 만든 후 그 안에 작성합니다.

방금 만든 usePromise Hook은 Promise의 대기 중, 완료 결과, 실패 결과에 대한 상태를 관리하며, usePromise의 의존 배열 deps를 파라미터로 받아 옵니다. 파라미터로 받아 온 deps 배열은 usePromise 내부에서 사용한 useEffect의 의존 배열로 설정되는데요. 이 배열을 설정하는 부분에서 ESLint 경고가 나타나게 됩니다.

이 경고를 무시하려면 특정 줄에서만 ESLint 규칙을 무시하도록 주석을 작성해 주어야 합니다. 에디터에 초록색 경고 줄이 그어졌을 때 그 위에 커서를 올리면 **빠른 수정**…이라는 문구가 나타나는데, 이를 클릭하면 자동으로 ESLint 규칙을 비활성화시키는 주석을 입력할 수 있습니다.

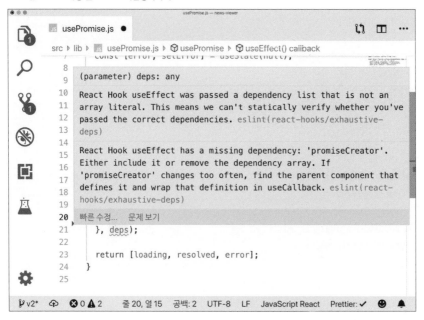

코드를 저장한 뒤 NewsList 컴포넌트에서 usePromise를 사용해 보세요.

components/NewsList.js

```javascript
import styled from 'styled-components';
import NewsItem from './NewsItem';
import axios from 'axios';
import usePromise from '../lib/usePromise';

const NewsListBlock = styled.div`
  (...)
`;

const NewsList = ({ category }) => {
  const [loading, response, error] = usePromise(() => {
    const query = category === 'all' ? '' : `&category=${category}`;
    return axios.get(
      `https://newsapi.org/v2/top-headlines?country=kr${query}&apiKey=0a8c4202385d4ec1bb-
93b7e277b3c51f`,
    );
  }, [category]);

  // 대기 중일 때
```

```
if (loading) {
  return <NewsListBlock>대기 중...</NewsListBlock>;
}

// 아직 response 값이 설정되지 않았을 때
if (!response) {
  return null;
}
// 에러가 발생했을 때
if (error) {
  return <NewsListBlock>에러 발생!</NewsListBlock>;
}

// response 값이 유효할 때
const { articles } = response.data;
return (
  <NewsListBlock>
    {articles.map(article => (
      <NewsItem key={article.url} article={article} />
    ))}
  </NewsListBlock>
);
};

export default NewsList;
```

usePromise를 사용하면 NewsList에서 대기 중 상태 관리와 useEffect 설정을 직접 하지 않아도 되므로 코드가 훨씬 간결해집니다. 요청 상태를 관리할 때 무조건 커스텀 Hook을 만들어서 사용해야 하는 것은 아니지만, 상황에 따라 적절히 사용하면 좋은 코드를 만들어 갈 수 있습니다.

14.9 / 정리

이 장에서는 외부 API를 연동하여 사용하는 방법을 알아보고, 지금까지 배운 것을 활용하여 실제로 쓸모 있는 프로젝트를 개발해 보았습니다. 리액트 컴포넌트에서 API를 연동하여 개발할 때 절대 잊지 말아야 할 유의 사항은 useEffect에 등록하는 함수는 async로 작성하면 안 된다는 점입니다. 그 대신 함수 내부에 async 함수를 따로 만들어 주어야 합니다.

지금은 usePromise라는 커스텀 Hook을 만들어 사용함으로써 코드가 조금 간결해지기는 했지만, 나중에 사용해야 할 API의 종류가 많아지면 요청을 위한 상태 관리를 하는 것이 번거로워질 수 있습니다. 뒤에 나올 리덕스와 리덕스 미들웨어를 배우면 좀 더 쉽게 요청에 대한 상태를 관리할 수 있습니다.

15^장

Context API

Context API는 리액트 프로젝트에서 전역적으로 사용할 데이터가 있을 때 유용한 기능입니다. 이를테면 사용자 로그인 정보, 애플리케이션 환경 설정, 테마 등 여러 종류가 있겠지요. Context API는 리액트 v16.3부터 사용하기 쉽게 많이 개선되었습니다. 이 기능은 리액트 관련 라이브러리에서도 많이 사용되고 있습니다. 예를 들어 리덕스, 리액트 라우터, styled-components 등의 라이브러리는 Context API를 기반으로 구현되어 있습니다.

이번 실습은 다음 흐름으로 진행됩니다.

▼ 그림 15-1 Context API 실습

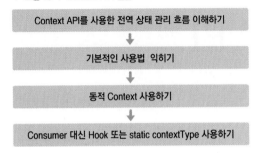

Context API를 사용한 전역 상태 관리 흐름 이해하기

↓

기본적인 사용법 익히기

↓

동적 Context 사용하기

↓

Consumer 대신 Hook 또는 static contextType 사용하기

15.1 Context API를 사용한 전역 상태 관리 흐름 이해하기

프로젝트 내에서 환경 설정, 사용자 정보와 같은 전역적으로 필요한 상태를 관리해야 할 때는 어떻게 해야 할까요? 리액트 애플리케이션은 컴포넌트 간에 데이터를 props로 전달하기 때문에 컴포넌트 여기저기서 필요한 데이터가 있을 때는 주로 최상위 컴포넌트인 App의 state에 넣어서 관리합니다.

▼ 그림 15-2 일반적인 전역 상태 관리 흐름

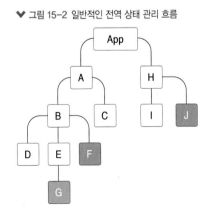

다음과 같이 가정해 볼까요? G 컴포넌트는 전역 상태를 업데이트시키고, F와 J 컴포넌트는 업데이트된 상태를 렌더링합니다. 그렇다면 App 컴포넌트에서는 다음과 같이 상태와 업데이트 함수를 정의해야 합니다.

```
const [value, setValue] = useState('hello');
const onSetValue = useCallback(value => setValue(value), []);
```

그리고 App이 지니고 있는 value 값을 F 컴포넌트와 J 컴포넌트에 전달하려면 여러 컴포넌트를 거쳐야 합니다. F의 경우 App → A → B → F의 흐름이고, J의 경우 App → H → J의 흐름입니다. 추가로 G 컴포넌트에 상태 업데이트 함수를 전달할 때도 App → A → B → E → G와 같이 복잡하게 여러 번 거쳐서 전달해야 합니다.

실제 리액트 프로젝트에서는 더 많은 컴포넌트를 거쳐야 할 때도 있고 다루어야 하는 데이터가 훨씬 많아질 수도 있으므로, 이런 방식을 사용하면 유지 보수성이 낮아질 가능성이 있습니다.

그렇기 때문에 리덕스나 MobX 같은 상태 관리 라이브러리를 사용하여 전역 상태 관리 작업을 더 편하게 처리하기도 하는데요, 리액트 v16.3 업데이트 이후에는 Context API가 많이 개선되었기 때문에 별도의 라이브러리를 사용하지 않아도 전역 상태를 손쉽게 관리할 수 있습니다.

그림 15-3과 같이 기존에는 최상위 컴포넌트에서 여러 컴포넌트를 거쳐 props로 원하는 상태와 함수를 전달했지만, Context API를 사용하면 Context를 만들어 단 한 번에 원하는 값을 받아 와서 사용할 수 있습니다.

❤ 그림 15-3 Context API를 사용한 전역 상태 관리 흐름

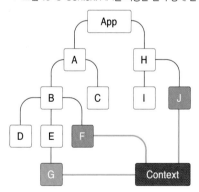

15.2 Context API 사용법 익히기

그럼 본격적으로 Context API를 사용하는 방법을 배워 봅시다! 먼저 연습할 리액트 프로젝트를 새로 생성해 주세요.

```
$ yarn create react-app context-tutorial
```

15.2.1 새 Context 만들기

프로젝트를 생성한 후, 새로운 Context를 만들어 보세요. src 디렉터리에 contexts 디렉터리를 만든 뒤 그 안에 color.js라는 파일을 만듭니다. Context를 만들 때 반드시 contexts 디렉터리에 만들 필요는 없습니다. 다만, 다른 파일과 구분하기 위해 따로 디렉터리를 만들었으며, 추후 Context를 사용할 때는 여러분 마음대로 경로를 지정해도 상관없습니다.

파일을 만들었으면 다음 코드를 입력해 보세요.

contexts/color.js
```
import { createContext } from 'react';

const ColorContext = createContext({ color: 'black' });

export default ColorContext;
```

새 Context를 만들 때는 createContext 함수를 사용합니다. 파라미터에는 해당 Context의 기본 상태를 지정합니다.

15.2.2 Consumer 사용하기

이번에는 ColorBox라는 컴포넌트를 만들어서 ColorContext 안에 들어 있는 색상을 보여 주겠습니다. 이때 색상을 props로 받아 오는 것이 아니라 ColorContext 안에 들어 있는 Consumer 라는 컴포넌트를 통해 색상을 조회할 것입니다.

396

src 디렉터리에 components 디렉터리를 만들고, 그 안에 ColorBox.js 파일을 생성하여 다음 코드를 입력해 보세요.

---

components/ColorBox.js

```javascript
import ColorContext from '../contexts/color';

const ColorBox = () => {
  return (
    <ColorContext.Consumer>
      {value => (
        <div
          style={{
            width: '64px',
            height: '64px',
            background: value.color
          }}
        />
      )}
    </ColorContext.Consumer>
  );
};

export default ColorBox;
```

Consumer 사이에 중괄호를 열어서 그 안에 함수를 넣어 주었습니다. 이러한 패턴을 Function as a child, 혹은 Render Props라고 합니다. 컴포넌트의 children이 있어야 할 자리에 일반 JSX 혹은 문자열이 아닌 함수를 전달하는 것이죠.

> **노트 Render Props 예제**
>
> Render Props 패턴이 헷갈린다면 다음 예제를 살펴보세요. 이해하는 데 도움이 될 것입니다.
>
> ```javascript
> const RenderPropsSample = ({ children }) => {
>   return <div>결과: {children(5)}</div>;
> };
>
> export default RenderPropsSample;
> ```
>
> 만약 위와 같은 컴포넌트가 있다면 추후 사용할 때 다음과 같이 사용할 수 있습니다.
>
> ```javascript
> <RenderPropsSample>{value => 2 * value}</RenderPropsSample>;
> ```
>
> RenderPropsSample에게 children props로 파라미터에 2를 곱해서 반환하는 함수를 전달하면 해당 컴포넌트 에서는 이 함수에 5를 인자로 넣어서 "결과: 10"을 렌더링합니다.

컴포넌트를 다 만들었다면 이 컴포넌트를 App에서 렌더링하세요.

App.js

```
import ColorBox from './components/ColorBox';
const App = () => {
  return (
    <div>
      <ColorBox />
    </div>
  );
};


export default App;
```

이제 리액트 개발 서버를 열고 화면을 확인해 보세요.

▼ 그림 15-4 검정색 ColorBox

검정색 정사각형이 잘 나타났나요?

15.2.3 Provider

Provider를 사용하면 Context의 value를 변경할 수 있습니다. App 컴포넌트를 다음과 같이 수정해 보세요.

```
import ColorBox from './components/ColorBox';
import ColorContext from './contexts/color';
const App = () => {
  return (
    <ColorContext.Provider value={{ color: 'red' }}>
      <div>
        <ColorBox />
      </div>
    </ColorContext.Provider>
  );
};

export default App;
```

코드를 저장하고 나면 다음과 같이 빨간색 정사각형이 나타날 것입니다.

▼ 그림 15-5 Provider로 value 덮어 쓰기

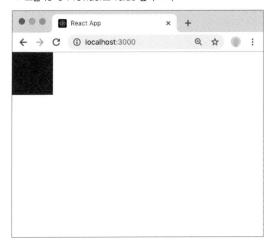

기존에 createContext 함수를 사용할 때는 파라미터로 Context의 기본값을 넣어 주었지요? 이 기본값은 Provider를 사용하지 않았을 때만 사용됩니다. 만약 Provider는 사용했는데 value를 명시하지 않았다면, 이 기본값을 사용하지 않기 때문에 오류가 발생합니다.

다음 코드는 오류가 발생하는 코드입니다.

```
import ColorBox from './components/ColorBox';
import ColorContext from './contexts/color';

const App = () => {
  return (
    <ColorContext.Provider>
      <div>
        <ColorBox />
      </div>
    </ColorContext.Provider>
  );
};

export default App;
```

Provider를 사용할 때는 value 값을 명시해 주어야 제대로 작동한다는 것을 꼭 기억하세요!

15.3 / 동적 Context 사용하기

지금까지 배운 내용으로는 고정적인 값만 사용할 수 있습니다. 이번에는 Context의 값을 업데이트해야 하는 경우 어떻게 해야 하는지 알아보겠습니다.

15.3.1 Context 파일 수정하기

Context의 value에는 무조건 상태 값만 있어야 하는 것은 아닙니다. 함수를 전달해 줄 수도 있습니다.

기존에 작성했던 ColorContext의 코드를 다음과 같이 수정해 주세요. 이번에 코드를 작성한 후 저장하면 오류가 발생할 텐데, 해당 오류는 나중에 수정할 것이므로 걱정하지 마세요.

```javascript
import { createContext, useState } from 'react';

const ColorContext = createContext({
  state: { color: 'black', subcolor: 'red' },
  actions: {
    setColor: () => {},
    setSubcolor: () => {}
  }
});

const ColorProvider = ({ children }) => {
  const [color, setColor] = useState('black');
  const [subcolor, setSubcolor] = useState('red');

  const value = {
    state: { color, subcolor },
    actions: { setColor, setSubcolor }
  };
  return (
    <ColorContext.Provider value={value}>{children}</ColorContext.Provider>
  );
};

// const ColorConsumer = ColorContext.Consumer와 같은 의미
const { Consumer: ColorConsumer } = ColorContext;

// ColorProvider와 ColorConsumer 내보내기
export { ColorProvider, ColorConsumer };

export default ColorContext;
```

위 파일에서 ColorProvider라는 컴포넌트를 새로 작성해 주었습니다. 그리고 그 컴포넌트에서는 ColorContext.Provider를 렌더링하고 있죠. 이 Provider의 value에는 상태는 state로, 업데이트 함수는 actions로 묶어서 전달하고 있습니다. Context에서 값을 동적으로 사용할 때 반드시 묶어 줄 필요는 없지만, 이렇게 state와 actions 객체를 따로따로 분리해 주면 나중에 다른 컴포넌트에서 Context의 값을 사용할 때 편합니다.

추가로 createContext를 사용할 때 기본값으로 사용할 객체도 수정했습니다. createContext의 기본값은 실제 Provider의 value에 넣는 객체의 형태와 일치시켜 주는 것이 좋습니다. 그렇게 하면

Context 코드를 볼 때 내부 값이 어떻게 구성되어 있는지 파악하기도 쉽고, 실수로 Provider를
사용하지 않았을 때 리액트 애플리케이션에서 에러가 발생하지 않습니다.

15.3.2 새로워진 Context를 프로젝트에 반영하기

코드를 다 작성했으면 App 컴포넌트에서 ColorContext.Provider를 ColorProvider로 대체하세요.

App.js

```
import ColorBox from './components/ColorBox';
import { ColorProvider } from './contexts/color';
const App = () => {
  return (
    <ColorProvider>
      <div>
        <ColorBox />
      </div>
    </ColorProvider>
  );
};

export default App;
```

ColorBox도 마찬가지로 ColorContext.Consumer를 ColorConsumer로 변경하세요. 또한, 사용할
value의 형태도 바뀌었으니 이에 따른 변화를 다음과 같이 반영시켜 보세요.

components/ColorBox.js

```
import { ColorConsumer } from '../contexts/color';

const ColorBox = () => {
  return (
    <ColorConsumer>
      {value => (
        <>
          <div
            style={{
              width: '64px',
              height: '64px',
              background: value.state.color
```

```
        }}
      />
      <div
        style={{
          width: '32px',
          height: '32px',
          background: value.state.subcolor
        }}
      />
    </>
  )}
  </ColorConsumer>
  );
};

export default ColorBox;
```

위 코드에서 객체 비구조화 할당 문법을 사용하면 다음과 같이 value를 조회하는 것을 생략할 수
도 있습니다.

components/ColorBox.js

```
import { ColorConsumer } from '../contexts/color';

const ColorBox = () => {
  return (
    <ColorConsumer>
      {(({ state }) => (
        <>
          <div
            style={{
              width: '64px',
              height: '64px',
              background: state.color
            }}
          />
          <div
            style={{
              width: '32px',
              height: '32px',
              background: state.subcolor
            }}
          />
```

```
        </>
      )}
    </ColorConsumer>
  );
};

export default ColorBox;
```

코드를 다 작성했다면 브라우저를 확인해 보세요.

검정색 정사각형과 빨간색 정사각형이 잘 보이나요?

15.3.3 색상 선택 컴포넌트 만들기

이번에는 Context의 actions에 넣어 준 함수를 호출하는 컴포넌트를 만들어 보겠습니다.
components 디렉터리에 SelectColors.js라는 파일을 생성하여 다음 코드를 작성해 보세요. 지
금은 Consumer를 사용하지 않고 UI만 준비해 봅시다.

components/SelectColors.js

```
const colors = ['red', 'orange', 'yellow', 'green', 'blue', 'indigo', 'violet'];

const SelectColors = () => {
  return (
    <div>
      <h2>색상을 선택하세요.</h2>
```

```
        <div style={{ display: 'flex' }}>
          {colors.map(color => (
            <div
              key={color}
              style={{
                background: color,
                width: '24px',
                height: '24px',
                cursor: 'pointer'
              }}
            />
          ))}
        </div>
        <hr />
      </div>
    );
  };


export default SelectColors;
```

다 작성했으면 이 컴포넌트를 App 컴포넌트에서 ColorBox 위에 렌더링하세요.

App.js

```
import ColorBox from './components/ColorBox';
import { ColorProvider } from './contexts/color';
import SelectColors from './components/SelectColors';

const App = () => {
  return (
    <ColorProvider>
      <div>
        <SelectColors />
        <ColorBox />
      </div>
    </ColorProvider>
  );
};


export default App;
```

브라우저에 다음과 같이 무지개 색상으로 이루어진 정사각형들이 나타났나요?

이제 해당 SelectColors에서 마우스 왼쪽 버튼을 클릭하면 큰 정사각형의 색상을 변경하고, 마우스 오른쪽 버튼을 클릭하면 작은 정사각형의 색상을 변경하도록 구현해 보겠습니다.

components/SelectColors.js

```
import { ColorConsumer } from '../contexts/color';

const colors = ['red', 'orange', 'yellow', 'green', 'blue', 'indigo', 'violet'];

const SelectColors = () => {
  return (
    <div>
      <h2>색상을 선택하세요.</h2>
      <ColorConsumer>
        {({ actions }) => (
          <div style={{ display: 'flex' }}>
            {colors.map(color => (
              <div
                key={color}
                style={{ background: color, width: '24px', height: '24px', cursor:
'pointer' }}
                onClick={() => actions.setColor(color)}
                onContextMenu={e => {
                  e.preventDefault(); // 마우스 오른쪽 버튼 클릭 시 메뉴가 뜨는 것을 무시함
                  actions.setSubcolor(color);
                }}
              />
            ))}
          </div>
        )}
```

```
      </ColorConsumer>
      <hr />
    </div>
  );
};

export default SelectColors;
```

마우스 오른쪽 버튼 클릭 이벤트는 onContextMenu를 사용하면 됩니다. 오른쪽 클릭 시 원래 브라우저 메뉴가 나타나지만, 여기서 e.preventDefault()를 호출하면 메뉴가 뜨지 않습니다.

브라우저를 열어서 SelectColors에 있는 정사각형들을 마우스 왼쪽 및 오른쪽 버튼으로 클릭해보세요. 하단에 있는 정사각형들의 색상이 잘 바뀌나요?

▼ 그림 15-8 색상 바꿔 보기

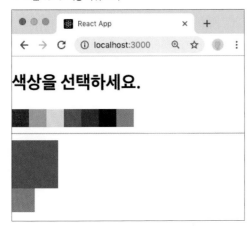

REACT

15.4 Consumer 대신 Hook 또는 static contextType 사용하기

이번에는 Context에 있는 값을 사용할 때 Consumer 대신 다른 방식을 사용하여 값을 받아 오는 방법을 알아보겠습니다.

15.4.1 useContext Hook 사용하기

리액트에 내장되어 있는 Hooks 중에서 useContext라는 Hook을 사용하면, 함수 컴포넌트에서 Context를 아주 편하게 사용할 수 있습니다. ColorBox 컴포넌트의 코드를 다음과 같이 수정해 보세요.

components/ColorBox.js

```
import { useContext } from 'react';
import ColorContext from '../contexts/color';

const ColorBox = () => {
  const { state } = useContext(ColorContext);
  return (
    <>
      <div
        style={{
          width: '64px',
          height: '64px',
          background: state.color
        }}
      />
      <div
        style={{
          width: '32px',
          height: '32px',
          background: state.subcolor
        }}
      />
    </>
  );
};

export default ColorBox;
```

이전보다 훨씬 간결해졌지요? 만약 children에 함수를 전달하는 Render Props 패턴이 불편하다면, useContext Hook을 사용하여 훨씬 편하게 Context 값을 조회할 수 있습니다.

그러나 Hook은 함수 컴포넌트에서만 사용할 수 있다는 점에 주의하세요. 클래스형 컴포넌트에서는 Hook을 사용할 수 없습니다.

15.4.2 static contextType 사용하기

클래스형 컴포넌트에서 Context를 좀 더 쉽게 사용하고 싶다면 static contextType을 정의하는 방법이 있습니다. SelectColors 컴포넌트를 다음과 같이 클래스형으로 변환해 보세요. 그리고 Consumer 쪽 코드는 일단 제거해 주세요.

components/SelectColors.js

```
import { Component } from 'react';

const colors = ['red', 'orange', 'yellow', 'green', 'blue', 'indigo', 'violet'];

class SelectColors extends Component {
  render() {
    return (
      <div>
        <h2>색상을 선택하세요.</h2>
        <div style={{ display: 'flex' }}>
          {colors.map(color => (
            <div
              key={color}
              style={{
                background: color,
                width: '24px',
                height: '24px',
                cursor: 'pointer'
              }}
            />
          ))}
        </div>
        <hr />
      </div>
    );
  }
}

export default SelectColors;
```

그리고 클래스 상단에 static contextType 값을 지정해 주세요.

```js
import { Component } from 'react';
import ColorContext from '../contexts/color';

const colors = ['red', 'orange', 'yellow', 'green', 'blue', 'indigo', 'violet'];

class SelectColors extends Component {
  static contextType = ColorContext;
  render() {
    return (
      <div>
        <h2>색상을 선택하세요.</h2>
        <div style={{ display: 'flex' }}>
          {colors.map(color => (
            <div
              key={color}
              style={{
                background: color,
                width: '24px',
                height: '24px',
                cursor: 'pointer'
              }}
            />
          ))}
        </div>
        <hr />
      </div>
    );
  }
}

export default SelectColors;
```

이렇게 해 주면 this.context를 조회했을 때 현재 Context의 value를 가리키게 됩니다. 만약 setColor를 호출하고 싶다면 this.context.actions.setColor를 호출하면 되겠죠?

컴포넌트를 다음과 같이 완성해 보세요.

```js
import { Component } from 'react';
import ColorContext from '../contexts/color';
```

```
const colors = ['red', 'orange', 'yellow', 'green', 'blue', 'indigo', 'violet'];

class SelectColors extends Component {
  static contextType = ColorContext;

  handleSetColor = color => {
    this.context.actions.setColor(color);
  };

  handleSetSubcolor = subcolor => {
    this.context.actions.setSubcolor(subcolor);
  };

  render() {
    return (
      <div>
        <h2>색상을 선택하세요.</h2>
        <div style={{ display: 'flex' }}>
          {colors.map(color => (
            <div
              key={color}
              style={{
                background: color,
                width: '24px',
                height: '24px',
                cursor: 'pointer'
              }}
              onClick={() => this.handleSetColor(color)}
              onContextMenu={e => {
                e.preventDefault();
                this.handleSetSubcolor(color);
              }}
            />
          ))}
        </div>
        <hr />
      </div>
    );
  }
}

export default SelectColors;
```

static contextType을 정의하면 클래스 메서드에서도 Context에 넣어 둔 함수를 호출할 수 있다는 장점이 있습니다. 단점이라면, 한 클래스에서 하나의 Context밖에 사용하지 못한다는 것입니다. 그러나 앞으로 새로운 컴포넌트를 작성할 때 클래스형으로 작성하는 일은 많지 않기 때문에 useContext를 사용하는 쪽을 권합니다.

15.5 / 정리

기존에는 컴포넌트 간에 상태를 교류해야 할 때 무조건 부모 → 자식 흐름으로 props를 통해 전달해 주었는데요. 이제는 Context API를 통해 더욱 쉽게 상태를 교류할 수 있게 되었습니다.

프로젝트의 컴포넌트 구조가 꽤 간단하고 다루는 상태의 종류가 그다지 많지 않다면, 굳이 Context를 사용할 필요는 없습니다. 하지만 전역적으로 여기저기서 사용되는 상태가 있고 컴포넌트의 개수가 많은 상황이라면, Context API를 사용하는 것을 권합니다.

다음 장에서는 리덕스라는 상태 관리 라이브러리를 배워 보겠습니다. 이 라이브러리는 Context API 기반으로 만들어져 있으며, Context API와 마찬가지로 전역 상태 관리를 도와줍니다. 리액트 v16.3에서 Context API가 개선되기 전에는 주로 리덕스를 사용하여 전역 상태를 관리해 왔습니다. 단순한 전역 상태 관리라면 이번에 배운 Context API로 리덕스를 대체할 수도 있습니다. 하지만 리덕스는 더욱 향상된 성능과 미들웨어 기능, 강력한 개발자 도구, 코드의 높은 유지 보수성을 제공하기 때문에 모든 상황에 대해 대체가 가능하지는 않습니다.

16장

리덕스 라이브러리 이해하기

리덕스는 가장 많이 사용하는 리액트 상태 관리 라이브러리입니다. 리덕스를 사용하면 컴포넌트의 상태 업데이트 관련 로직을 다른 파일로 분리시켜서 더욱 효율적으로 관리할 수 있습니다. 또한, 컴포넌트끼리 똑같은 상태를 공유해야 할 때도 여러 컴포넌트를 거치지 않고 손쉽게 상태 값을 전달하거나 업데이트할 수 있습니다.

리덕스 라이브러리는 전역 상태를 관리할 때 굉장히 효과적입니다. 물론 리덕스를 사용하는 것이 유일한 해결책은 아닙니다. 이전에 배운 Context API를 통해서도 똑같은 작업을 할 수 있습니다. 리액트 v16.3이 릴리즈되면서 Context API가 개선되기 전에는 사용 방식이 매우 불편했기 때문에 주로 리덕스를 사용해 전역 상태 관리를 해 왔습니다.

단순히 전역 상태 관리만 한다면 Context API를 사용하는 것만으로도 충분합니다. 하지만 리덕스를 사용하면 상태를 더욱 체계적으로 관리할 수 있기 때문에 프로젝트의 규모가 클 경우에는 리덕스를 사용하는 편이 좋습니다. 코드의 유지 보수성도 높여 주고 작업 효율도 극대화해 주기 때문입니다. 추가로 아주 편리한 개발자 도구도 지원하며, 미들웨어라는 기능을 제공하여 비동기 작업을 훨씬 효율적으로 관리할 수 있게 해 주기도 합니다.

이번 실습은 다음과 같은 흐름으로 진행됩니다.

▼ 그림 16-1 리덕스 라이브러리 이해하기

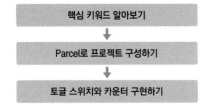

16.1 개념 미리 정리하기

REACT

앞으로 리덕스를 사용하면서 접하게 될 키워드의 개념을 우선 간략히 알아보겠습니다. 도중에 잘 이해되지 않는 내용은 나중에 직접 사용해 본 다음 이 절로 다시 돌아와서 읽으면 더욱 잘 이해될 것입니다.

16.1.1 액션

상태에 어떠한 변화가 필요하면 액션(action)이란 것이 발생합니다. 이는 하나의 객체로 표현되는데요. 액션 객체는 다음과 같은 형식으로 이루어져 있습니다.

```
{
  type: 'TOGGLE_VALUE'
}
```

액션 객체는 type 필드를 반드시 가지고 있어야 합니다. 이 값을 액션의 이름이라고 생각하면 됩니다. 그리고 그 외의 값들은 나중에 상태 업데이트를 할 때 참고해야 할 값이며, 작성자 마음대로 넣을 수 있습니다.

예시 액션을 한번 살펴볼까요?

```
{
  type: 'ADD_TODO',
  data: {
    id: 1,
    text: '리덕스 배우기'
  }
}

{
  type: 'CHANGE_INPUT',
  text: '안녕하세요'
}
```

16.1.2 액션 생성 함수

액션 생성 함수(action creator)는 액션 객체를 만들어 주는 함수입니다.

```
function addTodo(data) {
  return {
    type: 'ADD_TODO',
    data
  };
}

// 화살표 함수로도 만들 수 있습니다.
```

```
const changeInput = text => ({
  type: 'CHANGE_INPUT',
  text
});
```

어떤 변화를 일으켜야 할 때마다 액션 객체를 만들어야 하는데 매번 액션 객체를 직접 작성하기 번거로울 수 있고, 만드는 과정에서 실수로 정보를 놓칠 수도 있습니다. 이러한 일을 방지하기 위해 이를 함수로 만들어서 관리합니다.

16.1.3 리듀서

리듀서(reducer)는 변화를 일으키는 함수입니다. 액션을 만들어서 발생시키면 리듀서가 현재 상태와 전달받은 액션 객체를 파라미터로 받아 옵니다. 그리고 두 값을 참고하여 새로운 상태를 만들어서 반환해 줍니다.

리듀서 코드는 다음과 같은 형태로 이루어져 있습니다.

```
const initialState = {
  counter: 1
};
function reducer(state = initialState, action) {
  switch (action.type) {
    case INCREMENT:
      return {
        counter: state.counter + 1
      };
    default:
      return state;
  }
}
```

16.1.4 스토어

프로젝트에 리덕스를 적용하기 위해 스토어(store)를 만듭니다. 한 개의 프로젝트는 단 하나의 스토어만 가질 수 있습니다. 스토어 안에는 현재 애플리케이션 상태와 리듀서가 들어가 있으며, 그 외에도 몇 가지 중요한 내장 함수를 지닙니다.

16.1.5 디스패치

디스패치(dispatch)는 스토어의 내장 함수 중 하나입니다. 디스패치는 '액션을 발생시키는 것'이라고 이해하면 됩니다. 이 함수는 dispatch(action)과 같은 형태로 액션 객체를 파라미터로 넣어서 호출합니다.

이 함수가 호출되면 스토어는 리듀서 함수를 실행시켜서 새로운 상태를 만들어 줍니다.

16.1.6 구독

구독(subscribe)도 스토어의 내장 함수 중 하나입니다. subscribe 함수 안에 리스너 함수를 파라미터로 넣어서 호출해 주면, 이 리스너 함수가 액션이 디스패치되어 상태가 업데이트될 때마다 호출됩니다.

```
const listener = () => {
  console.log('상태가 업데이트됨');
}
const unsubscribe = store.subscribe(listener);

unsubscribe(); // 추후 구독을 비활성화할 때 함수를 호출
```

16.2 리액트 없이 쓰는 리덕스

리덕스는 리액트에 종속되는 라이브러리가 아닙니다. 리액트에서 사용하려고 만들어졌지만 실제로 다른 UI 라이브러리/프레임워크와 함께 사용할 수도 있습니다(예: angular-redux, ember-redux, Vue에서도 사용할 수 있지만, Vue에서는 리덕스와 유사한 vuex를 주로 사용합니다).

리덕스는 바닐라(vanilla) 자바스크립트와 함께 사용할 수도 있습니다. 바닐라 자바스크립트는 라이브러리나 프레임워크 없이 사용하는 순수 자바스크립트 그 자체를 의미합니다.

이번에는 바닐라 자바스크립트 환경에서 리덕스를 사용하여 리덕스의 핵심 기능과 작동 원리를 이해해 보겠습니다.

16.2.1 Parcel로 프로젝트 만들기

프로젝트를 구성하기 위해 Parcel이라는 도구를 사용하겠습니다. 이 도구를 사용하면 아주 쉽고 빠르게 웹 애플리케이션 프로젝트를 구성할 수 있습니다.

먼저 parcel-bundler를 설치해 주세요.

```
$ yarn global add parcel-bundler
# yarn global이 잘 설치되지 않는다면 npm install -g parcel-bundler를 해 보세요.
```

프로젝트 디렉터리를 생성한 후 package.json 파일을 생성하세요.

```
$ mkdir vanilla-redux
$ cd vanilla-redux
# package.json 파일을 생성합니다.
$ yarn init -y
```

에디터로 해당 디렉터리를 열어서 index.html과 index.js 파일을 만들어 주세요.

index.html

```html
<html>
  <body>
    <div>바닐라 자바스크립트</div>
    <script src="./index.js"></script>
  </body>
</html>
```

index.js

```javascript
console.log('hello parcel');
```

다 작성한 후에 다음 명령어를 실행하면 개발용 서버가 실행됩니다.

```
$ parcel index.html
Server running at http://localhost:1234
  Built in 548ms.
```

개발 서버의 주소는 http://localhost:1234/이며, 파일을 저장할 때마다 자동으로 새로고침됩니다.

브라우저로 해당 주소에 들어가 보세요. 다음과 같은 페이지가 나타나나요?

▼ 그림 16-2 Parcel 개발 서버 구동

다음으로 yarn을 사용하여 리덕스 모듈을 설치하세요.

```
$ yarn add redux
```

16.2.2 간단한 UI 구성하기

먼저 간단한 스타일 파일을 작성하겠습니다.

index.css

```css
.toggle {
  border: 2px solid black;
  width: 64px;
  height: 64px;
  border-radius: 32px;
  box-sizing: border-box;
}

.toggle.active {
  background: yellow;
}
```

다음으로 index.html을 수정하세요.

```
index.html

<html>
  <head>
    <link rel="stylesheet" type="text/css" href="index.css" />
  </head>
  <body>
    <div class="toggle"></div>
    <hr />
    <h1>0</h1>
    <button id="increase">+1</button>
    <button id="decrease">-1</button>
    <script src="./index.js"></script>
  </body>
</html>
```

다음과 같이 간단한 UI를 구성했습니다.

▼ 그림 16-3 간단한 UI 구성하기

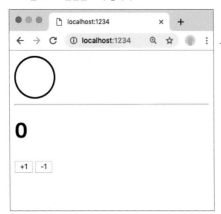

16.2.3 DOM 레퍼런스 만들기

이번 프로젝트에서는 UI를 관리할 때 별도의 라이브러리를 사용하지 않기 때문에 DOM을 직접
수정해 주어야 합니다. 다음과 같이 자바스크립트 파일 상단에 수정할 DOM 노드를 가리키는 값
을 미리 선언해 줍니다. 기존 코드는 지워 주세요.

```js
const divToggle = document.querySelector('.toggle');
const counter = document.querySelector('h1');
const btnIncrease = document.querySelector('#increase');
const btnDecrease = document.querySelector('#decrease');
```

16.2.4 액션 타입과 액션 생성 함수 정의

프로젝트의 상태에 변화를 일으키는 것을 액션이라고 합니다. 먼저 액션에 이름을 정의해 주겠습니다. 액션 이름은 문자열 형태로, 주로 대문자로 작성하며 액션 이름은 고유해야 합니다. 이름이 중복되면 의도하지 않은 결과가 발생할 수 있기 때문입니다.

```js
const divToggle = document.querySelector('.toggle');
const counter = document.querySelector('h1');
const btnIncrease = document.querySelector('#increase');
const btnDecrease = document.querySelector('#decrease');

const TOGGLE_SWITCH = 'TOGGLE_SWITCH';
const INCREASE = 'INCREASE';
const DECREASE = 'DECREASE';
```

다음으로 이 액션 이름을 사용하여 액션 객체를 만드는 액션 생성 함수를 작성해 줍니다. 액션 객체는 type 값을 반드시 갖고 있어야 하며, 그 외에 추후 상태를 업데이트할 때 참고하고 싶은 값은 여러분 마음대로 넣을 수 있습니다.

```js
const divToggle = document.querySelector('.toggle');
const counter = document.querySelector('h1');
const btnIncrease = document.querySelector('#id');
const btnDecrease = document.querySelector('#decrease');

const TOGGLE_SWITCH = 'TOGGLE_SWITCH';
const INCREASE = 'INCREASE';
const DECREASE = 'DECREASE';

const toggleSwitch = () => ({ type: TOGGLE_SWITCH });
const increase = difference => ({ type: INCREASE, difference });
const decrease = () => ({ type: DECREASE });
```

16.2.5 초깃값 설정

이 프로젝트에서 사용할 초깃값을 정의해 주겠습니다. 초깃값의 형태는 자유입니다. 숫자일 수도 있고, 문자열일 수도 있고, 객체일 수도 있습니다.

index.js

```js
const divToggle = document.querySelector('.toggle');
const counter = document.querySelector('h1');
const btnIncrease = document.querySelector('#increase');
const btnDecrease = document.querySelector('#decrease');

const TOGGLE_SWITCH = 'TOGGLE_SWITCH';
const INCREASE = 'INCREASE';
const DECREASE = 'DECREASE';

const toggleSwitch = () => ({ type: TOGGLE_SWITCH });
const increase = difference => ({ type: INCREASE, difference });
const decrease = () => ({ type: DECREASE });

const initialState = {
  toggle: false,
  counter: 0
};
```

16.2.6 리듀서 함수 정의

리듀서는 변화를 일으키는 함수입니다. 함수의 파라미터로는 state와 action 값을 받아 옵니다.

index.js

```js
const divToggle = document.querySelector('.toggle');
const counter = document.querySelector('h1');
const btnIncrease = document.querySelector('#id');
const btnDecrease = document.querySelector('#decrease');

const TOGGLE_SWITCH = 'TOGGLE_SWITCH';
const INCREASE = 'INCREASE';
const DECREASE = 'DECREASE';

const toggleSwitch = () => ({ type: TOGGLE_SWITCH });
const increase = difference => ({ type: INCREASE, difference });
```

```
const decrease = () => ({ type: DECREASE });

const initialState = {
  toggle: false,
  counter: 0
};

// state가 undefined일 때는 initialState를 기본값으로 사용
function reducer(state = initialState, action) {
  // action.type에 따라 다른 작업을 처리함
  switch (action.type) {
    case TOGGLE_SWITCH:
      return {
        ...state, // 불변성 유지를 해 주어야 합니다.
        toggle: !state.toggle
      };
    case INCREASE:
      return {
        ...state,
        counter: state.counter + action.difference
      };
    case DECREASE:
      return {
        ...state,
        counter: state.counter - 1
      };
    default:
      return state;
  }
}
```

리듀서 함수가 맨 처음 호출될 때는 state 값이 undefined입니다. 해당 값이 undefined로 주어졌을 때는 initialState를 기본값으로 설정하기 위해 함수의 파라미터 쪽에 기본값이 설정되어 있습니다.

리듀서에서는 상태의 불변성을 유지하면서 데이터에 변화를 일으켜 주어야 합니다. 이 작업을 할 때 spread 연산자(…)를 사용하면 편합니다. 단, 객체의 구조가 복잡해지면(예를 들어 object. something.inside.value) spread 연산자로 불변성을 관리하며 업데이트하는 것이 굉장히 번거로울 수 있고 코드의 가독성도 나빠지기 때문에 리덕스의 상태는 최대한 깊지 않은 구조로 진행하는 것이 좋습니다.

객체의 구조가 복잡해지거나 배열도 함께 다루는 경우 immer 라이브러리를 사용하면 좀 더 쉽게 리듀서를 작성할 수 있습니다.

16.2.7 스토어 만들기

이제 스토어를 만들어 보겠습니다. 스토어를 만들 때는 createStore 함수를 사용합니다. 이 함수를 사용하려면 코드 상단에 import 구문을 넣어 리덕스에서 해당 함수를 불러와야 하고, 함수의 파라미터에는 리듀서 함수를 넣어 주어야 합니다.

index.js

```
import { createStore } from 'redux';

(...)

const store = createStore(reducer);
```

이제 스토어를 생성했으니, 스토어 내장 함수들을 사용해 줄 차례입니다.

16.2.8 render 함수 만들기

render라는 함수를 작성해 보겠습니다. 이 함수는 상태가 업데이트될 때마다 호출되며, 리액트의 render 함수와는 다르게 이미 html을 사용하여 만들어진 UI의 속성을 상태에 따라 변경해 줍니다.

index.js

```
(...)

const store = createStore(reducer);

const render = () => {
  const state = store.getState(); // 현재 상태를 불러옵니다.
  // 토글 처리
  if (state.toggle) {
    divToggle.classList.add('active');
  } else {
    divToggle.classList.remove('active');
  }
  // 카운터 처리
  counter.innerText = state.counter;
};

render();
```

16.2.9 구독하기

이제 스토어의 상태가 바뀔 때마다 방금 만든 render 함수가 호출되도록 해 줄 것입니다. 이 작업은 스토어의 내장 함수 subscribe를 사용하여 수행할 수 있습니다.

subscribe 함수의 파라미터로는 함수 형태의 값을 전달해 줍니다. 이렇게 전달된 함수는 추후 액션이 발생하여 상태가 업데이트될 때마다 호출됩니다.

예시 코드

```
const listener = () => {
  console.log('상태가 업데이트됨');
}
const unsubscribe = store.subscribe(listener);

unsubscribe(); // 추후 구독을 비활성화할 때 함수를 호출
```

이번 프로젝트에서는 subscribe 함수를 직접 사용하지만, 추후 리액트 프로젝트에서 리덕스를 사용할 때는 이 함수를 직접 사용하지 않을 것입니다. 왜냐하면, 컴포넌트에서 리덕스 상태를 조회하는 과정에서 react-redux라는 라이브러리가 이 작업을 대신해 주기 때문입니다.

이제 상태가 업데이트될 때마다 render 함수를 호출하도록 코드를 작성해 봅시다.

index.js

```
(...)
const render = () => {
  const state = store.getState(); // 현재 상태를 불러옵니다.
  // 토글 처리
  if (state.toggle) {
    divToggle.classList.add('active');
  } else {
    divToggle.classList.remove('active');
  }
  // 카운터 처리
  counter.innerText = state.counter;
};

render();
store.subscribe(render);
```

16.2.10 액션 발생시키기

액션을 발생시키는 것을 디스패치라고 합니다. 디스패치를 할 때는 스토어의 내장 함수 dispatch 를 사용합니다. 파라미터는 액션 객체를 넣어 주면 됩니다.

다음과 같이 각 DOM 요소에 클릭 이벤트를 설정하세요. 이벤트 함수 내부에서는 dispatch 함수 를 사용하여 액션을 스토어에게 전달해 주겠습니다.

index.js
```
(...)
divToggle.onclick = () => {
  store.dispatch(toggleSwitch());
};
btnIncrease.onclick = () => {
  store.dispatch(increase(1));
};
btnDecrease.onclick = () => {
  store.dispatch(decrease());
};
```

화면에 나타나는 원과 하단의 버튼을 클릭해 보세요. 상태 변화가 잘 일어나고 있나요?

▼ 그림 16-4 리덕스 기초 프로젝트 완성

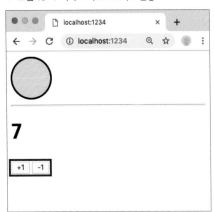

모두 제대로 작동한다면 16.1절로 돌아가서 다시 한 번 개념을 훑어 보세요. 그리고 다음 내용을 계속 진행해 주세요.

16.3 / 리덕스의 세 가지 규칙

리덕스를 프로젝트에서 사용할 때 지켜야 하는 세 가지 규칙을 알아봅시다.

16.3.1 단일 스토어

하나의 애플리케이션 안에는 하나의 스토어가 들어 있습니다. 사실 여러 개의 스토어를 사용하는 것이 완전히 불가능하지는 않습니다. 특정 업데이트가 너무 빈번하게 일어나거나 애플리케이션의 특정 부분을 완전히 분리시킬 때 여러 개의 스토어를 만들 수도 있지만, 상태 관리가 복잡해질 수 있으므로 권장하지 않습니다.

16.3.2 읽기 전용 상태

리덕스 상태는 읽기 전용입니다. 기존에 리액트에서 setState를 사용하여 state를 업데이트할 때도 객체나 배열을 업데이트하는 과정에서 불변성을 지켜 주기 위해 spread 연산자를 사용하거나 immer와 같은 불변성 관리 라이브러리를 사용했지요? 리덕스도 마찬가지입니다. 상태를 업데이트할 때 기존의 객체는 건드리지 않고 새로운 객체를 생성해 주어야 합니다.

리덕스에서 불변성을 유지해야 하는 이유는 내부적으로 데이터가 변경되는 것을 감지하기 위해 얕은 비교(shallow equality) 검사를 하기 때문입니다. 객체의 변화를 감지할 때 객체의 깊숙한 안쪽까지 비교하는 것이 아니라 겉핥기 식으로 비교하여 좋은 성능을 유지할 수 있는 것이죠.

16.3.3 리듀서는 순수한 함수

변화를 일으키는 리듀서 함수는 순수한 함수여야 합니다. 순수한 함수는 다음 조건을 만족합니다.

- 리듀서 함수는 이전 상태와 액션 객체를 파라미터로 받습니다.
- 파라미터 외의 값에는 의존하면 안 됩니다.

- 이전 상태는 절대로 건드리지 않고, 변화를 준 새로운 상태 객체를 만들어서 반환합니다.
- 똑같은 파라미터로 호출된 리듀서 함수는 언제나 똑같은 결과 값을 반환해야 합니다.

리듀서를 작성할 때는 위 네 가지 사항을 주의해 주세요. 예를 들어 리듀서 함수 내부에서 랜덤 값을 만들거나, Date 함수를 사용하여 현재 시간을 가져오거나, 네트워크 요청을 한다면, 파라미터가 같아도 다른 결과를 만들어 낼 수 있기 때문에 사용하면 안 됩니다. 이러한 작업은 리듀서 함수 바깥에서 처리해 주어야 합니다. 액션을 만드는 과정에서 처리해도 되고, 추후 배울 리덕스 미들웨어에서 처리해도 됩니다. 주로 네트워크 요청과 같은 비동기 작업은 미들웨어를 통해 관리합니다.

16.4 / 정리

지금까지 리덕스 라이브러리가 어떤 방식으로 작동하는지 알아보았습니다. 다음 장에서는 리액트 프로젝트에서 리덕스를 사용하는 방법을 알아볼 텐데요. 리덕스 코드를 작성하는 흐름은 이번 장에서 했던 것과 매우 유사합니다. 먼저 액션 타입과 액션 생성 함수를 작성하고, 이어서 리듀서를 작성하고, 스토어를 만듭니다. 이번 프로젝트에서는 함수에서 스토어를 구독하는 작업을 직접 해보았지만, 다음 장에서는 react-redux라는 라이브러리를 사용하여 스토어의 상태가 업데이트될 때마다 컴포넌트를 리렌더링시켜 주겠습니다.

17장

리덕스를 사용하여
리액트 애플리케이션
상태 관리하기

이번 장에서는 리덕스를 사용하여 리액트 애플리케이션 상태를 관리하는 방법을 알아보겠습니다. 소규모 프로젝트에서는 컴포넌트가 가진 state를 사용하는 것만으로도 충분하지만, 프로젝트의 규모가 커짐에 따라 상태 관리가 번거로워질 수 있습니다.

리액트 애플리케이션에서 리덕스를 사용하면, 상태 업데이트에 관한 로직을 모듈로 따로 분리하여 컴포넌트 파일과 별개로 관리할 수 있으므로 코드를 유지 보수하는 데 도움이 됩니다. 또한, 여러 컴포넌트에서 동일한 상태를 공유해야 할 때 매우 유용하며, 실제 업데이트가 필요한 컴포넌트만 리렌더링되도록 쉽게 최적화해 줄 수도 있습니다.

앞에서 바닐라 자바스크립트 환경에서 리덕스를 사용할 때 스토어의 내장 함수인 store.dispatch 와 store.subscribe 함수를 사용했지요? 리액트 애플리케이션에서 리덕스를 사용할 때는 store 인스턴스를 직접 사용하기보다는 주로 react-redux라는 라이브러리에서 제공하는 유틸 함수 (connect)와 컴포넌트(Provider)를 사용하여 리덕스 관련 작업을 처리합니다.

이번 실습은 다음과 같은 흐름으로 진행됩니다.

❤ 그림 17-1 리덕스를 사용하여 리액트 애플리케이션 상태 관리하기

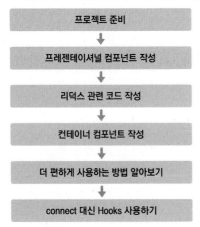

17.1 작업 환경 설정

리액트 프로젝트를 생성하고, 해당 프로젝트에 리덕스를 적용해 봅시다.

먼저 create-react-app을 사용하여 새로운 리액트 프로젝트를 생성하세요.

```
$ yarn create react-app react-redux-tutorial
```

생성한 프로젝트 디렉터리에 yarn 명령어를 사용하여 리덕스와 react-redux 라이브러리를 설치하세요.

```
$ cd react-redux-tutorial
$ yarn add redux react-redux
```

Prettier를 적용하고 싶다면 디렉터리에 다음과 같이 .prettierrc 파일을 작성하세요.

.prettierrc

```
{
  "singleQuote": true,
  "semi": true,
  "useTabs": false,
  "tabWidth": 2,
  "trailingComma": "all",
  "printWidth": 80
}
```

17.2 / UI 준비하기

R E A C T

리액트 프로젝트에서 리덕스를 사용할 때 가장 많이 사용하는 패턴은 프레젠테이셔널 컴포넌트와 컨테이너 컴포넌트를 분리하는 것입니다. 여기서 프레젠테이셔널 컴포넌트란 주로 상태 관리가 이루어지지 않고, 그저 props를 받아 와서 화면에 UI를 보여 주기만 하는 컴포넌트를 말합니다. 이와 달리 컨테이너 컴포넌트는 리덕스와 연동되어 있는 컴포넌트로, 리덕스로부터 상태를 받아 오기도 하고 리덕스 스토어에 액션을 디스패치하기도 합니다.

이러한 패턴은 리덕스를 사용하는 데 필수 사항은 아닙니다. 다만 이 패턴을 사용하면 코드의 재사용성도 높아지고, 관심사의 분리가 이루어져 UI를 작성할 때 좀 더 집중할 수 있습니다.

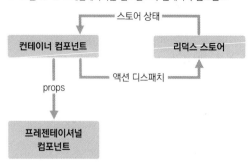

❤ 그림 17-2 프레젠테이셔널 컴포넌트와 컨테이너 컴포넌트

이 장의 프로젝트에서는 이 패턴을 사용하여 코드를 작성해 보겠습니다. UI에 관련된 프레젠테이셔널 컴포넌트는 src/components 경로에 저장하고, 리덕스와 연동된 컨테이너 컴포넌트는 src/containers 컴포넌트에 작성합니다.

17.2.1 카운터 컴포넌트 만들기

숫자를 더하고 뺄 수 있는 카운터 컴포넌트를 만들어 봅시다. components 디렉터리를 생성한 뒤, 그 안에 Counter 컴포넌트를 작성하세요.

components/Counter.js

```
const Counter = ({ number, onIncrease, onDecrease }) => {
  return (
    <div>
      <h1>{number}</h1>
      <div>
        <button onClick={onIncrease}>+1</button>
        <button onClick={onDecrease}>-1</button>
      </div>
    </div>
  );
};

export default Counter;
```

이제 이 컴포넌트를 App 컴포넌트에서 렌더링합니다.

App.js

```
import Counter from './components/Counter';

const App = () => {
  return (
    <div>
      <Counter number={0} />
    </div>
  );
};


export default App;
```

yarn start 명령어를 입력해서 개발 서버를 실행해 보세요. 다음과 같이 카운터 컴포넌트가 나타났나요?

▼ 그림 17-3 카운터 UI

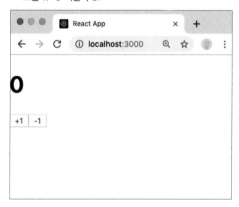

17.2.2 할 일 목록 컴포넌트 만들기

이번에는 해야 할 일을 추가하고, 체크하고, 삭제할 수 있는 할 일 목록 컴포넌트를 만들어 보겠습니다. components 디렉터리에 Todos 컴포넌트를 다음과 같이 작성하세요.

components/Todos.js

```
const TodoItem = ({ todo, onToggle, onRemove }) => {
  return (
    <div>
```

```jsx
      <input type="checkbox" />
      <span>예제 텍스트</span>
      <button>삭제</button>
    </div>
  );
};

const Todos = ({
  input, // 인풋에 입력되는 텍스트
  todos, // 할 일 목록이 들어 있는 객체
  onChangeInput,
  onInsert,
  onToggle,
  onRemove,
}) => {
  const onSubmit = e => {
    e.preventDefault();
  };
  return (
    <div>
      <form onSubmit={onSubmit}>
        <input />
        <button type="submit">등록</button>
      </form>
      <div>
        <TodoItem />
        <TodoItem />
        <TodoItem />
        <TodoItem />
        <TodoItem />
      </div>
    </div>
  );
};

export default Todos;
```

파일 하나에 두 컴포넌트를 선언했습니다. 취향에 따라 Todos 컴포넌트와 TodoItem 컴포넌트를 파일 두 개로 분리해도 되고, 위 코드처럼 파일 하나에 작성해도 무방합니다.

위 컴포넌트들이 받아 오는 props는 나중에 사용하겠습니다.

컴포넌트를 다 만들었다면 App 컴포넌트에서 카운터 아래에 렌더링해 주세요. hr 태그를 사용하여 사이에 구분선을 그려 주겠습니다.

App.js

```
import Counter from './components/Counter';
import Todos from './components/Todos';

const App = () => {
  return (
    <div>
      <Counter number={0} />
      <hr />
      <Todos />
    </div>
  );
};

export default App;
```

❤ 그림 17-4 할 일 목록 UI

17.3 / 리덕스 관련 코드 작성하기

이제 프로젝트에 리덕스를 사용해 보겠습니다. 리덕스 관련 코드를 준비합니다. 리덕스를 사용할 때는 액션 타입, 액션 생성 함수, 리듀서 코드를 작성해야 하는데요, 이 코드들을 각각 다른 파일에 작성하는 방법도 있고, 기능별로 묶어서 파일 하나에 작성하는 방법도 있습니다.

▼ 그림 17-5 일반적인 구조

그림 17-5는 가장 일반적인 구조로 actions, constants, reducers라는 세 개의 디렉터리를 만들고 그 안에 기능별로 파일을 하나씩 만드는 방식입니다. 코드를 종류에 따라 다른 파일에 작성하여 정리할 수 있어서 편리하지만, 새로운 액션을 만들 때마다 세 종류의 파일을 모두 수정해야 하기 때문에 불편하기도 합니다. 이 방식은 리덕스 공식 문서에서도 사용되므로 가장 기본적이라 할 수 있지만, 사람에 따라서는 불편할 수도 있는 구조입니다.

▼ 그림 17-6 Ducks 패턴

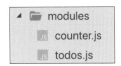

그림 17-6은 액션 타입, 액션 생성 함수, 리듀서 함수를 기능별로 파일 하나에 몰아서 다 작성하는 방식입니다. 이러한 방식을 Ducks 패턴이라고 부르며, 앞서 설명한 일반적인 구조로 리덕스를 사용하다가 불편함을 느낀 개발자들이 자주 사용합니다.

리덕스 관련 코드에 대한 디렉터리 구조는 정해진 방법이 없기 때문에 마음대로 작성해도 되지만, 위 두 가지 방법이 주로 사용됩니다. 이 책에서는 두 번째로 소개한 방식인 Ducks 패턴을 사용하여 코드를 작성하겠습니다.

17.3.1 counter 모듈 작성하기

Ducks 패턴을 사용하여 액션 타입, 액션 생성 함수, 리듀서를 작성한 코드를 '모듈'이라고 합니다. 먼저 counter 모듈을 작성해 봅시다.

17.3.1.1 액션 타입 정의하기

modules 디렉터리를 생성하고 그 안에 counter.js 파일을 다음과 같이 작성하세요.

modules/counter.js

```
const INCREASE = 'counter/INCREASE';
const DECREASE = 'counter/DECREASE';
```

가장 먼저 해야 할 작업은 액션 타입을 정의하는 것입니다. 액션 타입은 대문자로 정의하고, 문자열 내용은 '모듈 이름/액션 이름'과 같은 형태로 작성합니다. 문자열 안에 모듈 이름을 넣음으로써, 나중에 프로젝트가 커졌을 때 액션의 이름이 충돌되지 않게 해 줍니다. 예를 들어 SHOW 혹은 INITIALIZE라는 이름을 가진 액션은 쉽게 중복될 수 있겠죠? 하지만 앞에 모듈 이름을 붙여 주면 액션 이름이 겹치는 것을 걱정하지 않아도 됩니다.

17.3.1.2 액션 생성 함수 만들기

액션 타입을 정의한 다음에는 액션 생성 함수를 만들어 주어야 합니다.

modules/counter.js

```
const INCREASE = 'counter/INCREASE';
const DECREASE = 'counter/DECREASE';

export const increase = () => ({ type: INCREASE });
export const decrease = () => ({ type: DECREASE });
```

더 필요하거나 추가한 값이 없으니 그냥 위와 같이 만들어 주면 됩니다. 꽤 간단하지요? 여기서 주의해야 할 점은 앞부분에 export라는 키워드가 들어간다는 것입니다. 이렇게 함으로써 추후 이 함수를 다른 파일에서 불러와 사용할 수 있습니다.

17.3.1.3 초기 상태 및 리듀서 함수 만들기

이제 counter 모듈의 초기 상태와 리듀서 함수를 만들어 줍시다.

modules/counter.js

```
const INCREASE = 'counter/INCREASE';
const DECREASE = 'counter/DECREASE';

export const increase = () => ({ type: INCREASE });
export const decrease = () => ({ type: DECREASE });

const initialState = {
  number: 0
};

function counter(state = initialState, action) {
  switch (action.type) {
    case INCREASE:
      return {
        number: state.number + 1
      };
    case DECREASE:
      return {
        number: state.number - 1
      };
    default:
      return state;
  }
}

export default counter;
```

이 모듈의 초기 상태에는 number 값을 설정해 주었으며, 리듀서 함수에는 현재 상태를 참조하여 새로운 객체를 생성해서 반환하는 코드를 작성해 주었습니다. 마지막으로 export default 키워드를 사용하여 함수를 내보내 주었습니다.

조금 전에 만든 액션 생성 함수는 export로 내보내 주었고, 이번에 만든 리듀서는 export default 로 내보내 주었죠? 두 방식의 차이점은 export는 여러 개를 내보낼 수 있지만 export default는 단 한 개만 내보낼 수 있다는 것입니다.

불러오는 방식도 다릅니다. 다음과 같이 말이죠.

```
import counter from './counter';
import { increase, decrease } from './counter';
// 한꺼번에 불러오고 싶을 때
import counter, { increase, decrease } from './counter';
```

17.3.2 todos 모듈 만들기

이번에 만들 모듈은 좀 더 복잡합니다. modules 디렉터리에 todos.js 파일을 생성하세요.

17.3.2.1 액션 타입 정의하기

이전과 마찬가지로 가장 먼저 해야 할 일은 액션 타입 정의입니다.

modules/todos.js
```
const CHANGE_INPUT = 'todos/CHANGE_INPUT'; // 인풋 값을 변경함
const INSERT = 'todos/INSERT'; // 새로운 todo를 등록함
const TOGGLE = 'todos/TOGGLE'; // todo를 체크/체크 해제함
const REMOVE = 'todos/REMOVE'; // todo를 제거함
```

17.3.2.2 액션 생성 함수 만들기

다음으로 액션 생성 함수를 만듭니다. 조금 전과 달리 이번에는 액션 생성 함수에서 파라미터가 필요합니다. 전달받은 파라미터는 액션 객체 안에 추가 필드로 들어가게 됩니다.

modules/todos.js
```
const CHANGE_INPUT = 'todos/CHANGE_INPUT'; // 인풋 값을 변경함
const INSERT = 'todos/INSERT'; // 새로운 todo를 등록함
const TOGGLE = 'todos/TOGGLE'; // todo를 체크/체크 해제함
const REMOVE = 'todos/REMOVE'; // todo를 제거함

export const changeInput = input => ({
  type: CHANGE_INPUT,
  input
});
```

```
let id = 3; // insert가 호출될 때마다 1씩 더해집니다.
export const insert = text => ({
  type: INSERT,
  todo: {
    id: id++,
    text,
    done: false
  }
});

export const toggle = id => ({
  type: TOGGLE,
  id
});

export const remove = id => ({
  type: REMOVE,
  id
});
```

위 액션 생성 함수 중에서 insert 함수는 액션 객체를 만들 때 파라미터 외에 사전에 이미 선언되어 있는 id라는 값에도 의존합니다. 이 액션 생성 함수는 호출될 때마다 id 값에 1씩 더해 줍니다. 이 id 값은 각 todo 객체가 들고 있게 될 고윳값이죠.

여기서 id 값이 3인 이유는 다음 절에서 초기 상태를 작성할 때 todo 객체 두 개를 사전에 미리 넣어 둘 것이므로 그다음에 새로 추가될 항목의 id가 3이기 때문입니다.

17.3.2.3 초기 상태 및 리듀서 함수 만들기

이제 모듈의 초기 상태와 리듀서 함수를 작성합시다. 이번에는 업데이트 방식이 조금 까다로워집니다. 객체에 한 개 이상의 값이 들어가므로 불변성을 유지해 주어야 하기 때문이죠. spread 연산자(…)를 잘 활용하여 작성해 보세요. 배열에 변화를 줄 때는 배열 내장 함수를 사용하여 구현하면 됩니다.

modules/todos.js

```
(...)
const initialState = {
  input: '',
  todos: [
```

```
      {
        id: 1,
        text: '리덕스 기초 배우기',
        done: true
      },
      {
        id: 2,
        text: '리액트와 리덕스 사용하기',
        done: false
      }
    ]
};

function todos(state = initialState, action) {
  switch (action.type) {
    case CHANGE_INPUT:
      return {
        ...state,
        input: action.input
      };
    case INSERT:
      return {
        ...state,
        todos: state.todos.concat(action.todo)
      };
    case TOGGLE:
      return {
        ...state,
        todos: state.todos.map(todo =>
          todo.id === action.id ? { ...todo, done: !todo.done } : todo
        )
      };
    case REMOVE:
      return {
        ...state,
        todos: state.todos.filter(todo => todo.id !== action.id)
      };
    default:
      return state;
  }
}

export default todos;
```

리덕스를 사용하여 리액트 애플리케이션 상태 관리하기

17.3.3 루트 리듀서 만들기

이번 프로젝트에서는 리듀서를 여러 개 만들었지요? 나중에 createStore 함수를 사용하여 스토어를 만들 때는 리듀서를 하나만 사용해야 합니다. 그렇기 때문에 기존에 만들었던 리듀서를 하나로 합쳐 주어야 하는데요, 이 작업은 리덕스에서 제공하는 combineReducers라는 유틸 함수를 사용하면 쉽게 처리할 수 있습니다.

modules 디렉터리에 index.js 파일을 만들고, 그 안에 다음과 같은 코드를 작성하세요.

modules/index.js

```
import { combineReducers } from 'redux';
import counter from './counter';
import todos from './todos';

const rootReducer = combineReducers({
  counter,
  todos,
});

export default rootReducer;
```

파일 이름을 이렇게 index.js로 설정해 주면 나중에 불러올 때 디렉터리 이름까지만 입력하여 불러올 수 있습니다. 다음과 같이 말이죠.

```
import rootReducer from './modules';
```

17.4 리액트 애플리케이션에 리덕스 적용하기

R E A C T

이제 드디어 리액트 애플리케이션에 리덕스를 적용할 차례입니다. 스토어를 만들고 리액트 애플리케이션에 리덕스를 적용하는 작업은 src 디렉터리의 index.js에서 이루어집니다.

17.4.1 스토어 만들기

가장 먼저 스토어를 생성합니다.

src/index.js

```
import React from 'react';
import ReactDOM from 'react-dom/client';
import './index.css';
import App from './App';
import { createStore } from 'redux';
import rootReducer from './modules';

const store = createStore(rootReducer);

const root = ReactDOM.createRoot(document.getElementById('root'));
root.render(<App />);
```

17.4.2 Provider 컴포넌트를 사용하여 프로젝트에 리덕스 적용하기

리액트 컴포넌트에서 스토어를 사용할 수 있도록 App 컴포넌트를 react-redux에서 제공하는 Provider 컴포넌트로 감싸 줍니다. 이 컴포넌트를 사용할 때는 store를 props로 전달해 주어야 합니다.

src/index.js

```
import React from 'react';
import ReactDOM from 'react-dom/client';
import './index.css';
import App from './App';
import { createStore } from 'redux';
import rootReducer from './modules';
import { Provider } from 'react-redux';

const store = createStore(rootReducer);

const root = ReactDOM.createRoot(document.getElementById('root'));
root.render(
  <Provider store={store}>
    <App />
  </Provider>
);
```

17.4.3 Redux DevTools의 설치 및 적용

Redux DevTools는 리덕스 개발자 도구이며, 크롬 확장 프로그램으로 설치하여 사용할 수 있습니다. 크롬 웹 스토어(https://chrome.google.com/webstore/)에서 Redux DevTools를 검색하여 설치해 주세요.

▼ 그림 17-7 Redux DevTools 설치

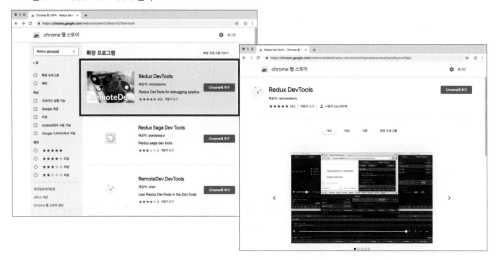

설치하고 나면 리덕스 스토어를 만드는 과정에서 다음과 같이 적용해 줄 수 있습니다.

사용 예시

```
const store = createStore(
  rootReducer, /* preloadedState, */
  window.__REDUX_DEVTOOLS_EXTENSION__ && window.__REDUX_DEVTOOLS_EXTENSION__()
);
```

하지만 패키지를 설치하여 적용하면 코드가 훨씬 깔끔해집니다. 우리는 패키지를 설치하는 형태로 적용해 보겠습니다(패키지를 설치하여 사용한다고 해도 크롬 확장 프로그램은 설치해야 합니다).

우선 redux-devtools-extension을 yarn을 사용하여 설치해 주세요.

```
$ yarn add redux-devtools-extension
```

그리고 다음과 같이 적용해 주면 됩니다.

```
import React from 'react';
import ReactDOM from 'react-dom/client';
import './index.css';
import App from './App';
import { createStore } from 'redux';
import rootReducer from './modules';
import { Provider } from 'react-redux';
import { devToolsEnhancer } from '@redux-devtools/extension';

const store = createStore(rootReducer, devToolsEnhancer());

const root = ReactDOM.createRoot(document.getElementById('root'));
root.render(
  <Provider store={store}>
    <App />
  </Provider>
);
```

이제 브라우저에서 크롬 개발자 도구를 실행한 후 **Redux** 탭을 열어 보세요. 리덕스 개발자 도구가 잘 나타났나요?

▼ 그림 17-8 Redux DevTools

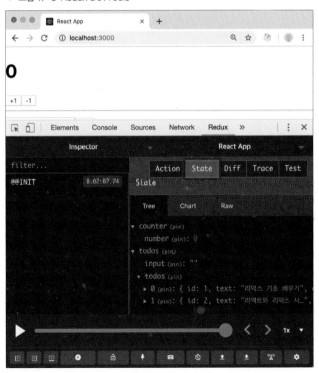

리덕스 개발자 도구 안의 State 버튼을 눌러 현재 리덕스 스토어 내부의 상태가 잘 보이는지 확인해 보세요.

17.5 / 컨테이너 컴포넌트 만들기

이제는 컴포넌트에서 리덕스 스토어에 접근하여 원하는 상태를 받아 오고, 또 액션도 디스패치해줄 차례입니다. 리덕스 스토어와 연동된 컴포넌트를 컨테이너 컴포넌트라고 부릅니다.

17.5.1 CounterContainer 만들기

src 디렉터리에 containers 디렉터리를 생성하고, 그 안에 CounterContainer 컴포넌트를 만드세요.

containers/CounterContainer.js

```
import Counter from '../components/Counter';

const CounterContainer = () => {
  return <Counter />;
};

export default CounterContainer;
```

위 컴포넌트를 리덕스와 연동하려면 react-redux에서 제공하는 connect 함수를 사용해야 합니다. 이 함수는 다음과 같이 사용합니다.

```
connect(mapStateToProps, mapDispatchToProps)(연동할 컴포넌트)
```

여기서 mapStateToProps는 리덕스 스토어 안의 상태를 컴포넌트의 props로 넘겨주기 위해 설정하는 함수이고, mapDispatchToProps는 액션 생성 함수를 컴포넌트의 props로 넘겨주기 위해 사용하는 함수입니다.

이렇게 connect 함수를 호출하고 나면 또 다른 함수를 반환합니다. 반환된 함수에 컴포넌트를 파라미터로 넣어 주면 리덕스와 연동된 컴포넌트가 만들어집니다.

위 코드를 더 쉽게 풀면 다음과 같은 형태입니다.

```
const makeContainer = connect(mapStateToProps, mapDispatchToProps)
makeContainer(타깃 컴포넌트)
```

자, 이제 CounterContainer 컴포넌트에서 connect를 사용해 볼까요?

containers/CounterContainer.js

```
import { connect } from 'react-redux';
import Counter from '../components/Counter';

const CounterContainer = ({ number, increase, decrease }) => {
  return (
    <Counter number={number} onIncrease={increase} onDecrease={decrease} />
  );
};

const mapStateToProps = state => ({
  number: state.counter.number,
});
const mapDispatchToProps = dispatch => ({
  // 임시 함수
  increase: () => {
    console.log('increase');
  },
  decrease: () => {
    console.log('decrease');
  },
});
export default connect(
  mapStateToProps,
  mapDispatchToProps,
)(CounterContainer);
```

mapStateToProps와 mapDispatchProps에서 반환하는 객체 내부의 값들은 컴포넌트의 props로 전달됩니다. mapStateToProps는 state를 파라미터로 받아 오며, 이 값은 현재 스토어가 지니고 있는 상태를 가리킵니다. mapDispatchToProps의 경우 store의 내장 함수 dispatch를 파라미터로 받아 옵니다. 현재 mapDispatchToProps에서는 진행 절차를 설명하기 위해 임시로 console.log를 사용하고 있습니다.

다음으로 App에서 Counter를 CounterContainer로 교체하세요.

App.js

```
import Todos from './components/Todos';
import CounterContainer from './containers/CounterContainer';

const App = () => {
  return (
    <div>
      <CounterContainer />
      <hr />
      <Todos />
    </div>
  );
};


export default App;
```

브라우저를 열어서 +1, -1 버튼을 눌러 보세요. 콘솔에 increase와 decrease가 찍히나요?

▼ 그림 17-9 connect를 통해 함수 전달

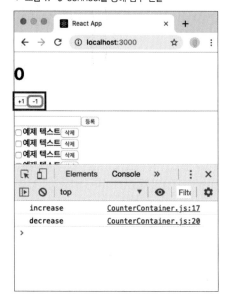

자, 이번에는 console.log 대신 액션 생성 함수를 불러와서 액션 객체를 만들고 디스패치해 주겠습니다.

containers/CounterContainer.js

```javascript
import { connect } from 'react-redux';
import Counter from '../components/Counter';
import { increase, decrease } from '../modules/counter';

const CounterContainer = ({ number, increase, decrease }) => {
  return (
    <Counter number={number} onIncrease={increase} onDecrease={decrease} />
  );
};

const mapStateToProps = state => ({
  number: state.counter.number,
});
const mapDispatchToProps = dispatch => ({
  increase: () => {
    dispatch(increase());
  },
  decrease: () => {
    dispatch(decrease());
  },
});
export default connect(
  mapStateToProps,
  mapDispatchToProps,
)(CounterContainer);
```

이제 다시 **+1**, **−1** 버튼을 눌러 보세요. 숫자가 바뀌나요? 리덕스 개반자 두구노 한빈 확인해 보세요.

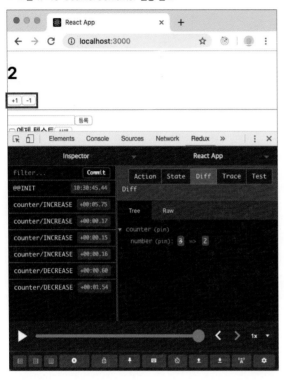

connect 함수를 사용할 때는 일반적으로 위 코드와 같이 mapStateToProps와 mapDispatchToProps를 미리 선언해 놓고 사용합니다. 하지만 connect 함수 내부에 익명 함수 형태로 선언해도 문제가 되지 않습니다. 어떻게 보면 코드가 더 깔끔해지기도 하는데요, 취향에 따라 다음과 같이 작성해도 됩니다.

containers/CounterContainer.js

```
import { connect } from 'react-redux';
import Counter from '../components/Counter';
import { increase, decrease } from '../modules/counter';

const CounterContainer = ({ number, increase, decrease }) => {
  return (
    <Counter number={number} onIncrease={increase} onDecrease={decrease} />
  );
};

export default connect(
  state => ({
```

```
      number: state.counter.number,
    }),
    dispatch => ({
      increase: () => dispatch(increase()),
      decrease: () => dispatch(decrease()),
    }),
  )(CounterContainer);
```

위 코드에서는 액션 생성 함수를 호출하여 디스패치하는 코드가 한 줄이기 때문에 불필요한 코드 블록을 생략해 주었습니다. 다음 두 줄의 코드는 작동 방식이 완전히 같습니다.

```
increase: () => dispatch(increase()),
increase: () => { return dispatch(increase()) },
```

컴포넌트에서 액션을 디스패치하기 위해 각 액션 생성 함수를 호출하고 dispatch로 감싸는 작업이 조금 번거로울 수도 있습니다. 특히 액션 생성 함수의 개수가 많아진다면 더더욱 그럴 것입니다. 이와 같은 경우에는 리덕스에서 제공하는 bindActionCreators 유틸 함수를 사용하면 간편합니다.

한번 사용해 볼까요?

containers/CounterContainer.js

```
import { bindActionCreators } from 'redux';
import { connect } from 'react-redux';
import Counter from '../components/Counter';
import { increase, decrease } from '../modules/counter';

const CounterContainer = ({ number, increase, decrease }) => {
  return (
    <Counter number={number} onIncrease={increase} onDecrease={decrease} />
  );
};

export default connect(
  state => ({
    number: state.counter.number,
  }),
  dispatch =>
    bindActionCreators(
      {
        increase,
        decrease,
```

```
    },
    dispatch,
  ),
)(CounterContainer);
```

브라우저를 열어서 조금 전과 똑같이 작동하는지 확인해 보세요.

방금 작성한 방법보다 한 가지 더 편한 방법이 있습니다. 바로 mapDispatchToProps에 해당하는 파라미터를 함수 형태가 아닌 액션 생성 함수로 이루어진 객체 형태로 넣어 주는 것입니다. 다음과 같이 말이죠.

---

containers/CounterContainer.js

```
import { connect } from 'react-redux';
import Counter from '../components/Counter';
import { increase, decrease } from '../modules/counter';

const CounterContainer = ({ number, increase, decrease }) => {
  return (
    <Counter number={number} onIncrease={increase} onDecrease={decrease} />
  );
};

export default connect(
  state => ({
    number: state.counter.number,
  }),
  {
    increase,
    decrease,
  },
)(CounterContainer);
```

위와 같이 두 번째 파라미터를 아예 객체 형태로 넣어 주면 connect 함수가 내부적으로 bindActionCreators 작업을 대신해 줍니다.

17.5.2 TodosContainer 만들기

이번에는 Todos 컴포넌트를 위한 컨테이너인 TodosContainer를 작성해 보겠습니다.

CounterContainer를 만들 때 배웠던 connect 함수를 사용하고, mapDispatchToProps를 짧고 간단하게 쓰는 방법을 적용해서 코드를 작성해 보세요.

containers/TodosContainer.js

```javascript
import { connect } from 'react-redux';
import { changeInput, insert, toggle, remove } from '../modules/todos';
import Todos from '../components/Todos';

const TodosContainer = ({
  input,
  todos,
  changeInput,
  insert,
  toggle,
  remove,
}) => {
  return (
    <Todos
      input={input}
      todos={todos}
      onChangeInput={changeInput}
      onInsert={insert}
      onToggle={toggle}
      onRemove={remove}
    />
  );
};

export default connect(
  // 비구조화 할당을 통해 todos를 분리하여
  // state.todos.input 대신 todos.input을 사용
  ({ todos }) => ({
    input: todos.input,
    todos: todos.todos,
  }),
  {
    changeInput,
    insert,
    toggle,
    remove,
  },
)(TodosContainer);
```

리덕스를 사용하여 리액트 애플리케이션 상태 관리하기

이전에 todos 모듈에서 작성했던 액션 생성 함수와 상태 안에 있던 값을 컴포넌트의 props로 전달해 주었습니다.

컨테이너 컴포넌트를 다 만든 후에는 App 컴포넌트에서 보여 주던 Todos 컴포넌트를 TodosContainer 컴포넌트로 교체하세요.

App.js

```jsx
import CounterContainer from './containers/CounterContainer';
import TodosContainer from './containers/TodosContainer';

const App = () => {
  return (
    <div>
      <CounterContainer />
      <hr />
      <TodosContainer />
    </div>
  );
};


export default App;
```

그다음에는 Todos 컴포넌트에서 받아 온 props를 사용하도록 구현해 보세요.

components/Todos.js

```jsx
const TodoItem = ({ todo, onToggle, onRemove }) => {
  return (
    <div>
      <input
        type="checkbox"
        onClick={() => onToggle(todo.id)}
        checked={todo.done}
        readOnly={true}
      />
      <span style={{ textDecoration: todo.done ? 'line-through' : 'none' }}>
        {todo.text}
      </span>
      <button onClick={() => onRemove(todo.id)}>삭제</button>
    </div>
  );
```

```
};

const Todos = ({
  input, // 인풋에 입력되는 텍스트
  todos, // 할 일 목록이 들어 있는 객체
  onChangeInput,
  onInsert,
  onToggle,
  onRemove,
}) => {
  const onSubmit = e => {
    e.preventDefault();
    onInsert(input);
    onChangeInput(''); // 등록 후 인풋 초기화
  };
  const onChange = e => onChangeInput(e.target.value);
  return (
    <div>
      <form onSubmit={onSubmit}>
        <input value={input} onChange={onChange} />
        <button type="submit">등록</button>
      </form>
      <div>
        {todos.map(todo => (
          <TodoItem
            todo={todo}
            key={todo.id}
            onToggle={onToggle}
            onRemove={onRemove}
          />
        ))}
      </div>
    </div>
  );
};

export default Todos;
```

이제 모든 작업이 끝났습니다. 브라우저에서 할 일 목록 기능이 잘 작동하는지 확인해 보세요. 일
정을 새로 추가해 보고, 체크 박스도 눌러 보고, 삭제도 해 보세요.

모든 기능이 잘 작동하나요?

17.6 리덕스 더 편하게 사용하기

이번에는 리덕스를 좀 더 편하게 사용하는 방법을 알아보겠습니다. 액션 생성 함수, 리듀서를 작성할 때 redux-actions라는 라이브러리와 이전에 배웠던 immer 라이브러리를 활용하면 리덕스를 훨씬 편하게 사용할 수 있습니다.

17.6.1 redux-actions

redux-actions를 사용하면 액션 생성 함수를 더 짧은 코드로 작성할 수 있습니다. 그리고 리듀서를 작성할 때도 switch/case 문이 아닌 handleActions라는 함수를 사용하여 각 액션마다 업데이트 함수를 설정하는 형식으로 작성해 줄 수 있습니다.

우선 라이브러리를 설치해 주세요.

```
$ yarn add redux-actions
```

17.6.1.1 counter 모듈에 적용하기

counter 모듈에 작성된 액션 생성 함수를 createAction이란 함수를 사용하여 만들어 주겠습니다.

modules/counter.js

```
import { createAction } from 'redux-actions';

const INCREASE = 'counter/INCREASE';
const DECREASE = 'counter/DECREASE';

export const increase = createAction(INCREASE);
export const decrease = createAction(DECREASE);

(...)
```

createAction을 사용하면 매번 객체를 직접 만들어 줄 필요 없이 더욱 간단하게 액션 생성 함수를 선언할 수 있습니다.

이번에는 리듀서 함수도 더 간단하고 가독성 높게 작성해 보겠습니다. handleActions라는 함수를 사용합니다.

modules/counter.js

```
import { createAction, handleActions } from 'redux-actions';

const INCREASE = 'counter/INCREASE';
const DECREASE = 'counter/DECREASE';

export const increase = createAction(INCREASE);
export const decrease = createAction(DECREASE);
```

```
const initialState = {
  number: 0,
};

const counter = handleActions(
  {
    [INCREASE]: (state, action) => ({ number: state.number + 1 }),
    [DECREASE]: (state, action) => ({ number: state.number - 1 }),
  },
  initialState,
);

export default counter;
```

handleActions 함수의 첫 번째 파라미터에는 각 액션에 대한 업데이트 함수를 넣어 주고, 두 번째 파라미터에는 초기 상태를 넣어 줍니다.

어떤가요? 코드가 훨씬 짧아지고 가독성이 높아졌죠?

17.6.1.2 todos 모듈에 적용하기

똑같은 작업을 todos 모듈에도 적용해 봅시다. 먼저 액션 생성 함수를 교체해 줄 텐데, 조금 다른 점이 있습니다. 바로 각 액션 생성 함수에서 파라미터를 필요로 한다는 점입니다.

createAction으로 액션을 만들면 액션에 필요한 추가 데이터는 payload라는 이름을 사용합니다. 예를 들면 다음과 같습니다.

```
const MY_ACTION = 'sample/MY_ACTION';
const myAction = createAction(MY_ACTION);
const action = myAction('hello world');
/*
  결과:
  { type: MY_ACTION, payload: 'hello world' }
*/
```

액션 생성 함수에서 받아 온 파라미터를 그대로 payload에 넣는 것이 아니라 변형을 주어서 넣고 싶다면, createAction의 두 번째 함수에 payload를 정의하는 함수를 따로 선언해서 넣어 주면 됩니다.

```
const MY_ACTION = 'sample/MY_ACTION';
const myAction = createAction(MY_ACTION, text => `${text}!`);
const action = myAction('hello world');
/*
  결과:
  { type: MY_ACTION, payload: 'hello world!' }
*/
```

자, 그럼 이제 todos 모듈의 액션 생성 함수를 다음과 같이 새로 작성해 주세요.

modules/todos.js

```
import { createAction } from 'redux-actions';

const CHANGE_INPUT = 'todos/CHANGE_INPUT'; // 인풋 값을 변경함
const INSERT = 'todos/INSERT'; // 새로운 todo를 등록함
const TOGGLE = 'todos/TOGGLE'; // todo를 체크/체크 해제함
const REMOVE = 'todos/REMOVE'; // todo를 제거함

export const changeInput = createAction(CHANGE_INPUT, input => input);

let id = 3; // insert가 호출될 때마다 1씩 더해집니다.
export const insert = createAction(INSERT, text => ({
  id: id++,
  text,
  done: false,
}));

export const toggle = createAction(TOGGLE, id => id);
export const remove = createAction(REMOVE, id => id);

(...)
```

insert의 경우 todo 객체를 액션 객체 안에 넣어 주어야 하기 때문에 두 번째 파라미터에 text를 넣으면 todo 객체가 반환되는 함수를 넣어 주었습니다.

나머지 함수에는 text => text 혹은 id => id와 같은 형태로 파라미터를 그대로 반환하는 함수를 넣었습니다. 이 작업이 필수는 아닙니다. 생략해도 똑같이 작동하기만, 여기서 이 함수를 넣어 줌으로써 코드를 보았을 때 이 액션 생성 함수의 파라미터로 어떤 값이 필요한지 쉽게 파악할 수 있습니다.

액션 생성 함수를 다 작성했으면 handleActions로 리듀서를 재작성해 보겠습니다. createAction으로 만든 액션 생성 함수는 파라미터로 받아 온 값을 객체 안에 넣을 때 원하는 이름으로 넣는 것이 아니라 action.id, action.todo와 같이 action.payload라는 이름을 공통적으로 넣어 주게 됩니다. 그렇기 때문에, 기존의 업데이트 로직에서도 모두 action.payload 값을 조회하여 업데이트하도록 구현해 주어야 합니다.

액션 생성 함수는 액션에 필요한 추가 데이터를 모두 payload라는 이름으로 사용하기 때문에 action.id, action.todo를 조회하는 대신, 모두 공통적으로 action.payload 값을 조회하도록 리듀서를 구현해 주어야 합니다.

modules/todos.js

```
import { createAction, handleActions } from 'redux-actions';

(...)

const todos = handleActions(
  {
    [CHANGE_INPUT]: (state, action) => ({ ...state, input: action.payload }),
    [INSERT]: (state, action) => ({
      ...state,
      todos: state.todos.concat(action.payload),
    }),
    [TOGGLE]: (state, action) => ({
      ...state,
      todos: state.todos.map(todo =>
        todo.id === action.payload ? { ...todo, done: !todo.done } : todo,
      ),
    }),
    [REMOVE]: (state, action) => ({
      ...state,
      todos: state.todos.filter(todo => todo.id !== action.payload),
    }),
  },
  initialState,
);

export default todos;
```

모든 추가 데이터 값을 action.payload로 사용하기 때문에 나중에 리듀서 코드를 다시 볼 때 헷갈릴 수 있습니다. 객체 비구조화 할당 문법으로 action 값의 payload 이름을 새로 설정해 주면

action.payload가 정확히 어떤 값을 의미하는지 더 쉽게 파악할 수 있습니다.

modules/todos.js

```
(...)
const todos = handleActions(
  {
    [CHANGE_INPUT]: (state, { payload: input }) => ({ ...state, input }),
    [INSERT]: (state, { payload: todo }) => ({
      ...state,
      todos: state.todos.concat(todo),
    }),
    [TOGGLE]: (state, { payload: id }) => ({
      ...state,
      todos: state.todos.map(todo =>
        todo.id === id ? { ...todo, done: !todo.done } : todo,
      ),
    }),
    [REMOVE]: (state, { payload: id }) => ({
      ...state,
      todos: state.todos.filter(todo => todo.id !== id),
    }),
  },
  initialState,
);

export default todos;
```

어떤가요? 코드의 가독성이 더 높아졌지요?

17.6.2 immer

리듀서에서 상태를 업데이트할 때는 불변성을 지켜야 하기 때문에 앞에서는 spread 연산자(…)와 배열의 내장 함수를 활용했습니다. 그러나 모듈의 상태가 복잡해질수록 불변성을 지키기가 까다로워집니다.

따라서 모듈의 상태를 설계할 때는 객체의 깊이가 너무 깊어지지 않도록 주의해야 합니다. 깊은 객체와 깊지 않은 객체를 한번 비교해 볼까요?

리덕스를 사용하여 리액트 애플리케이션 상태 관리하기

```javascript
const deepObject = {
  modal: {
    open: false,
    content: {
      title: '알림',
      body: '성공적으로 처리되었습니다.',
      buttons: {
        confirm: '확인',
        cancel: '취소',
      },
    },
  },
  waiting: false,
  settings: {
    theme: 'dark',
    zoomLevel: 5,
  },
};

const shallowObject = {
  modal: {
    open: false,
    title: '알림',
    body: '성공적으로 처리되었습니다.',
    confirm: '확인',
    cancel: '취소',
  },
  waiting: false,
  theme: 'dark',
  zoomLevel: 5
}
```

객체의 깊이가 깊지 않을수록 추후 불변성을 지켜 가면서 값을 업데이트할 때 수월합니다. 하지만 상황에 따라 상태 값들을 하나의 객체 안에 묶어서 넣는 것이 코드의 가독성을 높이는 데 유리하며, 나중에 컴포넌트에 리덕스를 연동할 때도 더욱 편합니다.

객체의 구조가 복잡해지거나 객체로 이루어진 배열을 다룰 경우, immer를 사용하면 훨씬 편리하게 상태를 관리할 수 있습니다.

우선 immer를 현재 프로젝트에 설치해 주세요.

```
$ yarn add immer
```

counter 모듈처럼 간단한 리듀서에 immer를 사용하면 오히려 코드가 더 길어지기 때문에 todos 모듈에 적용해 보겠습니다.

modules/todos.js

```
import { createAction, handleActions } from 'redux-actions';
import produce from 'immer';

(...)

const todos = handleActions(
  {
    [CHANGE_INPUT]: (state, { payload: input }) =>
      produce(state, draft => {
        draft.input = input;
      }),
    [INSERT]: (state, { payload: todo }) =>
      produce(state, draft => {
        draft.todos.push(todo);
      }),
    [TOGGLE]: (state, { payload: id }) =>
      produce(state, draft => {
        const todo = draft.todos.find(todo => todo.id === id);
        todo.done = !todo.done;
      }),
    [REMOVE]: (state, { payload: id }) =>
      produce(state, draft => {
        const index = draft.todos.findIndex(todo => todo.id === id);
        draft.todos.splice(index, 1);
      }),
  },
  initialState,
);

export default todos;
```

immer를 사용한다고 해서 모든 업데이트 함수에 immer를 적용할 필요는 없습니다. 일반 자바 스크립트로 처리하는 것이 더 편할 때는 immer를 적용하지 않아도 됩니다. 예를 들어 위 코드에서 TOGGLE을 제외한 업데이트 함수들은 immer를 쓰지 않는 코드가 오히려 더 짧기 때문에 이전 형태를 유지하는 것도 무방합니다.

17.7 / Hooks를 사용하여 컨테이너 컴포넌트 만들기

리덕스 스토어와 연동된 컨테이너 컴포넌트를 만들 때 connect 함수를 사용하는 대신 react-redux에서 제공하는 Hooks를 사용할 수도 있습니다.

17.7.1 useSelector로 상태 조회하기

useSelector Hook을 사용하면 connect 함수를 사용하지 않고도 리덕스의 상태를 조회할 수 있습니다. useSelector의 사용법은 다음과 같습니다.

```
const 결과 = useSelector(상태 선택 함수);
```

여기서 상태 선택 함수는 mapStateToProps와 형태가 똑같습니다. 이제 CounterContainer에서 connect 함수 대신 useSelector를 사용하여 counter.number 값을 조회함으로써 Counter에게 props를 넘겨 줍시다.

containers/CounterContainer.js

```javascript
import { useSelector } from 'react-redux';
import Counter from '../components/Counter';
import { increase, decrease } from '../modules/counter';

const CounterContainer = () => {
  const number = useSelector(state => state.counter.number);
  return <Counter number={number} />;
};

export default CounterContainer;
```

꽤 간단하지요?

17.7.2 useDispatch를 사용하여 액션 디스패치하기

이번에는 useDispatch라는 Hook에 대해 알아봅시다. 이 Hook은 컴포넌트 내부에서 스토어의 내장 함수 dispatch를 사용할 수 있게 해 줍니다. 컨테이너 컴포넌트에서 액션을 디스패치해야 한다면 이 Hook을 사용하면 됩니다. 사용법은 다음과 같습니다.

```
const dispatch = useDispatch();
dispatch({ type: 'SAMPLE_ACTION' });
```

이제 CounterContainer에서도 이 Hook을 사용하여 INCREASE와 DECREASE 액션을 발생시켜 봅시다.

containers/CounterContainer.js

```
import { useSelector, useDispatch } from 'react-redux';
import Counter from '../components/Counter';
import { increase, decrease } from '../modules/counter';

const CounterContainer = () => {
  const number = useSelector(state => state.counter.number);
  const dispatch = useDispatch();
  return (
    <Counter
      number={number}
      onIncrease={() => dispatch(increase())}
      onDecrease={() => dispatch(decrease())}
    />
  );
};

export default CounterContainer;
```

이렇게 코드를 작성하고 +1과 −1 버튼을 눌러서 숫자가 잘 바뀌는지 확인해 보세요.

지금은 숫자가 바뀌어서 컴포넌트가 리렌더링될 때마다 onIncrease 함수와 onDecrease 함수가 새롭게 만들어지고 있습니다.

만약 컴포넌트 성능을 최적화해야 하는 상황이 온다면 useCallback으로 액션을 디스패치하는 함수를 감싸 주는 것이 좋습니다.

다음과 같이 코드를 한번 수정해 보세요.

```javascript
import { useCallback } from 'react';
import { useSelector, useDispatch } from 'react-redux';
import Counter from '../components/Counter';
import { increase, decrease } from '../modules/counter';

const CounterContainer = () => {
  const number = useSelector(state => state.counter.number);
  const dispatch = useDispatch();
  const onIncrease = useCallback(() => dispatch(increase()), [dispatch]);
  const onDecrease = useCallback(() => dispatch(decrease()), [dispatch]);
  return (
    <Counter number={number} onIncrease={onIncrease} onDecrease={onDecrease} />
  );
};

export default CounterContainer;
```

useDispatch를 사용할 때는 이렇게 useCallback과 함께 사용하는 습관을 들일 것을 권합니다.

17.7.3 useStore를 사용하여 리덕스 스토어 사용하기

useStore Hooks를 사용하면 컴포넌트 내부에서 리덕스 스토어 객체를 직접 사용할 수 있습니다. 사용법은 다음과 같습니다.

```javascript
const store = useStore();
store.dispatch({ type: 'SAMPLE_ACTION '});
store.getState();
```

useStore는 컴포넌트에서 정말 어쩌다가 스토어에 직접 접근해야 하는 상황에만 사용해야 합니다. 이를 사용해야 하는 상황은 흔치 않을 것입니다.

17.7.4 TodosContainer를 Hooks로 전환하기

이제 TodosContainer를 connect 함수 대신에 useSelector와 useDispatch Hooks를 사용하는 형태로 전환해 봅시다.

```
import { useCallback } from 'react';
import { useSelector, useDispatch } from 'react-redux';
import { changeInput, insert, toggle, remove } from '../modules/todos';
import Todos from '../components/Todos';

const TodosContainer = () => {
  const { input, todos } = useSelector(({ todos }) => ({
    input: todos.input,
    todos: todos.todos
  }));
  const dispatch = useDispatch();
  const onChangeInput = useCallback(input => dispatch(changeInput(input)), [
    dispatch
  ]);
  const onInsert = useCallback(text => dispatch(insert(text)), [dispatch]);
  const onToggle = useCallback(id => dispatch(toggle(id)), [dispatch]);
  const onRemove = useCallback(id => dispatch(remove(id)), [dispatch]);

  return (
    <Todos
      input={input}
      todos={todos}
      onChangeInput={onChangeInput}
      onInsert={onInsert}
      onToggle={onToggle}
      onRemove={onRemove}
    />
  );
};

export default TodosContainer;
```

이번에는 useSelector를 사용할 때 비구조화 할당 문법을 활용했습니다.

또한, useDispatch를 사용할 때 각 액션을 디스패치하는 함수를 만들었는데요. 위 코드의 경우 액션의 종류가 많은데 어떤 값이 액션 생성 함수의 파라미터로 사용되어야 하는지 일일이 명시해 주어야 하므로 조금 번거롭습니다. 이 부분은 우선 컴포넌트가 잘 작동하는 것을 확인하고 나서 한번 개선해 보겠습니다. 코드를 저장하고 TodosContainer가 잘 작동하는지 확인해 보세요.

17 리덕스를 사용하여 리액트 애플리케이션 상태 관리하기

17.7.5 useActions 유틸 Hook을 만들어서 사용하기

useActions는 원래 react-redux에 내장된 상태로 릴리즈될 계획이었으나 리덕스 개발 팀에서 꼭 필요하지 않다고 판단하여 제외된 Hook입니다. 그 대신 공식 문서에서 그대로 복사하여 사용할 수 있도록 제공하고 있습니다.

- 참고 링크: https://react-redux.js.org/next/api/hooks#recipe-useactions

이 Hook을 사용하면, 여러 개의 액션을 사용해야 하는 경우 코드를 훨씬 깔끔하게 정리하여 작성할 수 있습니다.

src 디렉터리에 lib 디렉터리를 만들고, 그 안에 useActions.js 파일을 다음과 같이 작성해 보세요.

lib/useActions.js
```javascript
import { bindActionCreators } from 'redux';
import { useDispatch } from 'react-redux';
import { useMemo } from 'react';

export default function useActions(actions, deps) {
  const dispatch = useDispatch();
  return useMemo(
    () => {
      if (Array.isArray(actions)) {
        return actions.map(a => bindActionCreators(a, dispatch));
      }
      return bindActionCreators(actions, dispatch);
    },
    deps ? [dispatch, ...deps] : deps
  );
}
```

방금 작성한 useActions Hook은 액션 생성 함수를 액션을 디스패치하는 함수로 변환해 줍니다. 액션 생성 함수를 사용하여 액션 객체를 만들고, 이를 스토어에 디스패치하는 작업을 해 주는 함수를 자동으로 만들어 주는 것이죠.

useActions는 두 가지 파라미터가 필요합니다. 첫 번째 파라미터는 액션 생성 함수로 이루어진 배열입니다. 두 번째 파라미터는 deps 배열이며, 이 배열 안에 들어 있는 원소가 바뀌면 액션을 디스패치하는 함수를 새로 만들게 됩니다.

한번 TodoContainer에서 useActions를 불러와 사용해 봅시다.

```javascript
import { useSelector } from 'react-redux';
import { changeInput, insert, toggle, remove } from '../modules/todos';
import Todos from '../components/Todos';
import useActions from '../lib/useActions';

const TodosContainer = () => {
  const { input, todos } = useSelector(({ todos }) => ({
    input: todos.input,
    todos: todos.todos
  }));

  const [onChangeInput, onInsert, onToggle, onRemove] = useActions(
    [changeInput, insert, toggle, remove],
    []
  );
  return (
    <Todos
      input={input}
      todos={todos}
      onChangeInput={onChangeInput}
      onInsert={onInsert}
      onToggle={onToggle}
      onRemove={onRemove}
    />
  );
};

export default TodosContainer;
```

코드를 저장한 뒤, TodoListContainer가 잘 작동하는지 다시 확인해 보세요.

17.7.6 connect 함수와의 주요 차이점

앞으로 컨테이너 컴포넌트를 만들 때 connect 함수를 사용해도 좋고, useSelector와 useDispatch를 사용해도 좋습니다. 리덕스 관련 Hook이 있다고 해서 기존 connect 함수가 사라지는 것은 아니므로, 더 편한 것을 사용하면 됩니다.

하지만 Hooks를 사용하여 컨테이너 컴포넌트를 만들 때 잘 알아 두어야 할 차이점이 있습니다. connect 함수를 사용하여 컨테이너 컴포넌트를 만들었을 경우, 해당 컨테이너 컴포넌트의 부모 컴포넌트가 리렌더링될 때 해당 컨테이너 컴포넌트의 props가 바뀌지 않았다면 리렌더링이 자동으로 방지되어 성능이 최적화됩니다.

반면 useSelector를 사용하여 리덕스 상태를 조회했을 때는 이 최적화 작업이 자동으로 이루어지지 않으므로, 성능 최적화를 위해서는 React.memo를 컨테이너 컴포넌트에 사용해 주어야 합니다. 다음과 같이 말이죠.

containers/TodosContainer.js

```
import React from 'react';
import { useSelector } from 'react-redux';
import { changeInput, insert, toggle, remove } from '../modules/todos';
import Todos from '../components/Todos';
import useActions from '../lib/useActions';

const TodosContainer = () => {
  (...)
};

export default React.memo(TodosContainer);
```

물론 지금과 같은 경우에는 TodosContainer의 부모 컴포넌트인 App 컴포넌트가 리렌더링되는 일이 없으므로 불필요한 성능 최적화입니다.

17.8 / 정리

이 장에서는 리액트 프로젝트에 리덕스를 적용하여 사용하는 방법을 배워 보았습니다. 리액트 프로젝트에서 리덕스를 사용하면 업데이트에 관련된 로직을 리액트 컴포넌트에서 완벽하게 분리시킬 수 있으므로 유지 보수성이 높은 코드를 작성해 낼 수 있습니다. 사실 이번에 만든 프로젝트처럼 정말 작은 프로젝트에 리덕스를 적용하면 오히려 프로젝트의 복잡도가 높아질 수 있습니다. 하지만 규모가 큰 프로젝트에 리덕스를 적용하면 상태를 더 체계적으로 관리할 수 있고, 개발자 경험도 향상시켜 줍니다.

18^장

리덕스 미들웨어를 통한 비동기 작업 관리

리액트 웹 애플리케이션에서 API 서버를 연동할 때는 API 요청에 대한 상태도 잘 관리해야 합니다. 예를 들어 요청이 시작되었을 때는 로딩 중임을, 요청이 성공하거나 실패했을 때는 로딩이 끝났음을 명시해야 합니다. 요청이 성공하면 서버에서 받아 온 응답에 대한 상태를 관리하고, 요청이 실패하면 서버에서 반환한 에러에 대한 상태를 관리해야 합니다.

리액트 프로젝트에서 리덕스를 사용하고 있으며 이러한 비동기 작업을 관리해야 한다면, '미들웨어(middleware)'를 사용하여 매우 효율적이고 편하게 상태 관리를 할 수 있습니다.

이 장에서는 리덕스 미들웨어의 개념을 이해하고, 미들웨어를 사용하여 비동기 작업을 처리하는 방법을 알아보겠습니다.

이번 실습은 다음 흐름으로 진행됩니다.

❤ 그림 18-1 리덕스 미들웨어를 통한 비동기 작업 관리

18.1 / 작업 환경 준비

R E A C T

리덕스를 적용한 간단한 리액트 프로젝트를 준비합시다. 이 프로젝트를 통해 리덕스 미들웨어에 대해 알아볼 것입니다.

CRA(create-react-app)를 사용하여 새 리액트 프로젝트를 생성하세요.

```
$ yarn create react-app learn-redux-middleware
```

다음으로 리덕스를 사용하여 카운터를 구현합니다. 이에 필요한 라이브러리들을 새 프로젝트에 설치해 주세요.

```
$ yarn add redux react-redux redux-actions
```

이제 리덕스를 위한 코드를 준비합니다. 먼저 counter 리덕스 모듈을 작성하세요.

modules/counter.js

```
import { createAction, handleActions } from 'redux-actions';

const INCREASE = 'counter/INCREASE';
const DECREASE = 'counter/DECREASE';

export const increase = createAction(INCREASE);
export const decrease = createAction(DECREASE);

const initialState = 0; // 상태는 꼭 객체일 필요가 없습니다. 숫자도 작동해요.

const counter = handleActions(
  {
    [INCREASE]: state => state + 1,
    [DECREASE]: state => state - 1
  },
  initialState
);

export default counter;
```

다음으로 루트 리듀서를 생성하세요.

modules/index.js

```
import { combineReducers } from 'redux';
import counter from './counter';

const rootReducer = combineReducers({
  counter
});

export default rootReducer;
```

리듀서를 다 만들었으면 src 디렉터리의 index.js에서 스토어를 생성한 후, Provider로 리액트 프로젝트에 리덕스를 적용하세요.

index.js

```javascript
import React from 'react';
import ReactDOM from 'react-dom/client';
import './index.css';
import App from './App';
import { createStore } from 'redux';
import rootReducer from './modules';
import { Provider } from 'react-redux';

const store = createStore(rootReducer);

const root = ReactDOM.createRoot(document.getElementById('root'));
root.render(
  <Provider store={store}>
    <App />
  </Provider>
);
```

이어서 카운터 컴포넌트와 카운터 컨테이너 컴포넌트를 만듭니다. 프레젠테이셔널 컴포넌트는 components 디렉터리에 저장하고, 컨테이너 컴포넌트는 containers 디렉터리에 저장하세요.

components/Counter.js

```javascript
const Counter = ({ onIncrease, onDecrease, number }) => {
  return (
    <div>
      <h1>{number}</h1>
      <button onClick={onIncrease}>+1</button>
      <button onClick={onDecrease}>-1</button>
    </div>
  );
};

export default Counter;
```

```js
import { connect } from 'react-redux';
import { increase, decrease } from '../modules/counter';
import Counter from '../components/Counter';

const CounterContainer = ({ number, increase, decrease }) => {
  return (
    <Counter number={number} onIncrease={increase} onDecrease={decrease} />
  );
};

export default connect(
  state => ({
    number: state.counter
  }),
  {
    increase,
    decrease
  }
)(CounterContainer);
```

다 만들었다면 App에서 CounterContainer를 렌더링하여 잘 작동하는지 확인해 보세요.

```js
import CounterContainer from './containers/CounterContainer';

const App = () => {
  return (
    <div>
      <CounterContainer />
    </div>
  );
};

export default App;
```

이제 yarn start 명령어를 입력하여 브라우저에서 확인해 봅시다.

▼ 그림 18-2 카운터 작동 확인

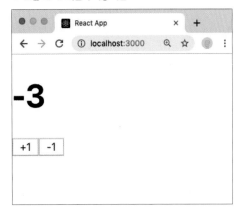

리덕스 프로젝트가 모두 준비되었습니다! 이제 리덕스 미들웨어를 본격적으로 배워 볼까요?

18.2 미들웨어란?

리덕스 미들웨어는 액션을 디스패치했을 때 리듀서에서 이를 처리하기에 앞서 사전에 지정된 작업들을 실행합니다. 미들웨어는 액션과 리듀서 사이의 중간자라고 볼 수 있습니다.

▼ 그림 18-3 미들웨어

리듀서가 액션을 처리하기 전에 미들웨어가 할 수 있는 작업은 여러 가지가 있습니다. 전달받은 액션을 단순히 콘솔에 기록하거나, 전달받은 액션 정보를 기반으로 액션을 아예 취소하거나, 다른 종류의 액션을 추가로 디스패치할 수도 있습니다.

18.2.1 미들웨어 만들기

실제 프로젝트를 작업할 때 미들웨어를 직접 만들어서 사용할 일은 그리 많지 않습니다. 다른 개발자가 만들어 놓은 미들웨어를 사용하면 되기 때문이죠. 하지만 미들웨어가 어떻게 작동하는지 이해하려면 직접 만들어 보는 것이 가장 효과적입니다. 간단한 미들웨어를 직접 만들어 보면 미들웨어의 작동 방식을 제대로 이해할 수 있습니다. 원하는 미들웨어를 찾을 수 없을 때는 상황에 따라 직접 만들거나 기존 미들웨어들을 커스터마이징하여 사용할 수도 있습니다.

여기서는 액션이 디스패치될 때마다 액션의 정보와 액션이 디스패치되기 전후의 상태를 콘솔에 보여 주는 로깅 미들웨어를 작성해 보겠습니다.

src 디렉터리에 lib 디렉터리를 생성하고, 그 안에 loggerMiddleware.js 파일을 생성하세요.

lib/loggerMiddleware.js

```
const loggerMiddleware = store => next => action => {
  // 미들웨어 기본 구조
};


export default loggerMiddleware;
```

위 코드에서 리덕스 미들웨어의 구조를 볼 수 있습니다. 화살표 함수를 연달아서 사용했는데, 일반 function 키워드로 풀어서 쓴다면 다음과 같은 구조입니다.

```
const loggerMiddleware = function loggerMiddleware(store) {
  return function(next) {
    return function(action) {
      // 미들웨어 기본 구조
    };
  };
};
```

미들웨어는 결국 함수를 반환하는 함수를 반환하는 함수입니다. 여기에 있는 함수에서 파라미터로 받아 오는 store는 리덕스 스토어 인스턴스를, action은 디스패치된 액션을 가리킵니다. 이 두 가지 값은 이미 익숙하지요? 반면에 next는 익숙하지 않습니다. next 파라미터는 함수 형태이며, store.dispatch와 비슷한 역할을 합니다. 하지만 큰 차이점이 있는데, next(action)을 호출하면 그다음 처리해야 할 미들웨어에게 액션을 넘겨주고, 만약 그다음 미들웨어가 없다면 리듀서에게 액션을 넘겨준다는 것입니다.

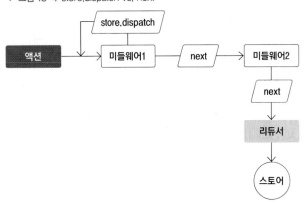
❤ 그림 18-4 store.dispatch vs. next

미들웨어 내부에서 store.dispatch를 사용하면 첫 번째 미들웨어부터 다시 처리합니다. 만약 미들웨어에서 next를 사용하지 않으면 액션이 리듀서에 전달되지 않습니다. 즉, 액션이 무시되는 것이죠.

이제 미들웨어를 마저 구현해 봅시다. 이번에 만들 미들웨어는 다음 정보를 순차적으로 콘솔에 보여 줍니다.

1. 이전 상태
2. 액션 정보
3. 새로워진 상태

loggerMiddleware.js

```
const loggerMiddleware = store => next => action => {
  console.group(action && action.type); // 액션 타입으로 log를 그룹화함
  console.log('이전 상태', store.getState());
  console.log('액션', action);
  next(action); // 다음 미들웨어 혹은 리듀서에게 전달
  console.log('다음 상태', store.getState()); // 업데이트된 상태
  console.groupEnd(); // 그룹 끝
};

export default loggerMiddleware;
```

만든 리덕스 미들웨어를 스토어에 적용하겠습니다. 미들웨어는 스토어를 생성하는 과정에서 적용합니다.

```
import React from 'react';
import ReactDOM from 'react-dom/client';
import './index.css';
import App from './App';
import { createStore, applyMiddleware } from 'redux';
import rootReducer from './modules';
import { Provider } from 'react-redux';
import loggerMiddleware from './lib/loggerMiddleware';

const store = createStore(rootReducer, applyMiddleware(loggerMiddleware));

const root = ReactDOM.createRoot(document.getElementById('root'));
root.render(
  <Provider store={store}>
    <App />
  </Provider>
);
```

이제 개발자 도구에서 콘솔을 열고 카운터의 버튼을 눌러 보세요.

▼ 그림 18-5 직접 만든 미들웨어

액션 정보와 업데이트되기 전후의 상태가 잘 나타나나요? 미들웨어에서는 여러 종류의 작업을 처리할 수 있습니다. 특정 조건에 따라 액션을 무시하게 할 수도 있고, 특정 조건에 따라 액션 정보를 가로채서 변경한 후 리듀서에게 전달해 줄 수도 있습니다. 아니면 특정 액션에 기반하여 새로운 액션을 여러 번 디스패치할 수도 있죠.

이러한 미들웨어 속성을 사용하여 네트워크 요청과 같은 비동기 작업을 관리하면 매우 유용합니다.

18.2.2 redux-logger 사용하기

이번에는 오픈 소스 커뮤니티에 이미 올라와 있는 redux-logger 미들웨어를 설치하고 사용해 보겠습니다. 방금 만든 loggerMiddleware보다 훨씬 더 잘 만들어진 라이브러리이며, 브라우저 콘솔에 나타나는 형식도 훨씬 깔끔합니다.

우선 명령어를 사용하여 redux-logger를 설치하세요.

```
$ yarn add redux-logger
```

이어서 index.js를 다음과 같이 수정하세요.

src/index.js

```
import React from 'react';
import ReactDOM from 'react-dom/client';
import './index.css';
import App from './App';
import { createStore, applyMiddleware } from 'redux';
import rootReducer from './modules';
import { Provider } from 'react-redux';
import { createLogger } from 'redux-logger';

const logger = createLogger();
const store = createStore(rootReducer, applyMiddleware(logger));

const root = ReactDOM.createRoot(document.getElementById('root'));
root.render(
  <Provider store={store}>
    <App />
  </Provider>
);
```

이제 브라우저를 다시 열어서 카운터 버튼을 눌러 볼까요?

▼ 그림 18-6 redux-logger

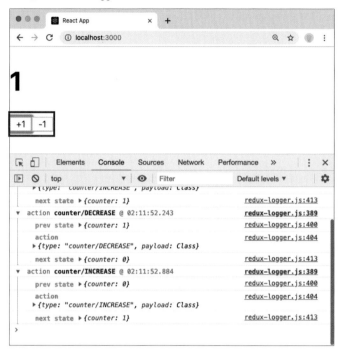

콘솔에 색상도 입혀지고, 액션 디스패치 시간도 나타납니다. 리덕스에서 미들웨어를 사용할 때는
이렇게 이미 완성된 미들웨어를 라이브러리로 설치해서 사용하는 경우가 많습니다.

18.3 / 비동기 작업을 처리하는 미들웨어 사용

미들웨어가 어떤 방식으로 작동하는지 이해했나요? 이제 오픈 소스 커뮤니티에 공개된 미들웨어
를 사용하여 리덕스를 사용하고 있는 프로젝트에서 비동기 작업을 더욱 효율적으로 관리해 보겠
습니다.

비동기 작업을 처리할 때 도움을 주는 미들웨어는 정말 다양합니다. 이 책에서 다룰 미들웨어는 다음과 같습니다.

- redux-thunk: 비동기 작업을 처리할 때 가장 많이 사용하는 미들웨어입니다. 객체가 아닌 함수 형태의 액션을 디스패치할 수 있게 해 줍니다.
- redux-saga: redux-thunk 다음으로 가장 많이 사용되는 비동기 작업 관련 미들웨어 라이브러리입니다. 특정 액션이 디스패치되었을 때 정해진 로직에 따라 다른 액션을 디스패치시키는 규칙을 작성하여 비동기 작업을 처리할 수 있게 해 줍니다.

18.3.1 redux-thunk

redux-thunk는 리덕스를 사용하는 프로젝트에서 비동기 작업을 처리할 때 가장 기본적으로 사용하는 미들웨어입니다. 리덕스의 창시자인 댄 아브라모프(Dan Abramov)가 만들었으며, 리덕스 공식 매뉴얼에서도 이 미들웨어를 사용하여 비동기 작업을 다루는 예시를 보여 줍니다.

18.3.1.1 Thunk란?

Thunk는 특정 작업을 나중에 할 수 있도록 미루기 위해 함수 형태로 감싼 것을 의미합니다. 예를 들어 주어진 파라미터에 1을 더하는 함수를 만들고 싶다면 다음과 같이 작성할 것입니다.

```
const addOne = x => x + 1;
addOne(1); // 2
```

이 코드를 실행하면 addOne을 호출했을 때 바로 1 + 1이 연산됩니다. 그런데 이 연산 작업을 나중에 하도록 미루고 싶다면 어떻게 해야 할까요?

```
const addOne = x => x + 1;
function addOneThunk (x){
  const thunk = () => addOne(x);
  return thunk;
}

const fn = addOneThunk(1);
setTimeout(() => {
  const value = fn(); // fn이 실행되는 시점에 연산
  console.log(value);
}, 1000);
```

이렇게 하면 특정 작업을 나중에 하도록 미룰 수 있습니다.

만약 addOneThunk를 화살표 함수로만 사용한다면 다음과 같이 구현할 수 있습니다.

```
const addOne = x => x + 1;
const addOneThunk = x => () => addOne(x);

const fn = addOneThunk(1);
setTimeout(() => {
  const value = fn(); // fn이 실행되는 시점에 연산
  console.log(value);
}, 1000);
```

redux-thunk 라이브러리를 사용하면 thunk 함수를 만들어서 디스패치할 수 있습니다. 그러면 리덕스 미들웨어가 그 함수를 전달받아 store의 dispatch와 getState를 파라미터로 넣어서 호출해 줍니다.

다음은 redux-thunk에서 사용할 수 있는 예시 thunk 함수입니다.

```
const sampleThunk = () => (dispatch, getState) => {
  // 현재 상태를 참조할 수 있고,
  // 새 액션을 디스패치할 수도 있습니다.
}
```

18.3.1.2 미들웨어 적용하기

redux-thunk 미들웨어를 설치하고 프로젝트에 적용해 봅시다.

다음 명령어로 라이브러리를 설치하세요.

```
$ yarn add redux-thunk
```

스토어를 만들 때 redux-thunk를 적용하세요.

index.js
```
import React from 'react';
import ReactDOM from 'react-dom/client';
import './index.css';
import App from './App';
import { createStore, applyMiddleware } from 'redux';
import rootReducer from './modules';
import { Provider } from 'react-redux';
```

```
import { createLogger } from 'redux-logger';
import thunk from 'redux-thunk';

const logger = createLogger();
const store = createStore(rootReducer, applyMiddleware(logger, thunk));

const root = ReactDOM.createRoot(document.getElementById('root'));
root.render(
  <Provider store={store}>
    <App />
  </Provider>
);
```

18.3.1.3 Thunk 생성 함수 만들기

redux-thunk는 액션 생성 함수에서 일반 액션 객체를 반환하는 대신에 함수를 반환합니다.
increaseAsync와 decreaseAsync 함수를 만들어 카운터 값을 비동기적으로 한번 변경시켜 봅시다.

modules/counter.js

```
import { createAction, handleActions } from 'redux-actions';

const INCREASE = 'counter/INCREASE';
const DECREASE = 'counter/DECREASE';

export const increase = createAction(INCREASE);
export const decrease = createAction(DECREASE);

// 1초 뒤에 increase 혹은 decrease 함수를 디스패치함
export const increaseAsync = () => dispatch => {
  setTimeout(() => {
    dispatch(increase());
  }, 1000);
};
export const decreaseAsync = () => dispatch => {
  setTimeout(() => {
    dispatch(decrease());
  }, 1000);
};
```

```
const initialState = 0; // 상태는 꼭 객체일 필요가 없습니다. 숫자도 작동해요.

const counter = handleActions(
  {
    [INCREASE]: state => state + 1,
    [DECREASE]: state => state - 1
  },
  initialState
);


export default counter;
```

리덕스 모듈을 수정했으면 CounterContainer에서 호출하던 액션 생성 함수도 변경해 주세요.

container/CounterContainer.js

```
import { connect } from 'react-redux';
import { increaseAsync, decreaseAsync } from '../modules/counter';
import Counter from '../components/Counter';

const CounterContainer = ({ number, increaseAsync, decreaseAsync }) => {
  return (
    <Counter
      number={number}
      onIncrease={increaseAsync}
      onDecrease={decreaseAsync}
    />
  );
};

export default connect(
  state => ({
    number: state.counter
  }),
  {
    increaseAsync,
    decreaseAsync
  }
)(CounterContainer);
```

코드를 저장하고 브라우저에서 버튼을 눌러 보세요. 숫자가 1초 뒤에 변경되나요? 개발자 도구를 열어서 발생한 액션 기록을 확인해 보세요.

▼ 그림 18-7 redux-thunk 적용

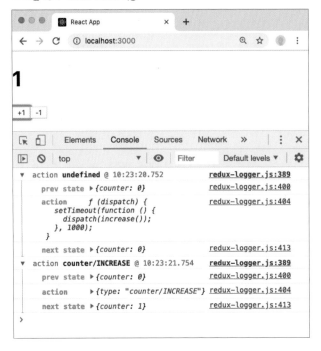

처음 디스패치되는 액션은 함수 형태이고, 두 번째 액션은 객체 형태입니다.

18.3.1.4 웹 요청 비동기 작업 처리하기

이번에는 thunk의 속성을 활용하여 웹 요청 비동기 작업을 처리하는 방법에 대해 알아보겠습니다. 웹 요청을 연습하기 위해 JSONPlaceholder(https://jsonplaceholder.typicode.com)에서 제공되는 가짜 API를 사용하겠습니다. 사용할 API는 다음과 같습니다.

```
# 포스트 읽기(:id는 1~100 사이 숫자)
GET https://jsonplaceholder.typicode.com/posts/:id

# 모든 사용자 정보 불러오기
GET https://jsonplaceholder.typicode.com/users
```

API를 호출할 때는 주로 Promise 기반 웹 클라이언트인 axios를 사용합니다. 해당 라이브러리를 설치해 주세요.

```
$ yarn add axios
```

API를 모두 함수화해 주겠습니다. 각 API를 호출하는 함수를 따로 작성하면, 나중에 사용할 때 가독성도 좋고 유지 보수도 쉬워집니다. 다른 파일에서 불러와 사용할 수 있도록 export를 사용하여 내보내 주세요.

lib/api.js

```
import axios from 'axios';

export const getPost = id =>
  axios.get(`https://jsonplaceholder.typicode.com/posts/${id}`);

export const getUsers = id =>
  axios.get(`https://jsonplaceholder.typicode.com/users`);
```

이제 새로운 리듀서를 만들어 줄 차례입니다. 위 API를 사용하여 데이터를 받아와 상태를 관리할 sample이라는 리듀서를 생성해 보겠습니다. 주석을 읽으면서 다음 코드를 작성해 보세요.

modules/sample.js

```
import { handleActions } from 'redux-actions';
import * as api from '../lib/api';

// 액션 타입을 선언합니다.
// 한 요청당 세 개를 만들어야 합니다.

const GET_POST = 'sample/GET_POST';
const GET_POST_SUCCESS = 'sample/GET_POST_SUCCESS';
const GET_POST_FAILURE = 'sample/GET_POST_FAILURE';

const GET_USERS = 'sample/GET_USERS';
const GET_USERS_SUCCESS = 'sample/GET_USERS_SUCCESS';
const GET_USERS_FAILURE = 'sample/GET_USERS_FAILURE';

// thunk 함수를 생성합니다.
// thunk 함수 내부에서는 시작할 때, 성공했을 때, 실패했을 때 다른 액션을 디스패치합니다.

export const getPost = id => async dispatch => {
  dispatch({ type: GET_POST }); // 요청을 시작한 것을 알림
  try {
    const response = await api.getPost(id);
```

```
    dispatch({
      type: GET_POST_SUCCESS,
      payload: response.data
    }); // 요청 성공
  } catch (e) {
    dispatch({
      type: GET_POST_FAILURE,
      payload: e,
      error: true
    }); // 에러 발생
    throw e; // 나중에 컴포넌트단에서 에러를 조회할 수 있게 해 줌
  }
};

export const getUsers = () => async dispatch => {
  dispatch({ type: GET_USERS }); // 요청을 시작한 것을 알림
  try {
    const response = await api.getUsers();
    dispatch({
      type: GET_USERS_SUCCESS,
      payload: response.data
    }); // 요청 성공
  } catch (e) {
    dispatch({
      type: GET_USERS_FAILURE,
      payload: e,
      error: true
    }); // 에러 발생
    throw e; // 나중에 컴포넌트단에서 에러를 조회할 수 있게 해 줌
  }
};

// 초기 상태를 선언합니다.
// 요청의 로딩 중 상태는 loading이라는 객체에서 관리합니다.

const initialState = {
  loading: {
    GET_POST: false,
    GET_USERS: false
  },
  post: null,
  users: null
};
```

```javascript
const sample = handleActions(
  {
    [GET_POST]: state => ({
      ...state,
      loading: {
        ...state.loading,
        GET_POST: true // 요청 시작
      }
    }),
    [GET_POST_SUCCESS]: (state, action) => ({
      ...state,
      loading: {
        ...state.loading,
        GET_POST: false // 요청 완료
      },
      post: action.payload
    }),
    [GET_POST_FAILURE]: (state, action) => ({
      ...state,
      loading: {
        ...state.loading,
        GET_POST: false // 요청 완료
      }
    }),
    [GET_USERS]: state => ({
      ...state,
      loading: {
        ...state.loading,
        GET_USERS: true // 요청 시작
      }
    }),
    [GET_USERS_SUCCESS]: (state, action) => ({
      ...state,
      loading: {
        ...state.loading,
        GET_USERS: false // 요청 완료
      },
      users: action.payload
    }),
    [GET_USERS_FAILURE]: (state, action) => ({
      ...state,
      loading: {
        ...state.loading,
```

```
      GET_USERS: false // 요청 완료
    }
  })
 },
 initialState
);


export default sample;
```

코드에서 반복되는 로직이 꽤 있지요? 우선 컨테이너 컴포넌트를 사용하여 데이터 요청을 성공적으로 처리하고, 나중에 반복되는 로직을 따로 분리하여 재사용하는 형태로 코드를 리팩토링하겠습니다.

리듀서를 다 작성했다면 해당 리듀서를 루트 리듀서에 포함시키세요.

modules/index.js

```
import { combineReducers } from 'redux';
import counter from './counter';
import sample from './sample';

const rootReducer = combineReducers({
  counter,
  sample
});


export default rootReducer;
```

우선 데이터를 렌더링할 프레젠테이셔널 컴포넌트부터 작성합니다. 이 컴포넌트를 작성하려면 먼저 API를 통해 전달받은 데이터의 형식이 어떤 구조인지 확인해야 합니다.

```
// post
{
  "userId": 1,
  "id": 1,
  "title": "sunt aut facere repellat provident occaecati excepturi optio reprehenderit",
  "body": "quia et suscipit\nsuscipit recusandae consequuntur expedita et cum\nreprehenderit molestiae ut ut quas totam\nnostrum rerum est autem sunt rem eveniet
architecto"
}
```

```
// users
[
  {
    "id": 1,
    "name": "Leanne Graham",
    "username": "Bret",
    "email": "Sincere@april.biz",
    "address": {
      "street": "Kulas Light",
      "suite": "Apt. 556",
      "city": "Gwenborough",
      "zipcode": "92998-3874",
      "geo": {
        "lat": "-37.3159",
        "lng": "81.1496"
      }
    },
    "phone": "1-770-736-8031 x56442",
    "website": "hildegard.org",
    "company": {
      "name": "Romaguera-Crona",
      "catchPhrase": "Multi-layered client-server neural-net",
      "bs": "harness real-time e-markets"
    }
  },
  (...)
]
```

이번에 만들 컴포넌트는 post의 경우 title과 body만 보여 주고, user의 경우 username과 email만 보여 줄 것입니다.

Sample 컴포넌트를 다음과 같이 작성해 보세요.

components/Sample.js

```
const Sample = ({ loadingPost, loadingUsers, post, users }) => {
  return (
    <div>
      <section>
        <h1>포스트</h1>
        {loadingPost && '로딩 중...'}
        {!loadingPost && post && (
```

```
      <div>
        <h3>{post.title}</h3>
        <h3>{post.body}</h3>
      </div>
    )}
  </section>
  <hr />
  <section>
    <h1>사용자 목록</h1>
    {loadingUsers && '로딩 중...'}
    {!loadingUsers && users && (
      <ul>
        {users.map(user => (
          <li key={user.id}>
            {user.username} ({user.email})
          </li>
        ))}
      </ul>
    )}
  </section>
    </div>
  );
};
```

```
export default Sample;
```

데이터를 불러와서 렌더링해 줄 때는 유효성 검사를 해 주는 것이 중요합니다. 예를 들어 post &&
를 사용하면 post 객체가 유효할 때만 그 내부의 post.title 혹은 post.body 값을 보여 줍니다. 만
약 데이터가 없는 상태라면 post.title을 조회하려고 할 때 자바스크립트 오류가 발생하니 반드
시 유효성을 검사해 주어야 합니다.

users도 마찬가지로 데이터가 배열 형태로 들어올 것을 기대하고 map 함수를 사용하고 있습니다.
하지만 유효성 검사를 하지 않으면 null 값에 대해 map 함수를 호출하고, 결국 map 함수가 존재하
지 않아 오류가 발생합니다.

이제 컨테이너 컴포넌트를 만들어 봅시다.

containers/SampleContainer.js

```
import { connect } from 'react-redux';
import Sample from '../components/Sample';
```

```
import { getPost, getUsers } from '../modules/sample';

const { useEffect } = React;
const SampleContainer = ({
  getPost,
  getUsers,
  post,
  users,
  loadingPost,
  loadingUsers
}) => {
  // 클래스 형태 컴포넌트였다면 componentDidMount
  useEffect(() => {
    getPost(1);
    getUsers(1);
  }, [getPost, getUsers]);
  return (
    <Sample
      post={post}
      users={users}
      loadingPost={loadingPost}
      loadingUsers={loadingUsers}
    />
  );
};

export default connect(
  ({ sample }) => ({
    post: sample.post,
    users: sample.users,
    loadingPost: sample.loading.GET_POST,
    loadingUsers: sample.loading.GET_USERS
  }),
  {
    getPost,
    getUsers
  }
)(SampleContainer);
```

그다음 App 컴포넌트에서 CounterContainer 대신 SampleContainer를 렌더링해 보세요.

```javascript
import SampleContainer from './containers/SampleContainer';

const App = () => {
  return (
    <div>
      <SampleContainer />
    </div>
  );
};


export default App;
```

브라우저를 열어 데이터가 잘 로딩되었는지, 개발자 도구 콘솔에서 액션이 어떤 순서로 발생하는지 확인해 보세요.

▼ 그림 18-8 데이터 요청 성공

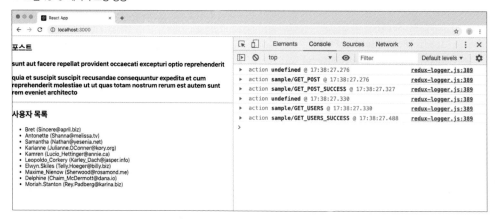

18.3.1.5 리팩토링

API를 요청해야 할 때마다 17줄 정도 되는 thunk 함수를 작성하는 것과 로딩 상태를 리듀서에서 관리하는 작업은 귀찮을 뿐 아니라 코드도 길어지게 만듭니다. 그러므로 반복되는 로직을 따로 분리하여 코드의 양을 줄여 봅시다.

```javascript
export default function createRequestThunk(type, request) {
  // 성공 및 실패 액션 타입을 정의합니다.
  const SUCCESS = `${type}_SUCCESS`;
```

```
    const FAILURE = `${type}_FAILURE`;
  return params => async dispatch => {
    dispatch({ type }); // 시작됨
    try {
      const response = await request(params);
      dispatch({
        type: SUCCESS,
        payload: response.data
      }); // 성공
    } catch (e) {
      dispatch({
        type: FAILURE,
        payload: e,
        error: true
      }); // 에러 발생
      throw e;
    }
  };
}


// 사용법: createRequestThunk('GET_USERS', api.getUsers);
```

이번에 만든 유틸 함수는 API 요청을 해 주는 thunk 함수를 한 줄로 생성할 수 있게 해 줍니다. 액션 타입과 API를 요청하는 함수를 파라미터로 넣어 주면 나머지 작업을 대신 처리해 줍니다. 이 함수를 사용하여 기존 thunk 함수의 코드를 대체시켜 볼까요?

modules/sample.js

```
import { handleActions } from 'redux-actions';
import * as api from '../lib/api';
import createRequestThunk from '../lib/createRequestThunk';

// 액션 타입을 선언합니다.
// 한 요청당 세 개를 만들어야 합니다.

const GET_POST = 'sample/GET_POST';
const GET_POST_SUCCESS = 'sample/GET_POST_SUCCESS';
const GET_POST_FAILURE = 'sample/GET_POST_FAILURE';

const GET_USERS = 'sample/GET_USERS';
const GET_USERS_SUCCESS = 'sample/GET_USERS_SUCCESS';
const GET_USERS_FAILURE = 'sample/GET_USERS_FAILURE';
```

```
// thunk 함수를 생성합니다.
// thunk 함수 내부에서는 시작할 때, 성공했을 때, 실패했을 때 다른 액션을 디스패치합니다.

export const getPost = createRequestThunk(GET_POST, api.getPost);
export const getUsers = createRequestThunk(GET_USERS, api.getUsers);

// 초기 상태를 선언합니다.
// 요청의 로딩 중 상태는 loading이라는 객체에서 관리합니다.

const initialState = {
  loading: {
    GET_POST: false,
    GET_USERS: false
  },
  post: null,
  users: null
};

const sample = handleActions(
  (...)
);

export default sample;
```

어떤가요? 코드가 많이 줄었지요? 브라우저를 열어서 이전과 똑같이 작동하는지도 확인해 보세요. 똑같은 기능을 훨씬 짧은 코드로 구현했습니다!

이번에는 요청의 로딩 상태를 관리하는 작업을 개선하겠습니다. 기존에는 리듀서 내부에서 각 요청에 관련된 액션이 디스패치될 때마다 로딩 상태를 변경해 주었는데요. 이 작업을 로딩 상태만 관리하는 리덕스 모듈을 따로 생성하여 처리하겠습니다.

modules/loading.js

```
import { createAction, handleActions } from 'redux-actions';

const START_LOADING = 'loading/START_LOADING';
const FINISH_LOADING = 'loading/FINISH_LOADING';

/*
 요청을 위한 액션 타입을 payload로 설정합니다(예: "sample/GET_POST").
*/
```

```
export const startLoading = createAction(
  START_LOADING,
  requestType => requestType
);

export const finishLoading = createAction(
  FINISH_LOADING,
  requestType => requestType
);

const initialState = {};

const loading = handleActions(
  {
    [START_LOADING]: (state, action) => ({
      ...state,
      [action.payload]: true
    }),
    [FINISH_LOADING]: (state, action) => ({
      ...state,
      [action.payload]: false
    })
  },
  initialState
);

export default loading;
```

다음은 요청이 시작될 때 디스패치할 액션입니다.

```
{
  type: 'loading/START_LOADING',
  payload: 'sample/GET_POST'
}
```

위 액션이 디스패치되면 loading 리듀서가 관리하고 있는 상태에서 sample/GET_POST 값을 true로 설정해 줍니다. 만약 기존 상태에 sample/GET_POST 필드가 존재하지 않으면 새로 값을 설정해 줍니다.

그리고 요청이 끝나면 다음 액션을 디스패치해야 합니다.

```
{
  type: 'loading/FINISH_LOADING',
  payload: 'sample/GET_POST'
}
```

그러면 기존에 true로 설정했던 값을 다시 false로 전환해 줍니다.

리듀서를 다 작성했으면 루트 리듀서에 포함시키세요.

modules/index.js

```
import { combineReducers } from 'redux';
import counter from './counter';
import sample from './sample';
import loading from './loading';

const rootReducer = combineReducers({
  counter,
  sample,
  loading
});

export default rootReducer;
```

loading 리덕스 모듈에서 만든 액션 생성 함수는 앞에서 만든 createRequestThunk에서 사용해 줍니다.

lib/createRequestThunk.js

```
import { startLoading, finishLoading } from '../modules/loading';

export default function createRequestThunk(type, request) {
  // 성공 및 실패 액션 타입을 정의합니다.
  const SUCCESS = `${type}_SUCCESS`;
  const FAILURE = `${type}_FAILURE`;
  return params => async dispatch => {
    dispatch({ type }); // 시작됨
    dispatch(startLoading(type));
    try {
      const response = await request(params);
      dispatch({
        type: SUCCESS,
        payload: response.data
```

498

```
    }); // 성공
    dispatch(finishLoading(type));
  } catch (e) {
    dispatch({
      type: FAILURE,
      payload: e,
      error: true
    }); // 에러 발생
    dispatch(startLoading(type));
    throw e;
  }
  };
}

// 사용법: createRequestThunk('GET_USERS',api.getUsers);
```

그러면 SampleContainer에서 로딩 상태를 다음과 같이 조회할 수 있습니다.

containers/SampleContainer.js

```javascript
import { connect } from 'react-redux';
import Sample from '../components/Sample';
import { getPost, getUsers } from '../modules/sample';

const { useEffect } = React;
const SampleContainer = ({
  getPost,
  getUsers,
  post,
  users,
  loadingPost,
  loadingUsers
}) => {
  // 클래스 형태 컴포넌트였다면 componentDidMount
  useEffect(() => {
    getPost(1);
    getUsers(1);
  }, [getPost, getUsers]);
  return (
    <Sample
      post={post}
      users={users}
      loadingPost={loadingPost}
```

```
        loadingUsers={loadingUsers}
      />
    );
};

export default connect(
  ({ sample, loading }) => ({
    post: sample.post,
    users: sample.users,
    loadingPost: loading['sample/GET_POST'],
    loadingUsers: loading['sample/GET_USERS']
  }),
  {
    getPost,
    getUsers
  }
)(SampleContainer);
```

코드를 저장하고 브라우저를 열어서 기능이 제대로 작동하는지 확인해 보세요.

이제 sample 리듀서에서 불필요한 코드를 지워 봅시다.

modules/sample.js

```
import { handleActions } from 'redux-actions';
import * as api from '../lib/api';
import createRequestThunk from '../lib/createRequestThunk';

// 액션 타입을 선언합니다.
const GET_POST = 'sample/GET_POST';
const GET_POST_SUCCESS = 'sample/GET_POST_SUCCESS';

const GET_USERS = 'sample/GET_USERS';
const GET_USERS_SUCCESS = 'sample/GET_USERS_SUCCESS';

// thunk 함수를 생성합니다.
// thunk 함수 내부에서는 시작할 때, 성공했을 때, 실패했을 때 다른 액션을 디스패치합니다.

export const getPost = createRequestThunk(GET_POST, api.getPost);
export const getUsers = createRequestThunk(GET_USERS, api.getUsers);

// 초기 상태를 선언합니다.
// 요청의 로딩 중 상태는 loading이라는 객체에서 관리합니다.
```

```
const initialState = {
  post: null,
  users: null
};

const sample = handleActions(
  {
    [GET_POST_SUCCESS]: (state, action) => ({
      ...state,
      post: action.payload
    }),
    [GET_USERS_SUCCESS]: (state, action) => ({
      ...state,
      users: action.payload
    })
  },
  initialState
);


export default sample;
```

코드가 훨씬 깔끔해졌습니다! 이제 sample 리듀서에서는 로딩 중에 대한 상태를 관리할 필요가 없습니다. 성공했을 때의 케이스만 잘 관리해 주면 됩니다. 추가로 실패했을 때의 케이스를 관리하고 싶다면 _FAILURE가 붙은 액션을 리듀서에서 처리해 주면 됩니다. 혹은 컨테이너 컴포넌트에서 try/catch 구문을 사용하여 에러 값을 조회할 수도 있습니다.

SampleContainer.js – useEffect

```
useEffect(() => {
    // useEffect에 파라미터로 넣는 함수는 async로 할 수 없기 때문에
    // 그 내부에서 async 함수를 선언하고 호출해 줍니다.
    const fn = async () => {
      try {
        await getPost(1);
        await getUsers(1);
      } catch (e) {
        console.log(e); // 에러 조회
      }
    };
    fn();
  }, [getPost, getUsers]);
```

redux-thunk를 처음 쓸 때는 비록 작성해야 할 코드가 많아서 불편할 수 있지만, 유용한 함수와 리듀서를 만들어서 상태를 관리한다면 매우 깔끔한 코드로 기능을 구현할 수 있습니다.

18.3.2 redux-saga

이번에는 redux-saga를 통해 비동기 작업을 관리하는 방법을 알아보겠습니다. 이 미들웨어는 redux-thunk 다음으로 많이 사용하는 비동기 작업 관련 미들웨어입니다.

redux-thunk는 함수 형태의 액션을 디스패치하여 미들웨어에서 해당 함수에 스토어의 dispatch 와 getState를 파라미터로 넣어서 사용하는 원리입니다. 그래서 구현한 thunk 함수 내부에서 원하는 API 요청도 하고, 다른 액션을 디스패치하거나 현재 상태를 조회하기도 했습니다. 대부분의 경우에는 이전 절에서 배운 redux-thunk로도 충분히 기능을 구현할 수 있습니다.

이번에 배울 redux-saga는 좀 더 까다로운 상황에서 유용합니다. 예를 들어 다음과 같은 상황에서는 redux-saga를 사용하는 것이 유리합니다.

- 기존 요청을 취소 처리해야 할 때(불필요한 중복 요청 방지)
- 특정 액션이 발생했을 때 다른 액션을 발생시키거나, API 요청 등 리덕스와 관계없는 코드를 실행할 때
- 웹소켓을 사용할 때
- API 요청 실패 시 재요청해야 할 때

18.3.2.1 제너레이터 함수 이해하기

redux-saga에서는 ES6의 제너레이터(generator) 함수라는 문법을 사용합니다. 보통 일반적인 상황에서는 많이 사용되지 않기 때문에 초반에 진입 장벽이 있을 수 있습니다.

우선 제너레이터 함수 문법에 대해 알아봅시다. 이 문법의 핵심 기능은 함수를 작성할 때 함수를 특정 구간에 멈춰 놓을 수도 있고, 원할 때 다시 돌아가게 할 수도 있다는 것입니다.

다음과 같은 함수가 있다고 가정해 봅시다.

```
function weirdFunction() {
  return 1;
  return 2;
  return 3;
```

```
    return 4;
    return 5;
}
```

하나의 함수에서 값을 여러 개 반환하는 것은 불가능하므로 이 코드는 제대로 작동하지 않습니다. 정확히는 호출할 때마다 맨 위에 있는 값인 1이 반환됩니다.

하지만 제너레이터 함수를 사용하면 함수에서 값을 순차적으로 반환할 수 있습니다. 심지어 함수의 흐름을 도중에 멈춰 놓았다가 다시 이어서 진행시킬 수도 있죠.

크롬 개발자 도구 콘솔에서 다음 함수를 한번 작성해 보세요.

```
function* generatorFunction() {
  console.log('안녕하세요');
  yield 1;
  console.log('제너레이터 함수');
  yield 2;
  console.log('function*')
  yield 3;
  return 4;
}
```

제너레이터 함수를 만들 때는 function* 키워드를 사용합니다.

함수를 작성한 뒤에는 다음 코드를 사용해 제너레이터를 생성하세요.

```
const generator = generatorFunction();
```

제너레이터 함수를 호출했을 때 반환되는 객체를 제너레이터라고 부릅니다.

이제 다음 코드를 순차적으로 한 줄씩 입력하고 어떤 결과가 나타나는지 확인해 보세요.

```
generator.next();
// 안녕하세요
// {value: 1, done: false}
generator.next();
// 제너레이터 함수
// {value: 2, done: false}
generator.next();
// function*
// {value: 3, done: false}
generator.next();
// {value: 4, done: true}
```

```
generator.next();
// {value: undefined, done: true}
```

제너레이터가 처음 만들어지면 함수의 흐름은 멈춰 있는 상태입니다. next()가 호출되면 다음 yield가 있는 곳까지 호출하고 다시 함수가 멈춥니다. 제너레이터 함수를 사용하면 함수를 도중에 멈출 수도 있고, 순차적으로 여러 값을 반환시킬 수도 있습니다. next 함수에 파라미터를 넣으면 제너레이터 함수에서 yield를 사용하여 해당 값을 조회할 수도 있습니다.

다음 예시 코드를 크롬 개발자 도구 콘솔에서 한번 입력해 보세요.

```
function* sumGenerator() {
  console.log('sumGenerator가 만들어졌습니다.');
  let a = yield;
  let b = yield;
  yield a + b;
}

const sum = sumGenerator();
sum.next();
// sumGenerator가 만들어졌습니다.
// {value: undefined, done: false}
sum.next(1);
// {value: undefined, done: false}
sum.next(2)
// {value: 3, done: false}
sum.next()
// {value: undefined, done: true}
```

redux-saga는 제너레이터 함수 문법을 기반으로 비동기 작업을 관리해 줍니다. 좀 더 이해하기 쉽게 설명하면, redux-saga는 우리가 디스패치하는 액션을 모니터링해서 그에 따라 필요한 작업을 따로 수행할 수 있는 미들웨어입니다.

다음 예시 코드를 크롬 개발자 도구에 한번 입력해 보세요.

```
function* watchGenerator() {
  console.log('모니터링 중...');
  let prevAction = null;
  while(true) {
    const action = yield;
    console.log('이전 액션: ', prevAction);
    prevAction = action;
    if (action.type === 'HELLO') {
```

```
            console.log('안녕하세요!');
        }
    }
}

const watch = watchGenerator();

watch.next();
// 모니터링 중..
// {value: undefined, done: false}
watch.next({ type: 'TEST' });
// 이전 액션:  null
// {value: undefined, done: false}
watch.next({ type: 'HELLO' });
// 이전 액션:  {type: "TEST"}
// 안녕하세요!
// {value: undefined, done: false}
```

redux-saga는 위 코드와 비슷한 원리로 작동합니다. 제너레이터 함수의 작동 방식만 기본적으로 파악하고 있으면, redux-saga에서 제공하는 여러 유용한 유틸 함수를 사용하여 액션을 쉽게 처리할 수 있습니다.

18.3.2.2 비동기 카운터 만들기

기존에 thunk 함수로 구현했던 비동기 카운터를 이번에는 redux-saga를 사용하여 구현해 봅시다. 우선 라이브러리를 설치해 주세요.

```
$ yarn add redux-saga
```

그리고 counter 리덕스 모듈을 열어서 기존 thunk 함수를 제거하고, INCREMENT_ASYNC와 DECREMENT_ASYNC라는 액션 타입을 선언하세요. 해당 액션에 대한 액션 생성 함수도 만들고, 이어서 제너레이터 함수를 만듭니다. 이 제너레이터 함수를 사가(saga)라고 부릅니다.

modules/counter.js

```
import { createAction, handleActions } from 'redux-actions';
import { delay, put, takeEvery, takeLatest } from 'redux-saga/effects';

const INCREASE = 'counter/INCREASE';
const DECREASE = 'counter/DECREASE';
const INCREASE_ASYNC = 'counter/INCREASE_ASYNC';
```

```
const DECREASE_ASYNC = 'counter/DECREASE_ASYNC';

export const increase = createAction(INCREASE);
export const decrease = createAction(DECREASE);
// 마우스 클릭 이벤트가 payload 안에 들어가지 않도록
// () => undefined를 두 번째 파라미터로 넣어 줍니다.
export const increaseAsync = createAction(INCREASE_ASYNC, () => undefined);
export const decreaseAsync = createAction(DECREASE_ASYNC, () => undefined);

function* increaseSaga() {
  yield delay(1000); // 1초를 기다립니다.
  yield put(increase()); // 특정 액션을 디스패치합니다.
}

function* decreaseSaga() {
  yield delay(1000); // 1초를 기다립니다.
  yield put(decrease()); // 특정 액션을 디스패치합니다.
}

export function* counterSaga() {
  // takeEvery는 들어오는 모든 액션에 대해 특정 작업을 처리해 줍니다.
  yield takeEvery(INCREASE_ASYNC, increaseSaga);
  // takeLatest는 기존에 진행 중이던 작업이 있다면 취소 처리하고
  // 가장 마지막으로 실행된 작업만 수행합니다.
  yield takeLatest(DECREASE_ASYNC, decreaseSaga);
}
const initialState = 0; // 상태는 꼭 객체일 필요가 없습니다. 숫자도 작동해요.

const counter = handleActions(
  {
    [INCREASE]: state => state + 1,
    [DECREASE]: state => state - 1
  },
  initialState
);

export default counter;
```

그리고 루트 리듀서를 만들었던 것처럼 루트 사가를 만들어 주어야 합니다. 추후 다른 리듀서에서도 사가를 만들어 등록할 것이기 때문이죠.

```
import { combineReducers } from 'redux';
import { all } from 'redux-saga/effects';
import counter, { counterSaga } from './counter';
import sample from './sample';
import loading from './loading';

const rootReducer = combineReducers({
  counter,
  sample,
  loading
});

export function* rootSaga() {
  // all 함수는 여러 사가를 합쳐 주는 역할을 합니다.
  yield all([counterSaga()]);
}

export default rootReducer;
```

이제 스토어에 redux-saga 미들웨어를 적용해 줍시다.

```
import React from 'react';
import ReactDOM from 'react-dom/client';
import './index.css';
import App from './App';
import { createStore, applyMiddleware } from 'redux';
import rootReducer, { rootSaga } from './modules';
import { Provider } from 'react-redux';
import { createLogger } from 'redux-logger';
import thunk from 'redux-thunk';
import createSagaMiddleware from 'redux-saga';

const logger = createLogger();
const sagaMiddleware = createSagaMiddleware();

const store = createStore(
  rootReducer,
  applyMiddleware(logger, thunk, sagaMiddleware)
);
```

18

라독스 미들웨어를 통한 비동기 작업 관리

507

```
sagaMiddleware.run(rootSaga);

const root = ReactDOM.createRoot(document.getElementById('root'));
root.render(
  <Provider store={store}>
    <App />
  </Provider>
);
```

스토어에 미들웨어를 적용했다면 CounterContainer 컴포넌트를 App 컴포넌트에 렌더링하여 잘 작동하는지 확인해 보세요. counter 리덕스 모듈이 변경되기는 했지만, 컨테이너 컴포넌트에서 수정해야 할 것은 없습니다. 왜냐하면, 기존에 사용 중이던 thunk 함수와 똑같은 이름으로 액션 생성 함수를 만들었기 때문이죠.

App.js

```
import CounterContainer from './containers/CounterContainer';

const App = () => {
  return (
    <div>
      <CounterContainer />
    </div>
  );
};

export default App;
```

여기서 리덕스 개발자 도구를 적용하여 어떤 액션이 디스패치되고 있는지 더 편하게 확인하겠습니다.

먼저 리덕스 개발자 도구 라이브러리를 설치하세요.

```
$ yarn add redux-devtools-extension
```

이 라이브러리의 composeWithDevTools 함수를 리덕스 미들웨어와 함께 사용할 때는 그냥 applyMiddleware 부분을 감싸 주면 됩니다.

```
import React from 'react';
import ReactDOM from 'react-dom/client';
import './index.css';
import App from './App';
import { createStore, applyMiddleware } from 'redux';
import rootReducer, { rootSaga } from './modules';
import { Provider } from 'react-redux';
import { createLogger } from 'redux-logger';
import thunk from 'redux-thunk';
import createSagaMiddleware from 'redux-saga';
import { composeWithDevTools } from '@redux-devtools/extension';

const logger = createLogger();
const sagaMiddleware = createSagaMiddleware();

const store = createStore(
  rootReducer,
  composeWithDevTools(applyMiddleware(logger, thunk, sagaMiddleware))
);

sagaMiddleware.run(rootSaga);

const root = ReactDOM.createRoot(document.getElementById('root'));
root.render(
  <Provider store={store}>
    <App />
  </Provider>
);
```

리덕스 개발자 도구를 적용했습니다. 이제 리덕스 개발자 도구를 열고 **+1** 버튼을 빠르게 두 번 눌러 보세요.

+1 버튼을 두 번 누르면 INCREASE_ASYNC 액션이 두 번 디스패치되고, 이에 따라 INCREASE 액션도 두 번 디스패치됩니다. takeEvery를 사용하여 increaseSaga를 등록했으므로 디스패치되는 모든 INCREASE_ASYNC 액션에 대해 1초 후 INCREASE 액션을 발생시켜 줍니다.

이번에는 페이지를 새로고침한 뒤에 −1 버튼을 두 번 눌러서 어떤 액션이 디스패치되는지 확인해 보세요.

조금 전과는 다르게 DECREASE_ASYNC 액션이 두 번 디스패치되었음에도 불구하고 DECREASE 액션은 단 한 번 디스패치되었습니다. 조금 전에 decreaseSaga를 등록할 때 takeLatest를 사용했기 때문입니다. 여러 액션이 중첩되어 디스패치되었을 때는 기존의 것들은 무시하고 가장 마지막 액션만 제대로 처리합니다.

▼ 그림 18-10 −1 버튼 두 번 누르기

18.3.2.3 API 요청 상태 관리하기

이번에는 redux-saga를 사용하여 API 요청을 해 보겠습니다. 기존에 thunk로 관리하던 액션 생성 함수를 없애고, 사가를 사용하여 처리합니다.

sample 리덕스 모듈을 다음과 같이 수정해 보세요.

modules/sample.js

```javascript
import { createAction, handleActions } from 'redux-actions';
import { call, put, takeLatest } from 'redux-saga/effects';
import * as api from '../lib/api';
import { startLoading, finishLoading } from './loading';

// 액션 타입을 선언합니다.
const GET_POST = 'sample/GET_POST';
const GET_POST_SUCCESS = 'sample/GET_POST_SUCCESS';
const GET_POST_FAILURE = 'sample/GET_POST_FAILURE';
```

```javascript
const GET_USERS = 'sample/GET_USERS';
const GET_USERS_SUCCESS = 'sample/GET_USERS_SUCCESS';
const GET_USERS_FAILURE = 'sample/GET_USERS_FAILURE';

export const getPost = createAction(GET_POST, id => id);
export const getUsers = createAction(GET_USERS);

function* getPostSaga(action) {
  yield put(startLoading(GET_POST)); // 로딩 시작
  // 파라미터로 action을 받아 오면 액션의 정보를 조회할 수 있습니다.
  try {
    // call을 사용하면 Promise를 반환하는 함수를 호출하고, 기다릴 수 있습니다.
    // 첫 번째 파라미터는 함수, 나머지 파라미터는 해당 함수에 넣을 인수입니다.
    const post = yield call(api.getPost, action.payload); // api.getPost(action.pay-
load)를 의미
    yield put({
      type: GET_POST_SUCCESS,
      payload: post.data
    });
  } catch (e) {
    // try/catch 문을 사용하여 에러도 잡을 수 있습니다.
    yield put({
      type: GET_POST_FAILURE,
      payload: e,
      error: true
    });
  }
  yield put(finishLoading(GET_POST)); // 로딩 완료
}

function* getUsersSaga() {
  yield put(startLoading(GET_USERS));
  try {
    const users = yield call(api.getUsers);
    yield put({
      type: GET_USERS_SUCCESS,
      payload: users.data
    });
  } catch (e) {
    yield put({
      type: GET_USERS_FAILURE,
      payload: e,
      error: true
```

```
      });
    }
    yield put(finishLoading(GET_USERS));
  }

  export function* sampleSaga() {
    yield takeLatest(GET_POST, getPostSaga);
    yield takeLatest(GET_USERS, getUsersSaga);
  }

  // 초기 상태를 선언합니다.
  // 요청의 로딩 중 상태는 loading이라는 객체에서 관리합니다.

  const initialState = {
    post: null,
    users: null
  };

  const sample = handleActions(
    {
      [GET_POST_SUCCESS]: (state, action) => ({
        ...state,
        post: action.payload
      }),
      [GET_USERS_SUCCESS]: (state, action) => ({
        ...state,
        users: action.payload
      })
    },
    initialState
  );

  export default sample;
```

여기서 GET_POST 액션의 경우에는 API 요청을 할 때 어떤 id로 조회할지 정해 주어야 합니다. redux-saga를 사용할 때는 id처럼 요청에 필요한 값을 액션의 payload로 넣어 주어야 합니다. 예를 들어 지금 상황이라면 다음과 같은 액션이 디스패치됩니다.

```
{
  type: 'sample/GET_POST',
  payload: 1
}
```

그러면 이 액션을 처리하기 위한 사가를 작성할 때 payload 값을 API를 호출하는 함수의 인수로 넣어 주어야 합니다.

API를 호출해야 하는 상황에는 사가 내부에서 직접 호출하지 않고 call 함수를 사용합니다. call 함수의 경우, 첫 번째 인수는 호출하고 싶은 함수이고, 그 뒤에 오는 인수들은 해당 함수에 넣어 주고 싶은 인수입니다. 지금 getPostSaga의 경우에는 id를 의미하는 action.payload가 인수가 되겠지요?

사가를 작성하여 구현하는 과정에서 처음 redux-thunk를 사용했을 때처럼 반복되는 코드가 나왔습니다. 충분히 간소화할 수 있는 코드들입니다. 지금은 일단 기능을 구현하고, 나중에 리팩토링하겠습니다.

코드를 다 수정했으면 sampleSaga를 루트 사가에 등록하세요.

modules/index.js

```
import { combineReducers } from 'redux';
import { all } from 'redux-saga/effects';
import counter, { counterSaga } from './counter';
import sample, { sampleSaga } from './sample';
import loading from './loading';

const rootReducer = combineReducers({
  counter,
  sample,
  loading
});

export function* rootSaga() {
  // all 함수는 여러 사가를 합쳐 주는 역할을 합니다.
  yield all([counterSaga(), sampleSaga()]);
}

export default rootReducer;
```

사가를 등록한 후, App 컴포넌트에서 SampleContainer를 렌더링하세요.

App.js

```
import SampleContainer from './containers/SampleContainer';

const App = () => {
```

```
  return (
    <div>
      <SampleContainer />
    </div>
  );
};


export default App;
```

그리고 기능이 잘 작동하는지 확인해 보세요.

▼ 그림 18-11 사가를 통해 API 호출

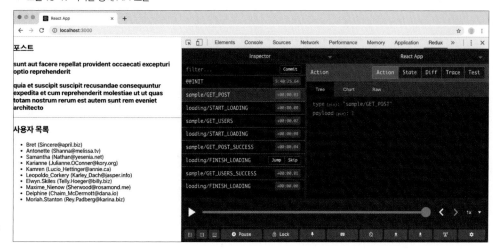

18.3.2.4 리팩토링

이제 반복되는 코드를 따로 함수화하여 리팩토링해 봅시다. 이전에 thunk 함수를 위해 createRequestThunk라는 함수를 만들었던 것처럼 createRequestSaga라는 함수를 만들겠습니다.

lib/createRequestSaga.js

```
import { call, put } from 'redux-saga/effects';
import { startLoading, finishLoading } from '../modules/loading';

export default function createRequestSaga(type, request) {
  const SUCCESS = `${type}_SUCCESS`;
  const FAILURE = `${type}_FAILURE`;

  return function*(action) {
```

```
      yield put(startLoading(type)); // 로딩 시작
      try {
        const response = yield call(request, action.payload);
        yield put({
          type: SUCCESS,
          payload: response.data
        });
      } catch (e) {
        yield put({
          type: FAILURE,
          payload: e,
          error: true
        });
      }
      yield put(finishLoading(type)); // 로딩 끝
    };
}
```

이제 기존에 구현했던 사가를 다음과 같이 짧은 코드로 구현할 수 있습니다.

modules/sample.js

```
import { createAction, handleActions } from 'redux-actions';
import { takeLatest } from 'redux-saga/effects';
import * as api from '../lib/api';
import createRequestSaga from '../lib/createRequestSaga';

// 액션 타입을 선언합니다.
const GET_POST = 'sample/GET_POST';
const GET_POST_SUCCESS = 'sample/GET_POST_SUCCESS';

const GET_USERS = 'sample/GET_USERS';
const GET_USERS_SUCCESS = 'sample/GET_USERS_SUCCESS';

export const getPost = createAction(GET_POST, id => id);
export const getUsers = createAction(GET_USERS);

const getPostSaga = createRequestSaga(GET_POST, api.getPost);
const getUsersSaga = createRequestSaga(GET_USERS, api.getUsers);


export function* sampleSaga() {
  yield takeLatest(GET_POST, getPostSaga);
```

```
    yield takeLatest(GET_USERS, getUsersSaga);
}

// 초기 상태를 선언합니다.
// 요청의 로딩 중 상태는 loading이라는 객체에서 관리합니다.

const initialState = {
  post: null,
  users: null
};

const sample = handleActions(
  {
    [GET_POST_SUCCESS]: (state, action) => ({
      ...state,
      post: action.payload
    }),
    [GET_USERS_SUCCESS]: (state, action) => ({
      ...state,
      users: action.payload
    })
  },
  initialState
);

export default sample;
```

18.3.2.5 알아 두면 유용한 기능들

이번에는 redux-saga가 제공하는 기능 중에서 알아 두면 유용한 몇 가지 기능을 배워 보겠습니다.

먼저 사가 내부에서 현재 상태를 조회하는 방법입니다.

modules/counter.js

```
import { createAction, handleActions } from 'redux-actions';
import { delay, put, takeEvery, takeLatest, select } from 'redux-saga/effects';

(...)

function* increaseSaga() {
  yield delay(1000); // 1초를 기다립니다.
```

```
    yield put(increase()); // 특정 액션을 디스패치합니다.
    const number = yield select(state => state.counter); // state는 스토어 상태를 의미함
    console.log(`현재 값은 ${number}입니다.`);
  }

  (...)
```

이제 CounterContainer를 App에서 렌더링하고 **+1** 버튼을 눌러 보세요. 콘솔에 "현재 값은 1입
니다."라는 문구가 나타나나요?

▼ 그림 18-12 현재 상태 조회하기

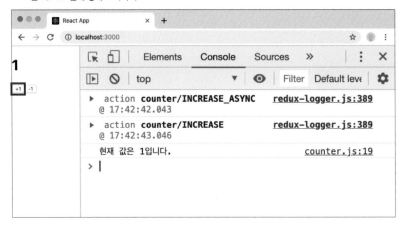

만약 사가 내부에서 현재 상태를 참조해야 하는 상황이 생기면 이렇게 select를 사용하면 됩니다.

다음으로 사가가 실행되는 주기를 제한하는 방법입니다. takeEvery 대신 throttle이라는 함수를
사용하면 사가가 n초에 단 한 번만 호출되도록 설정할 수 있습니다.

예를 들어 counterSaga를 다음과 같이 수정하면 increaseSaga는 3초에 단 한 번만 호출됩니다.

```
import { createAction, handleActions } from 'redux-actions';
import {
  delay,
  put,
  takeEvery,
  takeLatest,
  select,
  throttle
} from 'redux-saga/effects';
```

(...)

```
export function* counterSaga() {
// 첫 번째 파라미터: n초 * 1000
  yield throttle(3000, INCREASE_ASYNC, increaseSaga);
  // takeLatest는 기존에 진행 중이던 작업이 있다면 취소 처리하고
  // 가장 마지막으로 실행된 작업만 수행합니다.
  yield takeLatest(DECREASE_ASYNC, decreaseSaga);
}
```

(...)

redux-saga는 이 책에서 다룬 기능 외에도 여러 기능을 제공하기 때문에 비동기 작업을 처리하면서 겪을 수 있는 다양한 상황에 맞춰 개발할 수 있습니다. 조금 복잡한 상황을 접했다면 redux-saga의 매뉴얼(https://redux-saga.js.org/)을 참고해 보세요.

18.4 / 정리

이 장에서는 리덕스 미들웨어를 사용하는 방법을 알아보고, 비동기 작업을 미들웨어로 어떻게 처리할 수 있는지 배웠습니다. 비동기 작업을 처리할 때 redux-thunk는 일반 함수로 이루어져 있기 때문에 간단명료하다는 장점이 있고, redux-saga는 진입 장벽이 조금 있을 수 있으나 복잡한 상황에서 더욱 효율적으로 작업을 관리할 수 있다는 장점이 있습니다.

앞으로 비동기 작업을 할 때는 이 둘을 사용하거나 혹은 redux-promise-middleware, redux-pender, redux-observable 등 이 책에서 다루지 않은 다른 미들웨어를 시도해 보아도 좋습니다.

아니면 미들웨어를 사용하지 않고 그냥 컴포넌트단에서 API를 요청하는 것도 틀린 방법은 아닙니다. 비동기 작업을 처리할 때 리덕스 미들웨어를 사용하는 이유는 결국 좀 더 편하게 처리하기 위해서입니다. 그러므로 오히려 불편하다고 느낀다면 사용하지 않는 편이 좋을 수도 있습니다.

19^장

코드 스플리팅

리액트 프로젝트를 완성하여 사용자에게 제공할 때는 빌드 작업을 거쳐서 배포해야 합니다. 빌드 작업을 통해 프로젝트에서 사용되는 자바스크립트 파일 안에서 불필요한 주석, 경고 메시지, 공백 등을 제거하여 파일 크기를 최소화하기도 하고, 브라우저에서 JSX 문법이나 다른 최신 자바스크립트 문법이 원활하게 실행되도록 코드의 트랜스파일 작업도 할 수 있습니다. 만약 프로젝트 내에 이미지와 같은 정적 파일이 있다면 해당 파일을 위한 경로도 설정되지요.

이 작업은 웹팩(webpack)이라는 도구가 담당합니다. 웹팩에서 별도의 설정을 하지 않으면 프로젝트에서 사용 중인 모든 자바스크립트 파일이 하나의 파일로 합쳐지고, 모든 CSS 파일도 하나의 파일로 합쳐집니다.

CRA로 프로젝트를 빌드할 경우 최소 두 개 이상의 자바스크립트 파일이 생성되는데요. CRA의 기본 웹팩 설정에는 SplitChunks라는 기능이 적용되어 node_modules에서 불러온 파일, 일정 크기 이상의 파일, 여러 파일 간에 공유된 파일을 자동으로 따로 분리시켜서 캐싱의 효과를 제대로 누릴 수 있게 해 줍니다.

리액트 프로젝트를 생성해서 한번 빌드해 보겠습니다.

```
$ yarn create react-app splitting-sample
$ cd splitting-sample
$ yarn build
```

프로젝트 디렉터리 안에 있는 build/static 디렉터리를 열어 보세요. 자바스크립트 파일 여러 개가 잘 만들어졌나요?

▼ 그림 19-1 build/static 디렉터리

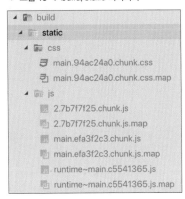

파일 이름을 보면 '7b7f7f25' 같은 해시(hash) 값이 포함되어 있습니다. 이 값은 빌드하는 과정에서 해당 파일의 내용에 따라 생성되며, 이를 통해 브라우저가 새로 파일을 받아야 할지 받지 말아야 할지를 알 수 있습니다.

현재 2로 시작하는 파일에는 React, ReactDOM 등 node_modules에서 불러온 라이브러리 관련 코드가 들어 있고, main으로 시작하는 파일에는 직접 프로젝트에 작성하는 App 같은 컴포넌트에 대한 코드가 들어 있습니다. 한번 열어 보세요. 2로 시작하는 파일은 코드가 엄청나게 긴 반면, main으로 시작하는 파일은 코드가 매우 짧을 것입니다.

조금 전 언급했던 SplitChunks라는 웹팩 기능을 통해 자주 바뀌지 않는 코드들이 2로 시작하는 파일에 들어 있기 때문에 캐싱의 이점을 더 오래 누릴 수 있습니다.

먼저 2로 시작하는 파일 이름을 확인해 주세요(책에 나온 예시와 해시값이 다를 수 있습니다). 그 다음에 App.js의 코드를 변경해 보세요.

App.js

```
import logo from './logo.svg';
import './App.css';

function App() {
  return (
    <div className="App">
      <header className="App-header">
        <img src={logo} className="App-logo" alt="logo" />
        <p>Hello React!</p>
      </header>
    </div>
  );
}

export default App;
```

이제 yarn build 명령어로 프로젝트를 다시 빌드해 보세요.

빌드 후 build/static 디렉터리를 다시 열어 보면 기존에 node_modules에서 불러온 라이브러리가 들어 있던 2로 시작하는 파일의 이름은 바뀌지 않았고, 작성하는 컴포넌트 관련 코드가 들어 있던 main으로 시작하는 파일의 이름은 바뀐 것을 확인할 수 있습니다.

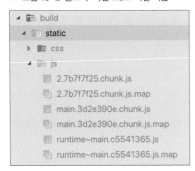

이렇게 파일을 분리하는 작업을 코드 스플리팅이라고 합니다. 프로젝트에 기본 탑재된 SplitChunks 기능을 통한 코드 스플리팅은 단순히 효율적인 캐싱 효과만 있을 뿐입니다. 예를 들어 페이지 A, B, C로 구성된 싱글 페이지 애플리케이션(SPA)을 개발한다고 가정해 봅시다. 사용자가 A 페이지에 방문했다면 B 페이지와 C 페이지에서 사용하는 컴포넌트 정보는 필요하지 않습니다. 사용자가 실제로 B 혹은 C 페이지로 이동하려고 할 때만 필요하겠죠.

하지만 리액트 프로젝트에 별도로 설정하지 않으면 A, B, C 컴포넌트에 대한 코드가 모두 한 파일(main)에 저장되어 버립니다. 만약 애플리케이션의 규모가 커지면 지금 당장 필요하지 않은 컴포넌트 정보도 모두 불러오면서 파일 크기가 매우 커집니다. 그러면 로딩이 오래 걸리기 때문에 사용자 경험도 안 좋아지고 트래픽도 많이 나오겠지요.

이러한 문제점을 해결해 줄 수 있는 방법이 바로 코드 비동기 로딩입니다. 이 또한 코드 스플리팅 방법 중 하나입니다. 코드 비동기 로딩을 통해 자바스크립트 함수, 객체, 혹은 컴포넌트를 처음에는 불러오지 않고 필요한 시점에 불러와서 사용할 수 있습니다.

이 장에서는 코드 비동기 로딩을 어떻게 하는지 알아보겠습니다. 이번 실습은 다음 흐름으로 진행됩니다.

▼ 그림 19-3 코드 스플리팅

19.1 / 자바스크립트 함수 비동기 로딩

컴포넌트 코드를 스플리팅하기에 앞서 일반 자바스크립트 함수를 스플리팅해 보겠습니다. src 디렉터리에 notify.js 파일을 생성하여 다음 함수를 작성해 보세요.

notify.js

```javascript
export default function notify() {
  alert('안녕하세요!');
}
```

Hello React! 문구를 누르면 notify 함수가 실행되도록 App 컴포넌트를 수정합니다.

src/App.js

```javascript
import logo from './logo.svg';
import './App.css';
import notify from './notify';

function App() {
  const onClick = () => {
    notify();
  };
  return (
    <div className="App">
      <header className="App-header">
        <img src={logo} className="App-logo" alt="logo" />
        <p onClick={onClick}>Hello React!</p>
      </header>
    </div>
  );
}

export default App;
```

이렇게 코드를 작성하고 빌드하면 notify 코드가 main 파일 안에 들어가게 됩니다. 하지만 다음과 같이 import를 상단에서 하지 않고 import() 함수 형태로 메서드 안에서 사용하면, 파일을 따로 분리시켜서 저장합니다. 그리고 실제 함수가 필요한 지점에 파일을 불러와서 함수를 사용할 수 있습니다.

코드를 다음과 같이 수정해 보세요.

src/App.js

```
import logo from './logo.svg';
import './App.css';

function App() {
  const onClick = () => {
    import('./notify').then(result => result.default());
  };
  return (
    <div className="App">
      <header className="App-header">
        <img src={logo} className="App-logo" alt="logo" />
        <p onClick={onClick}>Hello React!</p>
      </header>
    </div>
  );
}

export default App;
```

import를 함수로 사용하면 Promise를 반환합니다. 이렇게 import를 함수로 사용하는 문법은 비록 아직 표준 자바스크립트가 아니지만, stage-3 단계에 있는 dynamic import라는 문법입니다. 현재는 웹팩에서 지원하고 있으므로 별도의 설정 없이 프로젝트에 바로 사용할 수 있습니다. 이 함수를 통해 모듈을 불러올 때 모듈에서 default로 내보낸 것은 result.default를 참조해야 사용할 수 있습니다.

브라우저를 열고 개발자 도구의 **Network** 탭을 연 다음, **Hello React!**를 클릭해 보세요.

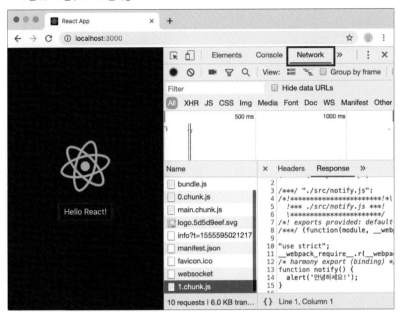

Hello React!를 클릭하는 시점에 새로운 자바스크립트 파일을 불러올 것입니다. 불러온 파일의 내용을 확인해 보면 notify에 관련된 코드만 들어 있습니다.

이제 yarn build를 입력하여 빌드해 보세요.

```
$ yarn build
yarn run v1.12.3
$ react-scripts build
Creating an optimized production build...
Compiled successfully.

File sizes after gzip:

  36.81 KB  build/static/js/2.7b7f7f25.chunk.js
  1.13 KB   build/static/js/runtime~main.ee88977b.js
  741 B     build/static/js/main.275a0bcb.chunk.js
  539 B     build/static/css/main.94ac24a0.chunk.css
  209 B     build/static/js/3.ae4458f4.chunk.js
```

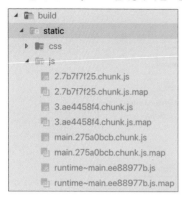

▼ 그림 19-5 notify 코드 스플리팅 후의 빌드 결과물

이제 3으로 시작하는 파일 안에 notify 관련 코드가 들어갑니다.

19.2 React.lazy와 Suspense를 통한 컴포넌트 코드 스플리팅

코드 스플리팅을 위해 리액트에 내장된 기능으로 유틸 함수인 React.lazy와 컴포넌트인 Suspense 가 있습니다. 이 기능은 리액트 16.6 버전부터 도입되었습니다. 이전 버전에서는 import 함수를 통해 불러온 다음, 컴포넌트 자체를 state에 넣는 방식으로 구현해야 합니다.

19.2.1 state를 사용한 코드 스플리팅

React.lazy를 사용하기에 앞서, React.lazy 없이 컴포넌트의 코드를 스플리팅한다면 어떻게 해야 하는지 알아봅시다.

먼저 코드 스플리팅을 할 간단한 컴포넌트를 만드세요.

```
const SplitMe = () => {
  return <div>SplitMe</div>;
};


export default SplitMe;
```

App 컴포넌트를 클래스형 컴포넌트로 전환해 주세요. 그리고 handleClick 메서드를 만들고, 그 내부에서 SplitMe 컴포넌트를 불러와 state에 넣겠습니다. 또한, render 함수에서는 state 안에 있는 SplitMe가 유효하다면 SplitMe 컴포넌트를 렌더링해 주어야 합니다.

```
import { Component } from 'react';
import logo from './logo.svg';
import './App.css';

class App extends Component {
  state = {
    SplitMe: null
  };
  handleClick = async () => {
    const loadedModule = await import('./SplitMe');
    this.setState({
      SplitMe: loadedModule.default
    });
  };
  render() {
    const { SplitMe } = this.state;
    return (
      <div className="App">
        <header className="App-header">
          <img src={logo} className="App-logo" alt="logo" />
          <p onClick={this.handleClick}>Hello React!</p>
          {SplitMe && <SplitMe />}
        </header>
      </div>
    );
  }
}

export default App;
```

19

코드 스플리팅

529

이제 브라우저의 개발자 도구에서 **Network** 탭을 열고 **Hello React!**를 눌러 보세요. SplitMe 컴포넌트의 코드 스플리팅이 잘 이루어졌나요? (개발 서버에서 스플리팅된 파일 이름이 3.chunk.js가 아니어도 상관없습니다.)

▼ 그림 19-6 state를 사용한 컴포넌트 스플리팅

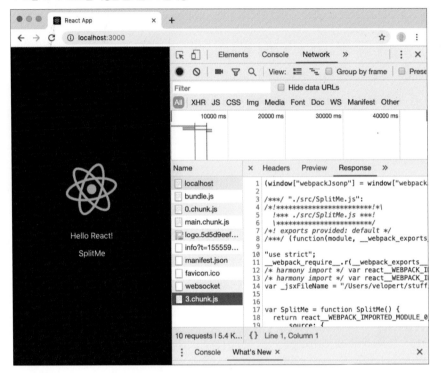

state를 사용하여 컴포넌트 코드 스플리팅을 하는 것이 그렇게 어렵지는 않지만, 매번 state를 선언해 주어야 한다는 점이 조금 불편합니다.

19.2.2 React.lazy와 Suspense 사용하기

React.lazy와 Suspense를 사용하면 코드 스플리팅을 하기 위해 state를 따로 선언하지 않고도 정말 간편하게 컴포넌트 코드 스플리팅을 할 수 있습니다. 먼저 사용 방법을 알아보고 우리가 만든 컴포넌트에 적용해 보겠습니다.

React.lazy는 컴포넌트를 렌더링하는 시점에서 비동기적으로 로딩할 수 있게 해 주는 유틸 함수입니다. 사용 방법은 다음과 같습니다.

```
const SplitMe = React.lazy(() => import('./SplitMe'));
```

Suspense는 리액트 내장 컴포넌트로서 코드 스플리팅된 컴포넌트를 로딩하도록 발동시킬 수 있고, 로딩이 끝나지 않았을 때 보여 줄 UI를 설정할 수 있습니다. 사용 방법은 다음과 같습니다.

```
import { Suspense } from 'react';

(...)
<Suspense fallback={<div>loading...</div>}>
  <SplitMe />
</Suspense>
```

Suspense에서 fallback props를 통해 로딩 중에 보여 줄 JSX를 지정할 수 있습니다.

사용 방법을 배웠으니 지금부터 프로젝트에 적용해 봅시다! 이제는 클래스형 컴포넌트를 사용할 필요가 없으니 다시 함수 컴포넌트로 전환하겠습니다.

App.js

```
import { useState, Suspense } from 'react';
import logo from './logo.svg';
import './App.css';
const SplitMe = React.lazy(() => import('./SplitMe'));

function App() {
  const [visible, setVisible] = useState(false);
  const onClick = () => {
    setVisible(true);
  };
  return (
    <div className="App">
      <header className="App-header">
        <img src={logo} className="App-logo" alt="logo" />
        <p onClick={onClick}>Hello React!</p>
```

19

코드 스플리팅

```
      <Suspense fallback={<div>loading...</div>}>
        {visible && <SplitMe />}
      </Suspense>
    </header>
  </div>
  );
}


export default App;
```

단순히 SplitMe 컴포넌트의 가시성을 의미하는 visible이라는 상태만 업데이트하여 코드 스플리팅된 컴포넌트를 보여 주었습니다.

개발자 도구의 **Network** 탭에서 **Online**을 클릭하여 네트워크 속도를 느리게 설정해 보세요.

▼ 그림 19-7 Network 탭에서 네트워크 속도 조정

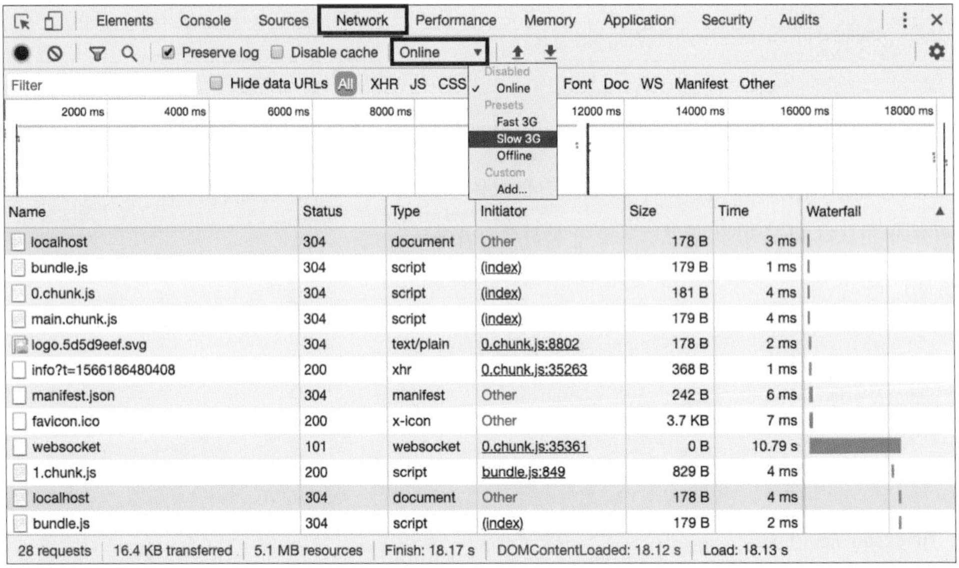

위 메뉴에서 **Slow 3G**를 선택하면 느린 네트워크 속도를 시뮬레이트할 수 있습니다. 설정 후 Hello React!를 클릭해 보세요. 로딩 문구가 나타나나요?

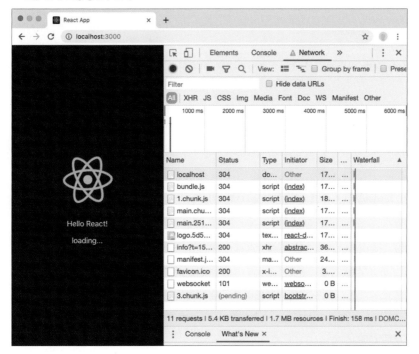

문구를 확인한 뒤에는 인터넷 속도를 다시 Online으로 바꿔 주세요.

19.2.3 Loadable Components를 통한 코드 스플리팅

Loadable Components는 코드 스플리팅을 편하게 하도록 도와주는 서드파티 라이브러리입니다. 이 라이브러리의 이점은 서버 사이드 렌더링을 지원한다는 것입니다(React.lazy와 Suspense는 아직 서버 사이드 렌더링을 지원하지 않습니다). 또한, 렌더링하기 전에 필요할 때 스플리팅된 파일을 미리 불러올 수 있는 기능도 있습니다.

서버 사이드 렌더링이란 웹 서비스의 초기 로딩 속도 개선, 캐싱 및 검색 엔진 최적화를 가능하게 해 주는 기술입니다. 서버 사이드 렌더링을 사용하면 웹 서비스의 초기 렌더링을 사용자의 브라우저가 아닌 서버 쪽에서 처리합니다. 사용자는 서버에서 렌더링한 html 결과물을 받아 와서 그대로 사용하기 때문에 초기 로딩 속도도 개선되고, 검색 엔진에서 크롤링할 때도 문제없지요. 이에 대한 자세한 내용은 다음 장에서 알아보고, 여기서는 서버 사이드 렌더링 없이 Loadable Components의 기본적인 사용법만 알아보겠습니다.

먼저 이 라이브러리를 설치해 주세요.

```
$ yarn add @loadable/component
```

사용법은 React.lazy와 꽤 비슷합니다. 단, Suspense를 사용할 필요는 없습니다.

App.js

```
import { useState } from 'react';
import logo from './logo.svg';
import './App.css';
import loadable from '@loadable/component';
const SplitMe = loadable(() => import('./SplitMe'));

function App() {
  const [visible, setVisible] = useState(false);
  const onClick = () => {
    setVisible(true);
  };
  return (
    <div className="App">
      <header className="App-header">
        <img src={logo} className="App-logo" alt="logo" />
        <p onClick={onClick}>Hello React!</p>
        {visible && <SplitMe />}
      </header>
    </div>
  );
}

export default App;
```

로딩 중에 다른 UI를 보여 주고 싶다면 loadable을 사용하는 부분을 다음과 같이 수정합니다.

App.js - loadable 사용 부분

```
const SplitMe = loadable(() => import('./SplitMe'), {
  fallback: <div>loading...</div>
});
```

이번에는 컴포넌트를 미리 불러오는(preload) 방법을 알아보겠습니다. 코드를 다음과 같이 수정해 보세요.

```
import { useState } from 'react';
import logo from './logo.svg';
import './App.css';
import loadable from '@loadable/component';
const SplitMe = loadable(() => import('./SplitMe'), {
  fallback: <div>loading...</div>
});

function App() {
  const [visible, setVisible] = useState(false);
  const onClick = () => {
    setVisible(true);
  };
  const onMouseOver = () => {
    SplitMe.preload();
  };
  return (
    <div className="App">
      <header className="App-header">
        <img src={logo} className="App-logo" alt="logo" />
        <p onClick={onClick} onMouseOver={onMouseOver}>
          Hello React!
        </p>
        {visible && <SplitMe />}
      </header>
    </div>
  );
}

export default App;
```

이렇게 수정하면 마우스 커서를 Hello React! 위에 올리기만 해도 로딩이 시작됩니다. 그리고 클릭했을 때 렌더링되지요. 브라우저에서 개발자 도구를 열고, 커서를 올리는 시점에 파일이 불러와지는지 확인해 보세요. 이런 기능을 구현하면 나중에 사용자에게 더 좋은 경험을 제공할 수 있습니다.

Loadable Components는 미리 불러오는 기능 외에도 타임아웃, 로딩 UI 딜레이, 서버 사이드 렌더링 호환 등 다양한 기능을 제공합니다. 자세한 내용은 공식 문서를 확인하세요(https://www.smooth-code.com/open-source/loadable-components/docs/delay/).

19.3 / 정리

이 장에서는 코드 스플리팅이 무엇인지, 컴포넌트를 어떻게 분리된 파일로 저장하고 또 비동기적으로 불러와서 사용하는지를 알아보았습니다.

서버 사이드 렌더링을 할 계획이 없다면 React.lazy와 Suspense로 구현하고, 계획이 있다면 Loadable Components를 사용해야 합니다. 리액트 공식 문서에서도 서버 사이드 렌더링을 할 경우 Loadable Components 라이브러리를 사용하도록 권장하고 있습니다.

React.lazy와 Suspense의 경우 지금 당장은 서버 사이드 렌더링을 지원하지 않지만 추후에는 지원될 수도 있으니, 이 기능을 배우고 사용하는 시점에 공식 문서를 한 번 더 확인하길 바랍니다 (https://reactjs.org/docs/code-splitting.html#reactlazy).

20^장

20장

서버 사이드 렌더링

20.1 / 서버 사이드 렌더링의 이해

서버 사이드 렌더링은 UI를 서버에서 렌더링하는 것을 의미합니다. 앞에서 만든 리액트 프로젝트는 기본적으로 클라이언트 사이드 렌더링을 하고 있습니다. 클라이언트 사이드 렌더링은 UI 렌더링을 브라우저에서 모두 처리하는 것이죠. 즉, 자바스크립트를 실행해야 우리가 만든 화면이 사용자에게 보입니다.

한번 CRA로 프로젝트를 생성하고 개발 서버를 실행해 보세요. 그리고 크롬 개발자 도구의 Network 탭을 열고 새로고침을 해 보세요.

```
$ yarn create react-app ssr-recipe
$ cd ssr-recipe
$ yarn start
```

▼ 그림 20-1 비어 있는 root 엘리먼트

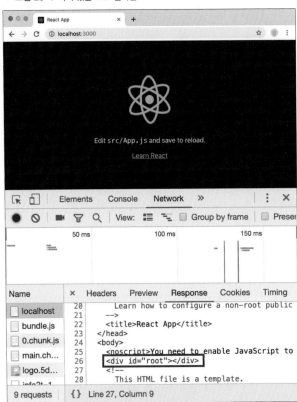

538

맨 위에 있는 localhost를 선택하고 Response를 보면 root 엘리먼트가 비어 있는 것을 확인할 수 있습니다. 즉, 이 페이지는 처음에 빈 페이지라는 뜻이죠. 그 이후에 자바스크립트가 실행되고 리액트 컴포넌트가 렌더링되면서 우리에게 보이는 것입니다.

서버 사이드 렌더링을 구현하면 사용자가 웹 서비스에 방문했을 때 서버 쪽에서 초기 렌더링을 대신해 줍니다. 그리고 사용자가 html을 전달받을 때 그 내부에 렌더링된 결과물이 보입니다.

20.1.1 서버 사이드 렌더링의 장점

서버 사이드 렌더링에는 어떤 장점이 있을까요? 일단 구글, 네이버, 다음 등의 검색 엔진이 우리가 만든 웹 애플리케이션의 페이지를 원활하게 수집할 수 있습니다. 리액트로 만든 SPA는 검색 엔진 크롤러 봇처럼 자바스크립트가 실행되지 않는 환경에서는 페이지가 제대로 나타나지 않습니다. 따라서 서버에서 클라이언트 대신 렌더링을 해 주면 검색 엔진이 페이지의 내용을 제대로 수집해 갈 수 있습니다. 구글 검색 엔진은 다른 검색 엔진과 달리 검색 엔진에서 자바스크립트를 실행하는 기능이 탑재되어 있으므로 제대로 페이지를 크롤링해 갈 때도 있지만, 모든 페이지에 대해 자바스크립트를 실행해 주지는 않습니다. 따라서 웹 서비스의 검색 엔진 최적화를 위해서라면 서버 사이드 렌더링을 구현해 주는 것이 좋습니다.

또한, 서버 사이드 렌더링을 통해 초기 렌더링 성능을 개선할 수 있습니다. 예를 들어 서버 사이드 렌더링이 구현되지 않은 웹 페이지에 사용자가 방문하면, 자바스크립트가 로딩되고 실행될 때까지 사용자는 비어 있는 페이지를 보며 대기해야 합니다. 여기에 API까지 호출해야 한다면 사용자의 대기 시간이 더더욱 길어집니다. 반면 서버 사이드 렌더링을 구현한 웹 페이지라면 자바스크립트 파일 다운로드가 완료되지 않은 시점에서도 html상에 사용자가 볼 수 있는 콘텐츠가 있기 때문에 대기 시간이 최소화되고, 이로 인해 사용자 경험도 향상됩니다.

20.1.2 서버 사이드 렌더링의 단점

그럼 단점도 생각해 볼까요? 서버 사이드 렌더링은 결국 원래 브라우저가 해야 할 일을 서버가 대신 처리하는 것이므로 서버 리소스가 사용된다는 단점이 있습니다. 갑자기 수많은 사용자가 동시에 웹 페이지에 접속하면 서버에 과부하가 발생할 수 있지요. 따라서 사용자가 많은 서비스라면 캐싱과 로드 밸런싱을 통해 성능을 최적화해 주어야 합니다.

또한, 서버 사이드 렌더링을 하면 프로젝트의 구조가 좀 더 복잡해질 수 있고, 데이터 미리 불러오기, 코드 스플리팅과의 호환 등 고려해야 할 사항이 더 많아져서 개발이 어려워질 수도 있습니다.

20.1.3 서버 사이드 렌더링과 코드 스플리팅 충돌

서버 사이드 렌더링과 코드 스플리팅을 함께 적용하면 작업이 꽤 까다롭습니다. 별도의 호환 작업 없이 두 기술을 함께 적용하면, 다음과 같은 흐름으로 작동하면서 페이지에 깜박임이 발생합니다.

▼ 그림 20-2 코드 스플리팅 깜박임 현상

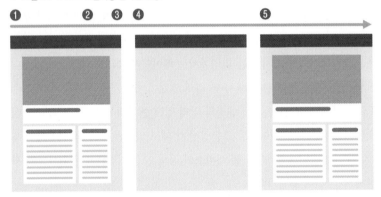

❶ 서버 사이드 렌더링된 결과물이 브라우저에 나타남

❷ 자바스크립트 파일 로딩 시작

❸ 자바스크립트가 실행되면서 아직 불러오지 않은 컴포넌트를 null로 렌더링함

❹ 페이지에서 코드 스플리팅된 컴포넌트들이 사라짐

❺ 코드 스플리팅된 컴포넌트들이 로딩된 이후 제대로 나타남

이러한 이슈를 해결하려면 라우트 경로마다 코드 스플리팅된 파일 중에서 필요한 모든 파일을 브라우저에서 렌더링하기 전에 미리 불러와야 합니다.

이 책에서는 이 문제점을 다음과 같은 방법으로 해결합니다. Loadable Components 라이브러리에서 제공하는 기능을 써서 서버 사이드 렌더링 후 필요한 파일의 경로를 추출하여 렌더링 결과에 스크립트/스타일 태그를 삽입해 주는 방법입니다.

이 장에서는 리액트 프로젝트에 서버 사이드 렌더링을 어떻게 구현하는지 알아보겠습니다. 실습은 다음 흐름으로 진행됩니다.

▼ 그림 20-3 서버 사이드 렌더링

프로젝트 준비하기
↓
서버 사이드 렌더링 구현하기
↓
데이터 로딩하기
↓
코드 스플리팅하기

> **노트** **Remix 또는 Next.js 사용하기**
>
> 이 책에서는 서버 사이드 렌더링에 필요한 작업들을 모두 직접 구축하는 방법을 다룹니다. 이 책을 집필한 시점(2019년)에는 이렇게 직접 구축하는 것이 꽤 괜찮은 선택지였지만, 2022년 기준, 훨씬 더 쉽게 처리할 수 있는 프레임워크인 Next.js 가 충분히 대중화되었고, 리액트 라우터와 호환이 되는 또 다른 대안인 Remix도 급부상하면서 또 다른 선택지가 생겼습니다.
>
> 이 책에서는 만약 프레임워크를 사용하여 서버 사이드 렌더링을 구현한다면 Remix 프레임워크를 사용하는 것을 권장합니다. 이 프레임워크에 대한 사용법을 알고 싶으시다면 다음 링크를 통해 학습할 수 있습니다.
>
> • https://velog.io/@velopert/learn-remix

20.2 / 프로젝트 준비하기

R E A C T

서버 사이드 렌더링을 진행하기 전에 리액트 라우터를 사용하여 라우팅하는 간단한 프로젝트를 만들어 봅시다. 조금 전에 만들었던 ssr-recipe 프로젝트 디렉터리에 react-router-dom을 설치하세요.

```
$ yarn add react-router-dom
```

20.2.1 컴포넌트 만들기

간단한 컴포넌트를 세 개 작성합니다. components 디렉터리를 생성하여 그 안에 다음 파일들을 하나하나 순서대로 작성하면 됩니다.

20

서버 사이드 렌더링

```
import './Red.css';

const Red = () => {
  return <div className="Red">Red</div>;
};

export default Red;
```

```
.Red {
  background: red;
  font-size: 1.5rem;
  color: white;
  width: 128px;
  height: 128px;
  display: flex;
  align-items: center;
  justify-content: center;
}
```

```
import './Blue.css';

const Blue = () => {
  return <div className="Blue">Blue</div>;
};

export default Blue;
```

```
.Blue {
  background: blue;
  font-size: 1.5rem;
  color: white;
  width: 128px;
  height: 128px;
  display: flex;
  align-items: center;
  justify-content: center;
}
```

```
import { Link } from 'react-router-dom';
const Menu = () => {
  return (
    <ul>
      <li>
        <Link to="/red">Red</Link>
      </li>
      <li>
        <Link to="/blue">Blue</Link>
      </li>
    </ul>
  );
};

export default Menu;
```

단순하게 빨간색, 파란색 박스를 보여 주는 컴포넌트와 각 링크로 이동할 수 있게 해 주는 메뉴 컴포넌트를 만들었습니다. 이 컴포넌트들을 리액트 앱에서 사용해 보겠습니다.

20.2.2 페이지 컴포넌트 만들기

이번에는 각 라우트를 위한 페이지 컴포넌트들을 만들겠습니다. 이 컴포넌트들은 pages 디렉터리에 작성해 주세요.

```
import Red from '../components/Red';

const RedPage = () => {
  return <Red />;
};

export default RedPage;
```

```
import Blue from '../components/Blue';

const BluePage = () => {
  return <Blue />;
```

```
};

export default BluePage;
```

페이지 컴포넌트도 다 만들었습니다. 이제 App 컴포넌트에서 라우트 설정을 해 보세요.

App.js

```
import { Route, Routes } from 'react-router-dom';
import Menu from './components/Menu';
import RedPage from './pages/RedPage';
import BluePage from './pages/BluePage';

const App = () => {
  return (
    <div>
      <Menu />
      <hr />
      <Routes>
        <Route path="/red" element={<RedPage />} />
        <Route path="/blue" element={<BluePage />} />
      </Routes>
    </div>
  );
};

export default App;
```

다음으로 BrowserRouter를 사용하여 프로젝트에 리액트 라우터를 적용하세요.

index.js

```
import React from 'react';
import ReactDOM from 'react-dom/client';
import './index.css';
import App from './App';
import { BrowserRouter } from 'react-router-dom';

const root = ReactDOM.createRoot(document.getElementById('root'));
root.render(
  <BrowserRouter>
    <App />
  </BrowserRouter>
);
```

브라우저로 페이지를 열어서 Menu 컴포넌트에 있는 링크를 눌러 보세요. 빨간색, 파란색 컴포넌트가 잘 나타나나요?

▼ 그림 20-4 페이지 컴포넌트 만들기

이제 서버 사이드 렌더링을 구현할 프로젝트가 준비되었습니다. 본격적으로 서버 사이드 렌더링을 구현해 봅시다.

20.3 / 서버 사이드 렌더링 구현하기

서버 사이드 렌더링을 구현하려면 웹팩 설정을 커스터마이징해 주어야 합니다. CRA로 만든 프로젝트에서는 웹팩 관련 설정이 기본적으로 모두 숨겨져 있으니 yarn eject 명령어를 실행하여 밖으로 꺼내 주세요.

```
$ git add .
$ git commit -m'Commit before eject'
$ yarn eject
```

이 명령어를 입력하고 나면 VS Code에서 import 구문에서 NODE_ENV 환경 변수가 설정되어 있지 않다는 ESLint 오류가 발생할 것입니다. 해당 오류를 없애기 위해서 package.json 파일을 열고 eslintConfig 부분을 찾아 다음과 같이 변경해수세요. 만약 VS Code에서 오류가 보이지 않는다면 이 작업은 생략해도 됩니다.

```
"eslintConfig": {
    "extends": [
      "react-app",
      "react-app/jest"
    ],
    "parserOptions": {
      "babelOptions": {
        "presets": [
          [
            "babel-preset-react-app",
            false
          ],
          "babel-preset-react-app/prod"
        ]
      }
    }
  },
```

20.3.1 서버 사이드 렌더링용 엔트리 만들기

엔트리(entry)는 웹팩에서 프로젝트를 불러올 때 가장 먼저 불러오는 파일입니다. 예를 들어 현재 작성 중인 리액트 프로젝트에서는 index.js를 엔트리 파일로 사용합니다. 이 파일부터 시작하여 내부에 필요한 다른 컴포넌트와 모듈을 불러오고 있지요.

서버 사이드 렌더링을 할 때는 서버를 위한 엔트리 파일을 따로 생성해야 합니다. src 디렉터리에 index.server.js라는 파일을 생성하세요.

index.server.js

```
import ReactDOMServer from 'react-dom/server';

const html = ReactDOMServer.renderToString(
  <div>Hello Server Side Rendering!</div>
);

console.log(html);
```

지금은 일단 가장 기본적인 코드만 작성했습니다. 서버에서 리액트 컴포넌트를 렌더링할 때는 ReactDOMServer의 `renderToString`이라는 함수를 사용합니다. 이 함수에 JSX를 넣어서 호출하면 렌더링 결과를 문자열로 반환합니다.

20.3.2 서버 사이드 렌더링 전용 웹팩 환경 설정 작성하기

작성한 엔트리 파일을 웹팩으로 불러와서 빌드하려면 서버 전용 환경 설정을 만들어 주어야 합니다.

먼저 config 경로의 paths.js 파일을 열어서 스크롤을 맨 아래로 내린 후 `module.exports` 부분에 다음과 같이 두 줄을 추가해 주세요.

config/paths.js - 하단부

```
(...)
module.exports = {
  dotenv: resolveApp('.env'),
  appPath: resolveApp('.'),
  (...)
  publicUrlOrPath,
  ssrIndexJs: resolveApp('src/index.server.js'), // 서버 사이드 렌더링 엔트리
  ssrBuild: resolveApp('dist'), // 웹팩 처리 후 저장 경로
};

module.exports.moduleFileExtensions = moduleFileExtensions;
```

이 파일에 ssrIndexJs와 ssrBuild 정보를 추가했습니다. ssrIndexJs는 불러올 파일의 경로이고, ssrBuild는 웹팩으로 처리한 뒤 결과물을 저장할 경로입니다.

다음으로 웹팩 환경 설정 파일을 작성합니다. config 디렉터리에 webpack.config.server.js 파일을 생성해 주세요.

config/webpack.config.server.js

```
const paths = require('./paths');

module.exports = {
  mode: 'production', // 프로덕션 모드로 설정하여 최적화 옵션들을 활성화
  entry: paths.ssrIndexJs, // 엔트리 경로
  target: 'node', // node 환경에서 실행될 것이라는 점을 명시
  output: {
```

```
      path: paths.ssrBuild, // 빌드 경로
      filename: 'server.js', // 파일 이름
      chunkFilename: 'js/[name].chunk.js', // 청크 파일 이름
      publicPath: paths.publicUrlOrPath, // 정적 파일이 제공될 경로

  }
};
```

웹팩 기본 설정을 작성했습니다. 빌드할 때 어떤 파일에서 시작해 파일들을 불러오는지, 또 어디에 결과물을 저장할지를 정해 주었죠.

다음으로 로더를 설정합니다. 웹팩의 로더는 파일을 불러올 때 확장자에 맞게 필요한 처리를 해줍니다. 예를 들어 자바스크립트는 babel을 사용하여 트랜스파일링을 해 주고, CSS는 모든 CSS 코드를 결합해 주고, 이미지 파일은 파일을 다른 경로에 따로 저장하고 그 파일에 대한 경로를 자바스크립트에서 참조할 수 있게 해 줍니다.

서버 사이드 렌더링을 할 때 CSS 혹은 이미지 파일은 그다지 중요하지 않습니다. 그렇다고 완전히 무시할 수는 없습니다. 가끔 자바스크립트 내부에서 파일에 대한 경로가 필요하거나 CSS Module처럼 로컬 className을 참조해야 할 수도 있기 때문입니다. 그래서 해당 파일을 로더에서 별도로 설정하여 처리하지만 따로 결과물에 포함되지 않도록 구현할 수 있습니다.

config/webpack.config.server.js

```
const paths = require('./paths');
const getCSSModuleLocalIdent = require('react-dev-utils/getCSSModuleLocalIdent');

const cssRegex = /\.css$/;
const cssModuleRegex = /\.module\.css$/;
const sassRegex = /\.(scss|sass)$/;
const sassModuleRegex = /\.module\.(scss|sass)$/;

module.exports = {
  mode: 'production',
  entry: paths.ssrIndexJs,
  target: 'node',
  output: {
    path: paths.ssrBuild,
    filename: 'server.js',
    chunkFilename: 'js/[name].chunk.js',
    publicPath: paths.publicUrlOrPath,
  },
```

```
module: {
  rules: [
    {
      oneOf: [
        // 자바스크립트를 위한 처리
        // 기존 webpack.config.js를 참고하여 작성
        {
          test: /\.(js|mjs|jsx|ts|tsx)$/,
          include: paths.appSrc,
          loader: require.resolve('babel-loader'),
          options: {
            customize: require.resolve(
              'babel-preset-react-app/webpack-overrides'
            ),
            presets: [
              [
                require.resolve('babel-preset-react-app'),
                {
                  runtime: 'automatic',
                },
              ],
            ],
            plugins: [
              [
                require.resolve('babel-plugin-named-asset-import'),
                {
                  loaderMap: {
                    svg: {
                      ReactComponent:
                        '@svgr/webpack?-svgo,+titleProp,+ref![path]',
                    },
                  },
                },
              ],
            ],
            cacheDirectory: true,
            cacheCompression: false,
            compact: false,
          },
        },
        // CSS를 위한 처리
        {
          test: cssRegex,
          exclude: cssModuleRegex,
          // exportOnlyLocals: true 옵션을 설정해야 실제 css 파일을 생성하지 않습니다.
```

```
            loader: require.resolve('css-loader'),
            options: {
              importLoaders: 1,
              modules: {
                exportOnlyLocals: true,
              },
            },
          },
          // CSS Module을 위한 처리
          {
            test: cssModuleRegex,
            loader: require.resolve('css-loader'),
            options: {
              importLoaders: 1,
              modules: {
                exportOnlyLocals: true,
                getLocalIdent: getCSSModuleLocalIdent,
              },
            },
          },
          // Sass를 위한 처리
          {
            test: sassRegex,
            exclude: sassModuleRegex,
            use: [
              {
                loader: require.resolve('css-loader'),
                options: {
                  importLoaders: 3,
                  modules: {
                    exportOnlyLocals: true,
                  },
                },
              },
              require.resolve('sass-loader'),
            ],
          },
          // Sass + CSS Module을 위한 처리
          {
            test: sassRegex,
            exclude: sassModuleRegex,
            use: [
              {
                loader: require.resolve('css-loader'),
                options: {
```

```
                    importLoaders: 3,
                    modules: {
                      exportOnlyLocals: true,
                      getLocalIdent: getCSSModuleLocalIdent,
                    },
                  },
                },
                require.resolve('sass-loader'),
              ],
            },
            // url-loader를 위한 설정
            {
              test: [/\.bmp$/, /\.gif$/, /\.jpe?g$/, /\.png$/],
              loader: require.resolve('resolve-url-loader'),
              options: {
                emitFile: false, // 파일을 따로 저장하지 않는 옵션
                limit: 10000, // 원래는 9.76KB가 넘어가면 파일로 저장하는데
                // emitFile 값이 false 일땐 경로만 준비하고 파일은 저장하지 않습니다.
                name: 'static/media/[name].[hash:8].[ext]',
              },
            },
            // 위에서 설정된 확장자를 제외한 파일들은
            // file-loader를 사용합니다.
            {
              loader: require.resolve('file-loader'),
              exclude: [/\.(js|mjs|jsx|ts|tsx)$/, /\.html$/, /\.json$/],
              options: {
                emitFile: false, // 파일을 따로 저장하지 않는 옵션
                name: 'static/media/[name].[hash:8].[ext]',
              },
            },
          ],
        },
      ],
    },
  };
```

이제 코드에서 node_modules 내부의 라이브러리를 불러올 수 있게 설정합니다.

config/webpack.config.server.js

```
const paths = require('./paths');
const getCSSModuleLocalIdent = require('react-dev-utils/getCSSModuleLocalIdent');
```

```
const cssRegex = /\.css$/;
const cssModuleRegex = /\.module\.css$/;
const sassRegex = /\.(scss|sass)$/;
const sassModuleRegex = /\.module\.(scss|sass)$/;

module.exports = {
  mode: 'production', // 프로덕션 모드로 설정하여 최적화 옵션들을 활성화
  entry: paths.ssrIndexJs, // 엔트리 경로
  target: 'node', // node 환경에서 실행될 것이라는 점을 명시
  output: {
    path: paths.ssrBuild, // 빌드 경로
    filename: 'server.js', // 파일 이름
    chunkFilename: 'js/[name].chunk.js', // 청크 파일 이름
    publicPath: paths.publicUrlOrPath, // 정적 파일이 제공될 경로
  },
  module: {
    rules: [
      {
        oneOf: [
          (...)
        ]
      }
    ]
  },
  resolve: {
    modules: ['node_modules']
  }
};
```

이렇게 했을 때 react, react-dom/server 같은 라이브러리를 import 구문으로 불러오면 node_modules에서 찾아 사용합니다. 라이브러리를 불러오면 빌드할 때 결과물 파일 안에 해당 라이브러리 관련 코드가 함께 번들링됩니다.

브라우저에서 사용할 때는 결과물 파일에 리액트 라이브러리와 우리의 애플리케이션에 관한 코드가 공존해야 하는데요, 서버에서는 굳이 결과물 파일 안에 리액트 라이브러리가 들어 있지 않아도 됩니다. node_modules를 통해 바로 불러와서 사용할 수 있기 때문이죠.

따라서 서버를 위해 번들링할 때는 node_modules에서 불러오는 것을 제외하고 번들링하는 것이 좋습니다. 이를 위해 webpack-node-externals라는 라이브러리를 사용해야 합니다. 이 라이브러리를 yarn 명령어를 사용하여 설치해 주세요.

```
$ yarn add webpack-node-externals
```

다음으로 이 라이브러리를 webpack.config.server.js의 상단에 불러와서 설정에 적용합니다.

```
const nodeExternals = require('webpack-node-externals');

(...)

module.exports = {
  (...)
  resolve: {
    modules: ['node_modules'],
  },
  externals: [
    nodeExternals({
      allowlist: [/@babel/],
    }),
  ],
};
```

이제 환경 설정 파일은 거의 작성했습니다. 마지막으로 환경변수를 주입하겠습니다.

```
const paths = require('./paths');
const getCSSModuleLocalIdent = require('react-dev-utils/getCSSModuleLocalIdent');
const nodeExternals = require('webpack-node-externals');
const webpack = require('webpack');
const getClientEnvironment = require('./env');

const cssRegex = /\.css$/;
const cssModuleRegex = /\.module\.css$/;
const sassRegex = /\.(scss|sass)$/;
const sassModuleRegex = /\.module\.(scss|sass)$/;

const env = getClientEnvironment(paths.publicUrlOrPath.slice(0, -1));

module.exports = {
  (...)
  externals: [
    nodeExternals({
      allowlist: [/@babel/],
    }),
  ],
```

```
  plugins: [
    new webpack.DefinePlugin(env.stringified), // 환경변수를 주입해줍니다.
  ],
};
```

환경변수를 주입하면, 프로젝트 내에서 process.env.NODE_ENV 값을 참조하여 현재 개발 환경인지
아닌지를 알 수 있습니다.

20.3.3 빌드 스크립트 작성하기

이번에는 방금 만든 환경 설정을 사용하여 웹팩으로 프로젝트를 빌드하는 스크립트를 작성해 보
겠습니다. scripts 경로를 열어 보면 build.js라는 파일이 있습니다. 이 스크립트는 클라이언트에
서 사용할 빌드 파일을 만드는 작업을 합니다. 이 스크립트와 비슷한 형식으로 서버에서 사용할
빌드 파일을 만드는 build.server.js 스크립트를 작성해 보겠습니다.

scripts/build.server.js

```
process.env.BABEL_ENV = 'production';
process.env.NODE_ENV = 'production';

process.on('unhandledRejection', err => {
  throw err;
});

require('../config/env');
const fs = require('fs-extra');
const webpack = require('webpack');
const config = require('../config/webpack.config.server');
const paths = require('../config/paths');

function build() {
  console.log('Creating server build...');
  fs.emptyDirSync(paths.ssrBuild);
  let compiler = webpack(config);
  return new Promise((resolve, reject) => {
    compiler.run((err, stats) => {
      if (err) {
        console.log(err);
        return;
```

```
    }
    console.log(stats.toString());
  });
});
}

build();
```

코드를 다 작성한 뒤에는 다음 명령어를 실행하여 빌드가 잘되는지 확인해 보세요.

```
$ node scripts/build.server.js
Creating server build...
Hash: 159822b62195780e4cb8
Version: webpack 4.28.3
Time: 198ms
Built at: 2019-04-04 02:11:44
     Asset      Size  Chunks            Chunk Names
 server.js  1.15 KiB       0  [emitted]  main
Entrypoint main = server.js
[0] external "react" 42 bytes {0} [built]
[1] external "react-dom/server" 42 bytes {0} [built]
[2] ./src/index.server.js 200 bytes {0} [built]
```

성공적으로 잘 실행되었나요? 이어서 다음 명령어를 실행하여 작성한 결과물이 잘 작동하는지 확인해 보세요.

```
$ node dist/server.js
<div data-reactroot="">Hello Server Side Rendering!</div>
```

테스트 삼아 만들었던 JSX가 문자열 형태로 잘 렌더링되었나요?

매번 빌드하고 실행할 때마다 파일 경로를 입력하는 것이 번거로울 수 있으니, package.json에서 스크립트를 생성하여 더 편하게 명령어를 입력할 수 있도록 하겠습니다.

package.json - scripts 부분

```
"scripts": {
  "start": "node scripts/start.js",
  "build": "node scripts/build.js",
  "test": "node scripts/test.js",
  "start:server": "node dist/server.js",
  "build:server": "node scripts/build.server.js"
},
```

이렇게 스크립트를 만들면 다음 명령어로 서버를 빌드하고 시작할 수 있습니다.

```
$ yarn build:server
$ yarn start:server
```

스크립트를 다 만들고 나서 짧아진 명령어로 다시 한 번 실행해 보세요. 잘 작동하나요? 이제 본격적으로 서버 사이드 렌더링을 구현할 준비가 되었습니다!

20.3.4 서버 코드 작성하기

서버 사이드 렌더링을 처리할 서버를 작성해 봅시다. Express라는 Node.js 웹 프레임워크를 사용하여 웹 서버를 만들겠습니다. 이 과정은 꼭 Express가 아니어도 상관없으며 Koa, Hapi 또는 connect 라이브러리를 사용하면 구현할 수 있습니다. 이 책에서 서버 사이드 렌더링을 할 때 Express를 사용한 이유는 해당 프레임워크가 사용률이 가장 높고, 추후 정적 파일들을 호스팅할 때도 쉽게 구현할 수 있기 때문입니다.

먼저 yarn을 사용하여 Express를 설치해 주세요.

```
$ yarn add express
```

다음으로 index.server.js 코드를 다음과 같이 작성하세요.

index.server.js
```
import ReactDOMServer from 'react-dom/server';
import express from 'express';
import { StaticRouter } from 'react-router-dom/server';
import App from './App';

const app = express();

// 서버 사이드 렌더링을 처리할 핸들러 함수입니다.
const serverRender = (req, res, next) => {
  // 이 함수는 404가 떠야 하는 상황에 404를 띄우지 않고 서버 사이드 렌더링을 해 줍니다.

  const context = {};
  const jsx = (
    <StaticRouter location={req.url} context={context}>
      <App />
```

```
      </StaticRouter>
    );
    const root = ReactDOMServer.renderToString(jsx); // 렌더링을 하고
    res.send(root); // 클라이언트에게 결과물을 응답합니다.
  };

  app.use(serverRender);

  // 5000 포트로 서버를 가동합니다.
  app.listen(5000, () => {
    console.log('Running on http://localhost:5000');
  });
```

이 과정에서 리액트 라우터 안에 들어 있는 StaticRouter라는 컴포넌트가 사용되었습니다. 이 라우터 컴포넌트는 주로 서버 사이드 렌더링 용도로 사용되는 라우터입니다. props로 넣어 주는 location 값에 따라 라우팅해 주지요. 지금은 req.url이라는 값을 넣어 주었는데요. 여기서 req 객체는 요청에 대한 정보를 지니고 있습니다.

StaticRouter에 context라는 props도 넣어 주었습니다. 이 값을 사용하여 나중에 렌더링한 컴포넌트에 따라 HTTP 상태 코드를 설정해 줄 수 있습니다.

지금 당장 JS 파일과 CSS 파일을 웹 페이지에 불러오는 것은 생략하고, 리액트 서버 사이드 렌더링을 통해 만들어진 결과만 보여 주도록 처리했습니다. 서버를 다시 빌드하고 실행해 보세요.

```
$ yarn build:server
$ yarn start:server
```

이제 브라우저로 http://localhost:5000/ 경로에 들어가서 다음과 같은 화면이 보이는지 확인하세요.

▼ 그림 20-5 서버 사이드 렌더링 첫 번째 결과

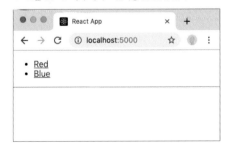

/red 페이지와 /blue 페이지에 들어갔을 때도 알맞은 컴포넌트가 잘 보이나요?

▼ 그림 20-6 Red와 Blue 컴포넌트

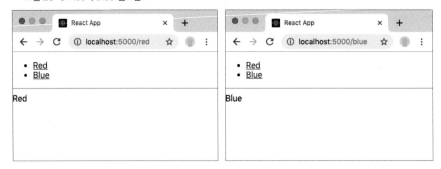

지금은 CSS를 불러오지 않기 때문에 스타일이 적용되어 있지 않아도 괜찮습니다. 브라우저에서 자바스크립트도 실행되지 않기 때문에, 현재 브라우저에 나타난 정보는 모두 서버 사이드에서 렌더링된 것으로 간주할 수 있습니다.

만약 자바스크립트를 로딩하면 현재 브라우저에 보이는 데이터가 서버에서 렌더링된 것인지, 클라이언트에서 렌더링된 것인지 분간하기 어려울 것입니다. 서버 사이드 렌더링이 정말 제대로 이루어졌는지 확인하기 위해 개발자 도구의 **Network** 탭을 열고 새로고침을 해 보세요.

▼ 그림 20-7 Network 탭에서 Response 보기

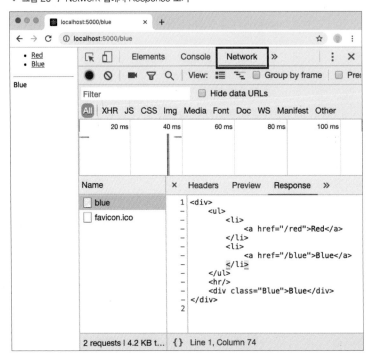

새로고침을 하고 나서 맨 위에 있는 항목(그림 20-7에서는 blue)을 누른 후 우측의 Response를 눌러 보세요. 컴포넌트 렌더링 결과가 문자열로 잘 전달되고 있나요?

하단의 { } 버튼을 한번 눌러 보세요. 코드가 자동으로 들여쓰기되어 더욱 읽기 쉬워집니다.

20.3.5 정적 파일 제공하기

이번에는 Express에 내장되어 있는 static 미들웨어를 사용하여 서버를 통해 build에 있는 JS, CSS 정적 파일들에 접근할 수 있도록 해 주겠습니다.

index.server.js

```javascript
import ReactDOMServer from 'react-dom/server';
import express from 'express';
import { StaticRouter } from 'react-router-dom/server';
import App from './App';
import path from 'path';

const app = express();

// 서버 사이드 렌더링을 처리할 핸들러 함수입니다.
const serverRender = (req, res, next) => {
  // 이 함수는 404가 떠야 하는 상황에 404를 띄우지 않고 서버 사이드 렌더링을 해 줍니다.

  const context = {};
  const jsx = (
    <StaticRouter location={req.url} context={context}>
      <App />
    </StaticRouter>
  );
  const root = ReactDOMServer.renderToString(jsx); // 렌더링을 하고
  res.send(root); // 결과물을 응답합니다.
};

const serve = express.static(path.resolve('./build'), {
  index: false // "/" 경로에서 index.html을 보여 주지 않도록 설정
});

app.use(serve); // 순서가 중요합니다. serverRender 전에 위치해야 합니다.
app.use(serverRender);

// 5000 포트로 서버를 가동합니다.
```

```
app.listen(5000, () => {
  console.log('Running on http://localhost:5000');
});
```

그다음에는 JS와 CSS 파일을 불러오도록 html에 코드를 삽입해 주어야 합니다. 불러와야 하는 파일 이름은 매번 빌드할 때마다 바뀌기 때문에 빌드하고 나서 만들어지는 asset-manifest.json 파일을 참고하여 불러오도록 작성합니다.

한번 yarn build 명령어를 실행한 다음, build 디렉터리의 asset-manifest.json을 열어 보세요.

build/asset-manifest.json

```
{
  "files": {
    "main.css": "/static/css/main.384285ee.css",
    "main.js": "/static/js/main.c6e32ae5.js",
    "static/js/787.2bb6a743.chunk.js": "/static/js/787.2bb6a743.chunk.js",
    "index.html": "/index.html",
    "main.384285ee.css.map": "/static/css/main.384285ee.css.map",
    "main.c6e32ae5.js.map": "/static/js/main.c6e32ae5.js.map",
    "787.2bb6a743.chunk.js.map": "/static/js/787.2bb6a743.chunk.js.map"
  },
  "entrypoints": [
    "static/css/main.384285ee.css",
    "static/js/main.c6e32ae5.js"
  ]
}
```

위 코드에서 밑줄이 그어진 파일을 html 내부에 삽입해 주어야 합니다.

서버 코드를 다음과 같이 수정해 주세요.

index.server.js

```
import ReactDOMServer from 'react-dom/server';
import express from 'express';
import { StaticRouter } from 'react-router-dom/server';

import App from './App';
import path from 'path';
import fs from 'fs';

// asset-manifest.json에서 파일 경로들을 조회합니다.
const manifest = JSON.parse(
```

```
  fs.readFileSync(path.resolve('./build/asset-manifest.json'), 'utf8')
);

function createPage(root) {
  return `<!DOCTYPE html>
  <html lang="en">
    <head>
      <meta charset="utf-8" />
      <link rel="shortcut icon" href="/favicon.ico" />
      <meta
        name="viewport"
        content="width=device-width,initial-scale=1,shrink-to-fit=no"
      />
      <meta name="theme-color" content="#000000" />
      <title>React App</title>
      <link href="${manifest.files['main.css']}" rel="stylesheet" />
    </head>
    <body>
      <noscript>You need to enable JavaScript to run this app.</noscript>
      <div id="root">${root}</div>
      <script src="${manifest.files['main.js']}"></script>
    </body>
  </html>
  `;
}

const app = express();

// 서버 사이드 렌더링을 처리할 핸들러 함수입니다.
const serverRender = (req, res, next) => {
  // 이 함수는 404가 떠야 하는 상황에 404를 띄우지 않고 서버 사이드 렌더링을 해 줍니다.
  const context = {};
  const jsx = (
    <StaticRouter location={req.url} context={context}>
      <App />
    </StaticRouter>
  );
  const root = ReactDOMServer.renderToString(jsx); // 렌더링을 하고
  res.send(createPage(root)); // 결과물을 응답합니다.
};

const serve = express.static(path.resolve('./build'), {
  index: false, // "/" 경로에서 index.html을 보여 주지 않도록 설정
});
app.use(serve); // 순서가 중요합니다. serverRender 전에 위치해야 합니다.
```

```
app.use(serverRender);
// 5000 포트로 서버를 가동합니다.
app.listen(5000, () => {
  console.log('Running on http://localhost:5000');
});
```

이제 서버를 빌드하고 다시 시작하세요.

```
$ yarn build:server
$ yarn start:server
```

http://localhost:5000/red 페이지에 들어가 CSS도 함께 적용되는지 확인하고, 개발자 도구의
Network 탭에서 서버 사이드 렌더링이 잘되었는지 검증해 보세요. 여기서 링크를 눌러 이동할 때
는 클라이언트 렌더링이 되어야 합니다. 즉, 다른 링크를 클릭하여 다른 페이지로 이동할 때 네트
워크 요청이 추가로 발생하지 않아야 합니다.

서버 사이드 렌더링을 구현하면 이렇게 첫 번째 렌더링은 서버를 통해 하지만, 그 이후에는 브라
우저에서 처리합니다.

❤ 그림 20-8 기본적인 서버 사이드 렌더링 완성

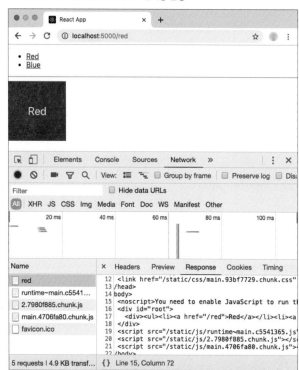

결과물이 잘 나타났나요? 기본적인 서버 사이드 렌더링은 모두 완성했습니다!

20.4 / 데이터 로딩

데이터 로딩은 서버 사이드 렌더링을 구현할 때 해결하기가 매우 까다로운 문제 중 하나입니다. 데이터 로딩을 한다는 것은 API 요청을 의미합니다. 예를 들어 페이지에서 필요로 하는 데이터가 있다면 API를 요청해서 응답을 받아 와야 합니다. 일반적인 브라우저 환경에서는 API를 요청하고 응답을 받아 와서 리액트 state 혹은 리덕스 스토어에 넣으면 자동으로 리렌더링하니까 큰 걱정은 없습니다. 하지만 서버의 경우 문자열 형태로 렌더링하는 것이므로 state나 리덕스 스토어의 상태가 바뀐다고 해서 자동으로 리렌더링되지 않습니다. 그 대신 우리가 renderToString 함수를 한 번 더 호출해 주어야 합니다. 게다가 서버에서는 componentDidMount 같은 라이프사이클 API도 사용할 수 없습니다.

서버 사이드 렌더링 시 데이터 로딩을 해결하는 방법 또한 다양합니다. 다양한 방법 중에 정말 깔끔하고 편한 방법을 이 책에서 소개하겠습니다. 서버 사이드 렌더링을 할 때 데이터 로딩의 원리를 공부하고, 이 책에서 사용된 코드를 원하는 대로 변형하여 사용해도 괜찮습니다.

이 책에서는 redux-thunk 혹은 redux-saga 미들웨어를 사용하여 API를 호출하는 환경에서 서버 사이드 렌더링을 하는 방법을 알아보겠습니다.

20.4.1 redux-thunk 코드 준비하기

우선 redux-thunk를 사용하여 API 호출 후 데이터를 가져오는 코드를 작성하겠습니다. 다음 명령어를 입력하여 필요한 라이브러리를 설치해 주세요.

```
$ yarn add redux react-redux redux-thunk axios
```

액션 타입, 액션 생성 함수, 리듀서 코드를 한 파일에 넣어서 관리하는 Ducks 패턴을 사용하여 리덕스 모듈을 작성하겠습니다.

src 디렉터리에 modules 디렉터리를 만들고, 다음 파일을 작성해 보세요.

modules/users.js

```js
import axios from 'axios';

const GET_USERS_PENDING = 'users/GET_USERS_PENDING';
const GET_USERS_SUCCESS = 'users/GET_USERS_SUCCESS';
const GET_USERS_FAILURE = 'users/GET_USERS_FAILURE';

const getUsersPending = () => ({ type: GET_USERS_PENDING });
const getUsersSuccess = payload => ({ type: GET_USERS_SUCCESS, payload });
const getUsersFailure = payload => ({
  type: GET_USERS_FAILURE,
  error: true,
  payload
});

export const getUsers = () => async dispatch => {
  try {
    dispatch(getUsersPending());
    const response = await axios.get(
      'https://jsonplaceholder.typicode.com/users'
    );
    dispatch(getUsersSuccess(response));
  } catch (e) {
    dispatch(getUsersFailure(e));
    throw e;
  }
};

const initialState = {
  users: null,
  user: null,
  loading: {
    users: false,
    user: false
  },
  error: {
    users: null,
    user: null
  }
};

function users(state = initialState, action) {
```

```
    switch (action.type) {
      case GET_USERS_PENDING:
        return { ...state, loading: { ...state.loading, users: true } };
      case GET_USERS_SUCCESS:
        return {
          ...state,
          loading: { ...state.loading, users: false },
          users: action.payload.data
        };
      case GET_USERS_FAILURE:
        return {
          ...state,
          loading: { ...state.loading, users: false },
          error: { ...state.error, users: action.payload }
        };
      default:
        return state;
    }
  }

export default users;
```

이 모듈에서는 JSONPlaceholder에서 제공하는 다음 API를 호출하여 테스트용 데이터를 조회합니다.

- https://jsonplaceholder.typicode.com/users

이 API는 사용자들에 대한 정보를 응답합니다.

API 응답

```
[
  {
    "id": 1,
    "name": "Leanne Graham",
    "username": "Bret",
    "email": "Sincere@april.biz",
    "address": {
      "street": "Kulas Light",
      "suite": "Apt. 556",
      "city": "Gwenborough",
      "zipcode": "92998-3874",
      "geo": {
        "lat": "-37.3159",
```

```
      "lng": "81.1496"
    }
  },
  "phone": "1-770-736-8031 x56442",
  "website": "hildegard.org",
  "company": {
    "name": "Romaguera-Crona",
    "catchPhrase": "Multi-layered client-server neural-net",
    "bs": "harness real-time e-markets"
  }
},
(...)
]
```

현재 작성한 모듈은 getUsers라는 thunk 함수를 만들고, 이와 관련된 액션 GET_USERS_PENDING, GET_USERS_SUCCESS, GET_USERS_FAILURE를 사용하여 상태 관리를 해 주고 있습니다.

모듈의 상태에는 loading과 error라는 객체가 들어 있습니다. 로딩 상태와 에러 상태를 이렇게 객체로 만든 이유는 추후 redux-saga를 사용한 서버 사이드 렌더링 방법을 연습할 때 단 하나의 사용자 정보를 가져오는 다른 API를 호출할 것이기 때문입니다.

즉, 이 모듈에서 관리하는 API는 한 개 이상이므로 loadingUsers, loadingUser와 같이 각 값에 하나하나 이름을 지어 주는 대신에 loading이라는 객체에 넣어 준 것입니다.

모듈을 다 작성한 뒤에는 루트 리듀서를 만들고, Provider 컴포넌트를 사용하여 프로젝트에 리덕스를 적용하세요.

modules/index.js

```javascript
import { combineReducers } from 'redux';
import users from './users';

const rootReducer = combineReducers({ users });
export default rootReducer;
```

src/index.js

```javascript
import React from 'react';
import ReactDOM from 'react-dom/client';
import './index.css';
import App from './App';
import reportWebVitals from './reportWebVitals';
import { BrowserRouter } from 'react-router-dom';
```

```
import { createStore, applyMiddleware } from 'redux';
import { Provider } from 'react-redux';
import thunk from 'redux-thunk';
import rootReducer from './modules';

const store = createStore(rootReducer, applyMiddleware(thunk));

const root = ReactDOM.createRoot(document.getElementById('root'));
root.render(
  <Provider store={store}>
    <BrowserRouter>
      <App />
    </BrowserRouter>
  </Provider>
);
```

20.4.2 Users, UsersContainer 컴포넌트 준비하기

이제 사용자에 대한 정보를 보여 줄 컴포넌트를 준비하겠습니다.

components 디렉터리에 Users 컴포넌트를 다음과 같이 만들어 보세요.

components/Users.js

```
import { Link } from 'react-router-dom';

const Users = ({ users }) => {
  if (!users) return null; // users가 유효하지 않다면 아무것도 보여 주지 않음
  return (
    <div>
      <ul>
        {users.map(user => (
          <li key={user.id}>
            <Link to={`/users/${user.id}`}>{user.username}</Link>
          </li>
        ))}
      </ul>
    </div>
  );
};

export default Users;
```

다음으로 src 디렉터리에 containers 디렉터리를 만들고, 그 안에 UsersContainer 컴포넌트를 작성하세요.

src/containers/UsersContainer.js

```
import { useEffect } from 'react';
import Users from '../components/Users';
import { useDispatch, useSelector } from 'react-redux';
import { getUsers } from '../modules/users';
const UsersContainer = () => {
  const users = useSelector((state) => state.users.users);
  const dispatch = useDispatch();

  // 컴포넌트가 마운트되고 나서 호출
  useEffect(() => {
    if (users) return; // users가 이미 유효하다면 요청하지 않음
    dispatch(getUsers());
  }, [dispatch, users]);

  return <Users users={users} />;
};

export default UsersContainer;
```

서버 사이드 렌더링을 할 때는 이미 있는 정보를 재요청하지 않게 처리하는 작업이 중요합니다. 이 작업을 하지 않으면 서버 사이드 렌더링 후 브라우저에서 페이지를 확인할 때 이미 데이터를 가지고 있음에도 불구하고 불필요한 API를 호출하게 됩니다. 그러면 트래픽도 낭비되고 사용자 경험도 저하되겠지요?

컨테이너 컴포넌트를 모두 작성했으면 이 컴포넌트를 보여 줄 페이지 컴포넌트를 만들고, 라우트 설정을 해 주세요.

pages/UsersPage.js

```
import UsersContainer from '../containers/UsersContainer';

const UsersPage = () => {
  return <UsersContainer />;
};

export default UsersPage;
```

568

```javascript
import { Route, Routes } from 'react-router-dom';
import Menu from './components/Menu';
import RedPage from './pages/RedPage';
import BluePage from './pages/BluePage';
import UsersPage from './pages/UsersPage';

const App = () => {
  return (
    <div>
      <Menu />
      <hr />
      <Routes>
        <Route path="/red" element={<RedPage />} />
        <Route path="/blue" element={<BluePage />} />
        <Route path="/users/*" element={<UsersPage />} />
      </Routes>
    </div>
  );
};

export default App;
```

브라우저에서 더욱 쉽게 /users 경로로 이동할 수 있도록 Menu 컴포넌트도 수정하겠습니다.

```javascript
import { Link } from 'react-router-dom';
const Menu = () => {
  return (
    <ul>
      <li>
        <Link to="/red">Red</Link>
      </li>
      <li>
        <Link to="/blue">Blue</Link>
      </li>
      <li>
        <Link to="/users">Users</Link>
      </li>
    </ul>
  );
};

export default Menu;
```

아직 데이터 로딩에 대한 서버 사이드 렌더링 구현이 끝나지 않았지만, 리액트 개발 서버에서 방금 구현한 데이터 로딩 기능이 잘 작동하는지 확인해 보겠습니다.

yarn start 명령어를 사용하여 개발 서버를 구동하고, 브라우저에서 5000 포트가 아닌 3000 포트 주소로 접속하세요. 그리고 **Users** 링크를 눌러 /users 경로로 들어가 보세요. 다음 화면이 나타났나요?

▼ 그림 20-9 Users 페이지

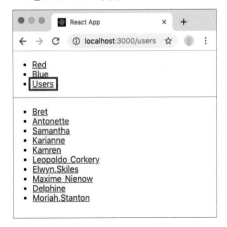

20.4.3 PreloadContext 만들기

현재 getUsers 함수는 UsersContainer의 useEffect 부분에서 호출됩니다. 이를 클래스형으로 작성했더라면 componentDidMount에서 호출했겠지요. 서버 사이드 렌더링을 할 때는 useEffect나 componentDidMount에서 설정한 작업이 호출되지 않습니다. 렌더링하기 전에 API를 요청한 뒤 스토어에 데이터를 담아야 하는데요. 서버 환경에서 이러한 작업을 하려면 클래스형 컴포넌트가 지니고 있는 constructor 메서드를 사용하거나 render 함수 자체에서 처리해야 합니다. 그리고 요청이 끝날 때까지 대기했다가 다시 렌더링해 주어야 하죠.

우리는 이 작업을 PreloadContext를 만들고, 이를 사용하는 Preloader 컴포넌트를 만들어 처리해 보겠습니다.

src 디렉터리에 lib 디렉터리를 생성하고, 그 안에 PreloadContext.js 파일을 다음과 같이 작성하세요.

```javascript
import { createContext, useContext } from 'react';

// 클라이언트 환경: null
// 서버 환경: { done: false, promises: [] }
const PreloadContext = createContext(null);
export default PreloadContext;

// resolve는 함수 타입입니다.
export const Preloader = ({ resolve }) => {
  const preloadContext = useContext(PreloadContext);
  if (!preloadContext) return null; // context 값이 유효하지 않다면 아무것도 하지 않음
  if (preloadContext.done) return null; // 이미 작업이 끝났다면 아무것도 하지 않음

  // promises 배열에 프로미스 등록
  // 설령 resolve 함수가 프로미스를 반환하지 않더라도, 프로미스 취급을 하기 위해
  // Promise.resolve 함수 사용
  preloadContext.promises.push(Promise.resolve(resolve()));
  return null;
};
```

PreloadContext는 서버 사이드 렌더링을 하는 과정에서 처리해야 할 작업들을 실행하고, 만약 기다려야 하는 프로미스(promise)가 있다면 프로미스를 수집합니다. 모든 프로미스를 수집한 뒤, 수집된 프로미스들이 끝날 때까지 기다렸다가 그다음에 다시 렌더링하면 데이터가 채워진 상태로 컴포넌트들이 나타나게 됩니다.

Preloader 컴포넌트는 resolve라는 함수를 props로 받아 오며, 컴포넌트가 렌더링될 때 서버 환경에서만 resolve 함수를 호출해 줍니다.

UsersContainer에서 한번 사용해 볼까요?

```javascript
import { useEffect } from 'react';
import Users from '../components/Users';
import { useDispatch, useSelector } from 'react-redux';
import { getUsers } from '../modules/users';
import { Preloader } from '../lib/PreloadContext';
const UsersContainer = () => {
  const users = useSelector((state) => state.users.users);
  const dispatch = useDispatch();
```

```
  // 컴포넌트가 마운트되고 나서 호출
  useEffect(() => {
    if (users) return; // users가 이미 유효하다면 요청하지 않음
    dispatch(getUsers());
  }, [dispatch, users]);

  return (
    <>
      <Users users={users} />
      <Preloader resolve={() => dispatch(getUsers())} />
    </>
  );
};

export default UsersContainer;
```

이렇게 코드 네 줄만 넣어 주면 됩니다. 참 간단하지요?

20.4.4 서버에서 리덕스 설정 및 PreloadContext 사용하기

이제 서버에서 리덕스를 설정해 줍시다. 서버에서 리덕스를 설정하는 것은 브라우저에서 할 때와
비교하여 큰 차이가 없습니다.

index.server.js

```
import ReactDOMServer from 'react-dom/server';
import express from 'express';
import { StaticRouter } from 'react-router-dom';
import App from './App';
import path from 'path';
import fs from 'fs';
import { createStore, applyMiddleware } from 'redux';
import { Provider } from 'react-redux';
import thunk from 'redux-thunk';
import rootReducer from './modules';

(...)
// 서버 사이드 렌더링을 처리할 핸들러 함수입니다.
const serverRender = (req, res, next) => {
  // 이 함수는 404가 떠야 하는 상황에 404를 띄우지 않고 서버 사이드 렌더링을 해 줍니다.
```

```
  const context = {};
  const store = createStore(rootReducer, applyMiddleware(thunk));
  const jsx = (
    <Provider store={store}>
      <StaticRouter location={req.url} context={context}>
        <App />
      </StaticRouter>
    </Provider>
  );
  const root = ReactDOMServer.renderToString(jsx); // 렌더링을 하고
  res.send(createPage(root)); // 결과물을 응답합니다.
};

(...)
```

브라우저에서 할 때와 거의 똑같지요? 여기서 주의할 점은 서버가 실행될 때 스토어를 한 번만 만드는 것이 아니라, 요청이 들어올 때마다 새로운 스토어를 만든다는 것입니다.

이제 PreloadContext를 사용하여 프로미스들을 수집하고 기다렸다가 다시 렌더링하는 작업을 수행해 보겠습니다.

index.server.js

```
(...)
import PreloadContext from './lib/PreloadContext';

(...)
// 서버 사이드 렌더링을 처리할 핸들러 함수입니다.
const serverRender = async (req, res, next) => {
  // 이 함수는 404가 떠야 하는 상황에 404를 띄우지 않고 서버 사이드 렌더링을 해 줍니다.

  const context = {};
  const store = createStore(rootReducer, applyMiddleware(thunk));

  const preloadContext = {
    done: false,
    promises: []
  };
  const jsx = (
    <PreloadContext.Provider value={preloadContext}>
      <Provider store={store}>
        <StaticRouter location={req.url} context={context}>
```

```
        <App />
      </StaticRouter>
    </Provider>
  </PreloadContext.Provider>
);

ReactDOMServer.renderToStaticMarkup(jsx); // renderToStaticMarkup으로 한번 렌더링합니다.
try {
  await Promise.all(preloadContext.promises); // 모든 프로미스를 기다립니다.
} catch (e) {
  return res.status(500);
}
preloadContext.done = true;
const root = ReactDOMServer.renderToString(jsx); // 렌더링을 합니다.
res.send(createPage(root)); // 결과물을 응답합니다.
};

(...)
```

첫 번째 렌더링을 할 때는 renderToString 대신 renderToStaticMarkup이라는 함수를 사용했습니다. renderToStaticMarkup은 리액트를 사용하여 정적인 페이지를 만들 때 사용합니다. 이 함수로 만든 리액트 렌더링 결과물은 클라이언트 쪽에서 HTML DOM 인터랙션을 지원하기 힘듭니다.

지금 단계에서 renderToString 대신 renderToStaticMarkup 함수를 사용한 이유는 그저 Preloader 로 넣어 주었던 함수를 호출하기 위해서입니다. 또 이 함수의 처리 속도가 renderToString보다 좀 더 빠르기 때문입니다.

20.4.5 스크립트로 스토어 초기 상태 주입하기

지금까지 작성한 코드는 API를 통해 받아 온 데이터를 렌더링하지만, 렌더링하는 과정에서 만들어진 스토어의 상태를 브라우저에서 재사용하지 못하는 상황입니다. 서버에서 만들어 준 상태를 브라우저에서 재사용하려면, 현재 스토어 상태를 문자열로 변환한 뒤 스크립트로 주입해 주어야 합니다.

```
(...)

function createPage(root, stateScript) {
  return `<!DOCTYPE html>
  <html lang="en">
    <head>
      <meta charset="utf-8" />
      <link rel="shortcut icon" href="/favicon.ico" />
      <meta
        name="viewport"
        content="width=device-width,initial-scale=1,shrink-to-fit=no"
      />
      <meta name="theme-color" content="#000000" />
      <title>React App</title>
      <link href="${manifest.files['main.css']}" rel="stylesheet" />
    </head>
    <body>
      <noscript>You need to enable JavaScript to run this app.</noscript>
      <div id="root">${root}</div>
      ${stateScript}
      <script src="${manifest.files['main.js']}"></script>
    </body>
  </html>
  `;
}

const app = express();

// 서버 사이드 렌더링을 처리할 핸들러 함수입니다.
const serverRender = async (req, res, next) => {
  (...)

  const root = ReactDOMServer.renderToString(jsx); // 렌더링을 합니다.
  const stateString = JSON.stringify(store.getState()).replace(/</g, '\\u003c');
  const stateScript = `<script>__PRELOADED_STATE__ = ${stateString}</script>`; // 리덕스
초기 상태를 스크립트로 주입합니다.

  res.send(createPage(root, stateScript)); // 결과물을 응답합니다.
};
```

20

서버 사이드 렌더링

브라우저에서 상태를 재사용할 때는 다음과 같이 스토어 생성 과정에서 window.__PRELOADED_ STATE__를 초깃값으로 사용하면 됩니다.

```
index.js
import React from 'react';
import ReactDOM from 'react-dom/client';
import './index.css';
import App from './App';
import { BrowserRouter } from 'react-router-dom';
import { createStore, applyMiddleware } from 'redux';
import { Provider } from 'react-redux';
import thunk from 'redux-thunk';
import rootReducer from './modules';

const store = createStore(
  rootReducer,
  window.__PRELOADED_STATE__, // 이 값을 초기 상태로 사용함
  applyMiddleware(thunk)
);

const root = ReactDOM.createRoot(document.getElementById('root'));
root.render(
  <Provider store={store}>
    <BrowserRouter>
      <App />
    </BrowserRouter>
  </Provider>
);
```

여기까지 코드를 작성했다면 빌드 후 서버를 실행하여 http://localhost:5000/users 경로에 들어가 보세요.

```
$ yarn build
$ yarn build:server
$ yarn start:server
```

▼ 그림 20-10 API 연동 후 서버 사이드 렌더링

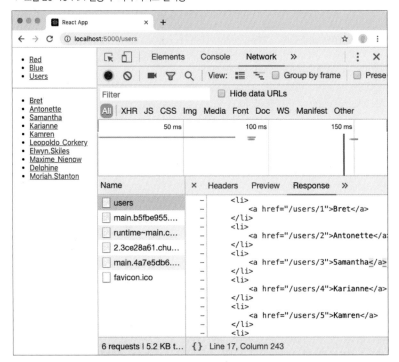

결과물이 잘 나타났나요? 개발자 도구를 열고 **Network** 탭의 **Response** 부분에서도 잘 나타나는
지 확인하세요.

20.4.6 redux-saga 코드 준비하기

이번에는 redux-saga를 사용하는 경우 서버 사이드 렌더링을 어떻게 해야 하는지 알아보겠
습니다.

yarn으로 redux-saga를 설치해 주세요.

```
$ yarn add redux-saga
```

users 리덕스 모듈에서 redux-saga를 사용하여 특정 사용자의 정보를 가져오는 작업을 관리해
보겠습니다.

```javascript
import axios from 'axios';
import { call, put, takeEvery } from 'redux-saga/effects';

const GET_USERS_PENDING = 'users/GET_USERS_PENDING';
const GET_USERS_SUCCESS = 'users/GET_USERS_SUCCESS';
const GET_USERS_FAILURE = 'users/GET_USERS_FAILURE';

const GET_USER = 'users/GET_USER';
const GET_USER_SUCCESS = 'users/GET_USER_SUCCESS';
const GET_USER_FAILURE = 'users/GET_USER_FAILURE';

const getUsersPending = () => ({ type: GET_USERS_PENDING });
const getUsersSuccess = payload => ({ type: GET_USERS_SUCCESS, payload });
const getUsersFailure = payload => ({
  type: GET_USERS_FAILURE,
  error: true,
  payload
});

export const getUser = id => ({ type: GET_USER, payload: id });
const getUserSuccess = data => ({ type: GET_USER_SUCCESS, payload: data });
const getUserFailure = error => ({
  type: GET_USER_FAILURE,
  payload: error,
  error: true
});

export const getUsers = () => async dispatch => {
  (...)
};

const getUserById = id =>
  axios.get(`https://jsonplaceholder.typicode.com/users/${id}`);

function* getUserSaga(action) {
  try {
    const response = yield call(getUserById, action.payload);
    yield put(getUserSuccess(response.data));
  } catch (e) {
    yield put(getUserFailure(e));
  }
}
```

```
export function* usersSaga() {
  yield takeEvery(GET_USER, getUserSaga);
}

const initialState = {
  users: null,
  user: null,
  loading: {
    users: false,
    user: false
  },
  error: {
    users: null,
    user: null
  }
};

function users(state = initialState, action) {
  switch (action.type) {
    (...)
    case GET_USER:
      return {
        ...state,
        loading: { ...state.loading, user: true },
        error: { ...state.error, user: null }
      };
    case GET_USER_SUCCESS:
      return {
        ...state,
        loading: { ...state.loading, user: false },
        user: action.payload
      };
    case GET_USER_FAILURE:
      return {
        ...state,
        loading: { ...state.loading, user: false },
        error: { ...state.error, user: action.payload }
      };
    default:
      return state;
  }
}

export default users;
```

모듈을 다 수정했다면 리덕스 스토어에 redux-saga를 적용하겠습니다.

먼저 루트 사가를 만드세요.

modules/index.js

```javascript
import { combineReducers } from 'redux';
import users, { usersSaga } from './users';
import { all } from 'redux-saga/effects';

export function* rootSaga() {
  yield all([usersSaga()]);
}

const rootReducer = combineReducers({ users });
export default rootReducer;
```

다음으로 스토어를 생성할 때 미들웨어를 적용하세요.

src/index.js

```javascript
import React from 'react';
import ReactDOM from 'react-dom/client';
import './index.css';
import App from './App';
import { BrowserRouter } from 'react-router-dom';
import { createStore, applyMiddleware } from 'redux';
import { Provider } from 'react-redux';
import thunk from 'redux-thunk';
import rootReducer, { rootSaga } from './modules';
import createSagaMiddleware from 'redux-saga';

const sagaMiddleware = createSagaMiddleware();

const store = createStore(
  rootReducer,
  window.__PRELOADED_STATE__, // 이 값을 초기 상태로 사용함
  applyMiddleware(thunk, sagaMiddleware)
);

sagaMiddleware.run(rootSaga);

const root = ReactDOM.createRoot(document.getElementById('root'));
root.render(
```

```
  <Provider store={store}>
    <BrowserRouter>
      <App />
    </BrowserRouter>
  </Provider>
);
```

20.4.7 User, UserContainer 컴포넌트 준비하기

이제 특정 사용자의 정보를 보여 줄 User 컴포넌트를 만들어 보겠습니다.

components/User.js

```
const User = ({ user }) => {
  const { email, name, username } = user;
  return (
    <div>
      <h1>
        {username} ({name})
      </h1>
      <p>
        <b>e-mail:</b> {email}
      </p>
    </div>
  );
};

export default User;
```

이전에 만들었던 Users 컴포넌트에서는 users 값이 null인지 배열인지 확인하는 유효성 검사를 해 주었던 반면, 위 User 컴포넌트에서는 user 값이 null인지 객체인지 확인하는 유효성 검사를 해 주지 않았습니다. 컨테이너 컴포넌트에서 유효성 검사를 할 때는 어떻게 해야 하는지 알아보겠습니다.

컨테이너 컴포넌트를 다음과 같이 만들어 보세요. API를 요청할 때 사용할 id 값은 props를 통해 받아 오겠습니다. 이번에는 connect 함수를 사용하지 말고, useSelector와 useDispatch Hooks를 사용해 봅시다.

```
containers/UserContainer.js
```

```javascript
import { useEffect } from 'react';
import { useSelector, useDispatch } from 'react-redux';
import User from '../components/User';
import { Preloader } from '../lib/PreloadContext';
import { getUser } from '../modules/users';

const UserContainer = ({ id }) => {
  const user = useSelector(state => state.users.user);
  const dispatch = useDispatch();

  useEffect(() => {
    if (user && user.id === parseInt(id, 10)) return; // 사용자가 존재하고, id가 일치한다면
요청하지 않음
    dispatch(getUser(id));
  }, [dispatch, id, user]); // id가 바뀔 때 새로 요청해야 함

  // 컨테이너 유효성 검사 후 return null을 해야 하는 경우에
  // null 대신 Preloader 반환
  if (!user) {
    return <Preloader resolve={() => dispatch(getUser(id))} />;
  }
  return <User user={user} />;
};

export default UserContainer;
```

컨테이너에서 유효성 검사를 할 때 아직 정보가 없는 경우에는 user 값이 null을 가리키므로, User 컴포넌트가 렌더링되지 않도록 컨테이너 컴포넌트에서 null을 반환해 주어야 합니다.

하지만 이번에는 서버 사이드 렌더링을 해야 하기 때문에 null이 아닌 Preloader 컴포넌트를 렌더링하여 반환하겠습니다. 이렇게 해 주면 서버 사이드 렌더링을 하는 과정에서 데이터가 없을 경우 GET_USER 액션을 발생시킵니다.

추가로 중복 요청을 방지하는 과정에서 user 값이 존재하는지 확인하고, id가 일치하는지도 확인했습니다. id 값은 추후 URL 파라미터를 통해 받아 오기 때문에 문자열로 이루어져 있습니다. 반면 user 객체 안에 들어 있는 id는 숫자 형태입니다. 그러므로 이 두 값을 비교할 때는 props로 받아 온 id 값을 parseInt를 사용하여 숫자로 변환해 준 다음에 비교해야 합니다.

컨테이너 컴포넌트를 다 만들었다면 UserPage를 만들어주세요.

```
import { useParams } from 'react-router-dom';
import UserContainer from '../containers/UserContainer';

const UserPage = () => {
const { id } = useParams();
  return <UserContainer id={id} />;
};


export default UserPage;
```

UserPage에서는 useParams Hook을 통해 URL 파라미터를 조회하고 id 파라미터를 UserContainer에게 props로 넣어주도록 구현해주었습니다.

이어서 UsersPage를 완성해주세요.

```
import { Route, Routes } from 'react-router-dom';
import UsersContainer from '../containers/UsersContainer';
import UserPage from './UserPage';

const UsersPage = () => {
  return (
    <>
      <UsersContainer />
      <Routes>
        <Route path=":id" element={<UserPage />} />
      </Routes>
    </>
  );
};
export default UsersPage;
```

여기서는 Route에 component 대신 render를 설정해 줌으로써 UserContainer를 렌더링할 때 URL 파라미터 id를 props로 바로 집어넣어 줄 수 있습니다.

이제 브라우저에서 /users 페이지에 있는 사용자 링크를 클릭하거나, /users/1 경로에 직접 들어가 보세요.

20

리덕스 미들웨어

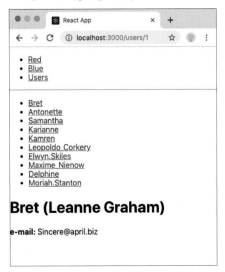

위 이미지와 같이 사용자 정보가 렌더링되었나요?

20.4.8 redux-saga를 위한 서버 사이드 렌더링 작업

redux-thunk를 사용하면 Preloader를 통해 호출한 함수들이 Promise를 반환하지만, redux-saga를 사용하면 Promise를 반환하지 않기 때문에 추가 작업이 필요합니다.

우선 서버 사이드 렌더링을 위한 엔트리 파일에 redux-saga 미들웨어를 적용하세요.

index.server.js
```
(...)
import createSagaMiddleware from 'redux-saga';
import rootReducer, { rootSaga } from './modules';

(...)

// 서버 사이드 렌더링을 처리할 핸들러 함수입니다.
const serverRender = async (req, res, next) => {
    // 이 함수는 404가 떠야 하는 상황에 404를 띄우지 않고 서버 사이드 렌더링을 해 줍니다.

    const context = {};
    const sagaMiddleware = createSagaMiddleware();
```

```
const store = createStore(
  rootReducer,
  applyMiddleware(thunk, sagaMiddleware)
);

sagaMiddleware.run(rootSaga);
(...)
```

여기까지는 스토어 생성 및 미들웨어 설정 부분이 브라우저용 엔트리 index.js에서 해 준 것과 똑같습니다.

여기서 코드를 몇 줄만 더 추가하면 redux-saga를 사용하는 환경에서도 서버 사이드 렌더링을 제대로 처리할 수 있습니다.

index.sever.js

```
(...)
import { END } from 'redux-saga';

(...)

// 서버 사이드 렌더링을 처리할 핸들러 함수입니다.
const serverRender = async (req, res, next) => {
  // 이 함수는 404가 떠야 하는 상황에 404를 띄우지 않고 서버 사이드 렌더링을 해 줍니다.

  const context = {};
  const sagaMiddleware = createSagaMiddleware();

  const store = createStore(
    rootReducer,
    applyMiddleware(thunk, sagaMiddleware)
  );

  const sagaPromise = sagaMiddleware.run(rootSaga).toPromise();

  const preloadContext = {
    done: false,
    promises: []
  };
  const jsx = (
    <PreloadContext.Provider value={preloadContext}>
      <Provider store={store}>
```

```
        <StaticRouter location={req.url} context={context}>
          <App />
        </StaticRouter>
      </Provider>
    </PreloadContext.Provider>
  );

  ReactDOMServer.renderToStaticMarkup(jsx); // renderToStaticMarkup으로 한번 렌더링합니다.
  store.dispatch(END); // redux-saga의 END 액션을 발생시키면 액션을 모니터링하는 사가들이 모두
종료됩니다.
  try {
    await sagaPromise; // 기존에 진행 중이던 사가들이 모두 끝날 때까지 기다립니다.
    await Promise.all(preloadContext.promises); // 모든 프로미스를 기다립니다.
  } catch (e) {
    return res.status(500);
  }
  preloadContext.done = true;
  const root = ReactDOMServer.renderToString(jsx); // 렌더링을 합니다.
  // JSON을 문자열로 변환하고 악성 스크립트가 실행되는 것을 방지하기 위해 <를 치환 처리
  // https://redux.js.org/recipes/server-rendering#security-considerations
  const stateString = JSON.stringify(store.getState()).replace(/</g, '\\u003c');
  const stateScript = `<script>__PRELOADED_STATE__ = ${stateString}</script>`; // 리덕스
초기 상태를 스크립트로 주입합니다.

  res.send(createPage(root, stateScript)); // 결과물을 응답합니다.
};
(...)
```

toPromise는 sagaMiddleware.run을 통해 만든 Task를 Promise로 변환합니다. 별도의 작업을 하지 않으면 이 Promise는 끝나지 않습니다. 왜냐하면, 우리가 만든 루트 사가에서 액션을 끝없이 모니 터링하기 때문이죠.

그런데 redux-saga의 END라는 액션을 발생시키면 이 Promise를 끝낼 수 있습니다. END 액션이 발 생되면 액션 모니터링 작업이 모두 종료되고, 모니터링되기 전에 시작된 getUserSaga와 같은 사 가 함수들이 있다면 해당 함수들이 완료되고 나서 Promise가 끝나게 됩니다. 이 Promise가 끝나는 시점에 리덕스 스토어에는 우리가 원하는 데이터가 채워집니다. 그 이후에 다시 렌더링하면 우리 가 원하는 결과물이 나타납니다.

코드를 다 작성했으면 프로젝트를 빌드하고, 서버 사이드 렌더링 서버를 다시 실행한 다음에 http://localhost:5000/users/1 페이지에 들어가서 새로고침을 해보세요.

```
$ yarn bulid
$ yarn build:server
$ yarn start:server
```

▼ 그림 20-12 redux-saga 서버 사이드 렌더링

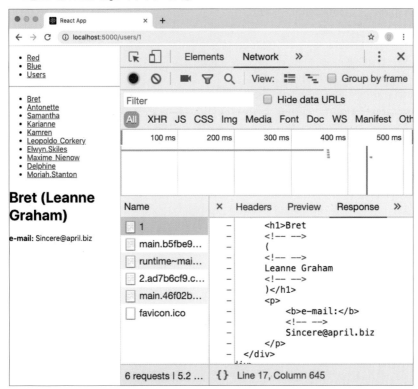

위와 같이 데이터가 채워진 상태로 잘 렌더링되나요?

20.4.9 usePreloader Hook 만들어서 사용하기

지금까지 만든 컨테이너 컴포넌트에서는 Preloader 컴포넌트를 사용하여 서버 사이드 렌더링을 하기 전 데이터가 필요한 상황에 API를 요청했습니다.

이번에는 usePreloader라는 커스텀 Hook 함수를 만들어서 이 작업을 더욱 편하게 처리해 보겠습니다.

```
import { createContext, useContext } from 'react';

// 클라이언트 환경: null
// 서버 환경: { done: false, promises: [] }
const PreloadContext = createContext(null);
export default PreloadContext;

// resolve는 함수 타입입니다.
export const Preloader = ({ resolve }) => {
  const preloadContext = useContext(PreloadContext);
  if (!preloadContext) return null; // context 값이 유효하지 않다면 아무것도 하지 않음
  if (preloadContext.done) return null; // 이미 작업이 끝났다면 아무것도 하지 않음

  // promises 배열에 프로미스 등록
  // 설령 resolve 함수가 프로미스를 반환하지 않더라도, 프로미스 취급을 하기 위해
  // Promise.resolve 함수 사용
  preloadContext.promises.push(Promise.resolve(resolve()));
  return null;
};

// Hook 형태로 사용할 수 있는 함수
export const usePreloader = resolve => {
  const preloadContext = useContext(PreloadContext);
  if (!preloadContext) return null;
  if (preloadContext.done) return null;
  preloadContext.promises.push(Promise.resolve(resolve()));
};
```

usePreloader 함수는 Preloader 컴포넌트와 코드가 매우 유사합니다. 컴포넌트가 아닌 그냥 함수일 뿐이죠. 이 Hook을 UserContainer 쪽에서 사용해 봅시다.

```
import { useEffect } from 'react';
import { useSelector, useDispatch } from 'react-redux';
import User from '../components/User';
import { usePreloader } from '../lib/PreloadContext';
import { getUser } from '../modules/users';

const UserContainer = ({ id }) => {
  const user = useSelector(state => state.users.user);
  const dispatch = useDispatch();
```

```
  usePreloader(() => dispatch(getUser(id))); // 서버 사이드 렌더링을 할 때 API 호출하기
  useEffect(() => {
    if (user && user.id === parseInt(id, 10)) return; // 사용자가 존재하고, id가 일치한다면
요청하지 않음
    dispatch(getUser(id));
  }, [dispatch, id, user]); // id가 바뀔 때 새로 요청해야 함

  if (!user) return null;
  return <User user={user} />;
};

export default UserContainer;
```

코드가 훨씬 간결해졌지요? 함수 컴포넌트에서는 이렇게 usePreloader Hook을 사용하고, 클래스형 컴포넌트를 사용하는 일이 있을 때는 Preloader 컴포넌트를 사용하면 됩니다.

코드를 다 작성했으면 서버 사이드 렌더링 서버를 종료하고, 다음 명령어를 실행하여 다시 시작한 후에 이전과 똑같이 잘 작동하는지 확인해 보세요.

```
$ yarn bulid
$ yarn build:server
$ yarn start:server
```

이제 여러분은 서버 사이드 렌더링 시 데이터 로딩을 어떻게 해야 하는지 완벽히 숙지했습니다. 원리를 이해했으니 이 프로젝트에서 사용된 코드를 변형하여 추후 여러분 프로젝트에 쉽게 적용할 수 있을 것입니다.

REACT

20.5 / 서버 사이드 렌더링과 코드 스플리팅

이제 서버 사이드 렌더링을 구현한 프로젝트에 코드 스플리팅을 도입해 볼 차례입니다. 일단 리액트에서 공식적으로 제공하는 코드 스플리팅 기능인 React.lazy와 Suspense는 서버 사이드 렌더링을 아직 지원하지 않습니다. 현재(2019년 4월)로서는 리액트 공식 매뉴얼에서도 서버 사이드 렌더링과 코드 스플리팅을 함께 사용할 때는 Loadable Components를 사용할 것을 권장하고 있습니다.

Loadable Components에서는 서버 사이드 렌더링을 할 때 필요한 서버 유틸 함수와 웹팩 플러그인, babel 플러그인을 제공해 줍니다. 일단 yarn을 사용하여 Loadable Components를 설치해 보세요.

```
$ yarn add @loadable/component @loadable/server @loadable/webpack-plugin @loadable/
babel-plugin
```

19장에서는 @loadable/components만 설치했는데, 이번에는 설치하는 패키지가 꽤 많지요? 각각 서버 사이드 렌더링 시 중요한 역할을 하는 라이브러리입니다.

20.5.1 라우트 컴포넌트 스플리팅하기

현재 프로젝트에서 라우트를 위해 사용하고 있는 BluePage, RedPage, UserPage를 스플리팅해 주겠습니다.

App.js
```js
import { Route, Routes } from 'react-router-dom';
import Menu from './components/Menu';
import loadable from '@loadable/component';

const RedPage = loadable(() => import('./pages/RedPage'));
const BluePage = loadable(() => import('./pages/BluePage'));
const UsersPage = loadable(() => import('./pages/UsersPage'));

const App = () => {
  return (
    <div>
      <Menu />
      <hr />
      <Routes>
        <Route path="/red" element={<RedPage />} />
        <Route path="/blue" element={<BluePage />} />
        <Route path="/users/*" element={<UsersPage />} />
      </Routes>
    </div>
  );
};

export default App;
```

여기까지 작성한 뒤 프로젝트를 빌드하고 서버 사이드 렌더링 서버도 재시작하세요. 그리고 크롬 개발자 도구의 **Network** 탭에서 인터넷 속도를 **Slow 3G**로 선택한 후 http://localhost:5000/users/1에 들어갔을 때 어떤 현상이 발생하는지 확인해 보세요.

▼ 그림 20-13 깜박임 현상

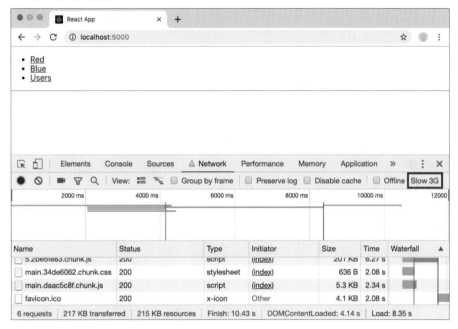

페이지가 처음에 나타났다가, 사라졌다가, 다시 나타날 것입니다. 바로 깜박임 현상인데요. 빠른 인터넷 환경을 이용하는 사용자는 느끼지 못할 수도 있지만, 느린 인터넷 환경의 사용자에게는 불쾌한 사용자 경험을 제공할지도 모릅니다. 깜빡임 현상을 확인했다면 다시 **Slow 3G**를 **Online**으로 돌려 놓으세요.

20.5.2 웹팩과 babel 플러그인 적용

Loadable Components에서 제공하는 웹팩과 babel 플러그인을 적용하면 깜박임 현상을 해결할 수 있습니다.

먼저 babel 플러그인을 적용해 보겠습니다. package.json을 열어서 babel을 찾은 뒤, 그 안에 다음과 같이 plugins를 설정하세요.

```
"babel": {
    "presets": [
      "react-app"
    ],
    "plugins": [
      "@loadable/babel-plugin"
    ]
  }
```

webpack.config.js를 열어서 상단에 LoadablePlugin을 불러오고, 하단에는 plugins를 찾아서 해당 플러그인을 적용하세요.

```
const LoadablePlugin = require('@loadable/webpack-plugin');
(...)
  plugins: [
    new LoadablePlugin(),
    // Generates an `index.html` file with the <script> injected.
    new HTMLWebpackPlugin(
    (...)
  ].filter(Boolean),
  (...)
```

수정 사항을 저장한 후에 yarn build 명령어를 한 번 더 실행해 보세요. 그리고 build 디렉터리에 loadable-stats.json이라는 파일이 만들어졌는지 확인해 보세요.

```
{
  "errors": [],
  "warnings": [],
  "version": "4.28.3",
  "hash": "eb88458750b24e3be23f",
  "publicPath": "/",
  "outputPath": "/Users/velopert/stuff/books/개정판/21장/ssr-recipe/build",
  "assetsByChunkName": {
    "main": [
      "static/css/main.e322b749.chunk.css",
      "static/js/main.bc29bdfa.chunk.js",
      "static/js/main.bc29bdfa.chunk.js.map"
    ],
```

```
  "pages-BluePage": [
    "static/css/pages-BluePage.dbb7ee75.chunk.css",
    "static/js/pages-BluePage.fb6595f2.chunk.js",
    "static/js/pages-BluePage.fb6595f2.chunk.js.map"
  ],
  (...)
```

이 파일은 각 컴포넌트의 코드가 어떤 청크(chunk) 파일에 들어가 있는지에 대한 정보를 가지고 있습니다. 서버 사이드 렌더링을 할 때 이 파일을 참고하여 어떤 컴포넌트가 렌더링되었는지에 따라 어떤 파일들을 사전에 불러와야 할지 설정할 수 있습니다.

20.5.3 필요한 청크 파일 경로 추출하기

서버 사이드 렌더링 후 브라우저에서 어떤 파일을 사전에 불러와야 할지 알아내고 해당 파일들의 경로를 추출하기 위해 Loadable Components에서 제공하는 ChunkExtractor와 ChunkExtractorManager를 사용합니다.

서버 엔트리 코드는 다음과 같이 수정해 보세요.

이제 Loadable Components를 통해 파일 경로를 조회하므로 기존에 asset-manifest.json을 확인하던 코드는 지워 줍니다.

index.server.js

```
import { ChunkExtractor, ChunkExtractorManager } from '@loadable/server';

const statsFile = path.resolve('./build/loadable-stats.json');

// asset-manifest.json에서 파일 경로들을 조회합니다.
const manifest = JSON.parse(
  fs.readFileSync(path.resolve('./build/asset-manifest.json'), 'utf8')
);

function createPage(root, tags) {
  return `<!DOCTYPE html>
  <html lang="en">
    <head>
      <meta charset="utf-8" />
      <link rel="shortcut icon" href="/favicon.ico" />
      <meta
```

20

서버 사이드 렌더링

593

```
          name="viewport"
          content="width=device-width,initial-scale=1,shrink-to-fit=no"
        />
        <meta name="theme-color" content="#000000" />
        <title>React App</title>
        ${tags.styles}
        ${tags.links}
      </head>
      <body>
        <noscript>You need to enable JavaScript to run this app.</noscript>
        <div id="root">${root}</div>
        ${tags.scripts}
      </body>
    </html>
    `;
}

const app = express();

// 서버 사이드 렌더링을 처리할 핸들러 함수입니다.
const serverRender = async (req, res, next) => {
  // 이 함수는 404가 떠야 하는 상황에 404를 띄우지 않고 서버 사이드 렌더링을 해 줍니다.
  const context = {};
  const sagaMiddleware = createSagaMiddleware();
  const store = createStore(
    rootReducer,
    applyMiddleware(thunk, sagaMiddleware)
  );

  sagaMiddleware.run(rootSaga);
  const sagaPromise = sagaMiddleware.run(rootSaga).toPromise();

  const preloadContext = {
    done: false,
    promises: [],
  };

  // 필요한 파일을 추출하기 위한 ChunkExtractor
  const extractor = new ChunkExtractor({ statsFile });

  const jsx = (
    <ChunkExtractorManager extractor={extractor}>
      <PreloadContext.Provider value={preloadContext}>
        <Provider store={store}>
          <StaticRouter location={req.url} context={context}>
```

```
      <App />
    </StaticRouter>
  </Provider>
 </PreloadContext.Provider>
</ChunkExtractorManager>
);
ReactDOMServer.renderToStaticMarkup(jsx); // renderToStaticMarkup으로 한번 렌더링합니다.
store.dispatch(END); // redux-saga의 END 액션을 발생시키면 액션을 모니터링하는 사가들이 모두
try {
  await sagaPromise; // 기존에 진행 중이던 사가들이 모두 끝날 때까지 기다립니다.
  await Promise.all(preloadContext.promises); // 모든 프로미스를 기다립니다.
} catch (e) {
  return res.status(500);
}

preloadContext.done = true;
const root = ReactDOMServer.renderToString(jsx); // 렌더링을 합니다.
const stateString = JSON.stringify(store.getState()).replace(/</g, '\\u003c');
const stateScript = `<script>__PRELOADED_STATE__ = ${stateString}</script>`; // 리덕스
초기 상태를 스크립트로 주입합니다.

// 미리 불러와야 하는 스타일/스크립트를 추출하고
const tags = {
  scripts: stateScript + extractor.getScriptTags(), // 스크립트 앞부분에 리덕스 상태 넣기
  links: extractor.getLinkTags(),
  styles: extractor.getStyleTags(),
};
res.send(createPage(root, tags)); // 결과물을 응답합니다.
};
```

20.5.4 loadableReady

Loadable Components를 사용하면 성능을 최적화하기 위해 모든 자바스크립트 파일을 동시에 받아 옵니다. 모든 스크립트가 로딩되고 나서 렌더링하도록 처리하기 위해서는 loadableReady라는 함수를 사용해 주어야 합니다. 이 함수는 프로덕션 환경에서 서버 사이드 렌더링을 했을 때만 호출되어야 하므로, 환경을 확인하여 프로덕션 환경일 때 호출하고 개발 환경일 때는 호출하지 않도록 해주어야 합니다.

```
(...)
import { loadableReady } from '@loadable/component';

const sagaMiddleware = createSagaMiddleware();

const store = createStore(
  rootReducer,
  window.__PRELOADED_STATE__, // 이 값을 초기 상태로 사용함
  applyMiddleware(thunk, sagaMiddleware)
);

sagaMiddleware.run(rootSaga);

const root = ReactDOM.createRoot(document.getElementById('root'));

async function render() {
  // 프로덕션 환경에서는 loadableReady를 호출하여 필요한 데이터가 로드될 때까지 대기합니다.
  if (process.env.NODE_ENV === 'production') {
    await loadableReady();
  }
  root.render(
    <Provider store={store}>
      <BrowserRouter>
        <App />
      </BrowserRouter>
    </Provider>
  );
}

render();
```

이제 모든 작업을 마쳤습니다! 프로젝트를 빌드하고 http://localhost:5000/users에 들어가서 새로고침을 해보세요.

다음 화면과 같이 렌더링 결과물에 청크 파일이 제대로 주입되어 있나요?

▼ 그림 20-14 코드 스플리팅 + 서버 사이드 렌더링 완료

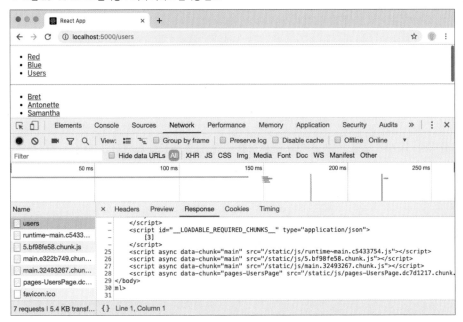

20.6 / 서버 사이드 렌더링의 환경 구축을 위한 대안

서버 사이드 렌더링 자체만 놓고 보면 꽤나 간단한 작업이지만 데이터 로딩, 코드 스플리팅까지 하면 참 번거로운 작업입니다. 만약 이러한 설정을 하나하나 직접 하는 것이 귀찮다고 느껴진다면 다른 대안도 있습니다.

20.6.1 Next.js

Next.js(https://nextjs.org/)라는 리액트 프레임워크를 사용하면 이 작업을 최소한의 설정으로 간단하게 처리할 수 있습니다. 그 대신 몇 가지 제한이 있습니다. 가장 대표적인 것으로는 리액트 라우터와 호환되지 않는 점을 꼽을 수 있습니다. 리액트 관련 라우터 라이브러리 중에서는 리액트

라우터가 점유율이 가장 높은데 호환되지 않는 것은 꽤나 치명적인 단점입니다. 호환되지 않기 때문에 이미 작성된 프로젝트에 적용하는 것은 매우 까다롭습니다. 그리고 리액트 라우터는 컴포넌트 기반으로 라우트를 설정하는 반면에 Next.js는 파일 시스템에 기반하여 라우트를 설정합니다. 컴포넌트 파일의 경로와 파일 이름을 사용하여 라우트를 설정하는 것이죠. 그 외에도 복잡한 작업들을 모두 Next.js가 대신해 주기 때문에 실제 작동 원리를 파악하기 힘들어질 수도 있습니다. 흔히 이런 것을 '마법'이라고 부르기도 하지요.

코드 스플리팅, 데이터 로딩, 서버 사이드 렌더링을 가장 쉽게 적용하고 싶다면 Next.js를 사용하는 것을 추천합니다. 하지만 Next.js의 라우팅 방식보다 리액트 라우터의 라우팅 방식을 더 좋아하거나, 기존의 프로젝트에 적용해야 하거나, 혹은 작동 원리를 제대로 파악하면서 구현하고 싶다면 직접 구현하는 것이 가장 좋습니다.

20.6.2 Razzle

Razzle(https://github.com/jaredpalmer/razzle) 또한 Next.js처럼 서버 사이드 렌더링을 쉽게 할 수 있도록 해 주는 도구이며, 프로젝트 구성이 CRA와 매우 유사하다는 장점이 있습니다. 그렇기 때문에 프로젝트의 구조를 여러분 마음대로 설정할 수 있으며, 리액트 라우터와도 잘 호환됩니다.

현재 시점(2019년 4월)에서는 코드 스플리팅 시 발생하는 깜박임 현상을 해결하기 어렵다는 단점이 있습니다. 또한, 이 프로젝트에서 Loadable Components를 적용하는 것이 불가능하지는 않지만, 최신 버전의 Loadable Components가 기본 설정으로는 작동하지 않아서 적용하기가 까다롭습니다.

20.7 정리

서버 사이드 렌더링은 프로젝트를 만들 때 꼭 해야 하는 작업은 아닙니다. 하지만 여러분이 만든 서비스를 사용하는 사람이 많아진다면, 또 검색 엔진 최적화 및 사용자 경험을 향상시키길 원한다면 도입을 고려해 볼 만한 가치가 있는 기술입니다. 단, 이를 도입하면 프로젝트가 조금 복잡해질 수는 있습니다.

21^장

백엔드 프로그래밍: Node.js의 Koa 프레임워크

지금까지 리액트의 기본 개념을 대부분 다루어 보았습니다. 웹 애플리케이션을 만들 때는 리액트 같은 프런트엔드 기술만으로 필요한 기능을 구현할 수 없는 경우가 흔합니다. 데이터를 여러 사람과 공유하려면 저장할 공간이 필요하기 때문이죠.

21.1 소개하기

21.1.1 백엔드

우리는 서버를 만들어 데이터를 여러 사람과 공유합니다. 그런데 서버에 데이터를 무작정 담지는 않습니다. 데이터를 담을 때는 여러 가지 규칙이 필요합니다.

예를 들어 특정 데이터를 등록할 때 사용자 인증 정보가 필요할 수도 있고, 등록할 데이터를 어떻게 검증할지, 데이터의 종류가 다양하다면 어떻게 구분할지 등을 고려해야 합니다.

데이터를 조회할 때도 마찬가지입니다. 어떤 종류의 데이터를 몇 개씩 보여 줄지, 그리고 또 어떻게 보여 줄지 등에 관한 로직을 만드는 것을 서버 프로그래밍 또는 백엔드(back-end) 프로그래밍이라고 합니다.

백엔드 프로그래밍은 여러 가지 환경으로 진행할 수 있습니다. 즉, 언어에 구애받지 않기 때문에 PHP, 파이썬, Golang, 자바, 자바스크립트, 루비 등과 같은 다양한 언어로 구현할 수 있습니다. 이 책에서는 그중 자바스크립트로 서버를 구현할 수 있는 Node.js를 사용해 보겠습니다.

21.1.2 Node.js

처음에는 자바스크립트를 웹 브라우저에서만 사용했습니다. 속도가 그렇게 빠른 편은 아니었죠. 시간이 지나면서 자바스크립트는 계속 발전해 왔으며, 구글이 크롬 웹 브라우저를 소개하면서 V8이라는 자바스크립트 엔진도 공개했습니다. 이 자바스크립트 엔진을 기반으로 웹 브라우저뿐만 아니라 서버에서도 자바스크립트를 사용할 수 있는 런타임을 개발했는데, 이것이 바로 Node.js입니다.

▼ 그림 21-1 Node.js

21.1.3 Koa

Node.js 환경에서 웹 서버를 구축할 때는 보통 Express, Hapi, Koa 등의 웹 프레임워크를 사용합니다. 20장에서 서버 사이드 렌더링 서버를 구현할 때 Express를 사용했지요? 21장의 백엔드 개발에서는 Koa라는 웹 프레임워크를 사용해 보겠습니다.

▼ 그림 21-2 Koa

Koa는 Express의 기존 개발 팀이 개발한 프레임워크입니다. 기존 Express에서 고치고 싶었던 점들을 개선하면 내부 설계가 완전히 바뀌기 때문에 개발 팀이 아예 새로운 프레임워크를 개발했다고 합니다.

Express는 미들웨어, 라우팅, 템플릿, 파일 호스팅 등과 같은 다양한 기능이 자체적으로 내장되어 있는 반면, Koa는 미들웨어 기능만 갖추고 있으며 나머지는 다른 라이브러리를 적용하여 사용합니다. 즉, Koa는 우리가 필요한 기능들만 붙여서 서버를 만들 수 있기 때문에 Express보다 훨씬 가볍습니다.

추가로 Koa는 async/await 문법을 정식으로 지원하기 때문에 비동기 작업을 더 편하게 관리할 수 있습니다.

Node.js로 서버를 개발할 때 어떤 프레임워크를 사용할지는 사실 개인적인 취향에 따라 달라질 수 있습니다. 나중에 여러분만의 프로젝트를 개발할 때는 두 프레임워크를 모두 사용해 보고 마음에 드는 프레임워크를 사용하길 바랍니다.

이번 Node.js 기초 실습은 다음 흐름으로 진행됩니다.

▼ 그림 21-3 Node.js 기초 실습

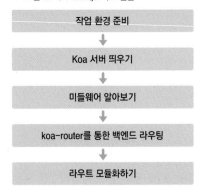

21.2 / 작업 환경 준비

21.2.1 Node 설치 확인

Node.js 개발을 하기 위해서는 당연히 Node.js 런타임이 설치되어 있어야 합니다. 우리는 이미 1장에서 설치했습니다. Node.js가 설치되어 있는지 터미널에서 다시 한 번 확인해 보세요.

```
$ node --version
v10.15.3
```

21.2.2 프로젝트 생성

이번에 만들 백엔드 프로젝트는 이 책에서 다루는 마지막 프로젝트인 블로그 서비스와 연동할 서버입니다. blog 디렉터리를 만들고, 그 내부에 blog-backend 디렉터리를 만드세요. 해당 디렉터리에서 yarn init -y 명령어를 실행하여 패키지 정보를 생성하세요.

```
$ mkdir blog
$ cd blog
$ mkdir blog-backend
$ cd blog-backend
$ yarn init -y
yarn init v1.12.3
warning The yes flag has been set. This will automatically answer yes to all questions,
which may have security implications.
success Saved package.json
```

이 작업을 하고 나면 디렉터리에 package.json 파일이 생성됩니다. 다음 명령어를 실행하여 해당 파일이 잘 만들어졌는지 확인해 보세요(혹은 에디터로 직접 열어 보아도 됩니다).

```
$ cat package.json
{
  "name": "blog-backend",
  "version": "1.0.0",
  "main": "index.js",
  "license": "MIT"
}
```

이제 우리에게 필요한 Koa 웹 프레임워크를 설치해 보겠습니다.

```
$ yarn add koa
```

설치한 뒤 다시 한 번 package.json을 열어 보면, 다음과 같이 koa가 dependencies에 추가되어 있을 것입니다.

package.json

```
{
  "name": "blog-backend",
  "version": "1.0.0",
  "main": "index.js",
  "license": "MIT",
  "dependencies": {
    "koa": "^2.7.0"
  }
}
```

21.2.3 ESLint와 Prettier 설정

서버 파일을 작성하기 전에 ESLint와 Prettier를 프로젝트에 적용하겠습니다. 자바스크립트 문법을 검사하고 깔끔한 코드를 작성하기 위해서입니다.

두 기능을 VS Code에서 사용하려면 VS Code 마켓플레이스에서 Prettier-Code formatter와 ESLint 확장 프로그램을 설치해 둔 상태여야 합니다. 2장에서 그 설치 과정을 소개했는데, 아직 설치하지 않았다면 2장의 내용을 참고하여 설치하길 바랍니다.

먼저 ESLint를 설치합니다.

```
$ yarn add --dev eslint
$ yarn run eslint --init
? How would you like to use ESLint? To check syntax and find problems
? What type of modules does your project use? CommonJS (require/exports)
? Which framework does your project use? None of these
? Where does your code run? Node (선택할 때 [Space]를 눌러서 Node를 활성화하세요.)
? What format do you want your config file to be in? JSON
Successfully created .eslintrc.json file in /Users/velopert/blog/blog-backend
```

> **노트** yarn add 명령어를 사용할 때 --dev는 개발용 의존 모듈로 설치한다는 의미입니다. 이렇게 설치하면 package.json에서 devDependencies 쪽에 모듈의 버전 정보가 입력됩니다.

이렇게 하고 나면 프로젝트 디렉터리에 다음과 같은 파일이 생성되었을 것입니다.

.eslintrc.json

```
{
    "env": {
        "commonjs": true,
        "es6": true,
        "node": true
    },
    "extends": "eslint:recommended",
    "globals": {
        "Atomics": "readonly",
        "SharedArrayBuffer": "readonly"
    },
    "parserOptions": {
        "ecmaVersion": 2018
    },
```

```
    "rules": {
    }
}
```

이제 Prettier를 설정하겠습니다. blog-backend 디렉터리에 다음 파일을 만드세요.

.prettierrc

```
{
  "singleQuote": true,
  "semi": true,
  "useTabs": false,
  "tabWidth": 2,
  "trailingComma": "all",
  "printWidth": 80
}
```

다음으로 Prettier에서 관리하는 코드 스타일은 ESLint에서 관리하지 않도록 eslint-config-prettier를 설치하여 적용하세요.

$ yarn add eslint-config-prettier

설치한 후 다음 설정 파일을 만들면 됩니다.

.eslintrc.json

```
{
    "env": {
        "commonjs": true,
        "es6": true,
        "node": true
    },
    "extends": ["eslint:recommended", "prettier"],
    "globals": {
        "Atomics": "readonly",
        "SharedArrayBuffer": "readonly"
    },
    "parserOptions": {
        "ecmaVersion": 2018
    },
    "rules": {
    }
}
```

이제 두 도구가 제대로 작동하는지 확인해 봅시다. blog-backend 디렉터리에 src 디렉터리를 생성하고, 그 안에 index.js 파일을 만드세요.

```
const hello = "hello";
```

const로 값을 선언하고 사용하지 않으면, ESLint 기본 설정은 이를 에러로 간주합니다. 위 코드를 입력했을 때 다음과 같이 오류가 뜨는지 확인해 보세요.

▼ 그림 21-4 ESLint 오류 확인

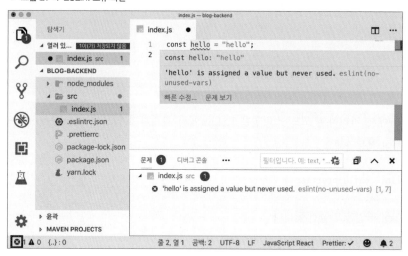

VS Code에서 오류 내용을 자세히 확인하려면 빨간색 줄에 마우스를 올리거나, 좌측 하단에 있는 ❌ 아이콘을 클릭하면 됩니다.

사용되지 않는 const 값은 문법적으로 문제없지만, 더 나은 코드를 작성하도록 장려하기 위해 ESLint는 이를 오류로 취급합니다.

이러한 규칙을 끌 수도 있습니다. 오류 이름을 알아 두면 .eslintrc.json에서 해당 오류를 경고로 바꾸거나 비활성화할 수 있습니다.

.eslintrc.json을 다음과 같이 한번 수정해 보세요.

```
{
  "env": {
    "commonjs": true,
```

```
    "es6": true,
    "node": true
  },
  "extends": ["eslint:recommended", "prettier"],
  "globals": {
    "Atomics": "readonly",
    "SharedArrayBuffer": "readonly"
  },
  "parserOptions": {
    "ecmaVersion": 2018
  },
  "rules": {
    "no-unused-vars": "warn",
    "no-console": "off"
  }
}
```

이렇게 수정한 뒤 저장하면, 기존에 빨간색 줄로 나오던 코드가 초록색 줄로 바뀌게 됩니다(수정된 설정을 반영하려면 에디터에서 파일을 닫고 다시 열어 주어야 합니다).

그리고 no-console 값에는 "off"를 설정해 주었습니다. ESLint 기본 설정에서는 console.log를 사용하는 것을 지양하고 있습니다. 그러나 이번 실습에서 console.log를 사용할 것이므로 이 규칙을 비활성화한 것입니다. 규칙을 비활성화할 때는 위와 같이 값을 "off"로 설정하면 됩니다.

▼ 그림 21-5 ESLint 규칙 설정하기

또한, 저장할 때 Prettier를 통해 쌍따옴표(")가 홑따옴표(')로 바뀌었는지도 확인해 보세요. 저장할 때 자동으로 코드를 정리하는 설정을 활성화하지 않았다면 F1 을 누른 후 format이라고 입력하여 **문서 서식**(Format Document)을 실행해 보세요.

▼ 그림 21–6 Prettier로 코드 정리하기

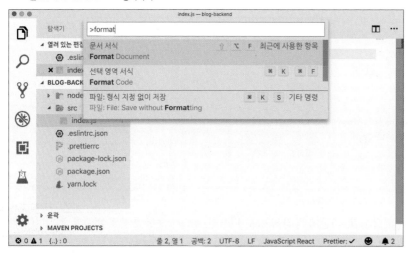

ESLint와 Prettier가 잘 작동하는 것을 확인했나요? 이제 본격적으로 Koa를 통한 서버 프로그래밍을 배워 봅시다.

21.3 / Koa 기본 사용법

21.3.1 서버 띄우기

먼저 서버를 여는 방법부터 알아봅시다. 기존 index.js 파일에 작성한 코드를 지우고, 다음 코드를 입력하세요.

index.js

```
const Koa = require('koa');

const app = new Koa();
```

```
app.use(ctx => {
  ctx.body = 'hello world';
});

app.listen(4000, () => {
  console.log('Listening to port 4000');
});
```

서버를 포트 4000번으로 열고, 서버에 접속하면 'hello world'라는 텍스트를 반환하도록 설정했습니다.

서버를 한번 실행해 볼까요?

```
$ node src
Listening to port 4000
```

원래 node를 통해 자바스크립트 파일을 실행할 때는 node src/index.js와 같이 전체 경로를 입력하는 것이 맞지만, index.js 파일은 예외로 디렉터리까지만 입력해도 실행할 수 있습니다. index.js를 해당 디렉터리를 대표하는 파일이라고 생각하면 됩니다.

이제 웹 브라우저로 http://localhost:4000/에 접속해 보세요.

▼ 그림 21-7 hello world

hello world가 잘 나타났나요?

21.3.2 미들웨어

Koa 애플리케이션은 미들웨어의 배열로 구성되어 있습니다. 조금 전 코드에서 app.use 함수를 사용했지요? 이 함수는 미들웨어 함수를 애플리케이션에 등록합니다.

미들웨어 함수는 다음과 같은 구조로 이루어져 있습니다.

```
(ctx, next) => {
}
```

Koa의 미들웨어 함수는 두 개의 파라미터를 받습니다. 첫 번째 파라미터는 조금 전에도 사용한 ctx라는 값이고, 두 번째 파라미터는 next입니다.

ctx는 Context의 줄임말로 웹 요청과 응답에 관한 정보를 지니고 있습니다. next는 현재 처리 중인 미들웨어의 다음 미들웨어를 호출하는 함수입니다. 미들웨어를 등록하고 next 함수를 호출하지 않으면, 그다음 미들웨어를 처리하지 않습니다.

만약 미들웨어에서 next를 사용하지 않으면 ctx => {}와 같은 형태로 파라미터에 next를 설정하지 않아도 괜찮습니다. 주로 다음 미들웨어를 처리할 필요가 없는 라우트 미들웨어를 나중에 설정할 때 이러한 구조로 next를 생략하여 미들웨어를 작성합니다.

미들웨어는 app.use를 사용하여 등록되는 순서대로 처리됩니다. 다음과 같이 현재 요청을 받은 주소와 우리가 정해 준 숫자를 기록하는 두 개의 미들웨어를 작성해 보세요.

index.js
```
const Koa = require('koa');

const app = new Koa();

app.use((ctx, next) => {
  console.log(ctx.url);
  console.log(1);
  next();
});

app.use((ctx, next) => {
  console.log(2);
  next();
});

app.use(ctx => {
  ctx.body = 'hello world';
});

app.listen(4000, () => {
  console.log('Listening to port 4000');
});
```

실행 중인 서버를 Ctrl+C를 눌러서 종료한 뒤, 다시 node src 명령어를 입력하여 실행해 주세요. 그리고 다시 http://localhost:4000/을 열어 보면 서버가 실행되고 있는 터미널에 다음과 같은 결과물이 나타날 것입니다.

```
Listening to port 4000
/
1
2
/favicon.ico
1
2
```

크롬 브라우저는 사용자가 웹 페이지에 들어가면 해당 사이트의 아이콘 파일인 /favicon.ico 파일을 서버에 요청하기 때문에 결과에 / 경로도 나타나고 /favicon.ico 경로도 나타납니다.

이번에는 첫 번째 미들웨어에서 호출하던 next 함수를 주석으로 처리해 보세요.

index.js

```
const Koa = require('koa');

const app = new Koa();

app.use((ctx, next) => {
  console.log(ctx.url);
  console.log(1);
  // next();
});

app.use((ctx, next) => {
  console.log(2);
  next();
});

app.use(ctx => {
  ctx.body = 'hello world';
});

app.listen(4000, () => {
  console.log('Listening to port 4000');
});
```

그리고 서버를 재시작한 뒤 조금 전 열었던 페이지를 새로고침해 보세요. 어떤 결과가 나타나나요?

```
Listening to port 4000
/
1
/favicon.ico
1
```

next를 호출하지 않으니 첫 번째 미들웨어까지만 실행하고 그 아래에 있는 미들웨어는 모두 무시되었습니다. 이런 속성을 사용하여 조건부로 다음 미들웨어 처리를 무시하게 만들 수 있는데, 한 번 해 볼까요? 다음 코드에서는 요청 경로에 authorized=1이라는 쿼리 파라미터가 포함되어 있으면 이후 미들웨어를 처리해 주고, 그렇지 않으면 이후 미들웨어를 처리하지 않습니다.

index.js

```javascript
const Koa = require('koa');

const app = new Koa();

app.use((ctx, next) => {
  console.log(ctx.url);
  console.log(1);
  if (ctx.query.authorized !== '1') {
    ctx.status = 401; // Unauthorized
    return;
  }
  next();
});

app.use((ctx, next) => {
  console.log(2);
  next();
});

app.use(ctx => {
  ctx.body = 'hello world';
});

app.listen(4000, () => {
  console.log('Listening to port 4000');
});
```

쿼리 파라미터는 문자열이기 때문에 비교할 때는 꼭 문자열 형태로 비교해야 합니다.

이제 서버를 재시작한 뒤 다음 링크에 들어가서 어떤 결과가 나타나는지 확인해 보세요.

- http://localhost:4000/
- http://localhost:4000/?authorized=1

▼ 그림 21-8 조건부 미들웨어 처리

지금은 단순히 주소의 쿼리 파라미터를 사용하여 조건부로 처리했지만, 나중에는 웹 요청의 쿠키 혹은 헤더를 통해 처리할 수도 있습니다.

21.3.2.1 next 함수는 Promise를 반환

next 함수를 호출하면 Promise를 반환합니다. 이는 Koa가 Express와 차별화되는 부분입니다. next 함수가 반환하는 Promise는 다음에 처리해야 할 미들웨어가 끝나야 완료됩니다. 다음과 같이 next 함수 호출 이후에 then을 사용하여 Promise가 끝난 다음 콘솔에 END를 기록하도록 수정해 보세요.

index.js
```
const Koa = require('koa');

const app = new Koa();

app.use((ctx, next) => {
  console.log(ctx.url);
  console.log(1);
  if (ctx.query.authorized !== '1') {
    ctx.status = 401; // Unauthorized
    return;
  }
```

```
  next().then(() => {
    console.log('END');
  });
});

app.use((ctx, next) => {
  console.log(2);
  next();
});

app.use(ctx => {
  ctx.body = 'hello world';
});

app.listen(4000, () => {
  console.log('Listening to port 4000');
});
```

서버를 재시작한 뒤 http://localhost:4000/?authorized=1 주소에 들어가 보세요. 터미널에 어떤 결과가 나타났나요?

```
Listening to port 4000
/?authorized=1
1
2
END
/favicon.ico
1
```

END가 잘 나타났나요? (참고로 브라우저 버전에 따라 /favicon.ico를 요청하지 않을 수도 있습니다. 하단의 /favicon.ico, 1이 나타나지 않아도 괜찮으니 신경 쓰지 않아도 됩니다.)

21.3.2.2 async/await 사용하기

Koa는 async/await를 정식으로 지원하기 때문에 해당 문법을 아주 편하게 사용할 수 있습니다.

> **노트** 서버 사이드 렌더링을 할 때 사용했던 Express도 async/await 문법을 사용할 수 있지만, 오류를 처리하는 부분이 제대로 작동하지 않을 수 있습니다. 백엔드 개발을 하면서 예상치 못한 에러를 제대로 잡아내려면 express-async-errors라는 라이브러리를 따로 사용해야 합니다.

기존 코드를 async/await를 사용하는 형태로 한번 수정해 봅시다.

index.js

```javascript
const Koa = require('koa');

const app = new Koa();

app.use(async (ctx, next) => {
  console.log(ctx.url);
  console.log(1);
  if (ctx.query.authorized !== '1') {
    ctx.status = 401; // Unauthorized
    return;
  }
  await next();
  console.log('END');
});

app.use((ctx, next) => {
  console.log(2);
  next();
});

app.use(ctx => {
  ctx.body = 'hello world';
});

app.listen(4000, () => {
  console.log('Listening to port 4000');
});
```

서버를 재시작한 뒤 http://localhost:4000/?authorized=1에 다시 들어가 보세요. 이전과 똑같이 작동하나요?

```
Listening to port 4000
/?authorized=1
1
2
END
/favicon.ico
1
```

21.4 nodemon 사용하기

서버 코드를 변경할 때마다 서버를 재시작하는 것이 꽤 번거롭지요? nodemon이라는 도구를 사용하면 코드를 변경할 때마다 서버를 자동으로 재시작해 줍니다.

우선 이 도구를 개발용 의존 모듈로 설치하세요.

```
$ yarn add --dev nodemon
```

그다음에는 package.json에 scripts를 다음과 같이 입력하세요.

package.json

```
{
  "name": "blog-backend",
  "version": "1.0.0",
  "main": "index.js",
  "license": "MIT",
  "dependencies": {
    "eslint-config-prettier": "^4.1.0",
    "koa": "^2.7.0"
  },
  "devDependencies": {
    "eslint": "^5.16.0",
    "nodemon": "^1.18.11"
  },
  "scripts": {
    "start": "node src",
    "start:dev": "nodemon --watch src/ src/index.js"
  }
}
```

start 스크립트에는 서버를 시작하는 명령어를 넣고, start:dev 스크립트에는 nodemon을 통해 서버를 실행해 주는 명령어를 넣었습니다. 여기서 nodemon은 src 디렉터리를 주시하고 있다가 해당 디렉터리 내부의 어떤 파일이 변경되면, 이를 감지하여 src/index.js 파일을 재시작해 줍니다.

이제부터는 다음 명령어를 사용하여 서버를 시작할 수 있습니다.

```
$ yarn start # 재시작이 필요 없을 때
$ yarn start:dev # 재시작이 필요할 때
```

기존에 실행 중이던 서버를 종료한 뒤 yarn start:dev 명령어를 실행하세요. 그다음에 index.js 에서 기존 미들웨어를 모두 제거해 보세요.

index.js

```
const Koa = require('koa');

const app = new Koa();

app.listen(4000, () => {
  console.log('Listening to port 4000');
});
```

파일을 저장할 때 서버가 실행 중인 터미널에 다음과 같은 결과물이 나타나나요?

```
$ nodemon --watch src/ src/index.js
[nodemon] 1.18.11
[nodemon] to restart at any time, enter `rs`
[nodemon] watching: /Users/velopert/blog/blog-backend/src/**/*
[nodemon] starting `node src/index.js`
Listening to port 4000
[nodemon] restarting due to changes...
[nodemon] starting `node src/index.js`
Listening to port 4000
```

이제 매번 서버를 수동으로 재시작하는 번거로움이 없으니 참 편하겠지요?

21.5 koa-router 사용하기

앞에서 리액트를 배울 때 웹 브라우저의 라우팅을 돕는 리액트 라우터 라이브러리를 사용해 보았습니다. Koa를 사용할 때도 다른 주소로 요청이 들어올 경우 다른 작업을 처리할 수 있도록 리우터를 사용해야 합니다. Koa 자체에 이 기능이 내장되어 있지는 않으므로, koa-router 모듈을 설치해야 합니다.

```
$ yarn add koa-router
```

21.5.1 기본 사용법

index.js에서 라우터를 불러와 적용하는 방법을 알아봅시다.

```js
index.js
const Koa = require('koa');
const Router = require('koa-router');

const app = new Koa();
const router = new Router();

// 라우터 설정
router.get('/', ctx => {
  ctx.body = '홈';
});
router.get('/about', ctx => {
  ctx.body = '소개';
});

// app 인스턴스에 라우터 적용
app.use(router.routes()).use(router.allowedMethods());

app.listen(4000, () => {
  console.log('Listening to port 4000');
});
```

koa-router를 불러온 뒤 이를 사용하여 Router 인스턴스를 만들었습니다. 그리고 / 경로로 들어오면 '홈'을 띄우고, /about 경로로 들어오면 '소개' 텍스트가 나타나도록 설정했습니다.

이처럼 라우트를 설정할 때, router.get의 첫 번째 파라미터에는 라우트의 경로를 넣고, 두 번째 파라미터에는 해당 라우트에 적용할 미들웨어 함수를 넣습니다. 여기서 get 키워드는 해당 라우트에서 사용할 HTTP 메서드를 의미합니다. get 대신에 post, put, delete 등을 넣을 수 있습니다. HTTP 메서드에 대해서는 잠시 후에 더 자세히 알아보겠습니다.

코드를 저장하고 http://localhost:4000/와 http://localhost:4000/about 페이지에 들어가 보세요.

▼ 그림 21-9 koa-router 사용하기

21.5.2 라우트 파라미터와 쿼리

이번에는 라우트의 파라미터와 쿼리를 읽는 방법을 알아보겠습니다. 라우터의 파라미터를 설정할 때는 /about/:name 형식으로 콜론(:)을 사용하여 라우트 경로를 설정합니다. 리액트 라우터에서 설정했을 때와 꽤 비슷하지요? 또 파라미터가 있을 수도 있고 없을 수도 있다면 /about/:name? 같은 형식으로 파라미터 이름 뒤에 물음표를 사용합니다. 이렇게 설정한 파라미터는 함수의 ctx. params 객체에서 조회할 수 있습니다.

URL 쿼리의 경우, 예를 들어 /posts/?id=10 같은 형식으로 요청했다면 해당 값을 ctx.query에서 조회할 수 있습니다. 쿼리 문자열을 자동으로 객체 형태로 파싱해 주므로 별도로 파싱 함수를 돌릴 필요가 없습니다(문자열 형태의 쿼리 문자열을 조회해야 할 때는 ctx.querystring을 사용합니다).

파라미터와 쿼리를 사용하는 라우트를 다음과 같이 만들어 보세요.

index.js

```
const Koa = require('koa');
const Router = require('koa-router');

const app = new Koa();
const router = new Router();

// 라우터 설정
router.get('/', ctx => {
  ctx.body = '홈';
});

router.get('/about/:name?', ctx => {
```

```
  const { name } = ctx.params;
  // name의 존재 유무에 따라 다른 결과 출력
  ctx.body = name ? `${name}의 소개` : '소개';
});

router.get('/posts', ctx => {
  const { id } = ctx.query;
  // id의 존재 유무에 따라 다른 결과 출력
  ctx.body = id ? `포스트 #${id}` : '포스트 아이디가 없습니다.';
});

// app 인스턴스에 라우터 적용
app.use(router.routes()).use(router.allowedMethods());

app.listen(4000, () => {
  console.log('Listening to port 4000');
});
```

코드를 작성하고 다음 링크에 들어가 보세요.

- http://localhost:4000/about/react

- http://localhost:4000/posts

- http://localhost:4000/posts?id=10

다음 그림과 같이 경로에 따라 다른 결과물이 나타났나요?

❤ 그림 21-10 파라미터와 쿼리

파라미터와 쿼리는 둘 다 주소를 통해 특정 값을 받아 올 때 사용하지만, 용도가 서로 조금씩 다릅니다. 정해진 규칙은 따로 없지만, 일반적으로 파라미터는 처리할 작업의 카테고리를 받아 오거나, 고유 ID 혹은 이름으로 특정 데이터를 조회할 때 사용합니다. 반면, 쿼리는 옵션에 관련된 정보를 받아 옵니다. 예를 들어 여러 항목을 리스팅하는 API라면, 어떤 조건을 만족하는 항목을 보여 줄지 또는 어떤 기준으로 정렬할지를 정해야 할 때 쿼리를 사용합니다.

21.5.3 REST API

웹 애플리케이션을 만들려면 데이터베이스에 정보를 입력하고 읽어 와야 합니다. 그런데 웹 브라우저에서 데이터베이스에 직접 접속하여 데이터를 변경한다면 보안상 문제가 되겠지요? 그래서 REST API를 만들어서 사용합니다.

❤ 그림 21-11 REST API 역할

데이터 조회, 생성, 삭제, 업데이트 요청하기

클라이언트가 서버에 자신이 데이터를 조회·생성·삭제·업데이트하겠다고 요청하면, 서버는 필요한 로직에 따라 데이터베이스에 접근하여 작업을 처리합니다.

REST API는 요청 종류에 따라 다른 HTTP 메서드를 사용합니다. HTTP 메서드는 여러 종류가 있으며, 주로 사용하는 메서드는 다음과 같습니다.

❤ 표 18-1 HTTP 메서드의 종류

메서드	설명
GET	데이터를 조회할 때 사용합니다.
POST	데이터를 등록할 때 사용합니다. 인증 작업을 거칠 때 사용하기도 합니다.
DELETE	데이터를 지울 때 사용합니다.
PUT	데이터를 새 정보로 통째로 교체할 때 사용합니다.
PATCH	데이터의 특정 필드를 수정할 때 사용합니다.

메서드의 종류에 따라 get, post, delete, put, patch를 사용하여 라우터에서 각 메서드의 요청을 처리합니다. 21.5.2절에서 작성한 라우트에는 router.get이라고 입력했지요? 여기서 get이 바로 HTTP 메서드 GET입니다. POST 요청을 받고 싶다면 route.post(...)을 하면 됩니다.

REST API를 설계할 때는 API 주소와 메서드에 따라 어떤 역할을 하는지 쉽게 파악할 수 있도록 작성해야 합니다. 블로그 포스트용 REST API를 예시로 살펴보면 다음과 같습니다.

종류	기능
POST /posts	포스트 작성
GET /posts	포스트 목록 조회
GET /posts/:id	특정 포스트 조회
DELETE /posts/:id	특정 포스트 삭제
PATCH /posts/:id	특정 포스트 업데이트(구현 방식에 따라 PUT으로도 사용 가능)
POST /posts/:id/comments	특정 포스트에 덧글 등록
GET /posts/:id/comments	특정 포스트의 덧글 목록 조회
DELETE /posts/:id/comments/:commentId	특정 포스트의 특정 덧글 삭제

21.5.4 라우트 모듈화

프로젝트를 진행하다 보면 여러 종류의 라우트를 만들게 됩니다. 하지만 각 라우트를 index.js 파일 하나에 모두 작성하면, 코드가 너무 길어질 뿐 아니라 유지 보수하기도 힘들어집니다. 여기서는 라우터를 여러 파일에 분리시켜서 작성하고, 이를 불러와 적용하는 방법을 알아보겠습니다.

우선 src 디렉터리에 api 디렉터리를 생성하고, 그 안에 index.js 파일을 만드세요.

src/api/index.js

```
const Router = require('koa-router');
const api = new Router();

api.get('/test', ctx => {
  ctx.body = 'test 성공';
});

// 라우터를 내보냅니다.
module.exports = api;
```

그다음에는 이 api 라우트를 src/index.js 파일에 불러와서 기존 라우터에 /api 경로로 적용하세요. 기존에 만들었던 라우트는 제거하겠습니다.

```
const Koa = require('koa');
const Router = require('koa-router');

const api = require('./api');

const app = new Koa();
const router = new Router();

// 라우터 설정
router.use('/api', api.routes()); // api 라우트 적용

// app 인스턴스에 라우터 적용
app.use(router.routes()).use(router.allowedMethods());

app.listen(4000, () => {
  console.log('Listening to port 4000');
});
```

우리가 만든 api 라우터를 서버의 메인 라우터의 /api 경로로 설정했습니다. 따라서 /api/test 경로로 요청하면 조금 전에 준비했던 'test 성공' 문자열이 나타날 것입니다.

코드를 저장하고, http://localhost:4000/api/test를 웹 브라우저로 띄워 보세요.

▼ 그림 21-12 라우트 모듈화

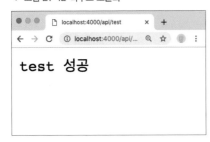

/api/test 라우트가 제대로 작동했나요?

21.5.5 posts 라우트 생성

이번에는 api 라우트 내부에 posts 라우트를 만들어 보겠습니다. api 디렉터리에 posts 디렉터리를 만들고, 그 내부에 index.js 파일을 만드세요.

그리고 다음 코드를 입력하세요.

```
src/api/posts/index.js
const Router = require('koa-router');
const posts = new Router();

const printInfo = ctx => {
  ctx.body = {
    method: ctx.method,
    path: ctx.path,
    params: ctx.params,
  };
};

posts.get('/', printInfo);
posts.post('/', printInfo);
posts.get('/:id', printInfo);
posts.delete('/:id', printInfo);
posts.put('/:id', printInfo);
posts.patch('/:id', printInfo);
module.exports = posts;
```

posts 라우트에 여러 종류의 라우트를 설정한 후 모두 printInfo 함수를 호출하도록 설정했습니다. 문자열이 아닌 JSON 객체를 반환하도록 설정하고, 이 객체에는 현재 요청의 메서드, 경로, 파라미터를 담았습니다.

코드를 완성한 후 api 라우트에 posts 라우트를 연결하세요. 연결하는 방법은 서버의 메인 파일에 api 라우트를 적용하는 방법과 비슷합니다.

```
src/api/index.js
const Router = require('koa-router');
const posts = require('./posts');

const api = new Router();

api.use('/posts', posts.routes());

// 라우터를 내보냅니다.
module.exports = api;
```

기존 test 라우트는 지우고, posts 라우트를 불러와서 설정해 주었습니다. 우선 GET /api/posts 라우트부터 테스트해 보겠습니다. http://localhost:4000/api/posts를 웹 브라우저로 띄워 보세요.

▼ 그림 21-13 posts 라우트 테스팅

```
{"method":"GET","path":"/api/posts","params":{}}
```

잘 나타났나요? 이제 나머지 API도 테스팅해 볼 텐데, GET 메서드를 사용하는 API는 웹 브라우저에서 주소를 입력하여 테스팅할 수 있지만 POST, DELETE, PUT, PATCH 메서드를 사용하는 API는 자바스크립트로 호출해야 합니다.

우리가 만든 API를 자바스크립트로 호출하는 대신, 편의상 REST API 요청 테스팅을 쉽게 할 수 있는 Postman이라는 프로그램을 설치해서 사용하겠습니다.

21.5.5.1 Postman의 설치 및 사용

Postman은 macOS, Windows, 리눅스에서 모두 사용할 수 있는 프로그램입니다. 이 프로그램은 공식 사이트(https://www.getpostman.com/)에서 인스톨러로 설치할 수 있습니다.

▼ 그림 21-14 Postman

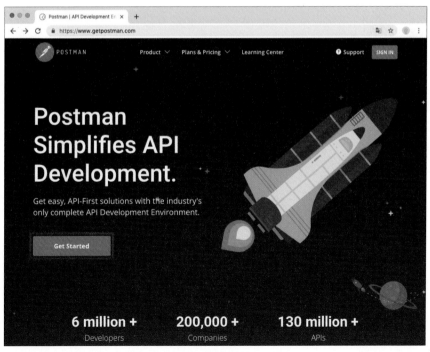

21

백엔드 프로그래밍: Node.js의 Koa 프레임워크

공식 사이트에서 **Get Started** 버튼을 누르면 운영체제별로 내려받을 수 있는 페이지로 이동합니다.

Postman을 설치한 뒤 실행하면 다음과 같은 창이 나타납니다.

▼ 그림 21-15 Postman 실행

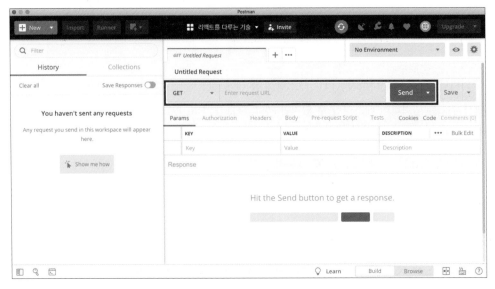

GET 셀렉트 박스를 클릭하여 메서드를 선택한 후 오른쪽 텍스트 박스에 주소를 입력하고 **Send** 버튼을 누르면 요청할 수 있습니다.

POST /api/posts에 한번 요청해 볼까요?

▼ 그림 21-16 POST 요청

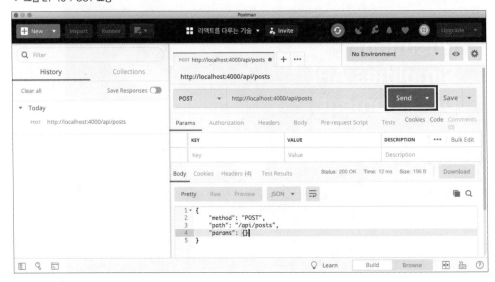

잘 작동하고 있나요? 이 외에 다른 API도 입력하여 테스트해 보세요.

- PATCH: http://localhost:4000/api/posts/10

- PUT: http://localhost:4000/api/posts/10

- DELETE: http://localhost:4000/api/posts/10

21.5.5.2 컨트롤러 파일 작성

라우트를 작성하는 과정에서 특정 경로에 미들웨어를 등록할 때는 다음과 같이 두 번째 인자에 함수를 선언해서 바로 넣어 줄 수 있습니다.

```
router.get('/', ctx => {
});
```

하지만 각 라우트 처리 함수의 코드가 길면 라우터 설정을 한눈에 보기 힘들겠지요? 그렇기 때문에 이 라우트 처리 함수들을 다른 파일로 따로 분리해서 관리할 수도 있습니다. 이 라우트 처리 함수만 모아 놓은 파일을 컨트롤러라고 합니다.

지금은 아직 데이터베이스를 연결하지 않았으므로 자바스크립트의 배열 기능만 사용하여 임시로 기능을 구현해 보겠습니다.

API 기능을 본격적으로 구현하기 전에 먼저 koa-bodyparser 미들웨어를 적용해야 합니다. 이 미들웨어는 POST/PUT/PATCH 같은 메서드의 Request Body에 JSON 형식으로 데이터를 넣어 주면, 이를 파싱하여 서버에서 사용할 수 있게 합니다.

다음 명령어를 실행하여 패키지를 설치하세요.

```
$ yarn add koa-bodyparser
```

이어서 미들웨어를 불러와 적용하세요. 이때 주의할 점은 router를 적용하는 코드의 윗부분에서 해야 한다는 것입니다.

src/index.js

```
const Koa = require('koa');
const Router = require('koa-router');
const bodyParser = require('koa-bodyparser');

const api = require('./api');

const app = new Koa();
```

```
const router = new Router();

// 라우터 설정
router.use('/api', api.routes()); // api 라우트 적용

// 라우터 적용 전에 bodyParser 적용
app.use(bodyParser());

// app 인스턴스에 라우터 적용
app.use(router.routes()).use(router.allowedMethods());

app.listen(4000, () => {
  console.log('Listening to port 4000');
});
```

그리고 posts 경로에 posts.ctrl.js 파일을 만든 후 주석을 참고하면서 다음 코드를 입력해 보세요.

posts/posts.ctrl.js

```
let postId = 1; // id의 초깃값입니다.

// posts 배열 초기 데이터
const posts = [
  {
    id: 1,
    title: '제목',
    body: '내용',
  },
];

/* 포스트 작성
POST /api/posts
{ title, body }
*/
exports.write = ctx => {
  // REST API의 Request Body는 ctx.request.body에서 조회할 수 있습니다.
  const { title, body } = ctx.request.body;
  postId += 1; // 기존 postId 값에 1을 더합니다.
  const post = { id: postId, title, body };
  posts.push(post);
  ctx.body = post;
};

/* 포스트 목록 조회
GET /api/posts
*/
```

```javascript
exports.list = ctx => {
  ctx.body = posts;
};

/* 특정 포스트 조회
GET /api/posts/:id
*/
exports.read = ctx => {
  const { id } = ctx.params;
  // 주어진 id 값으로 포스트를 찾습니다.
  // 파라미터로 받아 온 값은 문자열 형식이므로 파라미터를 숫자로 변환하거나
  // 비교할 p.id 값을 문자열로 변경해야 합니다.
  const post = posts.find(p => p.id.toString() === id);
  // 포스트가 없으면 오류를 반환합니다.
  if (!post) {
    ctx.status = 404;
    ctx.body = {
      message: '포스트가 존재하지 않습니다.',
    };
    return;
  }
  ctx.body = post;
};

/* 특정 포스트 제거
DELETE /api/posts/:id
*/
exports.remove = ctx => {
  const { id } = ctx.params;
  // 해당 id를 가진 post가 몇 번째인지 확인합니다.
  const index = posts.findIndex(p => p.id.toString() === id);
  // 포스트가 없으면 오류를 반환합니다.
  if (index === -1) {
    ctx.status = 404;
    ctx.body = {
      message: '포스트가 존재하지 않습니다.',
    };
    return;
  }
  // index번째 아이템을 제거합니다.
  posts.splice(index, 1);
  ctx.status = 204; // No Content
};

/* 포스트 수정(교체)
PUT /api/posts/:id
{ title, body }
```

```
    */
    exports.replace = ctx => {
      // PUT 메서드는 전체 포스트 정보를 입력하여 데이터를 통째로 교체할 때 사용합니다.
      const { id } = ctx.params;
      // 해당 id를 가진 post가 몇 번째인지 확인합니다.
      const index = posts.findIndex(p => p.id.toString() === id);
      // 포스트가 없으면 오류를 반환합니다.
      if (index === -1) {
        ctx.status = 404;
        ctx.body = {
          message: '포스트가 존재하지 않습니다.',
        };
        return;
      }
      // 전체 객체를 덮어 씌웁니다.
      // 따라서 id를 제외한 기존 정보를 날리고, 객체를 새로 만듭니다.
      posts[index] = {
        id,
        ...ctx.request.body,
      };
      ctx.body = posts[index];
    };


    /* 포스트 수정(특정 필드 변경)
    PATCH /api/posts/:id
    { title, body }
    */
    exports.update = ctx => {
      // PATCH 메서드는 주어진 필드만 교체합니다.
      const { id } = ctx.params;
      // 해당 id를 가진 post가 몇 번째인지 확인합니다.
      const index = posts.findIndex(p => p.id.toString() === id);
      // 포스트가 없으면 오류를 반환합니다.
      if (index === -1) {
        ctx.status = 404;
        ctx.body = {
          message: '포스트가 존재하지 않습니다.',
        };
        return;
      }
      // 기존 값에 정보를 덮어 씌웁니다.
      posts[index] = {
        ...posts[index],
        ...ctx.request.body,
      };
      ctx.body = posts[index];
    };
```

컨트롤러를 만들면서 exports.이름 = … 형식으로 함수를 내보내 주었습니다. 이렇게 내보낸 코드는 다음 형식으로 불러올 수 있습니다.

```
const 모듈이름 = require('파일이름');
모듈이름.이름();
```

require('./posts.ctrl')을 입력하여 방금 만든 posts.ctrl.js 파일을 불러온다면 다음 객체를 불러오게 됩니다.

```
{
  write: Function,
  list: Function,
  read: Function,
  remove: Function,
  replace: Function,
  update: Function,
};
```

우리가 만든 컨트롤러 함수들을 한번 각 라우트에 연결시켜 볼까요?

src/api/posts/index.js

```
const Router = require('koa-router');
const postsCtrl = require('./posts.ctrl');

const posts = new Router();

posts.get('/', postsCtrl.list);
posts.post('/', postsCtrl.write);
posts.get('/:id', postsCtrl.read);
posts.delete('/:id', postsCtrl.remove);
posts.put('/:id', postsCtrl.replace);
posts.patch('/:id', postsCtrl.update);

module.exports = posts;
```

이제 posts 라우터가 완성되었습니다.

list, read, remove를 제외한 API들은 요청할 때 Request Body가 필요한데요. Postman에서 이 값을 어떻게 넣는지 알아봅시다.

Postman에서 **POST**를 선택하면 다음과 같이 **Body** 부분이 활성화됩니다. **Body** 탭을 선택하고 **raw** 옵션을 클릭한 후 주황색으로 나타나는 데이터 타입을 JSON으로 설정하세요.

그리고 하단 텍스트 박스에 다음 JSON을 입력하세요.

```
{
  "title": "테스팅",
  "body": "테스팅"
}
```

▼ 그림 21-17 JSON 타입으로 설정

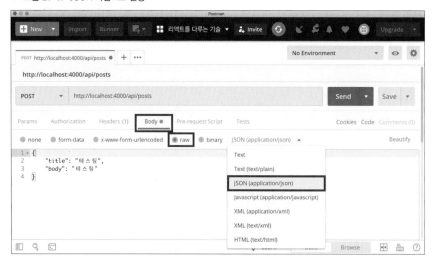

모두 입력한 뒤 **Send** 버튼을 누르세요. POST 요청에 성공하면 다음과 같이 서버가 응답할 것입니다.

▼ 그림 21-18 POST 결과

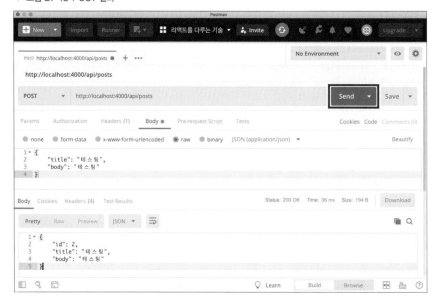

결과가 잘 나타났나요? 포스트가 정말 성공적으로 등록되었는지 확인하고 싶다면 GET /api/posts 에 요청을 해 보세요.

```
[
  {
    "id": 1,
    "title": "제목",
    "body": "내용"
  },
  {
    "id": 2,
    "title": "테스팅",
    "body": "테스팅"
  }
]
```

등록에 성공했다면 방금 등록한 포스트가 list 함수로 조회될 것입니다.

우리가 구현한 update와 replace 함수는 용도는 비슷하지만 구현 방식이 다릅니다. update(PATCH)는 기존 값은 유지하면서 새 값을 덮어 씌우는 반면, replace(PUT)은 Request Body로 받은 값이 id를 제외한 모든 값을 대체합니다.

직접 한번 호출해 볼까요? 다음 요청을 Postman으로 실행하세요.

```
# 요청
PATCH http://localhost:4000/api/posts/1
{
  "title": "변경됨"
}

# 결과
{
  "id": 1,
  "title": "변경됨",
  "body": "내용"
}
```

PATCH로 했을 때는 기존 body 내용을 유지하며, Request Body로 전달한 title 값만 변경했습니다. 반면 PUT으로 하면 어떨까요?

```
# 요청
PUT http://localhost:4000/api/posts/1
{
```

```
    "title": "변경됨"
}

# 결과
{
    "id": 1,
    "title": "변경됨"
}
```

PUT 메서드를 사용하니 기존 body가 사라져 버렸습니다. 따라서 포스트 수정 API를 PUT으로 구현해야 할 때는 모든 필드가 다 있는지 검증하는 작업이 필요합니다.

21.6 정리

이 장에서는 Koa를 사용하여 백엔드 서버를 만드는 기본 개념에 대해 알아보았습니다. 먼저 REST API를 살펴본 후 어떻게 작동하는지를 자바스크립트 배열을 사용하여 구현하면서 알아보았습니다. 자바스크립트 배열을 사용하여 구현하면 서버를 재시작할 때 당연히 데이터가 소멸됩니다. 물론 이 데이터를 로컬 파일에 저장하는 방법도 있지만, 실제 프로젝트에서는 권장하지 않습니다. 그 대신 MySQL, MongoDB 등의 데이터베이스에 정보를 저장하여 관리합니다.

데이터베이스를 사용하면 다양하고 효율적인 방식으로 많은 양의 데이터를 읽고 쓸 수 있습니다. 이 책에서는 MongoDB를 사용하여 백엔드를 구현해 보겠습니다.

22^장

mongoose를 이용한 MongoDB 연동 실습

이 장에서는 우리가 만들 Node.js 서버와 MongoDB를 연동할 수 있도록 MongoDB 기초 지식을 알아봅니다. 그리고 mongoose를 이용하여 서버에서 직접 데이터를 추가 · 조회 · 삭제 · 수정하는 방법도 알아보겠습니다.

이번 실습은 다음 흐름으로 진행합니다.

❤ 그림 22-1 mongoose를 이용한 MongoDB 연동

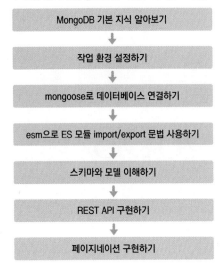

22.1 / 소개하기

서버를 개발할 때 데이터베이스를 사용하면 웹 서비스에서 사용되는 데이터를 저장하고, 효율적으로 조회하거나 수정할 수 있습니다. 기존에는 MySQL, OracleDB, PostgreSQL 같은 RDBMS(관계형 데이터베이스)를 자주 사용했습니다.

그런데 관계형 데이터베이스에는 몇 가지 한계가 있습니다.

첫 번째는 데이터 스키마가 고정적이라는 것입니다. 여기서 스키마란 데이터베이스에 어떤 형식의 데이터를 넣을지에 대한 정보를 가리킵니다. 예를 들어 회원 정보 스키마라면 계정명, 이메일, 이름 등이 되겠지요. 새로 등록하는 데이터 형식이 기존에 있던 데이터들과 다르다면? 기존 데이

터를 모두 수정해야 새 데이터를 등록할 수 있습니다. 그래서 데이터양이 많을 때는 데이터베이스의 스키마를 변경하는 작업이 매우 번거로워질 수 있습니다.

두 번째는 확장성입니다. RDBMS는 저장하고 처리해야 할 데이터양이 늘어나면 여러 컴퓨터에 분산시키는 것이 아니라, 해당 데이터베이스 서버의 성능을 업그레이드하는 방식으로 확장해 주어야 했습니다.

▼ 그림 22-2 MongoDB

MongoDB는 이런 한계를 극복한 문서 지향적 NoSQL 데이터베이스입니다. 이 데이터베이스에 등록하는 데이터들은 유동적인 스키마를 지닐 수 있습니다. 종류가 같은 데이터라고 하더라도, 새로 등록해야 할 데이터 형식이 바뀐다고 하더라도 기존 데이터까지 수정할 필요는 없습니다. 서버의 데이터양이 늘어나도 한 컴퓨터에서만 처리하는 것이 아니라 여러 컴퓨터로 분산하여 처리할 수 있도록 확장하기 쉽게 설계되어 있습니다.

이 책에서는 MongoDB를 사용하여 서버를 개발합니다. MongoDB가 무조건 기존의 RDBMS보다 좋은 것은 아닙니다. 상황별로 적합한 데이터베이스가 다를 수 있습니다. 예를 들어 데이터의 구조가 자주 바뀐다면 MongoDB가 유리합니다. 그러나 까다로운 조건으로 데이터를 필터링해야 하거나, ACID 특성을 지켜야 한다면 RDBMS가 더 유리할 수 있습니다.

> **노트** ACID 특성은 원자성(Atomicity), 일관성(Consistency), 고립성(Isolation), 지속성(Durability)의 앞 글자를 따서 만든 용어로, 데이터베이스 트랜잭션이 안전하게 처리되는 것을 보장하기 위한 성질을 의미합니다.

이 책에서 구현할 서버는 RDBMS로 만들 수도 있고, MongoDB로 만들 수도 있습니다. MongoDB를 사용한 이유는 무엇보다 조금만 배워도 유용하게 활용할 수 있기 때문입니다. RDBMS는 실정해야 할 것도 많고, 배워야 할 것도 많습니다. 만약 서버 개발에 관심이 있다면 나중에 RDBMS도 꼭 한번 사용해 보길 바랍니다.

22.1.1 문서란?

여기서 말하는 '문서(document)'는 RDBMS의 레코드(record)와 개념이 비슷합니다. 문서의 데이터 구조는 한 개 이상의 키-값 쌍으로 되어 있습니다.

MongoDB에서 사용하는 문서 예시를 하나 살펴볼까요?

```
{
  "_id": ObjectId("5099803df3f4948bd2f98391"),
  "username": "velopert",
  "name": { first: "M.J.", last: "Kim" }
}
```

문서는 BSON(바이너리 형태의 JSON) 형태로 저장됩니다. 그렇기 때문에 나중에 JSON 형태의 객체를 데이터베이스에 저장할 때, 큰 공수를 들이지 않고도 데이터를 데이터베이스에 등록할 수 있어 매우 편합니다.

새로운 문서를 만들면 _id라는 고윳값을 자동으로 생성하는데, 이 값은 시간, 머신 아이디, 프로세스 아이디, 순차 번호로 되어 있어 값의 고유함을 보장합니다.

여러 문서가 들어 있는 곳을 컬렉션이라고 합니다. 기존 RDBMS에서는 테이블 개념을 사용하므로 각 테이블마다 같은 스키마를 가지고 있어야 합니다. 새로 등록해야 할 데이터가 다른 스키마를 가지고 있다면, 기존 데이터들의 스키마도 모두 바꾸어 주어야 하지요.

반면 MongoDB는 다른 스키마를 가지고 있는 문서들이 한 컬렉션에서 공존할 수 있습니다. 다음 예시를 한번 살펴보세요.

```
{
  "_id": ObjectId("594948a081ad6e0ea526f3f5"),
  "username": "velopert"
},
{
  "_id": ObjectId("59494fca81ad6e0ea526f3f6"),
  "username": "velopert2",
  "phone": "010-1234-1234"
}
```

처음에는 데이터에 전화번호가 필요 없었는데, 나중에 필요해졌다고 가정해 봅시다. RDBMS에서는 한 테이블의 모든 데이터가 같은 스키마를 가져야 하기 때문에, 기존 데이터 전체를 일일이 수정해야 합니다. 하지만 MongoDB에서는 컬렉션 안의 데이터가 같은 스키마를 가질 필요가 없으므로 그냥 넣어 주면 됩니다.

22.1.2 MongoDB 구조

MongoDB 구조는 다음과 같습니다. 서버 하나에 데이터베이스를 여러 개 가지고 있을 수 있습니다. 각 데이터베이스에는 여러 개의 컬렉션이 있으며, 컬렉션 내부에는 문서들이 들어 있습니다.

▼ 그림 22-3 MongoDB 구조

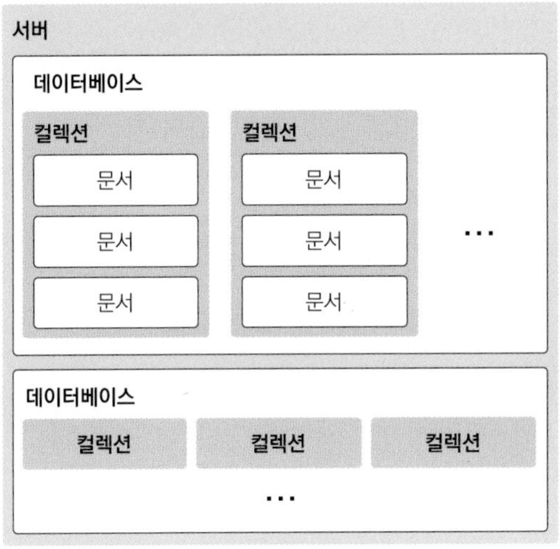

22.1.3 스키마 디자인

MongoDB에서 스키마를 디자인하는 방식은 기존 RDBMS에서 스키마를 디자인하는 방식과 완전히 다릅니다. RDBMS에서 블로그용 데이터 스키마를 설계한다면 각 포스트, 댓글마다 테이블을 만들어 필요에 따라 JOIN해서 사용하는 것이 일반적입니다.

RDBMS에서 데이터베이스를 설계한다면 그 구조는 다음과 유사합니다.

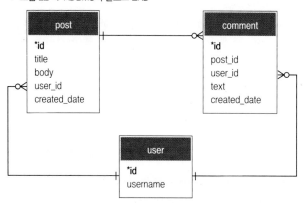

▼ 그림 22-4 RDBMS의 블로그 ERD

하지만 NoSQL에서는 그냥 모든 것을 문서 하나에 넣습니다. 문서 예시의 형식을 한번 살펴볼까요?

```
{
  _id: ObjectId,
  title: String,
  body: String,
  username: String,
  createdDate: Date,
  comments: [
    {
      _id: ObjectId,
      text: String,
      createdDate: Date,
    },
  ],
};
```

이런 상황에서 보통 MongoDB는 댓글을 포스트 문서 내부에 넣습니다. 문서 내부에 또 다른 문서가 위치할 수 있는데, 이를 서브다큐먼트(subdocument)라고 합니다. 서브다큐먼트 또한 일반 문서를 다루는 것처럼 쿼리할 수 있습니다.

문서 하나에는 최대 16MB만큼 데이터를 넣을 수 있는데요. 100자 댓글 데이터라면 대략 0.24KB를 차지합니다. 16MB는 16,384KB이니 문서 하나에 댓글 데이터를 약 68,000개 넣을 수 있지요.

서브다큐먼트에서 이 용량을 초과할 가능성이 있다면 컬렉션을 분리시키는 것이 좋습니다.

22.2 / MongoDB 서버 준비

22.2.1 설치

MongoDB 서버를 사용하려면 우선 설치부터 해야 합니다.

macOS

macOS에서는 Homebrew를 이용하여 간편하게 설치할 수 있습니다.

```
$ brew tap mongodb/brew
$ brew install mongodb-community@4.2
$ brew services start mongodb-community@4.2
==> Successfully started `mongodb-community` (label: homebrew.mxcl.mongodb-community)
```

Windows

Windows 환경이라면 MongoDB 공식 사이트의 다운로드 페이지(https://www.mongodb.com/download-center/community)에서 인스톨러를 내려받아 설치하세요.

설치하는 도중에 **Complete**로 설치할지, **Custom**으로 설치할지 선택하는 부분이 나옵니다. 이때 **Complete**를 선택하고, 기본 설정으로 설치하세요.

▼ 그림 22-5 Windows에서 MongoDB 설치

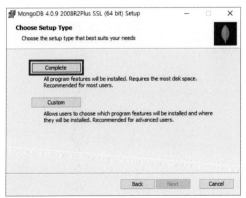

설치가 완료되면 자동으로 MongoDB 서버가 Windows 서비스로 등록되어 시작됩니다. 설치 과정에서 MongoDB Compass라는 프로그램도 함께 설치될 텐데요. 이 프로그램은 데이터베이스를 GUI로 확인할 수 있는 프로그램입니다. 이 프로그램에 대해서는 잠시 후에 알아보겠습니다.

리눅스

리눅스를 사용한다면 MongoDB의 공식 가이드를 참고하여 설치하세요.

- https://docs.mongodb.com/manual/administration/install-on-linux/

22.2.2 MongoDB 작동 확인

MongoDB가 성공적으로 설치되었고 제대로 가동 중인지 확인하려면, 터미널에서 mongo를 입력해 보세요.

```
$ mongo
```

Windows에서는 MongoDB가 설치된 경로로 이동한 다음, 위 명령어를 실행해야 합니다.

```
$ cd C:\Program Files\MongoDB\Server\4.0\bin
```

코드의 '4.0' 부분은 설치된 버전에 따라 다를 수 있으니 실제 설치 경로를 확인하고 이동하세요.

mongo 명령어를 입력하면 터미널 기반 MongoDB 클라이언트가 실행됩니다. 여기서 version()이라는 명령어를 입력해 보세요.

```
$ mongo
MongoDB shell version v4.0.3
connecting to: mongodb://127.0.0.1:27017
Implicit session: session { "id" : UUID("0a8bebd1-9269-4735-accf-d1b166c6d39b") }
MongoDB server version: 4.0.3
(...)

> version()
4.0.3
```

클라이언트가 실행될 때 WARNING이 나타날 텐데 이는 무시해도 상관없습니다.

22.3 mongoose의 설치 및 적용

mongoose는 Node.js 환경에서 사용하는 MongoDB 기반 ODM(Object Data Modelling) 라이브러리입니다. 이 라이브러리는 데이터베이스 문서들을 자바스크립트 객체처럼 사용할 수 있게 해줍니다.

❤ 그림 22-6 mongoose

22장에서 만든 백엔드 프로젝트를 이어서 진행하겠습니다. 프로젝트 디렉터리에서 다음 명령어를 입력하여 mongoose와 dotenv를 설치하세요.

```
$ yarn add mongoose dotenv
```

dotenv는 환경변수들을 파일에 넣고 사용할 수 있게 하는 개발 도구입니다. mongoose를 사용하여 MongoDB에 접속할 때, 서버에 주소나 계정 및 비밀번호가 필요할 경우도 있습니다. 이렇게 민감하거나 환경별로 달라질 수 있는 값은 코드 안에 직접 작성하지 않고, 환경변수로 설정하는 것이 좋습니다. 프로젝트를 깃허브(GitHub), 깃랩(GitLab) 등의 서비스에 올릴 때는 .gitignore를 작성하여 환경변수가 들어 있는 파일은 제외시켜 주어야 합니다.

22.3.1 .env 환경변수 파일 생성

환경변수에는 서버에서 사용할 포트와 MongoDB 주소를 넣어 주겠습니다. 프로젝트의 루트 경로에 .env 파일을 만들고 다음 내용을 입력하세요.

.env

```
PORT=4000
MONGO_URI=mongodb://localhost:27017/blog
```

여기서 blog는 우리가 사용할 데이터베이스 이름입니다. 지정한 데이터베이스가 서버에 없다면 자동으로 만들어 주므로 사전에 직접 생성할 필요는 없습니다.

다음으로 src/index.js 파일의 맨 위에 다음과 같이 dotenv를 불러와서 config() 함수를 호출해 주세요. Node.js에서 환경변수는 process.env 값을 통해 조회할 수 있습니다.

src/index.js

```javascript
require('dotenv').config();
const Koa = require('koa');
const Router = require('koa-router');
const bodyParser = require('koa-bodyparser');

// 비구조화 할당을 통해 process.env 내부 값에 대한 레퍼런스 만들기
const { PORT } = process.env;

const api = require('./api');

const app = new Koa();
const router = new Router();

// 라우터 설정
router.use('/api', api.routes()); // api 라우트 적용

// 라우터 적용 전에 bodyParser 적용
app.use(bodyParser());

// app 인스턴스에 라우터 적용
app.use(router.routes()).use(router.allowedMethods());

// PORT가 지정되어 있지 않다면 4000을 사용
const port = PORT || 4000;
app.listen(port, () => {
  console.log('Listening to port %d', port);
});
```

.env 파일에서 PORT를 4001로 변경한 뒤 서버를 한번 재시작해 보세요. .env 파일을 변경할 때는 nodemon에서 자동으로 재시작하지 않으므로 직접 재시작해야 합니다.

```
Listening to port 4001
```

바뀐 포트로 실행된 것을 확인했나요? 이제 다시 4000으로 복구하고 서버를 재시작하세요.

22.3.2 mongoose로 서버와 데이터베이스 연결

이제 mongoose를 이용하여 서버와 데이터베이스를 연결하겠습니다. 연결할 때는 mongoose 의 connect 함수를 사용합니다.

src/index.js

```
require('dotenv').config();
const Koa = require('koa');
const Router = require('koa-router');
const bodyParser = require('koa-bodyparser');
const mongoose = require('mongoose');

const api = require('./api');

// 비구조화 할당을 통해 process.env 내부 값에 대한 레퍼런스 만들기
const { PORT, MONGO_URI } = process.env;

mongoose
.connect(MONGO_URI)
  .then(() => {
    console.log('Connected to MongoDB');
  })
  .catch(e => {
    console.error(e);
});

(...)
```

코드를 저장한 뒤 터미널에 다음과 같은 문구가 출력되면 데이터베이스에 성공적으로 연결된 것 입니다.

```
[nodemon] starting `node src/index.js`
Listening to port 4000
Connected to MongoDB
```

이제 mongoose를 사용하기 위한 준비를 마쳤습니다.

22.4 / esm으로 ES 모듈 import/export 문법 사용하기

기존 리액트 프로젝트에서 사용해 오던 ES 모듈 import/export 문법은 Node.js에서 아직 정식으로 지원되지 않습니다. Node.js에 해당 기능이 구현되어 있기는 하지만 아직 실험적인 단계이기 때문에 기본 옵션으로는 사용할 수 없으며, 확장자를 .mjs로 사용하고 node를 실행할 때 --experimental-modules라는 옵션을 넣어 주어야 합니다.

Node.js에서 import/export 문법을 꼭 사용해야 할 필요는 없지만, 이 문법을 사용하면 VS Code에서 자동 완성을 통해 모듈을 자동으로 쉽게 불러올 수 있고 코드도 더욱 깔끔해집니다. 그래서 우리는 esm이라는 라이브러리의 도움을 받아 해당 문법을 사용해 보겠습니다.

먼저 esm을 yarn으로 설치해 주세요.

```
$ yarn add esm
```

그리고 기존 src/index.js 파일의 이름을 main.js로 변경하고, index.js 파일을 새로 생성해서 다음 코드를 작성하세요.

src/index.js

```
// 이 파일에서만 no-global-assign ESLint 옵션을 비활성화합니다.
/* eslint-disable no-global-assign */

require = require('esm')(module /*, options*/);
module.exports = require('./main.js');
```

다음으로 package.json에서 만들었던 스크립트를 조금 수정해 주세요.

package.json – scripts

```
"scripts": {
    "start": "node -r esm src",
    "start:dev": "nodemon --watch src/ -r esm src/index.js"
  }
```

ESLint에서 import/export 구문을 사용해도 오류로 간주하지 않도록 다음과 같이 .eslintrc.json
에서 sourceType 값을 "module"로 설정해 주세요.

.eslintrc.json

```
{
  "env": {
    "commonjs": true,
    "es6": true,
    "node": true
  },
  "extends": ["eslint:recommended", "prettier"],
  "globals": {
    "Atomics": "readonly",
    "SharedArrayBuffer": "readonly"
  },
  "parserOptions": {
    "ecmaVersion": 2018,
    "sourceType": "module"
  },
  "rules": {
    "no-unused-vars": "warn",
    "no-console": "off"
  }
}
```

이제 프로젝트에서 import/export 구문을 자유롭게 사용할 수 있습니다! 그리고 이전에 만들었던
모듈을 하나하나 수정해 주겠습니다.

기존에 실행 중이던 서버는 종료하고, 다시 yarn start:dev 명령어를 입력하여 새로운 스크립트
로 서버를 구동하세요.

22.4.1 기존 코드 ES Module 형태로 바꾸기

먼저 api/posts/posts.ctrl.js 파일을 열어서 exports 코드를 export const로 모두 변환하세요.

```
(...)
export const write = ctx => {
  (...)
};

export const list = ctx => {
  (...)
};
export const read = ctx => {
  (...)
};

export const remove = ctx => {
  (...)
};

export const replace = ctx => {
  (...)
};

export const update = ctx => {
  (...)
};
```

다음으로 src/api/posts/index.js 파일을 수정하세요.

src/api/posts/index.js

```
import Router from 'koa-router';
import * as postsCtrl from './posts.ctrl';

const posts = new Router();

posts.get('/', postsCtrl.list);
posts.post('/', postsCtrl.write);
posts.get('/:id', postsCtrl.read);
posts.delete('/:id', postsCtrl.remove);
posts.put('/:id', postsCtrl.replace);
posts.patch('/:id', postsCtrl.update);

export default posts;
```

여기까지 코드를 작성하고 저장하면 서버에서 오류가 발생할 것입니다. 이 오류는 파일 두 개를 더 수정하면 해결되니 걱정하지 마세요.

이제 다음 두 파일을 수정하세요.

src/api/index.js

```
import Router from 'koa-router';
import posts from './posts';

const api = new Router();

api.use('/posts', posts.routes());

// 라우터를 내보냅니다.
export default api;
```

src/main.js

```
require('dotenv').config();
import Koa from 'koa';
import Router from 'koa-router';
import bodyParser from 'koa-bodyparser';
import mongoose from 'mongoose';

import api from './api';

// 비구조화 할당을 통해 process.env 내부 값에 대한 레퍼런스 만들기
const { PORT, MONGO_URI } = process.env;
(...)
```

이제 Postman으로 http://localhost:4000/api/posts에 요청을 보내 우리가 만든 서버가 오류 발생으로 종료되지 않고 잘 작동하는지 확인해 보세요.

코드를 모두 작성하고 확인도 했으면, 마지막으로 프로젝트 루트 디렉터리에 jsconfig.json을 작성하세요.

jsconfig.json

```
{
  "compilerOptions": {
    "target": "es6",
```

```
    "module": "es2015"
  },
  "include": ["src/**/*"]
}
```

이 파일을 위 코드와 같이 작성해 주면 나중에 자동 완성을 통해 모듈을 불러올 수 있습니다. src
디렉터리에 sample.js라는 파일을 작성하고, api를 입력했을 때 자동 완성할 수 있는 인텔리센스
창이 뜨는지 확인해 보세요.

▼ 그림 22-7 자동 완성을 통한 import

이 상태에서 Enter 를 누르면 import가 잘될 것입니다. 자동 완성이 잘되지 않는다면 VS Code를
껐다가 다시 시작해 보세요.

자동 완성이 잘되는 것을 확인했다면 sample.js 파일은 삭제해 주세요.

22.5 데이터베이스의 스키마와 모델

mongoose에는 스키마(schema)와 모델(model)이라는 개념이 있는데, 이 둘은 혼동하기 쉽습니다. 스키마는 컬렉션에 들어가는 문서 내부의 각 필드가 어떤 형식으로 되어 있는지 정의하는 객체입니다. 이와 달리 모델은 스키마를 사용하여 만드는 인스턴스로, 데이터베이스에서 실제 작업을 처리할 수 있는 함수들을 지니고 있는 객체입니다.

▼ 그림 22-8 스키마와 모델

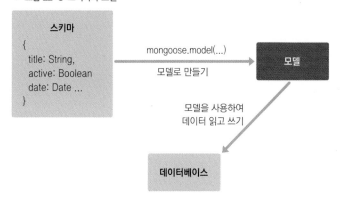

22.5.1 스키마 생성

모델을 만들려면 사전에 스키마를 만들어 주어야 합니다. 우리는 블로그 포스트에 대한 스키마를 준비할 텐데, 어떤 데이터가 필요할지 한번 생각해 봅시다.

- 제목
- 내용
- 태그
- 작성일

포스트 하나에 이렇게 총 네 가지 정보가 필요합니다. 각 정보에 대한 필드 이름과 데이터 타입을 설정하여 스키마를 만듭니다.

필드 이름	데이터 타입	설명
title	문자열	제목
body	문자열	내용
tags	문자열 배열	태그 목록
publishedDate	날짜	작성 날짜

이렇게 네 가지 필드가 있는 스키마를 만들어 보겠습니다. 스키마와 모델에 관련된 코드는 src/
models 디렉터리에 작성하겠습니다. 이렇게 디렉터리를 따로 만들어서 관리하면 나중에 유지 보
수를 좀 더 편하게 할 수 있습니다. models 디렉터리를 만들고, 그 안에 post.js 파일을 만들어
다음 코드를 작성하세요.

src/models/post.js

```
import mongoose from 'mongoose';

const { Schema } = mongoose;

const PostSchema = new Schema({
  title: String,
  body: String,
  tags: [String], // 문자열로 이루어진 배열
  publishedDate: {
    type: Date,
    default: Date.now, // 현재 날짜를 기본값으로 지정
  },
});
```

스키마를 만들 때는 mongoose 모듈의 Schema를 사용하여 정의합니다. 그리고 각 필드 이름과
필드의 데이터 타입 정보가 들어 있는 객체를 작성합니다. 필드의 기본값으로는 default 값을 설
정해 주면 됩니다.

Schema에서 기본적으로 지원하는 타입은 다음과 같습니다.

타입	설명
String	문자열
Number	숫자
Date	날짜
Buffer	파일을 담을 수 있는 버퍼
Boolean	true 또는 false 값
Mixed(Schema.Types.Mixed)	어떤 데이터도 넣을 수 있는 형식
ObjectId(Schema.Types.ObjectId)	객체 아이디. 주로 다른 객체를 참조할 때 넣음
Array	배열 형태의 값으로 [ ]로 감싸서 사용

우리가 만들 프로젝트에는 필요하지 않지만, 이 스키마를 활용하여 좀 더 복잡한 방식의 데이터도 저장할 수 있습니다. 다음 예시를 한번 볼까요?

예시 코드

```
const AuthorSchema = new Schema({
  name: String,
  email: String,
});
const BookSchema = new Schema({
  title: String,
  description: String,
  authors: [AuthorSchema],
  meta: {
    likes: Number,
  },
  extra: Schema.Types.Mixed,
});
```

위 코드에서 authors 부분에 [AuthorSchema]를 넣어 주었는데요. 이는 Author 스키마로 이루어 진 여러 개의 객체가 들어 있는 배열을 의미합니다. 이렇게 스키마 내부에 다른 스키마를 내장시 킬 수도 있습니다.

22

mongoose를 이용한 MongoDB 연동 실습

22.5.2 모델 생성

모델을 만들 때는 mongoose.model 함수를 사용합니다. post.js 파일 맨 하단에 다음 코드를 입력해 보세요.

src/models/post.js

```
import mongoose from 'mongoose';

const { Schema } = mongoose;

const PostSchema = new Schema({
  title: String,
  body: String,
  tags: [String], // 문자열로 이루어진 배열
  publishedDate: {
    type: Date,
    default: Date.now, // 현재 날짜를 기본값으로 지정
  },
});

const Post = mongoose.model('Post', PostSchema);
export default Post;
```

모델 인스턴스를 만들고, export default를 통해 내보내 주었습니다. 여기서 사용한 model() 함수는 기본적으로 두 개의 파라미터가 필요합니다. 첫 번째 파라미터는 스키마 이름이고, 두 번째 파라미터는 스키마 객체입니다. 데이터베이스는 스키마 이름을 정해 주면 그 이름의 복수 형태로 데이터베이스에 컬렉션 이름을 만듭니다.

예를 들어 스키마 이름을 Post로 설정하면, 실제 데이터베이스에 만드는 컬렉션 이름은 posts입니다. BookInfo로 입력하면 bookinfos를 만듭니다.

MongoDB에서 컬렉션 이름을 만들 때, 권장되는 컨벤션(convention)은 구분자를 사용하지 않고 복수 형태로 사용하는 것입니다. 이 컨벤션을 따르고 싶지 않다면, 다음 코드처럼 세 번째 파라미터에 여러분이 원하는 이름을 입력하면 됩니다.

```
mongoose.model('Post', PostSchema, 'custom_book_collection');
```

이 경우 첫 번째 파라미터로 넣어 준 이름은 나중에 다른 스키마에서 현재 스키마를 참조해야 하는 상황에서 사용합니다.

22.6 / MongoDB Compass의 설치 및 사용

MongoDB Compass는 MongoDB를 위한 GUI 프로그램으로, 데이터베이스를 쉽게 조회하고 수정할 수 있습니다.

Windows의 경우 MongoDB를 설치할 때 같이 설치되지만, macOS와 리눅스 운영체제의 경우 직접 설치해야 하므로 다음 링크에서 설치해 주세요.

- https://www.mongodb.com/download-center/compass

좌측의 **Version**에서 Community Edition Stable이라고 적힌 항목을 선택한 후 설치 파일을 내려받으세요.

▼ 그림 22-9 MongoDB Compass 설치

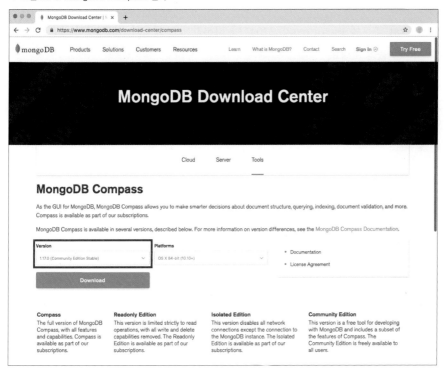

설치 후 Compass를 실행하면 다음과 같은 화면이 나타납니다.

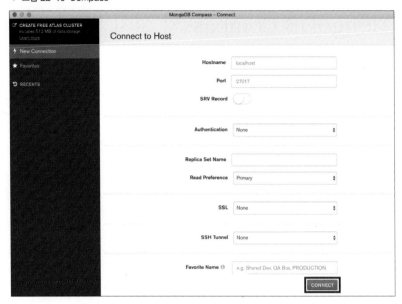

▼ 그림 22-10 Compass

Hostname과 Port 부분에 localhost와 27017이 기본값으로 들어가 있을 것입니다. 하단의 CONNECT 버튼을 눌러 보세요.

▼ 그림 22-11 Compass 연결 후

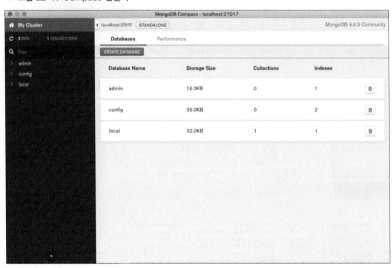

추후 우리가 데이터베이스에 데이터를 등록하고 나면 이 프로그램을 통해 데이터를 쉽게 조회할 수 있습니다.

22.7 데이터 생성과 조회

22장에서는 REST API를 학습하면서 임시적으로 자바스크립트 배열을 사용하여 기능을 구현했습니다. 자바스크립트 배열 데이터는 시스템 메모리 쪽에 위치하기 때문에 서버를 재시작하면 초기화됩니다. 이번에는 배열 대신에 MongoDB에 데이터를 등록하여 데이터를 보존해 보겠습니다.

22.7.1 데이터 생성

기존에 작성했던 로직을 모두 새로 작성할 것이므로 posts.ctrl.js에서 기존 코드를 모두 지우고 다음 코드를 입력하세요.

src/api/posts/posts.ctrl.js

```js
import Post from '../../models/post';

export const write = ctx => {};

export const list = ctx => {};

export const read = ctx => {};

export const remove = ctx => {};

export const update = ctx => {};
```

기존 PUT 메서드에 연결했던 replace는 구현하지 않을 것이므로 해당 함수는 아예 제거했습니다. 이에 따라 posts 라우트의 PUT 메서드를 설정한 부분도 src/api/posts/index.js에서 제거하세요.

src/api/posts/index.js

```js
import Router from 'koa-router';
import * as postsCtrl from './posts.ctrl';

const posts = new Router();

posts.get('/', postsCtrl.list);
```

```
posts.post('/', postsCtrl.write);
posts.get('/:id', postsCtrl.read);
posts.delete('/:id', postsCtrl.remove);
posts.patch('/:id', postsCtrl.update);

export default posts;
```

먼저 블로그 포스트를 작성하는 API인 write를 구현해 봅시다.

src/api/posts/posts.ctrl.js – write

```
/*
  POST /api/posts
  {
    title: '제목',
    body: '내용',
    tags: ['태그1', '태그2']
  }
*/
export const write = async ctx => {
  const { title, body, tags } = ctx.request.body;
  const post = new Post({
    title,
    body,
    tags,
  });
  try {
    await post.save();
    ctx.body = post;
  } catch (e) {
    ctx.throw(500, e);
  }
};
```

포스트의 인스턴스를 만들 때는 new 키워드를 사용합니다. 그리고 생성자 함수의 파라미터에 정보를 지닌 객체를 넣습니다.

인스턴스를 만들면 바로 데이터베이스에 저장되는 것은 아닙니다. save() 함수를 실행시켜야 비로소 데이터베이스에 저장됩니다. 이 함수의 반환 값은 Promise이므로 async/await 문법으로 데이터베이스 저장 요청을 완료할 때까지 await를 사용하여 대기할 수 있습니다. await를 사용하려면 함수를 선언하는 부분 앞에 async 키워드를 넣어야 합니다. 또한, await를 사용할 때는 try/ catch 문으로 오류를 처리해야 합니다.

코드를 다 작성했다면 Postman으로 다음 정보를 요청해 보세요.

```
POST http://localhost:4000/api/posts
{
  "title": "제목",
  "body": "내용",
  "tags": ["태그1", "태그2"]
}
```

▼ 그림 22-12 write 구현 완료

서버가 응답한 결과물을 잘 받았다면 **Send** 버튼을 세 번 정도 더 눌러서 응답에 나타나는 _id 값 이 계속 바뀌는 것을 확인하세요.

다음으로 MongoDB Compass에서 좌측 상단의 새로고침 버튼을 누르면 blog 데이터베이스가
나타날 것입니다. blog 데이터베이스를 선택한 뒤 posts 컬렉션을 열어 보세요.

▼ 그림 22-13 Compass에서 데이터 조회하기

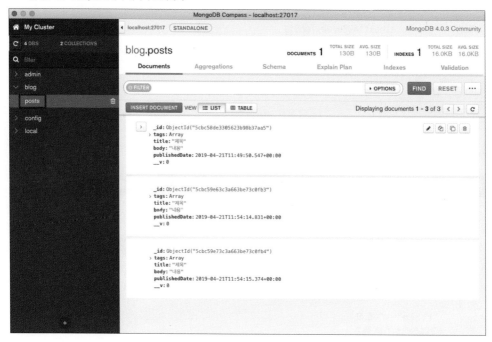

방금 등록한 데이터들이 잘 보이나요?

22.7.2 데이터 조회

이제 API를 사용하여 데이터를 조회해 봅시다. 데이터를 조회할 때는 모델 인스턴스의 find() 함
수를 사용합니다. posts.ctrl.js의 list 함수를 다음과 같이 작성해 보세요.

src/api/posts/posts.ctrl.js – list

```
/*
  GET /api/posts
*/
export const list = async ctx => {
  try {
    const posts = await Post.find().exec();
    ctx.body = posts;
```

```
  } catch (e) {
    ctx.throw(500, e);
  }
};
```

find( ) 함수를 호출한 후에는 exec( )를 붙여 주어야 서버에 쿼리를 요청합니다. 데이터를 조회할
때 특정 조건을 설정하고, 불러오는 제한도 설정할 수 있는데요. 이 부분은 추후 페이지네이션 기
능을 구현할 때 알아보겠습니다. 코드를 저장하고 서버를 재시작한 후, Postman으로 다음 요청
을 보내세요.

```
GET http://localhost:4000/api/posts
```

▼ 그림 22-14 list 구현 완료

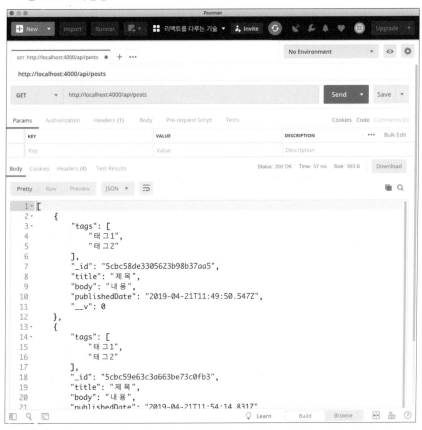

여러 포스트가 들어 있는 배열이 잘 응답되었나요?

22.7.3 특정 포스트 조회

이번에는 read 함수를 통해 특정 포스트를 id로 찾아서 조회하는 기능을 구현해 보겠습니다. 특정 id를 가진 데이터를 조회할 때는 findById() 함수를 사용합니다.

src/api/posts/posts.ctrl.js – read

```
/*
  GET /api/posts/:id
*/
export const read = async ctx => {
  const { id } = ctx.params;
  try {
    const post = await Post.findById(id).exec();
    if (!post) {
      ctx.status = 404; // Not Found
      return;
    }
    ctx.body = post;
  } catch (e) {
    ctx.throw(500, e);
  }
};
```

코드를 저장하고, Postman을 사용하여 다음 요청을 전송해 보세요. URL에서 id 부분에 넣는 파라미터는 이전에 포스트 목록을 조회했을 때 나왔던 id 중 하나를 복사해 넣으세요.

```
GET http://localhost:4000/api/posts/5cbc58de3305623b98b37aa5
```

조회가 잘되었나요? id의 마지막 문자를 다른 문자로 한번 바꿔 보세요. id가 존재하지 않으면 **Status** 부분에 404 오류가 발생할 것입니다. 만약 문자열을 몇 개 제거하고 요청하면 500 오류가 발생합니다. 이는 전달받은 id가 ObjectId 형태가 아니어서 발생하는 서버 오류인데요. 이 부분은 나중에 검증하는 작업을 거치도록 하겠습니다.

▼ 그림 22-15 read 구현 완료

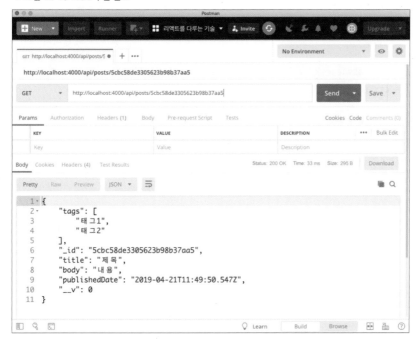

22.8 데이터 삭제와 수정

22.8.1 데이터 삭제

이번에는 데이터를 삭제해 보겠습니다. 데이터를 삭제할 때는 여러 종류의 함수를 사용할 수 있습니다.

- remove(): 특정 조건을 만족하는 데이터를 모두 지웁니다.
- findByIdAndRemove(): id를 찾아서 지웁니다.
- findOneAndRemove(): 특정 조건을 만족하는 데이터 하나를 찾아서 제거합니다.

우리는 위 함수 중 findByIdAndRemove()를 사용하여 데이터를 제거해 보겠습니다.

```
/*
  DELETE /api/posts/:id
*/
export const remove = async ctx => {
  const { id } = ctx.params;
  try {
    await Post.findByIdAndRemove(id).exec();
    ctx.status = 204; // No Content (성공하기는 했지만 응답할 데이터는 없음)
  } catch (e) {
    ctx.throw(500, e);
  }
};
```

코드를 저장하고, Postman으로 조금 전 GET 요청을 했던 주소에 DELETE 요청을 해 보세요.

```
DELETE http://localhost:4000/api/posts/5cbc58de3305623b98b37aa5
```

❤ 그림 22-16 remove 구현 완료

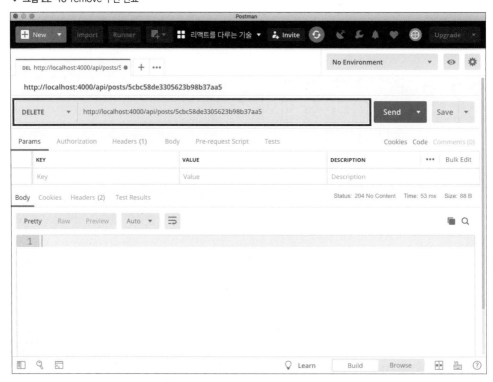

그다음에 똑같은 주소로 GET 요청을 해 보면, 404 오류가 발생하면서 'Not Found'라는 문구가 응답될 것입니다.

22.8.2 데이터 수정

마지막으로 update 함수를 구현해 보겠습니다. 데이터를 업데이트할 때는 findByIdAndUpdate() 함수를 사용합니다. 이 함수를 사용할 때는 세 가지 파라미터를 넣어 주어야 합니다. 첫 번째 파라미터는 id, 두 번째 파라미터는 업데이트 내용, 세 번째 파라미터는 업데이트의 옵션입니다.

src/api/posts/posts.ctrl.js – update

```
/*
  PATCH /api/posts/:id
  {
    title: '수정',
    body: '수정 내용',
    tags: ['수정', '태그']
  }
*/
export const update = async ctx => {
  const { id } = ctx.params;
  try {
    const post = await Post.findByIdAndUpdate(id, ctx.request.body, {
      new: true, // 이 값을 설정하면 업데이트된 데이터를 반환합니다.
      // false일 때는 업데이트되기 전의 데이터를 반환합니다.
    }).exec();
    if (!post) {
      ctx.status = 404;
      return;
    }
    ctx.body = post;
  } catch (e) {
    ctx.throw(500, e);
  }
};
```

마지막 API 구현이 완료되었습니다. 잘되는지 한번 확인해 볼까요? 조금 전 GET 요청을 했던 id를 가진 포스트는 현재 삭제되었으니, 다시 GET /api/posts 요청을 해서 유효한 id 값을 복사하세요. 그리고 해당 id를 가진 포스트를 업데이트해 보세요.

PATCH 메서드는 데이터의 일부만 업데이트해도 되므로, body에는 title만 넣어 보겠습니다.

```
PATCH http://localhost:4000/api/posts/5cbc59e63c3a663be73c0fb3
{
  "title": "수정"
}
```

▼ 그림 22-17 update 구현 완료

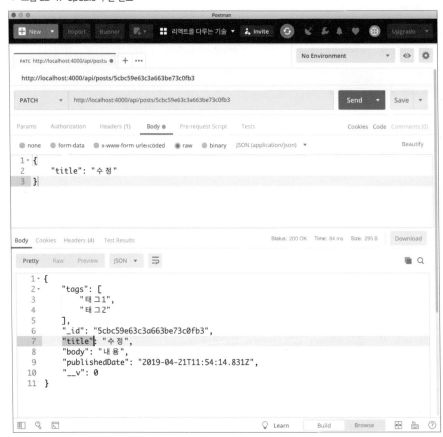

제목이 잘 바뀌었나요?

축하합니다! 이제 여러분은 MongoDB를 연동한 REST API를 개발할 수 있게 되었습니다.

22.9 / 요청 검증

22.9.1 ObjectId 검증

이 절에서는 요청을 검증하는 방법을 알아보겠습니다. 앞서 read API를 실행할 때, id가 올바른 ObjectId 형식이 아니면 500 오류가 발생했지요? 500 오류는 보통 서버에서 처리하지 않아 내부적으로 문제가 생겼을 때 발생합니다.

잘못된 id를 전달했다면 클라이언트가 요청을 잘못 보낸 것이니 400 Bad Request 오류를 띄워주는 것이 맞습니다. 그러려면 id 값이 올바른 ObjectId인지 확인해야 하는데요, 이를 검증하는 방법은 다음과 같습니다.

```
import mongoose from 'mongoose';

const { ObjectId } = mongoose.Types;
ObjectId.isValid(id);
```

지금 ObjectId를 검증해야 하는 API는 read, remove, update 이렇게 세 가지입니다. 모든 함수에서 이를 검증하기 위해 검증 코드를 각 함수 내부에 일일이 삽입한다면 똑같은 코드가 중복되겠죠?

코드를 중복해 넣지 않고, 한 번만 구현한 다음 여러 라우트에 쉽게 적용하는 방법이 있습니다. 바로 미들웨어를 만드는 것입니다. posts.ctrl.js의 코드 상단에 다음 미들웨어를 작성해 주세요.

src/api/posts/posts.ctrl.js

```
import Post from '../../models/post';
import mongoose from 'mongoose';

const { ObjectId } = mongoose.Types;

export const checkObjectId = (ctx, next) => {
  const { id } = ctx.params;
  if (!ObjectId.isValid(id)) {
    ctx.status = 400; // Bad Request
    return;
  }
  return next();
};
(...)
```

그리고 src/api/posts/index.js에서 ObjectId 검증이 필요한 부분에 방금 만든 미들웨어를 추가하세요.

src/api/posts/index.js

```javascript
import Router from 'koa-router';
import * as postsCtrl from './posts.ctrl';

const posts = new Router();

posts.get('/', postsCtrl.list);
posts.post('/', postsCtrl.write);
posts.get('/:id', postsCtrl.checkObjectId, postsCtrl.read);
posts.delete('/:id', postsCtrl.checkObjectId, postsCtrl.remove);
posts.patch('/:id', postsCtrl.checkObjectId, postsCtrl.update);

export default posts;
```

굉장히 편하죠? 이것을 한 번 더 리팩토링하면 다음과 같이 정리해 줄 수 있습니다.

src/api/posts/index.js

```javascript
import Router from 'koa-router';
import * as postsCtrl from './posts.ctrl';

const posts = new Router();

posts.get('/', postsCtrl.list);
posts.post('/', postsCtrl.write);

const post = new Router(); // /api/posts/:id
post.get('/', postsCtrl.read);
post.delete('/', postsCtrl.remove);
post.patch('/', postsCtrl.update);

posts.use('/:id', postsCtrl.checkObjectId, post.routes());

export default posts;
```

/api/posts/:id 경로를 위한 라우터를 새로 만들고, posts에 해당 라우터를 등록해 주었습니다. 이렇게 하면 중복되는 코드가 별로 없어서 깔끔하지만, 라우트 경로들이 한눈에 들어오지 않으므로 취향에 따라서는 불편하게 느낄 수도 있습니다. 이러한 방식이 불편하다면 굳이 이렇게까지 리팩토링하지 않아도 상관없습니다.

코드를 작성했으면 GET /api/posts/:id 요청을 할 때 aaaaa와 같이 일반 ObjectId의 문자열 길이가 다른, 잘못된 id를 넣어 보세요. 500 대신에 400 Bad Request라는 에러가 발생하나요?

22.9.2 Request Body 검증

이제 write, update API에서 전달받은 요청 내용을 검증하는 방법을 알아보겠습니다. 포스트를 작성할 때 서버는 title, body, tags 값을 모두 전달받아야 합니다. 그리고 클라이언트가 값을 빼먹었을 때는 400 오류가 발생해야 합니다. 지금은 따로 처리하지 않았기 때문에 요청 내용을 비운 상태에서 write API를 실행해도 요청이 성공하여 비어 있는 포스트가 등록됩니다.

객체를 검증하기 위해 각 값을 if 문으로 비교하는 방법도 있지만, 여기서는 이를 수월하게 해 주는 라이브러리인 Joi(https://github.com/hapijs/joi)를 설치하여 사용하겠습니다.

yarn으로 Joi를 설치해 주세요.

```
$ yarn add joi
```

그다음에는 write 함수에서 Joi를 사용하여 요청 내용을 검증해 보세요.

src/api/posts/posts.ctrl.js
```
import Post from '../../models/post';
import mongoose from 'mongoose';
import Joi from 'joi';

(...)
export const write = async ctx => {
  const schema = Joi.object().keys({
    // 객체가 다음 필드를 가지고 있음을 검증
    title: Joi.string().required(), // required()가 있으면 필수 항목
    body: Joi.string().required(),
    tags: Joi.array()
      .items(Joi.string())
      .required(), // 문자열로 이루어진 배열
  });

  // 검증하고 나서 검증 실패인 경우 에러 처리
  const result = schema.validate(ctx.request.body);
  if (result.error) {
    ctx.status = 400; // Bad Request
```

```
    ctx.body = result.error;
    return;
  }

  const { title, body, tags } = ctx.request.body;
  const post = new Post({
    title,
    body,
    tags,
  });
  try {
    await post.save();
    ctx.body = post;
  } catch (e) {
    ctx.throw(500, e);
  }
};
```

설정을 마쳤습니다. write API를 호출할 때 Request Body에 필요한 필드가 빠져 있다면 400 오류를 응답하게 되는데, 응답 내용에 에러를 함께 반환합니다. 직접 tags 배열을 제외하고 API 요청을 한번 해 보세요.

```
POST http://localhost:4000/api/posts
{
  "title": "제목",
  "body": "내용"
}
```

응답이 다음과 같이 나타납니다.

```
{
    "isJoi": true,
    "name": "ValidationError",
    "details": [
        {
            "message": "\"tags\" is required",
            "path": [
                "tags"
            ],
            "type": "any.required",
            "context": {
                "key": "tags",
```

```
                "label": "tags"
              }
          }
      ],
      "_object": {
          "title": "제목",
          "body": "내용"
      }
  }
```

write API를 수정한 뒤에 update API의 경우도 마찬가지로 Joi를 사용하여 ctx.request.body를
검증해 주세요. write API에서 한 것과 비슷하지만, 여기서는 .required()가 없습니다.

src/api/posts/posts.ctrl.js – update

```
/*
  PATCH /api/posts/:id
  {
    title: '수정',
    body: '수정 내용',
    tags: ['수정', '태그']
  }
*/
export const update = async ctx => {
  const { id } = ctx.params;
  // write에서 사용한 schema와 비슷한데, required()가 없습니다.
  const schema = Joi.object().keys({
    title: Joi.string(),
    body: Joi.string(),
    tags: Joi.array().items(Joi.string()),
  });

  // 검증하고 나서 검증 실패인 경우 에러 처리
  const result = schema.validate(ctx.request.body);
  if (result.error) {
    ctx.status = 400; // Bad Request
    ctx.body = result.error;
    return;
  }

  try {
    const post = await Post.findByIdAndUpdate(id, ctx.request.body, {
      new: true, // 이 값을 설정하면 업데이트된 데이터를 반환합니다.
      // false일 때는 업데이트되기 전의 데이터를 반환합니다.
```

22 mongoose를 이용한 MongoDB 연동 실습

671

```
    }).exec();
    if (!post) {
      ctx.status = 404;
      return;
    }
    ctx.body = post;
  } catch (e) {
    ctx.throw(500, e);
  }
};
```

이렇게 수정하면, 다음과 같이 문자열을 전달해야 하는 title 값에 숫자를 넣을 경우 에러가 나타 날 것입니다.

```
PATCH http://localhost:4000/api/posts/5cbc59e63c3a663be73c0fb3
{
  "title": 123123
}
```

응답은 다음과 같이 나타납니다.

```
{
    "isJoi": true,
    "name": "ValidationError",
    "details": [
        {
            "message": "\"title\" must be a string",
            "path": [
                "title"
            ],
            "type": "string.base",
            "context": {
                "value": 123,
                "key": "title",
                "label": "title"
            }
        }
    ],
    "_object": {
        "title": 123
    }
}
```

22.10 페이지네이션 구현

블로그에서 포스트 목록을 볼 때 한 페이지에 보이는 포스트의 개수는 10~20개 정도가 적당합니다. 지금 만든 list API는 현재 작성된 모든 포스트를 불러오는데요. 포스트 개수가 몇 백 개라면 로딩 속도가 느려지겠지요? 또 포스트 목록을 볼 때 포스트 전체 내용을 보여 줄 필요는 없고, 처음 200자(글자) 정도만 보여 주면 적당합니다. 불필요하게 모든 내용을 보여 주면 역시 로딩 속도가 지연되고, 트래픽도 낭비될 것입니다.

따라서 list API에 페이지네이션(pagination) 기능을 한번 구현해 보겠습니다.

22.10.1 가짜 데이터 생성하기

페이지네이션 기능을 구현하려면 우선 데이터가 충분히 있어야겠지요? 수작업으로 직접 등록을 해도 좋지만, 좀 더 편하게 데이터를 채우기 위해 가짜 데이터를 생성하는 스크립트를 작성해 보겠습니다.

src 디렉터리에 createFakeData.js라는 파일을 만드세요.

src/createFakeData.js

```javascript
import Post from './models/post';

export default function createFakeData() {
  // 0, 1, ... 39로 이루어진 배열을 생성한 후 포스트 데이터로 변환
  const posts = [...Array(40).keys()].map(i => ({
    title: `포스트 #${i}`,
    // https://www.lipsum.com/에서 복사한 200자 이상의 텍스트
    body:
      'Lorem ipsum dolor sit amet, consectetur adipiscing elit, sed do eiusmod tem-
por incididunt ut labore et dolore magna aliqua. Ut enim ad minim veniam, quis nostrud
exercitation ullamco laboris nisi ut aliquip ex ea commodo consequat. Duis aute irure
dolor in reprehenderit in voluptate velit esse cillum dolore eu fugiat nulla pariatur.
Excepteur sint occaecat cupidatat non proident, sunt in culpa qui officia deserunt mol-
lit anim id est laborum.',
    tags: ['가짜', '데이터'],
  }));
```

```
  Post.insertMany(posts, (err, docs) => {
    console.log(docs);
  });
}
```

그다음에는 main.js에서 방금 만든 함수를 불러와 한번 호출해 주세요.

src/main.js

```
require('dotenv').config();
import Koa from 'koa';
import Router from 'koa-router';
import bodyParser from 'koa-bodyparser';
import mongoose from 'mongoose';

import api from './api';
import createFakeData from './createFakeData';

// 비구조화 할당을 통해 process.env 내부 값에 대한 레퍼런스 만들기
const { PORT, MONGO_URI } = process.env;

mongoose
.connect(MONGO_URI)
  .then(() => {
    console.log('Connected to MongoDB');
    createFakeData();
  })
  .catch(e => {
    console.error(e);
  });
(...)
```

코드를 저장하고 서버가 재시작되면 터미널에 다음과 같이 출력될 것입니다.

```
Listening to port 4000
Connected to MongoDB
[ { tags: [ '가짜', '데이터' ],
    _id: 5cbd2c6409d51a4bd5b280ba,
    title: '포스트 #0',
    body:
     'Lorem ipsum dolor sit amet, consectetur adipiscing elit, sed do eiusmod tempor
  incididunt ut labore et dolore magna aliqua. Ut enim ad minim veniam, quis nostrud
```

exercitation ullamco laboris nisi ut aliquip ex ea commodo consequat. Duis aute irure
dolor in reprehenderit in voluptate velit esse cillum dolore eu fugiat nulla pariatur.
Excepteur sint occaecat cupidatat non proident, sunt in culpa qui officia deserunt
mollit anim id est laborum.',
    publishedDate: 2019-04-22T02:52:20.506Z,
    __v: 0 },
  { tags: ['가짜', '데이터'],
    _id: 5cbd2c6409d51a4bd5b280bb,
    title: '포스트 #1',
    body:
     'Lorem ipsum dolor sit amet, consectetur adipiscing elit, sed do eiusmod tempor
incididunt ut labore et dolore magna aliqua. Ut enim ad minim veniam, quis nostrud
exercitation ullamco laboris nisi ut aliquip ex ea commodo consequat. Duis aute irure
dolor in reprehenderit in voluptate velit esse cillum dolore eu fugiat nulla pariatur.
Excepteur sint occaecat cupidatat non proident, sunt in culpa qui officia deserunt
mollit anim id est laborum.',
    publishedDate: 2019-04-22T02:52:20.507Z,
    __v: 0 },
(...)

Compass를 통해 데이터가 잘 등록되었는지 확인하세요.

▼ 그림 22-18 데이터 등록 확인

Compass에서 데이터가 보이지 않으면 우측 상단의 새로고침 버튼을 눌러 보세요.

데이터가 잘 등록된 것을 확인했으면 createFakeData를 호출하는 코드를 main.js에서 지워 주세요.

22.10.2 포스트를 역순으로 불러오기

페이지 기능을 구현하기에 앞서 포스트를 역순으로 불러오는 방법을 알아보겠습니다. 현재 list API에서는 포스트가 작성된 순서대로 나열되는데요. 블로그에 방문한 사람에게 가장 최근 작성된 포스트를 먼저 보여 주는 것이 좋겠지요?

이를 구현하려면 list API에서 exec()를 하기 전에 sort() 구문을 넣으면 됩니다.

sort 함수의 파라미터는 { key: 1 } 형식으로 넣는데요. key는 정렬(sorting)할 필드를 설정하는 부분이며, 오른쪽 값을 1로 설성하면 오름차순으로, -1로 설정하면 내림차순으로 정렬합니다. 우리는 _id를 내림차순으로 정렬하고 싶으니 { _id: -1 }로 설정합니다.

src/api/posts/posts.ctrl.js – list

```
export const list = async ctx => {
  try {
    const posts = await Post.find()
      .sort({ _id: -1 })
      .exec();
    ctx.body = posts;
  } catch (e) {
    ctx.throw(500, e);
  }
};
```

다시 Postman으로 list API를 호출해 보세요. 가장 마지막으로 등록된 포스트가 맨 위에 나타났나요?

```
GET http://localhost:4000/api/posts
```

22.10.3 보이는 개수 제한

이번에는 한 번에 보이는 개수를 제한해 보겠습니다. 개수를 제한할 때는 limit() 함수를 사용하고, 파라미터에는 제한할 숫자를 넣으면 됩니다. 예를 들어 열 개로 제한한다면 limit(10)이라고 입력합니다.

list 함수의 코드를 다음과 같이 수정하세요.

src/api/posts/posts.ctrl.js – list

```javascript
export const list = async ctx => {
  try {
    const posts = await Post.find()
      .sort({ _id: -1 })
      .limit(10)
      .exec();
    ctx.body = posts;
  } catch (e) {
    ctx.throw(500, e);
  }
};
```

이제 Postman으로 list API를 요청하면 최근 작성된 열 개의 포스트만 불러올 것입니다.

22.10.4 페이지 기능 구현

페이지 기능을 구현할 준비가 어느 정도 끝났습니다. 페이지 기능을 구현하려면 앞 절에서 배운 limit 함수를 사용해야 하고, 추가로 skip 함수도 사용해야 합니다.

skip이란 표현에는 '넘긴다'는 의미가 있습니다. skip 함수에 파라미터로 10을 넣어 주면, 처음 열 개를 제외하고 그다음 데이터를 불러옵니다. 20을 넣어 준다면? 처음 20개를 제외하고 그다음 데이터 열 개를 불러오겠지요.

대충 감이 잡혔나요? skip 함수의 파라미터에는 (page - 1) * 10을 넣어 주면 됩니다. 1페이지에는 처음 열 개를 불러오고, 2페이지에는 그다음 열 개를 불러오게 되겠죠. page 값은 query에서 받아 오도록 설정합니다. 이 값이 없으면 page 값을 1로 간주하여 코드를 작성해 보겠습니다.

```
export const list = async ctx => {
  // query는 문자열이기 때문에 숫자로 변환해 주어야 합니다.
  // 값이 주어지지 않았다면 1을 기본으로 사용합니다.
  const page = parseInt(ctx.query.page || '1', 10);

  if (page < 1) {
    ctx.status = 400;
    return;
  }

  try {
    const posts = await Post.find()
      .sort({ _id: -1 })
      .limit(10)
      .skip((page - 1) * 10)
      .exec();
    ctx.body = posts;
  } catch (e) {
    ctx.throw(500, e);
  }
};
```

이렇게 하면 http://localhost:4000/api/posts?page=2 형식으로 페이지를 지정하여 조회할 수 있습니다.

22.10.5 마지막 페이지 번호 알려 주기

지금도 페이지로서 기능은 충분합니다. 하지만 조금만 더 기능을 추가해 볼까요? 마지막 페이지를 알 수 있다면 클라이언트가 더욱 편하겠지요? 응답 내용의 형식을 바꾸어 새로운 필드를 설정하는 방법, Response 헤더 중 Link를 설정하는 방법, 커스텀 헤더를 설정하는 방법으로 이 정보를 알려 줄 수도 있습니다.

이 중에서 우리는 커스텀 헤더를 설정하는 방법을 사용하겠습니다.

```
export const list = async ctx => {
  // query는 문자열이기 때문에 숫자로 변환해 주어야 합니다.
  // 값이 주어지지 않았다면 1을 기본으로 사용합니다.
```

```
  const page = parseInt(ctx.query.page || '1', 10);

  if (page < 1) {
    ctx.status = 400;
    return;
  }

  try {
    const posts = await Post.find()
      .sort({ _id: -1 })
      .limit(10)
      .skip((page - 1) * 10)
      .exec();
    const postCount = await Post.countDocuments().exec();
    ctx.set('Last-Page', Math.ceil(postCount / 10));
    ctx.body = posts;
  } catch (e) {
    ctx.throw(500, e);
  }
};
```

Last-Page라는 커스텀 HTTP 헤더를 설정했습니다. 이 값이 제대로 나타나는지 Postman을 이용하여 확인해 보세요.

▼ 그림 22-19 Last-Page 커스텀 HTTP 헤더

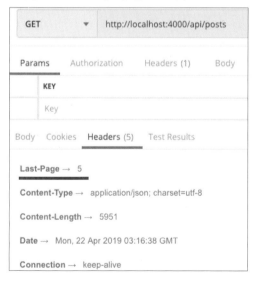

Last-Page 값이 살 나타났나요?

22.10.6 내용 길이 제한

이제 body의 길이가 200자 이상이면 뒤에 '…'을 붙이고 문자열을 자르는 기능을 구현해 보겠습니다. find()를 통해 조회한 데이터는 mongoose 문서 인스턴스의 형태이므로 데이터를 바로 변형할 수 없습니다. 그 대신 toJSON() 함수를 실행하여 JSON 형태로 변환한 뒤 필요한 변형을 일으켜 주어야 합니다.

list 함수를 다음과 같이 수정해 보세요.

src/api/posts/posts.ctrl.js – list

```
export const list = async ctx => {
  // query는 문자열이기 때문에 숫자로 변환해 주어야 합니다.
  // 값이 주어지지 않았다면 1을 기본으로 사용합니다.
  const page = parseInt(ctx.query.page || '1', 10);

  if (page < 1) {
    ctx.status = 400;
    return;
  }

  try {
    const posts = await Post.find()
      .sort({ _id: -1 })
      .limit(10)
      .skip((page - 1) * 10)
      .exec();
    const postCount = await Post.countDocuments().exec();
    ctx.set('Last-Page', Math.ceil(postCount / 10));
    ctx.body = posts
      .map(post => post.toJSON())
      .map(post => ({
        ...post,
        body:
          post.body.length < 200 ? post.body : `${post.body.slice(0, 200)}...`,
      }));
  } catch (e) {
    ctx.throw(500, e);
  }
};
```

또 다른 방법으로 데이터를 조회할 때 lean() 함수를 사용하는 방법이 있습니다. 이 함수를 사용하면 데이터를 처음부터 JSON 형태로 조회할 수 있습니다.

src/api/posts/posts.ctrl.js – list

```
export const list = async ctx => {
  // query는 문자열이기 때문에 숫자로 변환해 주어야 합니다.
  // 값이 주어지지 않았다면 1을 기본으로 사용합니다.
  const page = parseInt(ctx.query.page || '1', 10);

  if (page < 1) {
    ctx.status = 400;
    return;
  }

  try {
    const posts = await Post.find()
      .sort({ _id: -1 })
      .limit(10)
      .skip((page - 1) * 10)
      .lean()
      .exec();
    const postCount = await Post.countDocuments().exec();
    ctx.set('Last-Page', Math.ceil(postCount / 10));
    ctx.body = posts.map(post => ({
      ...post,
      body:
        post.body.length < 200 ? post.body : `${post.body.slice(0, 200)}...`,
    }));
  } catch (e) {
    ctx.throw(500, e);
  }
};
```

코드를 저장한 뒤 Postman으로 list API를 호출해 보세요. body 길이가 200자로 잘 제한되었나요?

```
[
    {
        "_id": "5cbd2c6409d51a4bd5b280e1",
        "tags": [
            "가짜",
```

mongoose를 이용한 MongoDB 연동 실습

```
        "데이터"
    ],
    "title": "포스트 #39",
    "body": "Lorem ipsum dolor sit amet, consectetur adipiscing elit, sed do
eiusmod tempor incididunt ut labore et dolore magna aliqua. Ut enim ad minim veniam,
quis nostrud exercitation ullamco laboris nisi ut a...",
    "publishedDate": "2019-04-22T02:52:20.511Z",
    "__v": 0
}
(...)
```

22.11 / 정리

이 장에서는 REST API에 MongoDB를 연동하는 방법을 배우고, 쿼리를 작성하여 페이지네이션 기능까지 구현해 보았습니다. MongoDB는 이 책에서 다룬 것 외에 더욱 다양하고 복잡한 쿼리도 설정할 수 있습니다.

백엔드는 결국 여러 가지 조건에 따라 클라이언트에서 전달받은 데이터를 등록하고 조회하고 수정하는 것입니다. 우리가 만든 백엔드 서버에는 현재 한 종류의 데이터 모델과 REST API밖에 없지만, 프로젝트 규모에 따라 더욱 많은 종류의 모델과 API를 관리할 수도 있습니다.

다음 장에서는 User라는 데이터 모델을 만들어서 회원 인증 시스템을 구현해 보겠습니다.

23^장

JWT를 통한
회원 인증 시스템
구현하기

23.1 JWT의 이해

이 장에서는 우리가 만든 서버에 회원 인증 시스템을 구현해 보겠습니다. 이 시스템을 구현하기 위해 JWT라는 기술을 사용합니다. JWT는 JSON Web Token의 약자로, 데이터가 JSON으로 이루어져 있는 토큰을 의미합니다. 두 개체가 서로 안전하게 정보를 주고받을 수 있도록 웹 표준으로 정의된 기술이지요.

23.1.1 세션 기반 인증과 토큰 기반 인증의 차이

사용자의 로그인 상태를 서버에서 처리하는 데 사용할 수 있는 대표적인 두 가지 인증 방식이 있습니다. 하나는 세션을 기반으로 인증하는 것이고, 다른 하나는 토큰을 기반으로 인증하는 것입니다. 두 방식이 어떻게 다른지 한번 알아봅시다.

23.1.1.1 세션 기반 인증 시스템

세션을 기반으로 인증 시스템을 만든다는 것은 어떤 의미일까요? 한마디로 쉽게 설명하면, 서버가 사용자가 로그인 중임을 기억하고 있다는 뜻입니다.

▼ 그림 23-1 세션 기반 인증 시스템

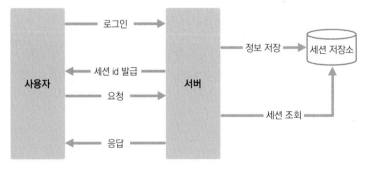

세션 기반 인증 시스템에서 사용자가 로그인을 하면, 서버는 세션 저장소에 사용자의 정보를 조회하고 세션 id를 발급합니다. 발급된 id는 주로 브라우저의 쿠키에 저장합니다. 그다음에 사용자가 다른 요청을 보낼 때마다 서버는 세션 저장소에서 세션을 조회한 후 로그인 여부를 결정하여 작업을 처리하고 응답을 합니다. 세션 저장소는 주로 메모리, 디스크, 데이터베이스 등을 사용합니다.

세션 기반 인증의 단점은 서버를 확장하기가 번거로워질 수 있다는 점입니다. 만약 서버의 인스턴스가 여러 개가 된다면, 모든 서버끼리 같은 세션을 공유해야 하므로 세션 전용 데이터베이스를 만들어야 할 뿐 아니라 신경 써야 할 것도 많습니다.

그렇다고 해서 세션 기반 인증이 무조건 좋지 않은 것은 아닙니다. 잘 설계하면 충분히 좋은 시스템이 될 수 있습니다.

23.1.1.2 토큰 기반 인증 시스템

이번에는 토큰 기반 인증 시스템에 대해 알아봅시다. 토큰은 로그인 이후 서버가 만들어 주는 문자열입니다. 해당 문자열 안에는 사용자의 로그인 정보가 들어 있고, 해당 정보가 서버에서 발급되었음을 증명하는 서명이 들어 있습니다.

서명 데이터는 해싱 알고리즘을 통해 만들어지는데, 주로 HMAC SHA256 혹은 RSA SHA256 알고리즘이 사용됩니다.

▼ 그림 23-2 토큰 기반 인증 시스템

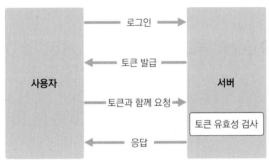

서버에서 만들어 준 토큰은 서명이 있기 때문에 무결성이 보장됩니다. 여기서 무결성이란 정보가 변경되거나 위조되지 않았음을 의미하는 성질입니다. 사용자가 로그인을 하면 서버에서 사용자에게 해당 사용자의 정보를 지니고 있는 토큰을 발급해 주고, 추후 사용자가 다른 API를 요청하게 될 때 발급받은 토큰과 함께 요청하게 됩니다. 그러면 서버는 해당 토큰이 유효한지 검사하고, 결과에 따라 작업을 처리하고 응답합니다.

토큰 기반 인증 시스템의 장점은 서버에서 사용자 로그인 정보를 기억하기 위해 사용하는 리소스가 적다는 것입니다. 사용자 쪽에서 로그인 상태를 지닌 토큰을 가지고 있으므로 서버의 확장성이 매우 높습니다. 서버의 인스턴스가 여러 개로 늘어나도 서버끼리 사용자의 로그인 상태를 공유하고 있을 필요가 없지요.

이 책에서는 두 가지 시스템 중 토큰 기반 인증 시스템을 사용하겠습니다. 이 방식을 택한 이유는 인증 시스템을 구현하기 간편하고 사용자들의 인증 상태를 관리하기도 쉽기 때문입니다. 앞으로 의 실습은 다음 흐름으로 진행됩니다.

❤ 그림 23-3 회원 인증 시스템 구현하기 실습 흐름

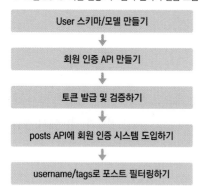

User 스키마/모델 만들기

↓

회원 인증 API 만들기

↓

토큰 발급 및 검증하기

↓

posts API에 회원 인증 시스템 도입하기

↓

username/tags로 포스트 필터링하기

23.2 User 스키마/모델 만들기

User 스키마와 모델을 작성하여 사용자의 정보를 MongoDB에 담고 조회해 봅시다. 앞으로 만들 사용자 스키마에는 사용자 계정명과 비밀번호가 필요합니다.

비밀번호를 데이터베이스에 저장할 때 플레인(아무런 가공도 하지 않은) 텍스트로 저장하면 보안 상 매우 위험합니다. 따라서 단방향 해싱 함수를 지원해 주는 bcrypt라는 라이브러리를 사용하여 비밀번호를 안전하게 저장하겠습니다.

우선 models 디렉터리에 user.js 파일을 생성하세요. 그리고 다음 스키마를 작성하세요.

src/models/user.js

```
import mongoose, { Schema } from 'mongoose';

const UserSchema = new Schema({
  username: String,
  hashedPassword: String,
});
```

```
const User = mongoose.model('User', UserSchema);
export default User;
```

다음으로 해시를 만드는 함수와 해시를 검증하는 함수를 만들어 보겠습니다. 먼저 bcrypt를 설치해 주세요.

```
$ yarn add bcrypt
```

23.2.1 모델 메서드 만들기

모델 메서드는 모델에서 사용할 수 있는 함수를 의미하며, 두 가지 종류가 있습니다. 첫 번째는 인스턴스 메서드로, 모델을 통해 만든 문서 인스턴스에서 사용할 수 있는 함수를 의미합니다.

예시 코드

```
const user = new User({ username: 'velopert' });
user.setPassword('mypass123');
```

두 번째는 스태틱(static) 메서드로, 모델에서 바로 사용할 수 있는 함수를 의미합니다.

```
const user = User.findByUsername('velopert');
```

23.2.1.1 인스턴스 메서드 만들기

우리는 두 개의 인스턴스 메서드를 만들어 보겠습니다. 첫 번째 메서드는 setPassword입니다. 이 메서드를 통해 비밀번호를 파라미터로 받아서 계정의 hashedPassword 값을 설정해 줍니다. 두 번째 메서드는 checkPassword입니다. 이 메서드는 파라미터로 받은 비밀번호가 해당 계정의 비밀번호와 일치하는지 검증해 줍니다.

src/models/user.js

```
import mongoose, { Schema } from 'mongoose';
import bcrypt from 'bcrypt';

const UserSchema = new Schema({
  username: String,
  hashedPassword: String,
```

```
  });

  UserSchema.methods.setPassword = async function(password) {
    const hash = await bcrypt.hash(password, 10);
    this.hashedPassword = hash;
  };

  UserSchema.methods.checkPassword = async function(password) {
    const result = await bcrypt.compare(password, this.hashedPassword);
    return result; // true / false
  };

  const User = mongoose.model('User', UserSchema);
  export default User;
```

인스턴스 메서드를 작성할 때는 화살표 함수가 아닌 function 키워드를 사용하여 구현해야 합니다. 함수 내부에서 this에 접근해야 하기 때문인데요. 여기서 this는 문서 인스턴스를 가리킵니다. 화살표 함수를 사용하면 this는 문서 인스턴스를 가리키지 못하게 됩니다.

23.2.2 스태틱 메서드 만들기

이번에는 스태틱 메서드를 만들어 보겠습니다. findByUsername이라는 메서드를 작성할 텐데요. 이 메서드는 username으로 데이터를 찾을 수 있게 해 줍니다.

src/models/user.js

```
import mongoose, { Schema } from 'mongoose';
import bcrypt from 'bcrypt';

const UserSchema = new Schema({
  username: String,
  hashedPassword: String,
});

UserSchema.methods.setPassword = async function(password) {
  const hash = await bcrypt.hash(password, 10);
  this.hashedPassword = hash;
};
```

```
UserSchema.methods.checkPassword = async function(password) {
  const result = await bcrypt.compare(password, this.hashedPassword);
  return result; // true / false
};

UserSchema.statics.findByUsername = function(username) {
  return this.findOne({ username });
};

const User = mongoose.model('User', UserSchema);
export default User;
```

스태틱 함수에서의 this는 모델을 가리킵니다. 지금 여기서는 User를 가리키겠지요?

23.3 / 회원 인증 API 만들기

이제 회원 인증 API를 만들어 보겠습니다. 먼저 새로운 라우트를 정의합니다. api 디렉터리에 auth 디렉터리를 생성하고 그 안에 auth.ctrl.js를 작성하세요.

src/api/auth/auth.ctrl.js

```
export const register = async ctx => {
  // 회원가입
};
export const login = async ctx => {
  // 로그인
};
export const check = async ctx => {
  // 로그인 상태 확인
};
export const logout = async ctx => {
  // 로그아웃
};
```

이번 라우트에서는 총 네 개의 API를 만들 것입니다. 이렇게 함수의 틀만 잡아주고, auth 디렉터리에 index.js 파일을 만들어서 auth 라우터를 생성하세요.

src/api/auth/index.js

```javascript
import Router from 'koa-router';
import * as authCtrl from './auth.ctrl';

const auth = new Router();

auth.post('/register', authCtrl.register);
auth.post('/login', authCtrl.login);
auth.get('/check', authCtrl.check);
auth.post('/logout', authCtrl.logout);

export default auth;
```

그다음에는 auth 라우터를 api 라우터에 적용하세요.

src/api/index.js

```javascript
import Router from 'koa-router';
import posts from './posts';
import auth from './auth';

const api = new Router();

api.use('/posts', posts.routes());
api.use('/auth', auth.routes());

// 라우터를 내보냅니다.
export default api;
```

API 라우트 구조를 다 잡아 놓았으니 이제 본격적으로 기능을 하나씩 구현해 봅시다.

23.3.1 회원가입 구현하기

src/api/auth 디렉터리에 auth.ctrl.js 파일을 만들고 register 함수를 다음과 같이 작성해 보세요.

```javascript
import Joi from 'joi';
import User from '../../models/user';

/*
  POST /api/auth/register
  {
    username: 'velopert',
    password: 'mypass123'
  }
*/
export const register = async ctx => {
  // Request Body 검증하기
  const schema = Joi.object().keys({
    username: Joi.string()
      .alphanum()
      .min(3)
      .max(20)
      .required(),
    password: Joi.string().required(),
  });
  const result = schema.validate(ctx.request.body);
  if (result.error) {
    ctx.status = 400;
    ctx.body = result.error;
    return;
  }

  const { username, password } = ctx.request.body;
  try {
    // username이 이미 존재하는지 확인
    const exists = await User.findByUsername(username);
    if (exists) {
      ctx.status = 409; // Conflict
      return;
    }

    const user = new User({
      username,
    });
    await user.setPassword(password); // 비밀번호 설정
    await user.save(); // 데이터베이스에 저장

    // 응답할 데이터에서 hashedPassword 필드 제거
    const data = user.toJSON();
```

```
    delete data.hashedPassword;
    ctx.body = data;
  } catch (e) {
    ctx.throw(500, e);
  }
};
```

회원가입을 할 때 중복되는 계정이 생성되지 않도록 기존에 해당 username이 존재하는지 확인했습니다. 이 작업은 findByUsername 스태틱 메서드를 사용해 처리했습니다. 그리고 비밀번호를 설정하는 과정에서는 setPassword 인스턴스 함수를 사용했습니다.

이렇게 스태틱 또는 인스턴스 함수에서 해야 하는 작업들은 이 API 함수 내부에서 직접 구현해도 상관없지만, 이렇게 메서드들을 만들어서 사용하면 가독성도 좋고 추후 유지 보수를 할 때도 도움이 됩니다.

함수의 마지막 부분에서는 hashedPassword 필드가 응답되지 않도록 데이터를 JSON으로 변환한 후 delete를 통해 해당 필드를 지워 주었는데요. 앞으로 비슷한 작업을 자주 하게 될 것입니다. 따라서 이 작업을 serialize라는 인스턴스 함수로 따로 만들어 주겠습니다.

다음 인스턴스 메서드를 user.js 모델 파일에 넣어 주세요.

src/models/user.js – serialize

```
UserSchema.methods.serialize = function() {
  const data = this.toJSON();
  delete data.hashedPassword;
  return data;
};
```

이제 기존의 코드를 user.serialize()로 대체시키세요.

src/api/auth/auth.ctrl.js – register

```
export const register = async ctx => {
  (...)

  const user = new User({
    username,
  });
  await user.setPassword(password); // 비밀번호 설정
  await user.save(); // 데이터베이스에 저장
```

```
    ctx.body = user.serialize();
  } catch (e) {
    ctx.throw(500, e);
  }
};
```

이제 이 API가 잘 작동하는지 확인하기 위해 다음 요청을 Postman으로 테스트해 보세요.

```
POST http://localhost:4000/api/auth/register
{
  "username": "velopert",
  "password": "mypass123"
}
```

다음과 같은 응답이 나타났나요?

```
{
  "_id": "5cbdae1249429f5f3a6bc39a",
  "username": "velopert",
  "__v": 0
}
```

Compass를 통해 데이터베이스에 실제로 데이터가 잘 생성되었는지 확인해 보세요. 좌측에 users 컬렉션이 보이지 않는다면 새로고침을 해 보세요.

▼ 그림 23-4 User 데이터 확인

데이터가 잘 만들어진 것을 확인했으면 같은 username으로 다시 요청을 보내 보세요.

❤ 그림 23-5 Conflict 에러

중복된 username으로 요청을 보냈을 때는 위와 같이 에러가 발생해야 합니다. 에러가 잘 발생했나요?

23.3.2 로그인 구현하기

이번에는 로그인 기능을 구현해 봅시다. login 함수를 다음과 같이 작성합니다.

src/api/auth/auth.ctrl.js – login

```js
/*
  POST /api/auth/login
  {
    username: 'velopert',
    password: 'mypass123'
  }
*/
export const login = async ctx => {
  const { username, password } = ctx.request.body;

  // username, password가 없으면 에러 처리
  if (!username || !password) {
    ctx.status = 401; // Unauthorized
    return;
  }

  try {
    const user = await User.findByUsername(username);
    // 계정이 존재하지 않으면 에러 처리
```

```
      if (!user) {
        ctx.status = 401;
        return;
      }
      const valid = await user.checkPassword(password);
      // 잘못된 비밀번호
      if (!valid) {
        ctx.status = 401;
        return;
      }
      ctx.body = user.serialize();
    } catch (e) {
      ctx.throw(500, e);
    }
  };
```

이 API에서는 username, password 값이 제대로 전달되지 않으면 에러로 처리합니다. 그리고 findByUsername을 통해 사용자 데이터를 찾고, 만약 사용자 데이터가 없으면 역시 에러로 처리합니다. 계정이 유효하다면 checkPassword를 통해 비밀번호를 검사하고 성공했을 때는 계정 정보를 응답합니다.

코드를 다 작성했다면 Postman으로 조금 전에 생성했던 계정 정보로 로그인 API를 요청해 보세요.

```
POST http://localhost:4000/api/auth/login
{
  "username": "velopert",
  "password": "mypass123"
}
```

다음과 같이 사용자 정보가 응답되나요?

```
{
  "_id": "5cbdae1249429f5f3a6bc39a",
  "username": "velopert",
  "__v": 0
}
```

잘 작동했다면 틀린 비밀번호로도 한번 요청해 보세요. 401 Unauthorized 에러가 발생하나요?

23.4 토큰 발급 및 검증하기

이제 클라이언트에서 사용자 로그인 정보를 지니고 있을 수 있도록 서버에서 토큰을 발급해 주겠습니다. JWT 토큰을 만들기 위해서는 jsonwebtoken이라는 모듈을 설치해야 합니다.

```
$ yarn add jsonwebtoken
```

23.4.1 비밀키 설정하기

.env 파일을 열어서 JWT 토큰을 만들 때 사용할 비밀키를 만듭니다. 이 비밀키는 문자열로 아무거나 입력하면 됩니다. macOS/리눅스를 사용한다면 터미널에 다음 명령어를 입력해 보세요.

```
$ openssl rand -hex 64
33e86ac48e993d06bb3afd382863457e6bca79daf983ec4ba783e75999b1f4a000e686223b87f05659f7f85
e0d369a596d32d2df6f76c41fca708c23a7c15488
```

이 명령어를 입력하면 위와 같이 랜덤 문자열을 만들어 줍니다. 위 값을 복사해 .env 파일에서 JWT_SECRET 값으로 설정하세요.

Windows를 사용한다면 아무 문자열이나 직접 입력해도 됩니다. 문자열의 길이는 자유입니다.

.env
```
PORT=4000
MONGO_URI=mongodb://localhost:27017/blog
JWT_SECRET=33e86ac48e993d06bb3afd382863457e6bca79daf983ec4ba783e75999b1f4a000e686223b87
f05659f7f85e0d369a596d32d2df6f76c41fca708c23a7c15488
```

이 비밀키는 나중에 JWT 토큰의 서명을 만드는 과정에서 사용됩니다. 비밀키는 외부에 공개되면 절대로 안 됩니다. 비밀키가 공개되는 순간, 누구든지 마음대로 JWT 토큰을 발급할 수 있기 때문입니다.

23.4.2 토큰 발급하기

비밀키를 설정했으면 user 모델 파일에서 generateToken이라는 인스턴스 메서드를 만들어 주세요.

src/models/user.js – generateToken

```
import mongoose, { Schema } from 'mongoose';
import bcrypt from 'bcrypt';
import jwt from 'jsonwebtoken';

(...)

UserSchema.methods.generateToken = function() {
  const token = jwt.sign(
    // 첫 번째 파라미터에는 토큰 안에 집어넣고 싶은 데이터를 넣습니다.
    {
      _id: this.id,
      username: this.username,
    },
    process.env.JWT_SECRET, // 두 번째 파라미터에는 JWT 암호를 넣습니다.
    {
      expiresIn: '7d', // 7일 동안 유효함
    },
  );
  return token;
};
```

이제 회원가입과 로그인에 성공했을 때 토큰을 사용자에게 전달해 주겠습니다. 사용자가 브라우저에서 토큰을 사용할 때는 주로 두 가지 방법을 사용합니다. 첫 번째는 브라우저의 localStorage 혹은 sessionStorage에 담아서 사용하는 방법이고, 두 번째는 브라우저의 쿠키에 담아서 사용하는 방법입니다.

브라우저의 localStorage 혹은 sessionStorage에 토큰을 담으면 사용하기가 매우 편리하고 구현하기도 쉽습니다. 하지만 만약 누군가가 페이지에 악성 스크립트를 삽입한다면 쉽게 토큰을 탈취할 수 있습니다(이러한 공격을 XSS(Cross Site Scripting)라고 부릅니다).

쿠키에 담아도 같은 문제가 발생할 수 있지만, httpOnly라는 속성을 활성화하면 자바스크립트를 통해 쿠키를 조회할 수 없으므로 악성 스크립트로부터 안전합니다. 그 대신 CSRF(Cross Site Request Forgery)라는 공격에 취약해질 수 있습니다. 이 공격은 토큰을 쿠키에 담으면 사용자가 서버로 요청을 할 때마다 무조건 토큰이 함께 전달되는 점을 이용해서 사용자가 모르게 원하지 않는 API 요청을 하게 만듭니다. 예를 들어 사용자가 자신도 모르는 상황에서 어떠한 글을 작성하거나 삭제하거나, 또는 탈퇴하게 만들 수도 있습니다.

단, CSRF는 CSRF 토큰 사용 및 Referer 검증 등의 방식으로 제대로 막을 수 있는 반면, XSS는 보안장치를 적용해 놓아도 개발자가 놓칠 수 있는 다양한 취약점을 통해 공격을 받을 수 있습니다.

이 책에서는 사용자 토큰을 쿠키에 담아서 사용하겠습니다. auth.ctrl.js 파일에서 register와 login 함수를 다음과 같이 수정하세요.

```
src/api/auth/auth.ctrl.js – register, login

export const register = async ctx => {
  (...)
    ctx.body = user.serialize();

    const token = user.generateToken();
    ctx.cookies.set('access_token', token, {
      maxAge: 1000 * 60 * 60 * 24 * 7, // 7일
      httpOnly: true,
    });
  } catch (e) {
    ctx.throw(500, e);
  }
};

export const login = async ctx => {
(...)
  ctx.body = user.serialize();
    const token = user.generateToken();
    ctx.cookies.set('access_token', token, {
      maxAge: 1000 * 60 * 60 * 24 * 7, // 7일
      httpOnly: true,
    });
  } catch (e) {
    ctx.throw(500, e);
  }
};
```

이제 다시 Postman으로 로그인 요청을 하고, 응답 부분의 Headers를 선택해서 확인해 보세요. 다음과 같이 Set-Cookie라는 헤더가 보일 것입니다.

▼ 그림 23-6 Set-Cookie 확인

23.4.3 토큰 검증하기

이번에는 사용자의 토큰을 확인한 후 검증하는 작업을 해 볼 텐데, 이 작업을 미들웨어를 통해 처리해 보겠습니다.

src 디렉터리에 lib라는 디렉터리를 만들고, 그 안에 jwtMiddleware.js라는 파일을 생성해서 다음 코드를 작성해 보세요.

src/lib/jwtMiddleware.js

```javascript
import jwt from 'jsonwebtoken';

const jwtMiddleware = (ctx, next) => {
  const token = ctx.cookies.get('access_token');
  if (!token) return next(); // 토큰이 없음
  try {
    const decoded = jwt.verify(token, process.env.JWT_SECRET);
    console.log(decoded);
    return next();
  } catch (e) {
    // 토큰 검증 실패
    return next();
  }
};

export default jwtMiddleware;
```

미들웨어를 만든 뒤 main.js에서 app에 미들웨어를 적용하세요. jwtMiddleware를 적용하는 작업은 app에 router 미들웨어를 적용하기 전에 이루어져야 합니다(즉, 코드가 더욱 상단에 위치해야 합니다).

```
require('dotenv').config();
import Koa from 'koa';
import Router from 'koa-router';
import bodyParser from 'koa-bodyparser';
import mongoose from 'mongoose';

import api from './api';
import jwtMiddleware from './lib/jwtMiddleware';
(...)
const app = new Koa();
const router = new Router();

// 라우터 설정
router.use('/api', api.routes()); // api 라우트 적용

// 라우터 적용 전에 bodyParser 적용
app.use(bodyParser());
app.use(jwtMiddleware);

// app 인스턴스에 라우터 적용
app.use(router.routes()).use(router.allowedMethods());
(...)
```

미들웨어를 적용한 뒤 Postman으로 http://localhost:4000/api/auth/check 경로에 GET 요청을 해 보세요.

Not Found 에러가 뜰 텐데, 이는 아직 API를 구현하지 않았기 때문입니다. 터미널을 한번 확인해 보세요. 현재 토큰이 해석된 결과가 터미널에 나타날 것입니다. 만약 나타나지 않는다면, 로그인 API를 다시 성공적으로 호출하고 나서 확인해 보세요.

```
Listening to port 4000
Connected to MongoDB
{ _id: '5cbdae1249429f5f3a6bc39a',
  username: 'velopert',
  iat: 1555938210,
  exp: 1556543010 }
```

이렇게 해석된 결과를 이후 미들웨어에서 사용할 수 있게 하려면 ctx의 state 안에 넣어 주면 됩니다. jwtMiddleware를 다음과 같이 수정해 주세요.

```javascript
import jwt from 'jsonwebtoken';

const jwtMiddleware = (ctx, next) => {
  const token = ctx.cookies.get('access_token');
  if (!token) return next(); // 토큰이 없음
  try {
    const decoded = jwt.verify(token, process.env.JWT_SECRET);
    ctx.state.user = {
      _id: decoded._id,
      username: decoded.username,
    };
    console.log(decoded);
    return next();
  } catch (e) {
    return next();
  }
};

export default jwtMiddleware;
```

콘솔에 토큰 정보를 출력하는 코드는 이후 토큰이 만료되기 전에 재발급해 주는 기능을 구현해 주고 나서 지우겠습니다.

이제 auth.ctrl.js의 check 함수를 다음과 같이 구현해 보세요.

src/api/auth/auth.ctrl.js – check

```javascript
/*
  GET /api/auth/check
*/
export const check = async ctx => {
  const { user } = ctx.state;
  if (!user) {
    // 로그인 중 아님
    ctx.status = 401; // Unauthorized
    return;
  }
  ctx.body = user;
};
```

Postman으로 다음을 요청해 보세요.

```
GET http://localhost:4000/api/auth/check
```

서버에서 다음과 같은 결과가 응답되었나요?

```
{
  "_id": "5cbdae1249429f5f3a6bc39a",
  "username": "velopert"
}
```

23.4.4 토큰 재발급하기

jwtMiddleware를 통해 토큰이 해석된 이후에 다음과 같은 결과물이 출력되고 있지요?

```
{ _id: '5cbdae1249429f5f3a6bc39a',
  username: 'velopert',
  iat: 1555938210,
  exp: 1556543010 }
```

여기서 iat 값은 이 토큰이 언제 만들어졌는지 알려 주는 값이고, exp 값은 언제 만료되는지 알려 주는 값입니다.

exp에 표현된 날짜가 3.5일 미만이라면 토큰을 새로운 토큰으로 재발급해 주는 기능을 구현해 보겠습니다.

src/lib/jwtMiddleware.js

```javascript
import jwt from 'jsonwebtoken';
import User from '../models/user';

const jwtMiddleware = async (ctx, next) => {
  const token = ctx.cookies.get('access_token');
  if (!token) return next(); // 토큰이 없음
  try {
    const decoded = jwt.verify(token, process.env.JWT_SECRET);
    ctx.state.user = {
      _id: decoded._id,
      username: decoded.username,
    };
```

```javascript
      // 토큰의 남은 유효 기간이 3.5일 미만이면 재발급
      const now = Math.floor(Date.now() / 1000);
      if (decoded.exp - now < 60 * 60 * 24 * 3.5) {
        const user = await User.findById(decoded._id);
        const token = user.generateToken();
        ctx.cookies.set('access_token', token, {
          maxAge: 1000 * 60 * 60 * 24 * 7, // 7일
          httpOnly: true,
        });
      }
      return next();
    } catch (e) {
      // 토큰 검증 실패
      return next();
    }
  };

export default jwtMiddleware;
```

토큰 재발급이 잘되는지 확인해 보고 싶다면 user 모델 파일의 generateToken 함수에서 토큰 유효 기간을 3일로 설정하고, 다시 login API를 요청한 다음 check API를 요청해 보세요. 토큰 재발급이 잘 이루어졌다면, check API를 요청했을 때 **Headers**에서 새 토큰이 Set-Cookie를 통해 설정될 것입니다.

src/models/user.js – generateToken

```javascript
UserSchema.methods.generateToken = function() {
  const token = jwt.sign(
    // 첫 번째 파라미터에는 토큰 안에 집어넣고 싶은 데이터를 넣습니다.
    {
      _id: this.id,
      username: this.username,
    },
    process.env.JWT_SECRET, // 두 번째 파라미터에는 JWT 암호를 넣습니다.
    {
      expiresIn: '3d', // 3일 동안 유효함
    },
  );
  return token;
};
```

```
GET        ▼    http://localhost:4000/api/auth/check                              Send  ▼      Save  ▼
```

Params   Authorization   Headers   Body   Pre-request Script   Tests   Cookies Code Comments (0)

	KEY	VALUE	DESCRIPTION		
	Key	Value	Description	•••	Bulk Edit

Body   Cookies (1)   **Headers (5)**   Test Results   Status: 200 OK   Time: 8 ms   Size: 488 B   Download

Set-Cookie
→ access_token=eyJhbGciOiJIUzI1NiIsInR5cCI6IkpXVCJ9.eyJfaWQiOiI1Y2JkYWUxMjQ5NDI5ZjVmM2E2YmMzOWEiLCJ1c2VybmFtZSI6InZlbG9wd2ZXJ0IiwiaWF0IjoxNTU1OTTQ
path=/; expires=Mon, 29 Apr 2019 13:37:14 GMT; httponly

토큰이 재발급된 것을 확인했다면 토큰 유효 기간을 다시 7일로 되돌리세요.

23.4.5 로그아웃 기능 구현하기

마지막 회원 인증 관련 API인 로그아웃 기능을 구현해 봅시다. 이 API는 매우 간단합니다. 쿠키를 지워 주기만 하면 끝납니다.

auth.ctrl.js에서 logout 함수를 다음과 같이 작성하세요.

src/api/auth/auth.ctrl.js – logout

```
/*
  POST /api/auth/logout
*/
export const logout = async ctx => {
  ctx.cookies.set('access_token');
  ctx.status = 204; // No Content
};
```

정말 간단하지요?

다 작성했으면 Postman으로 다음 API를 호출해 보세요.

```
POST http://localhost:4000/api/auth/logout
```

```
POST    ▼    http://localhost:4000/api/auth/logout                          Send    ▼

Params    Authorization    Headers    Body    Pre-request Script    Tests                Cookies  Code

    KEY                              VALUE                    DESCRIPTION              ••
    Key                              Value                    Description

Body   Cookies   Headers (3)   Test Results                    Status: 204 No Content   Time: 13 m

Set-Cookie →  access_token=; path=/; expires=Thu, 01 Jan 1970 00:00:00 GMT; httponly

Date →  Mon, 22 Apr 2019 13:49:03 GMT

Connection →  keep-alive
```

access_token이 비워지는 Set-Cookie 헤더가 나타났나요? 이전에 만들었던 토큰의 유효 기간이 3.5일이었기 때문에 한 번 더 재발급될 수도 있습니다. 그런 경우 로그아웃 API를 한 번 더 요청해서 위 결과가 나타나는지 확인하세요.

23.5 posts API에 회원 인증 시스템 도입하기

이번에는 기존에 구현했던 posts API에 회원 인증 시스템을 도입해 보겠습니다. 새 포스트는 이제 로그인해야만 작성할 수 있고, 삭제와 수정은 작성자만 할 수 있도록 구현해 보겠습니다.

각각의 함수를 직접 수정해서 이 기능을 구현해도 되지만, 여기서는 미들웨어를 만들어서 관리해 보겠습니다. 또한, 각 포스트를 어떤 사용자가 작성했는지 알아야 하기 때문에 기존의 Post 스키마를 수정해 주겠습니다.

23.5.1 스키마 수정하기

스키마에 사용자 정보를 넣어 줍시다. 보통 MariaDB, PostgreSQL 같은 관계형 데이터베이스에서는 데이터의 id만 관계 있는 데이터에 넣어 주는 반면, MongoDB에서는 필요한 데이터를 통째로 집어넣습니다.

여기서는 Post 스키마 안에 사용자의 id와 username을 전부 넣어 주어야 합니다.

post 모델 파일을 열어서 다음과 같이 수정해 주세요.

src/models/post.js

```javascript
import mongoose, { Schema } from 'mongoose';

const PostSchema = new Schema({
  title: String,
  body: String,
  tags: [String], // 문자열로 이루어진 배열
  publishedDate: {
    type: Date,
    default: Date.now, // 현재 날짜를 기본값으로 지정
  },
  user: {
    _id: mongoose.Types.ObjectId,
    username: String,
  },
});

const Post = mongoose.model('Post', PostSchema);
export default Post;
```

23.5.2 posts 컬렉션 비우기

이제 포스트 데이터에는 사용자 정보가 필요합니다. 우리가 이전에 생성한 데이터들은 더 이상 유효하지 않으므로 모두 삭제해 주세요. Compass를 열어서 좌측 컬렉션 리스트를 보면 **posts** 컬렉션이 있습니다. 오른쪽의 휴지통 아이콘을 누르세요. 컬렉션을 삭제하려면 컬렉션 이름을 한 번 입력해야 합니다.

▼ 그림 23-9 posts 컬렉션 비우기

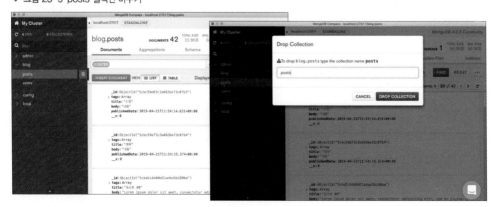

23.5.3 로그인했을 때만 API를 사용할 수 있게 하기

checkLoggedIn이라는 미들웨어를 만들어서 로그인해야만 글쓰기, 수정, 삭제를 할 수 있도록 구현해 보겠습니다.

lib 디렉터리에 checkLoggedIn.js 파일을 생성하고 다음 미들웨어를 작성하세요.

이 미들웨어를 lib 디렉터리에 저장하는 이유는 다른 라우트에서도 사용될 가능성이 있기 때문입니다. 물론 이 프로젝트에서 auth를 제외한 라우트는 posts가 유일하기 때문에 auth.ctrl.js에서 구현해도 상관없지만, 로그인 상태 확인 작업은 자주 사용하는 기능이므로 더 쉽게 재사용할 수 있도록 lib 디렉터리에 작성하는 것입니다.

src/lib/checkLoggedIn.js

```javascript
const checkLoggedIn = (ctx, next) => {
  if (!ctx.state.user) {
    ctx.status = 401; // Unauthorized
    return;
  }
  return next();
};

export default checkLoggedIn;
```

정말 짧고 간단한 코드지요? 이 미들웨어는 로그인 상태가 아니라면 401 HTTP Status를 반환하고, 그렇지 않으면 그다음 미들웨어들을 실행합니다.

이제 이 미들웨어를 posts 라우터에서 사용해 보겠습니다.

src/api/posts/index.js

```javascript
import Router from 'koa-router';
import * as postsCtrl from './posts.ctrl';
import checkLoggedIn from '../../lib/checkLoggedIn';

const posts = new Router();

posts.get('/', postsCtrl.list);
posts.post('/', checkLoggedIn, postsCtrl.write);

const post = new Router(); // /api/posts/:id
post.get('/', postsCtrl.read);
```

```
post.delete('/', checkLoggedIn, postsCtrl.remove);
post.patch('/', checkLoggedIn, postsCtrl.update);

posts.use('/:id', postsCtrl.checkObjectId, post.routes());

export default posts;
```

어떤가요? 미들웨어를 만드니까 로직을 재사용하기가 참 편하지요?

23.5.4 포스트 작성 시 사용자 정보 넣기

로그인된 사용자만 포스트를 작성할 수 있게 했으니, 지금부터는 포스트를 작성할 때 사용자 정보를 넣어서 데이터베이스에 저장하도록 구현해 보겠습니다.

posts.ctrl.js의 write 함수를 다음과 같이 수정해 보세요.

src/api/posts/posts.ctrl.js – write

```
export const write = async ctx => {
  (...)

  const { title, body, tags } = ctx.request.body;
  const post = new Post({
    title,
    body,
    tags,
    user: ctx.state.user,
  });
  try {
    await post.save();
    ctx.body = post;
  } catch (e) {
    ctx.throw(500, e);
  }
};
```

이제 Postman으로 포스트 작성 API를 요청해 보세요. 조금 전에 로그아웃했다면, 다시 로그인하고 API를 요청하길 바랍니다.

다음과 같이 API 요청을 했을 때,

```
POST http://localhost:4000/api/posts
{
  "title": "제목",
  "body": "내용",
  "tags": ["태그1", "태그2"]
}
```

이렇게 사용자 정보가 들어간 상태로 잘 등록되는지 응답을 확인하세요.

```
{
  "tags": [
    "태그1",
    "태그2"
  ],
  "_id": "5cbdf1b50211a771360a1b89",
  "title": "제목",
  "body": "내용",
  "user": {
    "_id": "5cbdae1249429f5f3a6bc39a",
    "username": "velopert"
  },
  "publishedDate": "2019-04-22T16:54:13.360Z",
  "__v": 0
}
```

23.5.5 포스트 수정 및 삭제 시 권한 확인하기

마지막으로 작성자만 포스트를 수정하거나 삭제할 수 있도록 구현해 보겠습니다. 이 작업을 미들웨어에서 처리하고 싶다면 id로 포스트를 조회하는 작업도 미들웨어로 해 주어야 합니다. 따라서 기존에 만들었던 checkObjectId를 getPostById로 바꾸고, 해당 미들웨어에서 id로 포스트를 찾은 후 ctx.state에 담아 주겠습니다.

src/api/posts/posts.ctrl.js – getPostById (기존 checkObjectId)

```
export const getPostById = async (ctx, next) => {
  const { id } = ctx.params;
  if (!ObjectId.isValid(id)) {
    ctx.status = 400; // Bad Request
```

```
      return;
    }
    try {
      const post = await Post.findById(id);
      // 포스트가 존재하지 않을 때
      if (!post) {
        ctx.status = 404; // Not Found
        return;
      }
      ctx.state.post = post;
      return next();
    } catch (e) {
      ctx.throw(500, e);
    }
};
```

미들웨어 이름과 코드를 수정한 뒤 posts 라우터에도 반영해 주세요.

```
(...)
posts.use('/:id', postsCtrl.getPostById, post.routes());

export default posts;
```

그다음에는 read 함수 내부에서 id로 포스트를 찾는 코드를 간소화해 줍니다.

```
export const read = ctx => {
  ctx.body = ctx.state.post;
};
```

코드가 정말 짧아졌지요?

getPostById를 구현하고 적용했다면 이번에는 checkOwnPost라는 미들웨어를 만듭니다. 이 미들웨어는 id로 찾은 포스트가 로그인 중인 사용자가 작성한 포스트인지 확인해 줍니다. 만약 사용자의 포스트가 아니라면 403 에러를 발생시킵니다.

```
export const checkOwnPost = (ctx, next) => {
  const { user, post } = ctx.state;
  if (post.user._id.toString() !== user._id) {
    ctx.status = 403;
    return;
  }
  return next();
};
```

MongoDB에서 조회한 데이터의 id 값을 문자열과 비교할 때는 반드시 .toString()을 해 주어야 합니다.

이어서 이 미들웨어를 수정 및 삭제 API에 적용하세요. checkLoggedIn 다음 미들웨어로 등록해 주어야 합니다.

```
import Router from 'koa-router';
import * as postsCtrl from './posts.ctrl';
import checkLoggedIn from '../../lib/checkLoggedIn';

const posts = new Router();

posts.get('/', postsCtrl.list);
posts.post('/', checkLoggedIn, postsCtrl.write);

const post = new Router(); // /api/posts/:id
post.get('/', postsCtrl.read);
post.delete('/', checkLoggedIn, postsCtrl.checkOwnPost, postsCtrl.remove);
post.patch('/', checkLoggedIn, postsCtrl.checkOwnPost, postsCtrl.update);

posts.use('/:id', postsCtrl.getPostById, post.routes());

export default posts;
```

이제 새로운 계정을 만든 다음, 그 계정을 사용하여 다른 계정으로 작성된 포스트를 삭제해 보세요. 회원가입할 때 계정 정보는 마음대로 입력해도 됩니다.

403 Forbidden 에러가 잘 나타났나요?

| DELETE ▼ | http://localhost:4000/api/posts/5cbdf1b50211a771360a1b89 | | Send ▼ | Save ▼ |

| Params | Authorization | Headers (1) | Body | Pre-request Script | Tests | Cookies | Code | Comments |

	KEY	VALUE	DESCRIPTION	•••	Bulk Edit
	Key	Value	Description		

Body Cookies (1) Headers (4) Test Results   Status: 403 Forbidden   Time: 6 ms   Size: 156 B   Download

Pretty   Raw   Preview   Auto ▼   ⇥

```
❌ 1   Forbidden
```

이제 posts API에 회원 인증 시스템을 도입하는 과정을 모두 마쳤습니다!

23.6 / username/tags로 포스트 필터링하기

이번에는 특정 사용자가 작성한 포스트만 조회하거나 특정 태그가 있는 포스트만 조회하는 기능을 만들어 보겠습니다.

먼저 조금 전에 새로 만든 계정으로 포스트를 작성합니다. GET /api/posts에 요청을 해서 두 명의 사용자가 쓴 포스트가 있는지 확인한 다음, 포스트 목록 조회 API를 다음과 같이 수정해 보세요.

src/api/posts/posts.ctrl.js – list

```
/*
  GET /api/posts?username=&tag=&page=
*/
export const list = async ctx => {
  // query는 문자열이기 때문에 숫자로 변환해 주어야 합니다.
  // 값이 주어지지 않았다면 1을 기본으로 사용합니다.
  const page = parseInt(ctx.query.page || '1', 10);

  if (page < 1) {
    ctx.status = 400;
    return;
  }
}
```

```
const { tag, username } = ctx.query;
// tag, username 값이 유효하면 객체 안에 넣고, 그렇지 않으면 넣지 않음
const query = {
  ...(username ? { 'user.username': username } : {}),
  ...(tag ? { tags: tag } : {}),
};

try {
  const posts = await Post.find(query)
    .sort({ _id: -1 })
    .limit(10)
    .skip((page - 1) * 10)
    .lean()
    .exec();
  const postCount = await Post.countDocuments(query).exec();
  ctx.set('Last-Page', Math.ceil(postCount / 10));
  ctx.body = posts.map(post => ({
    ...post,
    body:
      post.body.length < 200 ? post.body : `${post.body.slice(0, 200)}...`,
  }));
} catch (e) {
  ctx.throw(500, e);
}
};
```

위 코드에서 query를 선언하는 방법이 조금 생소하지요?

```
const query = {
  ...(username ? { 'user.username': username } : {}),
  ...(tag ? { tags: tag } : {}),
};
```

이 코드는 username 혹은 tag 값이 유효할 때만 객체 안에 해당 값을 넣겠다는 것을 의미합니다. 다음과 같은 형식으로 query 객체를 만들면 어떨까요?

```
{
  username,
  tags: tag
}
```

이런 객체를 query로 사용한다면 요청을 받을 때 username이나 tag 값이 주어지지 않습니다. 이 경우에는 undefined 값이 들어가게 됩니다. mongoose는 특정 필드가 undefined인 데이터를 찾게 되고, 결국 데이터를 조회할 수 없습니다.

코드를 다 작성했으면 다음과 같이 username, tag 쿼리 파라미터를 URL에 포함시켜서 요청을 해 보세요.

```
GET http://localhost:4000/api/posts?username=velopert
GET http://localhost:4000/api/posts?tag=태그
```

username과 tag에는 여러분이 테스트용으로 작성한 포스트에서 사용하는 값을 넣으세요.

23.7 정리

이 장에서는 회원 인증 시스템을 구현하는 방법을 알아보고, 기존의 포스트 관련 API에 회원 인증 시스템을 도입했습니다. 도입하는 과정에서 반복되는 코드는 대부분 미들웨어로 처리해 주었는데요. 앞으로 Koa를 통해 백엔드 개발을 할 때는 이렇게 미들웨어를 자주 만들어 가면서 개발하는 방법을 추천합니다. 이로써 코드의 가독성과 재사용성이 모두 높아져서 유지 보수가 쉬워질 것입니다.

다음 장에서는 이번에 만든 서버를 기반으로 리액트를 사용하여 블로그 웹 애플리케이션을 개발해 보면서 실제 프로젝트 개발 흐름을 학습해 보겠습니다.

24장

프런트엔드 프로젝트: 시작 및 회원 인증 구현

이 장에서는 리액트 프로젝트를 생성하여 지금까지 만든 서버에 연동해 보겠습니다. 프로젝트를 만들어 가면서 지금까지 배운 다양한 기술을 활용해 봅니다. 이 과정을 통해 실무에서 프로젝트를 개발할 때 어떤 방식으로 작업하는지 알 수 있습니다.

프로젝트를 시작하기 전에 앞으로 어떤 기능을 개발하는지 간략하게 알아봅시다.

첫 번째로 회원가입/로그인 기능을 만듭니다.

▼ 그림 24-1 회원가입/로그인

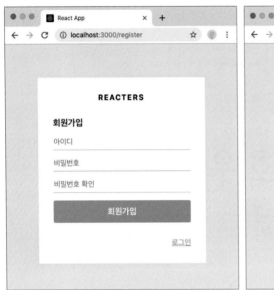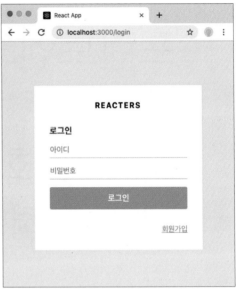

두 번째로 글쓰기 기능을 만듭니다. 이 과정에서 Quill이라는 WYSIWYG 에디터 라이브러리를 사용합니다.

> 노트 WYSIWYG은 'What You See Is What You Get'의 약어입니다. 사용자가 보는 대로 결과를 얻는다는 의미이며, '위지윅'이라고 읽습니다. 위지윅 에디터에서는 글을 쓸 때 HTML을 직접 입력하면서 스타일을 설정하는 것이 아니라, 에디터에서 지원되는 기능을 사용하여 간편하게 스타일을 설정할 수 있습니다.

▼ 그림 24-2 글쓰기

글쓰기 페이지를 구현한 다음에는 블로그 포스트의 목록을 보여 주는 기능과 포스트를 읽는 기능을 구현합니다.

▼ 그림 24-3 포스트 목록 보기/포스트 읽기

마지막으로 포스트를 수정하거나 삭제할 수 있는 기능까지 개발합니다.

▼ 그림 24-4 포스트 수정 및 삭제

이제 본격적으로 개발을 시작해 봅시다. 이 프로젝트는 총 네 개 장(24, 25, 26, 27장)에 걸쳐서 진행되며, 이번 장의 실습은 다음 흐름으로 진행됩니다.

▼ 그림 24-5 블로그 프런트엔드 프로젝트 만들기

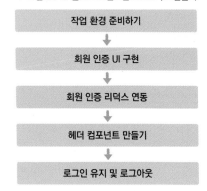

24.1 작업 환경 준비하기

새 리액트 프로젝트를 생성해 봅시다. 리액트 프로젝트는 기존에 blog-backend 디렉터리가 있는 blog 디렉터리에 생성하세요.

```
$ yarn create react-app blog-frontend
```

프로젝트를 VS Code로 열 때 새로운 창에서 열어도 되지만, 기존 blog-backend 디렉터리가 열려 있는 창에서 **작업 영역에 폴더 추가...** 기능으로 열면 VS Code 창 하나에서 두 프로젝트를 관리할 수 있어 좀 더 편하게 작업할 수 있습니다.

❤ 그림 24-6 작업 영역에 폴더 추가

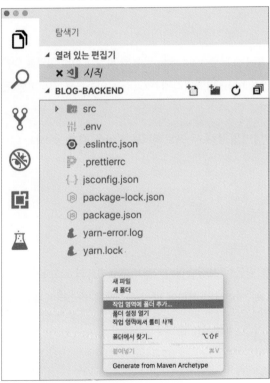

이렇게 추가하면 VS Code에서 두 프로젝트를 한꺼번에 관리할 수 있습니다.

❤ 그림 24-7 두 프로젝트를 한 작업 영역에서 관리하기

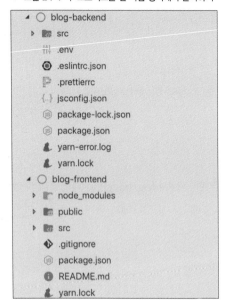

```
▲ ○ blog-backend
  ▷ 📁 src
    ⋕ .env
    ◉ .eslintrc.json
    📋 .prettierrc
    {.} jsconfig.json
    🟢 package-lock.json
    🟢 package.json
    🐱 yarn-error.log
    🐱 yarn.lock
▲ ○ blog-frontend
  ▷ 📁 node_modules
  ▷ 📁 public
  ▷ 📁 src
    ◈ .gitignore
    🟢 package.json
    ❗ README.md
    🐱 yarn.lock
```

작업 영역을 만들고 나서 나중에도 이렇게 열고 싶다면 VS Code 메뉴의 **파일 > 작업 영역을 다른 이름으로 저장**을 클릭하세요. 작업 영역 파일을 blog 디렉터리에 blog라는 이름으로 저장하면 됩니다(이름은 원하는 대로 설정할 수 있습니다).

그냥 blog 디렉터리를 열었을 때보다 작업 영역을 통해 두 프로젝트를 열었을 때 자동 import 기능이 더욱 완벽하게 작동합니다.

24.1.1 설정 파일 만들기

우리가 만든 프로젝트에 필요한 설정 파일을 만들어 보겠습니다. 먼저 프로젝트의 코드 스타일을 정리해 주는 Prettier의 설정 파일을 만드세요. 여러분의 취향에 따라 옵션들을 커스터마이징해도 상관없습니다.

다음 파일을 blog-frontend 디렉터리에 생성하세요.

.prettierrc

```
{
  "singleQuote": true,
  "semi": true,
  "useTabs": false,
```

```json
  "tabWidth": 2,
  "trailingComma": "all",
  "printWidth": 80
}
```

그리고 프로젝트에서 자동 import 기능이 제대로 작동할 수 있게 jsconfig.json 파일을 생성하세요.

jsconfig.json

```json
{
  "compilerOptions": {
    "target": "es6"
  }
}
```

24.1.2 라우터 적용

프로젝트를 처음 만들고 나서 설계를 시작할 때 가장 먼저 무엇을 하면 좋을까요? 바로 리액트 라우터를 프로젝트에 설치하고 적용하는 것입니다. 앞으로 만들게 될 주요 페이지의 라우트 컴포넌트를 미리 만들겠습니다. 먼저 틀을 갖춰 놓고 하나하나 개발하면 편합니다.

우선 react-router-dom 라이브러리를 설치하세요.

```
$ yarn add react-router-dom
```

다음으로 총 다섯 개의 페이지를 만듭니다. 라우트와 관련된 컴포넌트들은 src/pages 디렉터리에 만들겠습니다.

앞으로 만들 라우트 컴포넌트는 다음과 같습니다.

- LoginPage.js - 로그인
- RegisterPage.js - 회원가입
- WritePage.js - 글쓰기
- PostPage.js - 포스트 읽기
- PostListPage.js - 포스트 목록

프론트엔드 프로젝트: 시작 및 회원 인증 구현

자, 이제 이 컴포넌트를 하나씩 만들어 주세요.

pages/LoginPage.js

```
const LoginPage = () => {
  return <div>로그인</div>;
};


export default LoginPage;
```

pages/RegisterPage.js

```
const RegisterPage = () => {
  return <div>회원가입</div>;
};


export default RegisterPage;
```

pages/WritePage.js

```
const WritePage = () => {
  return <div>글쓰기</div>;
};


export default WritePage;
```

pages/PostPage.js

```
const PostPage = () => {
  return <div>포스트 읽기</div>;
};


export default PostPage;
```

pages/PostListPage.js

```
const PostListPage = () => {
  return <div>포스트 리스트</div>;
};


export default PostListPage;
```

라우트 컴포넌트 다섯 개를 모두 생성했나요? 이제 프로젝트 엔트리 파일인 index.js에서 BrowserRouter로 App 컴포넌트를 감싸세요.

src/index.js

```
import React from 'react';
import ReactDOM from 'react-dom/client';
import './index.css';
import App from './App';
import { BrowserRouter } from 'react-router-dom';

const root = ReactDOM.createRoot(document.getElementById('root'));
root.render(
  <BrowserRouter>
    <App />
  </BrowserRouter>
);
```

다음으로는 App 컴포넌트에서 Route 컴포넌트를 사용하여 각 라우트의 경로를 지정해 주세요.

App.js

```
import { Route, Routes } from 'react-router-dom';
import PostListPage from './pages/PostListPage';
import LoginPage from './pages/LoginPage';
import RegisterPage from './pages/RegisterPage';
import WritePage from './pages/WritePage';
import PostPage from './pages/PostPage';

const App = () => {
  return (
    <Routes>
      <Route path="/" element={<PostListPage />} />
      <Route path="/login" element={<LoginPage />} />
      <Route path="/register" element={<RegisterPage />} />
      <Route path="/write" element={<WritePage />} />
      <Route path="/@:username">
        <Route index element={<PostListPage />} />
        <Route path=":postId" element={<PostPage />} />
      </Route>
    </Routes>
  );
};
export default App;
```

PostListPage의 경우 / 경로에서도 보여지고 /@:username 경로에서도 보여집니다. username URL 파라미터가 주어졌을 때는 특정 사용자가 작성한 포스트의 목록을 보여주며, 이 URL 파라미터가 주어지지 않았을 때는 전체 포스트 목록을 보여줍니다.

특정 사용자의 포스트 목록을 보거나 포스트를 위한 라우트의 경우 중첩된 라우트 형식으로 설정을 해주었는데요, 서로 관련이 있기 때문에 보기 편하라고 두 라우트를 /@:username 경로로 감싸서 사용한 것이며, 다음과 같이 JSX를 작성해도 무방합니다.

```
<Route path="/@:username" element={<PostListPage />} />
<Route path="/@:username/:postId" element={<PostListPage />} />
```

추가로 path에 '/@:username'이라고 입력한 것이 조금 생소하게 느껴질 수 있는데요. 이 경로는 http://localhost:3000/@velopert 같은 경로에서 velopert를 username 파라미터로 읽을 수 있게 해 줍니다. Medium, 브런치 같은 서비스에서도 계정명을 주소 경로 안에 넣을 때 주소 경로에 @을 넣는 방시을 사용합니다.

Route 지정을 모두 마쳤다면 blog-frontend 경로에서 yarn start 명령어를 입력합니다. 그리고 다음 경로에 들어가서 알맞은 컴포넌트가 뜨는지 확인해 보세요.

- http://localhost:3000/
- http://localhost:3000/@tester
- http://localhost:3000/write
- http://localhost:3000/@tester/1234
- http://localhost:3000/login
- http://localhost:3000/register

비어 있는 페이지 없이 이전에 라우트 컴포넌트 안에 넣어 준 '포스트 리스트', '회원가입' 등의 문구가 뜬다면 잘 작동하는 것입니다.

24.1.3 스타일 설정

이번 프로젝트에서는 styled-components를 사용하여 스타일링하겠습니다. 여러분이 styled-components가 아닌 다른 방식으로 스타일링하는 것을 좋아한다면, 이 책에서 사용하는 스타일을 참고하여 Sass, CSS Module 등의 방법으로 작성해도 좋습니다.

먼저 styled-components를 설치해 주세요.

```
$ yarn add styled-components
```

다음으로 나중에 색상을 사용할 때 쉽게 뽑아서 쓸 수 있도록 색상 팔레트 파일을 만듭니다.

src/lib/styles 디렉터리를 만들고, 그 안에 palette.js라는 파일을 다음과 같이 작성하세요. 색상 HEX 코드를 하나하나 입력하기가 번거로울 수 있으니 https://bit.ly/mypalette 경로에 들어가서 코드를 복사한 후 사용하세요.

lib/styles/palette.js

```
// source: https://yeun.github.io/open-color/
const palette = {
  gray: [
    '#f8f9fa',
    '#f1f3f5',
    '#e9ecef',
    '#dee2e6',
    '#ced4da',
    '#adb5bd',
    '#868e96',
    '#495057',
    '#343a40',
    '#212529',
  ],
  cyan: [
    '#e3fafc',
    '#c5f6fa',
    '#99e9f2',
    '#66d9e8',
    '#3bc9db',
    '#22b8cf',
    '#15aabf',
    '#1098ad',
    '#0c8599',
    '#0b7285',
  ],
};

export default palette;
```

위 색상은 open-color라는 라이브러리에서 추출했습니다. 이 라이브러리를 yarn으로 설치하여 사용할 수도 있습니다. 하지만 이렇게 따로 palette를 만들어 사용하면 open-color에서 제공하는 모든 색상을 불러와 사용하는 것이 아니라 필요한 색상만 불러와서 사용할 수 있고, 자동 import가 좀 더 제대로 작동하기 때문에 더욱 편합니다(open-color 라이브러리를 설치해서 사용하면 open-color 안의 색상들이 자동 import가 되지 않습니다).

24.1.4 Button 컴포넌트 만들기

먼저 검정색 버튼을 스타일링해 보겠습니다. 이 버튼 컴포넌트는 다양한 곳에서 재사용할 예정입니다. 그러므로 src 디렉터리에 components/common 디렉터리를 생성하고 그 안에 이 컴포넌트를 만들어 주겠습니다.

components/common/Button.js

```
import styled from 'styled-components';
import palette from '../../lib/styles/palette';

const StyledButton = styled.button`
  border: none;
  border-radius: 4px;
  font-size: 1rem;
  font-weight: bold;
  padding: 0.25rem 1rem;
  color: white;
  outline: none;
  cursor: pointer;

  background: ${palette.gray[8]};
  &:hover {
    background: ${palette.gray[6]};
  }
`;

const Button = props => <StyledButton {...props} />;

export default Button;
```

사실 이 컴포넌트에서 StyledButton을 바로 내보내도 상관없습니다. 하지만 굳이 Button 리액트 컴포넌트를 만들어서 그 안에 StyledButton을 렌더링해 준 이유는 추후 이 컴포넌트를 사용할 때 자동 import가 되게 하기 위해서입니다. styled-components로 만든 컴포넌트를 바로 내보내면 자동 import가 제대로 작동하지 않습니다.

Button 컴포넌트를 만드는 과정에서 {···props}를 StyledButton에 설정해 주었는데요. 이는 Button이 받아 오는 props를 모두 StyledButton에 전달한다는 의미입니다.

컴포넌트를 다 만들었으면 이 컴포넌트를 PostListPage 컴포넌트에서 렌더링해 보세요.

pages/PostListPage.js

```
import Button from '../components/common/Button';

const PostListPage = () => {
  return (
    <div>
      <Button>버튼</Button>
    </div>
  );
};

export default PostListPage;
```

브라우저의 http://localhost:3000/ 경로에 방금 만든 버튼이 나타났나요?

▼ 그림 24-8 버튼

버튼이 잘 만들어졌다면 프로젝트의 글로벌 스타일을 수정합니다. index.css를 열어서 다음과
같이 수정해 주세요.

```
index.css
body {
  margin: 0;
  padding: 0;
  font-family: -apple-system, BlinkMacSystemFont, 'Segoe UI', 'Roboto', 'Oxygen',
    'Ubuntu', 'Cantarell', 'Fira Sans', 'Droid Sans', 'Helvetica Neue',
    sans-serif;
  -webkit-font-smoothing: antialiased;
  -moz-osx-font-smoothing: grayscale;
  box-sizing: border-box; /* 엘리먼트의 box-sizing 값을 border-box로 설정 */
  min-height: 100%;
}

#root {
  min-height: 100%;
}

/* 추후 회원 인증 페이지에서
 배경 화면을 페이지의 전체 영역에 채우기 위한 용도 */
html {
  height: 100%;
}

/* 링크의 색상 및 밑줄 없애기 */
a {
  color: inherit;
  text-decoration: none;
}

* {
  box-sizing: inherit; /* 모든 엘리먼트의 box-sizing 값을 border-box로 설정 */
}

code {
  font-family: source-code-pro, Menlo, Monaco, Consolas, 'Courier New',
    monospace;
}
```

24.1.5 리덕스 적용

이제 프로젝트에 리덕스를 적용하겠습니다. 추후 비동기 작업을 관리하는 과정에서 redux-saga 를 쓸 텐데, 지금 당장은 미들웨어에 대한 관심은 접어 둔 채 리덕스 스토어를 생성하고 Provider 컴포넌트를 통해 프로젝트에 리덕스를 적용하는 과정만 다루겠습니다.

리덕스 사용에 필요한 라이브러리를 설치해 주세요.

```
$ yarn add redux react-redux redux-actions immer redux-devtools-extension
```

이번 프로젝트에서 리덕스를 사용하는 데 immer 라이브러리가 꼭 필요하지는 않습니다. 하지만 immer를 사용하여 불변성을 좀 더 편하게 관리하려고 합니다. 만약 immer 없이, spread 연산자를 활용하여 불변성을 관리하는 것이 더 편하다면 굳이 사용하지 않아도 됩니다.

라이브러리를 설치했으면 첫 번째 리덕스 모듈을 만들어 줍니다. 이 프로젝트에서는 Ducks 패턴을 사용하여 액션 타입, 액션 생성 함수, 리듀서가 하나의 파일에 다 정의되어 있는 리덕스 모듈을 작성할 것입니다.

src/modules 디렉터리를 만들고, 그 안에 auth.js라는 모듈을 생성하세요. 세부 기능은 추후 구현하겠습니다. 일단 리듀서의 틀만 만들어서 내보내 주세요.

src/modules/auth.js

```javascript
import { createAction, handleActions } from 'redux-actions';

const SAMPLE_ACTION = 'auth/SAMPLE_ACTION';

export const sampleAction = createAction(SAMPLE_ACTION);

const initialState = {};

const auth = handleActions(
  {
    [SAMPLE_ACTION]: (state, action) => state,
  },
  initialState,
);

export default auth;
```

다음으로 루트 리듀서를 만드세요. 지금은 리듀서가 하나밖에 없지만, 나중에는 여러 가지 리듀서를 더 만들 것입니다.

src/modules/index.js

```
import { combineReducers } from 'redux';
import auth from './auth';

const rootReducer = combineReducers({
  auth,
});

export default rootReducer;
```

루트 리듀서를 만든 후에는 프로젝트의 엔트리 파일 index.js에서 스토어를 생성하고, Provider를 통해 리액트 프로젝트에 리덕스를 적용하세요.

src/index.js

```
import React from 'react';
import ReactDOM from 'react-dom/client';
import './index.css';
import App from './App';
import { BrowserRouter } from 'react-router-dom';
import { Provider } from 'react-redux';
import { createStore } from 'redux';
import { composeWithDevTools } from '@redux-devtools/extension';
import rootReducer from './modules';

const store = createStore(rootReducer, composeWithDevTools());

const root = ReactDOM.createRoot(document.getElementById('root'));
root.render(
  <Provider store={store}>
    <BrowserRouter>
      <App />
    </BrowserRouter>
  </Provider>
);
```

리덕스를 적용한 뒤에는 크롬 개발자 도구의 **Redux** 탭을 열어서 auth 객체가 존재하는지 확인하세요.

▼ 그림 24-9 리덕스 적용 확인

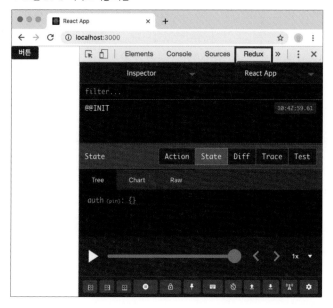

이제 프로젝트 작업 환경에 대한 준비를 마쳤습니다. 본격적으로 기능을 구현해 봅시다!

24.2 / 회원가입과 로그인 구현

지금부터는 서비스에서 회원가입 기능과 로그인 기능을 구현합니다. 먼저 UI부터 개발한 다음에 리덕스를 통한 상태 관리 및 API 요청을 구현하겠습니다.

24.2.1 UI 준비하기

나중에 리덕스를 사용하여 컨테이너 컴포넌트를 만들고 상태 관리도 하겠지만, 지금 당장은 상태에 대해서는 신경 쓰지 않고 오직 UI만 개발하겠습니다.

프레젠테이셔널 컴포넌트들은 components 디렉터리에 작성하고, 그 안에 기능별로 디렉터리를 새로 만들어서 컴포넌트를 분류할 것입니다. 앞에서 Button 컴포넌트를 common이란 디렉터리에 만들었는데, 이미 설명했듯이 Button 컴포넌트는 여기저기서 재사용되는 컴포넌트이므로 common 디렉터리에 넣은 것입니다. 회원 인증에 관련된 컴포넌트는 회원 인증 페이지에서만 사용되기 때문에 auth라는 디렉터리를 만들어서 그 안에 작성하겠습니다. 이 외에도 글쓰기에 관련된 컴포넌트는 write라는 디렉터리에 작성하고, 포스트 읽기에 관련된 컴포넌트는 post 디렉터리에 작성할 것입니다.

회원가입과 로그인 기능을 구현하기 위해 만들어야 할 프레젠테이셔널 컴포넌트는 두 개입니다. 먼저 다음 파일들을 생성해 주세요. 각 컴포넌트의 역할이 무엇인지는 주석에 간략하게 적혀 있으니 주석도 꼼꼼히 읽어 주세요.

AuthForm 컴포넌트를 작성합니다.

components/auth/AuthForm.js

```
import styled from 'styled-components';

/**
 * 회원가입 또는 로그인 폼을 보여 줍니다.
 */

const AuthFormBlock = styled.div``;

const AuthForm = () => {
  return (
    <AuthFormBlock>
      AuthForm
    </AuthFormBlock>
  );
};

export default AuthForm;
```

앞으로 컴포넌트를 만들 때는 styled-components로 스타일링할 것입니다. 이 책에서는 각 컴포넌트의 최상위 컴포넌트를 선언할 때 이름 뒤에 Block이라는 단어를 붙여 줄 텐데요. 보통 styled-components를 사용할 때 꼭 Block이 아니어도 Wrapper라는 단어를 붙이거나, 또는 이름 앞에 Styled라는 단어를 붙이기도 합니다. StyledAuthForm처럼 말이죠. 나중에 여러분이 프로젝트에서 styled-components를 사용할 때는 더 편한 네이밍 방식을 자유롭게 선택하여 이름을 지으세요.

그럼 이제 AuthTemplate 컴포넌트를 작성합니다.

```
import styled from 'styled-components';

/**
 * 회원가입/로그인 페이지의 레이아웃을 담당하는 컴포넌트입니다.
 */

const AuthTemplateBlock = styled.div``;

const AuthTemplate = () => {
  return (
    <AuthTemplateBlock>

    </AuthTemplateBlock>
  );
};

export default AuthTemplate;
```

컴포넌트를 만들 때 VS Code의 Snippet 기능을 사용하면 작업 시간을 줄일 수 있을 뿐 아니라 매우 유용합니다. 3장에서 확장 프로그램을 통해 Snippet을 설치하여 사용하는 방법을 알아보았는데요. 이 장에서는 Snippet을 직접 만들어서 쓰고 싶은 경우 어떻게 해야 하는지 알아봅시다.

우선 Snippet으로 사용하고 싶은 코드를 복사하세요. 방금 만든 AuthTemplate 코드를 복사하면 됩니다. 그리고 브라우저에 https://snippet-generator.app/ 주소를 입력한 뒤 좌측 텍스트 박스에 코드를 붙여 넣으세요.

24

프런트엔드 프로젝트: 시작 및 회원 인증 구현

❤ 그림 24-10 Snippet Generator

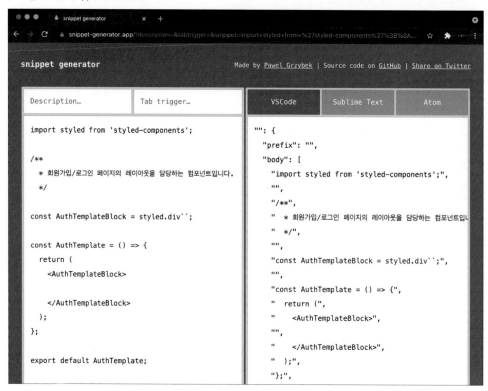

이제 코드의 AuthTemplate이란 말을 모두 ${TM_FILENAME_BASE}로 대체하세요. 이는 확장자를 제외한 파일 이름을 의미합니다. 컴포넌트의 주석도 지우세요.

```
import styled from 'styled-components';

const ${TM_FILENAME_BASE}Block = styled.div``;

const ${TM_FILENAME_BASE} = () => {
  return (
    <${TM_FILENAME_BASE}Block>

    </${TM_FILENAME_BASE}Block>
  );
};

export default ${TM_FILENAME_BASE};
```

이렇게 코드를 작성한 뒤 상단에 Snippet의 설명(Description...)과 줄임 단어(Tab trigger...)를 입력합니다. 설명 부분에는 'Styled React Functional Component'라고 입력하고, 줄임 단어에는 'srfc'라고 입력하세요.

모두 작성했으면 우측 하단의 **Copy snippet** 버튼을 누르세요.

▼ 그림 24-11 Copy snippet

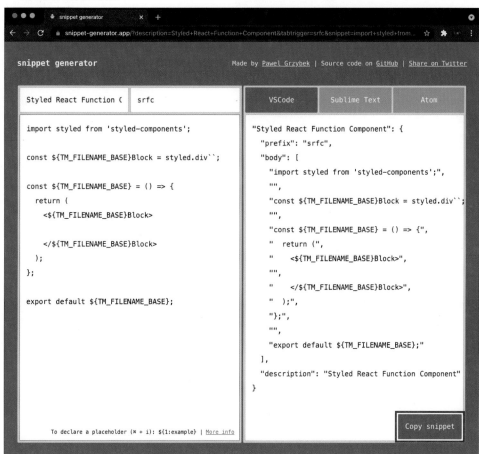

이 버튼을 누르면 Snippet이 복사됩니다. VS Code를 열어서 **Code** > **기본 설정** > **사용자 코드 조각** 메뉴를 누르세요(Windows의 경우 파일 메뉴에 있습니다).

▼ 그림 24-12 사용자 코드 조각 열기

어떤 언어의 Snippet을 설정할 것인지 물어보면 javascriptreact를 입력하세요.

▼ 그림 24-13 javascriptreact 선택

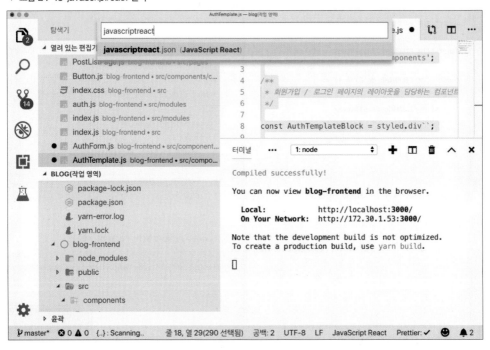

그리고 JSON 파일 안에 방금 복사한 Snippet을 붙여 넣고 저장하세요.

```
{
  "Styled React Functional Component": {
    "prefix": "srfc",
    "body": [
      "import styled from 'styled-components';",
      "",
      "const ${TM_FILENAME_BASE}Block = styled.div``;",
```

736

```
        "",
        "const ${TM_FILENAME_BASE} = () => {",
        "  return (",
        "    <${TM_FILENAME_BASE}Block>",
        "      ",
        "    </${TM_FILENAME_BASE}Block>",
        "  );",
      "};",
      "",
      "export default ${TM_FILENAME_BASE};",
      ""
    ],
    "description": "Styled React Functional Component"
  }
}
```

이제 이 Snippet을 사용해 봅시다. 나중에 만들 컴포넌트 중에서 Header 컴포넌트를 만들어 보겠습니다. 이 컴포넌트는 components/base 경로에 저장합니다. base는 프로젝트의 기반을 의미합니다.

Header.js 컴포넌트를 생성하고 열어 보세요. 우측 하단에 언어가 JavaScript라고 나오면 방금 만든 Snippet을 사용할 수 없습니다.

▼ 그림 24-14 파일 언어 설정

JavaScript로 설정되어 있으면 해당 부분을 클릭한 뒤, '.js'에 대한 **파일 연결 구성** >JavaScript React를 선택하세요.

▼ 그림 24-15 JavaScript React 선택

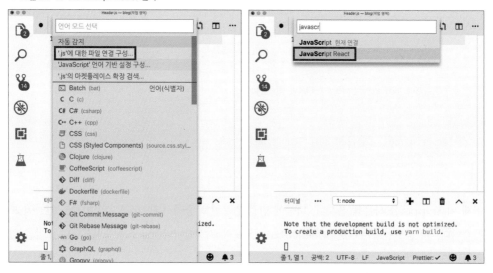

▼ 그림 24-16 srfc 입력

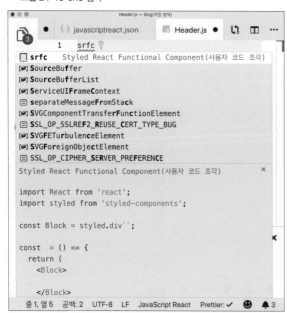

이제부터 새 자바스크립트 파일을 만들어서 srfc라고 입력한 뒤 [Enter]를 누르면 다음과 같이 코드가 자동으로 생성됩니다.

```
import styled from 'styled-components';

const HeaderBlock = styled.div``;

const Header = () => {
  return (
    <HeaderBlock>

    </HeaderBlock>
  );
};

export default Header;
```

Snippet에서 사용할 수 있는 동적 값에 대해 더 알고 싶다면 다음 페이지를 참고하세요.

- https://code.visualstudio.com/docs/editor/userdefinedsnippets

Snippet 설정을 끝낸 뒤에는 다시 AuthTemplate 컴포넌트를 열어서 children을 렌더링하세요.

components/auth/AuthTemplate.js

```
import styled from 'styled-components';

/**
 * 회원가입/로그인 페이지의 레이아웃을 담당하는 컴포넌트입니다.
 */

const AuthTemplateBlock = styled.div``;

const AuthTemplate = ({ children }) => {
  return <AuthTemplateBlock>{children}</AuthTemplateBlock>;
};

export default AuthTemplate;
```

다음으로 LoginPage와 RegisterPage에서 방금 만든 컴포넌트들을 렌더링하세요.

pages/LoginPage.js

```
import AuthTemplate from '../components/auth/AuthTemplate';
import AuthForm from '../components/auth/AuthForm';
```

```
const LoginPage = () => {
  return (
    <AuthTemplate>
      <AuthForm />
    </AuthTemplate>
  );
};

export default LoginPage;
```

pages/RegisterPage.js

```
import AuthTemplate from '../components/auth/AuthTemplate';
import AuthForm from '../components/auth/AuthForm';

const RegisterPage = () => {
  return (
    <AuthTemplate>
      <AuthForm />
    </AuthTemplate>
  );
};

export default RegisterPage;
```

지금은 LoginPage와 RegisterPage의 결과물이 같습니다. 우선 페이지가 잘 나타나는지 http://
localhost:3000/login과 http://localhost:3000/register를 열어서 확인해 보세요.

▼ 그림 24-17 AuthTemplate/AuthForm 렌더링 확인

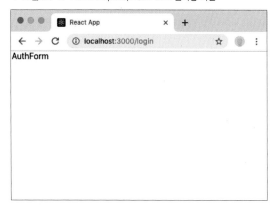

24.2.1.1 AuthTemplate 완성하기

AuthTemplate 컴포넌트는 children으로 받아 온 내용을 보여 주기만 하는 역할이므로 매우 간단합니다. 이 컴포넌트의 배경은 회색이고, 중앙에 흰색 박스를 띄워 주며, 홈 경로 /로 돌아가는 링크도 보여 줍니다.

components/auth/AuthTemplate.js

```javascript
import styled from 'styled-components';
import palette from '../../lib/styles/palette';
import { Link } from 'react-router-dom';

/**
 * 회원가입/로그인 페이지의 레이아웃을 담당하는 컴포넌트입니다.
 */

/* 화면 전체를 채움 */
const AuthTemplateBlock = styled.div`
  position: absolute;
  left: 0;
  top: 0;
  bottom: 0;
  right: 0;
  background: ${palette.gray[2]};
  /* flex로 내부 내용 중앙 정렬 */
  display: flex;
  flex-direction: column;
  justify-content: center;
  align-items: center;
`;

/* 흰색 박스 */
const WhiteBox = styled.div`
  .logo-area {
    display: block;
    padding-bottom: 2rem;
    text-align: center;
    font-weight: bold;
    letter-spacing: 2px;
  }
  box-shadow: 0 0 8px rgba(0, 0, 0, 0.025);
  padding: 2rem;
  width: 360px;
  background: white;
  border-radius: 2px;
```

```
    `;

    const AuthTemplate = ({ children }) => {
      return (
        <AuthTemplateBlock>
          <WhiteBox>
            <div className="logo-area">
              <Link to="/">REACTERS</Link>
            </div>
            {children}
          </WhiteBox>
        </AuthTemplateBlock>
      );
    };

    export default AuthTemplate;
```

styled-components로 김포넌트를 스타일링할 때, 스타일링할 엘리먼트에 대해 새로운 컴포넌트 이름을 지어 줄지, 아니면 CSS Selector를 사용할지는 취향에 따라 결정하면 됩니다.

이 책에서는 어떠한 엘리먼트에 특별한 용도가 있거나 이름을 따로 만들어 주었을 때 JSX의 가독성이 좋아진다면, styled-components를 통해 컴포넌트에 새로운 이름을 만들어 줄 것입니다. 그러나 딱히 중요한 역할을 맡고 있지 않다면 CSS Selector를 활용할 것입니다.

코드를 저장하면 로그인 페이지에 다음과 같은 결과물이 나타나나요?

▼ 그림 24-18 AuthTemplate

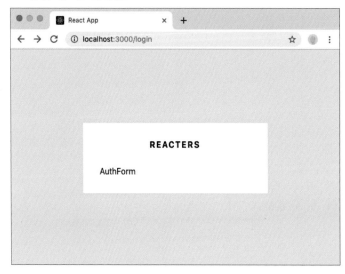

이 프로젝트의 이름은 REACTERS라고 부르겠습니다(이 이름은 여러분 마음대로 지정해도 상관 없습니다).

24.2.1.2 AuthForm 완성하기

이번에는 AuthForm 컴포넌트를 구성하겠습니다.

components/auth/AuthForm.js

```
import styled from 'styled-components';
import { Link } from 'react-router-dom';
import palette from '../../lib/styles/palette';
import Button from '../common/Button';

/**
 * 회원가입 또는 로그인 폼을 보여 줍니다.
 */

const AuthFormBlock = styled.div`
  h3 {
    margin: 0;
    color: ${palette.gray[8]};
    margin-bottom: 1rem;
  }
`;

/**
 * 스타일링된 input
 */
const StyledInput = styled.input`
  font-size: 1rem;
  border: none;
  border-bottom: 1px solid ${palette.gray[5]};
  padding-bottom: 0.5rem;
  outline: none;
  width: 100%;
  &:focus {
    color: $oc-teal-7;
    border-bottom: 1px solid ${palette.gray[7]};
  }
  & + & {
    margin-top: 1rem;
  }
```

```
  `;

  /**
   * 폼 하단에 로그인 혹은 회원가입 링크를 보여 줌
   */
  const Footer = styled.div`
    margin-top: 2rem;
    text-align: right;
    a {
      color: ${palette.gray[6]};
      text-decoration: underline;
      &:hover {
        color: ${palette.gray[9]};
      }
    }
  `;

  const AuthForm = () => {
    return (
      <AuthFormBlock>
        <h3>로그인</h3>
        <form>
          <StyledInput autoComplete="username" name="username" placeholder="아이디" />
          <StyledInput
            autoComplete="new-password"
            name="password"
            placeholder="비밀번호"
            type="password"
          />
          <Button>로그인</Button>
        </form>
        <Footer>
          <Link to="/register">회원가입</Link>
        </Footer>
      </AuthFormBlock>
    );
  };

  export default AuthForm;
```

여기까지 코드를 작성하고 나면 다음과 같은 화면이 나타날 것입니다.

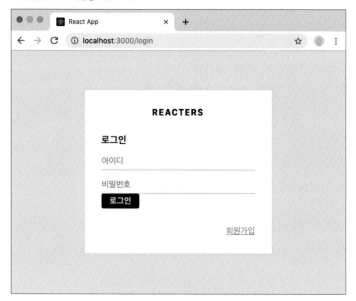

여기서 **로그인** 버튼에 밝은 파란색을 넣어 주고 width를 100% 차지하는 것으로 수정해 보겠습니다. Button 컴포넌트를 다음과 같이 수정해 보세요.

components/common/Button.js

```
import styled, { css } from 'styled-components';
import palette from '../../lib/styles/palette';

const StyledButton = styled.button`
  border: none;
  border-radius: 4px;
  font-size: 1rem;
  font-weight: bold;
  padding: 0.25rem 1rem;
  color: white;
  outline: none;
  cursor: pointer;

  background: ${palette.gray[8]};
  &:hover {
    background: ${palette.gray[6]};
  }

  ${props =>
```

```
    props.fullWidth &&
    css`
      padding-top: 0.75rem;
      padding-bottom: 0.75rem;
      width: 100%;
      font-size: 1.125rem;
    `}

  ${props =>
    props.cyan &&
    css`
      background: ${palette.cyan[5]};
      &:hover {
        background: ${palette.cyan[4]};
      }
    `}
`;

const Button = props => <StyledButton {...props} />;

export default Button;
```

Button 컴포넌트에 cyan과 fullwidth라는 props를 넣어 주면 다른 스타일이 적용됩니다.

다시 AuthForm을 열어서 Button을 사용하는 부분을 수정해 주세요.

components/auth/AuthForm.js – AuthForm

```
const AuthForm = () => {
  return (
    <AuthFormBlock>
      <h3>로그인</h3>
      <form>
        <StyledInput autoComplete="username" name="username" placeholder="아이디" />
        <StyledInput
          autoComplete="new-password"
          name="password"
          placeholder="비밀번호"
          type="password"
        />
        <Button cyan fullWidth>
          로그인
        </Button>
```

```
      </form>
      <Footer>
        <Link to="/register">회원가입</Link>
      </Footer>
    </AuthFormBlock>
  );
};
```

`<Button cyan fullWidth>`는 `<Button cyan={true} fullwidth={true} />`와 같은 의미입니다.

이제 이 컴포넌트에 상단 여백을 넣어 보겠습니다. 상단 여백을 주는 방법은 두 가지입니다. 첫 번째 방법은 style props를 전달해 주는 것입니다.

components/auth/AuthForm.js – AuthForm

```
<Button cyan fullWidth style={{ marginTop: '1rem' }}>
로그인
</Button>
```

두 번째 방법은 styled 함수를 사용하여 새로운 컴포넌트 이름으로 정의하는 것입니다.

components/auth/AuthForm.js

```
(...)
const ButtonWithMarginTop = styled(Button)`
  margin-top: 1rem;
`;

const AuthForm = () => {
  return (
    <AuthFormBlock>
      <h3>로그인</h3>
      <form>
        <StyledInput autoComplete="username" name="username" placeholder="아이디" />
        <StyledInput
          autoComplete="new-password"
          name="password"
          placeholder="비밀번호"
          type="password"
        />
        <ButtonWithMarginTop cyan fullWidth>
          로그인
```

```
        </ButtonWithMarginTop>
      </form>
      <Footer>
        <Link to="/register">회원가입</Link>
      </Footer>
    </AuthFormBlock>
  );
};


export default AuthForm;
```

두 번째 방식을 사용하는 것이 좋습니다. 가독성이 더 좋기 때문이죠.

▼ 그림 24-20 AuthForm

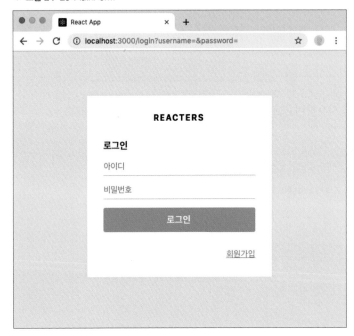

밝은 파란색 컴포넌트가 잘 나타났나요?

이제 AuthForm에서 type props에 따라 다른 내용을 보여 주도록 수정해 봅시다. type 값에 따라 사용되는 문구도 달라지고, type이 'register'일 때는 비밀번호 확인 인풋도 보여 줍니다.

```jsx
const textMap = {
  login: '로그인',
  register: '회원가입',
};

const AuthForm = ({ type }) => {
  const text = textMap[type];
  return (
    <AuthFormBlock>
      <h3>{text}</h3>
      <form>
        <StyledInput autoComplete="username" name="username" placeholder="아이디" />
        <StyledInput
          autoComplete="new-password"
          name="password"
          placeholder="비밀번호"
          type="password"
        />
        {type === 'register' && (
          <StyledInput
            autoComplete="new-password"
            name="passwordConfirm"
            placeholder="비밀번호 확인"
            type="password"
          />
        )}
        <ButtonWithMarginTop cyan fullWidth style={{ marginTop: '1rem' }}>
          {text}
        </ButtonWithMarginTop>
      </form>
      <Footer>
        {type === 'login' ? (
          <Link to="/register">회원가입</Link>
        ) : (
          <Link to="/login">로그인</Link>
        )}
      </Footer>
    </AuthFormBlock>
  );
};

export default AuthForm;
```

LoginPage와 RegisterPage에서 AuthForm을 사용할 때 type을 넣어 주세요.

pages/LoginPage.js

```
import AuthTemplate from '../components/auth/AuthTemplate';
import AuthForm from '../components/auth/AuthForm';

const LoginPage = () => {
  return (
    <AuthTemplate>
      <AuthForm type="login" />
    </AuthTemplate>
  );
};

export default LoginPage;
```

pages/RegisterPage.js

```
import AuthTemplate from '../components/auth/AuthTemplate';
import AuthForm from '../components/auth/AuthForm';

const RegisterPage = () => {
  return (
    <AuthTemplate>
      <AuthForm type="register" />
    </AuthTemplate>
  );
};

export default RegisterPage;
```

/login과 /register 페이지에서 문구가 제대로 나타나는지 확인해 보세요.

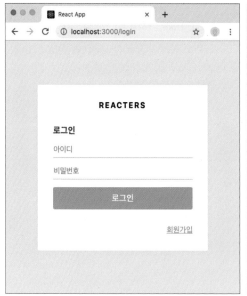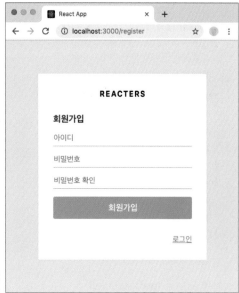

이제 회원 인증에 필요한 UI를 모두 완성했습니다.

24.2.2 리덕스로 폼 상태 관리하기

이번에는 리덕스로 회원가입과 로그인 폼의 상태를 관리하는 방법을 알아보겠습니다. 이전에 만들어 놓았던 auth 모듈을 다음과 같이 수정해 주세요.

modules/auth.js

```
import { createAction, handleActions } from 'redux-actions';
import produce from 'immer';

const CHANGE_FIELD = 'auth/CHANGE_FIELD';
const INITIALIZE_FORM = 'auth/INITIALIZE_FORM';

export const changeField = createAction(
  CHANGE_FIELD,
  ({ form, key, value }) => ({
    form, // register , login
    key, // username, password, passwordConfirm
    value, // 실제 바꾸려는 값
```

```
    }),
  );
export const initializeForm = createAction(INITIALIZE_FORM, form => form); // register
/ login

const initialState = {
  register: {
    username: '',
    password: '',
    passwordConfirm: '',
  },
  login: {
    username: '',
    password: '',
  },
};

const auth = handleActions(
  {
    [CHANGE_FIELD]: (state, { payload: { form, key, value } }) =>
      produce(state, draft => {
        draft[form][key] = value; // 예: state.register.username을 바꾼다.
      }),
    [INITIALIZE_FORM]: (state, { payload: form }) => ({
      ...state,
      [form]: initialState[form],
    }),
  },
  initialState,
);

export default auth;
```

이제 컨테이너 컴포넌트를 만들어 봅시다. src 디렉터리에 containers 디렉터리를 만든 후 다양
한 컨테이너 컴포넌트들을 종류별로 분류하여 만들어 보겠습니다.

앞으로 만들 컨테이너 컴포넌트에서는 useDispatch와 useSelector 함수를 사용하여 컴포넌트를
리덕스와 연동시킵니다. 앞으로 이 프로젝트에서 작성할 모든 컨테이너 컴포넌트는 connect 함수
대신 Hooks를 사용하여 구현할 것입니다.

```
import { useEffect } from 'react';
import { useDispatch, useSelector } from 'react-redux';
import { changeField, initializeForm } from '../../modules/auth';
import AuthForm from '../../components/auth/AuthForm';

const LoginForm = () => {
  const dispatch = useDispatch();
  const { form } = useSelector(({ auth }) => ({
    form: auth.login
  }));
  // 인풋 변경 이벤트 핸들러
  const onChange = e => {
    const { value, name } = e.target;
    dispatch(
      changeField({
        form: 'login',
        key: name,
        value
      })
    );
  };

  // 폼 등록 이벤트 핸들러
  const onSubmit = e => {
    e.preventDefault();
    // 구현 예정
  };

  // 컴포넌트가 처음 렌더링될 때 form을 초기화함
  useEffect(() => {
    dispatch(initializeForm('login'));
  }, [dispatch]);

  return (
    <AuthForm
      type="login"
      form={form}
      onChange={onChange}
      onSubmit={onSubmit}
    />
  );
};

export default LoginForm;
```

위 컴포넌트에서는 onChange 함수와 onSubmit 함수를 구현하여 필요한 액션을 디스패치하도록 구현해 주었습니다. 또한, useEffect를 사용하여 맨 처음 렌더링 후 initializeForm 액션 생성 함수를 호출했습니다. 이 작업을 하지 않으면, 로그인 페이지에서 값을 입력한 뒤 다른 페이지로 이동했다가 다시 돌아왔을 때 값이 유지된 상태로 보이게 됩니다.

이 컨테이너 컴포넌트를 다 만든 뒤에는 LoginPage에서 기존 AuthForm을 LoginForm으로 대체시키세요.

pages/LoginPage.js

```
import AuthTemplate from '../components/auth/AuthTemplate';
import LoginForm from '../containers/auth/LoginForm';

const LoginPage = () => {
  return (
    <AuthTemplate>
      <LoginForm />
    </AuthTemplate>
  );
};


export default LoginPage;
```

다음으로는 컨테이너에서 props로 넣어 주었던 onChange, onSubmit, form 값을 사용하겠습니다.

components/auth/AuthForm.js – AuthForm

```
const AuthForm = ({ type, form, onChange, onSubmit }) => {
  const text = textMap[type];
  return (
    <AuthFormBlock>
      <h3>{text}</h3>
      <form onSubmit={onSubmit}>
        <StyledInput
          autoComplete="username"
          name="username"
          placeholder="아이디"
          onChange={onChange}
          value={form.username}
        />
        <StyledInput
          autoComplete="new-password"
```

```
        name="password"
        placeholder="비밀번호"
        type="password"
        onChange={onChange}
        value={form.password}
      />
      {type === 'register' && (
        <StyledInput
          autoComplete="new-password"
          name="passwordConfirm"
          placeholder="비밀번호 확인"
          type="password"
          onChange={onChange}
          value={form.passwordConfirm}
        />
      )}
      <ButtonWithMarginTop cyan fullWidth style={{ marginTop: '1rem' }}>
        {text}
      </ButtonWithMarginTop>
    </form>
    <Footer>
      {type === 'login' ? (
        <Link to="/register">회원가입</Link>
      ) : (
        <Link to="/login">로그인</Link>
      )}
    </Footer>
  </AuthFormBlock>
  );
};

export default AuthForm;
```

코드를 저장한 뒤 http://localhost:3000/login 페이지에 가 보세요. 그리고 인풋에 텍스트를 입력하고 나서 값이 리덕스 스토어에 잘 들어가는지 개발자 도구를 통해 확인해 보세요.

만약 회원가입 페이지를 보고 있다면 form 값이 없어서 에러가 발생할 것입니다. 회원가입 페이지의 에러는 나중에 수정하겠습니다.

▼ 그림 24-22 LoginForm 작동 확인

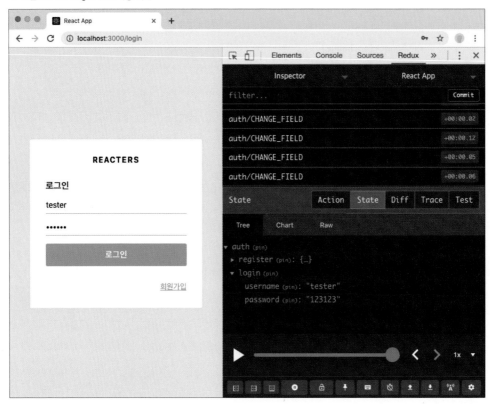

이제 RegisterForm 컴포넌트도 구현하겠습니다. LoginForm 컴포넌트를 복사한 뒤 내부에서 사용되는 키워드만 Login -> Register, login -> register로 고쳐 주면 됩니다.

containers/auth/RegisterForm.js

```
import { useEffect } from 'react';
import { useDispatch, useSelector } from 'react-redux';
import { changeField, initializeForm } from '../../modules/auth';
import AuthForm from '../../components/auth/AuthForm';

const RegisterForm = () => {
  const dispatch = useDispatch();
  const { form } = useSelector(({ auth }) => ({
    form: auth.register
  }));
  // 인풋 변경 이벤트 핸들러
  const onChange = e => {
    const { value, name } = e.target;
```

```
      dispatch(
        changeField({
          form: 'register',
          key: name,
          value
        })
      );
    };

    // 폼 등록 이벤트 핸들러
    const onSubmit = e => {
      e.preventDefault();
      // 구현 예정
    };

    // 컴포넌트가 처음 렌더링될 때 form을 초기화함
    useEffect(() => {
      dispatch(initializeForm('register'));
    }, [dispatch]);

    return (
      <AuthForm
        type="register"
        form={form}
        onChange={onChange}
        onSubmit={onSubmit}
      />
    );
  };

export default RegisterForm;
```

이제 RegisterPage에서 사용 중이던 AuthForm을 RegisterForm으로 교체하세요.

pages/RegisterPage.js

```
import AuthTemplate from '../components/auth/AuthTemplate';
import RegisterForm from '../containers/auth/RegisterForm';

const RegisterPage = () => {
  return (
    <AuthTemplate>
      <RegisterForm />
```

```
      </AuthTemplate>
    );
  };


export default RegisterPage;
```

코드를 작성한 뒤 회원가입 폼에서 값을 입력할 때 리덕스에 값이 잘 반영되는지 확인하세요.

24.2.3 API 연동하기

이제 API를 연동해 봅시다. axios를 사용하여 API를 연동하겠습니다. 그리고 리덕스에서 비동기 작업을 쉽게 관리하기 위해 redux-saga와 이전에 만들어서 사용했던 createRequestSaga 유틸 함수를 이용하겠습니다.

먼저 필요한 라이브러리를 설치해 주세요.

```
$ yarn add axios redux-saga
```

이번 프로젝트에서 사용되는 API의 수가 적은 편이므로 모든 API를 함수로 만들고 하나의 파일에 넣어서 관리해도 큰 지장은 없습니다. 하지만 유지 보수성을 더 높이기 위해 기능별로 파일을 나누어서 작성하겠습니다.

src/lib/api 디렉터리를 만들고 그 안에 기능별로 파일을 따로따로 생성하겠습니다.

24.2.3.1 axios 인스턴스 생성

API 함수를 작성하기 전에 먼저 해야 할 작업이 있습니다. 바로 axios 인스턴스를 생성하는 것입니다.

src/lib/api/client.js
```
import axios from 'axios';

const client = axios.create();

/*
  글로벌 설정 예시:
```

```
  // API 주소를 다른 곳으로 사용함
  client.defaults.baseURL = 'https://external-api-server.com/'

  // 헤더 설정
  client.defaults.headers.common['Authorization'] = 'Bearer a1b2c3d4';

  // 인터셉터 설정
  axios.intercepter.response.use(\
    response => {
      // 요청 성공 시 특정 작업 수행
      return response;
    },
    error => {
      // 요청 실패 시 특정 작업 수행
      return Promise.reject(error);
    }
  })
*/


export default client;
```

이렇게 axios 인스턴스를 만들면 나중에 API 클라이언트에 공통된 설정을 쉽게 넣어 줄 수 있습니다. 사실 인스턴스를 만들지 않아도 이러한 작업을 할 수 있습니다. 하지만 인스턴스를 만들지 않으면 애플리케이션에서 발생하는 모든 요청에 대해 설정하게 되므로, 또 다른 API 서버를 사용하려 할 때 곤란해질 수 있습니다. 따라서 처음 개발할 때부터 이렇게 인스턴스를 만들어서 작업하는 것을 권장합니다.

추가로 나중에 axios를 사용하지 않는 상황이 왔을 때 쉽게 클라이언트를 교체할 수 있는 것 또한 장점입니다.

24.2.3.2 프록시 설정

현재 백엔드 서버는 4000 포트, 리액트 개발 서버는 3000 포트로 열려 있기 때문에 별도의 설정 없이 API를 호출하려고 하면 오류가 발생합니다. 이 오류를 CORS(Cross Origin Request) 오류라고 부르는데요. 네트워크 요청을 할 때 주소가 다른 경우에 발생합니다. 이 오류를 해결하려면 다른 주소에서도 API를 호출할 수 있도록 서버 쪽 코드를 수정해야 합니다. 그런데 최종적으로 프로젝트를 다 완성하고 나면 결국 리액트 앱도 같은 호스트에서 제공할 것이기 때문에 이러한 설정을 하는 것은 불필요합니다.

그 대신 프록시(proxy)라는 기능을 사용할 것입니다. 웹팩 개발 서버에서 지원하는 기능인데요. 개발 서버로 요청하는 API들을 우리가 프록시로 정해 둔 서버로 그대로 전달해 주고 그 응답을 웹 애플리케이션에서 사용할 수 있게 해 줍니다.

▼ 그림 24-23 프록시

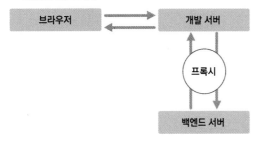

CRA로 만든 프로젝트에서 프록시를 설정할 때는 package.json 파일을 수정하면 됩니다. 해당 파일을 열어서 다음 내용을 추가하세요.

package.json

```
{
  "name": "blog-frontend",
  "version": "0.1.0",
  "private": true,
  "dependencies": {
    (...)
  },
  "scripts": {
    "start": "react-scripts start",
    "build": "react-scripts build",
    "test": "react-scripts test",
    "eject": "react-scripts eject"
  },
  "eslintConfig": {
    "extends": "react-app"
  },
  "browserslist": {
    "production": [
      ">0.2%",
      "not dead",
      "not op_mini all"
    ],
    "development": [
```

```
      "last 1 chrome version",
      "last 1 firefox version",
      "last 1 safari version"
    ]
  },
  "proxy": "http://localhost:4000/"
}
```

이제 리액트 애플리케이션에서 client.get('/api/posts')를 하면, 웹팩 개발 서버가 프록시 역할을 해서 http://localhost:4000/api/posts에 대신 요청한 뒤 결과물을 응답해 줍니다.

24.2.3.3 API 함수 작성

프록시 설정이 끝났으면 개발 서버를 껐다가 다시 실행해 주세요. 이어서 회원 인증에 필요한 API를 사용하기 쉽도록 함수화하여 파일로 작성해 주겠습니다.

lib/api/auth.js

```
import client from './client';

// 로그인
export const login = ({ username, password }) =>
  client.post('/api/auth/login', { username, password });

// 회원가입
export const register = ({ username, password }) =>
  client.post('/api/auth/register', { username, password });

// 로그인 상태 확인
export const check = () => client.get('/api/auth/check');
```

24.2.3.4 더 쉬운 API 요청 상태 관리

다음으로 redux-saga를 통해 더 쉽게 API를 요청할 수 있도록 loading 리덕스 모듈과 createRequestSaga 유틸 함수를 설정하겠습니다.

먼저 loading 리덕스 모듈을 작성하세요.

```
import { createAction, handleActions } from 'redux-actions';

const START_LOADING = 'loading/START_LOADING';
const FINISH_LOADING = 'loading/FINISH_LOADING';

/*
  요청을 위한 액션 타입을 payload로 설정합니다. (예: "sample/GET_POST")
*/

export const startLoading = createAction(
  START_LOADING,
  requestType => requestType,
);

export const finishLoading = createAction(
  FINISH_LOADING,
  requestType => requestType,
);

const initialState = {};

const loading = handleActions(
  {
    [START_LOADING]: (state, action) => ({
      ...state,
      [action.payload]: true,
    }),
    [FINISH_LOADING]: (state, action) => ({
      ...state,
      [action.payload]: false,
    }),
  },
  initialState,
);

export default loading;
```

이 리듀서를 만든 다음에는 루트 리듀서에도 등록해 주세요.

```
import { combineReducers } from 'redux';
import auth from './auth';
import loading from './loading';

const rootReducer = combineReducers({
  auth,
  loading,
});

export default rootReducer;
```

이어서 lib 디렉터리에 새 파일을 만들고 createRequestSaga 함수를 작성하세요.

```
import { call, put } from 'redux-saga/effects';
import { startLoading, finishLoading } from '../modules/loading';

export default function createRequestSaga(type, request) {
  const SUCCESS = `${type}_SUCCESS`;
  const FAILURE = `${type}_FAILURE`;

  return function*(action) {
    yield put(startLoading(type)); // 로딩 시작
    try {
      const response = yield call(request, action.payload);
      yield put({
        type: SUCCESS,
        payload: response.data,
      });
    } catch (e) {
      yield put({
        type: FAILURE,
        payload: e,
        error: true,
      });
    }
    yield put(finishLoading(type)); // 로딩 끝
  };
}
```

24

프런트엔드 프로젝트: 시작 및 회원 인증 구현

24.2.3.5 auth 리덕스 모듈에서 API 사용하기

그럼 방금 만든 유틸 함수를 사용하여 auth 리덕스 모듈에서 API를 사용할 수 있도록 구현하겠습니다.

우선 다음과 같이 여섯 가지 액션 타입을 추가로 더 선언해야 합니다.

modules/auth.js

```javascript
import { createAction, handleActions } from 'redux-actions';
import produce from 'immer';

const CHANGE_FIELD = 'auth/CHANGE_FIELD';
const INITIALIZE_FORM = 'auth/INITIALIZE_FORM';

const REGISTER = 'auth/REGISTER';
const REGISTER_SUCCESS = 'auth/REGISTER_SUCCESS';
const REGISTER_FAILURE = 'auth/REGISTER_FAILURE';

const LOGIN = 'auth/LOGIN';
const LOGIN_SUCCESS = 'auth/LOGIN_SUCCESS';
const LOGIN_FAILURE = 'auth/LOGIN_FAILURE';
(...)
```

각 요청마다 액션 타입을 세 개 선언해야 하는데, 같은 작업이 조금 반복됩니다. 코드를 반복해서 작성하는 것이 사람에 따라 조금 귀찮을 수도 있겠지요? 이와 같은 경우 액션 타입을 한꺼번에 만드는 함수를 선언하는 방법도 있습니다. 위 코드를 한번 리팩토링해 봅시다.

우선 createRequestSaga.js 파일을 열고 그 내부에 createRequestActionTypes라는 함수를 선언하여 내보내세요.

lib/createRequestSaga.js

```javascript
import { call, put } from 'redux-saga/effects';
import { startLoading, finishLoading } from '../modules/loading';

export const createRequestActionTypes = type => {
  const SUCCESS = `${type}_SUCCESS`;
  const FAILURE = `${type}_FAILURE`;
  return [type, SUCCESS, FAILURE];
};
```

```
export default function createRequestSaga(type, request) {
  (...)
}
```

이 함수를 사용하면 요청에 관련된 액션 타입들을 선언할 때 다음과 같이 작성할 수 있습니다.

modules/auth.js

```
import { createAction, handleActions } from 'redux-actions';
import produce from 'immer';
import { createRequestActionTypes } from '../lib/createRequestSaga';

const CHANGE_FIELD = 'auth/CHANGE_FIELD';
const INITIALIZE_FORM = 'auth/INITIALIZE_FORM';

const [REGISTER, REGISTER_SUCCESS, REGISTER_FAILURE] = createRequestActionTypes(
  'auth/REGISTER',
);

const [LOGIN, LOGIN_SUCCESS, LOGIN_FAILURE] = createRequestActionTypes(
  'auth/LOGIN',
);
```

어떤가요? 중복되는 코드들이 많이 사라졌지요? 취향에 따라 이렇게 리팩토링하여 사용해도 되고, const를 세 번 사용하여 선언해도 상관없습니다.

이제 createRequestSaga를 통해 각 API를 위한 사가를 생성하고, 액션 생성 함수와 리듀서도 구현해 보겠습니다.

modules/auth.js

```
import { createAction, handleActions } from 'redux-actions';
import produce from 'immer';
import { takeLatest } from 'redux-saga/effects';
import createRequestSaga, {
  createRequestActionTypes,
} from '../lib/createRequestSaga';
import * as authAPI from '../lib/api/auth';

const CHANGE_FIELD = 'auth/CHANGE_FIELD';
const INITIALIZE_FORM = 'auth/INITIALIZE_FORM';
```

```javascript
const [REGISTER, REGISTER_SUCCESS, REGISTER_FAILURE] = createRequestActionTypes(
  'auth/REGISTER',
);

const [LOGIN, LOGIN_SUCCESS, LOGIN_FAILURE] = createRequestActionTypes(
  'auth/LOGIN',
);

export const changeField = createAction(
  CHANGE_FIELD,
  ({ form, key, value }) => ({
    form, // register , login
    key, // username, password, passwordConfirm
    value, // 실제 바꾸려는 값
  }),
);
export const initializeForm = createAction(INITIALIZE_FORM, form => form); // register/
login
export const register = createAction(REGISTER, ({ username, password }) => ({
  username,
  password,
}));
export const login = createAction(LOGIN, ({ username, password }) => ({
  username,
  password,
}));

// 사가 생성
const registerSaga = createRequestSaga(REGISTER, authAPI.register);
const loginSaga = createRequestSaga(LOGIN, authAPI.login);
export function* authSaga() {
  yield takeLatest(REGISTER, registerSaga);
  yield takeLatest(LOGIN, loginSaga);
}

const initialState = {
  register: {
    username: '',
    password: '',
    passwordConfirm: '',
  },
  login: {
    username: '',
    password: '',
```

```
    },
    auth: null,
    authError: null,
};

const auth = handleActions(
  {
    [CHANGE_FIELD]: (state, { payload: { form, key, value } }) =>
      produce(state, draft => {
        draft[form][key] = value; // 예: state.register.username을 바꾼다.
      }),
    [INITIALIZE_FORM]: (state, { payload: form }) => ({
      ...state,
      [form]: initialState[form],
      authError: null, // 폼 전환 시 회원 인증 에러 초기화
    }),
    // 회원가입 성공
    [REGISTER_SUCCESS]: (state, { payload: auth }) => ({
      ...state,
      authError: null,
      auth,
    }),
    // 회원가입 실패
    [REGISTER_FAILURE]: (state, { payload: error }) => ({
      ...state,
      authError: error,
    }),
    // 로그인 성공
    [LOGIN_SUCCESS]: (state, { payload: auth }) => ({
      ...state,
      authError: null,
      auth,
    }),
    // 로그인 실패
    [LOGIN_FAILURE]: (state, { payload: error }) => ({
      ...state,
      authError: error,
    }),
  },
  initialState,
);

export default auth;
```

구현할 때 로딩에 관련된 상태는 이미 loading 리덕스 모듈에서 관리하므로, 성공했을 때와 실패했을 때의 상태에 대해서만 신경 쓰면 됩니다.

리덕스 모듈을 작성했으면 프로젝트의 rootSaga를 만들어 주세요.

modules/index.js

```javascript
import { combineReducers } from 'redux';
import { all } from 'redux-saga/effects';
import auth, { authSaga } from './auth';
import loading from './loading';

const rootReducer = combineReducers({
  auth,
  loading,
});

export function* rootSaga() {
  yield all([authSaga()]);
}


export default rootReducer;
```

다음으로 스토어에 redux-saga 미들웨어를 적용하세요.

src/index.js

```javascript
import React from 'react';
import ReactDOM from 'react-dom/client';
import './index.css';
import App from './App';
import { BrowserRouter } from 'react-router-dom';
import { Provider } from 'react-redux';
import { createStore, applyMiddleware } from 'redux';
import { composeWithDevTools } from '@redux-devtools/extension';
import rootReducer, { rootSaga } from './modules';
import createSagaMiddleware from 'redux-saga';

const sagaMiddleware = createSagaMiddleware();
const store = createStore(
  rootReducer,
  composeWithDevTools(applyMiddleware(sagaMiddleware))
);
```

```
sagaMiddleware.run(rootSaga);

const root = ReactDOM.createRoot(document.getElementById('root'));
root.render(
  <Provider store={store}>
    <BrowserRouter>
      <App />
    </BrowserRouter>
  </Provider>
);
```

이제 회원가입 및 로그인 기능을 구현하는 데 필요한 리덕스 관련 코드의 준비를 모두 마쳤습니다.

24.2.4 회원가입 구현

바로 회원가입 기능을 구현해 봅시다. 오류 처리는 나중에 할 것이므로, 지금은 신경 쓰지 말고 코드를 작성해 보세요.

containers/auth/RegisterForm.js

```
import { useEffect } from 'react';
import { useDispatch, useSelector } from 'react-redux';
import { changeField, initializeForm, register } from '../../modules/auth';
import AuthForm from '../../components/auth/AuthForm';

const RegisterForm = () => {
  const dispatch = useDispatch();
  const { form, auth, authError } = useSelector(({ auth }) => ({
    form: auth.register,
    auth: auth.auth,
    authError: auth.authError
  }));
  // 인풋 변경 이벤트 핸들러
  const onChange = e => {
(...)
  };

  // 폼 등록 이벤트 핸들러
  const onSubmit = e => {
```

```
    e.preventDefault();
    const { username, password, passwordConfirm } = form;
    if (password !== passwordConfirm) {
      // TODO: 오류 처리
      return;
    }
    dispatch(register({ username, password }));
  };

  // 컴포넌트가 처음 렌더링될 때 form을 초기화함
  useEffect(() => {
    dispatch(initializeForm('register'));
  }, [dispatch]);

  // 회원가입 성공/실패 처리
  useEffect(() => {
    if (authError) {
      console.log('오류 발생');
      console.log(authError);
      return;
    }
    if (auth) {
      console.log('회원가입 성공');
      console.log(auth);
    }
  }, [auth, authError]);

  return (
    <AuthForm
      type="register"
      form={form}
      onChange={onChange}
      onSubmit={onSubmit}
    />
  );
};

export default RegisterForm;
```

위 코드에서는 onSubmit 이벤트가 발생했을 때 register 함수에 현재 username과 password를 파라미터로 넣어서 액션을 디스패치해 주었습니다. 그리고 사가에서 API 요청을 처리하고, 이에 대한 결과는 auth/authError를 통해 조회할 수 있습니다.

또한, 결과를 얻었을 때 특정 작업을 하기 위해 useEffect를 사용했습니다. useEffect에 넣어 준 함수는 auth 값 혹은 authError 값 중에서 무엇이 유효한지에 따라 다른 작업을 합니다.

http://localhost:3000/register 회원가입 페이지에서 아무 계정 정보나 입력하고 회원가입을 한 번 시도해 보세요. 이어서 개발자 도구의 콘솔에 무엇이 찍히는지 확인하고, 버튼을 다시 한 번 눌러 보세요. (만약 blog-backend 디렉터리에 만들었던 서버가 실행 중이 아니라면 해당 서버를 실행해 주세요.)

처음에는 성공하고, 두 번째 요청은 실패로 처리되었나요? (계정 정보는 무엇이든 원하는 값을 넣으면 되는데, 비밀번호와 비밀번호 확인 필드는 서로 일치해야 합니다.)

▼ 그림 24-24 회원가입 API 호출

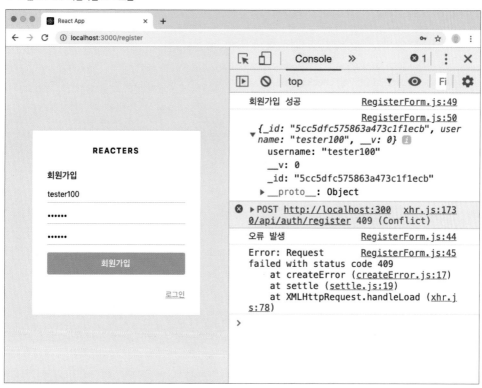

API가 성공하거나 실패했을 때 콘솔에 결과가 잘 나타나나요?

이제 사용자의 상태를 담을 user라는 리덕스 모듈을 만들어 봅시다.

```
modules/user.js
```

```javascript
import { createAction, handleActions } from 'redux-actions';
import { takeLatest } from 'redux-saga/effects';
import * as authAPI from '../lib/api/auth';
import createRequestSaga, {
  createRequestActionTypes,
} from '../lib/createRequestSaga';

const TEMP_SET_USER = 'user/TEMP_SET_USER'; // 새로고침 이후 임시 로그인 처리
// 회원 정보 확인
const [CHECK, CHECK_SUCCESS, CHECK_FAILURE] = createRequestActionTypes(
  'user/CHECK',
);

export const tempSetUser = createAction(TEMP_SET_USER, user => user);
export const check = createAction(CHECK);

const checkSaga = createRequestSaga(CHECK, authAPI.check);
export function* userSaga() {
  yield takeLatest(CHECK, checkSaga);
}

const initialState = {
  user: null,
  checkError: null,
};

export default handleActions(
  {
    [TEMP_SET_USER]: (state, { payload: user }) => ({
      ...state,
      user,
    }),
    [CHECK_SUCCESS]: (state, { payload: user }) => ({
      ...state,
      user,
      checkError: null,
    }),
    [CHECK_FAILURE]: (state, { payload: error }) => ({
      ...state,
      user: null,
```

```
      checkError: error,
    }),
  },
  initialState,
);
```

새 모듈을 만들었으니, 루트 리듀서에 포함시켜 주어야겠죠?

modules/index.js
```
import { combineReducers } from 'redux';
import { all } from 'redux-saga/effects';
import auth, { authSaga } from './auth';
import loading from './loading';
import user, { userSaga } from './user';

const rootReducer = combineReducers({
  auth,
  loading,
  user,
});

export function* rootSaga() {
  yield all([authSaga(), userSaga()]);
}

export default rootReducer;
```

리덕스 모듈을 다 작성했으면, 회원가입 성공 후 check를 호출하여 현재 사용자가 로그인 상태가
되었는지 확인해 보세요.

containers/auth/RegisterForm.js
```
import { useEffect } from 'react';
import { useDispatch, useSelector } from 'react-redux';
import { changeField, initializeForm, register } from '../../modules/auth';
import AuthForm from '../../components/auth/AuthForm';
import { check } from '../../modules/user';

const RegisterForm = () => {
  const dispatch = useDispatch();
  const { form, auth, authError, user } = useSelector(({ auth, user }) => ({
```

```
    form: auth.register,
    auth: auth.auth,
    authError: auth.authError,
    user: user.user
  }));
  // 인풋 변경 이벤트 핸들러
  const onChange = e => {
(...)
  };

  // 폼 등록 이벤트 핸들러
  const onSubmit = e => {
    e.preventDefault();
    const { username, password, passwordConfirm } = form;
    if (password !== passwordConfirm) {
      // TODO: 오류 처리
      return;
    }
    dispatch(register({ username, password }));
  };

  // 컴포넌트가 처음 렌더링될 때 form을 초기화함
  useEffect(() => {
    dispatch(initializeForm('register'));
  }, [dispatch]);

  // 회원가입 성공/실패 처리
  useEffect(() => {
    if (authError) {
      console.log('오류 발생');
      console.log(authError);
      return;
    }
    if (auth) {
      console.log('회원가입 성공');
      console.log(auth);
      dispatch(check());
    }
  }, [auth, authError, dispatch]);

  // user 값이 잘 설정되었는지 확인
  useEffect(() => {
    if (user) {
```

774

```
      console.log('check API 성공');
      console.log(user);
    }
  }, [user]);

  return (...);
};


export default RegisterForm;
```

이제 다시 회원가입을 시도해 보세요. 회원가입에 성공한 뒤에는 리덕스 개발자 도구를 열어서
user 안에 값이 잘 들어가 있는지 확인하세요.

▼ 그림 24-25 회원가입 성공 후 user 상태

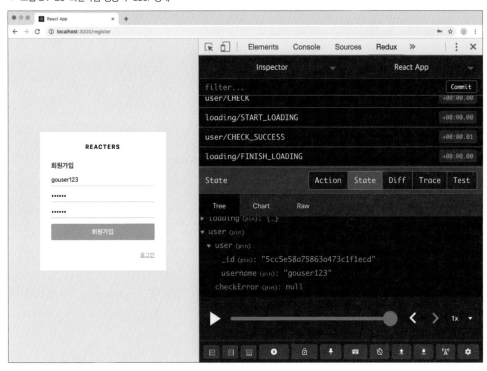

회원가입에 성공했다면 홈 화면으로 라우트를 이동시켜 봅시다. RegisterForm에서 history 객체
를 사용하려면 withRouter로 컴포넌트를 감싸 주면 됩니다.

```
import { useEffect, useState } from 'react';
import { useDispatch, useSelector } from 'react-redux';
import { changeField, initializeForm, register } from '../../modules/auth';
import AuthForm from '../../components/auth/AuthForm';
import { check } from '../../modules/user';
import { useNavigate } from 'react-router-dom';

const RegisterForm = () => {
  (...)
  const navigate = useNavigate();

  // user 값이 잘 설정되었는지 확인
  useEffect(() => {
    if (user) {
      navigate('/'); // 홈 화면으로 이동
    }
  }, [navigate, user]);

  return (...);
};

export default RegisterForm;
```

여기까지 구현했나요? 이제 회원가입에 성공하면 http://localhost:3000/으로 이동할 것입니다.
잘 이동되는지 확인해 보세요.

24.2.5 로그인 구현

회원가입을 구현할 때와 비슷하게 로그인 기능도 구현해 보겠습니다. LoginForm 컴포넌트를 다
음과 같이 수정해 보세요.

```
import { useEffect } from 'react';
import { useSelector, useDispatch } from 'react-redux';
import { changeField, initializeForm, login } from '../../modules/auth';
import AuthForm from '../../components/auth/AuthForm';
import { check } from '../../modules/user';
import { useNavigate } from 'react-router-dom';

const LoginForm = () => {
```

```
    const navigate = useNavigate();
  const dispatch = useDispatch();
    const { form, auth, authError, user } = useSelector(({ auth, user }) => ({
      form: auth.login,
      auth: auth.auth,
      authError: auth.authError,
      user: user.user,
    }));
    // 인풋 변경 이벤트 핸들러
    const onChange = (e) => {
      const { value, name } = e.target;
      dispatch(
        changeField({
          form: 'login',
          key: name,
          value,
        }),
      );
    };

    // 폼 등록 이벤트 핸들러
    const onSubmit = (e) => {
      e.preventDefault();
      const { username, password } = form;
      dispatch(login({ username, password }));
    };

    // 컴포넌트가 처음 렌더링될 때 form을 초기화함
    useEffect(() => {
      dispatch(initializeForm('login'));
    }, [dispatch]);

    useEffect(() => {
      if (authError) {
        console.log('오류 발생');
        console.log(authError);
        return;
      }
      if (auth) {
        console.log('로그인 성공');
        dispatch(check());
      }
    }, [auth, authError, dispatch]);

    useEffect(() => {
      if (user) {
```

24

프런트엔드 프로젝트: 시작 및 화면 기초 구현

```
      navigate('/');
  }
  }, [navigate, user]);

  return (...);
};


export default LoginForm;
```

여기까지 다 작성했다면 http://localhost:3000/login에 들어가서 조금 전 회원가입에 성공한 계정으로 로그인해 보세요. http://localhost:3000/ 경로로 잘 이동되나요?

24.2.6 회원 인증 에러 처리하기

회원 인증에서 중요한 기능은 거의 구현했습니다. 이제 요청이 실패했을 때 에러 메시지를 보여 주는 UI를 준비해 봅시다.

먼저 AuthForm 컴포넌트를 다음과 같이 수정해 주세요.

components/auth/AuthForm.js

```
import styled from 'styled-components';
import { Link } from 'react-router-dom';
import palette from '../../lib/styles/palette';
import Button from '../common/Button';

(...)

/**
 * 에러를 보여 줍니다.
 */
const ErrorMessage = styled.div`
  color: red;
  text-align: center;
  font-size: 0.875rem;
  margin-top: 1rem;
`;

const AuthForm = ({ type, form, onChange, onSubmit }) => {
  const text = textMap[type];
  return (
```

```
    <AuthFormBlock>
      <h3>{text}</h3>
      <form onSubmit={onSubmit}>
        <StyledInput
          autoComplete="username"
          name="username"
          placeholder="아이디"
          onChange={onChange}
          value={form.username}
        />
        <StyledInput
          autoComplete="new-password"
          name="password"
          placeholder="비밀번호"
          type="password"
          onChange={onChange}
          value={form.password}
        />
        {type === 'register' && (
          <StyledInput
            autoComplete="new-password"
            name="passwordConfirm"
            placeholder="비밀번호 확인"
            type="password"
            onChange={onChange}
            value={form.passwordConfirm}
          />
        )}
        <ErrorMessage>에러 발생!</ErrorMessage>
        <ButtonWithMarginTop cyan fullWidth style={{ marginTop: '1rem' }}>
          {text}
        </ButtonWithMarginTop>
      </form>
      <Footer>
        {type === 'login' ? (
          <Link to="/register">회원가입</Link>
        ) : (
          <Link to="/login">로그인</Link>
        )}
      </Footer>
    </AuthFormBlock>
  );
};

export default AuthForm;
```

이제 로그인 또는 회원가입 페이지에 들어가서 '에러 발생!' 문구가 잘 나타나는지 확인해 보세요.

▼ 그림 24-26 에러 발생 메시지

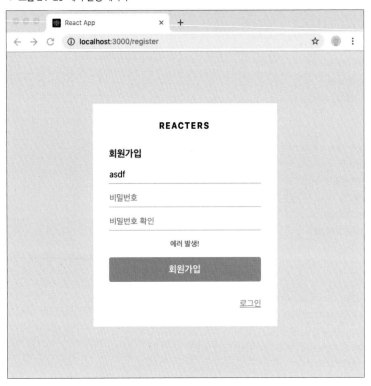

잘 스타일링된 것을 확인했다면, props로 error 값을 받아 왔을 때 이를 렌더링해 주도록 하겠습니다.

components/auth/AuthForm.js

```
(...)

const AuthForm = ({ type, form, onChange, onSubmit, error }) => {
  const text = textMap[type];
  return (
    <AuthFormBlock>
      <h3>{text}</h3>
      <form onSubmit={onSubmit}>
        <StyledInput
          autoComplete="username"
          name="username"
          placeholder="아이디"
```

```
        onChange={onChange}
        value={form.username}
      />
      <StyledInput
        autoComplete="new-password"
        name="password"
        placeholder="비밀번호"
        type="password"
        onChange={onChange}
        value={form.password}
      />
      {type === 'register' && (
        <StyledInput
          autoComplete="new-password"
          name="passwordConfirm"
          placeholder="비밀번호 확인"
          type="password"
          onChange={onChange}
          value={form.passwordConfirm}
        />
      )}
      {error && <ErrorMessage>{error}</ErrorMessage>}
      <ButtonWithMarginTop cyan fullWidth style={{ marginTop: '1rem' }}>
        {text}
      </ButtonWithMarginTop>
    </form>
    <Footer>
      {type === 'login' ? (
        <Link to="/register">회원가입</Link>
      ) : (
        <Link to="/login">로그인</Link>
      )}
    </Footer>
  </AuthFormBlock>
  );
};

export default AuthForm;
```

AuthForm에서 에러를 보여 주기 위한 준비를 마쳤습니다. 이제 상황에 따라 RegisterForm 컴포넌트와 LoginForm 컴포넌트에서 에러를 나타내 봅시다.

LoginForm에서 에러를 처리하는 것이 더 쉬우니 LoginForm부터 수정해 보세요.

containers/auth/LoginForm.js

```
import { useEffect, useState } from 'react';
import { useSelector, useDispatch } from 'react-redux';
import { changeField, initializeForm, login } from '../../modules/auth';
import AuthForm from '../../components/auth/AuthForm';
import { check } from '../../modules/user';
import { useNavigate } from 'react-router-dom';

const LoginForm = ({ history }) => {
  const [error, setError] = useState(null);
  (...)

  useEffect(() => {
    if (authError) {
      console.log('오류 발생');
      console.log(authError);
      setError('로그인 실패');
      return;
    }
    if (auth) {
      console.log('로그인 성공');
      dispatch(check());
    }
  }, [auth, authError, dispatch]);

  (...)

  return (
    <AuthForm
      type="login"
      form={form}
      onChange={onChange}
      onSubmit={onSubmit}
      error={error}
    />
  );
};

export default LoginForm;
```

이렇게 코드 몇 줄만 바꿔 주면 됩니다. 간단하지요? 잘못된 계정 정보를 사용하여 한번 로그인해 보세요. 에러가 잘 나타나나요?

▼ 그림 24-27 로그인 실패 에러

이번에는 회원가입 시 발생하는 에러를 처리해 봅시다. 회원가입은 에러 처리가 조금 까다롭습니다. 다음 상황에 대한 에러를 모두 처리해 주겠습니다.

- username, password, passwordConfirm 중 하나라도 비어 있을 때

- password와 passwordConfirm 값이 일치하지 않을 때

- username이 중복될 때

containers/auth/RegisterForm.js

```
Import { useEffect, useState } from 'react';
import { useDispatch, useSelector } from 'react-redux';
import { changeField, initializeForm, register } from '../../modules/auth';
import AuthForm from '../../components/auth/AuthForm';
import { check } from '../../modules/user';
```

프런트엔드 프로젝트: 시작 및 회원 인증 구현

```javascript
import { useNavigate } from 'react-router-dom';

const RegisterForm = () => {
  const [error, setError] = useState(null);
  const dispatch = useDispatch();
  const { form, auth, authError, user } = useSelector(({ auth, user }) => ({
    form: auth.register,
    auth: auth.auth,
    authError: auth.authError,
    user: user.user,
  }));
  const navigate = useNavigate();

  // 인풋 변경 이벤트 핸들러
  const onChange = (e) => {
    (...)
  };

  // 폼 등록 이벤트 핸들러
  const onSubmit = (e) => {
    e.preventDefault();
    const { username, password, passwordConfirm } = form;
    // 하나라도 비어 있다면
    if ([username, password, passwordConfirm].includes('')) {
      setError('빈 칸을 모두 입력하세요.');
      return;
    }
    // 비밀번호가 일치하지 않는다면
    if (password !== passwordConfirm) {
      setError('비밀번호가 일치하지 않습니다.');
      dispatch(changeField({ form: 'register', key: 'password', value: '' }));
      dispatch(
        changeField({ form: 'register', key: 'passwordConfirm', value: '' }),
      );
      return;
    }
    dispatch(register({ username, password }));
  };

  // 컴포넌트가 처음 렌더링될 때 form을 초기화함
  useEffect(() => {
    dispatch(initializeForm('register'));
```

```
  }, [dispatch]);

  // 회원가입 성공 / 실패 처리
  useEffect(() => {
    if (authError) {
      // 계정명이 이미 존재할 때
      if (authError.response.status === 409) {
        setError('이미 존재하는 계정명입니다.');
        return;
      }
      // 기타 이유
      setError('회원가입 실패');
      return;
    }

    if (auth) {
      console.log('회원가입 성공');
      console.log(auth);
      dispatch(check());
    }
  }, [auth, authError, dispatch]);

  // user 값이 잘 설정되었는지 확인
  useEffect(() => {
    if (user) {
      navigate('/'); // 홈 화면으로 이동
}
  }, [navigate, user]);

  return (
    <AuthForm
      type="register"
      form={form}
      onChange={onChange}
      onSubmit={onSubmit}
      error={error}
    />
  );
};

export default RegisterForm;
```

이제 다음 내용을 확인해 보세요. 값을 다 채우지 않거나, 일치하지 않는 비밀번호 확인 값을 넣거나, 이미 가입한 계정명으로 가입을 시도하며 버튼을 눌러 보세요. 알맞은 오류가 잘 나타나고 있나요?

▼ 그림 24-28 회원가입 에러 처리

이제 로그인 및 회원가입 페이지에서 구현해야 할 기능을 거의 대부분 살펴보았습니다. 다음 절에서는 헤더 컴포넌트를 만들고, localStorage를 사용하여 사용자 로그인 정보를 기억하게 만들 때 LoginForm과 RegisterForm을 다시 수정해 주겠습니다.

24.3 / 헤더 컴포넌트 생성 및 로그인 유지

헤더 컴포넌트를 구현하고, 로그인 후에 새로고침을 해도 로그인이 유지되는 기능을 만들어 봅시다.

24.3.1 헤더 컴포넌트 만들기

헤더 컴포넌트를 만들기 전에 Responsive라는 컴포넌트를 작성하겠습니다. 반응형 디자인을 할 때 더 편하게 작업하기 위해서입니다. Responsive 컴포넌트는 추후 다양한 컴포넌트에서 사용할 수 있기 때문에 common 디렉터리로 분류합니다.

components/common/Responsive.js

```
import styled from 'styled-components';

const ResponsiveBlock = styled.div`
  padding-left: 1rem;
  padding-right: 1rem;
  width: 1024px;
  margin: 0 auto; /* 중앙 정렬 */

  /* 브라우저 크기에 따라 가로 크기 변경 */
  @media (max-width: 1024px) {
    width: 768px;
  }
  @media (max-width: 768px) {
    width: 100%;
  }
`;

const Responsive = ({ children, ...rest }) => {
  // style, className, onClick, onMouseMove 등의 props를 사용할 수 있도록
  // ...rest를 사용하여 ResponsiveBlock에게 전달
  return <ResponsiveBlock {...rest}>{children}</ResponsiveBlock>;
};

export default Responsive;
```

24

프런트엔드 프로젝트: 시작 및 회원 인증 구현

787

이제 Header 컴포넌트를 만들어 봅시다. 이 컴포넌트도 포스트 페이지, 포스트 목록 페이지에서 사용되기 때문에 common 디렉터리에 작성합니다.

components/common/Header.js

```javascript
import styled from 'styled-components';
import Responsive from './Responsive';
import Button from './Button';

const HeaderBlock = styled.div`
  position: fixed;
  width: 100%;
  background: white;
  box-shadow: 0px 2px 4px rgba(0, 0, 0, 0.08);
`;

/**
 * Responsive 컴포넌트의 속성에 스타일을 추가해서 새로운 컴포넌트 생성
 */
const Wrapper = styled(Responsive)`
  height: 4rem;
  display: flex;
  align-items: center;
  justify-content: space-between; /* 자식 엘리먼트 사이의 여백을 최대로 설정 */
  .logo {
    font-size: 1.125rem;
    font-weight: 800;
    letter-spacing: 2px;
  }
  .right {
    display: flex;
    align-items: center;
  }
`;

/**
 * 헤더가 fixed로 되어 있기 때문에 페이지의 콘텐츠가 4rem 아래에 나타나도록 해 주는 컴포넌트
 */
const Spacer = styled.div`
  height: 4rem;
`;

const Header = () => {
```

```
    return (
      <>
        <HeaderBlock>
          <Wrapper>
            <div className="logo">REACTERS</div>
            <div className="right">
              <Button>로그인</Button>
            </div>
          </Wrapper>
        </HeaderBlock>
        <Spacer />
      </>
    );
};

export default Header;
```

헤더 컴포넌트가 언제나 페이지 상단에 떠 있도록 position 값을 fixed로 설정했습니다. 그런데 position을 fixed로 설정하면 헤더 컴포넌트 하단에 나오는 콘텐츠가 헤더의 위치와 겹치게 됩니다. 그러므로 Spacer라는 컴포넌트를 만들어서 헤더 크기만큼 공간을 차지하도록 했습니다.

이제 이 컴포넌트를 PostListPage에서 렌더링해 보세요.

pages/PostListPage.js

```
import Header from '../components/common/Header';

const PostListPage = () => {
  return (
    <>
      <Header />
      <div>안녕하세요.</div>
    </>
  );
};

export default PostListPage;
```

다음과 같은 결과가 나타났나요?

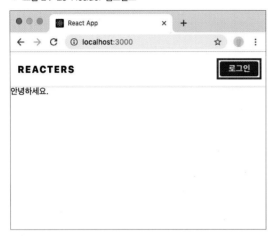

여기서 **로그인** 버튼을 누르면 /login 페이지로 이동해야 하는데요, 버튼 컴포넌트를 Link처럼 작동시키는 두 가지 방법이 있습니다.

첫 번째 방법은 Button 컴포넌트에서 useNavigate를 사용하는 것입니다.

components/common/Button.js

```
import styled, { css } from 'styled-components';
import { useNavigate } from 'react-router-dom';
import palette from '../../lib/styles/palette';

const StyledButton = styled.button`
  border: none;
  border-radius: 4px;
  font-size: 1rem;
  font-weight: bold;
  padding: 0.25rem 1rem;
  color: white;
  outline: none;
  cursor: pointer;
  background: ${palette.gray[8]};
  &:hover {
    background: ${palette.gray[6]};
  }
  ${(props) =>
    props.fullWidth &&
    css`
      padding-top: 0.75rem;
```

```
        padding-bottom: 0.75rem;
        width: 100%;
        font-size: 1.125rem;
      `}
  ${(props) =>
    props.cyan &&
    css`
      background: ${palette.cyan[5]};
      &:hover {
        background: ${palette.cyan[4]};
      }
    `}
`;


const Button = ({ to, ...rest }) => {
  const navigate = useNavigate();
  const onClick = (e) => {
    // to가 있다면 to로 페이지 이동
    if (to) {
      navigate(to);
    }
    if (rest.onClick) {
      rest.onClick(e);
    }
  };
  return <StyledButton {...rest} onClick={onClick} />;
};


export default Button;
```

이렇게 navigate를 사용하여 to 값이 있을 경우 페이지를 이동하도록 구현한 뒤, Button 컴포넌
트를 사용할 때 to 값을 props로 넣어 주면 마치 Link 컴포넌트처럼 작동합니다.

components/common/Header.js

```
import styled from 'styled-components';
import Responsive from './Responsive';
import Button from './Button';
import { Link } from 'react-router-dom';

(...)
```

```
const Header = () => {
  return (
    <>
      <HeaderBlock>
        <Wrapper>
          <Link to="/" className="logo">
            REACTERS
          </Link>
          <div className="right">
            <Button to="/login">로그인</Button>
          </div>
        </Wrapper>
      </HeaderBlock>
      <Spacer />
    </>
  );
};


export default Header;
```

REACTERS라고 나타나는 로고에도 링크를 달고, Button 컴포넌트에도 링크를 달았습니다. 이제 헤더 컴포넌트에서 **로그인** 버튼을 눌렀을 때 페이지가 잘 이동하는지 확인해 보세요.

Button에서 페이지를 이동시키는 두 번째 방법은 useNavigate를 사용하는 대신 Link 컴포넌트를 직접 사용하는 것입니다.

components/common/Button.js

```
import styled, { css } from 'styled-components';
import { Link } from 'react-router-dom';
import palette from '../../lib/styles/palette';

const buttonStyle = css`
  border: none;
  border-radius: 4px;
  font-size: 1rem;
  font-weight: bold;
  padding: 0.25rem 1rem;
  color: white;
  outline: none;
  cursor: pointer;
```

```
    background: ${palette.gray[8]};
    &:hover {
      background: ${palette.gray[6]};
    }

    ${props =>
      props.fullWidth &&
      css`
        padding-top: 0.75rem;
        padding-bottom: 0.75rem;
        width: 100%;
        font-size: 1.125rem;
      `}

    ${props =>
      props.cyan &&
      css`
        background: ${palette.cyan[5]};
        &:hover {
          background: ${palette.cyan[4]};
        }
      `}
`;

const StyledButton = styled.button`
  ${buttonStyle}
`;

const StyledLink = styled(Link)`
  ${buttonStyle}
`;

const Button = props => {
  return props.to ? (
    <StyledLink {...props} cyan={props.cyan ? 1 : 0} />
  ) : (
    <StyledButton {...props} />
  );
};

export default Button;
```

위 코드에서는 StyledLink라는 컴포넌트를 새로 만들었습니다. StyledButton과 똑같은 스타일을 사용하므로, 기존에 사용하던 스타일을 buttonStyle이라는 값에 담아서 재사용했습니다. 그리고 Button 컴포넌트 내부에서 props.to 값에 따라 StyledLink를 사용할지, StyledButton을 사용할지 정하도록 설정했습니다.

StyledLink를 사용하는 과정에서는 props.cyan 값을 숫자 1과 0으로 변환해 주었습니다. 이렇게 한 이유는 styled() 함수로 감싸서 만든 컴포넌트의 경우에는 임의 props가 필터링되지 않기 때문입니다(styled.button으로 만든 컴포넌트의 경우에는 cyan과 같은 임의 props가 자동으로 필터링되어 스타일을 만드는 용도로만 사용되고, 실제 button 엘리먼트에게 속성이 전달되지 않습니다). 필터링이 되지 않으면 cyan={true}라는 값이 Link에서 사용하는 a 태그에 그대로 전달되는데, a 태그는 boolean 값이 임의 props로 설정되는 것을 허용하지 않습니다. 숫자/문자열만 허용하기 때문에 삼항 연산자를 사용하여 boolean을 숫자로 변환해 준 것입니다.

이렇게 useNavigate를 사용하는 방법과 Link 컴포넌트를 사용하는 방법을 배워 보았는데요. 두 가지 방법 중에서 Link 컴포넌트를 사용하는 것을 권장합니다. 사용자가 느끼기에는 비슷하지만, 웹 접근성으로 따지면 Link 컴포넌트를 사용하는 것이 더 옳은 방식입니다. Link 컴포넌트는 a 태그를 사용하기 때문이죠. HTML 태그는 용도대로 사용하는 것이 좋습니다. 또한, Link 컴포넌트를 기반으로 구현하면 버튼에 마우스를 올렸을 때 브라우저 하단에 이동할 주소가 나타난다는 차이점도 있습니다.

▼ 그림 24-30 하단에 뜨는 주소

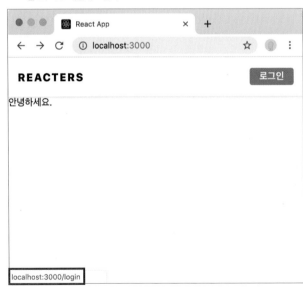

24.3.2 로그인 상태를 보여 주고 유지하기

로그인 페이지에서 로그인에 성공하면 헤더 컴포넌트에서 로그인 중인 상태를 보여 주고, 새로고침을 해도 이 상태가 유지되도록 해 보겠습니다.

24.3.2.1 로그인 상태 보여 주기

먼저 헤더 컴포넌트에 리덕스를 연결시켜 봅시다. containers 디렉터리에 common 디렉터리를 만들고, 그 안에 HeaderContainer 컴포넌트를 작성해 보세요.

containers/common/HeaderContainer.js

```javascript
import { useSelector } from 'react-redux';
import Header from '../../components/common/Header';

const HeaderContainer = () => {
  const { user } = useSelector(({ user }) => ({ user: user.user }));
  return <Header user={user} />;
};


export default HeaderContainer;
```

헤더 컴포넌트에서 user 값이 주어질 경우 계정명과 **로그아웃** 버튼을 보여 주도록 수정하세요.

components/common/Header.js

```javascript
import styled from 'styled-components';
import Responsive from './Responsive';
import Button from './Button';
import { Link } from 'react-router-dom';

(...)

const UserInfo = styled.div`
  font-weight: 800;
  margin-right: 1rem;
`;

const Header = ({ user }) => {
  return (
    <>
```

24

프런트엔드 프로젝트: 시작 및 회원 인증 구현

```
      <HeaderBlock>
        <Wrapper>
          <Link to="/" className="logo">
            REACTERS
          </Link>
          {user ? (
            <div className="right">
              <UserInfo>{user.username}</UserInfo>
              <Button>로그아웃</Button>
            </div>
          ) : (
            <div className="right">
              <Button to="/login">로그인</Button>
            </div>
          )}
        </Wrapper>
      </HeaderBlock>
      <Spacer />
    </>
  );
};

export default Header;
```

다음으로 PostListPage에서 Header 컴포넌트를 HeaderContainer로 대체하세요.

pages/PostListPage.js

```
import HeaderContainer from '../containers/common/HeaderContainer';

const PostListPage = () => {
  return (
    <>
      <HeaderContainer />
      <div>안녕하세요.</div>
    </>
  );
};

export default PostListPage;
```

여기까지 작업한 뒤 로그인 페이지에서 로그인해 보세요. 헤더 컴포넌트가 다음과 같이 나타났나요?

▼ 그림 24-31 로그인 상태

그런데 여기서 새로고침을 하면 상태가 초기화됩니다. 이를 유지시켜 볼까요?

24.3.2.2 로그인 상태 유지하기

로그인 상태를 유지하기 위해 브라우저에 내장되어 있는 localStorage를 사용하겠습니다.

LoginForm과 RegisterForm을 다음과 같이 수정해 주세요.

containers/auth/LoginForm.js

```
import React, { useEffect, useState } from 'react';
import { useSelector, useDispatch } from 'react-redux';
import { changeField, initializeForm, login } from '../../modules/auth';
import AuthForm from '../../components/auth/AuthForm';
import { check } from '../../modules/user';
import { useNavigate } from 'react-router-dom';

const LoginForm = () => {
  (...)

  useEffect(() => {
    if (user) {
      navigate('/');
      try {
        localStorage.setItem('user', JSON.stringify(user));
      } catch (e) {
        console.log('localStorage is not working');
```

```
      }
    }
  }, [navigate, user]);

  return (...);
};


export default LoginForm;
```

RegisterForm에서도 똑같은 코드를 붙여 넣습니다.

containers/auth/RegisterForm.js

```
import React, { useEffect, useState } from 'react';
import { useDispatch, useSelector } from 'react-redux';
import { changeField, initializeForm, register } from '../../modules/auth';
import AuthForm from '../../components/auth/AuthForm';
import { check } from '../../modules/user';
import { useNavigate } from 'react-router-dom';

const RegisterForm = () => {
  (...)

  // user 값이 잘 설정되었는지 확인
  useEffect(() => {
    if (user) {
      navigate('/'); // 홈 화면으로 이동
      try {
        localStorage.setItem('user', JSON.stringify(user));
      } catch (e) {
        console.log('localStorage is not working');
      }
    }
  }, [navigate, user]);

  return (...);
};


export default RegisterForm;
```

회원가입 및 로그인을 하면 사용자 정보를 localStorage에 저장하도록 작업해 주었습니다. 페이지를 새로고침했을 때도 로그인 상태를 유지하려면, 리액트 앱이 브라우저에서 맨 처음 렌더링될 때 localStorage에서 값을 불러와 리덕스 스토어 안에 넣도록 구현해 주어야 합니다.

이 작업은 App 컴포넌트에서 useEffect를 사용하여 처리하거나, App 컴포넌트를 클래스형 컴포넌트로 변환하여 componentDidMount 메서드를 만들고 그 안에서 처리해도 됩니다. 하지만 여기서는 프로젝트의 엔트리 파일인 index.js에서 처리해 주겠습니다.

왜냐하면, componentDidMount와 useEffect는 컴포넌트가 한 번 렌더링된 이후에 실행되기 때문입니다. 이 경우에는 사용자가 아주 짧은 깜박임 현상(로그인이 나타났다가 로그아웃이 나타나는 현상)을 경험할 수도 있습니다. index.js에서 사용자 정보를 불러오도록 처리하고 컴포넌트를 렌더링하면 이러한 깜박임 현상이 발생하지 않습니다.

index.js를 다음과 같이 수정해 보세요.

src/index.js

```
import React from 'react';
import ReactDOM from 'react-dom/client';
import './index.css';
import App from './App';
import { BrowserRouter } from 'react-router-dom';
import { Provider } from 'react-redux';
import { createStore, applyMiddleware } from 'redux';
import { composeWithDevTools } from '@redux-devtools/extension';
import rootReducer, { rootSaga } from './modules';
import createSagaMiddleware from 'redux-saga';
import { tempSetUser, check } from './modules/user';

const sagaMiddleware = createSagaMiddleware();
const store = createStore(
  rootReducer,
  composeWithDevTools(applyMiddleware(sagaMiddleware))
);

function loadUser() {
  try {
    const user = localStorage.getItem('user');
    if (!user) return; // 로그인 상태가 아니라면 아무것도 안 함
    store.dispatch(tempSetUser(JSON.parse(user)));
    store.dispatch(check());
  } catch (e) {
```

프론트엔드 프로젝트: 시작 및 회원 인증 구현

```
      console.log('localStorage is not working');
    }
  }
sagaMiddleware.run(rootSaga);
loadUser();

const root = ReactDOM.createRoot(document.getElementById('root'));
root.render(
  <Provider store={store}>
    <BrowserRouter>
      <App />
    </BrowserRouter>
  </Provider>
);
```

위 코드를 작성할 때는 sagaMiddleware.run이 호출된 이후에 loadUser 함수를 호출하는 것이 중요합니다. loadUser 함수를 먼저 호출하면 CHECK 액션을 디스패치했을 때 사가에서 이를 제대로 처리하지 않습니다.

이제 로그인하고 나서 새로고침을 해 보세요. 로그인 상태가 잘 유지되나요? 리덕스 개발자 도구를 통해 어떤 액션이 디스패치되었는지, 리덕스 스토어는 어떤 상태를 가지고 있는지 확인해 보세요.

현재 페이지가 새로고침될 때 localStorage에 사용자 정보가 들어 있다면 그 사용자 값을 리덕스 스토어에 넣습니다. 그리고 나서 정말 사용자가 로그인 상태인지 CHECK 액션을 디스패치하여 검증하도록 했지요.

CHECK 액션이 디스패치되면 사가를 통해 /api/check API를 호출합니다. 이 API는 성공할 수도 있고, 실패할 수도 있습니다. 만약 실패하면, 사용자 상태를 초기화해야 하고 localStorage에 들어 있는 값도 지워 주어야 합니다.

localStorage에 데이터를 따로 저장하지 않아도 /api/check API를 호출하여 로그인 상태를 유지할 수 있습니다. 하지만 여기서 localStorage를 따로 사용해준 이유는 사용자가 이 API를 요청하고 응답하기 전에도 로그인 상태를 보여주기 위해서입니다.

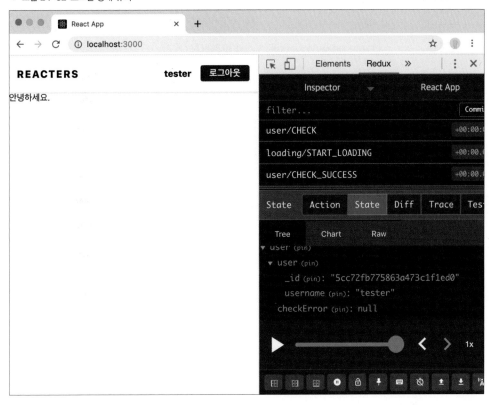

24.3.2.3 로그인 검증 실패 시 정보 초기화

로그인 정보가 만료되었을 때를 대비하여 사용자 정보를 초기화하는 작업을 해 보겠습니다.

modules/user.js

```
import { createAction, handleActions } from 'redux-actions';
import { takeLatest } from 'redux-saga/effects';
import * as authAPI from '../lib/api/auth';
import createRequestSaga, {
  createRequestActionTypes,
} from '../lib/createRequestSaga';

const TEMP_SET_USER = 'user/TEMP_SET_USER'; // 새로고침 이후 임시 로그인 처리
// 회원 정보 확인
const [CHECK, CHECK_SUCCESS, CHECK_FAILURE] = createRequestActionTypes(
  'user/CHECK',
);
```

```
export const tempSetUser = createAction(TEMP_SET_USER, user => user);
export const check = createAction(CHECK);

const checkSaga = createRequestSaga(CHECK, authAPI.check);

function checkFailureSaga() {
  try {
    localStorage.removeItem('user'); // localStorage에서 user를 제거
  } catch (e) {
    console.log('localStorage is not working');
  }
}

export function* userSaga() {
  yield takeLatest(CHECK, checkSaga);
  yield takeLatest(CHECK_FAILURE, checkFailureSaga);
}

const initialState = {
  user: null,
  checkError: null,
};

export default handleActions(
  (...),
  initialState,
);
```

checkFailureSaga라는 함수를 만들고, CHECK_FAILURE 액션이 발생할 때 해당 함수가 호출되도록 설정했습니다. 이 함수에서는 localStorage 안에 있는 user 값을 초기화해 줍니다. 스토어 안의 user 값은 리듀서에서 CHECK_FAILURE 액션이 발생했을 때 user 값을 null로 설정하도록 이미 처리했으니 신경 쓰지 않아도 됩니다. 또한, checkFailureSaga 함수에서는 yield를 사용하지 않으므로 function*를 사용하여 제너레이터 함수 형태로 만들어 주지 않아도 괜찮습니다.

이제 로그인 정보가 유효하지 않을 때 로그인 정보 초기화 후 새로고침이 되는지 확인해 볼까요? 쿠키를 초기화하고 페이지를 새로고침해 보세요.

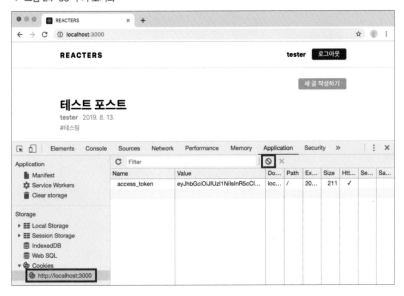

쿠키를 초기화할 때는 개발자 도구에서 Application 탭을 열고, Cookies > http://localhost:3000/
을 선택한 다음 ⊘ 아이콘을 누르면 됩니다.

쿠키를 초기화했다면 페이지를 새로고침해 보세요. 로그인 정보가 잘 초기화되어 있나요? 개발
자 도구의 콘솔에서 console.log(localStorage.user)를 입력해 보세요. 초기화가 잘되었다면
undefined가 나타나야 합니다.

▼ 그림 24-34 로그인 정보 초기화

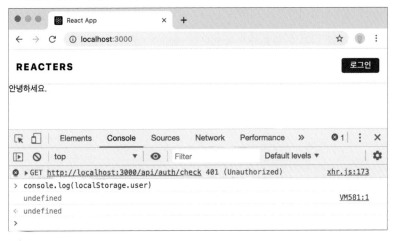

undefined라고 잘 나타났나요?

24.3.3 로그아웃 기능 구현

이번에는 로그아웃 기능을 구현해 봅시다. 로그아웃 기능을 구현하는 것은 간단합니다. 로그아웃 API를 호출하고, localStorage 안의 값을 없애 주면 됩니다.

먼저 lib/api/auth.js 파일을 열어서 logout 함수를 만들어 주세요.

lib/api/auth.js

```
import client from './client';

// 로그인
export const login = ({ username, password }) =>
  client.post('/api/auth/login', { username, password });

// 회원가입
export const register = ({ username, password }) =>
  client.post('/api/auth/register', { username, password });

// 로그인 상태 확인
export const check = () => client.get('/api/auth/check');

// 로그아웃
export const logout = () => client.post('/api/auth/logout');
```

이어서 LOGOUT이라는 액션을 만들고, 이 액션이 디스패치되었을 때 API 호출 후 localStorage의 user 값을 지워 줍니다. 추가로 리듀서에서는 스토어의 user 값을 null로 설정하겠습니다.

로그아웃의 경우에는 성공/실패 여부가 중요하지 않으므로 LOGOUT_SUCCESS, LOGOUT_FAILURE와 같은 액션은 따로 만들지 않겠습니다.

modules/user.js

```
import { createAction, handleActions } from 'redux-actions';
import { takeLatest, call } from 'redux-saga/effects';
import * as authAPI from '../lib/api/auth';
import createRequestSaga, {
  createRequestActionTypes,
} from '../lib/createRequestSaga';

const TEMP_SET_USER = 'user/TEMP_SET_USER'; // 새로고침 이후 임시 로그인 처리
// 회원 정보 확인
```

```
const [CHECK, CHECK_SUCCESS, CHECK_FAILURE] = createRequestActionTypes(
  'user/CHECK',
);
const LOGOUT = 'user/LOGOUT';

export const tempSetUser = createAction(TEMP_SET_USER, user => user);
export const check = createAction(CHECK);
export const logout = createAction(LOGOUT);

const checkSaga = createRequestSaga(CHECK, authAPI.check);

function checkFailureSaga() {
  try {
    localStorage.removeItem('user'); // localStorage에서 user를 제거
  } catch (e) {
    console.log('localStorage is not working');
  }
}

function* logoutSaga() {
  try {
    yield call(authAPI.logout); // logout API 호출
    localStorage.removeItem('user'); // localStorage에서 user를 제거
  } catch (e) {
    console.log(e);
  }
}

export function* userSaga() {
  yield takeLatest(CHECK, checkSaga);
  yield takeLatest(CHECK_FAILURE, checkFailureSaga);
  yield takeLatest(LOGOUT, logoutSaga);
}

const initialState = {
  user: null,
  checkError: null,
};

export default handleActions(
  {
    (...)
    [LOGOUT]: state => ({
```

```
      ...state,
      user: null,
    }),
  },
  initialState,
);
```

다 작성한 뒤에는 logout 액션 생성 함수를 디스패치하는 onLogout 함수를 만들어서 Header 컴
포넌트에 전달해 주세요.

containers/common/HeaderContainer.js

```
import { useSelector, useDispatch } from 'react-redux';
import Header from '../../components/common/Header';
import { logout } from '../../modules/user';

const HeaderContainer = () => {
  const { user } = useSelector(({ user }) => ({ user: user.user }));
  const dispatch = useDispatch();
  const onLogout = () => {
    dispatch(logout());
  };
  return <Header user={user} onLogout={onLogout} />;
};

export default HeaderContainer;
```

그리고 Header 컴포넌트에서 **로그아웃** 버튼을 누르면 해당 함수가 호출되도록 구현하세요.

components/common/Header.js

```
(...)
const Header = ({ user, onLogout }) => {
  return (
    <>
      <HeaderBlock>
        <Wrapper>
          <Link to="/" className="logo">
            REACTERS
          </Link>
          {user ? (
            <div className="right">
```

```
            <UserInfo>{user.username}</UserInfo>
            <Button onClick={onLogout}>로그아웃</Button>
          </div>
        ) : (
          <div className="right">
            <Button to="/login">로그인</Button>
          </div>
        )}
      </Wrapper>
    </HeaderBlock>
    <Spacer />
  </>
  );
};

export default Header;
```

이제 브라우저에서 다시 로그인한 다음, **로그아웃** 버튼을 눌러 보세요. 로그아웃이 잘되었나요?

▼ 그림 24-35 로그아웃

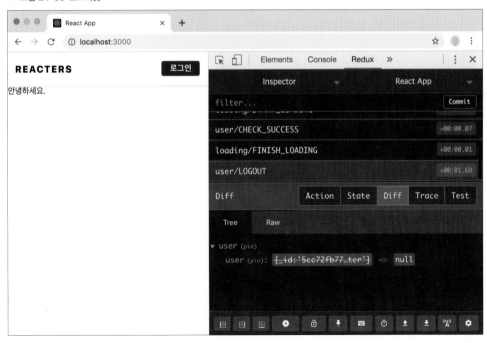

24.4 정리

회원 인증을 위한 기능이 모두 구현되었습니다. 회원 인증 기능을 구현하는 과정에서, 우리는 UI를 구성하고 애플리케이션에 필요한 상태 관리도 해 주었습니다. API를 연동하는 과정에서 리덕스와 redux-saga도 사용되었지요. 추가로 이 프로젝트에서는 클래스형 컴포넌트가 단 한 번도 사용되지 않았으며, 앞으로도 사용되지 않을 예정입니다.

앞으로 해야 할 작업도 결국 비슷한 작업들입니다. 다음 장에서는 글쓰기 기능을 구현해 보겠습니다.

25장

프런트엔드
프로젝트:
글쓰기 기능
구현하기

애플리케이션의 회원 인증 시스템이 모두 구현되었습니다. 이번에는 글쓰기 페이지 기능을 구현할 차례입니다. 글쓰기에 관련된 컴포넌트들은 write라는 이름으로 분류하겠습니다.

이번 실습은 다음 흐름으로 진행됩니다.

▼ 그림 25-1 글쓰기 기능 구현하기

글을 작성하는 에디터는 Quill이라는 라이브러리를 사용하여 구현하겠습니다. yarn을 사용하여 해당 라이브러리를 설치해 주세요.

```
$ yarn add quill
```

다음으로 components/write 디렉터리에 Editor 컴포넌트를 만드세요. 이 컴포넌트에서는 제목과 내용을 입력할 수 있습니다. 제목은 input을 사용하고, 내용은 Quill 에디터를 사용하겠습니다.

components/write/Editor.js

```
import { useRef, useEffect } from 'react';
import Quill from 'quill';
import 'quill/dist/quill.bubble.css';
import styled from 'styled-components';
import palette from '../../lib/styles/palette';
import Responsive from '../common/Responsive';

const EditorBlock = styled(Responsive)`
  /* 페이지 위아래 여백 지정 */
```

```
    padding-top: 5rem;
    padding-bottom: 5rem;
  `;
const TitleInput = styled.input`
  font-size: 3rem;
  outline: none;
  padding-bottom: 0.5rem;
  border: none;
  border-bottom: 1px solid ${palette.gray[4]};
  margin-bottom: 2rem;
  width: 100%;
  `;
const QuillWrapper = styled.div`
  /* 최소 크기 지정 및 padding 제거 */
  .ql-editor {
    padding: 0;
    min-height: 320px;
    font-size: 1.125rem;
    line-height: 1.5;
  }
  .ql-editor.ql-blank::before {
    left: 0px;
  }
  `;

const Editor = () => {
  const quillElement = useRef(null); // Quill을 적용할 DivElement를 설정
  const quillInstance = useRef(null); // Quill 인스턴스를 설정

  useEffect(() => {
    quillInstance.current = new Quill(quillElement.current, {
      theme: 'bubble',
      placeholder: '내용을 작성하세요...',
      modules: {
        // 더 많은 옵션
        // https://quilljs.com/docs/modules/toolbar/ 참고
        toolbar: [
          [{ header: '1' }, { header: '2' }],
          ['bold', 'italic', 'underline', 'strike'],
          [{ list: 'ordered' }, { list: 'bullet' }],
          ['blockquote', 'code-block', 'link', 'image'],
        ],
      },
```

```
      });
    }, []);

    return (
      <EditorBlock>
        <TitleInput placeholder="제목을 입력하세요" />
        <QuillWrapper>
          <div ref={quillElement} />
        </QuillWrapper>
      </EditorBlock>
    );
  };

  export default Editor;
```

외부 라이브러리를 연동할 때는 이처럼 useRef와 useEffect를 적절하게 사용하면 됩니다. 만약 클래스형 컴포넌트를 작성한다면 createRef와 componentDidMount를 사용하면 되겠지요?

Editor 컴포넌트를 WritePage에 렌더링하고 http://localhost:3000/write 주소를 입력하여 들어가 보세요.

pages/WritePage.js

```
import Editor from '../components/write/Editor';
import Responsive from '../components/common/Responsive';

const WritePage = () => {
  return (
    <Responsive>
      <Editor />
    </Responsive>
  );
};

export default WritePage;
```

브라우저에 다음과 같은 화면이 나타나나요?

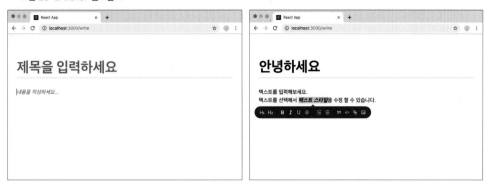

에디터를 한번 사용해 보세요. 텍스트를 입력한 뒤, 입력한 텍스트를 드래그하여 선택하면 스타일을 수정할 수도 있습니다.

Editor 컴포넌트에서 사용되는 값을 추후 리덕스에서도 관리할 수 있도록 props를 설정해 주어야하는데요, 이 작업은 뒤에서 하겠습니다.

25.2 / 에디터 하단 컴포넌트 UI 구현하기

에디터 하단에 태그를 추가하는 컴포넌트와 포스트 작성을 완료하거나 취소하는 버튼을 보여 주는 컴포넌트를 만들어 보겠습니다.

25.2.1 TagBox 만들기

태그를 추가하는 컴포넌트 이름은 TagBox라고 하겠습니다. 이 컴포넌트를 다음과 같이 만들어 보세요.

components/write/TagBox.js

```
import React from 'react';
import styled from 'styled-components';
import palette from '../../lib/styles/palette';
```

```
const TagBoxBlock = styled.div`
  width: 100%;
  border-top: 1px solid ${palette.gray[2]};
  padding-top: 2rem;

  h4 {
    color: ${palette.gray[8]}
    margin-top: 0;
    margin-bottom: 0.5rem;
  }
`;

const TagForm = styled.form`
  border-radius: 4px;
  overflow: hidden;
  display: flex;
  width: 256px;
  border: 1px solid ${palette.gray[9]}; /* 스타일 초기화 */
  input,
  button {
    outline: none;
    border: none;
    font-size: 1rem;
  }

  input {
    padding: 0.5rem;
    flex: 1;
    min-width: 0;
  }
  button {
    cursor: pointer;
    padding-right: 1rem;
    padding-left: 1rem;
    border: none;
    background: ${palette.gray[8]};
    color: white;
    font-weight: bold;
    &:hover {
      background: ${palette.gray[6]};
    }
  }
`;

const Tag = styled.div`
  margin-right: 0.5rem;
```

```
  color: ${palette.gray[6]};
  cursor: pointer;
  &:hover {
    opacity: 0.5;
  }
`;

const TagListBlock = styled.div`
  display: flex;
  margin-top: 0.5rem;
`;

// React.memo를 사용하여 tag 값이 바뀔 때만 리렌더링되도록 처리
const TagItem = React.memo(({ tag }) => <Tag>#{tag}</Tag>);

// React.memo를 사용하여 tags 값이 바뀔 때만 리렌더링되도록 처리
const TagList = React.memo(({ tags }) => (
  <TagListBlock>
    {tags.map(tag => (
      <TagItem key={tag} tag={tag} />
    ))}
  </TagListBlock>
));

const TagBox = () => {
  return (
    <TagBoxBlock>
      <h4>태그</h4>
      <TagForm>
        <input placeholder="태그를 입력하세요" />
        <button type="submit">추가</button>
      </TagForm>
      <TagList tags={['태그1', '태그2', '태그3']} />
    </TagBoxBlock>
  );
};

export default TagBox;
```

TagBox 컴포넌트에서 모든 작업을 하지는 않습니다. 이 컴포넌트를 만들 때 TagItem, TagList 라는 두 컴포넌트를 추가로 만들었는데, 이렇게 컴포넌트를 분리시킨 이유는 렌더링을 최적화하기 위해서입니다. 현재 TagBox 컴포넌트는 두 가지 상황에서 렌더링을 합니다. 첫 번째는 input 이 바뀔 때이고, 두 번째는 태그 목록이 바뀔 때입니다.

만약 컴포넌트를 분리하지 않고 한 컴포넌트에서 전부 직접 렌더링한다면, input 값이 바뀔 때 태그 목록도 리렌더링될 것입니다. 태그 목록이 리렌더링되면 또 태그 하나하나가 모두 리렌더링되겠지요.

하지만 위에 작성한 코드처럼 TagList와 TagItem 컴포넌트를 분리시켜 주면 input 값이 바뀌어도 TagList 컴포넌트가 리렌더링되지 않습니다. 그리고 태그 목록에 변화가 생겨도 이미 렌더링 중인 TagItem들은 리렌더링되지 않고, 실제로 추가되거나 삭제되는 태그에만 영향을 미치게 됩니다.

컴포넌트를 분리하기만 하면 최적화가 되는 것은 아닙니다. 추가로 React.memo를 사용하여 컴포넌트들을 감싸 주면, 해당 컴포넌트가 받아 오는 props가 실제로 바뀌었을 때만 리렌더링해 줍니다. shouldComponentUpdate를 구현하고 모든 props를 비교해 보는 것과 동일하죠.

다 만들었으면 WritePage에서 Editor 하단에 렌더링하세요.

pages/WritePage.js

```
import Editor from '../components/write/Editor';
import TagBox from '../components/write/TagBox';
import Responsive from '../components/common/Responsive';

const WritePage = () => {
  return (
    <Responsive>
      <Editor />
      <TagBox />
    </Responsive>
  );
};

export default WritePage;
```

TagBox 컴포넌트가 다음과 같이 잘 나타났나요?

▼ 그림 25-3 TagBox

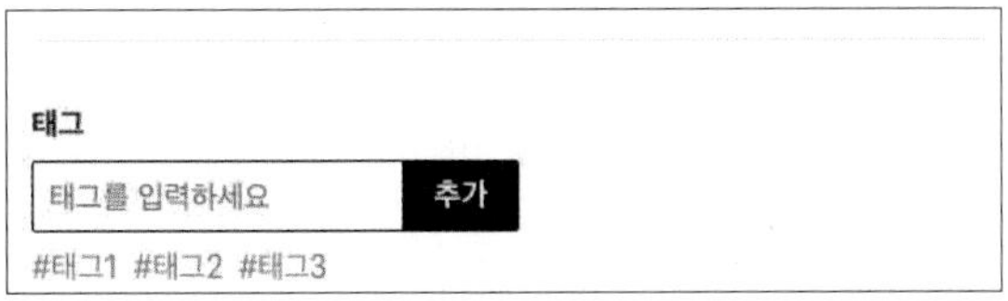

태그

| 태그를 입력하세요 | 추가 |

#태그1 #태그2 #태그3

TagBox 컴포넌트에 Hooks를 사용하여 태그를 추가하고 제거하는 기능을 구현하겠습니다. TagBox를 다음과 같이 수정해 보세요.

components/write/TagBox.js

```javascript
import React, { useState, useCallback } from 'react';
import styled from 'styled-components';
import palette from '../../lib/styles/palette';

(...)

// React.memo를 사용하여 tag 값이 바뀔 때만 리렌더링되도록 처리
const TagItem = React.memo(({ tag, onRemove }) => (
  <Tag onClick={() => onRemove(tag)}>#{tag}</Tag>
));

// React.memo를 사용하여 tags 값이 바뀔 때만 리렌더링되도록 처리
const TagList = React.memo(({ tags, onRemove }) => (
  <TagListBlock>
    {tags.map(tag => (
      <TagItem key={tag} tag={tag} onRemove={onRemove} />
    ))}
  </TagListBlock>
));

const TagBox = () => {
  const [input, setInput] = useState('');
  const [localTags, setLocalTags] = useState([]);

  const insertTag = useCallback(
    tag => {
      if (!tag) return; // 공백이라면 추가하지 않음
      if (localTags.includes(tag)) return; // 이미 존재한다면 추가하지 않음
      setLocalTags([...localTags, tag]);
    },
    [localTags],
  );

  const onRemove = useCallback(
    tag => {
      setLocalTags(localTags.filter(t => t !== tag));
    },
    [localTags],
  );
```

25

프런트엔드 프로젝트: 글쓰기 기능 구현하기

```
    const onChange = useCallback(e => {
      setInput(e.target.value);
    }, []);

    const onSubmit = useCallback(
      e => {
        e.preventDefault();
        insertTag(input.trim()); // 앞뒤 공백을 없앤 후 등록
        setInput(''); // input 초기화
      },
      [input, insertTag],
    );
    return (
      <TagBoxBlock>
        <h4>태그</h4>
        <TagForm onSubmit={onSubmit}>
          <input
            placeholder="태그를 입력하세요"
            value={input}
            onChange={onChange}
          />
          <button type="submit">추가</button>
        </TagForm>
        <TagList tags={localTags} onRemove={onRemove} />
      </TagBoxBlock>
    );
  };

export default TagBox;
```

이제 태그 등록 및 삭제가 잘되는지 확인해 보세요. 삭제는 추가된 태그를 클릭하면 삭제할 수 있
게 만들었습니다.

▼ 그림 25-4 태그 직접 등록 및 삭제

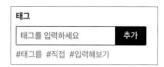

이제 TagBox 컴포넌트 개발을 거의 마쳤습니다. 추후 이 컴포넌트에 있는 tags 배열을 리덕스에
서 관리할 때 또 수정하겠습니다.

25.2.1.1 WriteActionButtons 만들기

WriteActionButtons 컴포넌트는 포스트 작성 및 취소를 할 수 있는 컴포넌트입니다. 이 컴포넌트에 두 개의 버튼을 만들고 onPublish, onCancel이라는 props를 받아 와서 사용하도록 해 보겠습니다.

components/write/WriteActionButtons.js

```javascript
import styled from 'styled-components';
import Button from '../common/Button';

const WriteActionButtonsBlock = styled.div`
  margin-top: 1rem;
  margin-bottom: 3rem;
  button + button {
    margin-left: 0.5rem;
  }
`;

/* TagBox에서 사용하는 버튼과 일치하는 높이로 설정한 후 서로 간의 여백 지정 */
const StyledButton = styled(Button)`
  height: 2.125rem;
  & + & {
    margin-left: 0.5rem;
  }
`;

const WriteActionButtons = ({ onCancel, onPublish }) => {
  return (
    <WriteActionButtonsBlock>
      <StyledButton cyan onClick={onPublish}>
        포스트 등록
      </StyledButton>
      <StyledButton onClick={onCancel}>취소</StyledButton>
    </WriteActionButtonsBlock>
  );
};

export default WriteActionButtons;
```

컴포넌트를 다 만든 뒤에는 WritePage에서 렌더링하세요.

```
import Editor from '../components/write/Editor';
import TagBox from '../components/write/TagBox';
import WriteActionButtons from '../components/write/WriteActionButtons';
import Responsive from '../components/common/Responsive';

const WritePage = () => {
  return (
    <Responsive>
      <Editor />
      <TagBox />
      <WriteActionButtons />
    </Responsive>
  );
};


export default WritePage;
```

글쓰기 페이지에 필요한 모든 컴포넌트의 UI를 완성했습니다! 이제 화면에 다음과 같은 결과가
나타날 것입니다.

▼ 그림 25-5 WritePage UI 구성 완료

리덕스로 글쓰기 상태 관리하기

글쓰기 관련 상태를 리덕스로 관리해 줄 차례입니다. write 리덕스 모듈을 작성해 주세요.

modules/write.js

```
import { createAction, handleActions } from 'redux-actions';

const INITIALIZE = 'write/INITIALIZE'; // 모든 내용 초기화
const CHANGE_FIELD = 'write/CHANGE_FIELD'; // 특정 key 값 바꾸기

export const initialize = createAction(INITIALIZE);
export const changeField = createAction(CHANGE_FIELD, ({ key, value }) => ({
  key,
  value,
}));

const initialState = {
  title: '',
  body: '',
  tags: [],
};

const write = handleActions(
  {
    [INITIALIZE]: state => initialState, // initialState를 넣으면 초기 상태로 바뀜
    [CHANGE_FIELD]: (state, { payload: { key, value } }) => ({
      ...state,
      [key]: value, // 특정 key 값을 업데이트
    }),
  },
  initialState,
);

export default write;
```

리듀서를 다 만들었으면 루트 리듀서에 포함시키세요.

```
import { combineReducers } from 'redux';
import { all } from 'redux-saga/effects';
import auth, { authSaga } from './auth';
import loading from './loading';
import user, { userSaga } from './user';
import write from './write';

const rootReducer = combineReducers({
  auth,
  loading,
  user,
  write,
});

export function* rootSaga() {
  yield all([authSaga(), userSaga()]);
}

export default rootReducer;
```

이제 Editor, TagBox, WriteActionButtons 컴포넌트 각각에 대해 컨테이너 컴포넌트를 만들어 주겠습니다. 현재 상황을 보면, 구현해야 할 기능이 그렇게 많지 않고 로직도 간단하기 때문에 컨테이너 컴포넌트를 하나만 만들고 그 안에서 글 작성에 관련한 모든 컴포넌트의 상태 관리를 해주어도 괜찮을 것 같네요. 하지만 이러한 방식은 자칫하면 코드가 방대해져 나중에 유지 보수가 어려워질 수 있기 때문에 각 컴포넌트의 역할에 따라 컨테이너 컴포넌트를 따로 만드는 것을 권장합니다.

25.3.1 EditorContainer 만들기

```
import { useEffect, useCallback } from 'react';
import Editor from '../../components/write/Editor';
import { useSelector, useDispatch } from 'react-redux';
import { changeField, initialize } from '../../modules/write';

const EditorContainer = () => {
```

```
  const dispatch = useDispatch();
  const { title, body } = useSelector(({ write }) => ({
    title: write.title,
    body: write.body,
  }));
  const onChangeField = useCallback(payload => dispatch(changeField(payload)), [
    dispatch,
  ]);
  // 언마운트될 때 초기화
  useEffect(() => {
    return () => {
      dispatch(initialize());
    };
  }, [dispatch]);
  return <Editor onChangeField={onChangeField} title={title} body={body} />;
};

export default EditorContainer;
```

위 컨테이너 컴포넌트에서는 title 값과 body 값을 리덕스 스토어에서 불러와 Editor 컴포넌트에 전달해 주었습니다. 참고로 Quill 에디터는 일반 input이나 textarea가 아니기 때문에 onChange와 value 값을 사용하여 상태를 관리할 수 없습니다. 따라서 지금은 에디터에서 값이 바뀔 때 리덕스 스토어에 값을 넣는 작업만 하고, 리덕스 스토어의 값이 바뀔 때 에디터 값이 바뀌게 하는 작업은 추후 포스트 수정 기능을 구현할 때 처리하겠습니다.

onChangeField 함수는 useCallback으로 감싸 주었는데, 이는 Editor 컴포넌트에서 사용할 useEffect에서 onChangeField를 사용할 것이기 때문입니다. onChangeField를 useCallback으로 감싸 주어야만 나중에 Editor에서 사용할 useEffect가 컴포넌트가 화면에 나타났을 때 딱 한 번만 실행되기 때문입니다.

또한, 사용자가 WritePage에서 벗어날 때는 데이터를 초기화해야 합니다. 컴포넌트가 언마운트될 때 useEffect로 INITIALIZE 액션을 발생시켜서 리덕스의 write 관련 상태를 초기화해 줍니다. 만약 초기화를 하지 않는다면, 포스트 작성 후 다시 글쓰기 페이지에 들어왔을 때 이전에 작성한 내용이 남아 있게 됩니다.

컨테이너 컴포넌트를 다 만들었으면 WritePage에서 기존 Editor를 EditorContainer로 대체시키세요.

```
import TagBox from '../components/write/TagBox';
import WriteActionButtons from '../components/write/WriteActionButtons';
import Responsive from '../components/common/Responsive';
import EditorContainer from '../containers/write/EditorContainer';

const WritePage = () => {
  return (
    <Responsive>
      <EditorContainer />
      <TagBox />
      <WriteActionButtons />
    </Responsive>
  );
};


export default WritePage;
```

이어서 Editor 컴포넌트를 다음과 같이 수정하세요.

```
import { useRef, useEffect } from 'react';
import Quill from 'quill';
import 'quill/dist/quill.bubble.css';
import styled from 'styled-components';
import palette from '../../lib/styles/palette';
(...)

const Editor = ({ title, body, onChangeField }) => {
  const quillElement = useRef(null); // Quill을 적용할 DivElement를 설정
  const quillInstance = useRef(null); // Quill 인스턴스를 설정

  useEffect(() => {
    quillInstance.current = new Quill(quillElement.current, {
      theme: 'bubble',
      placeholder: '내용을 작성하세요...',
      modules: {
        // 더 많은 옵션
        // https://quilljs.com/docs/modules/toolbar/ 참고
        toolbar: [
          [{ header: '1' }, { header: '2' }],
```

```
              ['bold', 'italic', 'underline', 'strike'],
              [{ list: 'ordered' }, { list: 'bullet' }],
              ['blockquote', 'code-block', 'link', 'image'],
            ],
          },
        });

        // quill에 text-change 이벤트 핸들러 등록
        // 참고: https://quilljs.com/docs/api/#events
        const quill = quillInstance.current;
        quill.on('text-change', (delta, oldDelta, source) => {
          if (source === 'user') {
            onChangeField({ key: 'body', value: quill.root.innerHTML });
          }
        });
    }, [onChangeField]);

    const onChangeTitle = e => {
      onChangeField({ key: 'title', value: e.target.value });
    };

    return (
      <EditorBlock>
        <TitleInput
          placeholder="제목을 입력하세요"
          onChange={onChangeTitle}
          value={title}
        />
        <QuillWrapper>
          <div ref={quillElement} />
        </QuillWrapper>
      </EditorBlock>
    );
};

export default Editor;
```

코드를 다 작성했나요? 브라우저에서 에디터 제목과 내용에 값을 입력해 보세요. 그리고 리덕스 개발자 도구를 확인하여 에디터에 입력한 값이 스토어에도 그대로 반영되었는지 확인하세요.

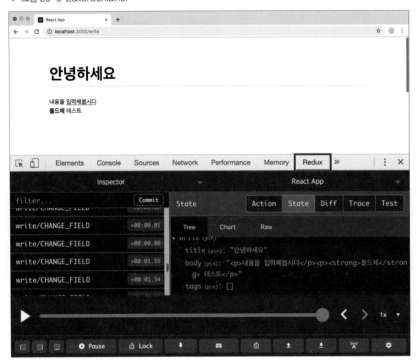

25.3.2 TagBoxContainer 만들기

이번에는 TagBox를 위한 컨테이너 컴포넌트인 TagBoxContainer를 구현해 봅시다.

containers/write/TagBoxContainer.js

```
import { useDispatch, useSelector } from 'react-redux';
import TagBox from '../../components/write/TagBox';
import { changeField } from '../../modules/write';

const TagBoxContainer = () => {
  const dispatch = useDispatch();
  const tags = useSelector(state => state.write.tags);

  const onChangeTags = nextTags => {
    dispatch(
      changeField({
        key: 'tags',
        value: nextTags,
```

```
      }),
    );
  };

  return <TagBox onChangeTags={onChangeTags} tags={tags} />;
};


export default TagBoxContainer;
```

다음으로 WritePage에서 TagBox를 TagBoxContainer로 대체하세요.

pages/WritePage.js

```
import WriteActionButtons from '../components/write/WriteActionButtons';
import Responsive from '../components/common/Responsive';
import EditorContainer from '../containers/write/EditorContainer';
import TagBoxContainer from '../containers/write/TagBoxContainer';

const WritePage = () => {
  return (
    <Responsive>
      <EditorContainer />
      <TagBoxContainer />
      <WriteActionButtons />
    </Responsive>
  );
};


export default WritePage;
```

그리고 TagBox 컴포넌트에서 다음과 같이 props로 전달받은 onChangeTags와 tags를 사용하세요.

components/write/TagBox.js

```
import { useState, useCallback, useEffect } from 'react';
import styled from 'styled-components';
import palette from '../../lib/styles/palette';

(...)

const TagBox = ({ tags, onChangeTags }) => {
  const [input, setInput] = useState('');
  const [localTags, setLocalTags] = useState([]);
```

```
const insertTag = useCallback(
  tag => {
    if (!tag) return; // 공백이라면 추가하지 않음
    if (localTags.includes(tag)) return; // 이미 존재한다면 추가하지 않음
    const nextTags = [...localTags, tag];
    setLocalTags(nextTags);
    onChangeTags(nextTags);
  },
  [localTags, onChangeTags],
);

const onRemove = useCallback(
  tag => {
    const nextTags = localTags.filter(t => t !== tag);
    setLocalTags(nextTags);
    onChangeTags(nextTags);
  },
  [localTags, onChangeTags],
);

const onChange = useCallback(e => {
  setInput(e.target.value);
}, []);

const onSubmit = useCallback(
  e => {
    e.preventDefault();
    insertTag(input.trim()); // 앞뒤 공백을 없앤 후 등록
    setInput(''); // input 초기화
  },
  [input, insertTag],
);

// tags 값이 바뀔 때
useEffect(() => {
  setLocalTags(tags);
}, [tags]);

return (
  <TagBoxBlock>
    <h4>태그</h4>
    <TagForm onSubmit={onSubmit}>
      <input
```

```
      placeholder="태그를 입력하세요"
      value={input}
      onChange={onChange}
    />
      <button type="submit">추가</button>
    </TagForm>
    <TagList tags={localTags} onRemove={onRemove} />
  </TagBoxBlock>
);
};
```

```
export default TagBox;
```

setLocalTags를 호출해야 하는 상황에서 onChangeTags도 함께 호출했습니다. 또한, props로 받아온 tags가 바뀔 때 setLocalTags를 호출해 주었습니다. 이로써 TagBox 컴포넌트 내부에서 상태가 바뀌면 리덕스 스토어에도 반영되고, 리덕스 스토어에 있는 값이 바뀌면 TagBox 컴포넌트 내부의 상태도 바뀌게 됩니다.

컴포넌트를 다 작성했으면 리덕스 개발자 도구를 열고 태그를 추가해 보세요. 리덕스 스토어에 바뀐 내용이 잘 반영되나요?

❤ 그림 25-7 TagBoxContainer 작동 확인

25.3.3 글쓰기 API 연동하기

글쓰기에 관련된 상태들이 모두 리덕스에서 관리되고 있으니, 이제 글쓰기 API를 연동해 봅시다.

앞에서 회원 인증에 관련된 API를 요청하는 함수를 auth.js라는 파일에 만들어 주었지요? 이번에는 포스트에 관련된 API를 요청하는 함수를 posts.js라는 파일에 작성해 보겠습니다. posts.js 파일을 lib/api 디렉터리에 생성하세요.

lib/api/posts.js

```js
import client from './client';

export const writePost = ({ title, body, tags }) =>
  client.post('/api/posts', { title, body, tags });
```

다음으로 이 함수를 호출하는 리덕스 액션과 사가를 준비합니다.

modules/write.js

```js
import { createAction, handleActions } from 'redux-actions';
import createRequestSaga, {
  createRequestActionTypes,
} from '../lib/createRequestSaga';
import * as postsAPI from '../lib/api/posts';
import { takeLatest } from 'redux-saga/effects';

const INITIALIZE = 'write/INITIALIZE'; // 모든 내용 초기화
const CHANGE_FIELD = 'write/CHANGE_FIELD'; // 특정 key 값 바꾸기
const [
  WRITE_POST,
  WRITE_POST_SUCCESS,
  WRITE_POST_FAILURE,
] = createRequestActionTypes('write/WRITE_POST'); // 포스트 작성

export const initialize = createAction(INITIALIZE);
export const changeField = createAction(CHANGE_FIELD, ({ key, value }) => ({
  key,
  value,
}));
export const writePost = createAction(WRITE_POST, ({ title, body, tags }) => ({
  title,
  body,
  tags,
```

```
})));

// 사가 생성
const writePostSaga = createRequestSaga(WRITE_POST, postsAPI.writePost);
export function* writeSaga() {
  yield takeLatest(WRITE_POST, writePostSaga);
}

const initialState = {
  title: '',
  body: '',
  tags: [],
  post: null,
  postError: null,
};

const write = handleActions(
  {
    [INITIALIZE]: state => initialState, // initialState를 넣으면 초기 상태로 바뀜
    [CHANGE_FIELD]: (state, { payload: { key, value } }) => ({
      ...state,
      [key]: value, // 특정 key 값을 업데이트
    }),
    [WRITE_POST]: state => ({
      ...state,
      // post와 postError를 초기화
      post: null,
      postError: null,
    }),
    // 포스트 작성 성공
    [WRITE_POST_SUCCESS]: (state, { payload: post }) => ({
      ...state,
      post,
    }),
    // 포스트 작성 실패
    [WRITE_POST_FAILURE]: (state, { payload: postError }) => ({
      ...state,
      postError,
    }),
  },
  initialState,
);

export default write;
```

리덕스 모듈을 수정한 후 writeSaga를 rootSaga에 등록하세요.

modules/index.js

```
import { combineReducers } from 'redux';
import { all } from 'redux-saga/effects';
import auth, { authSaga } from './auth';
import loading from './loading';
import user, { userSaga } from './user';
import write, { writeSaga } from './write';

const rootReducer = combineReducers({
  auth,
  loading,
  user,
  write,
});

export function* rootSaga() {
  yield all([authSaga(), userSaga(), writeSaga()]);
}

export default rootReducer;
```

이제 포스트를 작성하는 API를 호출하기 위한 준비를 마쳤습니다. WriteActionButtonsContainer 를 만들어서 다음과 같이 구현해 보세요.

containers/write/WriteActionButtonsContainer.js

```
import React, { useEffect } from 'react';
import WriteActionButtons from '../../components/write/WriteActionButtons';
import { useSelector, useDispatch } from 'react-redux';
import { useNavigate } from 'react-router-dom';
import { writePost } from '../../modules/write';

const WriteActionButtonsContainer = () => {
  const navigate = useNavigate();
  const dispatch = useDispatch();
  const { title, body, tags, post, postError } = useSelector(({ write }) => ({
    title: write.title,
    body: write.body,
    tags: write.tags,
    post: write.post,
```

```
      postError: write.postError,
    })));

    // 포스트 등록
    const onPublish = () => {
      dispatch(
        writePost({
          title,
          body,
          tags,
        }),
      );
    };

    // 취소
    const onCancel = () => {
      navigate(-1);
    };

    // 성공 혹은 실패 시 할 작업
    useEffect(() => {
      if (post) {
        const { _id, user } = post;
        navigate(`/@${user.username}/${_id}`);
      }
      if (postError) {
        console.log(postError);
      }
    }, [navigate, post, postError]);
    return <WriteActionButtons onPublish={onPublish} onCancel={onCancel} />;
  };

export default WriteActionButtonsContainer;
```

이 컴포넌트에서는 **포스트 등록** 버튼을 누르면 현재 리덕스 스토어 안에 들어 있는 값을 사용하여 새 포스트를 작성합니다. 그리고 history 객체를 사용하여, **취소** 버튼을 누르면 브라우저에서 뒤로 가기를 하도록 만들었습니다. 라우트가 아닌 컴포넌트에서 history 객체를 사용하기 위해 useNavigate를 사용했습니다.

포스트 작성이 성공했을 때는 서버에서 응답한 포스트 정보의 _id와 username 값을 참조하여 포스트를 읽을 수 있는 경로를 만든 뒤, history.push를 사용하여 해당 경로로 이동합니다.

컴포넌트를 다 만들었으면 WritePage에서 기존 WriteActionButtons 컴포넌트를 WriteAction
ButtonsContainer로 대체시키세요.

pages/WritePage.js

```
import Responsive from '../components/common/Responsive';
import EditorContainer from '../containers/write/EditorContainer';
import TagBoxContainer from '../containers/write/TagBoxContainer';
import WriteActionButtonsContainer from '../containers/write/WriteActionButtonsContainer';

const WritePage = () => {
  return (
    <Responsive>
      <EditorContainer />
      <TagBoxContainer />
      <WriteActionButtonsContainer />
    </Responsive>
  );
};

export default WritePage;
```

대체시킨 뒤, 글쓰기 페이지에서 제목, 내용, 태그를 입력하고 **포스트 등록** 버튼을 눌러 보세요.

▼ 그림 25-8 포스트 작성 완료

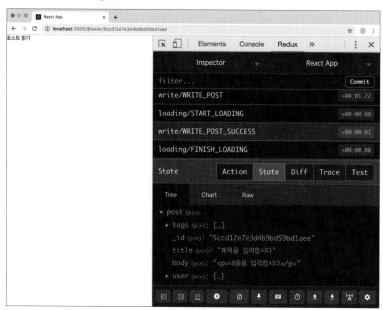

포스트 작성에 성공했다면 위 이미지와 같이 포스트 읽기 페이지가 나타나야 합니다. 또 주소 부분에 계정명과 포스트 id가 있고, 리덕스 개발자 도구로 write.post 값을 확인했을 때 그 안에 포스트 데이터가 있어야 합니다.

25.4 / 정리

REACT

이것으로 포스트 작성을 위한 개발을 모두 마쳤습니다! WritePage와 관련된 컴포넌트들은 나중에 수정 기능을 구현할 때 다시 한 번 수정합니다.

다음 장에서는 포스트 조회 기능을 구현해 보겠습니다. 포스트 읽기 페이지와 포스트 목록 페이지를 구현하고, 페이지네이션까지 해 봅니다.

25

프런트엔드 프로젝트: 글쓰기 기능 구현하기

26^장

프런트엔드 프로젝트: 포스트 조회 기능 구현하기

지금까지 회원 인증 시스템과 글쓰기 기능의 구현을 완료했습니다. 이번 장에서는 등록한 포스트를 조회할 수 있는 기능을 구현해 봅니다. 포스트를 조회하는 기능은 두 가지가 있습니다. 첫 번째는 포스트 하나를 읽는 포스트 읽기 기능이고, 두 번째는 여러 포스트를 조회하는 포스트 목록 기능입니다.

이번 실습은 다음 흐름으로 진행됩니다.

❤ 그림 26-1 포스트 조회 기능 구현하기

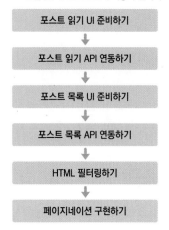

26.1 / 포스트 읽기 페이지 구현하기

REACT

작성한 포스트를 읽을 수 있는 페이지를 만들어 봅시다.

26.1.1 PostViewer UI 준비하기

서버에서 데이터를 받아 오기 전에 먼저 UI를 완성하겠습니다. 구현할 UI는 다음 정보를 보여 줍니다.

- 포스트 제목
- 작성자 계정명
- 작성된 시간

- 태그
- 제목
- 내용

PostViewer라는 컴포넌트를 만들어 이 정보들을 보여 주겠습니다. components/post 디렉터리를 만들고, 그 안에 PostViewer 컴포넌트를 다음과 같이 작성해 보세요.

components/post/PostViewer.js

```js
import styled from 'styled-components';
import palette from '../../lib/styles/palette';
import Responsive from '../common/Responsive';

const PostViewerBlock = styled(Responsive)`
  margin-top: 4rem;
`;
const PostHead = styled.div`
  border-bottom: 1px solid ${palette.gray[2]};
  padding-bottom: 3rem;
  margin-bottom: 3rem;
  h1 {
    font-size: 3rem;
    line-height: 1.5;
    margin: 0;
  }
`;
const SubInfo = styled.div`
  margin-top: 1rem;
  color: ${palette.gray[6]};

  /* span 사이에 가운뎃점 문자 보여 주기 */
  span + span:before {
    color: ${palette.gray[5]};
    padding-left: 0.25rem;
    padding-right: 0.25rem;
    content: '\\B7'; /* 가운뎃점 문자 */
  }
`;

const Tags = styled.div`
  margin-top: 0.5rem;
  .tag {
    display: inline-block;
    color: ${palette.cyan[7]};
    text-decoration: none;
    margin-right: 0.5rem;
```

```
      &:hover {
        color: ${palette.cyan[6]};
      }
    }
`;
const PostContent = styled.div`
  font-size: 1.3125rem;
  color: ${palette.gray[8]};
`;

const PostViewer = () => {
  return (
    <PostViewerBlock>
      <PostHead>
        <h1>제목</h1>
        <SubInfo>
          <span>
            <b>tester</b>
          </span>
          <span>{new Date().toLocaleDateString()}</span>
        </SubInfo>
        <Tags>
          <div className="tag">#태그1</div>
          <div className="tag">#태그2</div>
          <div className="tag">#태그3</div>
        </Tags>
      </PostHead>
      <PostContent
        dangerouslySetInnerHTML={{ __html: '<p>HTML <b>내용</b>입니다.</p>' }}
      />
    </PostViewerBlock>
  );
};

export default PostViewer;
```

코드를 보면 PostContent에 dangerouslySetInnerHTML이라는 값을 설정해 주었습니다. 리액트
에서는 `<div>{html}</div>`와 같이 HTML을 그대로 렌더링하는 형태로 JSX를 작성하면 HTML
태그가 적용되지 않고 일반 텍스트 형태로 나타나 버립니다. 따라서 HTML을 적용하고 싶다면
dangerouslySetInnerHTML이라는 props를 설정해 주어야 합니다.

그리고 지금은 태그를 렌더링하는 부분에 div 엘리먼트를 사용하고 있는데요. 추후 포스트 목록 페이지를 구현한 뒤에는 이 부분을 div가 아닌 Link 컴포넌트로 전환해 줄 것입니다.

컴포넌트를 다 만들었으면 해당 컴포넌트를 PostPage에서 HeaderContainer와 함께 렌더링하세요.

pages/PostPage.js

```js
import HeaderContainer from '../containers/common/HeaderContainer';
import PostViewer from '../components/post/PostViewer';

const PostPage = () => {
  return (
    <>
      <HeaderContainer />
      <PostViewer />
    </>
  );
};

export default PostPage;
```

브라우저에서 http://localhost:3000/@tester/sampleid 주소를 입력한 후 다음과 같은 UI가 나타나는지 확인하세요.

▼ 그림 26-2 PostViewer 컴포넌트

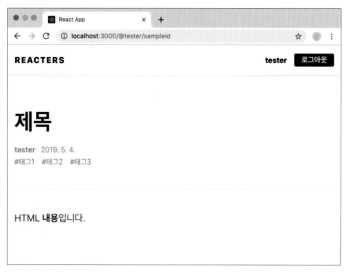

26.1.2 API 연동하기

UI가 모두 준비되었으니, API를 연동하여 실제 데이터를 보여 주도록 수정해 봅시다. lib/api/posts.js 파일을 열어서 포스트를 읽게 해 주는 readPost라는 함수를 추가하세요.

lib/api/posts.js

```
import client from './client';

export const writePost = ({ title, body, tags }) =>
  client.post('/api/posts', { title, body, tags });

export const readPost = id => client.get(`/api/posts/${id}`);
```

다음으로 post라는 리덕스 모듈을 작성하세요.

modules/post.js

```
import { createAction, handleActions } from 'redux-actions';
import createRequestSaga, {
  createRequestActionTypes,
} from '../lib/createRequestSaga';
import * as postsAPI from '../lib/api/posts';
import { takeLatest } from 'redux-saga/effects';

const [
  READ_POST,
  READ_POST_SUCCESS,
  READ_POST_FAILURE,
] = createRequestActionTypes('post/READ_POST');
const UNLOAD_POST = 'post/UNLOAD_POST'; // 포스트 페이지에서 벗어날 때 데이터 비우기

export const readPost = createAction(READ_POST, id => id);
export const unloadPost = createAction(UNLOAD_POST);

const readPostSaga = createRequestSaga(READ_POST, postsAPI.readPost);
export function* postSaga() {
  yield takeLatest(READ_POST, readPostSaga);
}

const initialState = {
  post: null,
  error: null,
```

```
};

const post = handleActions(
  {
    [READ_POST_SUCCESS]: (state, { payload: post }) => ({
      ...state,
      post,
    }),
    [READ_POST_FAILURE]: (state, { payload: error }) => ({
      ...state,
      error,
    }),
    [UNLOAD_POST]: () => initialState,
  },
  initialState,
);

export default post;
```

이 리덕스 모듈에는 포스트를 불러오는 READ_POST 액션 외에도 UNLOAD_POST라는 액션이 있는데요. 이 액션의 용도는 포스트 페이지를 벗어날 때 리덕스 상태의 데이터를 비우는 것입니다. 만약 포스트 페이지를 벗어날 때 데이터를 비우지 않으면, 나중에 사용자가 특정 포스트를 읽은 뒤 목록으로 돌아가서 또 다른 포스트를 읽을 때 아주 짧은 시간 동안 이전에 불러왔던 포스트가 나타나는 깜박임 현상이 발생합니다.

리덕스 모듈을 작성한 후에는 루트 리듀서와 루트 사가에 등록해 주세요.

modules/index.js

```
import { combineReducers } from 'redux';
import { all } from 'redux-saga/effects';
import auth, { authSaga } from './auth';
import loading from './loading';
import user, { userSaga } from './user';
import write, { writeSaga } from './write';
import post, { postSaga } from './post';

const rootReducer = combineReducers({
  auth,
  loading,
  user,
  write,
```

```
    post,
});

export function* rootSaga() {
  yield all([authSaga(), userSaga(), writeSaga(), postSaga()]);
}

export default rootReducer;
```

리덕스 모듈을 준비하는 과정을 마쳤습니다. 이제 PostViewer를 위한 컨테이너 컴포넌트를 만들어 봅시다.

containers/post/PostViewerContainer.js

```
import React, { useEffect } from 'react';
import { useDispatch, useSelector } from 'react-redux';
import { useParams } from 'react-router-dom';
import { readPost, unloadPost } from '../../modules/post';
import PostViewer from '../../components/post/PostViewer';

const PostViewerContainer = () => {
  // 처음 마운트될 때 포스트 읽기 API 요청
  const { postId } = useParams();
  const dispatch = useDispatch();
  const { post, error, loading } = useSelector(({ post, loading }) => ({
    post: post.post,
    error: post.error,
    loading: loading['post/READ_POST'],
  }));

  useEffect(() => {
    dispatch(readPost(postId));
    // 언마운트될 때 리덕스에서 포스트 데이터 없애기
    return () => {
      dispatch(unloadPost());
    };
  }, [dispatch, postId]);

  return <PostViewer post={post} loading={loading} error={error} />;
};

export default PostViewerContainer;
```

컨테이너 컴포넌트를 만드는 과정에서 URL 파라미터로 받아 온 id 값을 조회해야 하기 때문에 useParams도 함께 사용했습니다. 그리고 언마운트될 때는 UNLOAD_POST 액션을 실행시키도록 코드를 작성했습니다.

컨테이너 컴포넌트를 다 만들었으면, PostPage에서 기존 PostViewer 컴포넌트를 PostViewer Container 컴포넌트로 대체시키세요.

pages/PostPage.js

```
import HeaderContainer from '../containers/common/HeaderContainer';
import PostViewerContainer from '../containers/post/PostViewerContainer';

const PostPage = () => {
  return (
    <>
      <HeaderContainer />
      <PostViewerContainer />
    </>
  );
};

export default PostPage;
```

PostViewer에 필요한 props를 넣어 주었으니, 해당 props를 PostViewer 컴포넌트에서 사용해 봅시다.

components/post/PostViewer.js

```
(...)
const PostViewer = ({ post, error, loading }) => {
  // 에러 발생 시
  if (error) {
    if (error.response && error.response.status === 404) {
      return <PostViewerBlock>존재하지 않는 포스트입니다.</PostViewerBlock>;
    }
    return <PostViewerBlock>오류 발생!</PostViewerBlock>;
  }

  // 로딩 중이거나 아직 포스트 데이터가 없을 때
  if (loading || !post) {
    return null;
  }
```

```
      const { title, body, user, publishedDate, tags } = post;
      return (
        <PostViewerBlock>
          <PostHead>
            <h1>{title}</h1>
            <SubInfo>
              <span>
                <b>{user.username}</b>
              </span>
              <span>{new Date(publishedDate).toLocaleDateString()}</span>
            </SubInfo>
            <Tags>
              {tags.map(tag => (
                <div className="tag">#{tag}</div>
              ))}
            </Tags>
          </PostHead>
          <PostContent dangerouslySetInnerHTML={{ __html: body }} />
        </PostViewerBlock>
      );
    };

export default PostViewer;
```

컴포넌트를 모두 수정한 뒤 http://localhost:3000/write에서 새 포스트를 작성해 보세요. 작성
했던 결과가 브라우저에 잘 나타나나요?

▼ 그림 26-3 포스트 조회하기

포스트가 잘 나타났나요?

포스트 목록 페이지 구현하기

이번에는 여러 개의 포스트를 보여 주는 포스트 목록 페이지를 구현해 봅시다.

26.2.1 PostList UI 준비하기

PostList라는 컴포넌트를 만듭니다. 이 컴포넌트에서는 포스트들을 배열로 받아 와서 렌더링해 줍니다. 사용자가 로그인 중이라면 페이지 상단 우측에 **새 글 작성하기** 버튼을 보여 줍니다.

components/posts 디렉터리를 만들고, 그 안에 PostList 컴포넌트를 다음과 같이 작성해 주세요.

components/posts/PostList.js

```
import styled from 'styled-components';
import Responsive from '../common/Responsive';
import Button from '../common/Button';
import palette from '../../lib/styles/palette';

const PostListBlock = styled(Responsive)`
  margin-top: 3rem;
`;

const WritePostButtonWrapper = styled.div`
  display: flex;
  justify-content: flex-end;
  margin-bottom: 3rem;
`;

const PostItemBlock = styled.div`
  padding-top: 3rem;
  padding-bottom: 3rem;
  /* 맨 위 포스트는 padding-top 없음 */
  &:first-child {
```

26

```
    padding-top: 0;
  }
  & + & {
    border-top: 1px solid ${palette.gray[2]};
  }

  h2 {
    font-size: 2rem;
    margin-bottom: 0;
    margin-top: 0;
    &:hover {
      color: ${palette.gray[6]};
    }
  }
  p {
    margin-top: 2rem;
  }
`;

const SubInfo = styled.div`
  /* margin-top: 1rem; */
  color: ${palette.gray[6]};

  /* span 사이에 가운뎃점 문자 보여 주기 */
  span + span:before {
    color: ${palette.gray[4]};
    padding-left: 0.25rem;
    padding-right: 0.25rem;
    content: '\\B7'; /* 가운뎃점 문자 */
  }
`;

const Tags = styled.div`
  margin-top: 0.5rem;
  .tag {
    display: inline-block;
    color: ${palette.cyan[7]};
    text-decoration: none;
    margin-right: 0.5rem;
    &:hover {
      color: ${palette.cyan[6]};
    }
  }
```

```
  `;

  const PostItem = () => {
    return (
      <PostItemBlock>
        <h2>제목</h2>
        <SubInfo>
          <span>
            <b>username</b>
          </span>
          <span>{new Date().toLocaleDateString()}</span>
        </SubInfo>
        <Tags>
          <div className="tag">#태그1</div>
          <div className="tag">#태그2</div>
        </Tags>
        <p>포스트 내용의 일부분..</p>
      </PostItemBlock>
    );
  };

  const PostList = () => {
    return (
      <PostListBlock>
        <WritePostButtonWrapper>
          <Button cyan to="/write">
            새 글 작성하기
          </Button>
        </WritePostButtonWrapper>
        <div>
          <PostItem />
          <PostItem />
          <PostItem />
        </div>
      </PostListBlock>
    );
  };

  export default PostList;
```

이 컴포넌트에 사용된 SubInfo 컴포넌트와 Tags 컴포넌트는 PostViewer에서 사용한 코드와 같습니다. 한 가지 차이점이라면, SubInfo 컴포넌트의 경우 margin-top이 없다는 것입니다.

이렇게 똑같은 코드를 두 번 선언하는 대신, SubInfo 컴포넌트와 Tags 컴포넌트를 common 디렉터리에 따로 분리시켜서 재사용해 볼까요? 그리고 분리시킬 때 계정명이 나타나는 부분과 각 태그가 나타나는 부분에 Link를 사용하여 클릭 시 이동할 주소를 설정해 주겠습니다.

먼저 SubInfo를 분리시킵니다.

components/common/SubInfo.js

```javascript
import styled, { css } from 'styled-components';
import { Link } from 'react-router-dom';
import palette from '../../lib/styles/palette';

const SubInfoBlock = styled.div`
  ${props =>
    props.hasMarginTop &&
    css`
      margin-top: 1rem;
    `}
  color: ${palette.gray[6]};

  /* span 사이에 가운뎃점 문자 보여 주기 */
  span + span:before {
    color: ${palette.gray[4]};
    padding-left: 0.25rem;
    padding-right: 0.25rem;
    content: '\\B7'; /* 가운뎃점 문자 */
  }
`;

const SubInfo = ({ username, publishedDate, hasMarginTop }) => {
  return (
    <SubInfoBlock hasMarginTop={hasMarginTop}>
      <span>
        <b>
          <Link to={`/@${username}`}>{username}</Link>
        </b>
      </span>
      <span>{new Date(publishedDate).toLocaleDateString()}</span>
    </SubInfoBlock>
  );
};

export default SubInfo;
```

SubInfo 컴포넌트는 hasMarginTop 값이 true이면 상단 여백을 주고, 그렇지 않으면 여백이 없습니다. 그리고 username과 publishedDate를 props로 받아 와서 보여 주도록 설정했습니다.

다음으로 Tags 컴포넌트를 만듭니다.

components/commons/Tags.js

```javascript
import styled from 'styled-components';
import palette from '../../lib/styles/palette';
import { Link } from 'react-router-dom';

const TagsBlock = styled.div`
  margin-top: 0.5rem;
  .tag {
    display: inline-block;
    color: ${palette.cyan[7]};
    text-decoration: none;
    margin-right: 0.5rem;
    &:hover {
      color: ${palette.cyan[6]};
    }
  }
`;

const Tags = ({ tags }) => {
  return (
    <TagsBlock>
      {tags.map(tag => (
        <Link className="tag" to={`/?tag=${tag}`} key={tag}>
          #{tag}
        </Link>
      ))}
    </TagsBlock>
  );
};

export default Tags;
```

Tags 컴포넌트에서는 tags 값을 props로 받아 와서 태그 목록을 렌더링해 줍니다. 각 태그 항목을 Link 컴포넌트로 작성했으며, 클릭했을 때 이동 경로는 /?tag=태그로 설정했습니다.

SubInfo 컴포넌트와 Tags 컴포넌트를 다 만들었으면, PostList에서 기존 SubInfo와 Tags를 지우고 이번에 새로 만든 컴포넌트를 불러와서 사용하세요.

```
import styled from 'styled-components';
import Responsive from '../common/Responsive';
import Button from '../common/Button';
import palette from '../../lib/styles/palette';
import SubInfo from '../common/SubInfo';
import Tags from '../common/Tags';

(...)

const PostItem = () => {
  return (
    <PostItemBlock>
      <h2>제목</h2>
      <SubInfo username="username" publishedDate={new Date()} />
      <Tags tags={['태그1', '태그2', '태그3']} />
      <p>포스트 내용의 일부분..</p>
    </PostItemBlock>
  );
};

(...)
```

컴포넌트를 수정한 뒤, PostListPage 컴포넌트에서 PostList 컴포넌트를 렌더링하여 작성한 컴포넌트가 잘 나타나는지 확인해 보세요.

```
import HeaderContainer from '../containers/common/HeaderContainer';
import PostList from '../components/posts/PostList';

const PostListPage = () => {
  return (
    <>
      <HeaderContainer />
      <PostList />
    </>
  );
};

export default PostListPage;
```

PostList 컴포넌트가 잘 나타났나요?

이번에는 PostItem 컴포넌트를 만들 때 SubInfo와 Tags 컴포넌트를 재사용할 수 있도록 분리했었지요? 이 컴포넌트들을 이전 절에서 만든 PostViewer에서 재사용해 보세요.

components/post/PostViewer.js

```
import styled from 'styled-components';
import palette from '../../lib/styles/palette';
import Responsive from '../common/Responsive';
import SubInfo from '../common/SubInfo';
import Tags from '../common/Tags';

(...)

const PostViewer = ({ post, error, loading }) => {
  // 에러 발생 시
  if (error) {
    if (error.response && error.response.status === 404) {
      return <PostViewerBlock>존재하지 않는 포스트입니다.</PostViewerBlock>;
```

```
    }
    return <PostViewerBlock>오류 발생!</PostViewerBlock>;
  }

  // 로딩 중이거나 아직 포스트 데이터가 없을 때
  if (loading || !post) {
    return null;
  }

  const { title, body, user, publishedDate, tags } = post;
  return (
    <PostViewerBlock>
      <PostHead>
        <h1>{title}</h1>
        <SubInfo
          username={user.username}
          publishedDate={publishedDate}
          hasMarginTop
        />
        <Tags tags={tags} />
      </PostHead>
      <PostContent dangerouslySetInnerHTML={{ __html: body }} />
    </PostViewerBlock>
  );
};

export default PostViewer;
```

여러 곳에서 재사용할 수 있는 컴포넌트는 이렇게 따로 분리하여 사용하면, 코드의 양도 줄일 수 있을 뿐 아니라 유지 보수성도 높일 수 있어서 좋습니다.

26.2.2 포스트 목록 조회 API 연동하기

PostList 컴포넌트에서 실제 데이터를 보여 줄 수 있도록 API를 연동해 봅시다. 우리가 사용할 list API는 username, page, tag 값을 쿼리 값으로 넣어서 사용합니다. API를 사용할 때 파라미터로 문자열들을 받아 와서 직접 조합해도 되지만, axios.get 함수에 두 번째 파라미터에 params를 설정하면 쿼리 값 설정을 더 편하게 할 수 있습니다.

```
import client from './client';

export const writePost = ({ title, body, tags }) =>
  client.post('/api/posts', { title, body, tags });

export const readPost = (id) => client.get(`/api/posts/${id}`);

export const listPosts = ({ page, username, tag }) => {
  return client.get(`/api/posts`, {
    params: { page, username, tag },
  });
};
```

listPosts API를 호출할 때 파라미터로 값을 넣어 주면 /api/posts?username=tester&page=2
와 같이 주소를 만들어서 호출합니다.

이제 위 요청의 상태를 관리하는 리덕스 모듈을 만들어 봅시다. modules 디렉터리에 posts.js 파
일을 만들어서 다음 코드를 작성하세요.

```
import { createAction, handleActions } from 'redux-actions';
import createRequestSaga, {
  createRequestActionTypes,
} from '../lib/createRequestSaga';
import * as postsAPI from '../lib/api/posts';
import { takeLatest } from 'redux-saga/effects';

const [
  LIST_POSTS,
  LIST_POSTS_SUCCESS,
  LIST_POSTS_FAILURE,
] = createRequestActionTypes('posts/LIST_POSTS');

export const listPosts = createAction(
  LIST_POSTS,
  ({ tag, username, page }) => ({ tag, username, page }),
);

const listPostsSaga = createRequestSaga(LIST_POSTS, postsAPI.listPosts);
export function* postsSaga() {
```

```
    yield takeLatest(LIST_POSTS, listPostsSaga);
}

const initialState = {
  posts: null,
  error: null,
};

const posts = handleActions(
  {
    [LIST_POSTS_SUCCESS]: (state, { payload: posts }) => ({
      ...state,
      posts,
    }),
    [LIST_POSTS_FAILURE]: (state, { payload: error }) => ({
      ...state,
      error,
    }),
  },
  initialState,
);

export default posts;
```

다 작성한 뒤에는 루트 리듀서와 루트 사가에 방금 만든 리듀서와 사가를 등록하세요.

modules/index.js

```
import { combineReducers } from 'redux';
import { all } from 'redux-saga/effects';
import auth, { authSaga } from './auth';
import loading from './loading';
import user, { userSaga } from './user';
import write, { writeSaga } from './write';
import post, { postSaga } from './post';
import posts, { postsSaga } from './posts';

const rootReducer = combineReducers({
  auth,
  loading,
  user,
  write,
  post,
```

```
    posts,
});

export function* rootSaga() {
  yield all([authSaga(), userSaga(), writeSaga(), postSaga(), postsSaga()]);
}

export default rootReducer;
```

다음으로 containers 디렉터리 안에 posts 디렉터리를 만들고, 그 안에 PostListContainer 컴포넌트를 만듭니다. 이 컴포넌트는 주소에 있는 쿼리 파라미터를 추출하여 우리가 만들었던 listPosts API를 호출해 줍니다.

containers/posts/PostListContainer.js

```
import { useEffect } from 'react';
import { useDispatch, useSelector } from 'react-redux';
import PostList from '../../components/posts/PostList';
import { listPosts } from '../../modules/posts';
import { useParams, useSearchParams } from 'react-router-dom';

const PostListContainer = () => {
  const { username } = useParams();
  const [searchParams] = useSearchParams();
  const dispatch = useDispatch();
  const { posts, error, loading, user } = useSelector(
    ({ posts, loading, user }) => ({
      posts: posts.posts,
      error: posts.error,
      loading: loading['posts/LIST_POSTS'],
      user: user.user,
    }),
  );
  useEffect(() => {
    const tag = searchParams.get('tag');
    // page가 없으면 1을 기본값으로 사용
    const page = parseInt(searchParams.get('page'), 10) || 1;
    dispatch(listPosts({ tag, username, page }));
  }, [dispatch, searchParams, username]);

  return (
    <PostList
```

```
      loading={loading}
      error={error}
      posts={posts}
      showWriteButton={user}
    />
  );
};

export default PostListContainer;
```

PostList 컴포넌트를 사용할 때 showWriteButton props를 현재 로그인 중인 사용자의 정보를 지니고 있는 user 객체로 설정해 주었습니다. 이렇게 하면 user 객체가 유효할 때, 즉 사용자가 로그인 중일 때만 포스트를 작성하는 버튼이 나타납니다.

컨테이너 컴포넌트를 완성한 후, PostListPage 컴포넌트에서 PostList를 PostListContainer로 대체시키세요.

pages/PostListPage.js

```
import HeaderContainer from '../containers/common/HeaderContainer';
import PostListContainer from '../containers/posts/PostListContainer';

const PostListPage = () => {
  return (
    <>
      <HeaderContainer />
      <PostListContainer />
    </>
  );
};

export default PostListPage;
```

그리고 PostList에서 받아 온 props에 따라 결과물을 보여 주세요.

components/posts/PostList.js

```
import styled from 'styled-components';
import { Link } from 'react-router-dom';
import Responsive from '../common/Responsive';
import Button from '../common/Button';
import palette from '../../lib/styles/palette';
```

```
import SubInfo from '../common/SubInfo';
import Tags from '../common/Tags';

(...)

const PostItem = ({ post }) => {
  const { publishedDate, user, tags, title, body, _id } = post;
  return (
    <PostItemBlock>
      <h2>
        <Link to={`/@${user.username}/${_id}`}>{title}</Link>
      </h2>
      <SubInfo
        username={user.username}
        publishedDate={new Date(publishedDate)}
      />
      <Tags tags={tags} />
      <p>{body}</p>
    </PostItemBlock>
  );
};

const PostList = ({ posts, loading, error, showWriteButton }) => {
  // 에러 발생 시
  if (error) {
    return <PostListBlock>에러가 발생했습니다.</PostListBlock>;
  }

  return (
    <PostListBlock>
      <WritePostButtonWrapper>
        {showWriteButton && (
          <Button cyan to="/write">
            새 글 작성하기
          </Button>
        )}
      </WritePostButtonWrapper>
      {/* 로딩 중이 아니고, 포스트 배열이 존재할 때만 보여 줌 */}
      {!loading && posts && (
        <div>
          {posts.map(post => (
            <PostItem post={post} key={post._id} />
          ))}
```

```
        </div>
      )}
    </PostListBlock>
  );
};

export default PostList;
```

여기까지 작성하면 페이지에 다음과 같은 결과가 나타날 것입니다.

▼ 그림 26-5 PostListContainer 구현하기

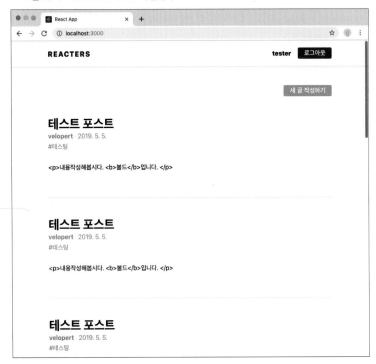

내용이 나타나는 부분에 HTML 태그가 그대로 보이지요? 이 태그를 없애는 작업은 서버 쪽에서 해 주어야 합니다. 물론 클라이언트에서 처리하는 방법도 있지만, 현재는 포스트 리스팅을 할 때 body의 글자 수를 200자로 제한하는 기능이 있습니다. 이 때문에 완성된 HTML이 아니라 HTML의 일부분만 전달되어 HTML 태그를 없애는 작업이 잘 이루어지지 않을 가능성이 있습니다.

26.2.3 HTML 필터링하기

sanitize-html이라는 라이브러리를 사용하여 HTML을 필터링해 보겠습니다. 이 라이브러리는 HTML을 작성하고 보여 주어야 하는 서비스에서 매우 유용합니다. 단순히 HTML을 제거하는 기능뿐만 아니라 특정 HTML만 허용하는 기능도 있기 때문에 글쓰기 API에서 사용하면 손쉽게 악성 스크립트 삽입을 막을 수 있습니다.

백엔드 프로젝트 디렉터리에서 yarn을 사용하여 sanitize-html을 설치하세요.

```
$ yarn add sanitize-html
```

이어서 백엔드 프로젝트의 posts.ctrl.js를 수정합니다. 먼저 맨 위에 sanitize-html을 불러오세요.

src/api/posts/posts.ctrl.js

```
import Post from '../../models/post';
import mongoose from 'mongoose';
import Joi from 'joi';
import sanitizeHtml from 'sanitize-html';
(...)
```

앞으로 총 세 개의 함수를 수정할 것입니다. 우선 포스트 목록을 조회하는 list 함수를 다음과 같이 수정해 보세요.

src/api/posts/posts.ctrl.js - list

```
// html을 없애고 내용이 너무 길면 200자로 제한하는 함수
const removeHtmlAndShorten = body => {
  const filtered = sanitizeHtml(body, {
    allowedTags: [],
  });
  return filtered.length < 200 ? filtered : `${filtered.slice(0, 200)}...`;
};

/*
  GET /api/posts?username=&tag=&page=
*/
export const list = async ctx => {
  (...)
    ctx.body = posts.map(post => ({
      ...post,
```

```
    body: removeHtmlAndShorten(post.body),
  }));
  } catch (e) {
    ctx.throw(500, e);
  }
};
```

기존에는 문자열 길이만 제한했는데, 이번에는 HTML을 제거하고 문자열 길이를 200자로 제한했습니다. 이 작업을 위해 removeHtmlAndShorten이라는 함수도 새로 만들었습니다.

그다음에 수정해야 할 API는 포스트의 작성 및 수정에 관한 것입니다. 포스트를 작성하고 수정할 때는 모든 HTML을 제거하는 것이 아니라, 악성 스크립트가 주입되는 것을 방지하기 위해 특정 태그들만 허용해 줍니다.

sanitize-html은 HTML의 특정 태그와 특정 속성만 허용할 수 있습니다. 코드의 상단에 sanitizeOptions라는 객체를 선언하세요.

src/api/posts/posts.ctrl.js
```
import Post from '../../models/post';
import mongoose from 'mongoose';
import Joi from 'joi';
import sanitizeHtml from 'sanitize-html';

const { ObjectId } = mongoose.Types;

const sanitizeOption = {
  allowedTags: [
    'h1',
    'h2',
    'b',
    'i',
    'u',
    's',
    'p',
    'ul',
    'ol',
    'li',
    'blockquote',
    'a',
    'img',
  ],
```

```
    allowedAttributes: {
      a: ['href', 'name', 'target'],
      img: ['src'],
      li: ['class'],
    },
    allowedSchemes: ['data', 'http'],
  };
  (...)
```

sanitizeOptions 객체는 HTML을 필터링할 때 허용할 것을 설정해 줍니다. 더 자세한 설정은 https://www.npmjs.com/package/sanitize-html 공식 매뉴얼을 참고하세요.

이제 write 함수와 update 함수를 업데이트해 봅시다.

src/api/posts/posts.ctrl.js – write

```
/*
  POST /api/posts
  {
    title: '제목',
    body: '내용',
    tags: ['태그1', '태그2']
  }
*/
export const write = async ctx => {
  (...)
  const post = new Post({
    title,
    body: sanitizeHtml(body, sanitizeOption),
    tags,
    user: ctx.state.user,
  });
  try {
    await post.save();
    ctx.body = post;
  } catch (e) {
    ctx.throw(500, e);
  }
};
```

이어서 update 함수도 수정해 보세요.

```
/*
  PATCH /api/posts/:id
  {
    title: '수정',
    body: '수정 내용',
    tags: ['수정', '태그']
  }
*/
export const update = async ctx => {
  (...)

  const nextData = { ...ctx.request.body }; // 객체를 복사하고
  // body 값이 주어졌으면 HTML 필터링
  if (nextData.body) {
    nextData.body = sanitizeHtml(nextData.body, sanitizeOption);
  }
  try {
    const post = await Post.findByIdAndUpdate(id, nextData, {
      new: true, // 이 값을 설정하면 업데이트된 데이터를 반환합니다.
      // false일 때는 업데이트되기 전의 데이터를 반환합니다.
    }).exec();
    if (!post) {
      ctx.status = 404;
      return;
    }
    ctx.body = post;
  } catch (e) {
    ctx.throw(500, e);
  }
};
```

코드를 모두 수정했으면, http://localhost:3000/에 들어가서 HTML 태그가 제거된 상태로 포스트 목록이 나타나는지 확인해 보세요.

테스트 포스트

velopert · 2019. 5. 5.

#테스팅

내용작성해봅시다. 볼드입니다.

이전에는 p 태그와 b 태그가 있었는데, 더 이상 보이지 않습니다.

그리고 다음과 같이 Postman으로 script 태그를 넣어서 포스트 작성 API를 요청해 보세요.

```
POST http://localhost:4000/api/posts
{
  "title": "스크립트 넣어 보기",
  "body": "<p>안녕하세요 <b>리액트</b></p><script>alert('hello world!')</script>",
  "tags": ["스크립트"]
}
```

body 안에 p 태그, b 태그, script 태그를 사용했습니다. 이렇게 요청했을 때 script 태그는 제외되고 나머지 태그만 남아 있으면 HTML 필터링은 성공입니다. 다음 JSON은 예시 응답입니다.

```
{
  "tags": [
      "스크립트"
  ],
  "_id": "5ccf197b3f5db2f0f0b80ca2",
  "title": "스크립트 넣어 보기",
  "body": "<p>안녕하세요 <b>리액트</b></p>",
  "user": {
      "_id": "5cbdae1249429f5f3a6bc39a",
      "username": "velopert"
  },
  "publishedDate": "2019-05-05T17:12:27.213Z",
  "__v": 0
}
```

26.2.4 페이지네이션 구현하기

이번에는 페이지네이션 기능을 구현해 봅시다. list API를 만들 때 마지막 페이지 번호를 HTTP 헤더를 통해 클라이언트에 전달하도록 설정했습니다. 그러나 요청을 관리하는 사가를 쉽게 만들기 위해 작성한 createRequestSaga에서는 SUCCESS 액션을 발생시킬 때 payload에 response.data 값만 넣어 주기 때문에 현재 구조로는 헤더를 확인할 수 없습니다.

그렇기 때문에 createRequestSaga를 조금 수정해 주겠습니다.

lib/createRequestSaga.js

```
(...)
export default function createRequestSaga(type, request) {
  const SUCCESS = `${type}_SUCCESS`;
  const FAILURE = `${type}_FAILURE`;

  return function*(action) {
    yield put(startLoading(type)); // 로딩 시작
    try {
      const response = yield call(request, action.payload);
      yield put({
        type: SUCCESS,
        payload: response.data,
        meta: response,
      });
    } catch (e) {
      yield put({
        type: FAILURE,
        payload: e,
        error: true,
      });
    }
    yield put(finishLoading(type)); // 로딩 끝
  };
}
```

이렇게 액션 안에 meta 값을 response로 넣어 주면 나중에 HTTP 헤더 및 상태 코드를 쉽게 조회할 수 있습니다.

posts 리덕스 모듈을 열어서 다음과 같이 수정해 주세요.

```
(...)

const initialState = {
  posts: null,
  error: null,
  lastPage: 1,
};

const posts = handleActions(
  {
    [LIST_POSTS_SUCCESS]: (state, { payload: posts, meta: response }) => ({
      ...state,
      posts,
      lastPage: parseInt(response.headers['last-page'], 10), // 문자열을 숫자로 변환
    }),
    [LIST_POSTS_FAILURE]: (state, { payload: error }) => ({
      ...state,
      error,
    }),
  },
  initialState,
);

export default posts;
```

이제 리덕스 스토어 안에 마지막 페이지 번호를 lastPage라는 값으로 담아 둘 수 있습니다. 페이지네이션을 위한 컴포넌트 Pagination.js를 components/posts 디렉터리에 작성해 보세요.

```
import styled from 'styled-components';
import qs from 'qs';
import Button from '../common/Button';

const PaginationBlock = styled.div`
  width: 320px;
  margin: 0 auto;
  display: flex;
  justify-content: space-between;
  margin-bottom: 3rem;
`;
```

```
const PageNumber = styled.div``;

const buildLink = ({ username, tag, page }) => {
  const query = qs.stringify({ tag, page });
  return username ? `/@${username}?${query}` : `/?${query}`;
};

const Pagination = ({ page, lastPage, username, tag }) => {
  return (
    <PaginationBlock>
      <Button
        disabled={page === 1}
        to={
          page === 1 ? undefined : buildLink({ username, tag, page: page - 1 })
        }
      >
        이전
      </Button>
      <PageNumber>{page}</PageNumber>
      <Button
        disabled={page === lastPage}
        to={
          page === lastPage
            ? undefined
            : buildLink({ username, tag, page: page + 1 })
        }
      >
        다음
      </Button>
    </PaginationBlock>
  );
};

export default Pagination;
```

이 컴포넌트에서는 props로 현재 선택된 계정명, 태그, 현재 페이지 숫자, 마지막 페이지 숫자를 가져옵니다. 사용자가 이 컴포넌트에 있는 버튼을 클릭하면, props로 받아 온 값을 사용하여 이동해야 할 다음 경로를 설정해 줍니다. 그리고 첫 번째 페이지일 때는 **이전** 버튼이 비활성화되고, 마지막 페이지일 때는 **다음** 버튼이 비활성화됩니다.

컴포넌트를 다 만든 뒤에는 Button 컴포넌트에 비활성화된 스타일을 설정해 주세요. 비활성화 스타일은 :disabled CSS 셀렉터를 사용하여 적용할 수 있습니다.

components/common/Button.js

```
import styled, { css } from 'styled-components';
import { Link } from 'react-router-dom';
import palette from '../../lib/styles/palette';

const buttonStyle = css`
  (...)

  &:disabled {
    background: ${palette.gray[3]};
    color: ${palette.gray[5]};
    cursor: not-allowed;
  }
`;

(...)
```

버튼 스타일을 수정한 후에는 Pagination 컴포넌트를 위한 컨테이너인 PaginationContainer 컴포넌트를 만드세요.

containers/posts/PaginationContainer.js

```
import React from 'react';
import Pagination from '../../components/posts/Pagination';
import { useSelector } from 'react-redux';
import { useParams, useSearchParams } from 'react-router-dom';

const PaginationContainer = () => {
  const [searchParams] = useSearchParams();

  const { username } = useParams();
  const tag = searchParams.get('tag');
  // page가 없으면 1을 기본값으로 사용
  const page = parseInt(searchParams.get('page'), 10) || 1;

  const { lastPage, posts, loading } = useSelector(({ posts, loading }) => ({
    lastPage: posts.lastPage,
    posts: posts.posts,
    loading: loading['posts/LIST_POSTS'],
```

```
    }));

    // 포스트 데이터가 없거나 로딩 중이면 아무것도 보여주지 않음
    if (!posts || loading) return null;

    return (
      <Pagination
        tag={tag}
        username={username}
        page={parseInt(page, 10)}
        lastPage={lastPage}
      />
    );
};

export default PaginationContainer;
```

다음으로 이 컨테이너 컴포넌트를 PostListPage에서 렌더링해 주면 페이지네이션 기능의 구현이 모두 끝납니다.

pages/PostListPage.js

```
import HeaderContainer from '../containers/common/HeaderContainer';
import PostListContainer from '../containers/posts/PostListContainer';
import PaginationContainer from '../containers/posts/PaginationContainer';

const PostListPage = () => {
  return (
    <>
      <HeaderContainer />
      <PostListContainer />
      <PaginationContainer />
    </>
  );
};

export default PostListPage;
```

다음과 같이 페이지 하단에 페이지네이션 UI가 나타났나요? 버튼을 눌러 잘 작동되는지 확인해 보세요.

첫 번째 페이지일 때는 **이전** 버튼이 비활성화되고, 마지막 페이지일 때는 **다음** 버튼이 비활성화됩니다. 계정명이나 태그를 클릭하여 포스트 쿼리 시스템도 잘 작동하는지 확인해 보세요.

26.3 정리

포스트 조회 기능에 대한 구현도 모두 마쳤습니다! 다음 장에서는 포스트 수정 및 삭제 기능을 구현하고 프로젝트를 마무리해 보겠습니다.

27장

프런트엔드 프로젝트: 수정/삭제 기능 구현 및 마무리

드디어 블로그 프로젝트의 마지막 장입니다. 이 장에서는 포스트를 수정하는 기능과 포스트를 삭제하는 기능을 구현하고, 프로젝트를 마무리합니다.

이번 실습은 다음 흐름으로 진행됩니다.

▼ 그림 27-1 수정/삭제 기능의 구현 및 마무리

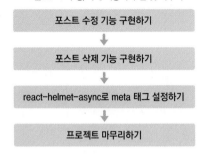

27.1 / 포스트 수정

먼저 포스트 수정 기능을 구현해 봅시다.

27.1.1 PostActionButtons 컴포넌트 만들기

포스트를 읽는 화면에서 포스트 작성자에게만 포스트 상단에 **수정** 버튼과 **삭제** 버튼이 나타나도록 렌더링해 보겠습니다. 이번에 만들 버튼은 기존에 만들어서 사용하던 Button과 스타일이 다르므로, 기존의 Button 컴포넌트를 재사용하지는 않겠습니다.

components/post 디렉터리에 PostActionButtons라는 컴포넌트를 생성하세요.

components/post/PostActionButtons.js

```
import styled from 'styled-components';
import palette from '../../lib/styles/palette';

const PostActionButtonsBlock = styled.div`
  display: flex;
```

```
    justify-content: flex-end;
    margin-bottom: 2rem;
    margin-top: -1.5rem;
  `;

  const ActionButton = styled.button`
    padding: 0.25rem 0.5rem;
    border-radius: 4px;
    color: ${palette.gray[6]};
    font-weight: bold;
    border: none;
    outline: none;
    font-size: 0.875rem;
    cursor: pointer;
    &:hover {
      background: ${palette.gray[1]};
      color: ${palette.cyan[7]};
    }
    & + & {
      margin-left: 0.25rem;
    }
  `;

  const PostActionButtons = () => {
    return (
      <PostActionButtonsBlock>
        <ActionButton>수정</ActionButton>
        <ActionButton>삭제</ActionButton>
      </PostActionButtonsBlock>
    );
  };

  export default PostActionButtons;
```

이제 PostActionButtons 컴포넌트를 PostViewer의 PostHead 하단에서 보여 주어야 합니다. 그런데 이 컴포넌트를 PostViewer에서 직접 렌더링하면, 나중에 PostActionButtons에 onEdit, onRemove 등의 props를 전달할 때 무조건 PostViewer를 거쳐서 선날해야 합니다. 정작 PostViewer 내부에서는 사용하지 않지만 내부의 컴포넌트에서 필요하기 때문에 한 번 거쳐 전달하는 것은 조금 불편합니다.

```
// PostViewerContainer에서 렌더링할 때:
<PostViewer (...) onEdit={onEdit} onRemove={onRemove} />
// PostViewer에서 렌더링할 때:
<PostActionButtons onEdit={onEdit} onRemove={onRemove} />
```

이 방법이 틀린 것은 아니지만, 자칫하면 컴포넌트가 받아 오는 props가 너무 많아져서 관리하기가 어려워질 수 있습니다.

이렇게 컴포넌트를 거쳐서 props를 전달하는 것이 싫다면, 그 대신 두 가지 방법을 고려할 수 있습니다. 첫 번째 방법은 PostActionButtons의 컨테이너 컴포넌트를 만들고 PostViewer 내부에서 바로 렌더링하는 것입니다. 두 번째 방법은 props를 JSX 형태로 받아 와서 렌더링하는 것입니다. 다음과 같이 말이죠.

```
<PostViewer
  post={post}
  loading={loading}
  error={error}
  actionButtons={<PostActionButtons onEdit={onEdit} onRemove={onRemove} />}
/>
```

우리는 두 번째 방법으로 구현하겠습니다. 두 번째 방법은 굳이 컨테이너 컴포넌트를 새로 만들 필요 없이 기존 PostViewerContainer에서 필요한 로직을 작성하면 되기 때문입니다.

PostViewer 컴포넌트를 다음과 같이 수정하세요.

components/post/PostViewer.js
```
(...)
const PostViewer = ({ post, error, loading, actionButtons }) => {
  (...)
  return (
    <PostViewerBlock>
      <PostHead>
        <h1>{title}</h1>
        <SubInfo
          username={user.username}
          publishedDate={publishedDate}
          hasMarginTop
        />
        <Tags tags={tags} />
      </PostHead>
      {actionButtons}
      <PostContent dangerouslySetInnerHTML={{ __html: body }} />
```

```
    </PostViewerBlock>
  );
};


export default PostViewer;
```

그리고 PostViewerContainer에서 PostActionButtons를 불러온 후 PostViewer의 actionButtons props를 통해 렌더링해 보세요.

containers/post/PostViewerContainer.js

```
import { useEffect } from 'react';
import { useDispatch, useSelector } from 'react-redux';
import { useParams } from 'react-router-dom';
import { readPost, unloadPost } from '../../modules/post';
import PostViewer from '../../components/post/PostViewer';
import PostActionButtons from '../../components/post/PostActionButtons';

const PostViewerContainer = () => {
  // 처음 마운트될 때 포스트 읽기 API 요청
  const { postId } = useParams()
  const dispatch = useDispatch();
  const { post, error, loading } = useSelector(({ post, loading }) => ({
    post: post.post,
    error: post.error,
    loading: loading['post/READ_POST'],
  }));
  useEffect(() => {
    dispatch(readPost(postId));
    // 언마운트될 때 리덕스에서 포스트 데이터 없애기
    return () => {
      dispatch(unloadPost());
    };
  }, [dispatch, postId]);
  return (
    <PostViewer
      post={post}
      loading={loading}
      error={error}
      actionButtons={<PostActionButtons />}
    />
  );
};
export default PostViewerContainer;
```

27

프런트엔드 프로젝트: 수정/삭제 기능 구현 및 마무리

이제 포스트 페이지를 열어 보세요. **수정**, **삭제** 버튼이 나타났나요?

▼ 그림 27-2 수정 및 삭제 버튼

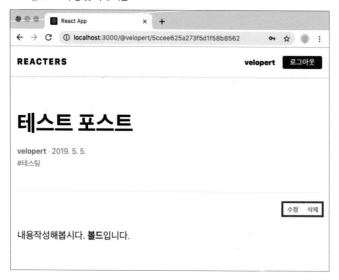

지금은 로그인된 사용자가 아닌 다른 사용자의 포스트를 볼 때도 이 버튼이 나타날 텐데요. 조건에 따라 버튼을 숨기는 작업은 나중에 구현하겠습니다.

27.1.2 수정 버튼 클릭 시 글쓰기 페이지로 이동하기

이제 **수정** 버튼을 클릭하면 글쓰기 페이지로 이동하고, 현재 보고 있는 포스트가 나타나게 해 봅시다. 우선 write 리덕스 모듈에 SET_ORIGINAL_POST라는 액션을 만드세요. 이 액션은 현재 보고 있는 포스트 정보를 write 모듈에서 관리하는 상태에 넣습니다.

modules/write.js

```
( ... )
const SET_ORIGINAL_POST = 'write/SET_ORIGINAL_POST';

( ... )
export const setOriginalPost = createAction(SET_ORIGINAL_POST, post => post);

// 사가 생성
( ... )

const initialState = {
```

```
    title: '',
    body: '',
    tags: [],
    post: null,
    postError: null,
    originalPostId: null,
};

const write = handleActions(
  {
    (...)
    [SET_ORIGINAL_POST]: (state, { payload: post }) => ({
      ...state,
      title: post.title,
      body: post.body,
      tags: post.tags,
      originalPostId: post._id,
    }),
  },
  initialState,
);


export default write;
```

액션을 추가한 뒤에는 PostViewerContainer를 다음과 같이 수정해 보세요.

containers/posts/PostViewerContainer.js

```
import React, { useEffect } from 'react';
import { useDispatch, useSelector } from 'react-redux';
import { readPost, unloadPost } from '../../modules/post';
import PostViewer from '../../components/post/PostViewer';
import PostActionButtons from '../../components/post/PostActionButtons';
import { setOriginalPost } from '../../modules/write';
import { removePost } from '../../lib/api/posts';
import { useParams, useNavigate } from 'react-router-dom';

const PostViewerContainer = () => {
  // 처음 마운트될 때 포스트 읽기 API 요청
  const { postId } = useParams();
  const navigate = useNavigate();
  const dispatch = useDispatch();
  const { post, error, loading, user } = useSelector(
    ({ post, loading, user }) => ({
```

```
        post: post.post,
        error: post.error,
        loading: loading['post/READ_POST'],
        user: user.user,
      }),
    );

    useEffect(() => {
      dispatch(readPost(postId));
      // 언마운트될 때 리덕스에서 포스트 데이터 없애기
      return () => {
        dispatch(unloadPost());
      };
    }, [dispatch, postId]);

    const onEdit = () => {
      dispatch(setOriginalPost(post));
      navigate('/write');
    };

    const ownPost = (user && user._id) === (post && post.user._id);

    return (
      <PostViewer
        post={post}
        loading={loading}
        error={error}
        actionButtons={
          ownPost && <PostActionButtons onEdit={onEdit} />
        }
      />
    );
  };

export default PostViewerContainer;
```

기존에는 PostActionButtons가 무조건 나타났는데, 현재 사용자가 보고 있는 포스트가 자신의 포스트일 때만 PostActionButtons가 나타나게 설정했습니다. 그리고 onEdit 함수를 구현하여 PostActionButtons에 전달해 주었습니다.

이제 **수정** 버튼이 클릭되면 props로 전달받은 onEdit를 호출하도록 PostActionButtons를 수정하세요.

```
(...)
const PostActionButtons = ({ onEdit }) => {
  return (
    <PostActionButtonsBlock>
      <ActionButton onClick={onEdit}>수정</ActionButton>
      <ActionButton>삭제</ActionButton>
    </PostActionButtonsBlock>
  );
};


export default PostActionButtons;
```

이제 컴포넌트를 저장하고 **수정** 버튼을 누르면 글쓰기 페이지로 이동합니다. 제목, 태그만 자동으로 입력되어 있고 내용은 공백으로 나타날 것입니다.

내용의 초깃값도 설정되도록 Editor 컴포넌트를 수정해 봅시다.

```
(...)
const Editor = ({ title, body, onChangeField }) => {
  const quillElement = useRef(null); // Quill을 적용할 DivElement를 설정
  const quillInstance = useRef(null); // Quill 인스턴스를 설정

  useEffect(() => {
    quillInstance.current = new Quill(quillElement.current, {
      theme: 'bubble',
      placeholder: '내용을 작성하세요...',
      modules: {
        // 더 많은 옵션
        // https://quilljs.com/docs/modules/toolbar/ 참고
        toolbar: [
          [{ header: '1' }, { header: '2' }],
          ['bold', 'italic', 'underline', 'strike'],
          [{ list: 'ordered' }, { list: 'bullet' }],
          ['blockquote', 'code-block', 'link', 'image'],
        ],
      },
    });

    // quill에 text-change 이벤트 핸들러 등록
    // 참고: https://quilljs.com/docs/api/#events
    const quill = quillInstance.current;
```

```
    quill.on('text-change', (delta, oldDelta, source) => {
      if (source === 'user') {
        onChangeField({ key: 'body', value: quill.root.innerHTML });
      }
    });
  }, [onChangeField]);

  const mounted = useRef(false);
  useEffect(() => {
    if (mounted.current) return;
    mounted.current = true;
    quillInstance.current.root.innerHTML = body;
  }, [body]);

  const onChangeTitle = e => {
    onChangeField({ key: 'title', value: e.target.value });
  };

  return (
    <EditorBlock>
      <TitleInput
        placeholder="제목을 입력하세요"
        onChange={onChangeTitle}
        value={title}
      />
      <QuillWrapper>
        <div ref={quillElement} />
      </QuillWrapper>
    </EditorBlock>
  );
};

export default Editor;
```

Editor 컴포넌트에서 받아 오는 body 값은 Quill 에디터에서 내용을 입력할 때마다 변경됩니다. body가 변경될 때마다 방금 작성한 useEffect에 등록한 함수가 호출됩니다. 하지만 우리는 컴포넌트가 화면에 마운트되고 나서 단 한 번만 useEffect에 등록한 작업이 실행되도록 설정해 주어야 합니다. 따라서 useRef를 사용하여 mount 상태에 따라 작업을 처리하도록 설정했습니다.

물론 이 상황에서 useEffect의 두 번째 파라미터에 비어 있는 배열을 넣으면 해결될 수도 있습니다. 하지만 ESLint 규칙은 useEffect에서 사용하는 모든 외부 값을 두 번째 파라미터에 넣는 배열 안에 포함시킬 것을 권장하고 있으므로 이렇게 처리했습니다.

또 다른 방법으로 해당 줄만 ESLint 규칙을 비활성화할 수도 있습니다.

```
useEffect(() => {
    quillInstance.current.root.innerHTML = body;
}, []); /* eslint-disable-line */
```

취향에 따라 방법을 선택하면 됩니다.

이제 다시 **수정** 버튼을 눌러 보세요. 에디터에서 제목, 내용, 태그가 전부 잘 나타나나요?

▼ 그림 27-3 포스트 수정 시 데이터를 불러와서 사용하기

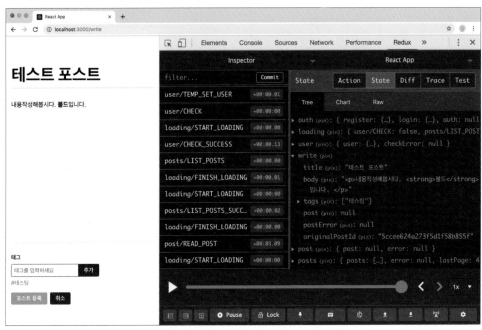

리덕스 스토어의 write 상태에 값이 제대로 들어가 있는지도 확인해 보세요.

다음으로 write 상태에 originalPostId 값이 주어졌다면 포스트 작성 API 대신 수정 API를 사용하는 기능을 구현해 보겠습니다.

lib/api/posts.js를 열어서 updatePost 함수를 작성하세요.

lib/api/posts.js

```
(...)
export const updatePost = ({ id, title, body, tags }) =>
    client.patch(`/api/posts/${id}`, {
        title,
```

```
      body,
      tags,
    });
```

그리고 write 리덕스 모듈에서 UPDATE_POST 액션과 updatePostSaga를 만드세요.

modules/write.js

```
import { createAction, handleActions } from 'redux-actions';
import createRequestSaga, {
  createRequestActionTypes,
} from '../lib/createRequestSaga';
import * as postsAPI from '../lib/api/posts';
import { takeLatest } from 'redux-saga/effects';

(...)
const [
  UPDATE_POST,
  UPDATE_POST_SUCCESS,
  UPDATE_POST_FAILURE,
] = createRequestActionTypes('write/UPDATE_POST'); // 포스트 수정

(...)
export const updatePost = createAction(
  UPDATE_POST,
  ({ id, title, body, tags }) => ({
    id,
    title,
    body,
    tags,
  }),
);

// 사가 생성
const writePostSaga = createRequestSaga(WRITE_POST, postsAPI.writePost);
const updatePostSaga = createRequestSaga(UPDATE_POST, postsAPI.updatePost);

export function* writeSaga() {
  yield takeLatest(WRITE_POST, writePostSaga);
  yield takeLatest(UPDATE_POST, updatePostSaga);
}

(...)

const write = handleActions(
```

```
  {
    (...)
    [UPDATE_POST_SUCCESS]: (state, { payload: post }) => ({
      ...state,
      post,
    }),
    [UPDATE_POST_FAILURE]: (state, { payload: postError }) => ({
      ...state,
      postError,
    }),
  },
  initialState,
);

export default write;
```

write 모듈에서 포스트 수정을 위한 코드를 작성한 후에는 WriteActionButtonsContainer와 WriteActionButtons 컴포넌트를 차례로 수정해 주세요.

containers/write/WriteActionButtonsContainer.js

```
import React, { useEffect } from 'react';
import WriteActionButtons from '../../components/write/WriteActionButtons';
import { useSelector, useDispatch } from 'react-redux';
import { writePost, updatePost } from '../../modules/write';
import { useNavigate } from 'react-router-dom';

const WriteActionButtonsContainer = () => {
  const navigate = useNavigate();
  const dispatch = useDispatch();
  const { title, body, tags, post, postError, originalPostId } = useSelector(
    ({ write }) => ({
      title: write.title,
      body: write.body,
      tags: write.tags,
      post: write.post,
      postError: write.postError,
      originalPostId: write.originalPostId,
    }),
  );

  // 포스트 등록
  const onPublish = () => {
    if (originalPostId) {
      dispatch(updatePost({ title, body, tags, id: originalPostId }));
```

```
      return;
    }
    dispatch(
      writePost({
        title,
        body,
        tags,
      }),
    );
  };

  // 취소
  (...)

  return (
    <WriteActionButtons
      onPublish={onPublish}
      onCancel={onCancel}
      isEdit={!!originalPostId}
    />
  );
};

export default WriteActionButtonsContainer;
```

WriteActionButtonsContainer 컴포넌트에서는 originalPostId 값이 존재하면 writePost 대신 updatePost 액션 생성 함수를 사용하도록 수정했습니다. 그리고 isEdit라는 props를 전달하여 originalPostId 값의 존재 유무에 따라 버튼 이름을 **포스트 수정** 또는 **포스트 등록**으로 설정해 주었습니다.

컨테이너 컴포넌트를 수정한 뒤에는 프레젠테이셔널 컴포넌트도 수정해 줍니다.

components/write/WriteActionButtons.js
```
(...)
const WriteActionButtons = ({ onCancel, onPublish, isEdit }) => {
  return (
    <WriteActionButtonsBlock>
      <StyledButton cyan onClick={onPublish}>
        포스트 {isEdit ? '수정' : '등록'}
      </StyledButton>
      <StyledButton onClick={onCancel}>취소</StyledButton>
    </WriteActionButtonsBlock>
  );
```

```
};

export default WriteActionButtons;
```

이제 포스트를 열고 **수정** 버튼을 누른 다음에 제목, 내용, 태그를 변경하고 **포스트 수정** 버튼을 눌러 보세요. 변경한 정보가 잘 나타나나요?

27.2 / 포스트 삭제

마지막으로 구현할 프로젝트의 기능은 포스트 삭제입니다. 이에 대한 작업을 마치고 나서 프로젝트를 마무리하겠습니다.

삭제 버튼을 누를 때 포스트를 바로 삭제하는 것이 아니라, 사용자의 확인을 한 번 더 요청하고 나서 삭제하려고 합니다. 이렇게 하는 이유는 사용자가 실수로 삭제하는 것을 방지하기 위해서입니다.

사용자에게 한 번 더 확인을 요청하기 위해 모달 컴포넌트를 만들겠습니다. 모달(modal)이란 페이지에 나타난 내용 위에 새 레이어로 어떠한 창을 보여 주는 것을 말합니다.

▼ 그림 27-4 모달

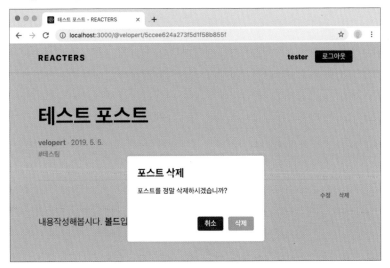

이 프로젝트에서는 모달 컴포넌트를 포스트 읽기 페이지에서만 사용하지만, 컴포넌트의 재사용성을 고려하여 common 디렉터리에 만들어 보겠습니다.

AskModal이라는 컴포넌트를 다음과 같이 만들어 보세요.

components/common/AskModal.js

```javascript
import styled from 'styled-components';
import Button from './Button';

const Fullscreen = styled.div`
  position: fixed;
  z-index: 30;
  top: 0;
  left: 0;
  width: 100%;
  height: 100%;
  background: rgba(0, 0, 0, 0.25);
  display: flex;
  justify-content: center;
  align-items: center;
`;
const AskModalBlock = styled.div`
  width: 320px;
  background: white;
  padding: 1.5rem;
  border-radius: 4px;
  box-shadow: 0px 0px 8px rgba(0, 0, 0, 0.125);
  h2 {
    margin-top: 0;
    margin-bottom: 1rem;
  }
  p {
    margin-bottom: 3rem;
  }
  .buttons {
    display: flex;
    justify-content: flex-end;
  }
`;

const StyledButton = styled(Button)`
  height: 2rem;
  & + & {
```

```
      margin-left: 0.75rem;
    }
`;

const AskModal = ({
  visible,
  title,
  description,
  confirmText = '확인',
  cancelText = '취소',
  onConfirm,
  onCancel,
}) => {
  if (!visible) return null;
  return (
    <Fullscreen>
      <AskModalBlock>
        <h2>{title}</h2>
        <p>{description}</p>
        <div className="buttons">
          <StyledButton onClick={onCancel}>{cancelText}</StyledButton>
          <StyledButton cyan onClick={onConfirm}>
            {confirmText}
          </StyledButton>
        </div>
      </AskModalBlock>
    </Fullscreen>
  );
};

export default AskModal;
```

방금 만든 AskModal을 기반으로 post 디렉터리에 AskRemoveModal이라는 컴포넌트를 만들어 보세요.

components/post/AskRemoveModal.js

```
import AskModal from '../common/AskModal';

const AskRemoveModal = ({ visible, onConfirm, onCancel }) => {
  return (
    <AskModal
      visible={visible}
```

```
        title="포스트 삭제"
        description="포스트를 정말 삭제하시겠습니까?"
        confirmText="삭제"
        onConfirm={onConfirm}
        onCancel={onCancel}
      />
  );
};


export default AskRemoveModal;
```

AskRemoveModal 컴포넌트를 굳이 이렇게 별도의 파일로 분리하여 만들어 줄 필요는 없습니다. 그냥 모달을 사용하는 곳에서 AskModal을 직접 렌더링해도 상관없습니다. 다만, 모달별로 이렇게 파일을 만들어 주면 나중에 모달의 개수가 많아졌을 때 관리하기가 매우 편해집니다.

컴포넌트를 다 만들었으면 PostActionButtons 내부에서 사용해 봅시다.

components/post/PostActionButtons.js

```
import { useState, useCallback } from 'react';
import styled from 'styled-components';
import palette from '../../lib/styles/palette';
import AskRemoveModal from './AskRemoveModal';

(...)

const PostActionButtons = ({ onEdit, onRemove }) => {
  const [modal, setModal] = useState(false);
  const onRemoveClick = () => {
    setModal(true);
  };
  const onCancel = () => {
    setModal(false);
  };
  const onConfirm = () => {
    setModal(false);
    onRemove();
  };

  return (
    <>
      <PostActionButtonsBlock>
```

```
          <ActionButton onClick={onEdit}>수정</ActionButton>
          <ActionButton onClick={onRemoveClick}>삭제</ActionButton>
        </PostActionButtonsBlock>
        <AskRemoveModal
          visible={modal}
          onConfirm={onConfirm}
          onCancel={onCancel}
        />
      </>
    );
};


export default PostActionButtons;
```

이제 **삭제** 버튼을 눌러 보세요. 그림 27-4에서 보았던 것처럼 모달이 나타났나요? **취소** 버튼을 눌러서 모달이 잘 사라지는지도 확인해 보세요. 모달 내부의 **삭제** 버튼을 누르면 오류가 발생할 것입니다. 아직 onRemove를 넣어 주지 않았기 때문입니다.

onRemove를 구현하기에 앞서 lib/api/posts.js 파일에 removePost 함수를 구현해 주세요.

lib/api/posts.js

```
(...)
export const removePost = id => client.delete(`/api/posts/${id}`);
```

이제 PostViewer에서 onRemove 함수를 만들어 removePost를 호출하도록 구현해 보겠습니다. removePost의 경우에는 API를 요청한 후 따로 보여 주어야 할 결과가 없으니 리덕스 액션과 사가를 만드는 작업을 생략하고 바로 API를 사용하겠습니다.

containers/post/PostViewerContainer.js

```
import { useEffect } from 'react';
import { useDispatch, useSelector } from 'react-redux';
import { readPost, unloadPost } from '../../modules/post';
import PostViewer from '../../components/post/PostViewer';
import PostActionButtons from '../../components/post/PostActionButtons';
import { setOriginalPost } from '../../modules/write';
import { removePost } from '../../lib/api/posts';
import { useParams, useNavigate } from 'react-router-dom';

const PostViewerContainer = () => {
  (...)
```

```
const onRemove = async () => {
  try {
    await removePost(postId);
    navigate('/'); // 홈으로 이동
  } catch (e) {
    console.log(e);
  }
};

const ownPost = (user && user._id) === (post && post.user._id);

return (
  <PostViewer
    post={post}
    loading={loading}
    error={error}
    actionButtons={
      ownPost && <PostActionButtons onEdit={onEdit} onRemove={onRemove} />
    }
  />
);
};

export default PostViewerContainer;
```

컴포넌트 수정이 끝나고 나면, 다시 **삭제** 버튼을 눌러서 모달을 열고 **삭제** 버튼을 눌러 보세요. 홈 화면으로 이동했나요? 삭제한 포스트가 홈 화면에서 사라졌는지도 확인해 보세요.

이제 이 프로젝트의 주요 기능을 모두 구현했습니다!

27.3 react-helmet-async로 meta 태그 설정하기

현재 우리가 만든 웹 애플리케이션을 브라우저에서 열어 보면 상단에 React App이라는 제목이 나타납니다.

▼ 그림 27-5 페이지 제목

구글, 네이버 같은 검색 엔진에서 웹 페이지를 수집할 때는 `meta` 태그를 읽는데요. 이 `meta` 태그를 리액트 앱에서 설정하는 방법을 한번 알아봅시다.

우선 yarn을 사용하여 클라이언트 프로젝트에 react-helmet-async라는 라이브러리를 설치하세요.

```
$ yarn add react-helmet-async
```

다음으로 src/index.js 파일을 열어서 HelmetProvider 컴포넌트로 App 컴포넌트를 감싸세요.

src/index.js
```
(...)
import { HelmetProvider } from 'react-helmet-async';

(...)

ReactDOM.render(
  <Provider store={store}>
    <BrowserRouter>
      <HelmetProvider>
        <App />
      </HelmetProvider>
    </BrowserRouter>
  </Provider>,
  document.getElementById('root'),
);
```

그리고 나서 `meta` 태그를 설정하고 싶은 곳에 Helmet 컴포넌트를 사용하면 됩니다. App 컴포넌트를 다음과 같이 수정해 보세요.

프런트엔드 프로젝트: 수정/삭제 기능 구현 및 마무리

```
import { Route } from 'react-router-dom';
import PostListPage from './pages/PostListPage';
import LoginPage from './pages/LoginPage';
import RegisterPage from './pages/RegisterPage';
import WritePage from './pages/WritePage';
import PostPage from './pages/PostPage';
import { Helmet } from 'react-helmet-async';

const App = () => {
  return (
    <>
      <Helmet>
        <title>REACTERS</title>
      </Helmet>
      <Route component={PostListPage} path={['/@:username', '/']} exact />
      <Route component={LoginPage} path="/login" />
      <Route component={RegisterPage} path="/register" />
      <Route component={WritePage} path="/write" />
      <Route component={PostPage} path="/@:username/:postId" />
    </>
  );
};


export default App;
```

이제 브라우저에서 페이지 제목이 **REACTERS**로 바뀐 것을 볼 수 있습니다.

▼ 그림 27-6 Helmet 사용하기

react-helmet-async에서는 더 깊숙한 곳에 위치한 Helmet이 우선권을 차지합니다. 예를 들어 App과 WritePage에서 Helmet을 사용할 경우, WritePage는 App 내부에 들어 있기 때문에 WritePage에서 설정하는 title 값이 나타납니다.

WritePage에서도 Helmet을 한번 사용해 보세요.

```
import Responsive from '../components/common/Responsive';
import EditorContainer from '../containers/write/EditorContainer';
import TagBoxContainer from '../containers/write/TagBoxContainer';
import WriteActionButtonsContainer from '../containers/write/WriteActionButtonsContainer';
import { Helmet } from 'react-helmet-async';

const WritePage = () => {
  return (
    <Responsive>
      <Helmet>
        <title>글 작성하기 - REACTERS</title>
      </Helmet>
      <EditorContainer />
      <TagBoxContainer />
      <WriteActionButtonsContainer />
    </Responsive>
  );
};

export default WritePage;
```

코드를 저장한 후 /write 페이지로 들어가 보세요.

▼ 그림 27-7 write 페이지 제목

제목이 **새 글 작성하기**로 잘 바뀌었나요?

그다음에는 PostViewer 컴포넌트에서 Helmet을 사용하여 포스트의 제목이 페이지의 제목이 되도록 설정해 보세요.

```javascript
import styled from 'styled-components';
import palette from '../../lib/styles/palette';
import Responsive from '../common/Responsive';
import SubInfo from '../common/SubInfo';
import Tags from '../common/Tags';
import { Helmet } from 'react-helmet-async';

(...)

const PostViewer = ({ post, error, loading, actionButtons }) => {
  (...)
  return (
    <PostViewerBlock>
      <Helmet>
        <title>{title} - REACTERS</title>
      </Helmet>
      <PostHead>
        <h1>{title}</h1>
        <SubInfo
          username={user.username}
          publishedDate={publishedDate}
          hasMarginTop
        />
        <Tags tags={tags} />
      </PostHead>
      {actionButtons}
      <PostContent dangerouslySetInnerHTML={{ __html: body }} />
    </PostViewerBlock>
  );
};

export default PostViewer;
```

Helmet을 적용한 후 아무 포스트나 열어 보세요. 페이지 제목이 잘 바뀌었나요?

▼ 그림 27-8 PostViewer에서 Helmet 사용

27.4 / 프로젝트 마무리

프로젝트를 완성한 뒤에는 어떠한 작업을 해야 하는지 알아봅시다.

27.4.1 프로젝트 빌드하기

우선 백엔드 서버를 통해 리액트 앱을 제공할 수 있도록 빌드해 주어야 합니다. 클라이언트 프로젝트 디렉터리에서 다음 명령어를 실행하세요.

```
$ yarn build
```

작업이 끝나면 blog-frontend에 build 디렉터리가 생성됩니다.

27.4.2 koa-static으로 정적 파일 제공하기

서버를 통해 blog-frontend/build 디렉터리 안의 파일을 사용할 수 있도록 koa-static을 사용하여 정적 파일 제공 기능을 구현해 봅시다.

서버 프로젝트 디렉터리에서 다음 명령어를 실행하여 koa-static을 설치하세요.

```
$ yarn add koa-static
```

이어서 main.js를 다음과 같이 수정해 보세요.

src/main.js

```javascript
require('dotenv').config();
import Koa from 'koa';
import Router from 'koa-router';
import bodyParser from 'koa-bodyparser';
import mongoose from 'mongoose';
import serve from 'koa-static';
import path from 'path';
import send from 'koa-send';

import api from './api';
import jwtMiddleware from './lib/jwtMiddleware';

(...)

// app 인스턴스에 라우터 적용
app.use(router.routes()).use(router.allowedMethods());

const buildDirectory = path.resolve(__dirname, '../../blog-frontend/build');
app.use(serve(buildDirectory));
app.use(async ctx => {
  // Not Found이고, 주소가 /api로 시작하지 않는 경우
  if (ctx.status === 404 && ctx.path.indexOf('/api') !== 0) {
    // index.html 내용을 반환
    await send(ctx, 'index.html', { root: buildDirectory });
  }
});

// PORT가 지정되어 있지 않다면 4000을 사용
const port = PORT || 4000;
```

```
app.listen(port, () => {
  console.log('Listening to port %d', port);
});
```

koa-static을 사용하여 blog-frontend/build 디렉터리에 있는 파일들을 서버를 통해 조회할 수 있게 해 주었습니다. 추가로 하단에 send라는 함수를 사용하는 미들웨어를 작성했는데요. 이 미들웨어는 클라이언트 기반 라우팅이 제대로 작동하게 해 줍니다. HTTP 상태가 404이고 주소가 /api로 시작하지 않으면, index.html의 내용을 응답합니다. 이 미들웨어를 적용하지 않으면 http://localhost:4000/write 페이지를 브라우저 주소창에 직접 입력하여 들어갈 경우, 페이지가 제대로 나타나지 않고 Not Found가 나타나게 됩니다.

이제 브라우저 주소창에 http://localhost:4000/ 주소를 입력하여 들어가 보세요. 개발 서버에서 보았던 화면이 제대로 나타나나요? 포스트 페이지를 열고 새로고침을 했을 때도 포스트 내용이 잘 나타나는지 확인해 보세요.

▼ 그림 27-9 빌드 후 확인하기

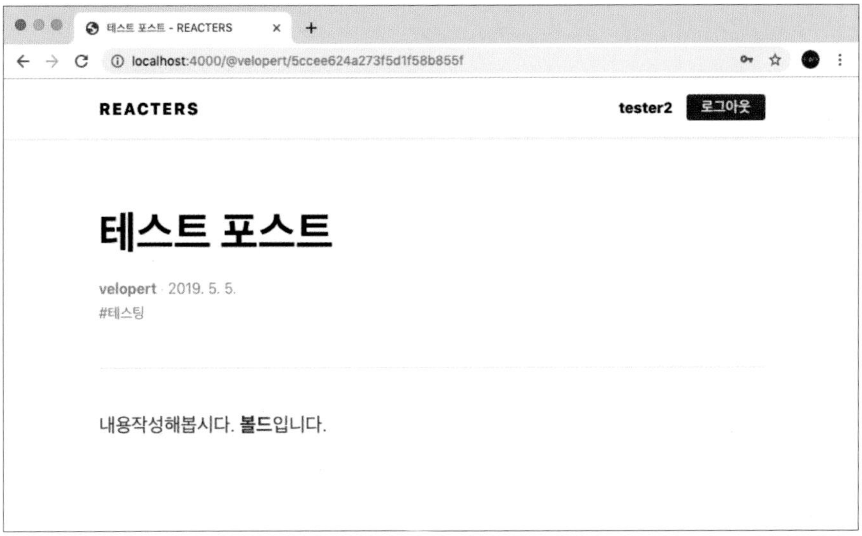

27.4.3 더 할 수 있는 작업

이제 프로젝트 개발은 끝났습니다. 여기서는 앞으로 여러분이 더 할 수 있는 작업을 살펴볼게요.

27.4.3.1 코드 스플리팅

현재 프로젝트에서 가장 큰 자바스크립트 파일의 크기는 약 138KB입니다. 현재는 프로젝트 규모가 그렇게 크지 않으므로 코드 스플리팅이 반드시 필요하지는 않습니다. 하지만 프로젝트에 기능이 더 많이 추가되어 500KB를 넘어가기 시작하면 코드 스플리팅에 대해 생각해 보는 것도 좋습니다.

코드 스플리팅은 프로젝트 규모가 커졌을 때 도입하는 것이 바람직하기는 하지만, 프로젝트를 장기적으로 유지 보수할 것 같다면 초반부터 도입하는 것을 추천합니다. 왜냐하면, 개발을 계속하면서 결국 프로젝트의 규모가 커질 확률이 높기 때문이죠.

27.4.3.2 서버 호스팅

여러분이 만든 웹 애플리케이션을 로컬 환경에서만 사용하는 것이 아니라 다른 사람도 사용하게 하려면, MongoDB 서버와 Node.js로 만든 API 서버가 구동될 수 있는 서버를 호스팅받아야 합니다. 다음은 많이 사용하는 대표적인 서비스들입니다.

- AWS EC2: https://aws.amazon.com/ko/ec2/
- Google Cloud Compute Engine: https://cloud.google.com/compute/pricing
- NCloud Compute: https://www.ncloud.com/product/compute
- Vultr: https://www.vultr.com/pricing/

27.4.3.3 서버 사이드 렌더링

현재 프로젝트에는 서버 사이드 렌더링이 구현되어 있지 않습니다. 하지만 서버 사이드 렌더링을 해야 한다면 어떻게 구성해야 할까요? 우선 서버 엔트리 코드에서 우리가 만든 axios 클라이언트 client 인스턴스에 baseURL을 설정해 주어야 합니다.

```
import client from './lib/api/client';
client.defaults.baseURL = 'http://localhost:4000';
```

그리고 21장에서 배운 것처럼 서버 사이드 렌더링을 적용하고, 서버 컴퓨터에서 두 종류의 서버를 구동해야 합니다. 하나는 API 서버이고, 다른 하나는 서버 사이드 렌더링 전용 서버죠. 그리고 nginx를 사용하여 사용자가 요청한 경로에 따라 다른 서버에서 처리하게끔 하면 됩니다. 또한, nginx를 사용하는 경우에는 정적 파일 제공을 Node.js 서버가 아닌 nginx 자체적으로 처리하는 것이 성능상 더 빠릅니다.

❤ 그림 27-10 nginx 사용 시 요청 분기 구조

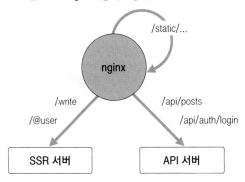

다음은 nginx 설정의 예시입니다.

```
server {
  listen        8080;
  server_name   localhost;

  location /api/ {
    proxy_pass http://localhost:4000;
    proxy_set_header Upgrade $http_upgrade;
    proxy_set_header Connection 'upgrade';
    proxy_set_header Host $host;
    proxy_cache_bypass $http_upgrade;
  }

  location /static {
    alias /Users/velopert/blog/blog-frontend/build/static;
  }

  location / {
    proxy_pass http://localhost:5000;
    proxy_set_header Upgrade $http_upgrade;
    proxy_set_header Connection 'upgrade';
    proxy_set_header Host $host;
    proxy_cache_bypass $http_upgrade;
  }
}
```

나중에 직접 만든 프로젝트에 서버 사이드 렌더링을 구현할 경우, 위 구성을 참조하면 도움이 될
것입니다.

27.5 / 정리

이 책에서 다루는 마지막 프로젝트가 모두 끝났습니다! 이 프로젝트를 통해 리액트로 실제 프로젝트를 만들 때 어떠한 흐름으로 진행되는지 직접 경험해 보았습니다. 리액트 프로젝트를 만들 때 반복되는 개발 흐름을 요약하면 다음과 같습니다.

1. **기능 설계하기**: 어떤 컴포넌트가 필요할지 생각합니다.
2. **UI 만들기**: 사용자에게 보이는 UI를 먼저 만듭니다.
3. **API 연동하기**: API 연동이 필요할 경우 필요한 코드를 준비합니다.
4. **상태 관리하기**: 리덕스, 컴포넌트 자체 상태 등을 통해 상태를 관리하고, 필요하면 컨테이너 컴포넌트를 새로 만듭니다.

이러한 흐름으로 개발을 진행하는 과정에서 반복되는 코드가 있을 경우, 함수로 분리하거나 재사용할 수 있는 컴포넌트로 분리하면 좋습니다. 그리고 성능상 문제가 되는 부분이 있다면 shouldComponentUpdate 또는 React.memo를 사용하여 최적화를 시도해 볼 수도 있습니다.

이 책을 통해 쌓은 개발 지식과 실력으로 이제 여러분만의 프로젝트를 만들어 보세요!

28^장

그다음은?

여러분에게 소개할 지식을 이 책에서 모두 다루었습니다. 웹 애플리케이션을 만드는 데 필요한 기본 지식을 많이 다루었지만, 다루지 않은 내용도 있을 것입니다. 매우 당연한 말이지만, 이 책을 다 읽었다고 해서 공부가 끝난 것은 아닙니다.

리액트는 이미 훌륭하고 멋진 라이브러리입니다. 하지만 리액트와 리액트 관련 생태계는 계속해서 발전해 가고 있습니다.

더 좋은 프로젝트를 만들고 개발 트렌드를 계속 따라가려면 다른 개발자가 어떤 방식으로 개발하는지, 어떤 기술이 있는지 등의 동향을 파악하고 다양한 정보를 접하는 것이 중요합니다.

28.1 REACT 리액트 관련 커뮤니티

다른 사람이 어떻게 개발하는지 알고 싶다면 리액트 관련 커뮤니티를 주기적으로 방문하세요. 개발하다 문제가 발생했는데 혼자 해결하기 어려울 때, 커뮤니티의 힘을 빌리면 상황에 따라 시간을 절약할 수 있을 것입니다.

28.1.1 국내 커뮤니티

국내 리액트 커뮤니티의 중심에는 페이스북 그룹인 React Korea(https://www.facebook.com/groups/react.ko)가 있습니다. 2017년에 국내에서 최초로 공식 리액트 컨퍼런스를 진행할 정도로 규모가 큰 리액트 커뮤니티입니다.

이 그룹에 가입하면 주기적으로 리액트 관련 정보를 얻을 수 있습니다.

React Korea 페이스북 그룹은 공식 Slack 채널(https://bit.ly/2Fvzis1)도 운영하므로 다른 리액트 개발자와 소통할 수도 있습니다. 채널에서 @velopert를 호출하면, 저에게 직접 말을 걸 수 있습니다.

이외에도 페이스북 그룹인 프런트엔드개발그룹(https://www.facebook.com/groups/webfrontend)이 있는데, 이 그룹에 가입하면 리액트뿐만 아니라 프런트엔드에 관련된 다양한 정보도 접할 수 있습니다.

28.1.2 국외 커뮤니티

국외 커뮤니티는 여러 종류가 있지만, 그중 대표적인 곳은 Reddit의 React 페이지(https://www.reddit.com/r/reactjs/)입니다.

채팅 채널은 Discord의 Reactiflux(https://www.reactiflux.com/)가 있습니다. 이 채널에서는 리액트뿐만 아니라 다른 페이스북 기술(React Native, Redux, GraphQL 등)도 다루며, 페이스북 엔지니어와 소통할 수도 있습니다.

28.2 책의 연장선

이 책에서 많은 내용을 다루고 싶었지만, 현실적으로 책 한 권에서 모든 것을 다루기는 불가능합니다. 따라서 이 책에는 리액트 개발에서 핵심적인 내용 위주로 수록했습니다.

책에서 다루지 못한 UI 테스팅, 타입 설정을 하는 TypeScript 등의 자료는 제 블로그(https://velog.io/@velopert)에서 볼 수 있습니다. 이후에도 다른 유용한 글을 계속 연재할 예정입니다. 페이스북 페이지(https://www.facebook.com/velopert)를 팔로우하면 새 내용이 올라왔을 때 쉽게 알림을 받을 수 있습니다.

28.3 사이드 프로젝트 생성

리액트 라이브러리에 더욱 익숙해지면서 실력을 쌓을 수 있는 가장 좋은 방법은 여러분이 직접 리액트로 프로젝트를 만들어 보는 것입니다. 여러분이 이미 회사에서 리액트를 사용하고 있다 해도 따로 개인 프로젝트를 만들어 보세요. 개인 프로젝트라면 더욱 도전적이고 실험적인 방식으로 다양한 시도를 할 수 있기 때문에 실력 향상에 도움이 될 것입니다.